高职高专道路与桥梁专业系列规划教材

路基路面工程

李西亚　王育军　主　编

曹恒慧　隋永芹　副主编

科学出版社

北京

内 容 简 介

本书共分为十八章,主要内容包括绪论,行车荷载的分析,环境因素对路基路面的影响,路面材料的特性,一般路基的设计,路基的施工,挡土墙的设计,路面基层的施工,沥青路面的设计,沥青路面的施工,公路沥青路面的养护,水泥混凝土路面结构的设计,水泥混凝土路面的施工及养护,公路施工的机械,路面基层材料的测试,路面材料指标的测定,路基的测试,路面的测试等。

本书可作为高职高专院校道路与桥梁专业及相关专业的教材,也可供从事公路与城市道路建设及交通部门有关人员学习参考。

图书在版编目(CIP)数据

路基路面工程/李西亚,王育军 主编.—北京:科学出版社,2004
(高职高专道路与桥梁专业系列规划教材)
ISBN 978-7-03-013804-0

Ⅰ.路… Ⅱ.①李…②王… Ⅲ.公路路基-道路工程-高等学校:技术学校-教材②路面-道路工程-高等学校:技术学校-教材 Ⅳ.U416

中国版本图书馆CIP数据核字(2003)第065129号

责任编辑:彭明兰 / 责任校对:钟 洋
责任印制:吕春珉 / 封面设计:耕者设计工作室

科 学 出 版 社 出版
北京东黄城根北街16号
邮政编码:100717
http://www.sciencep.com

双 青 印 刷 厂 印刷
科学出版社发行 各地新华书店经销

*

2004年8月第 一 版 开本:B5(720×1000)
2013年5月第六次印刷 印张:31 1/2
字数:616 000

定价:48.00元

(如有印装质量问题,我社负责调换〈路通〉)

(销售部电话:010-62134988 编辑部电话:010-62132124)(VA03)

《高职高专道路与桥梁专业系列规划教材》

编委会

前　言

　　"路基路面工程"是道路与桥梁专业的一门重要的专业基础课。本书以高职高专道路与桥梁专业教学大纲为依据,重点介绍路基路面工程的基础理论及其应用。

　　鉴于路基路面工程内容技术性、实践性较强,以及高职高专教学改革的要求,本书在编写过程中,本着实用、便于教学的原则,力求教材内容充实、突出重点,并以最新出版的有关工程技术标准、规范为依据。

　　本书编写分工如下:深圳职业技术学院李西亚编写第一、十三、十四章;苏州科技学院隋永芹编写第二、三、四、八、十、十二章;昆明冶金高等专科学校王育军编写第五、七章;广西建设职业技术学院梁伟编写第六、十一章;平顶山工学院曹恒慧编写第九章;昆明冶金高等专科学校普义编写第十五、十六章;四川建筑职业技术学院康成编写第十七、十八章。全书由深圳职业技术学院孙怀柔主审,李西亚统稿。

　　由于时间仓促,编者水平有限,书中不妥之处在所难免,敬请读者批评、指正。

目　录

第一章 绪 论

　　路基路面是道路的基本组成部分，它们共同承受行车荷载和自然因素的作用。路基路面结构的稳固耐久，路面表面的平整抗滑，直接关系到道路的正常使用与服务质量。路基路面的构造，除路基基身和路面层次外，还应采取必要的排水、防护与加固等工程措施。路基路面是一种露天的线形工程，行车荷载、自然因素和材料性质变化不定，损坏状况又错综复杂，这就增加了设计与修建的难度。学习本课程时，必须结合所学的其他课程，密切联系工程实践，注意掌握基本理论和方法，以提高解决实际问题的能力。

　　通过本章的学习，应该达到以下三个要求：

　　1) 明确路基路面的功能和对它们的基本要求。

　　2) 了解路基路面的断面构造。

　　3) 懂得路基路面设计与建筑要解决的问题及其途径。

1.1 路基路面的功能和要求

　　道路主要是由路基和路面组成的。路基是在地表按照道路路线位置和一定技术要求开挖或堆填而成的岩土结构物；路面是在路基顶面行车部分用各种坚硬材料铺设的层状结构物。有了路基路面，车辆才能沿着预定的路线，通畅、快速、安全、舒适、经济地运行。

　　在行车荷载和自然因素的作用下，路基路面会产生各种损坏和变形，影响道路的使用品质。因此，对路基路面提出了下列基本要求。

1.1.1 对路基的基本要求

　　首先，我们学习几个概念。

　　路基工作区：在行车荷载作用深度范围内的路基，称为路基工作区。

　　路床：直接位于路面结构层下 0.8m 厚的路基部分，称为路床。

　　土基：土质路床，又称土基。

　　水温稳定性：是指路基的强度和刚度在自然因素的影响下的变化幅度。

　　对路基的基本要求有两个方面：路基整体应稳定牢固；路基上层应密实均匀。

　　在地表修筑路基，必然会改变原地层所处的状态。由于不利因素(地质、水文、气候、行车荷载等)的影响，就有可能使高陡的路堑边坡发生崩塌、软弱地层上的路堤出现下沉和滑动、沿河路基受到水毁等,从而导致交通阻断或行车事故。为了道路运输的畅通与安全,需要正确选定路基的断面形状和尺寸,采取必要的排水、防护和加固措施,以保证路基整体结构(包括周围的地层)具有足够的稳定性。

如果土基较为松软和水温条件差,在行车荷载作用下就会产生过大的沉陷变形,甚至引起翻浆现象,使路面失去坚强而均匀的支撑,导致路面结构过早损坏。为了保证路面的使用性能、减轻路面的负担,降低工程的造价,土基应具有足够的承载力和水温稳定性。考虑到荷载影响情况,路基上层部分最好选用良好的土填筑,注意充分压实,必要时,设置隔离层或采取其他处治措施。

1.1.2 对路面的基本要求

路面应具有以下功能:①能够负担汽车的载重而不破坏;②保证道路全天候通车;③保证车辆有一定的行驶速度。

对路面的基本要求有以下几个方面:①强度、刚度和稳定性;②平整度;③抗滑性;④少尘;⑤耐久性;⑥噪声低。

在行车荷载作用下,路面结构内会产生拉、压、剪切等应力和变形。如果路面结构整体或某一部分的强度和抗变形能力不足,就会出现断裂、沉陷和波浪等损坏现象,使路况迅速恶化,严重影响道路的服务质量。这就要求路面结构必须具备与行车荷载相适应的强度和刚度。

路面结构处于自然环境中,经常受到水分和温度变化的影响,其性状也就发生相应的改变。例如,沥青路面在夏季高温时会因发软而出现车辙和推移;冬季低温时会因变脆和收缩受阻或土基冻胀而开裂。因此,在设计时,应考虑当地的自然条件,采取合适的材料组成和结构措施,使路面结构在不利季节仍足够坚固和稳定。

在使用过程中,由于行车荷载和气候因素(冷热、干湿)的多次重复作用,路面结构会出现疲劳破坏、塑性变形积累和表面磨损。另外,路面结构还可能因材料的老化衰变而导致破坏。因此,路面在使用一定年限后,就需要进行修复或改建。路面的使用年限过短,将增加养护工作量和费用,并严重干扰路上的正常交通。所以,设计和修建的路面应该经久耐用,具有较高的抗疲劳能力。

不平整的路面会加大行车阻力,造成车辆颠簸,使车速受到限制,机件和油料的损耗剧增,还影响驾驶的平稳和乘客的舒适。同时,车辆的颠簸又反过来对路面施加冲击力,不平整的路面容易积滞雨水,从而加剧路面的损坏。因此,路面表面应保持一定的平整度,以减小冲击力,提高行车速度和舒适性;道路的等级(设计车速)越高,对平整度的要求也越高。平整的路面,要依靠合理选用路面结构、严格控制施工质量和经常及时的养护来获得。

在光滑的路面上,车轮与路面之间缺乏足够的附着力和摩擦阻力,当雨天车辆起动、加速、制动、爬坡或转弯时,容易出现打滑或溜滑现象,迫使车速降低,甚至引起严重的交通事故。为了保证高速行车的安全性,对路面的抗滑性能要求就应提高。路面表面的抗滑能力可以通过选用坚硬、耐磨、粗糙的表面材料或者采取表面拉毛或刻槽等工艺措施来实现。另外,路面上的积雪、浮冰或污泥等,也会降低路面的抗滑性,必须及时予以清除。

此外,路基路面结构物还应满足环境保护和道路景观等方面的要求。

1.2 路基路面的构造

路基路面的构造,通常用横断面图来表示。路基除本体(基身)外,还应包括保证其正常工作所需的排水、防护与加固设施,以及路侧的取土坑和弃土堆等。在各种车道(包括行车道、变速车道和爬坡车道等)、路缘带和硬路肩等处均应铺筑路面。路面设置在路基顶部的浅槽(俗称路槽)内,可由一层或数层(面层、基层和垫层)组成,并考虑排水等措施。

1.2.1 路基的断面形式

由于路线情况和自然条件的不同,路基横断面形式有多种多样。按照基身的填挖情况,路基的断面有三种类型:路堤、路堑、半填半挖路基(见图 1.1)。

1. 路堤

路堤(embankment)是指基身顶面高于原地面的填方路基,路堤横断面的基本形式有一般路堤、浸水路堤和陡坡路堤等基本形式(见图1.2)。一般路堤位于地面横坡平缓的地段。在路堤边坡低矮和迎水的一侧,应设置边沟和截水沟等排水沟渠,以防止地面水浸湿和冲刷路堤。建

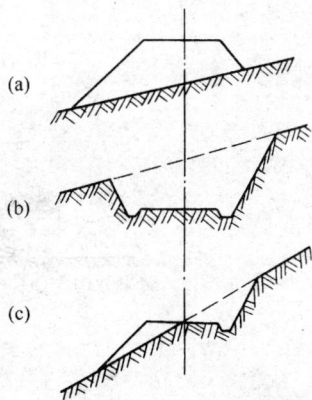

图 1.1 路基的断面形式
(a)路堤;(b)路堑;(c)半填半挖路基

造路堤时在路侧设置的取土坑,应同排水沟渠或农田水利相结合。路堤堤身与路侧取土坑或水渠之间,还有高路堤或浸水路堤的边坡中部,可视需要设置宽至少 1m(并高出设计水位 0.5m)的平台,称为护坡道,以保证路堤边坡的稳定。高路堤和浸水路堤的边坡,常按其受力情况采取上陡下缓的边坡形式。容易受到水流侵蚀和淘刷的路堤边坡,还应进行适当的防护与加固。在软土地基上的路堤,需要采取加固地基和调整路堤结构等稳定措施。在横坡较陡(陡于 1:2.5)的地面上填筑的路堤,称为陡坡路堤,其下侧边坡常需设置石砌护脚或挡土墙,以防止路堤向下滑动,并能收缩填方坡脚,减少填方数量和占地宽度。

2. 路堑

全部为挖方的路基称为路堑(cutting)。路堑横断面的基本形式有全路堑、半路堑(又称台口式)和半山洞三种形式,见图 1.3。

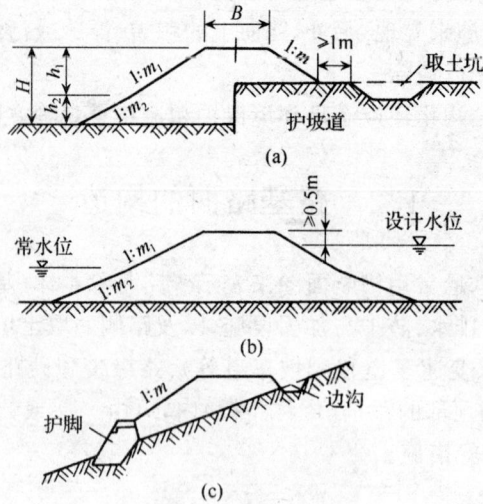

图 1.2　路堤横断面的基本形式

(a)一般路堤;(b)浸水路堤;(c)陡坡路堤

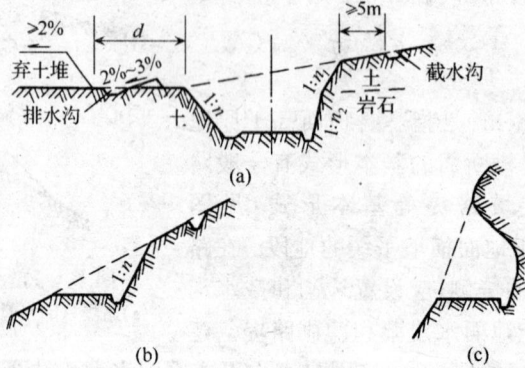

图 1.3　路堑横断面的基本形式

(a)全路堑;(b)半路堑;(c)半山洞

　　挖方边坡的坡脚应设置边沟,以汇集和排除路基基身表面的水。路堑上方应设置截水沟,以拦截上侧山坡的地面水。边坡可按地层构造情况采用直线或折线等形式,易风化或碎落时,需进行抹面防护或设置碎落台(见图 1.4);破碎或不稳定时,则可采用护墙或挡土墙。路侧弃土堆的设置,应不妨碍路基排水,不危及边坡的稳定。弃土堆内侧坡脚到堑顶之间的距离应随土质条件和路堑边坡高度而定,一般不小于 5m。

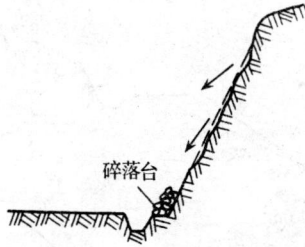

图 1.4　碎落台

3. 半填半挖路基

整个横断面上既有填方又有挖方的路基,称为半填半挖路基(part-cut-part-fill subgrade)。它出现在地面横坡较陡,路基又较宽,而路中线的设计标高与地面标高相差不大的地方。

零填路基:路基基身几乎没有填挖,形成不填不挖路基,也称零填路基。不填不挖路基的横断面形式见图 1.5。

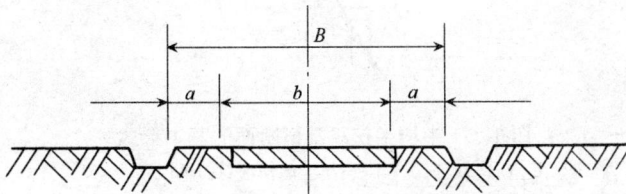

图 1.5　不填不挖路基的横断面形式
B. 路基宽度;b. 路面宽度;a. 路肩宽度

半山桥路基:如果填方部分遇到地面陡峻出现悬空,而纵向又有适宜的基岩时,则可采用桥梁(如石拱桥)跨越,构成半山桥路基即半填半挖路基,其横断面的基本形式如图 1.6 所示。

半填半挖路基可看做由半路堤和半路堑组合而成,其横断面的形式同地面横坡与地层情况有密切关系,兼有路堤和路堑的设置要求。为提高路基的稳定性,填方部分的地面应挖成台阶或凿毛。有时根据需要,填方和挖方部分可设置挡土墙等支挡结构物。如果填方部分遇到地面陡峻出现悬空,而纵向又有适宜的基岩时,则可采用桥梁(如石拱桥)跨越,构成半山桥路基。对于填方高度(或路肩墙等结构物顶面高出地面)大于或等于 6m 以及急弯、陡峻山坡、桥头引道等危险路段,应设置诱导交通的安全设施,如护栏(见图 1.6)作为指示。

1.2.2　路面的结构组成

行车荷载和大气因素对路面的影响,随深度而逐渐减弱;同时,路基的水温状况也会影响路面的工作。为适应这一特点,路面大多采用不同性质的材料,建成多

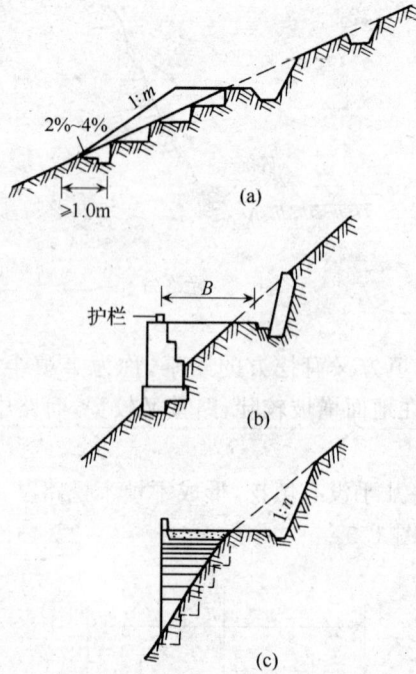

图 1.6 半填半挖路基横断面的基本形式

(a)一般情况;(b)设挡土墙情况;(c)半山桥

层次的结构。

路面结构层,按其层位和作用分为面层、基层和垫层,路面结构示意见图 1.7,路面的构造如图 1.8 所示。

1. 面层

面层(surface course)是直接与车轮及大气相接触的结构层。它承受行车荷载(竖直力,特别是水平力和冲击力)的反复作用,又受到降水的侵蚀和气温变化的不利影响。因此,同其他层次相比,面层应具有较高的结构强度和气候稳定性,而且要耐久、防渗,其表面还应有良好的平整度和粗糙度。

修筑面层的材料主要有水泥混凝土、沥青与矿料组成的混合料、砂砾或碎石掺土(或不掺土)的混合料、块石及混凝土预制块等。

路面的使用品质主要取决于面层。按面层品质、采用材料及结构组成等不同,将路面分为若干种类。例如:

水泥混凝土路面(cement concrete pavement):用水泥混凝土板作面层的路面。

钢筋混凝土路面(reinforced concrete pavement):配置有纵横向钢筋或钢筋网的水泥混凝土路面。

块料路面(block pavement):用石块、水泥混凝土块等铺砌而成的路面。

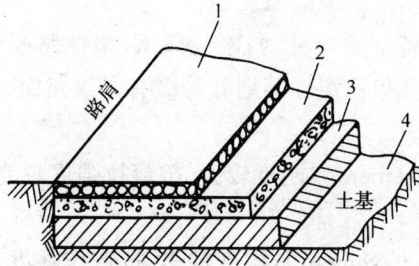

图 1.7 路面结构示意图

1. 面层；2. 基层；3. 垫层；4. 土基

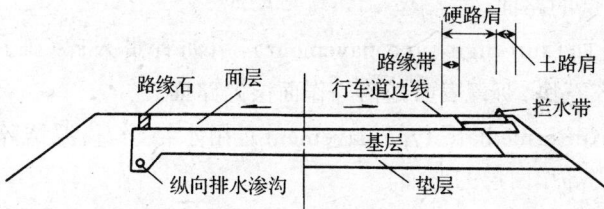

图 1.8 路面的构造

沥青路面(bituminous pavement)：用沥青作结合料铺筑面层的路面。

再生沥青路面(reclaimed bituminous pavement)：用再生沥青混合料作面层的路面。

沥青混凝土路面(bituminous concrete pavement)：用沥青混凝土作面层的路面。

全厚式沥青(混凝土)路面(full depth asphalt pavement)：沥青混凝土面层以下各结构层(垫层除外)均采用沥青混合料铺筑的路面。

沥青碎石路面(bituminous macadam pavement)：用沥青碎石作面层的路面。

沥青贯入式路面(bituminous penetration pavement)：用沥青贯入碎(砾)石作面层的路面。

上拌下贯式(沥青)路面(penetration macadam with coated chips)：下部用贯入式、上部用沥青混合料作面层的路面。

(沥青)表面处治(bituminous surface treatment)：用沥青和集料按层铺法或拌和法铺筑而成的厚度不超过 3cm 的沥青面层。

泥结碎石路面(clay-bound macadam)：以碎石为骨料，经碾压后灌泥浆，依靠碎石的嵌锁和黏土的黏结作用形成的路面。

水结碎石路面(water-bound macadam)：石灰岩类碎石层经洒水碾压，依靠碎石的嵌锁和石粉的黏结作用形成的路面。

级配路面(graded aggregate pavement)：按密实级配原理选配的集料和适量

黏性土,经拌和、摊铺、压实而成的路面。

此外,路面从力学特征看可分为:刚性路面、柔性路面、半刚性路面;按面层使用品质、材料及结构强度和稳定性等划分等级有高级路面、次高级路面、中级路面、低级路面。

刚性路面(rigid pavement):刚度较大、抗弯拉强度较高的路面。一般指水泥混凝土路面。

柔性路面(flexible pavement):刚度较小、抗弯拉强度较低,主要依靠抗压、抗剪强度来承受车辆荷载作用的路面。

高级路面(high type pavement):用水泥混凝土、沥青混凝土、热拌沥青碎石或整齐石块作面层的路面。

次高级路面(sub-high type pavement):用沥青贯入碎(砾)石、冷拌沥青碎(砾)石、半整齐石块、沥青表面处治等作面层的路面。

中级路面(intermediate type pavement):用水结碎石、泥结碎石、级配碎(砾)石、不整齐石块等作面层的路面。

低级路面(low type pavement):用各种材料改善土的路面。

路面面层表面应具有一定横向坡度,以利排水。除超高路段外,路面横断面通常做成中间拱起的形状,称为路拱。平整度和水稳性较好、透水性也小的路面面层,可采用较小的路拱坡度;反之,则应采用较大的路拱坡度。各种不同面层类型路面的路拱坡度可按表1.1规定选用。

表 1.1 路拱坡度

路面面层类型	路拱坡度/%
水泥混凝土、沥青混凝土	1～2
其他沥青面层	1.5～2.5
半整齐石块	2～3
碎(砾)石等粒料	2.5～3.5
碎石土、砂砾土等	3～4

注:1. 表中路拱坡度,对抛物线形或双曲线形路拱是指平均坡度;对直线形路拱中间插入圆弧者是指靠
　　　近路边的直线段坡度。
　　2. 路面较窄,干旱和积雪地区及设有较大纵坡的路段可取低值;反之,宜取高值。

2. 基层

基层(base course)主要承受由面层传来的行车荷载竖直力的作用,并把它扩散到垫层和土基,故基层应具有足够的强度和刚度,但可不考虑耐磨性能。基层受气候因素的影响虽不如面层强烈,但由于仍可能受到地下水和路表水的渗入,其结构应有足够的水稳性。基层顶面应平整,具有与面层相同的横坡,以保证面层厚度均匀。

用作基层的材料有:①沥青稳定类(包括热拌沥青碎石、乳化沥青碎石混合料、沥青贯入碎石等);②无机结合料稳定类(又称半刚性类型,分为水泥稳定类、石灰稳定类、工业废渣稳定类等);③粒料类(包括各种碎石、砾石材料和天然砂砾等);④片(块)石或圆石等。

沥青面层与半刚性基层之间可设置上基层,以加强面层与基层的共同作用或减少基层收缩所引起的反射裂缝。上基层采用沥青稳定类材料或级配碎石铺筑。在基层之下,还可设置底基层,以分担基层的承重作用,并减薄其厚度。底基层常用符合要求的当地材料铺筑。

为保护面层的边缘,基层每侧应比面层至少宽出 25cm。底基层每侧宜比基层宽 15cm。但膨胀土路基上的基层(底基层)或透水性基层(底基层),其宽度应横贯整个路基,也可在边缘设置排水渗沟,以排除渗入该层的水分,避免引起路面破坏。

3. 垫层

垫层(bed course)起排水、隔水、防冻、防污和扩散应力的作用。当路基水温状况不良和土基湿软时,应在路基与基层(底基层)之间加设垫层。垫层可采用颗粒材料(如砂砾、煤渣等)或无机结合料稳定粗粒土等铺筑。垫层应比基层(底基层)每侧至少宽出 25cm,或与路基同宽。

对行车道两侧的路缘带和路肩进行加固(铺设路面),既可增加行车道的有效宽度,便于临时停放车辆,又可改善行车道路面边缘部分的工作条件,延长其使用寿命。高速公路、一级公路的路缘带及硬路肩的路面结构和厚度,宜与行车道部分相同。其他各级公路的路肩加固部分可根据交通繁重程度分别采用级配碎(砾)石、沥青表面处治、沥青混合料等铺面。为了保护路面边缘,也有用块石、条石或水泥混凝土预制块设置路缘石,其宽度和厚度为 15~25cm。

路肩横坡一般应比路拱坡度大 1%,以利排水。设拦水带时,硬路肩的横坡宜采用 5%。

1.3 路基路面工程的特点与内容

1.3.1 工程特点

路基路面是一种设置在地表面,暴露于大自然,由筑路材料构成的线形工程。它具有结构形式简单、影响因素多变、牵涉范围很广、施工安排不易等特点。

一条道路,绵延可达数十公里以至数百公里,沿线的气候、地形、水文和地质等自然条件往往很不一样。即使在较短的路段内,路基填挖情况、岩土和水文条件仍会有较大的差别。各段路段路面结构层的材料来源和施工状况很难相同。环境(自然)条件的变迁对土和路面材料的物理力学性质及路基路面结构体系的性状影响很大。作用在路面上的行车荷载,无论是大小、数量、或者作用图式和频率,都是因时因地而变的随机因素。路基路面的损坏状态和原因,常较复杂。因此,在路基路面设计时,必须调查沿线的自然条件和交通情况,分析各种不利因素对路基路面的危害,掌握足够的设计资料和确切的计算参数,针对具体情况采取切实可行和经济合理的工程技术措施。但是,这样做的工作量和难度均很大,设计阶段往往不易尽善,需要在施工和养护过程中不断加以修改和补充。

路基路面设计与路线设计是相辅相成的。在选定路线时,除考虑线形外,还要顾及路基路面的工程情况;反之,当路线难以绕避地质不良地段时,也可对路基路面采取恰当的措施以提高道路的使用质量。路基路面工程,除路基和路面外,还有道路排水、防护和加固等设施,并同桥涵和地下管线相关联,应该相互配合和综合考虑。建造道路时,会涉及生态环境、水土保持和其他地物(如农田、水利、房屋等),必须妥善处理各方面的关系。

路基路面工程的项目和数量,特别是路基土石方,沿线分布常不一致,各段采用的施工方法、劳力和机具配备有差异,而且工作面狭窄,又受天气的影响,给施工组织和管理带来不少困难。在土石方量集中、水文和地质条件复杂的地段,遇到的技术问题多而难,常成为道路建设的关键。因此,采用先进的施工技术,合理的施工组织,科学的施工管理,对于确保工程质量、提高劳动生产率、缩短工期、降低造价、节省土地、安全生产,都有重要意义。

1.3.2 设计与建筑的内容

路基路面设计与建筑的基本任务,在于以最低的代价(包括资金、材料、劳力、时间等方面),提供符合一定使用要求(即足够稳固)的路基路面结构物。

1. 路基路面设计的内容

路基路面设计应根据道路使用要求和当地自然情况,参照有关规范和经验,考虑技术和经济条件,选定合理的结构方案,绘出设计图纸,作为施工的依据。其具体步骤和内容如下:

(1) 勘察调查

设计前,应收集沿线的地质、水文、气象以及材料和交通等方面的资料,了解现有道路的使用状况,进行必要的测试工作。

(2) 路基设计

路基设计的主要内容:①根据路线设计确定的路基填挖高度和顶面宽度,结合沿线的地形和岩土情况,确定路基基身的横断面形状和边坡坡度;②根据沿线地表径流和地下水埋藏情况,进行道路排水系统的布置以及地面和地下排水结构物的设计;③根据当地水文、地质、地形及筑路材料等情况,采取边坡坡面防护、堤岸冲刷防护、路基支挡及软弱地层加固等措施,并进行相应的设计(例如,路基支挡用的挡土墙设计）。

（3）路面设计

路面设计的主要内容：①根据道路等级、使用任务、当地自然环境、路基支撑条件和材料供应等情况，选择面层类型，并提出结构层组合方案；②根据对所选材料的性状要求和当地自然条件，进行各结构层材料的组成设计；③根据路面结构的破坏标准、力学模型和相应的计算理论，或按经验方法，确定满足交通和环境条件及使用年限要求的各结构层尺寸。对于水泥混凝土路面还要进行接缝和配筋等方面的设计。

（4）设计方案比较

对可能提供的若干设计方案，应综合考虑投资、施工、养护和使用性能等几方面因素，进行技术经济分析和比较，最后确定采用的方案。

2. 路基路面建筑的内容

路基路面建筑是设计的延续，它把设计方案（图纸）实物化。其主要工作大致分为以下几个阶段：

（1）准备工作

施工前的准备工作如下：落实和培训施工队伍，现场核对设计文件和图纸，必要时对原设计做某些修改；确定施工方案和施工组织计划；恢复并固定路线，施工放样；清理场地，修建临时设施（如便道、工棚等）；配备机具；采购材料及落实水电供应等。

（2）路基施工

建造路基的基本工作：①路基土方作业，包括开挖路堑或取土坑、运土填筑路堤或弃土、压实和整修路基表面；②路基石方爆破，包括凿眼、装药、引爆、清碴和整修等；③排水、防护与加固工程，例如开挖截水沟或其他排水沟渠、建造跌水或急流槽、砌筑护坡、护墙和挡土墙、进行地基加固等。

（3）路面施工

路面结构层的铺筑，根据材料性质、施工条件和设计规定，可分别采用层铺（灌浇）、拌和或铺砌三种方式。各种类型结构层的施工工序，主要有清底、摊铺、拌和、整形、压实、养生等。

（4）施工过程中的三大控制

施工过程中的三大控制通常是指质量控制、进度控制、投资控制。

1）质量控制。工程质量监控是根据合同技术规范、图纸的要求和规定，对工程施工中各个环节，每道工序进行严格地、系统地、全面地监控，以保证工程施工质量达到合同规定的要求。

公路施工质量监控的对象主要是原材料、结构和建筑安装工程的质量以及施工过程各环节和公路整体的质量，所以公路工程质量的监控必须是工艺的全过程监控,任何一个环节的监控失去功能都将给公路的整体质量带来损害。

在公路工程质量形成的过程中,工艺过程的每个因素对质量的可靠性都会产生影响,属于这方面的影响因素有:①公路设计的几何形状,结构设计的合理性和施工放样的准确性;②材料的质量(土、碎石、片石、块石、砂、矿料、沥青、水泥、混合料等);③用于制备,摊铺及压实材料和混合料的工艺装备(摊铺、压实设备等)的可靠性;④工艺程序的准确性(操作、筛分、配料、加热、搅拌、运输、保存等);⑤施工人员的劳动质量(技术人员、工人、辅助工人等人员的素质);⑥原材料、工厂半成品的质量检查结果的可靠性。

因此,在工艺程序的线路图中,如出现任何一道"障碍"不能被控制,将导致公路的最终质量不能符合要求。

质量监控的依据:①图纸、规范规定;②合同条款。

2)进度控制。工程进度涉及业主和承包商的重大利益,是合同能否顺利执行的关键。因此,工程管理工作中,一般都把计划进度和实际工程进度间的平衡作为控制进度和计划管理的关键环节。在工程施工过程中,密切注视工程实际进度与计划进度间可能出现的差距,及时加速工程进度,以便按计划完成工程,这些都是实现计划进度的原则步骤。因此在项目实施过程中,一定要制定出一套控制进度的措施和科学的计划管理方法,以保证工程在合同规定的期限内顺利完成。

3)投资控制。投资控制并不是说投资越省越好,而是指在工程项目投资范围内得到控制。没有明确的目标就不需要控制。项目投资目标控制是使该项目的实际总投资(包括建筑安装工程费用、土建费用、设备购置费及其他费用)不大于该项目的计划投资(业主所确定的投资目标)。总之,要在计划投资的范围内,通过控制的手段,以实现项目的功能,建筑的造型和材料质量的优化。投资控制的方法是,在项目进展的全过程中,以动态控制原理为指导,进行计划值与实际值的比较,发现偏离,及时采取纠偏措施。投资控制并非纯属经济工作范畴,应从多方面采取措施,即采取组织措施、技术措施、经济措施、合同措施等。

工程施工阶段的投资监控就是对工程费用的支付实行监督和管理。该阶段投资监控的核心是工程计量和支付,它是确保工程质量和进度的重要手段。目前,通常采用以单价为基数的合同类型的支付方法,除了监控好合同中工程量清单所列各项费用的计量与支付外,还应做好包括附加工程、索赔和意外风险等方面费用的监督和管理,尽量设法减少合同以外的不合理费用支付。

1.4 本课程与其他课程的关系

"路基路面工程"是一门重要的专业课程。它主要介绍路基路面设计与建筑的基本知识、原理和方法。

本课程与各基础技术课程及其他专业课程有着密切的联系。例如,路基稳定性和土石爆破效果的分析,需要"工程地质"的基本知识;土质路基的稳定性验算、软土路堤的地基沉降计算、挡土墙的土压力计算和路基土的压实等,均引用"土力学"的有关内容;道路排水设计,涉及"水力学"和"桥涵水文";路面材料的力学性能和组成设计,同"道路建筑材料"紧密相连……

在学习本课程时,要注意联系工程实践,注意新材料、新结构、新设备和新工艺的运用,通过分析、对比、归纳等方法,掌握基本概念和原理,做到举一反三、融会贯通,提高分析和解决实际问题的能力,为今后工作打下扎实的基础。

1.5 公路建设概况

1.5.1 我国公路发展回顾

20 世纪初,第一辆汽车输入我国后,通行汽车的公路开始发展起来,1908 年建成了我国历史上第一条公路,即广西龙州至那堪公路(长 30km)。1949 年以前,是我国近代道路发展时期,但发展缓慢,在这一时期,修建的多为天然泥土路、泥石路或泥结碎石路。主要是人工挑抬,石碾压实。虽引进了一些筑路机械,但由于机械配件和燃料供应困难而很少使用。到解放初期,全国仅有推土机 240 台,挖掘机 5 台,压路机 91 台,拌和机 104 台,汽车 118 辆。

1950 年后,我国拥有了公路施工专业队伍,并颁布了各种公路技术规范或规则,使公路施工及管理迅速地走向正轨。20 世纪 50 年代,由专业施工队伍负责承担施工任务的康藏公路、海南岛公路、成都至阿坝公路等 10 余条重点公路工程相继竣工。根据这些公路自然条件复杂、工程艰巨、工期要求短等特点,在施工中探索、创造了土石方大爆破施工、泥结碎石路面施工及泥结碎石路面加铺级配磨耗层和保护层施工、软土等特殊地基的处理等一系列的公路施工技术,使我国的公路施工技术水平有了整体上的提高。20 世纪 60～80 年代初,是我国公路发展的普及时期,这个时期共修建公路 80 多万公里,其中高级、次高级路面达 $1.0×10^5$km。这些公路以三、四级公路和等外路为主,基本上是采取发动群众、用手工操作方式组织施工的。因此施工机械的发展和推广应用方面还是比较缓慢的。

20 世纪 80 年代,是我国公路交通史上不平凡的年代,高速公路实现了零的突破,结束了中国内地没有高速公路的历史,专家们认为,这是中国公路迈入现代化的新起点。为适应高等级公路高标准和高质量的要求,我国公路施工技术也获得了前所未有的发展。

1) 制定或修订了公路工程技术规范,初步建立起了一整套符合我国国情的公路施工控制、检测及验收标准。

2) 机械化施工水平大大提高,各种先进的筑路机械广泛应用于公路工程的施工。全国各地组建了一批设备先进、种类齐全的公路机械化施工队伍,公路施工基本实现了由手工操作逐步向现代化机械作业方式的转变。到目前为止,全国公路施工部门已拥有一大批国产和进口的技术先进、种类齐全、成龙配套的筑路机械、试验仪器和检测设备。

3) 新技术、新工艺、新材料得到广泛应用,进而取得了巨大的社会、经济效益。

4) 施工的控制及检测手段日臻完善,从而有力地保证了工程质量,加快了施工进度。

1.5.2 公路施工的发展趋势

随着世界各国技术经济的进步,交通事业的发展和人们物质文化要求的提高,对公路建设也提出了更高的要求,主要表现为:①对公路功能的要求越来越高,如通过能力、承载能力及行车的安全性和舒适性等;②对公路整体线形、路容、路况的要求越来越高,特别是山区公路及旅游区道路,其路线与周围环境的协调成为重要的评定条件;③对公路的环保要求越来越高,如对行车污染和噪声的限制等;④对公路的施工速度、施工质量和管理水平要求越来越高,施工中将普遍采用自动化机械设备快速施工作业。

针对上述要求,公路施工必将向着机械化、自动化、生物化学化、标准化和工厂化方面发展。

1) 在公路施工方案的拟定和选择方面,将充分利用电子计算机及其他现代先进手段,综合考虑材料、机具、工期、造价等因素,进行方案优化,以获得最大的社会经济效益。

2) 在施工工艺方面,土石方爆破、稳定土、旧有沥青及水泥混凝土再生、工业废料筑路及水泥、沥青、土壤外加剂等工艺将有突破性的进展。

3) 在施工机械方面,将研究使用一条龙的单机配套机械进行流水作业和多功能的联合施工机械。为实现施工机械自动化,还将使用电子装置和激光技术,对施工现场进行遥控监测。

4) 在施工检测技术方面,将研究使用能自动连续量测动、静两种荷载作用下的路基、路面弯沉仪和曲率半径仪;研究使用冲击波、超声波测定强度和弹性模量;研究使用同位素方法测定密实度和厚度;研究使用计算机自动连续量测路面抗滑性能和平整度的仪器等。

5) 在施工作业方面,将大量使用预制结构,使路基、路面施工,特别是人工构造物的施工实现标准化和工厂化。

6) 在特殊路基的处理方面,将充分应用生化技术,最大限度地利用当地材料。

7) 各种环保和交通工程设施如声屏墙、减噪路面及绿化工程等的施工技术将提高到一个新的水平。

8）施工技术的发展将更好地满足设计要求，设计与施工的结合将更加密切。

1.6 小 结

路基是道路路线的主体，又是路面结构的基础。只有稳固的路基，才能维持道路的线形，保证路面的质量。路面作为道路行车部分的铺装，应坚固而平糙，以满足车辆的运行要求。

路基路面在使用过程中受到行车荷载和自然因素的影响，会产生各种各样的病害与变形，导致路况逐步恶化。为了保证路基路面具有足够的强度和稳定性，应查明当地的自然条件和交通情况，运用工程地质、筑路材料等学科的知识进行分析，相应采取各种工程技术措施。

思 考 题

1.1 路基和路面在道路上各起什么作用？有哪些基本要求？

1.2 路基通常由哪几部分组成？

1.3 路面结构为何要分层？主要分为哪些层次？各层的作用及其对材料的要求如何？

1.4 路基路面设计与建筑的基本任务是什么？有何特点？包括哪些主要内容？

习 题

1.1 填空

（1）在行车荷载作用深度范围内的路基，称为_____区。

（2）直接位于路面结构层下 0.8m 厚的路基部分，称为_____。

（3）建造路堤时在路侧设置的取土坑，应同排水沟渠或农田水利相结合。路堤堤身与路侧取土坑或水渠之间，还有高路堤或浸水路堤的边坡中部，可视需要设置宽至少 1m（并高出设计水位 0.5m）的平台，称为_____，以保证路堤边坡的稳定。

（4）在横坡较陡（陡于 1:2.5）的地面上填筑的路堤，称为_____路堤，其下侧边坡常需设置石砌_____或挡土墙，以防止路堤向下滑动，并能收缩填方坡脚，减少填方数量和占地宽度。

（5）挖方边坡的坡脚应设置边沟，以汇集和排除路基基身表面的水。路堑上方应设置截水沟，以拦截上侧山坡的地面水。边坡可按地层构造情况采用直线或折线等形式，易风化或碎落时，宜进行抹面防护或设置_____台；破碎或不稳定时，则可采用护墙或挡土墙。路侧弃土堆的设置，应不妨碍路基排水，不危及边坡的稳定。弃土堆内侧坡脚到堑顶之间的距离应随土质条件和路堑边坡高度而定，一般不小于_____ m。

（6）路面面层表面应具有一定横向坡度，以利排水。除超高路段外，路面横断面通常做成中间拱起的形状，称为_____。

（7）施工过程中的三大控制通常是指：_____控制；_____控制和_____控制。

1.2　看图填空

（1）根据图 1.9 填写路基的形式。

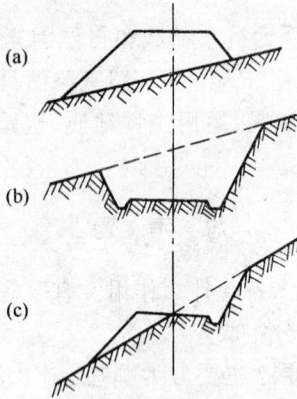

图 1.9　路基的形式

(a)(　　　)；(b)(　　　)；(c)(　　　)

（2）根据图 1.10 填写路堤横断面的基本形式。

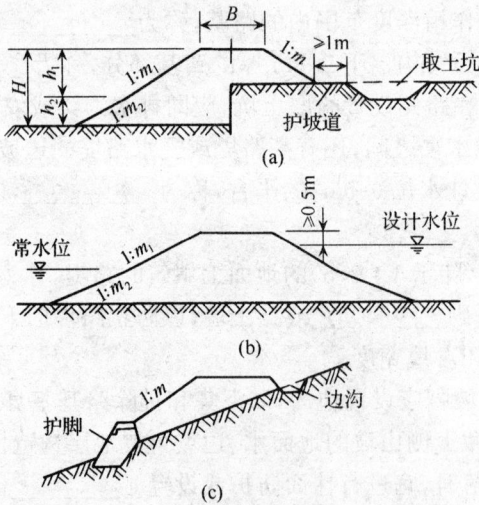

图 1.10　路堤横断面的基本形式

(a)(　　　)路堤；(b)(　　　)路堤；(c)(　　　)路堤

（3）根据图 1.11 填写路面结构。

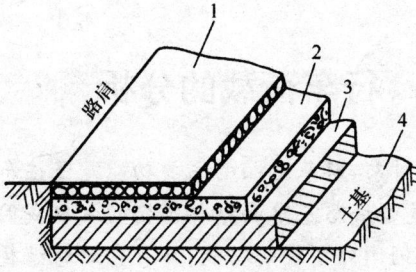

图 1.11 路面结构示意图

1.（　　）；2.（　　）；3.（　　）；4.（土基）

第二章　行车荷载的分析

汽车是路基路面的服务对象,路基路面的主要功能是保证车辆快速、安全、平稳地通行。汽车又是造成路基路面结构损伤的主要成因。因此,为了保证设计的路基路面结构达到预计的功能,具有良好的结构性能,应对行驶的汽车进行分析,主要包括汽车轮重与轴重的大小与特性;不同车型车轴的布置;设计期限内,汽车轴型的分布以及车轴通行量逐年增长的规律;汽车静态荷载与动态荷载特性比较等。

2.1　车辆的类型和轴型

2.1.1　车辆的类型

道路上通行的汽车车辆主要分为客车与货车两大类。

客车又分为小客车、中客车与大客车。小客车自身重量与满载总重都比较轻,但车速高,一般可达 120km/h,有的小客车可达 200km/h 以上;中客车一般包括 6 个座位至 20 个座位的中型客车;大客车一般是指 20 个座位以上的大型客车(包括铰接车和双层客车),主要用于长途客运与城市公共交通。

货车又分为整车、牵引式挂车和牵引式半挂车。整车的货厢与汽车发动机为一整体;牵引式挂车的牵引车与挂车是分离的,牵引车提供动力,牵引车后有时可以拖挂两辆以上的挂车;牵引式半挂车的牵引车与挂车也是分离的,但是通过铰接相互连接,牵引车的后轴也负担部分货车的重量,货车厢的后部有轮轴系统,而前部通过铰接悬挂在牵引车上。货车总的发展趋向是向大吨位发展,特别是集装箱运输水陆联运业务开展之后,货车最大吨位已超过 50t。

汽车的总重通过车轴与车轮传递给路面,所以路面结构设计主要以轴重作为荷载标准。在道路上行驶的多种车辆的组合中,重型货车与大客车起决定作用。但是在考虑路面表面特性要求时,如平整性、抗滑性能等,则以小客车为主要对象,因为小客车的行驶速度较高,要求在高速行驶时具有良好的平稳性与安全性。

2.1.2　车辆的轴型

由于轴重的大小直接关系到路面结构的设计承载力与结构强度,为了统一设计标准和便于交通管理,各个国家对于轴重的最大限度均有明确的规定。我国公路与城市道路路面设计规范中均以 100kN 作为设计标准轴重。

由于汽车货运向大型重载方向发展,货车的总重有增加的趋势,为了满足各个国家对汽车轴限的规定,趋向于增加轴数以提高汽车总重,因此出现了各种多轴的货车。有些运输专用设备的平板挂车,采用多轴多轮,以便减轻对路面的压力。各种不同轴型的货车如图 2.1 所示。我国部分常用汽车设计参数见表 2.1。

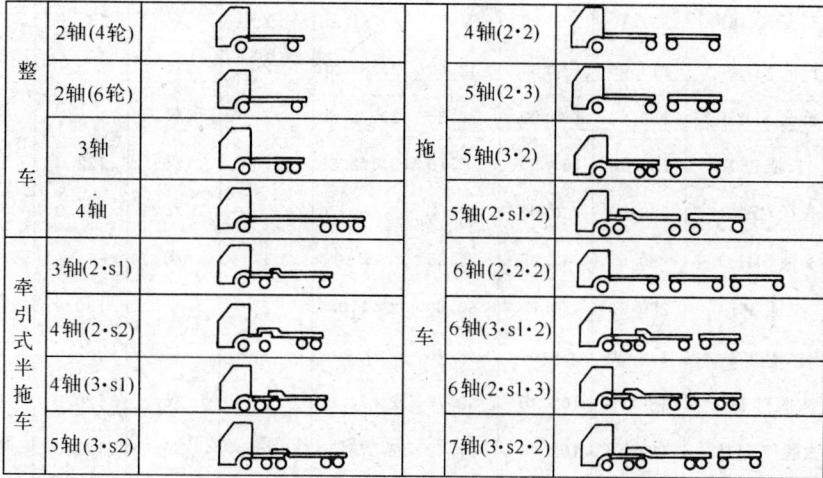

图 2.1 不同轴型的货车示意图

表 2.1 我国部分常用汽车路面设计参数

序号	汽车型号	总重/kN	载重/kN	前轴重/kN	后轴重/kN	后轴数	轮组数	轴距/cm	产地
1	解放 CA10B	80.25	40.00	19.40	60.85	1	双		中国
2	解放 CA15	91.35	50.00	20.97	70.38	1	双		中国
3	解放 CA30A *	99.90	46.50	26.50	2×36.70	2	双		中国
4	解放 CA30A	103.00	46.50	29.50	2×36.75	2	双		中国
5	解放 CA50	92.90	50.00	28.70	68.20	1	双		中国
6	解放 CA340	78.70	36.60	22.10	56.60	1	双		中国
7	解放 CA390	105.15	60.15	35.00	70.15	1	双		中国
8	东风 EQ140	92.90	50.00	23.70	69.20	1	双		中国
9	黄河 JN150	150.60	82.60	49.00	101.60	1	双		中国
10	黄河 JN162	174.50	100.00	59.50	115.00	1	双		中国
11	黄河 JN162A	178.50	100.00	62.28	116.22	1	双		中国
12	黄河 JN253	187.00	100.00	55.00	2×66.00	2	双		中国
13	黄河 JN360	270.00	150.00	50.00	2×110.0	2	双		中国

序号	汽车型号	总重/kN	载重/kN	前轴重/kN	后轴重/kN	后轴数	轮组数	轴距/cm	产地
14	黄河 QD351	145.65	70.00	48.50	97.15	1	双		中国
15	延安 SX161	237.10	135.00	54.64	2×91.25	2	双	135.0	中国
16	长征 XD160	213.00	120.00	42.60	2×85.20	2	双		中国
17	长征 XD250	189.00	100.00	37.80	2×72.60	2	双		中国
18	长征 980	182.40	100.00	37.10	2×72.65	2	双	122.0	中国
19	长征 CZ361	229.00	120.00	47.60	2×90.70	2	双	132.0	中国
20	交通 SH141	80.65	43.25	25.55	55.10	1	双		中国
21	交通 361	280.00	150.00	60.00	2×110.0	2	双	130.0	中国
22	南阳 351	146.00	70.00	48.70	97.30	1	双		中国
23	太脱拉 111	186.70	102.40	38.70	2×74.00	2	双	120.0	捷克
24	太脱拉 111R	188.40	102.40	37.40	2×75.50	2	双	122.0	捷克
25	太脱拉 111S	194.90	102.40	38.50	2×78.20	2	双	122.0	捷克
26	太脱拉 138	211.40	120.00	51.40	2×80.00	2	双	132.00	捷克
27	太脱拉 130S	218.40	120.00	50.60	2×88.90	2	双	132.00	捷克
28	太脱拉 138S	225.40	120.00	45.40	2×90.00	2	双	132.00	捷克
29	吉尔 130	85.25	40.00	25.75	59.50	1	双		前苏联
30	斯柯达 706R	140.00	73.00	50.00	90.00	1	双		捷克
31	斯柯达 706RTS	138.00	65.50	45.00	93.00	1	双		捷克
32	日野 KB222	154.50	80.00	50.20	104.30	1	双		日本
33	日野 KF300D	198.75	106.65	40.75	2×79.00	2	双	127.0	日本
34	日野 ZM440	260.00	152.00	60.00	2×100.00	2	双	127.0	日本
35	尼桑 CK10G	115.25	66.65	39.25	76.00	1	双		日本
36	尼桑 CK20L	149.85	85.25	49.85	100.00	1	双		日本
37	尼桑 6TW(I)13SD	219.85	121.95	44.35	2×87.75	2	双		日本
38	尼桑 CW(L)40HD	237.60	141.75	50.00	2×93.80	2	双		日本
39	扶桑 FP101	154.00	94.10	54.00	100.0	1	双		日本
40	扶桑 FU102N	214.00	133.80	44.00	2×85.00	2	双		日本
41	扶桑 FV102N	254.00	164.95	54.00	2×100.0	2	双		日本

2.2 汽车对道路的静态压力

2.2.1 轮胎接地压力

汽车处于停驻状态下,对路面的作用力为静态压力(static pressure),主要是由轮胎传给路面的垂直压力 p,它的大小受汽车轮胎的内压力 p_i、轮胎的刚度和轮胎与路面接触的形状、轮载的大小等影响。

货车轮胎的标准静内压力 p_i 一般在 $0.4\sim0.7$MPa 范围内。通常轮胎与路面接触面上的压力 p 略小于内压力 p_i,为 $(0.8\sim0.9)p_i$。车轮在行驶过程中,内压力会因轮胎充气温度升高而增加,因此,滚动的车轮接触压力也有所增加,可以达到 $(0.9\sim1.1)p_i$。

轮胎的刚度随轮胎的新旧程度而有所不同,接触面的形状和轮胎的花纹也会影响接触压力的分布,一般情况下,接触面上的压力分布是不均匀的。在路面设计中,通常忽略上述因素的影响,而直接取内压力作为接触压力,并假定在接触面上压力是均匀分布的。

轮胎与路面的接触面形状如图 2.2 所示,它的轮廓近似于椭圆形,在工程设计中采用圆形接触面积。

2.2.2 当量圆半径

将车轮荷载简化成当量的圆形均布荷载,并采用轮胎内压力作为接触压力 p,轮胎与路面接触圆的半径可以按式(2.1)确定:

$$\delta = \sqrt{\frac{P}{\pi p}} \tag{2.1}$$

式中:P——作用在车轮上的荷载,kN;

p——轮胎接触压力,kPa;

δ——接触面当量圆半径,m。

对于双轮组车轴,若每一侧的双轮用一个圆表示,称为单圆荷载;如用两个圆表示,则称为双圆荷载,车轮荷载计算如图 2.2 所示。双圆荷载的当量圆直径 d 和单圆荷载的当量圆直径 D,分别按式(2.2)、式(2.3)计算:

$$d = \sqrt{\frac{4P}{\pi p}} \tag{2.2}$$

$$D = \sqrt{\frac{8P}{\pi p}} = \sqrt{2}\,d \tag{2.3}$$

我国现行路面设计规范中规定的标准轴载 BZZ-100 的 $P = 100/4$kN,$p =$

700kPa,用式(2.2)、式(2.3)计算,可分别得到相应的当量直径为

$$d_{100} = 0.213\text{m}, \quad D_{100} = 0.302\text{m}$$

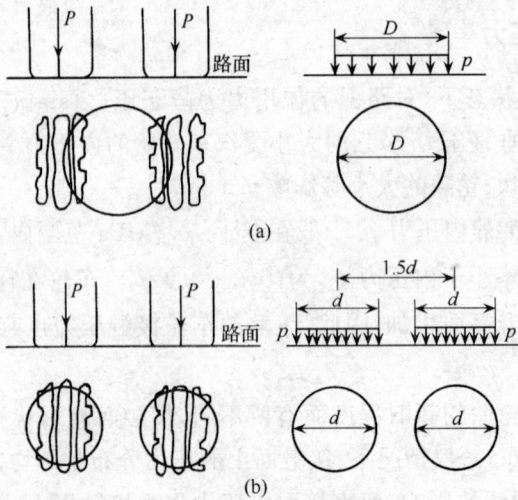

图 2.2 车轮荷载计算图示

(a)单圆图示;(b)双圆图示

2.3 运动车辆对道路的动态影响

运动状态的汽车除了施加给路面垂直静压力之外,还给路面施加水平力、振动力。由于汽车是以较快的速度通过,这些动力影响还有瞬时性的特征。

2.3.1 水平力

汽车在道路上等速行驶,车轮受到路面给它的滚动摩阻力,路面也相应受到车轮施加于它的一个向后的水平力;汽车在上坡行驶,或者在加速行驶过程中,为了克服重力与惯性力,需要给路面施加向后的水平力,相应在下坡行驶或者在减速行驶过程中,为了克服重力与惯性力的作用,需要给路面施加向前的水平力。汽车在弯道上行驶,为了克服离心力,保持车身稳定不产生侧滑,需要给路面施加侧向水平力。特别是在汽车起动和制动过程中,施加于路面的水平力比较大。

车轮施加于路面的各种水平力 Q 值与车轮的垂直压力 p,以及路面与车轮之间的附着系数 ϕ 有关,车轮作用于路面的垂直压力与水平力如图 2.3 所示,其水平力最大值 $Q_{\max}$ 不会超过 p 与 ϕ 的乘积,即

$$Q_{\max} \leqslant p\phi \tag{2.4}$$

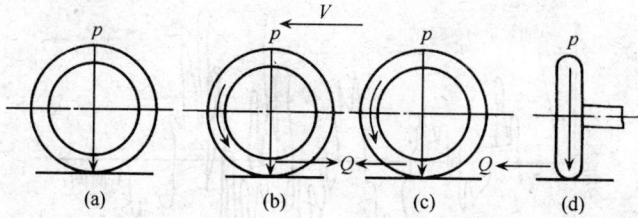

图 2.3 车轮作用于路面的垂直压力与水平力

水平应力的作用范围同垂直应力一样,也认为是均匀分布在当量圆内。

表 2.2 所列的纵向路面附着系数 ϕ 值为实地测量的资料。由表 2.2 所列 ϕ 值可以看出,ϕ 的最大值一般不超过 0.7~0.8,ϕ 值同路面类型和湿度以及行车速度有关,相同的路面结构类型,干燥状态的 ϕ 值比潮湿状态高;路面结构类型及干燥状态均相同的情况下,车速越高,ϕ 值越小。路面表面必须保持足够的附着系数,这是保证正常行车的重要条件。

表 2.2　纵向路面附着系数 ϕ 值

路面状况	路面类型	车　速/(km/h)		
		12	32	64
干燥	碎石	—	0.60	—
	沥青混凝土	0.70~1.00	—	0.50~0.65
	水泥混凝土	0.70~0.85	—	0.60~0.80
潮湿	碎石	—	0.40	—
	沥青混凝土	0.40~0.65	—	0.10~0.50
	水泥混凝土	0.60~0.70	—	0.35~0.55

2.3.2　动载特性

汽车在道路上行驶,由于车辆自身的振动和路面的不平整,其车轮实际上是以一定的频率和振幅在路面上跳动,作用在路面上的轮载时而大于静态轮载,时而小于静态轮载,呈波动状态,图 2.4 所示即为轴载的动态波动实例。

轮载的这种波动,可近似地看做为呈正态分布,其变异系数(标准离差与轮载静载之比)主要随下述三个方面因素而变化:①行车速度。车速越高,变异系数越大;②路面的平整度。平整度越差,变异系数越大;③车辆的振动特性。轮胎的刚度低,减振装置的效果越好,变异系数越小。

正常情况下,变异系数一般均小于 0.3。

振动轮载的最大峰值与静载之比称为冲击系数。在较平整的路面上,行车速度不超过 50km/h 时,冲击系数不超过 1.30;在车速高、路面平整度差的道路上,则冲击系数将会增大。

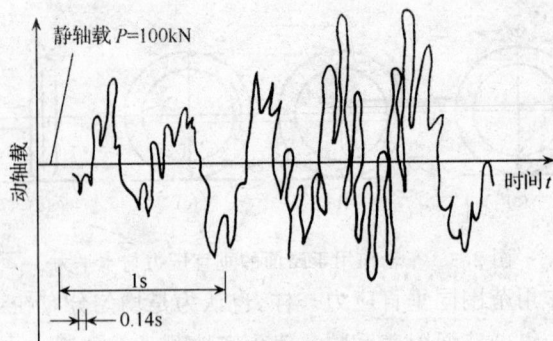

图 2.4 轴载的动态波动

车速:60km/h;路面平整度中等;轮胎着地长:23cm;通过时间:0.0138s

2.3.3 瞬时性

车辆以一定的速率通过路面时,路面上任一点承受荷载的时间很短,只有0.1~0.01s。在路面以下一定深度处,应力作用的持续时间略长一些,但仍然是十分短暂的。由于路面结构中应力传递是通过相邻的颗粒来完成的,若应力出现的时间很短,则来不及传递分布,其变形特性便不能像静载那样呈现得那样完全。美国各州公路工作者协会(AASHO)试验路曾对不同车速下沥青路面和水泥混凝土路面的变形进行了量测,车速与路面变形的关系如图 2.5 所示。

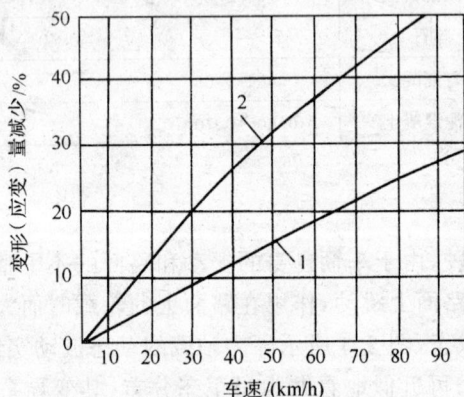

图 2.5 车速与路面变形的关系

1. 刚性路面,板角挠度和板边应变量随车速的变化;2. 柔性路面,表面总弯沉量随车速的变化

2.4 交通分析

道路上通行的车辆不仅具有不同的类型和不同的轴重,而且通行的车辆数目也是变化的。路面结构设计要考虑他们在使用年限内对路面的综合损坏影响。因

此,要分析各种轴型和各级轴载的累计重复作用次数。

2.4.1 交通量

交通量是指一定时间间隔内通过道路某一断面的车辆总数。设计路面时,通常以平均日交通量来表征道路的交通状况,即每昼夜通过道路某一横断面的车辆总数。交通量的观测方法有两种:一是直接记录不同类型车辆的通行次数;二是用自动记录仪器记录通行车辆的轴数与轴载大小,然后按轴载大小进行分类统计,这种方法又称为轴载谱调查。目前,主要采用前一种方法。调查时,汽车后轴轴载在20kN 以下的货车,对路面的损坏作用很小,统计时可略去不计。其余各类车辆按轴型和轴载大小分类(如单后轴货车、双后轴货车、牵引车、挂车等)并分级统计。各级轴载在整个车辆组成中所占的比例,称为轴载谱(见图 2.6)。同时,还要通过目测大致估计这些车辆的满载程度,以便定出空车数占车辆总数的比重。

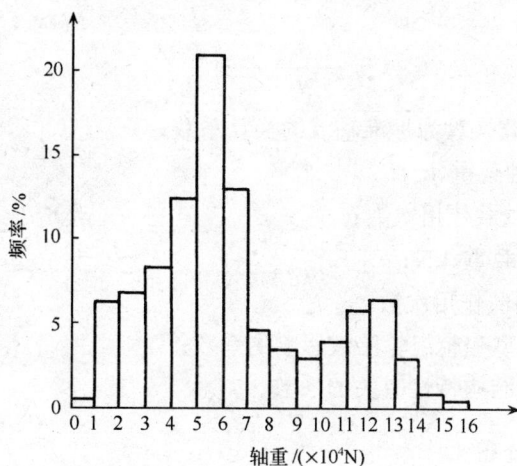

图 2.6 轴载谱

道路路面承受的年平均日交通量是逐年增长的,要确定路面设计期限内的总交通量,还需要预估这些年内交通量的发展。逐步增长的交通量大致符合几何级数的规律。即在某段时间内,以固定的百分率 γ 逐年增加,γ 值的变化幅度很大,不同地区,不同经济条件,不同时间的增长率 γ 值都不一样。通常在发达国家、大城市附近,由于经济基础已具相当规模,交通量的基数较大,因此 γ 较小。对于发展中国家、新开发的经济区,一般 γ 值较高,若干年后 γ 值逐步下降,趋向稳定。

在路面结构设计中,通过调查分析确定初始年平均日交通量 N_1,设计年限内累计交通量 N_e 可以按式(2.5)预估为

$$N_e = \frac{365N_1}{\gamma}[(1+\gamma)^t - 1] \tag{2.5}$$

式中:N_e——设计年限内的累计交通量;

N_1——设计初始年平均日交通量；

γ——设计年限内交通量的平均年增长率，%；

t——设计年限。

2.4.2 标准轴载等效换算

汽车的轴载与通行次数可以按照等效原则换算成标准轴载的作用次数。我国沥青路面和水泥混凝土路面规范均以单轴100kN作为标准轴载，以BZZ-100表示。

各级轴载等效换算为标准轴载所依据的原则是，同一种路面结构在不同轴载作用下，要达到相同的疲劳损坏程度。通过室内或道路现场的重复作用试验，可以建立荷载量级与达到相同程度损伤的作用次数之间的关系，依据这一关系，可以推算出不同轴载的作用次数等效换算成标准轴载当量作用次数的轴载换算系数公式(2.6)。

$$\eta_i = \frac{N_s}{N_i} = a\left(\frac{P_i}{P_s}\right)^n \tag{2.6}$$

式中：η_i——i级轴载换算为标准轴载的换算系数；

P_s——标准轴载重，kN；

N_s——标准轴载作用次数；

P_i——i级轴载重，kN；

N_i——i级轴载作用次数；

a——反映轴型和轮组轮胎数影响的系数；

n——与路面结构特性有关的系数。

2.4.3 轴迹横向分布

车辆在道路横断面上的分布，通常是在中心线附近一定范围内摆动。图2.7所示为分车道单向行驶时一个车道上实测的轮迹横向分布频率曲线（轮迹宽度以

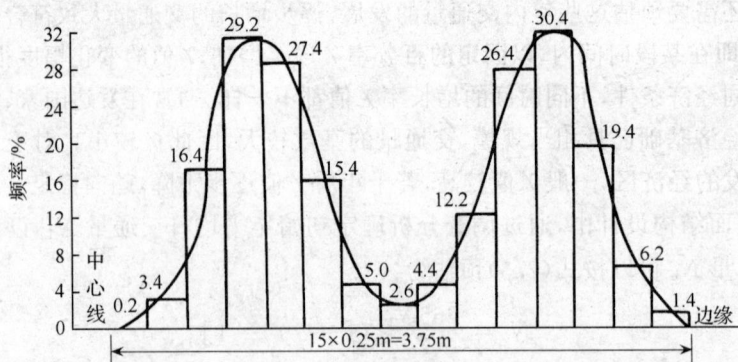

图2.7 轮迹横向分布频率曲线（单向行驶一个车道）

25cm 计）。图 2.8 所示为混合行驶时双车道上实测的轮迹横向分布频率曲线。

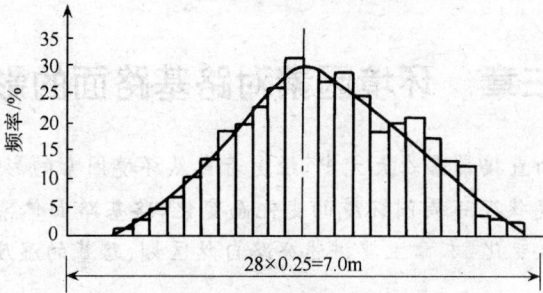

图 2.8　轮迹横向分布频率曲线（混合行驶双车道）

　　轮迹横向分布的图形和峰值取决于交通的渠化程度,它随许多因素变化,如交通组织类型(不分车道混合交通,划标线分道行驶或设分隔带分道行驶)、车道宽、交通密度、交通组成、车速以及司机的驾驶习惯和经验等。

2.5　小　　结

　　本章重点介绍了汽车对道路的静态影响,包括轮胎接地压力和当量圆半径;同时还介绍了汽车对道路的动态影响的特性,车辆的类型和轴型,以及交通量的计算。通过本章学习,应掌握汽车对道路作用的原理和交通量的计算方法。

思　考　题

2.1　汽车对路面的作用有哪些?
2.2　我国路面设计的标准轴载是什么? 为何如此设定? 其参数有哪些?
2.3　简述单圆荷载图示、双圆荷载图示的区别。

第三章 环境因素对路基路面的影响

路基路面直接暴露在大气中,经受着自然环境因素的影响。路基路面的温度和湿度状况随周围环境的变化而变化,路基路面体系的性质和状态也随之发生变化。本章主要讲述公路自然区划、路基的湿度状况和温度影响。

3.1 公路自然区划

3.1.1 公路自然区划的制定原则

根据影响公路工程的地理、地貌及气候的差异特点,公路自然区划按以下三项原则进行划分:

(1)道路工程特征相似性原则

在同一区划内,在同样自然条件下道路具有相似性。例如,北方不利季节主要是春融时期,有翻浆病害,南方不利季节在雨季,有冲刷、水毁等病害。

(2)地表气候区域差异性原则

地表气候是地带性差异与非地带性差异的综合结果。通常,地表气候随当地纬度而变,如北半球,北方寒冷,南方温暖,这称为地带性差异。除此之外,还与高程的变化有关,即沿垂直方向的变化,如青藏高原,由于海拔高,与纬度的其他地区相比,气候更加寒冷。即称为非地带性差异。

(3)自然气候因素既有综合又有主导作用的原则

自然气候的变化是各种因素综合作用的结果,但其中又有某种因素起着主导作用。例如,道路病害是水和热综合作用的结果。但是在南方,只有水而没有寒冷气候的影响,不会有冻害,说明温度起主导作用;西北干旱区与东北潮湿区,同样有负温度,但前者冻害轻于后者,说明水起主导作用。

3.1.2 公路自然区划的划分

我国公路自然区划分为三个等级。一级区划首先将全国划分为多年冻土、季节冻土和全年不冻土三大地带,再根据水热平衡和地理位置,划分为冻土,温润,干湿过渡、湿热、潮暖、干旱和高寒共7个一级区:Ⅰ. 北部多年冻土区;Ⅱ. 东部温润季冻区;Ⅲ. 黄土高原干湿过渡区;Ⅳ. 东南湿热区;Ⅴ. 西南潮暖区;Ⅵ. 西北干旱区;Ⅶ. 青藏高寒区。

二级区划是在一级区划范围内进一步划分,其主要依据是潮湿系数 K。潮湿系数是指年降雨量 R 与年蒸发量 Z 之比,即 $K=R/Z$,据此划分为过湿、中湿、润湿、润干、中干、过干 6 个潮湿等级。同时结合各地区的地理、气候特征、地貌类型和自然病害等因素,将全国分为 33 个二级区和 19 个二级副区。

三级区划划分方法有两种,一是以水热、地理和地貌为依据,分为若干个具有相似性的区域单元;另一种是以地表的地貌、水文和土质为依据分为若干个类型单元。全国公路自然区划见图 3.1。

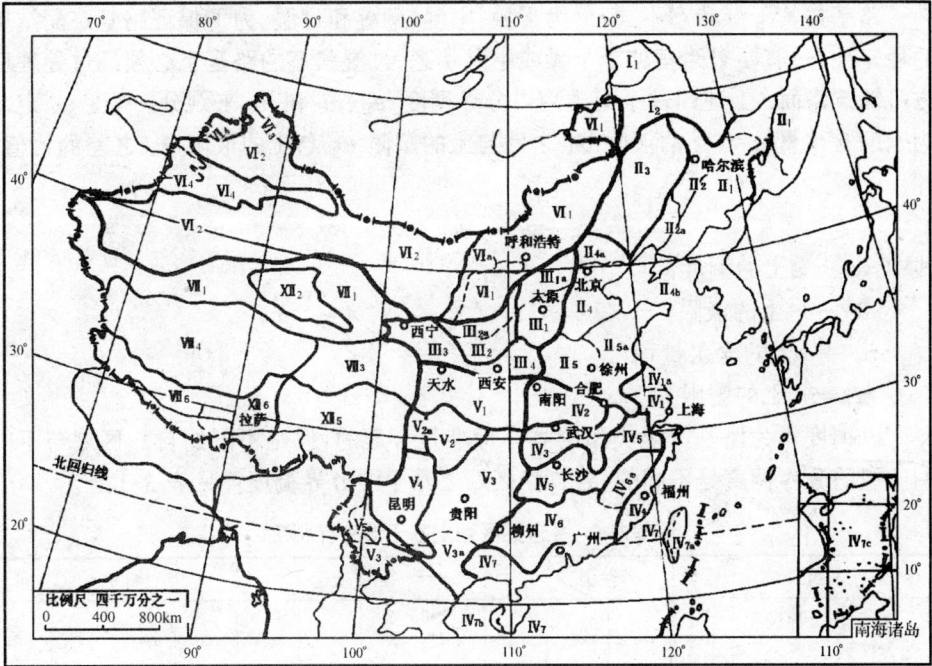

图 3.1 全国公路自然区划图

3.2 路基湿度状况

3.2.1 路基湿度来源

路基的强度与稳定性在很大程度上与路基的湿度状况(subgrade moisture)有密切的关系。路基在使用过程中,受到各种外界因素的影响,使其湿度发生变化,路基湿度的水源可分为以下几方面:①大气降水。大气降水通过路面、路肩边坡和边沟渗入路基。②地面水。边沟的流水、地表径流水因排水不良形成积水,渗入路基。③地下水。路基下面一定范围内的地下水浸入路基。④毛细水。路基下的地下水,通过毛细管作用,上升到路基。⑤水蒸气凝结水。在土的空隙中流动的水蒸气,遇冷凝结成水。⑥薄膜移动水。在土的结构中水以薄膜的形式从含水量较高处向较低处流动,或由温度较高处向冻结中心周围流动。

上述各种导致路基湿度变化的水源,其影响程度随当地自然条件和气候特点以及所采取的工程措施而不同。

3.2.2 路基干湿类型划分

路基的强度与稳定性同路基的干湿状态有密切关系,并在很大程度上影响路面的结构设计。

路基按其干湿状态不同,分为干燥、中湿、潮湿和过湿。为了保证路基路面结构的稳定性,一般要求路基处于干燥或中湿状态。过湿状态的路基土必须经过处理后方可铺筑路面。上述四种干湿类型以分界稠度 w_{c1}、w_{c2} 和 w_{c3} 来划分。稠度 w_c 定义为土的含水量 w 与土的液限 w_L 之差与土的塑限 w_p 与土的液限 w_L 之差的比值,即

$$w_c = (w_L - w)/(w_L - w_p) \tag{3.1}$$

式中:w_c——土的稠度;

w_L——土的液限;

w——土的含水量;

w_p——土的塑限。

以稠度作为路基干湿类型的划分标准是合理的,但是不同的自然区划与不同的土组的分界稠度是不同的,各自然区划土基干湿分界稠度详见表 3.1。

表 3.1 各自然区划土基干湿分界稠度

土 组 自然区划 分界稠度	砂性土				黏质土				粉质土			
	w_{c0}	w_{c1}	w_{c2}	w_{c3}	w_{c0}	w_{c1}	w_{c2}	w_{c3}	w_{c0}	w_{c1}	w_{c2}	w_{c3}
II₁、II₃ II₃	1.87	1.19	1.05	0.95	1.29	120	1.03	0.86	1.12	1.04	0.96	0.81
					1.20	1.12	0.94	0.77		0.96	0.89	0.73
II₄ II₅	1.87	1.05	0.91	0.78	1.29	1.20	1.03	0.86	1.12	1.04	0.89	0.73
III	2.00	1.19	0.97	0.78					1.20	1.12	0.96	0.81
										1.04	0.89	0.73
IV	1.73	2.32	1.05	0.91	1.20	1.03	0.94	0.77	1.04	0.96	0.89	0.73
V					1.20	1.08	0.86		1.04	0.96	0.81	0.73
VI	2.00	1.19	0.97	0.78	1.20	1.12	0.98	0.86	1.20	1.04	0.89	0.73
VII	2.00	1.32	1.10	0.91	1.20	1.12	0.98	0.86	1.20	1.04	0.89	0.73

注:1. 对于 II₁、II₂、II₃ 区数据,黏性土:分母适用于 II₁、II₂ 区;粉性土:分母适用于 II₂a 区。

2. 对于 III 区数据,分子适用于粉土地区;分母适用于粉质亚黏土地区。

3. w_{c0} 为干燥状态路基常见下限稠度。

4. w_{c1}、w_{c2}、w_{c3} 分别为干燥和中湿、潮湿和过湿状态的分界稠度。

公路勘测设计中,确定路基的干湿类型需要在现场进行勘查,对于原有公路,按不利季节路槽底面以下 80cm 深度范围内路基土的平均稠度确定。查表 3.1,与分界稠度做比较,可确定土基的干湿类型。

对于新建道路,路基尚未建成,可用路基临界高度为标准来确定。当路基的地下水位或地表积水水位一定的情况下,路基的湿度由下而上逐渐减小。与分界稠度相对应的路基离地下水位或地表积水水位的高度称为路基临界高度 H,即 H_1 相对应于 w_{c1},为干燥和中湿状态的分界标准;H_2 相对应于 w_{c2},为中湿与潮湿状态的分界标准;H_3 相对应于 w_{c3},为潮湿和过湿状态的分界标准。

确定路基临界高度后,与路基设计高度进行比较并由此确定路基的干湿类型,如表 3.2 所示。

表 3.2　路基干湿类型

路基干湿类型	路基平均稠度 $\overline{w}_c$ 与分界相对稠度的关系	一 般 特 性
干 燥	$\overline{w}_c \geqslant w_{c1}$	路基干燥稳定,路面强度和稳定不受地下水和地表积水影响,路基高度 $H > H_1$
中 湿	$w_{c1} > \overline{w}_c \geqslant w_{c2}$	路基上部土层处于地下水或地表水影响的过渡带区内,路基高度 $H_2 < H \leqslant H_1$
潮 湿	$w_{c2} > \overline{w}_c \geqslant w_{c3}$	路基上部土层处于地下水或地表积水毛细影响区内,路基高度 $H_3 < H \leqslant H_2$
过 湿	$\overline{w}_c < w_{c3}$	路基极不稳定、冰冻区春融翻浆,非冰冻区软弹,路基经处理后方可铺筑路面,路基高度 $H < H_3$

为了保证路基的强度和稳定性不受地下水及地表积水的影响,在设计路基时,要求路基保持干燥或中湿状态。不同土质和自然区划的路基临界高度见《公路沥青路面设计规范》。

3.3　温度对路面的影响

3.3.1　温度变化预测

影响路面结构内温度状况的因素可分为外部和内部两类。外部因素主要为气候条件,如气温、太阳辐射、云量、风速、降水量等。其中,气温和太阳辐射是决定路面温度状况的两项最重要因素。到达路表面的太阳辐射,一部分被路面反射掉,余下的部分则为路面所吸收而提高其温度;路表面发出长波辐射又吸收大气长波辐射,形成路面的有效辐射,而使路面释放出部分热量。大气和路面温度的差异,引起对流交换热量。风的出现,加强了对流,降水和蒸发也会降低由日照所提高的路面温度。内部因素则为路面结构层的热特性,如材料的导热系数,比热容以及路表面对太阳辐射的吸收率等。路表面的辐射吸收率同路表层的类型及表面粗糙度有关。导热系数与材料的结构,孔隙率和湿度有关。面层材料的导热系数或比热容越大,则出现的温度梯度越小。

路面结构内的温度状况,可通过在外部和内部因素之间建立联系的方法来预估。预估方法分为统计法和理论法。

统计法就是在路面结构层的不同深度处埋设测温元件,连续观测一年内不同时刻的温度变化并同时收集当地的气象资料,包括对应的气温和辐射热等,对记录的路面温度和气象因素进行回归分析,分别建立不同深度处各种路面温度指标的回归方程式

$$T_{\max} = a + bT_{a\max} + cQ \tag{3.2}$$

式中:$T_{\max}$——路面某一深度处的最高温度,℃;

$\quad T_{a\max}$——相应的日最高气温,℃;

$\quad Q$——相应的太阳日辐射热,J/m^2;

$\quad a,b,c$——回归常数。

由于统计方法不可能包含所有的复杂因素,因此计算的精确度有地区局限性,只可以在条件相似的地区参考使用。理论法是应用热传导理论方程式推演出各项气象资料和路面材料热物理特性参数组成的温度预估方程式。通常,由于参数确定的难度大、理论假设的理想化,预估的结果与实测结果有一定的差距。

3.3.2 温度变化对路面的影响

大气的温度在一年四季和一昼夜之间发生着周期性的变化,受大气直接影响的路面温度也相应地在一年之内和一日之间发生着周期性的变化。图 3.2 为夏季晴天沥青面层温度日变化曲线,图 3.3 为夏季晴天水泥混凝土面层温度日变化曲线。由图 3.2 和图 3.3 可见,路表面温度变化与气温变化大致是同步的,但是由于部分太阳辐射热被路面所吸收,路表面的温度较气温高,尤其是沥青路面,由于吸热量高,温度增值的幅度超过水泥混凝土路面。面层结构内不同深度处的温度同样随气温的变化呈周期性变化,升降的幅度随深度的增加而减小,其峰值的出现也随

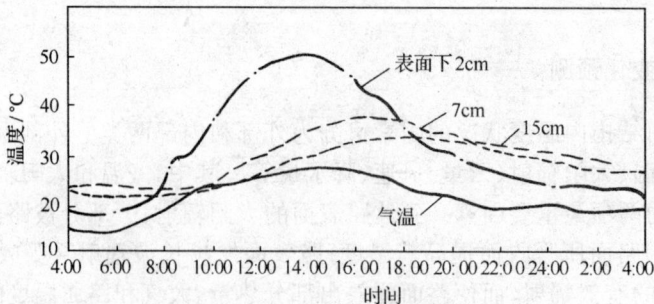

图 3.2　沥青面层温度日变化曲线(1980 年 5 月 27 日)

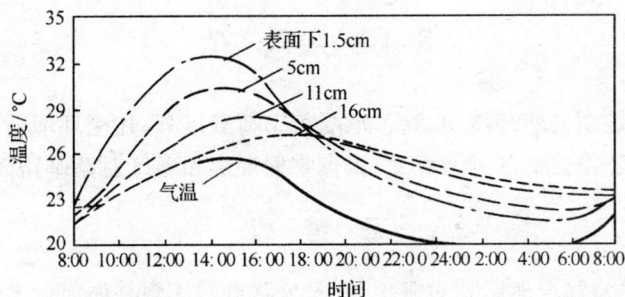

图 3.3　水泥混凝土面层温度日变化曲线(1980 年 6 月 4～5 日)

深度的增加而越来越滞后。

　　路面结构内温度随深度的分布状况,可以从一天内不同时刻的路面温度随深度的分布曲线图中看到。图 3.4 即为一天内不同时刻水泥混凝土面层深度的温度变化曲线。由图 3.4 可见,顶面与底面之间的温差,在一天内经历了由负(顶温低于底温)到正(顶温高于底温),再由正到负的循环变化。如果以单位深度内的平均温度坡差作为温度梯度,则由图 3.5 所示的水泥混凝土面层温度梯度与气温的日变化曲线可以看出,温度梯度的变化与气温的变化大致是同步的,具有周期性特点。

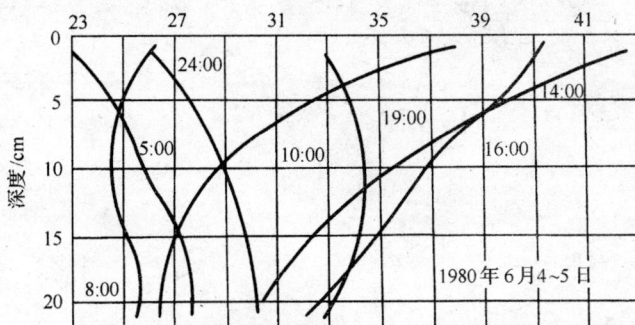

图 3.4　一天内不同时刻沿水泥混凝土面层深度的温度变化曲线

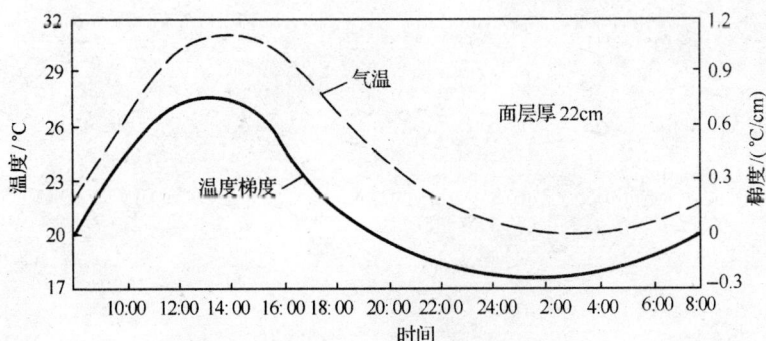

图 3.5　水泥混凝土面层温度梯度与气温的日变化曲线(1980 年 6 月 4～5 日)

3.4 小　结

由于道路是在自然环境中,除了承受行车荷载以外,还受环境因素的影响。因此应了解我国公路自然区划的意义,重点掌握湿度和温度对路基路面的影响。

思　考　题

3.1　试述公路自然区划的概念,我国公路自然区划是如何分类的?

3.2　简述影响路基湿度状况的因素。

3.3　路基的干湿类型有几种? 试述其划分的依据。

3.4　简要回答路面结构内温度随时间变化的规律。

第四章　路面材料的特性

　　路面材料在车轮荷载和环境因素的作用下所表现出的力学强度特性,对路面的使用品质和使用寿命有重大影响。路面结构在整个使用寿命期内,经受着车轮荷载千百万次的重复作用。由于荷载重复作用,引起的路面结构破坏的极限状态,完全不同于其他结构物由于使用期内可能出现的最大极限荷载引起的破坏极限状态。因此,深刻理解路面材料的力学强度和变形特性将有助于正确判别路面各种病害的真实成因,同时将有助于正确理解路面设计方法基本原理的物理背景。

4.1　极限强度特性

　　路面所用的材料,按其不同的形态及成型性质大致可分为三类:①松散颗粒型材料及块料;②沥青结合料类;③无机结合料类。这些材料按不同的成型方式(密实型、嵌挤型和稳定型)形成各种结构层。由于材料的基本性质和成型方式不同,各种路面结构层具有不同的力学强度特性。

4.1.1　抗剪强度

　　按摩尔强度理论,材料的抗剪强度由摩擦阻力和黏结力两个部分组成,摩擦阻力与作用在剪切面上的法向正应力成正比;黏结力为材料固有性质,与法向正应力无关。抗剪强度的计算公式如下:

$$\tau = c + \sigma\tan\phi \tag{4.1}$$

式中:τ——抗剪强度,kPa;

　　　c——材料的黏结力,kPa;

　　　σ——法向正应力,kPa;

　　　ϕ——材料的内摩阻角。

　　c和ϕ是表征路面材料抗剪强度的两项参数,可以通过直接剪切试验或三轴压缩试验得到,即通过试验在τ-σ坐标系中,绘出摩尔圆和相应的包络线(见图4.1),按式(4.1)的直线关系近似确定c和ϕ值。由于三轴试验较接近实际受力情况,目前大多采用这种方法来确定材料的c和ϕ值。三轴试验试件的直径应大于集料中最大粒径的4倍,试件的高度和直径之比不小于2,目前普遍使用试件直径为10cm,高为20cm,粒料的最大粒径不应大于2.5cm。

　　碎、砾石材料间一般无黏结力或黏结力很小,要提高碎、砾石材料的抗剪强度,主要是依靠碎、砾石材料的内摩阻角及剪切面上的法向应力。当石料强度高,形状接近正方体,有棱角、表面粗糙、压实度高时,它的抗剪强度相对较高。

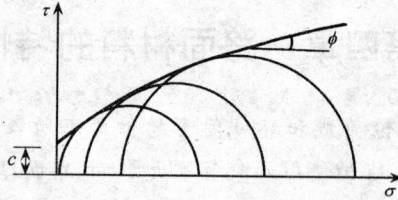

图 4.1 三轴压缩试验确定 c、ϕ 值

沥青混合料经受剪切时,除了矿质颗粒之间存在摩擦阻力之外,还有粒料与沥青的黏结力以及沥青膜之间的黏滞阻力共同形成抗剪强度。因此,沥青混合料的抗剪强度与沥青的黏度、用量、试验温度、加荷速率等因素有关。混合料中的矿质粒料因有沥青涂敷,其摩擦阻力比纯粒料有所下降。沥青含量越高,ϕ 值下降越多,而集料级配良好,富有棱角时,有助于提高摩阻角。

4.1.2 抗拉强度

沥青路面、水泥混凝土路面及各种半刚性基层在气温急剧下降时产生收缩,这些收缩变形受到约束阻力时,将在结构层内产生拉力,当材料的抗拉强度不足以抵抗上述拉应力时,路面结构会产生拉伸断裂。

路面材料的抗拉强度主要由混合料中结合料的黏结力所提供,可以采用直接拉伸或间接拉伸试验,测绘应力-应变曲线,取曲线的最大应力值为抗拉强度。

直接拉伸试验见图 4.2,是将混合料制成圆柱形试件,试件两端黏结在有球形铰结的金属上,通过安装在试件上的变形传感器,测定试件在各级拉应力下的应变值。

间接拉伸试验(见图 4.3),即劈裂试验,是将混合料制成圆柱形试件,直径为 D,高度为 h,试验时通过压条,沿直径方向按一定的速率施加荷载,直至试件开裂破坏。抗拉强度由式(4.2)计算确定

$$\sigma_t = \frac{2P}{\pi h D} \tag{4.2}$$

式中:σ_t——混合料的抗拉强度,kPa;

P——试验最大荷载,kN;

h,D——试件的高度和直径,m。

劈裂试验试件尺寸(h,D)的大小与混合料中集料的最大粒径有关。用于沥青混合料的试件尺寸与用于半刚性材料的试件尺寸不一样,可在有关试验规程中查阅。

水泥混凝土劈裂抗拉强度测试采用边长为 150mm 的立方块试件,抗拉强度

按式(4.3)计算

$$\sigma_t = \frac{2P}{\pi A} \qquad (4.3)$$

式中,A 为试件劈裂面面积,m^2。

沥青混合料是温度敏感性材料,其抗拉强度与温度有关,在常温条件下,随着试验温度增加,抗拉强度减小;在负温条件下,随着温度降低,抗拉强度增大。

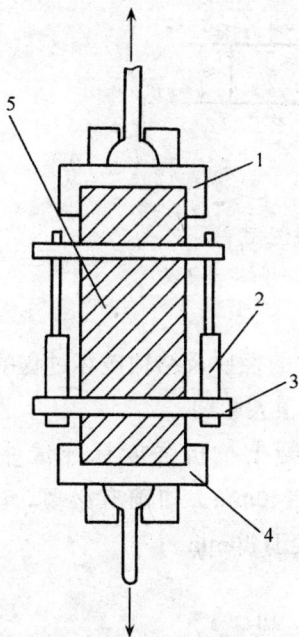

图 4.2　直接拉伸试验
1. 上盖帽;2. 变形传感器;3. 金属箍;
4. 下盖帽;5. 试件

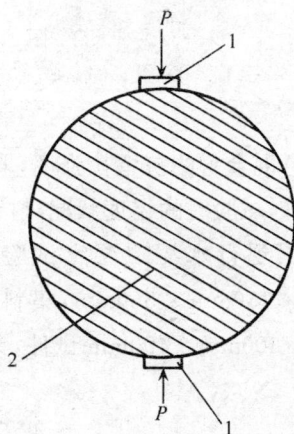

图 4.3　间接拉伸实验
1. 压条;2. 试件

4.1.3　抗弯拉强度

用水泥混凝土,沥青混合料以及半刚性路面材料修筑的结构层,在车轮荷载作用下,处于受弯曲工作状态。由车轮荷载引起的弯拉应力超过材料的抗弯拉强度时,路面会产生弯曲断裂。

路面材料的抗弯拉强度,大多通过简支小梁试验进行评定。小梁截面边长的尺寸应不低于混合料中集料最大粒径的 4 倍。

通常采用三分点小梁试验加载(见图 4.4)。材料的抗弯拉强度 σ_t 按式(4.4)计算

$$\sigma_t = \frac{Pl}{bh^2} \qquad\qquad (4.4)$$

式中:P——破坏荷载,kN;

　　　l——支点间距,m;

　　　b,h——试件截面的宽度和高度,m。

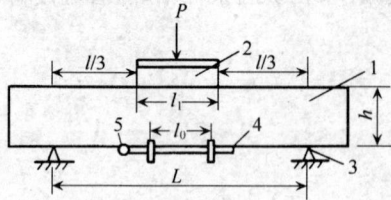

图 4.4　小梁试验加载图式

1. 试验梁;2. 承压板;3. 支点;4. 顶杆;5. 千分表

　　沥青混合料的抗弯拉强度,取决于所用材料的性质及结构破坏过程的加荷情况。此外,试验时的温度状况对抗弯拉强度也有很大影响。

　　我国现行水泥混凝土试验规程规定,混凝土抗折强度标准试件尺寸为 150mm×150mm×550mm,集料粒径应不大于 40mm。如确有必要,允许采用 100mm×100mm×400mm 试件,集料粒径应不大于 30mm。

4.2　疲　劳　特　性

　　路面材料在低于极限抗拉强度下经受重复拉应力或拉应变而最终导致破坏,称为疲劳破坏。导致材料最终破坏的荷载作用次数,称为疲劳寿命。因此路面材料的疲劳特性(fatigue),不仅与荷载应力(应变)有关,而且同荷载作用次数有很大关系。

4.2.1　水泥混凝土及无机结合料处治的混合料

　　水泥混凝土及无机结合料处治的混合料的疲劳性能研究,可通过对小梁试件施加重复应力来进行。通常用不同应力水平达到破坏时的荷载反复作用次数所绘成的散点图来说明。将重复弯拉应力与极限弯拉应力值之比称为应力比。绘制应力比与重复作用次数的关系曲线,称为水泥混凝土疲劳试验曲线,如图 4.5 所示。

　　无机结合料处治的混合料其疲劳特性同水泥混凝土相类似,但疲劳极限明显比水泥混凝土低。

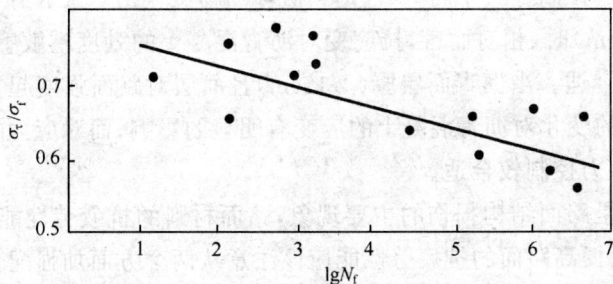

图 4.5　水泥混凝土疲劳试验曲线

4.2.2　沥青混合料

影响沥青混合料疲劳特性的因素,主要有沥青混合料的密实度、劲度、沥青含量、集料特性、温度及加载速率等。沥青混合料疲劳特性的室内试验可以采用小梁试件,进行反复弯曲疲劳试验,也可采用圆柱形试件进行间接拉伸疲劳试验。由于沥青混合料的劲度模量较低,在应力反复加荷过程中,试件的受力状态不断发生变化,为此根据不同的要求有两种试验方法:控制应力和控制应变疲劳试验(见图 4.6)。

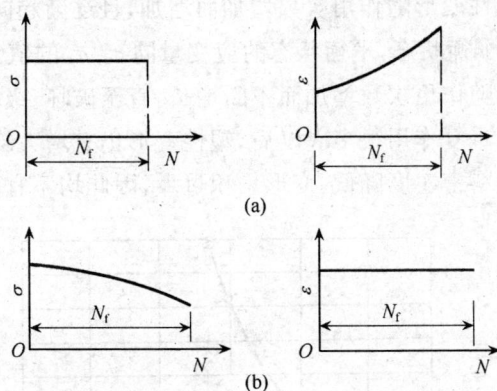

图 4.6　控制应力和控制应变疲劳试验
(a)应力控制;(b)应变控制

采用控制应力方式时,每次对试件施加的荷载为常量。施加荷载过程中,在应力集中处开始产生裂缝,随着荷载作用次数的增多,试件不断受到损伤,劲度随之降低,故荷载应力尽管不变,实际的弯曲应变则随施加荷载次数的增加而增大。在测试过程中,始终保持每次荷载下应变值不变,要不断改变荷载使梁产生不变的挠曲,因此应力随施加荷载次数的增加而不断减小。试验表明,同一种沥青混合料因试验时所采用的控制方式不同,试件达到破坏的荷载作用总次数有一定的差别。沥青面层薄(<5cm)时,相对而言,拉应变对沥青混凝土的劲度不敏感,在此情况下,用应变控制较合适。当沥青面层厚(>15cm)且面层对路面强度起主要作用时,沥青混凝土劲度的变化对沥青混凝土的应变有明显的影响,而对应力的影响较小,在此情况下,用应力控制较合适。

疲劳破坏是路面结构损伤的主要现象,路面材料的抗疲劳性能直接关系到路面的使用寿命。提高路面的抗疲劳性能应该注意从两个方面加强配合:一是合理的材料设计,使混合料达到最佳配合比和最大密度,使混合料具有较高的强度;另一方面是合理的结构设计,使得各结构层的层位与厚度达到理想的程度,在车辆荷载作用之下,确保结构层的最大应力和应力比在控制范围以内。

4.3 变形累积特性

4.3.1 碎、砾石混合料

碎、砾石混合料在重复应力作用下的塑性变形累积规律与细粒土相似,图 4.7 所示是一种良好级配碎石混合料的重复加载试验结果。由图 4.7 可见,当偏应力 σ_d 低于某一数值时,塑性变形随作用次数增加而增加,且逐渐趋向稳定。重复次数大于 10^4 次后,达到一平衡状态,平衡状态的应变量同 σ_d/σ_3 的值大小有关。当偏应力较大时,塑性变形量随作用次数增加而不断增长,直至破坏。级配不良、颗粒尺寸单一的混合料,在应力重复作用很多次以后,塑性变形仍有增大趋势。含有细粒过多的混合料,由于混合料密实度降低,变形累积过大,因此均不宜用于修筑路面。

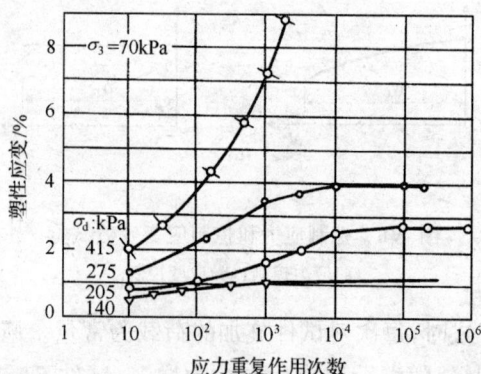

图 4.7 良好级配碎石混合料

4.3.2 沥青混合料

沥青混合料在重复应力作用下变形累积过程的研究,可利用单轴压缩试验或重复作用三轴压缩试验来进行。两种试验方法所得的累积应变-时间关系的规律基本一致。

图 4.8 所示为一密实型沥青碎石混合料经受重复三轴试验的变形累积结果。由图 4.8 可以看出塑性应变量随重复作用次数的增加而增加的情况。温度越高,塑性应变累积量越大。许多试验结果表明,在相同温度条件下,控制累积应变量的是加荷时间的总和,而不仅是重复作用的次数;加荷频率以及应力循环的间隔时间对累积应变-时间关系的影响不大。

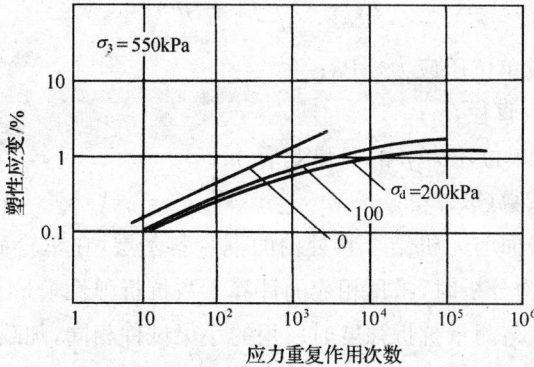

图 4.8　密实型沥青碎石混合料经受重复三轴试验的变形累积结果

影响累积变形的因素,除了温度、施加应力大小以及加荷时间之外,与集料的状况也有关系。有棱角的集料比圆角的集料能获得较高的劲度模量,因此累积变形量较小;密实级配的沥青混合料比开级配沥青混合料的累积变形量小;此外,压实的方法、压实的程度对变形累积的规律都有一定影响。

4.4　应力-应变关系

路面结构层在车轮荷载作用下的应力、应变和位移量,不仅同荷载状态有关,还取决于路面材料的应力-应变特性。碎、砾石材料可以由三轴压缩试验所得到的应力-应变关系(relation of stress-strain)曲线求得表征其应力-应变特性的回弹模量值 E_r。经试验发现,其应力-应变特性具有明显的非线性特征,即弹性模量 E_r 随偏应力 $\sigma_d(\sigma_1-\sigma_3)$ 的增大而减小,随侧压力 σ_3 的增大而增大。

碎、砾石材料的回弹模量值同材料的级配、颗粒形状、密实度等因素有关,取值范围为 $100\sim700\text{MPa}$。通常,密实度越高,模量值越大;颗粒棱角多,模量高;细料含量不多时,含水量的影响很小。

无机结合料混合料早期强度低,后期强度高。测定其应力-应变特性关系时,应采用最符合路面结构实际工作状态的三轴压缩试验方法。通过试验发现,这一类材料的应力-应变关系曲线呈现出非线性状,然而,在应力级位较低时(低于极限应力50%),应力-应变曲线可近似看成线性。按回弹应变量确定的回弹模量值,可以近似看为常数。

在不具备三轴压缩试验条件时,可以采用室内承载板法测定无机结合料混合料早期抗压回弹模量。用于承载板法试验的试件取直径×高:150mm×150mm,承载板直径37.4mm,面积11cm²。试验时取承载板的单位压力为200~700kPa,分级加载,同时记录承载板的沉降量,回弹模量值按式(4.5)计算。

$$E_r = \frac{\pi p D}{4l}(1 - \mu^2) \tag{4.5}$$

式中:p——承载板单位压应力,kPa;

D——承载板直径,m;

l——相应于单位压力 p 的回弹变形,m;

μ——泊松系数(取 0.25)。

水泥混凝土路面与无机结合料处治的混合料基层,在车轮荷载作用下处于弯曲受力状态,在结构分析时,采用相应的计算参数抗折弹性模量。测量抗折弹性模量所用的试件尺寸与测量抗折强度时所用的小梁试件相同,加载方法也相同。取抗折强度对应荷载的 50% 作为最大荷载,加载时同时记录小梁跨中的挠度。

沥青混合料的应力-应变特性同上述材料有很明显的不同。由于混合料中的沥青具有依赖于温度和加荷时间的黏-弹性性状,因此,沥青混合料在荷载作用之下的应变也具有随温度和荷载作用时间而变化的特性。

对沥青混合料进行三轴压缩试验,在不变应力的作用下,可以得出应变同应力作用时间的关系曲线,沥青混合料压缩蠕变试验如图 4.9 所示。其中图 4.9(a)为施加应力比较小的情况,一部分应变(ε_0)在施荷的同时立即产生,而卸荷后这部分

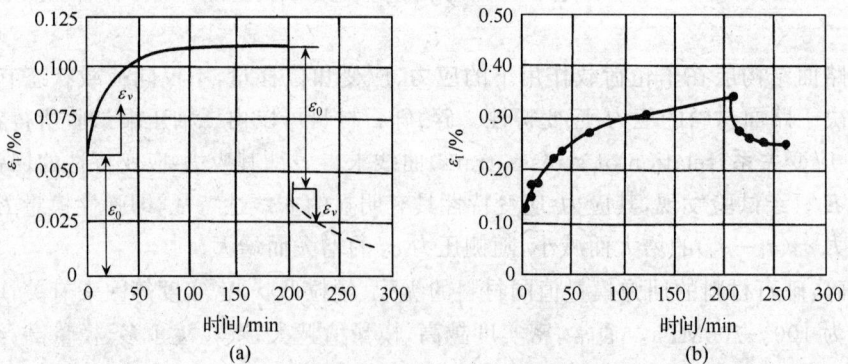

图 4.9 沥青混合料压缩蠕变试验
(a)σ_1＝30MPa;(b)σ_2＝480MPa(温度 60℃;侧限应力 σ_3＝0)

应变又立即消失,这是沥青混合料的弹性应变,应力同应变成正比关系;另一部分应变(ε_v)随加荷时间延长而增加,卸荷后随时间而逐渐消失,这是沥青混合料的黏-弹性应变。这种现象说明,当沥青混合料受力较小,且力的作用时间十分短暂时,处于弹性状态并兼有黏-弹性性质。图4.9(b)为施加应力较大的情况,这时,除了瞬时弹性应变及滞后弹性应变之外,还存在着随时间而发展的近似直线变化的黏性和塑性流动,卸荷后这部分应变不再能恢复而成为塑性应变。这说明,当沥青混合料受力较大,且力的作用时间较长时,应力-应变关系呈现出弹性,弹-黏性和弹-黏-塑性等不同性状。

由于沥青混合料的力学特性受温度与加荷时间的影响较大,因此不能像其他材料那样用一个常量弹性模量来表征沥青混合料的应力-应变特性关系。

考虑到温度与加荷时间对沥青混合料力学特性的影响,用劲度模量 $S_{t,T}$ 表征其应力-应变关系。沥青混合料的劲度模量是在给定温度和加荷时间条件下的应力-应变关系参数。

$$S_{t,T} = \left(\frac{\sigma}{\varepsilon} \right)_{t,T} \tag{4.6}$$

式中:$S_{t,T}$——劲度模量,kPa;

σ——施加的应力,kPa;

ε——总应变;

t——荷载作用时间,s;

T——混合料试验温度,℃。

沥青混合料的劲度模量实质上就是在特定温度与特定加荷时间条件下的常量参数。由图4.10的沥青劲度随时间的变化曲线可以看出,当加荷时间短或温度较低时,曲线接近水平,表明材料处于弹性状态;而加荷时间很长或温度较高时,则表现为黏滞性状态;中间过渡段兼有黏-弹性。各种温度条件下的曲线形状有相似性,只是在水平方向有一个时间间隔。这表明温度对劲度的影响与加荷时间对劲度的影响具有等效互换性。利用这一个重要性质可以广泛研究各项性能以及相互之间

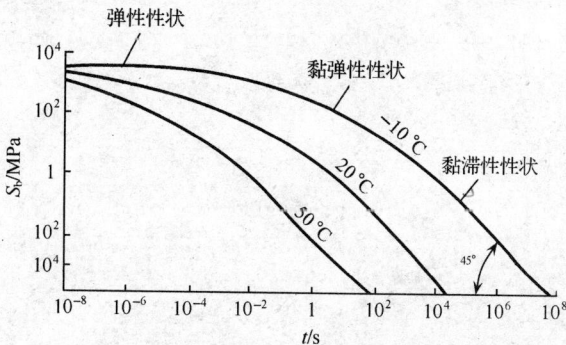

图 4.10　沥青劲度随时间的变化曲线

的关系。

沥青的劲度可以通过试验,运用范德普(van der Pole)诺模图确定。沥青混合料的劲度模量可以根据当地的自然和交通条件,选择恰当的试验温度和加荷时间,用单轴压缩,三轴压缩或小梁试验方法进行测定。

4.5 小　结

本章介绍了材料的力学特性、疲劳特性、累积变形和应力应变之间的关系,重点学习道路材料的一些特性,因为材料的特性将直接影响道路结构层的稳定。

思　考　题

4.1　什么是材料的极限强度、疲劳特性?应力与应变之间的关系如何?

4.2　试总结各种无机结合料稳定材料的力学特性和变形特性。

4.3　试分析沥青混合料的力学特性和变形特性。

第五章　一般路基的设计

路基设计,通常包括路基基身、排水、防护与加固等方面。路基基身设计,主要涉及填料选择、压实标准、路基边坡及地基要求等问题。一般路基是指在一般地质与水文等条件下的路基。其横断面可直接参照现行规范的有关规定或者标准图,结合当地实际情况进行设计。对边坡高度和基底横坡超过规定以及工程地质条件特殊的路基,需要进行个别论证和稳定性验算。

本章首先分析常见的路基病害,然后介绍路基设计的内容、要求和措施。对于特殊路基设计,请参阅有关设计规范和手册。

本章学习的基本要求如下:

1) 了解路基病害的形成原因和路基设计的一般要求。
2) 能正确地运用规范进行路基断面设计。
3) 掌握路基排水系统设计的要求和方法。
4) 懂得如何去选择合适的防护与加固措施。
5) 掌握软土地基的处治方法。

5.1　路基的病害和设计要求

5.1.1　路基病害的类型

路基在自重、行车荷载及许多自然因素的作用下,会产生各种各样的破坏、变形及其他缺陷(统称病害)。常见的路基病害主要有以下几种类型:

1. 剥落和溜塌

路基边坡的坡面暴露在大气中,经常受到气候因素引起的干湿、冷热、冻融、冲刷和吹蚀等作用,会出现多种病害。例如,易风化的软质岩石(如泥灰岩、泥质页岩等)边坡或含易溶盐多的土质(如黄土等)边坡,其表面薄层岩土因物理风化易松碎而同母体分离。在重力等作用下呈片状碎屑逐渐脱落下来,称为剥落,路堑边坡的剥落如图5.1所示;严重风化破碎的岩石路堑边坡较陡时,会产生块状岩的剥落现象,又称碎落;土质或严重风化的软质岩石边坡较高时,坡面易被地表径流冲蚀成"鸡爪"沟;黏土质边坡的表层土被水饱和或迅速融化而沿坡面下溜,称为溜塌,路基边坡的溜塌如图5.2所示。

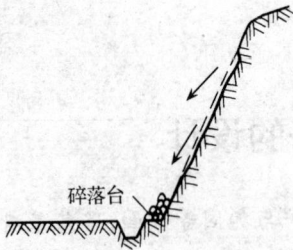

图 5.1　路堑边坡的剥落　　　　　　图 5.2　路基边坡的溜塌

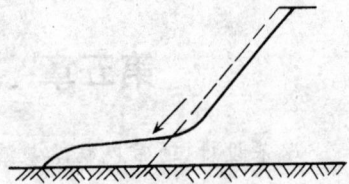

坡面的剥落、碎落、冲蚀或溜塌等表浅病害,起初可能不妨碍交通,但堵塞边沟则影响排水,并会逐渐扩展,危及路基的稳定,导致更严重的病害。

2. 崩塌

在陡峻的斜坡上,岩土体在自重作用下突然而迅猛地从高处崩落和倒塌下来的现象,称为崩塌。在崩塌过程中,岩土块有翻滚和跳跃现象,运动结束后崩塌体基本稳定。崩塌属于坡体破坏,其规模与危害程度均较碎落更为严重。崩塌大多出现在路堑边坡高陡、岩石节理(裂隙)发育,并有软弱面或软硬互层倾向路线且倾角较大的地段路堑边坡的崩塌如图 5.3 所示。渗入裂隙中水分的破坏作用(如侵蚀和冻胀等),坡脚被挖动或淘空,地震和大爆破的震动等,都会促使发生崩塌现象。

3. 坍塌

坍塌是指路基边坡的土体(包括土石混杂的堆积层和松软破碎的岩层)发生推移和坍落的现象,也称为堆塌。路基边坡的坍塌如图 5.4 所示,坍塌时,土体的运动速度较快(但比崩塌慢),很少有翻滚现象;无固定滑动面,也无明显的软弱面。边坡坡度太陡,路基排水不良(坡体被水浸湿软化),坡脚受水流冲淘等,都能使坡体在重力(还有水压力和地震力)作用下失去平衡而坍塌。

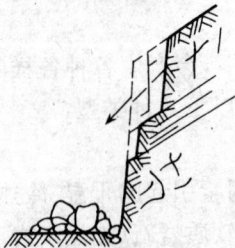

图 5.3　路堑边坡的崩塌　　　　　　图 5.4　路基边坡的坍塌

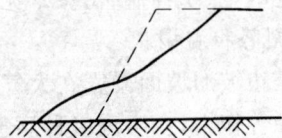

4. 滑坡

山坡(边坡)岩土体因被水浸湿或下部支撑力量受到削弱,在重力作用下沿着一定的软弱面(滑动面)整体向下滑动的现象,叫做滑坡(滑塌),如图 5.5 所示。规模大的滑坡体移动常是缓慢的、间歇性的,但有时也会急剧下滑。在山谷间缓坡地带和有软弱面倾向路线的地段,特别还有地下水或地面水的活动,以及不恰当的填挖路基,均易形成滑坡。

5. 滑移

在较陡的山坡上填筑路基,如果原地面(基底)未经处理而为水所浸湿,下侧边坡坡脚又未加以必要的支挡,则堤身就可能在自重等作用下沿原地面向下滑移。陡坡路堤的滑移如图5.6所示。

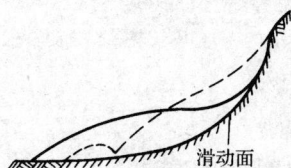

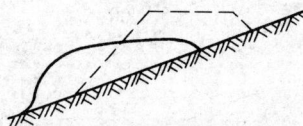

图 5.5　滑坡　　　　　　　　　　　图 5.6　陡坡路堤的滑移

崩塌、坍塌、滑坡和滑移等坡体失稳,由于规模较大,破坏性较强,严重威胁行车的安全,往往造成交通受阻或中断,需要投入较大的力量来抢险和修复,甚至被迫改线。

6. 沉落

在泥沼及软土地基上填筑较高的路堤时,由于地基土压缩性大和抗剪强度不足,路堤的自重作用使地基沉降或在侧向挤出(隆起),而引起堤身向下沉落,软土路堤的沉落如图5.7所示。

7. 沉缩

路基因填料不当、填筑方法不合理和压实不足,在水分、自重和行车作用下,基身会逐渐压密,而出现沉缩,路堤的沉缩如图5.8所示,其下沉量同压实程度和填土高度有关。用透水性不同的土杂乱、未分层填筑和压实的路堤,或者用冻土块及过湿土填筑的路堤,都会出现较大的不均匀下沉。填石路堤亦因石块规格不一,性质不匀,或就地爆破堆积,乱石中空隙很大,在一定期限内(如经过一个雨季)可能产生局部的明显下沉。半填半挖路基,由于一侧为挖方和堤身横向填土高度又不一致,产生的下沉常不均匀,致使路表面容易出现平行路线方向的裂缝。

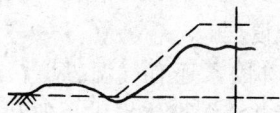

图 5.7　软土路堤的沉落　　　　　　图 5.8　路堤的沉缩

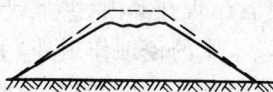

8. 冻胀与翻浆

在季节性冰冻地区,路基土质不良(如粉质土)并有水分供给(地下水位较高、地表长期积水)时,冬季的负气温作用使路基内的水分不断向上积聚而冻结,导致路基体积膨胀和路面隆起开裂,称为冻胀;春融期间,路基上层的土首先化冻,因含水过多而变得稀软,在行车作用下泥浆沿路面裂缝冒出,形成翻浆,路基的冻胀与翻浆如图 5.9 所示。以上两种病害,统称为冻害。

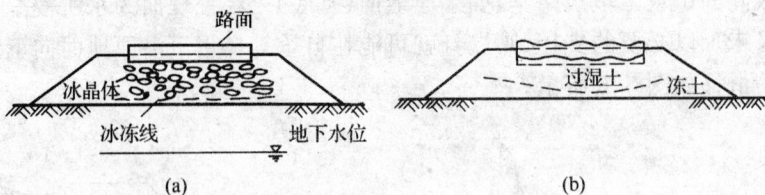

图 5.9　路基的冻胀与翻浆
(a)冻胀(冰冻期);(b)翻浆(春融期)

　　路堤的沉落和沉缩,会改变路基的标高,使路面逐渐损坏,影响道路的使用品质;局部路段的大量下沉,还会中断交通。路基的冻胀与翻浆,往往使路面遭到严重破坏,行车受到阻塞。

　　由此可见,为确保道路的畅通和安全,提高路面的使用性能和寿命,应该尽量避免路基产生各种病害。

5.1.2　病害原因的综合分析

　　根据以上所述,路基病害的形成原因是多方面的、错综复杂的,但可归纳如下:

　　1) 路基的岩土条件是产生病害的内部原因和基本前提。路基的病害多出现在土质较差、岩性松软、风化严重以及地质构造等不利的路段。黄土因具有竖直或斜的节理,其边坡会产生崩塌现象,其他土坡一般不会出现崩塌。

　　2) 水往往直接引发路基病害。降落和汇集在坡面上的水,会浸湿土坡坡体,使其自重增加和强度下降,以致剪切力超过抗剪力而滑坍。水分渗入岩层节理裂隙,会带走或软化其中填充的次生矿物,削弱岩块之间的联结,使不稳定的岩块脱离母体产生崩塌。水流冲淘坡脚,使坡体失去支撑,而引起崩塌、坍塌或滑坡等病害。地下水的活动,如水位上升、水量增大和流速加快,都会降低坡体的稳定性,从而产生滑坡。各种坡面破坏、路堤下沉以及冻胀和翻浆,也无不都有水分的参与。许多路基病害常常出现在暴雨、洪水或多雨季节就是这个道理。

　　3) 除了水的侵蚀作用外,引起路基病害的外部因素还有气温、风雪、地形、地震和荷载等。例如,微凹的坡顶地形,为地面水汇集并浸湿坡体提供了便利的条件,从而不利于路基的稳定。地震引起的岩体结构松散破碎、土层液化以及地震惯性力作用,会激发和加剧路基的损坏现象。春融时,路面较薄,交通繁重,则翻浆就严重。

　　4) 此外,设计不合理、施工不妥当、养护不及时等人为因素(边坡过陡、填筑不当、压实欠佳、排水不畅、防护与加固不妥等),也会促使路基产生病害。

　　因此,路基设计前必须充分收集沿线的地质、水文和气象等方面的资料,进行全面分析研究,从而针对具体情况采取正确的设计方案与施工方法,以消除或尽可能减轻路基病害,确保路基工程达到规定的要求。

5.1.3　路基设计的一般要求

路基设计应做到下列几点:

1) 路基应根据道路等级、行车要求和当地自然条件,并综合考虑施工、养护和使用等方面的情况,进行精心设计,既要坚实稳定,又要经济合理。

2) 路基设计除选择合适的路基横断面形式和边坡坡度等外,还应设置完善的排水设施和必要的防护加固工程以及其他结构物,采取经济有效的病害防治措施。

3) 路基作为支撑路面的线形结构物,应结合路线和路面进行设计。选定路线时,应尽量绕避一些难以处理的地质不良地段。对于地形陡峭、有高填深挖的边坡、应与移改路线位置及设置防护工程等进行比较,以减少工程数量,保证路基稳定。沿河及受水浸淹路段,应注意路基不被洪水淹没或冲毁。当路基设计标高受限制,路基处于潮湿、过湿状态和水温状况不良时,就应采用水稳性好的材料填筑路堤或进行换填并压实,使路面具有一定防冻总厚度,设置隔离层及其他排水设施等。

4) 路基设计应兼顾当地农田基本建设及环境保护等的需要。尽可能与当地农田水利建设相配合,不得任意减、并农田排灌沟渠,还要照顾到近期发展。需要借土和弃土时,应与挖塘、造田相结合,减少土地占用,防止河道堵塞。路基结构物应该与周围环境协调,要充分考虑地区特点,尽量有效地利用自然地形和原有景点,加强园林绿化,改善变化后的地形和景观,努力保护生态环境。

5.2　填料选择和压实标准

路基应尽量选用当地良好的岩土材料填筑,并按规定的要求进行压实,以保证结构稳定和变形量小。

5.2.1　填料选择

填筑路基的材料(简称填料)以采用强度高、水稳性好、压缩性小、施工方便以及运距短的岩土材料为宜。在选择填料时,一方面要考虑料源和经济性;另一方面要顾及填料的性质是否合适。

为节省投资和少占耕地或良田,一般应利用附近路堑或附属工程(如排水沟渠等)的挖方作为填料;若要外借,应将取土坑设在沿线的荒山、高地或劣田上。从山坡上取土时,应考虑取土处坡体的稳定性,不得因取土而造成水土流失,危及路基和附近建筑物的安全。

一般地,不含有害物质的矿质材料,均可用作路基填料。但铺筑高级路面时,填料的强度和粒径应符合表 5.1 路基填料的技术要求,方可使用;铺筑其他路面对填料也宜按表 5.1 的规定选用。

表 5.1　路基填料的技术要求

路基部位	填料最小强度 CBR /%		填料最大粒径
(路面底面以下深度)	高级路面	其他路面	/cm
上路床(0～30 cm)	8	6	10
下路床(30～80 cm)	5	4	10
上路堤(80～150 cm)	4	3	15
下路堤(>50 cm)	3	2	15

注:1. 当路床填料 CBR 值达不到表列要求时,可采取掺石灰或其他稳定材料处理。

2. 巨粒土(石快)填料的最大粒径,不应超过压实层厚的 2/3。

各种填料的工程性质和使用要求分述如下:

1. 不易风化的石块

石块有高的强度和稳定性,透水性极好,较大的石块还可用来砌筑边坡等,使用场合和施工季节均不受限制。但填筑路堤时,石块之间要嵌锁密实,以免日后石块松动位移使路面产生不均匀沉陷而破坏。填石路堤的石料强度不应小于 15MPa (用于护坡的不应小于 20 MPa),为使压实均匀,石块最大粒径不宜超过层厚的 2/3。在路床顶面以下一定深度范围内,铺高级(其他)路面时取 50(30)cm,应(宜)用符合路床要求的土填筑并压实,石块最大粒径不得(应)大于 10(15)cm,以提高路床顶面平整度,使其均匀受力并有利于路面底层的联结。

2. 土石混合料

巨粒土就是一种土石混合料,其力学性质与石块的含量、密实度和土的性质有关。石块和砂砾的含量高时,其透水性强、压缩性低、内摩擦角大、强度和水稳性好。若含粉土、黏土较多,比较松散,遇水就易造成边坡的坍塌。土石路堤填筑时,应注意石块(特别是尺寸大的硬质石块)不得过分集中,对粒径超过压实层厚的软质岩(强度小于 15MPa)石块要打碎,还应分层压实。土石混合填料中,当石块含量超过70%时,宜按填石处理;当石块含量低于 50%时,可按填土处理。

3. 砂砾材料

砂砾材料为细粒含量很少的粗粒土,其可塑性小,透水性和水稳性均好,毛细上升高度很小,具有较大的摩擦系数。级配良好的砾类土,密实程度好,强度和稳定性均能满足要求,是一种优质填料。但砂土,特别是细砂,容易松散,对流水冲刷和风蚀的抵抗能力很差。为克服这一缺点,可适当掺加一些黏性大的土,或对边坡表面予以防护,以提高路基稳固性。

4. 砂性土

砂性土为砂类土中细粒土(主要是粉土)质砂(简称土质砂),其颗粒组成级配较好,易于压实,具有足够的内摩擦力,又有一定的黏结性,遇水干得快而不膨胀,干时扬尘少,为填筑路基的良好材料。

5. 粉性土

粉性土包括粉质土(各种粉土)和低液限(w_L<50%)黏土,因含有较多的粉粒,毛细现象严重,干时易被风蚀,浸水后很快被湿透,在季节性冰冻地区常引起冻胀和翻浆,水饱和时有震动液化问题。粉性土,特别是粉土,是稳定性差的填料,在水湿条件差而不得已使用时,应掺配其他材料,并加强排水与采取隔离等措施。

6. 黏性土

黏性土是指黏质土(低液限黏土除外)和黏土质砂,它具有较大的可塑性和黏结性,毛细现象也很显著,但透水性很差,干湿循环因胀缩引起的体积变化大,干燥时,坚硬而不易挖掘,浸水后,能够较长时间地保持水分但强度下降较多,过干或过湿时都不便施工。如在适当含水量时加以充分压实,并有良好排水的条件下,筑成的路基也较稳定。

但液限大于50(称高液限)、塑性指数大于26的黏土,特别是塑性指数大于50的高液限黏土,则几乎不透水,黏结力特强,膨胀性和塑性都很大,其工程性质受黏土矿物成分影响较大(高岭石最好,伊利石次之,蒙脱石最差),浸水后承载力很小,故不宜作为路基填料。如需使用时,可采取在适当含水量时掺外掺剂如石灰等加以拌和压实来提高其强度,以满足设计要求。

7. 特殊土

特殊土是具有特殊结构的土(膨胀土或黄土)、含有机质的土(泥炭、腐殖土等)以及含易溶盐的土(盐渍土、石膏土等),均应分别情况加以限制使用,并在设计与施工上采取适当措施。

8. 易风化的软质岩石

易风化的软质岩石如黏土岩、泥质砂(页)岩、云母片岩等,浸水后易崩解,强度显著降低,变形量大,一般不宜用作路堤(特别是浸水部分)填料。如用强风化石料或软质岩石填筑路堤时,其CBR值要符合表5.1的规定,并加以充分压碎填实,还需采取封闭等措施,当作土质路堤来处理。

9. 工业废渣

粉煤灰、冶金矿渣等工业废渣,也可用作路堤填料,但应避免有害物质含量超标而污染环境。由于粉煤灰与砂土的工程性质相似,其黏结力较小,易于流失,为了保护边坡,以利植物生长,路堤两侧各1~2m应用黏质土填筑(称为包边或护坡),路床顶面可用厚0.3~0.5m粗粒土封闭,也可与路面结构层相结合,采用石灰土、二灰土等路面底基层材料作封顶层,吹(填)砂或粉煤灰路堤如图5.10所示。

零填及挖方地段的路床为岩石时,其强度一般能符合要求,但常需设置一定厚度的整平层。若路床的原状土为CBR值不符合表5.1规定的土或不宜作路床的土,均应清除换填或采取其他处理措施。

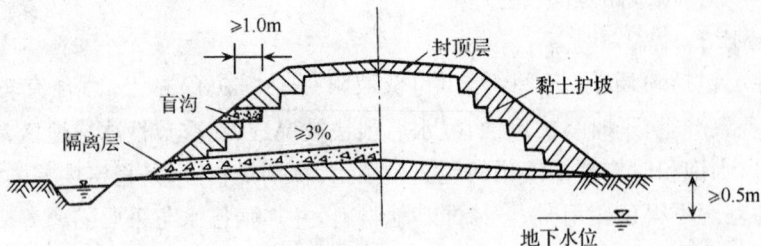

图 5.10　吹(填)砂或粉煤灰路堤

5.2.2　填筑规则

用不同填料填筑路基时,必须遵守下列规则:

1) 不同性质的填料应分层铺筑,不得混杂乱填(但可掺配后使用),以免形成水囊或滑动面。每种填料层累计总厚不宜小于 0.5m。

2) 不同填料的层位安排,应考虑路基工作条件。凡不因潮湿或冻融影响而变更其体积的优质土应填在上层;路堤的浸水或受水位涨落影响的部分,应尽可能选用透水性较好而不易被水冲蚀的材料,如漂(卵)石、砂砾、片(碎)石等;当路堤稳定受到地下水或地表长期积水影响时,路堤底部也应填以水稳性好、不易风化的砂石材料或采用无机结合料处治的土。

3) 透水性较小的土填筑路堤下层时,其顶面应做成 4%的双向横坡,以保证上层透水性土有排水出路[见图 5.11(a)]。

4) 为了防止雨水侵蚀冲刷,可采用透水性较小的土包边(见图 5.10),但包边部分的土应与中间部分一起分层压实,并设置盲沟,以利排水。盲沟的断面尺寸常用 50cm×40cm,水平间距 10～15m,竖向间距 1.0～1.5m,呈梅花形交叉布置。

5)当路堤两部分填料的颗粒尺寸相差较大时,应在其间加设反滤层[见图

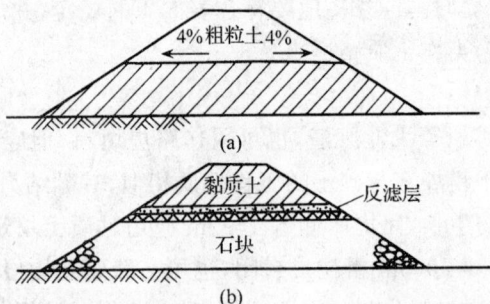

图 5.11　不同类土的路堤断面
(a)设排水横坡;(b)设反滤层

5.11(b)],以防止两部分填料相互混入,而引起路堤下沉。反滤层可采用砂、砾及碎(卵)石等材料,并按两部分填料的粒径差别情况,分别做成一层或多层,每层厚度为 0.10~0.15m。

5.2.3 压实标准

实践证明,提高路基的密实度,可以增加强度和稳定性,降低土体的压缩性、透水性和膨胀性,控制水分积聚和侵蚀引起的病害。因此,对路基应提出一定的密实度要求。

通常,土的密实度(指土粒排列的紧密程度)可用它的干密度 ρ_d(或干容重 γ_d)来表示。但不同土的土粒密度 ρ_s(或密度 G_s)和颗粒组成往往相差较大,就无法采用统一的干密度值来评定密实程度,而土在最佳含水量 ω_0 条件下压实到最大干密度 ρ_{dmax}(或记作 ρ_c),此时,土浸水后的强度(或模量值)最高,湿密度变化小,水稳性也好。另外,土的最佳含水量和最大干密度取决于土的类型和性质以及压实的方式和功能。因此,人们常用土压实后达到的干密度与室内标准击实试验所得的最大干密度的比值来表征土的密实程度,称为压实度,作为压实要求的指标。各类土的重型击实试验曲线如图 5.12 所示,某工地的黏土压实试验结果见图 5.13。

标准击实试验的种类有轻型和重型两种方法(见表 5.2)。重型击实试验法的单位击实功是轻型击实试验法的 4.5 倍。重型击实试验法测得土的最大干密度比轻型击实法提高 5%~14%,而最佳含水量降低 1~9 个百分点。上述差别随土类而异,通常均匀级配的粗粒土相差较小,黏土则相差较大。因此,压实度数值相同(甚至稍有降低)时,采用重型击实标准的压实要求比轻型击实标准来得高。

路基压实度标准是通过对原有道路的大量调查研究,并考虑路基的实际工作情况和使用要求以及施工条件等因素而

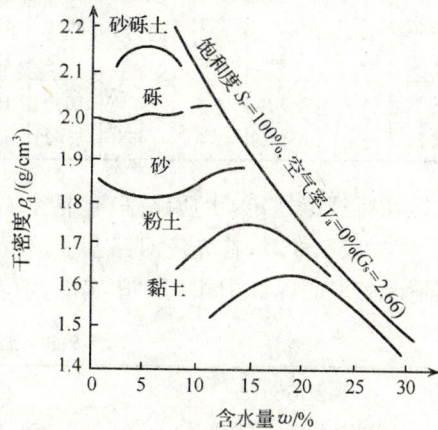

图 5.12　各类土的重型击实曲线

制订的。路基上层受行车荷载和气候因素的影响大,压实要求应高些;路基下层影响较小,要求可适当降低。道路(路面)等级高时,对行车平稳性的要求也高,路面容许产生的变形量要小,压实要求应提高;路面等级低时,可相应下降。在特殊干旱地区(平均年降雨量不足 150mm)或多雨潮湿地区(平均年降水量超过 1000mm,潮湿系数大于 2)的天然稠度小于 1.1、液限大于 40、塑性指数大于 18 的黏性土,因土的天然含水量往往过低或过高,很难压实到较大的密实度,再考虑当地水分的影响,压实要求也可适当低些。

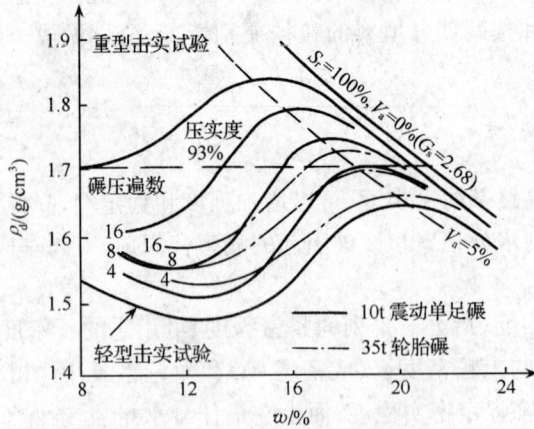

图 5.13　某工地的黏土压实试验结果

表 5.2　标准击实试验的种类

| 试验方法 | 类别 | 锤底直径/cm | 锤质量/kg | 落高/cm | 试验尺寸 | | | 层数 | 每层击数 | 单位击实功/(MJ/m³) | 最大粒径/mm |
					内径/cm	高/cm	容积/cm³				
轻型Ⅰ法	Ⅰ.1	5	2.5	30	10.0	12.7	997	3	27	0.598	25
	Ⅰ.2	5	2.5	30	15.2	12.0	2177	3	59	0.598	38
轻型Ⅱ法	Ⅱ.1	5	4.5	45	10.0	12.7	997	3	27	2.687	25
	Ⅱ.2	5	4.5	45	15.2	12.0	2177	3	98	2.677	38

　　现行规范规定,土质路基(包括土石路基)的压实度应不低于表 5.3 所列的数值。使用表 5.3 时,首先应对路基上进行标准击实试验,求得其最大干密度,然后根据情况查取表 5.3 中相应的压实度,两者相乘便可得到要求达到的干密度值。

表 5.3　土质路基压实度

| 路基部位 (路面底面以下深度) | 压实度/% | |
	高级路面	其他路面
上路床(0～ 30cm)	95	93(95)
下路床(30～ 80cm)	95(98)	93(95)
上路堤(80～150cm)	93(95)	90(90)
下路堤(>150cm)	90(90)	90(90)

注:1. 表列括号内外压实度数值系分别以《公路土工实验规程》的轻型和重型击实试验法为准。

　　2. 路基压实应采用重型压实标准控制。但多雨潮湿地区的黏性土(上路床除外),当进行处治或采用重型压实标准确有困难时,还有铺筑中级或低级路面时,均可采用轻型压实标准。

　　3. 特殊干旱地区,压实度标准可根据试验路资料确定,或较表列数值降低 2～3 个百分点。

　　4. 零填及路堑床的压实,应符合上述规定。换填深度超过 30cm 的部位,可按表列数值为 90% 的标准执行。

填石路基(包括分层填筑及倾填爆破石块)的密实程度很难用压实度来判定。通常,采用 12t 以上震动压路机进行压实试验,当压实层顶面稳定,不再下沉(无轮迹)时,作为合格标准。采用重锤夯实时,可按夯锤下落时不下沉而发生弹跳现象进行压实检验。

此外,结合路面设计时路基的回弹模量或计算弯沉值,还可在路基顶面进行大型承载板试验或弯沉测定,以检验路基的压实质量。

5.3 路基边坡和地基要求

确定路基边坡的形状和坡度,是路基设计的基本内容。它关系到路基稳定和工程造价。路基的稳定性,不仅取决于边坡的稳定性,还同整个基身和周围地层的稳定性有关。对路堤就要判定其地基的强度与沉降是否符合要求,并进行必要的基底处理。

5.3.1 边坡形状

路基边坡的形状,一般可分为直线形、折线形和台阶形三种。

1. 直线形

路基边坡采用单一坡度,这是最常用的一种。它施工简便、但不太符合坡体受力状况(一般均质边坡应上陡下缓)。边坡高度大时,直线形不太经济。

2. 折线形

边坡各部可按岩土性质和工作条件采用不同的坡度。变坡点宜设在上部边坡坡度用足的高度处,或者岩(土)层分界处和外界条件变化处。但变坡点不宜多,以利施工,并减少坡面冲蚀。

3. 台阶形

在边坡上每隔一定高度(6～10m)或变坡点处设置一道平台,可以提高边坡的稳定(起护坡道作用),减轻坡面水的冲刷,拦挡上方边坡剥落下坠的碎屑(起碎落台作用),还便于施工和养护。边坡平台一般宽为 1～3m,常用浆砌片石或水泥混凝土预制块防护,并做成 2%～5% 向外倾斜的横坡,以利排水。必要时,边坡平台还可设排水沟,以拦截和排除上方来水。

填方边坡,一般都采用直线形;但边坡较高或浸水时,常用上陡下缓的折线形或台阶形。

挖方边坡,对于单一岩(土)层而风化(密实)程度相差不大的坡体,可以采用直线形;若在坡高范围内上下的风化或密实程度差别显著,则可采用适应各自稳定性要求的折线形;当边坡较高易受雨水冲蚀时,宜采用台阶形。对于软硬岩石互层的情况,若交互层次多且薄,或软厚而硬层薄,则可按软层岩石的性质设计成直线形;若软层薄而硬层厚,则按硬层设计成直线形,而对软层坡面采取防护措施;若软硬各层均很厚,常采用台阶形。

5.3.2 边坡坡度

路基边坡坡度,应根据当地自然条件、岩土性质、填挖类型、边坡高度、使用要求和施工方法等情况,并综合考虑排水与防护工程,加以合理确定。

1. 填方边坡

路基填方边坡坡度,与填料种类、边坡高度、水文和基底工程地质条件等密切相关。

路堤基底(地基)良好时,填方边坡坡度可按表 5.4 确定。对边坡高度超过表列数值的路堤,其边坡坡度应结合当地经验进行路基稳定性验算。

表 5.4　填方边坡坡度

填 料 种 类	边坡高度/cm			边 坡 坡 度		
	全部	上部	下部	全部	上部	下部
黏质土、粉质土、砂类土	20	8	12	—	1:1.5	1:1.75
砂、砾	12			1:1.5		
砾(角砾)类土、卵(碎)石土、漂(块)石土	20	12	8		1:1.5	1:1.75
	20	8	12		1:1.3	1:1.5

注:1. 采用台阶形边坡时,下部边坡可采用与上部边坡一致的坡度。

2. 填石边坡坡面选用大于 25cm 的石块进行台阶式码砌(厚度为 1~2m)时,边坡坡度可采用 1:1,但高度也不宜超过 20m。

3. 易风化岩石及软质岩石作填料时,应按土质边坡设计。

路堤受水浸淹部分的边坡,除了考虑土体自重和行车荷载的作用外,还要考虑水的浮力和渗透动水压力的不利影响,应通过稳定性验算确定其合适坡度。一般地,在设计水位(路基设计洪水频率的计算水位,还应加壅水高和波浪侵袭高)再加 0.5m 安全高度以下部分,视填料情况可采用(1:1.75)~(1:2.0),在常水位以下部分,可采用(1:2~1:3)。如用透水性好的土填筑或设边坡防护时,可采用较陡的边坡。

为便于车辆在必要时驶离道路,在平丘区高度不超过 1.0m 的路堤,如果用地条件允许,也可采用不陡于 1:3 的边坡。

在地震基本烈度较高的地区,考虑到地震力的影响较大,应注意路基边坡的抗震稳定性验算。高速公路和一级公路的路堤,边坡高度大于表 5.5 的地震地区填方边坡高度限值规定时,应放缓边坡坡度。

表 5.5 地震地区填方边坡高度限值(单位:m)

填料种类	基本烈度/度	
	8	9
岩块和细粒土(粉质土及有机质土除外)	15	10
粗粒土(细砂除外)	6	3

2. 挖方边坡

路基挖方边坡坡度,应根据边坡高度、土的密实程度和成因类型及生成时代、岩石的种类(岩性)和风化破碎程度、地质构造、水文地质和地面排水条件等因素综合分析确定。在一般情况下,挖方边坡坡度应结合路线附近已建工程的人工边坡及自然山坡稳定状况,参照表 5.6 选用。当挖方边坡高度超过 30(20)m 或水文地质情况不良时,其边坡坡度可根据现场情况再进行边坡稳定性分析,参考表 5.6 确定。

表 5.6 挖方边坡坡度

土、岩石种类	密实、风化程度	边坡高度/m	
		<20	20~30
各类土(黄土等特殊土除外)	胶结	(1:0.3)~(1:0.5)	(1:0.5)~(1:0.75)
	密实、中密	(1:0.5)~(1:1.25)	(1:0.75)~(1:1.5)
	较软	(1:1.25)~(1:1.75)	(1:1.5)~(1:2.0)
各类岩浆岩、硬质灰岩、砾岩、砂岩、片麻岩、石英岩	微风化、弱风化	(1:0.1)~(1:0.3)	(1:0.2)~(1:0.5)
	强风化、全风化	(1:0.3)~(1:1.0)	(1:0.5)~(1:1.25)
各类页岩、泥岩、千枚岩、片岩等软质岩石	微风化、弱风化	(1:0.25)~(1:0.75)	(1:0.5)~(1:1.0)
	强风化、全风化	(1:0.5)~(1:1.25)	(1:0.75)~(1:1.5)

注:1. 高速公路、一级公路挖方边坡应采用较缓的边坡坡度。
2. 边坡较矮,土质较干或岩石坚硬的路段,可采用较陡的边坡坡度;相反,宜采用较缓的边坡坡度。
3. 路基开挖后,密实程度很易变松的砂类土、砾类土以及受雨水浸湿易于失稳的土或易风化的岩石,应采用较缓的边坡并设置必要的防护工程。
4. 软质岩石当边坡稳定并防护时,可采用较陡边坡。
5. 当土方调配出现借方时,可适当放缓边坡。
6. 砂类土、细粒土的挖方边坡高度不宜超过 20m。
7. 非均质地层中,挖方边坡可采用适应于各自稳定的折线或台阶形状。
8. 土的密实程度划分见表 5.7;岩石风化程度分级见表 5.8。

表 5.7 土的密实程度划分

分级	试坑开挖情况
较松	铁锹很容易铲入土中,试坑坑壁很容易坍塌
中密	天然坡面不易陡立,试坑坑壁有掉块现象,部分需用镐开挖
密实	试坑坑壁稳定,开挖困难,土块用手使力才能破碎。从坑壁取出大颗粒处能保持凹面形状
胶结	细粒土密实度很高,粗颗粒之间呈弱胶结,试坑用镐开挖困难,天然坡面可以陡立

表 5.8 岩石风化程度分级

分 级	主 要 特 征				
	颜色光泽	矿物成分	结构构造	破碎程度	强 度
微风化	较新鲜	无变化,表面稍有风化迹象	无变化	节理不多,基本上是整体,节理基本不张开	风化系数 $K_f>$ 0.8,用锤敲很容易回弹
弱风化	造岩矿物失去光泽,色变暗	基本不变,仅沿节理面出现次生矿物	无显著变化	开裂成 20～40cm 的大块状,大多数节理张开较小	$0.4<K_f\leqslant 0.8$,用锤敲声音仍较清脆,石块不易击碎
强风化	显著改变	显著变化	结构已部分破坏,构造层理不清晰	开裂成 2～20cm 的碎石状,有时节理张开较多	$0.2\leqslant K_f\leqslant 0.4$,用锤敲声音低沉,碎石可用手折断
全风化	变化极重	除石英外,均变质成次生矿物	只具外形,矿物间已失去结晶联系	节理极多,爆破以后多呈碎石土状,有时细粒部分已具塑性	$K_f<0.2$,用锤敲不易回弹,碎石可用手捏碎

注:风化系数 K_f 等于风化岩石与新鲜(未风化)岩石的饱和单轴抗压强度之比。

大爆破施工和较高烈度的地震作用时,将使坡体受到剧烈的震动,增加岩体的破碎程度和裂隙的张开程度,故挖方边坡应适当放缓。

岩石挖方边坡应注意岩体结构面的情况,若受结构面控制的挖方边坡,则应按结构面的情况设计边坡(详见有关设计手册)。如软质岩层倾向路基,倾角大于25°,走向与路线平行或交角较小时,边坡坡度宜与倾角一致。

5.3.3 地基要求

路堤应坐落在具有足够强度(承载力)和低压缩性的地基上,以免引起滑动破坏和过大沉降。在软弱地基上建造路堤,应进行稳定验算与沉降计算。

1. 路堤的极限高度

在天然的软土地基上,用快速施工方法(即不控制填筑速率)建造一般断面的路堤所能达到的最大高度,称为极限高度。路堤的设计高度超过极限高度时,表示地基承载力不足,必须采取加固或处理措施,以保证路堤的安全填筑和正常使用。

路堤的极限高度,取决于地基的特征(软土的性质和成层情况)及填料的性质等,可由稳定性分析确定,有条件时也可在工地进行填筑试验确定。

对于均质软土地基,通常近似地假设内摩擦角 $\phi=0$,可借用均质土坡稳定分析中稳定因数的表达式来估算路堤的极限高度 H_c(m)

$$H_c = N_s \frac{C}{\gamma} \tag{5.1}$$

式中:C——软土的快剪(不排水剪)黏聚力,kPa;

γ——填料的容重，kN/m^3；

N_S——稳定因数(与路堤边坡坡角 β 和深度因数 η_d($\eta_d = \dfrac{H+d}{H}$，H 为路堤高度，d 为软土层厚)有关，可由图 5.14 软土路堤极限高度计算用图查得)。

由于 η_d 与 H 有关，所以需要用试算法确定 H_C。但软土层很厚(即 η_d 很大，在常用的路堤边坡坡度范围内，由图 5.14 可知，只要 $\eta_d > 4.0$)时，$N_S = 5.52$ 为一常数，又填土的容重 γ 一般为 $17.5 \sim 19.5 kN/m^3$，代入式(5.1)，可近似取 $H_c = 0.3C$。

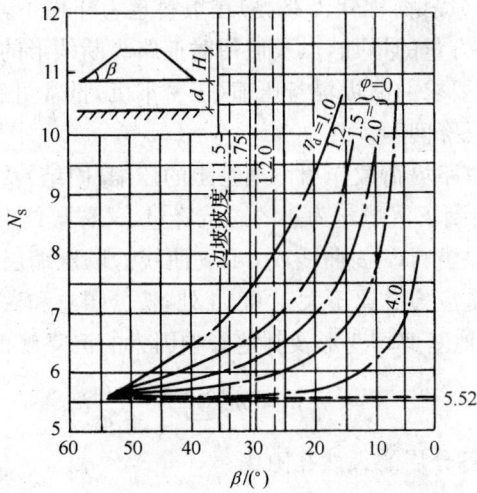

图 5.14 软土路堤极限高度计算图

【例】 有一地基，上部为 3m 厚的软弱黏土层，由快剪试验测得其黏聚力 $C = 16kPa$。现欲填筑路堤，其边坡坡度取 $1:1.5$，填料容重 $\gamma = 18kN/m^3$。试求路堤的极限高度。

【解】 先假设路堤高 H 为 6m，则 $\eta_d = \dfrac{6+3}{6} = 1.50$，又 $\beta = 33°41'$(边坡坡度 $1:1.5$)，从图 5.14 中查得 $N_S = 6.0$，再按式(5.1)计算：

$$H_c = 6.0 \times \frac{16}{18} = 5.3(m) < 6(m)$$

再改设 H 为 5.3m，$\eta_d = \dfrac{5.3+3}{5.3} = 1.57$，按上述相同步骤可得 $N_S = 5.95$，故

$$H_c = 5.95 \times \frac{16}{18} = 5.29(m) \approx 5.3(m)$$

由此得路堤的极限高度为 5.3m。

如果软土层底部的硬层顶面具有较大的横向坡度，则路堤的极限高度将比式

(5.1)的计算结果要小一些。

有硬壳层(即覆盖在软土层上强度稍高的表土层)的软土地基,当硬壳层厚度 D 大于 1.5m 时,可考虑其应力扩散、提高承载力、减少地基沉降的效应。此时,路堤极限高度可比式(5.1)估算的增加 $0.5D$。

非均质软土地基,土层比较复杂,各层性质互异,其路堤极限高度,需用圆弧条分法计算确定。

上述极限高度的计算未考虑施工或预压过程地基固结的作用。因此,不能简单地用验算极限高度来代替路堤(在施工期及营运期)的稳定计算(详见有关规范)。

2. 地基沉降

软土地基上的路堤(简称软土路堤)在填料重力作用下,会逐渐产生较大的沉降,而引起施工时填方量的增加,以及使用时道路纵断线形的改变和路面结构的破坏。由于达到压实度要求的路堤堤身压缩(压密下沉)量常可忽略不计,路堤沉降计算实际上就是地基沉降问题。

地基的沉降是由路堤荷载作用下地基土的压缩(固结)及剪切(侧向)变形引起的。地基从开始加荷到下沉稳定为止的总沉降量,又称最终沉降 s。通常,先利用地基各层土的压缩试验资料(e-p 曲线或 e-$\lg p$ 曲线),取压缩层底面在路堤荷载附加应力与地基有效自重应力之比不大于 0.15 处,按分层总和法计算地基的(主)固结沉降 s_c,再乘以考虑地基剪切变形及其他影响因素的沉降修正系数,即得总沉降为

$$s = m_c s_c = m_s \sum \frac{e_0 - e_1}{1 + e_0} h \tag{5.2}$$

式中:e_0——地基中各分层的天然孔隙比;

e_1——受荷载后各分层的稳定孔隙比;

h——各分层的厚度(宜为 0.5~1.0m);

m_s——沉降修正系数(与地基土的变形特性、荷载条件、加荷速率等因素有关,其范围值为 1.1~1.7,应根据现场沉降观测资料确定)。

地基的固结沉降,并不是瞬间发生,而是随时间逐步完成的。在路堤填筑阶段产生的固结沉降所占的比例,即在施工结束时地基的平均固结度,可根据地基的性质和所采取的处理措施,按固结理论计算(见有关规范)。

根据工程的实际经验,施工期的沉降 s_t,与最终沉降 s 关系如下

$$s_t = K_B s \tag{5.3}$$

式中,K_B 为施工期沉降的经验系数,参考表 5.9 选用。

表 5.9　施工期沉降经验系数 K_B

最终沉降量/cm	4	6	8	10	15	≥20
K_B/%	55~75	45~65	35~60	25~45	20~40	15~35

现场观测表明,地基表面的沉降曲线形状,可近似地按抛物线考虑,在路堤中

线处为最大值[见图 5.15]。因此,每延米路堤在施工期间因基底下沉而增加的填方数量 ΔV 为

$$\Delta V = \frac{2}{3} s_t B \qquad (5.4)$$

式中:S_t——施工期路堤中线处的地基沉降量;

B——路堤的底宽。

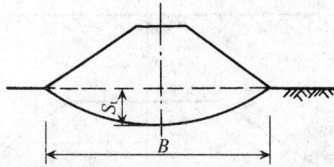

图 5.15 软土路堤的超填土方示意图

道路竣工后路面设计使用年限内发生(残余)的沉降量,称为工后沉降(或剩余沉降)s_t。它也可根据实测的沉降-时间曲线加以推算。为避免路面的变形破坏,以及连接桥梁、涵洞等结构物的引道路堤产生不均匀沉降,高等级道路应严格控制工后沉降量。容许工后沉降的取值,要考虑道路技术要求和工程投资效益两个方面。通常,容许工后沉降大于表 5.10 规定的容许值时,应考虑变更工期或采取减小沉降、加速固结等措施。

表 5.10 容许工后沉降

工程位置	容许工后沉降/cm	
	高速公路、一级公路	二级公路(采用高级路面)
桥台相邻处	10	20
涵洞或箱型通道处	20	30
一般路段	30	50

5.3.4 基底处理

路堤基底,是指地基与堤身的接触部分,应视不同情况分别予以处理,以保证堤身稳固。

1)基底土密实稳定、地面坡度缓于 1:5 时,路堤可直接填筑在天然地面上。但地表有树根草皮或腐殖土等应予以清除,以免日后形成滑动面或产生较大的沉陷。

2)路堤基底为耕地或较松的土时,应在填筑前进行压实。高速公路、一级公路和二级公路路堤基底的压实度(重型击实标准)不应小于 85%;路基填土高度小于路床厚度(80cm)时,基底的压实度不宜小于路床的压实标准。基底松散土层厚度大于 30cm 时,应翻挖后再分层回填压实。

3)路线经过水田、池塘或洼地时,应根据积水和淤泥层等具体情况,采取排水疏干、清淤换填(二级以下公路可抛填砂砾或石块等压、挤淤)、晾晒或掺灰等处理

措施,经碾压密实后再填路堤。受地下水影响的低填方路段,还应考虑在边沟下设置渗沟等降、排地下水的措施。当基底土质湿软而深厚时,应按软土地基处理。水田或池塘地段基底处理方案如图 5.16 所示。

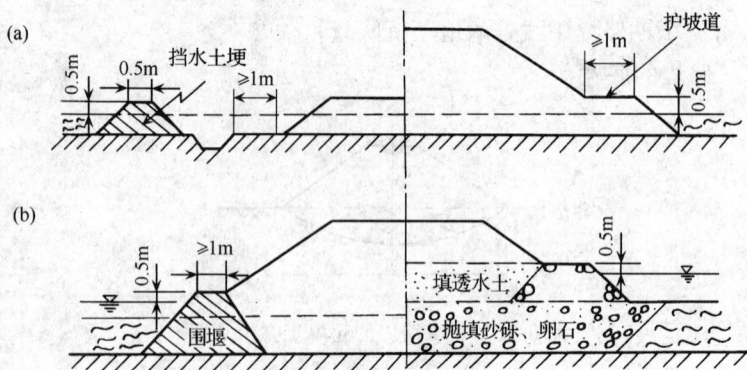

图 5.16 水田或池塘地段基底处理方案
(a)经过水田地段;(b)经过池塘地段

4) 在地面坡度(包括横向和纵向)陡于 1∶5 的稳定斜坡上填筑路堤(或半路堤)时,为使填方部分与原地面紧密结合,基底应挖成台阶,防止堤身沿斜坡下滑。台阶宽度不得小于 1.0m,台阶高度宜为路堤分层填土厚度的 2 倍,台阶底应有 2%~4%向内倾斜的坡度。对于半填半挖路基,挖方一侧在行车范围之内宽度不足一个车道的部分,其上路床深度范围之内的原地面土应予以挖除换填,并按上路床填方的要求施工,以增加车道内路基的均匀性及稳定性。若地面横坡陡于 1∶2.5(考虑地震作用时,为 1∶3),则应进行滑动稳定性验算,并采取必要的支挡措施。

5.4 路基排水

道路路基应设置完善的排水设施,以排除可能危害道路的地面水(又称地表水)和地下水,保证路基路面结构稳固,防止路面积水影响行车安全。道路排水可分为地表排水和地下排水两大类。路面(含路肩)和中央分隔带范围内的排水,又称路面排水。路基排水设计应根据道路等级、沿线自然条件以及桥涵设置等情况进行综合考虑,注意充分利用地形和天然水系,合理布置各项设施,形成良好的排水系统,确保排水通畅和养护方便。排水设计包括排水系统的规划和排水结构物的设计。

5.4.1 排水设施分类

为全面完成路基的排水任务,需要采用不同的排水设施。

1. 地表排水沟渠

地表排水沟渠主要用来排除降水在路界范围内形成的地表径流,以及毗邻地带可能进入路界的地表径流和影响路基稳固的地表积水。通常有边沟、截水沟、路侧取土坑、排水沟、跌水与急流槽等。

边沟。又称侧沟,设置在挖方及低填方(高度小于边沟深度)地段的路肩外侧,以汇集和排除路面、路肩和挖方边坡上的径流及少量流向道路的地表水,从而减轻路基路面的浸湿程度。

截水沟,也称天沟,设置在路基上方适当处,用以拦截和排除流向路基的地表径流,防止冲刷和侵蚀挖方边坡和填方坡脚,还可减轻边沟的排水负担。对于降水量小、坡面低缓和不怕冲蚀、或者植被茂密的地段,可不设置截水沟;反之,必要时也可设置多道大致平行的截水沟。

路侧取土坑。常与路基排水综合考虑,使其起到边沟或截水沟的作用。

排水沟,或称引水沟,用来将边沟、截水沟和路侧取土坑汇聚的水、边坡坡面水及路基附近的积水,引排至桥涵、天然河沟或远离路基的指定地点。

跌水与急流槽。是地表排水沟渠的特殊形式,设置在水流通过陡坡地段(沟底纵坡大于7%),采用浆砌片石或混凝土结构,进出口有相应的防护加固措施。跌水是底部呈阶梯形的沟槽,有单级和多级之分,水流以瀑布形式通过,可消能、减速或改变水流方向。急流槽是纵坡很陡的沟槽,水流沿槽底急速通过,出水口处常设置消力池等消能设施。跌水和急流槽适用于水位落差较大的排水沟渠连接部位或出水口以及涵洞进、出水口等处。当急流槽纵坡陡于1∶15时,宜采用金属管,又称急流管。

2. 地下排水沟管

地下排水沟管主要用来排出路基范围内的地下水或降低地下水位,有明沟、暗沟、渗沟等。

明沟。设置在路基的上方或两侧,以拦截、引排或降低浅层地下水,并可兼排地表水。考虑到冻结会影响水流,在寒冷地区不宜采用。

暗沟(管)。埋设在地面下,用来排出泉水或地下集中水流,无渗水和汇水的功能。

渗沟。是在沟内填以透水性好的材料或加设排水管(孔),用来拦截(切断)地下含水层中的水流,降低地下水位,疏干(支撑)及(或)引排坡体内的地下水。

隔离层:也是一种防水、排水设施。它用透水材料或不透水材料建造,设置在路基内部,以隔断水分向路基上层移动,使路基处于干燥或中湿状态。

3. 路面排水设施

路面排水设施专指为路面和中央分隔带部位排水而采取的工程设施。

路面(含路肩)表面排水设施为:①一般公路由路面横坡和路肩横坡,汇集于边沟或以横向漫流形式向路堤坡面分散排放;②高速公路、一级公路以及较高边坡的路堤,可在硬路肩或加固路肩外侧边缘设立拦水带形成集水沟,或埋置路肩边沟(也称路肩排水沟),通过泄水口和边坡急流槽,集中排放到路堤坡脚外或经坡脚排水沟排出;③城镇街道,则由街沟(偏沟)、雨水井、连管引入排水干管。

中央分隔带排水同它的布置形式、路线线形等有关。凹形中央分隔带,可采用浅平式纵向排水沟,经集水井和地下横向排水管,排去表面水。凸形中央分隔带,可用预制混凝土小块封面,而将降水排到两侧路面上。在弯道超高地段,上半幅路面水会汇集于凸形中央分隔带旁的路线带,对于干旱少雨(雪)地区,可在分隔带上设开口明槽,使水流经下半幅路面排出;而一般地区,则设路拦式排水沟或雨水口(井),通过地下管道排出。多雨地区的中央分隔带,表面不做封闭时,降水会下渗,可在路床顶部设置纵向排水渗沟,并由横向排水管引出路基。

路面内部排水,为排除通过路面缝隙,或者由路基或路肩渗入并滞留在路面结构内的自由水,可设置路面边缘渗沟或排水基(垫)层。它属于路面结构排水设计的范围。

4. 泄水和蓄水结构物

泄水和蓄水结构物的作用是将路基上方的水流宣泄至下方或拦蓄于路基范围以外。

泄水结构物是使水流穿越路基的设施,如桥梁、涵洞(管)、倒虹吸、渡水槽、渗水路堤和过水路面等。

蓄水结构物有阻水堤和蓄水池(蒸发池)等,是将山坡的地表水或排水沟渠汇集的水,拦蓄在一定的地点,任其蒸发或下渗。雨量较小、排水困难地段,可利用沿线的集中取土坑或专门设置蓄水池,以容纳排出路基范围内的水。

5.4.2 排水系统设计

路基排水设计应先进行总体规划和综合设计,将针对某一水源和满足某个要求而设置的各项排水设施组成统一完整的综合排水系统,以提高排水效果和降低工程造价。图 5.17 为一段山区公路路基排水系统平面布置。

布置路基排水系统时,应联系道路的平纵面和横断面,查明各种水源,并分析它们对路基路面的危害程度,再根据沿线的地形、地质等条件,因势利导、因地制宜布置适当的排水设施,完善对进出水口的处理,使各项设施衔接配合,形成排水网络,把有害水及时排除掉。同时,要周密考虑每一排水设施的功能,以及在位置和构造等方面的要求,使它们充分发挥预期的效用。

在规划道路排水系统时,要注意地表、地下排水的相互协调,路基、路面排水的综合考虑,排水沟管与沿线的天然水系及桥涵等泄水结构物的密切配合。地表排水设计与坡面防护工程也要协调配合。例如,路表面水采用横向分散漫流排水时,若土路肩和边坡易被侵蚀、冲刷,就要进行有效防护处理;否则,应采用路肩纵向集中排水方式。

道路排水还应与当地的农田水利等建设规划结合起来考虑。路基排水要防止冲毁农田或危害其他水利设施,道路侵占的排灌沟渠应予以恢复,可设置涵管等加以接通或进行迁移,以保证农田排灌系统正常运行。当灌溉沟渠必须沿道路通过时,如果流量较小、纵坡适宜,一般公路不得已可考虑同路基边沟合并,但边沟断面应适当加大;当灌溉沟渠在路基边坡上或路堑坡顶附近通过时,沟渠必须具有足够的横断面,并应采取必要的防渗措施,以免水流溢漏危害路基。对路基上侧山坡的地面水,也可结合水土保持工作,采取逐级拦蓄的措施,使"泥不下山,水不出沟",既有利于农业生产,又保证路基的稳固。城镇路段的排水,应与现有的排水设施及建设规划相协调。另外,路表面水常含有有害物质,不得直接排入饮用水水源,也不能直接排入养殖池、农田等,必要时应进行净化处理。

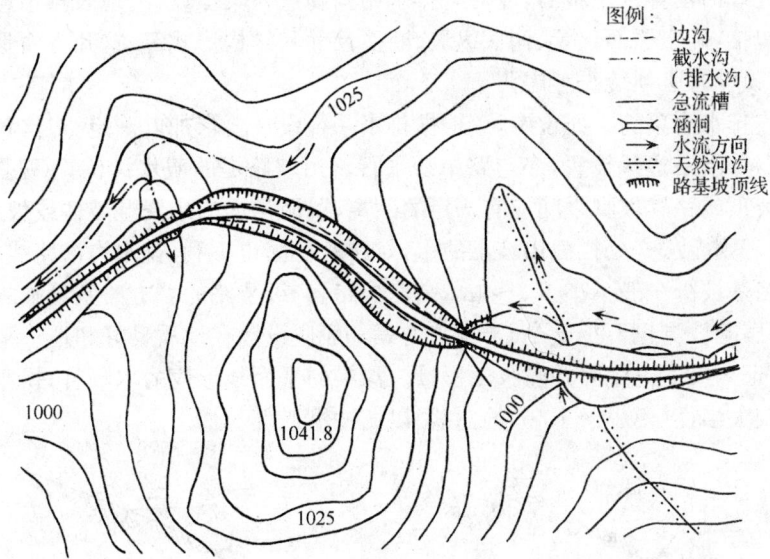

图 5.17　一段山区公路路基排水系统平面布置

路基排水系统的布置,一般利用路线平面图按下列步骤进行:

1) 在路线平面图上绘出必要的路堑坡顶线和路堤坡脚线,标明路侧弃土堆和取土坑的位置等。

2) 在路基的上侧山坡上可设置截水沟等拦截地表径流。为提高截流效果,截水沟宜大体沿等高线布置,与地面水流方向接近垂直。

路堑上侧有弃土堆时,弃土堆应连续而不中断,并在其上方设置截水沟。下坡一侧的弃土堆,应每隔 50~100m 设不小于 1m 宽的缺口,以利排水。

3) 路基两侧按需要设置边沟或利用取土坑,必要时采用路肩排水系统和中央分隔带排水系统,汇集并排除道路表面的水。

4) 根据沿线地下水的情况,设置必要的地下排水设施。

5) 将拦截或汇集的水流,用排水沟管引排到指定的低地、河沟或桥涵等处。排水沟应力求短捷、远离路基,与其他水沟的连接应顺畅。

6) 选定桥涵的位置,使这些沟管同桥涵连成一个完整的排水系统。对穿过路基的河沟,一般均应设桥涵,不要轻易改沟并涵。考虑到路基排水或农田排灌的需要,也可增设涵洞。

路基综合排水系统设计,除在一般的路线平纵面图上分别标明排水设施的名称(类型)、地点、中心里程桩号、沟底纵坡、跨径或宽度、长度、流向、进出口、挡水结构等有关事项外,特殊复杂的排水地段应绘制细部设计图。

5.4.3 地表排水沟渠设计

布置好路基排水系统后,应对各排水结构物进行具体设计。地表排水沟渠的设计内容包括:确定平面位置、沟底纵坡、断面尺寸和结构形式等。这几方面是相互关联的,在设计时必须统一考虑。

地表排水沟渠的平面位置,应根据排水系统设计要求加以确定。边沟和路肩排水沟(槽)等沿路边缘设置,多与路中线平行。山坡路堤的截水沟位置(见图 5.18)与路堑坡顶或路堤坡脚之间应有一定的距离,以防沟内的水浸湿坡体或坡脚。但不能太远,否则无法充分拦截山坡上的水,对路基稳固也不利。排水沟沿路线布设时,距填方路基坡脚一般不小于 3~4m;高速公路、一级公路的填方路基设置的坡脚排水沟,距路基坡脚也不小于 2m。排水沟渠一般应设置在地质良好和地形平缓的地方,以保证沟渠本身稳固并减少工程量。沟渠的平面线形应力求顺直,拐弯时要尽量采用较大半径(不小于 10m)的曲线,以防冲刷破坏。

图 5.18 山坡路堤的截水沟位置
(a)有边沟时;(b)无边沟时

排水沟渠应具有一定的纵坡,使沟内的水流能尽快排出,以防发生漫溢或引起冲刷。沟底纵坡一般不宜小于 0.5%。在特殊困难地段,土质沟渠的最小纵坡为 0.25%,沟壁铺砌的沟渠可减小到 0.12%。当纵坡大于 3% 时,土质沟渠常需进行冲刷防护。边沟和路肩排水沟(槽)的沟底纵坡,一般应与道路路线纵坡相同。但当路线纵坡不能满足排水要求时,则要调整边沟纵坡或采取其他措施。弯道超高路段的边沟,沟底纵坡应与弯道前后段平顺衔接,不允许有积水或外溢现象发生。

沟渠的横断面形状有梯形、矩形和三角形等。土质沟渠大多采用梯形,其边坡坡度取(1:1.0)~(1:1.5),视土质类别而定。石质沟渠或浆砌片石沟渠(包括急流槽等)宜做成矩形断面。少雨浅挖地段的土质边沟,为便于机械施工,可用三角形断面,其内侧边坡坡度常取(1∶2)～(1∶3)。路堑边沟的外侧边坡坡度应与路基挖方边坡一致。路肩、边坡平台和中央分隔带设置的纵向排水沟,还可采用U形(或其他形状)水泥混凝土预制构件砌筑。

沟渠的断面尺寸应能满足所需排泄的设计流量。设计流量可根据所在地区、设计重现期(取决于道路等级和排水类型)及汇水范围情况等,按小流域暴雨径流流量推理公式确定。沟渠的泄水能力(容许通过流量),与断面情况及沟底纵坡有关,可用明渠均匀流公式(或修正公式)求算。上述水文、水力计算参见有关设计规范。为防止水流溢出,路面表面排水计算泄水口(或雨水口)流量时,水深不宜超过沟深(拦水带高度一般取12cm)的2/3;路基排水沟渠的沟顶,应高出沟内设计水位0.2m。考虑施工方便和满足排水要求,高速公路、一级公路边沟的深度及底宽不应小于0.6m,其他等级公路不应小于0.4m;截水沟和排水沟的深度及底宽均不小于0.5m。一般边沟可以不进行水文水力计算,而用规定的最小断面尺寸足以排除其份内的水量。

为防止沟渠内因水流的流程太长和流量过大而造成冲刷或积水,其长度应有所限制。沟渠排水长度一般不宜超过500m;多雨地区的边沟不宜超过300m;三角形边沟和沟底纵坡小于0.5%时,因水流条件较差,不宜超过200m。沟渠过长或纵向低凹部位,应结合地形条件,增设出水口或涵管,将水引走。路面排水的泄水口(或雨水口)间距,可根据流量计算确定,一般为20～50m。用涵管排除弯道内侧边沟的水流如图5.19所示。

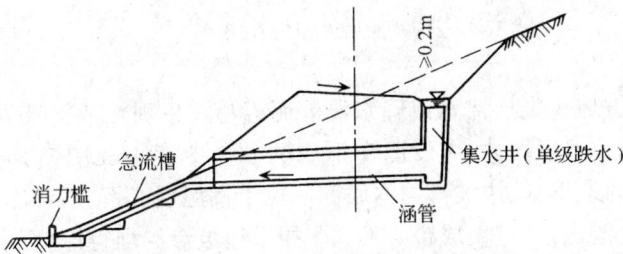

图 5.19 用涵管排除弯道内侧边沟的水流

沟槽应平整稳固、不滞流、不渗水和不冲刷。在土质松软、透水性较大的地段,或裂隙较多的岩石地段,为阻止水流下渗,沟槽应加固防护。沟底纵坡较大的土质沟渠,为避免冲毁,也应加以防护;另外,土质沟渠容易生长杂草而淤塞,养护工作量较大,外形也较难齐整。因此,高速公路和一级公路的土质边沟应全部进行防护。常用的防护措施有浆砌片石、栽砌卵石、水泥混凝土预制构件等。拦水带(拦水路缘石),可采用浆砌片石、水泥混凝土预制块(整个高度有一半以上埋入路肩内)或沥青混凝土(使用路缘石成型机现场铺设)筑成。急流槽的槽底宜做成粗糙面,可消能和降低流速;背部设置凸榫嵌入地基中,以防槽身滑移。

5.4.4 地下排水沟管设计

路基地下排水设计时,必须先做好调查研究,摸清地层和地下水的情况(包括埋藏深度、流向、流量和流速等),并根据排水需要,选定地下排水结构物的类型、位置、埋深、构造与尺寸等。

对地下水的处治,可分为拦截、疏干、降低和引排等。

1. 拦截

当路基范围内有含水层出露时,可在地下水流的上方设置拦截地下水流的明沟和渗沟(见图 5.20),将其截断并引离,以免潜蚀(含水层内水渗流出来将其中细颗粒带走)而引起坡体坍塌和上覆土层下沉。截水明沟和渗沟应尽量与地下水流方向垂直,还必须埋入含水层下的不透水层。

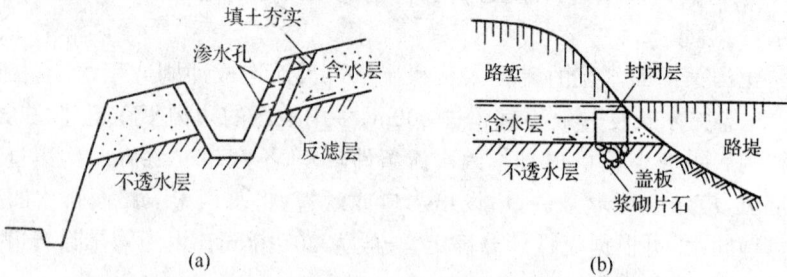

图 5.20 拦截地下水流的明沟和渗沟
(a)纵向明沟;(b)横向渗沟

2. 疏干

路基边坡坡体为上层滞水或降水浸湿而容易产生坍塌或滑坡等病害时,可采用在坡体(堆积体或滑坡体)内设置 Y 形或拱形边坡渗沟(见图 5.21)的方法,以疏干和排除其中的地下水。边坡渗沟的底部应位于潮湿层、滑动面或冻结线以下至少 0.5m 处的稳定层内,并宜做成台阶形式。如果边坡渗沟埋得深(不小于 2m),底部较平缓(坡度为 1‰～2‰),则除起疏干作用外还能支撑坡体,称为支撑渗沟。

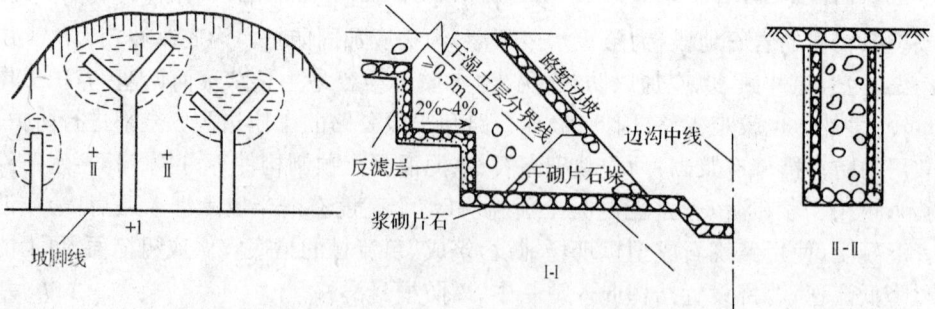

图 5.21 边坡渗沟

3. 降低(地下水位)

当地下水位较高时,影响路基稳固时,可在边坡下设置纵向降低地下水位的渗沟(见图5.22),降低地下水位,使路基处于较干燥的状态。此时,渗沟的埋置深度视地下水位需要下降的高度而定。

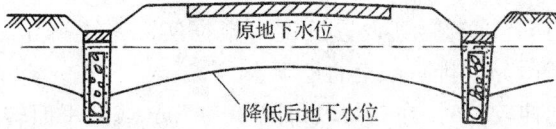

图 5.22 降低地下水位的渗沟

4. 引排

在路基范围内有泉眼出露或汇集的地下水流时,可用地下排水沟管将水引出并排除。引水渗沟和暗沟的布置,应使排出的通道为最短,并尽可能设在不透水层中。为保证泄水顺畅,水流不致倒灌,其出水口底部应高出地表排水沟设计水位至少0.2m。在寒冷地区,沟管应做防冻保温处理或者设在冻结深度以下,以免水流结冰而堵塞。

明沟的断面形式有梯形和矩形两种。梯形断面的沟深一般不宜超过1.2m,其边坡按所在土层的性质取用,沟底和沟壁常用干(浆)砌片石防护。矩形断面可用混凝土或浆砌片石筑成(又称排水槽),沟深可达2.0m。明沟的进水沟壁应有渗水孔道,并设反滤层,以防淤塞。沟壁最下一排渗水孔(或缝隙)的底部宜高出沟底不小于0.2m,并略高于沟中的设计水位。反滤层应选用颗粒大小均匀的砂石材料(粒径小于0.15mm的颗粒含量应小于5%),分层填筑,相邻层颗粒直径比不宜小于1:4,层厚不宜小于15cm,填料的粒径应为含水层材料最大粒径的8~10倍。另外,沟壁外侧也可铺设渗水土工织物作为反滤层。为保证水流能及时排除,沟底纵坡宜适当大一些。

暗沟的断面一般为矩形,沟槽用浆砌片石或水泥混凝土预制块砌筑,上设盖板。为防止泥土或砂粒落入而淤塞,沟顶可铺碎(卵)石层,再填砂砾。沟底纵坡不宜小于1%。采用混凝土圆管排水时,管底纵坡也不宜小于0.5%。

渗沟可分为填石渗沟(也称盲沟)、管式渗沟和洞式渗沟等形式。填石渗沟是用坚硬的粗粒材料(碎石、卵石或片石)填筑而成(见图5.21),它依靠颗粒材料的渗透作用来汇集和排除地下水。当地下水流量较大时,可采用下部设排水管的管式渗沟(见图5.22)或设石砌排水孔洞的洞式渗沟[见图5.20(b)]。渗沟的迎水面应设反滤层,其他各个面应设封闭(隔渗)层。封闭层通常采用浆砌片石或水泥混凝土,也有用双层反铺草皮(草根向外)或土工织物外面再夯填厚约0.5m的黏土。渗沟的断面尺寸应视埋设位置、排水和施工等要求而定。填石渗沟的深度不宜超过3m,宽度一般为0.6~1.0m;渗水材料的填充高度不应低于原地下水位。支撑渗沟的深度宜为2~10m,沟宽一般为2~4m。管式渗沟或洞式渗沟的深度可达6m以上,沟宽不宜小于 1m；排水管或洞的尺寸视流量大小而定。管式渗沟的排水管可采用水泥混凝土预制管（内径不宜小于 20cm）、带孔塑料管（直径 8～15cm）、带有钢圈用滤布和加强合成纤维制成的加劲软管（直径 8～30cm）等。在保证不产生冲刷的前提下，渗沟的沟底纵坡宜采用陡一些，以加大排水效能。因排水层阻力大，填石渗沟只宜用于渗流不长的地段，且纵坡不能小于 1%，一般可采用 5%。管式及洞式渗沟的沟底纵坡不宜小于 0.5%，其设置长度可根据实际需要确定，通常间隔 100～300m 设横向排水管，分段排除汇集的地下水。

暗沟和渗沟延伸较长时，在直线段每隔 30～50m 或在平面转折和纵坡由陡变缓处，应设置检查井，作为检查维修用。检查井直径不宜小于 1m，井壁处排水管应高出井底 0.3～0.4m，井口顶部应高出附近地面 0.3～0.5m，并设井盖。

5.5 路基防护与加固

路基防护与加固是防治路基病害、保证路基稳固、改善环境景观、保护生态平衡的重要工程技术措施。路基设计时，应根据道路性质和当地条件，结合路基基身和排水情况，采取相应的防护加固措施。按其作用与对象的不同，路基防护与加固可分为坡面防护、堤岸防护、支挡结构加固及地基加固等。

5.5.1 坡面防护

坡面防护，又称边坡防护，主要是保证路基边坡表面免受降水、日照、气温、风力等自然力的破坏，从而提高边坡的稳固性，还可美化路容，增加行车的舒适感。坡面防护工程，一般不考虑承受坡体的侧压力，故应设置在稳定的边坡上。路基边坡应根据当地气候环境、工程地质和材料及坡面等情况，选用适合的防护类型。常用的坡面防护类型有植物防护、灰浆防护和砌体防护等。

1. 植物防护

植物防护是利用植被覆盖坡面，其根系能固结表土，可防止水土流失和调节坡体湿温确保边坡稳定，并有绿化道路和保护环境的作用。因此，在适宜于植物生长的土质边坡上应优先采用种草、铺草皮、植树等植物防护措施。

种草适用于坡度不陡于 1:1 和坡高不大而坡面径流速度缓慢的边坡防护。草种的选择应考虑防护的目的、气候、土质、施工季节等因素。种草宜用几种草籽混合播种，使之生成一个良好的覆盖层。对不利于草类生长的土坡上，应先铺一层 10～15cm 厚的种植土，再栽植或播种；暴雨强度较大的地区，可在坡面上铺设植生袋，将草籽、肥料和土均匀拌和并裹于土工织物内。

铺草皮比种草防护收效快，常用于边坡较高陡和坡面冲刷较重以及需要迅速绿化的地方。铺草皮主要有叠铺（分水平、垂直和倾斜叠置）、平铺（平行于坡面满铺）和方格式铺等形式（图 5.23），应根据边坡坡度、水流速度和草皮来源等具体条件选用。叠铺草皮可用于坡度不小于 1∶1 的坡面上,每块草皮的尺寸以 20cm×40cm 为宜,考虑施工方便,多采用水平叠置方式。平铺草皮,应由坡脚向上铺设,并用竹木尖桩固定草皮;边坡缓于 1∶1.15 时,也可不钉桩。路堑边坡铺草皮时,应铺过坡顶 1.0m 或铺至截水沟边;路堤边坡应铺过坡顶(路肩外缘)0.2m。方格式铺是将草皮平铺成与路线方向成 45°斜交的方格状;坡顶和坡脚部分则铺设几条水平的带状,方格内栽草或撒草籽。方格式铺法最为经济,但其坚固程度不及前述两种满铺形式,常用于草皮供应有限制的场合。

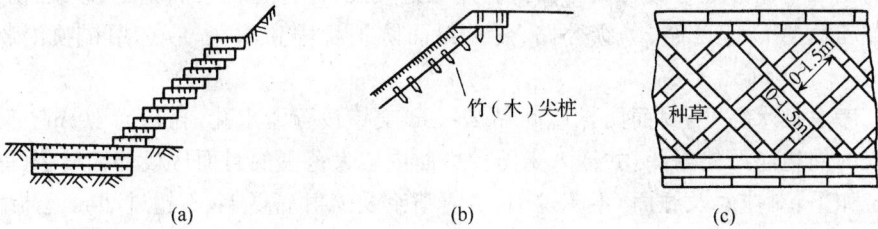

图 5.23 草皮防护
(a)水平叠置;(b)平铺;(c)方格式铺

植树适用于坡度不陡于 1∶1.5 的各种土质边坡和极严重风化的岩石边坡。也可与种草、铺草皮配合应用,使坡面形成良好的防护层。植树可以加强路基的稳定性,还能保护路基免受风、沙、水、雪的侵蚀,并有改善路容、调节气候等作用。边坡植树,宜选用在当地土质和气候条件下能迅速生长、根深枝密的低矮灌木类树种。植树形式可按梅花形和方格形布置,栽成条带状或连续式,视防护要求等因素而定。为确保行车安全,在高速公路、一级公路以及弯道内侧的边坡上,严禁栽植高大的树木(乔木)。

植物防护宜安排在气候温暖、湿度较大的季节施工。铺、种植物后,还应适时进行洒水施肥、清除杂草等养护管理,直到植物成长覆盖坡面。

2. 灰浆防护

灰浆防护是采用拌制的水泥、石灰类矿质混合料对边坡进行封面和填缝,可防止软弱岩土表面进一步风化、破碎和剥落,避免雨水侵蚀坡体,并能增强边坡的整体性,通常用于不宜植物防护的坡面。

封面包括抹面、捶面、喷浆和喷射混凝土等防护形式:①抹面防护适用于表面比较完整而尚未剥落的易风化软质岩石挖方边坡。抹面材料常用石灰炉渣(煤渣)灰浆(体积比 1∶2~1∶4)、石灰炉渣三合土(质量比 1∶5∶1)或水泥石灰砂浆(体积比 1∶2∶9)。为防止抹面开裂,增强抗冲蚀能力,可在表面涂软化点稍高于当地气候的沥青保护层,用量为 0.3kg/m²。抹面厚度视材料与坡面状况而定,宜取 3~7cm;其使用年限一般为 6~8 年;②捶面防护适合坡度不陡于 1∶0.5 的易冲蚀土质边坡和易风化岩石边坡。常用的捶面材料有水泥炉渣混合料(加砂或再加石灰配成）、石灰炉渣三合土或四合土（由石灰、炉渣加黏土和砂配成）。捶面的厚度为10～15cm，其使用年限可达10～15年；③喷浆和喷射混凝土防护适用于易风化、裂隙和节理发育、坡面不平整的岩石挖方边坡。喷浆防护采用的砂浆强度不低于M10，厚度为5～10cm。喷射混凝土防护是采用骨料最大粒径不超过15mm而强度不低于C15的水泥混凝土，厚度为10cm。当岩石表面凹凸明显或气候条件恶劣时，混凝土厚度可增至15cm。为防止喷射的混凝土（砂浆）硬化收缩产生裂缝或脱落，特别是坡面岩体切割破碎时，应在混凝土（砂浆）内设置菱形金属网或高强度聚合物土工格栅并通过锚杆或钳固钉固定在边坡上，即称为锚喷混凝土（砂浆）防护。重点工程或高速公路、一级公路、要求封面防护稳固和耐久，应选用锚喷混凝土防护。

考虑排水需要，封面防护应间隔2～3m交错设置泄水孔，孔径为10cm。防护工程的周边应严格封闭，并嵌入未防护坡面内。大范围的封面应设伸缩缝，其间距规定如下：对抹面及锤面，不超过10m；对喷浆及喷射混凝土，不超过20m。伸缩缝宽1～2cm，缝内用沥青麻筋或油毛毡填塞紧密。封面不宜在严寒季节、雨天及日照强烈时施工，并注意做好洒水养生工作。对新开挖的易风化岩石边坡，要及时进行封面，以防风化剥落。

填缝包括勾缝和灌缝，适用于较坚硬不易风化的岩石挖方边坡，避免水分渗入岩体缝隙造成病害。岩体节理裂缝多而细者，宜用勾缝，将水泥砂浆（或水泥石灰砂浆）嵌入缝中；缝隙较大而深者，可用水泥砂浆灌缝；缝隙又宽又深时，常用混凝土灌缝。

3. 砌体防护

因受自然力影响易发生严重剥落（碎落）、冲蚀或溜方等坡面变形的路基边坡，均宜采用框格、护坡和护墙等砌体防护形式。

框格防护可采用预制混凝土砌块、浆砌片（块）石、栽砌卵石等做骨架，框格内宜采用植物防护或其他辅助防护措施。骨架能对边坡表层和框格内其他防护起支撑稳固作用，并防止边坡受雨水侵蚀而产生病害。在降雨量大且集中的地区，还可将骨架做成沟式分流排除坡面水，使边坡免受冲蚀。不宜植物防护和封面防护的土质边坡或风化岩石挖方边坡，可采用框格防护；对风化较重的岩石边坡和较高陡（坡度大于1∶1）的挖方边坡，宜用浆砌片（块）石或现浇混凝土做骨架，并根据边坡状况在框格的交点处设置固定桩或锚固钢筋。骨架宽度宜采用0.2～0.3m，嵌入坡面深度应视边坡岩土性质及当地气候条件而定，一般取0.15～0.20m。框格的大小可根据边坡坡度和岩土情况确定，并应考虑与景观的协调。方形框格的边长宜为1～3m；如做成拱形骨架，圆拱的直径宜为2～3m。框格防护在边坡坡顶及坡脚应采用与骨架部分相同的材料加固，其宽度为0.4～0.5m。

砌石（混凝土块）护坡（见图5.24）常用于易受水流侵蚀的土质边坡、严重剥落的软质岩石边坡。干砌片石护坡适用于边坡较缓或经常有少量地下水渗出的坡面。

路基边坡较陡(坡度不大于1:1)的坡面防护采用干砌片石不适宜或效果不好时，可用浆砌片(卵)石护坡，但对湿软或冻害严重的土质边坡，应先采取排水措施或待沉实(压实)后再行施工，以免护坡变形而破坏。砌石层厚度规定如下：干砌时，一般为0.25~0.35m；浆砌时为0.25~0.40m，视边坡高度和坡度而定。砌石层下应设厚0.10~0.15m的碎石或砂砾垫层(具有平整、反滤、缓冲等作用)，当坡面土的粒径分配曲线上通过率为85%的颗粒粒径大于或等于0.074m时，可以用反滤效果等效于砂砾层的土工织物代替。砌石护坡的坡脚应选用较大的石块砌筑漫石基础，埋置深度一般为护坡砌石厚度 h 的1.5倍[见图5.24(a)]。干砌片石护坡的基础与边沟相连时，应采用浆砌片石铺筑。砌筑用砂浆强度不应低于M5，寒冷地区则为M7.5。浆砌片(卵)石护坡还应每隔10~15m设置2cm宽沉降伸缩缝，并留有泄水孔。水泥混凝土预制块护坡，施工方便又可拼成各种图案，常用于石料缺乏的地区或需要美化的路段。预制块的混凝土强度不应低于C15，在严寒地区，应提高到C20；其厚度不应小于6cm，板块边长为0.4~0.6m，当边长大于0.6m时，需配置构造钢筋。砌缝宽1~2cm，并用沥青麻筋、沥青木板或聚合物合成材料填塞。混凝土块护坡底面也应设置碎石、砂砾垫层成土工织物，垫层厚度规定如下：干燥边坡为0.10~0.15m；较湿边坡为0.15~0.25m；潮湿边坡为0.25~0.35m。

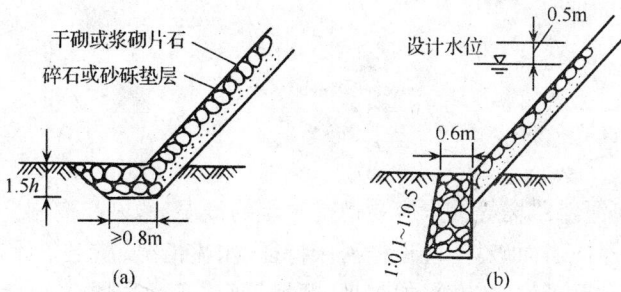

图5.24 砌石护坡
(a)漫石基础；(b)脚墙基础

护面墙，简称护墙(见图5.25)，是一种墙体形式的坡面防护，适用于坡度较陡(但不宜陡于1:0.5)且易风化或较破碎的岩石挖方边坡以及坡面易受侵蚀的土质边坡。护墙不承受墙后坡体的侧压力，故所防护的边坡坡度应符合极限稳定边坡的要求。墙体常采用浆砌片(块)石结构，在缺乏石料的地区，也可采用现浇或预制混凝土结构。墙宽视墙高、边坡坡度和地基承载力等条件而定，顶宽一般为0.4~0.6m，底宽为顶宽加(1/10)~(1/5)墙高。基础应设在稳固的地基上，并埋置在冻结线以下不小于0.25m，墙趾需低于边沟铺砌的底面。沉降伸缩缝和泄水孔的布置与浆砌片石护坡相同。为增加护墙的稳定性，防护松散夹层时，最好在夹层底部留出平台，并进行加固[见图5.25(a)]；护墙较高时，应分级设置，视坡面的地质条件，每6~10m高为一级，其间设1~2m的平台，顶部予以封闭；墙背与坡面要密贴结合,每 3~6m 高设一耳墙,底宽为 0.5~1.0m[见图 5.25(b)];防护的边坡较陡时,可采用肋式护墙,视具体情况,设置外肋、里肋或柱肋。若边坡不陡于 1:0.75,则可用窗孔式护墙,通常为半圆拱形窗孔(高 2.5~3.5m,宽 2~3m,圆拱半径 1.0~1.5m),窗孔内干砌片石、植草或捶面(坡面较干燥时)。边坡下部岩层较完整而需要防护上部边坡或遇到个别软弱地段时,可设拱跨过,而墙建在拱圈上,成为拱式护墙。在软弱岩层或局部凹陷处镶嵌填补的石砌圬工,需支托突出的岩层,又称支补墙。

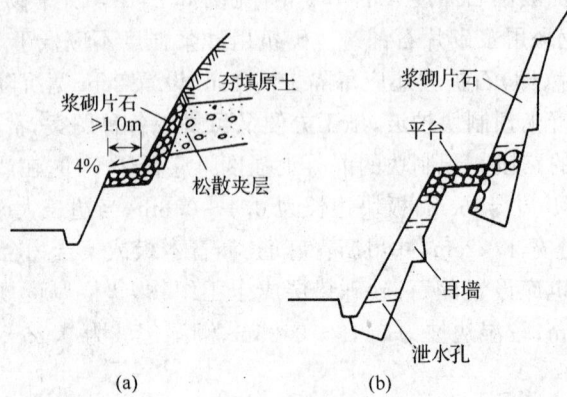

图 5.25 护墙
(a)单级;(b)双级

5.5.2 堤岸防护

沿河路基和河滩路堤等堤岸容易遭受水流的浸湿、冲刷和淘刷、波浪的侵袭以及流冰、漂浮物等撞击而破坏,应根据河床特征、水流情况、施工条件等采取直接防护堤岸边坡,或设置导治结构物(如丁坝、顺坝等间接防护措施),必要时,也可改移河道。

常用的岸坡直接防护措施有植物防护、砌石护坡、抛石、石笼和挡土墙等。防护高度应按路基设计水位再加安全高度(0.5m)确定。

1. 植物防护

水流方向与路线接近平行,不受各种洪水主流冲刷的季节性浸水的路堤边坡,可采用铺草皮等植物防护。平铺草皮的容许(不冲刷)流速为 1.2m/s,叠砌草皮的容许流速可达 1.8m/s。在河岸漫滩上植树,还可降低水流速度,促使泥沙淤积,改变水流方向,起保护堤岸的作用。

2. 砌石护坡

干砌片石护坡,可按流速大小分别采用单层或双层铺砌。单层和双层上层的干砌片石厚度一般为 0.25~0.35m,下层为 0.15~0.25m。这种措施适用于水流方向较平顺的河岸滩地边缘或不受主流冲刷的路堤边坡,容许流速为 2~4m/s。

受主流冲刷、波浪作用强烈或有流冰、漂浮物撞击的堤岸边坡,可用浆砌片石护坡。浆砌片石的厚度应按流速及波浪的大小等因素确定,一般取 0.35~0.50m,容许流速为 4~6m/s。

当石料缺乏时,可采用混凝土板块防护岸坡。板块的尺寸取决于所经受的荷载,一般厚 0.08~0.20m,边长 1~2m,容许流速可达 4~8m/s。

堤岸护坡的基础应埋置在冲刷线以下 0.5~10m 处。当冲刷较轻时,可用漫石铺砌基础;较重时,宜采用浆砌片石或混凝土脚墙基础(见图 5.24)。若基础埋置深度不足,则应采取合适的防淘措施(如抛石、石笼等)。

3. 抛石

抛石适用于防护经常浸水且水深较大的路基边坡或坡脚以及挡土墙和护坡的基础。抛石的边坡坡度和石料块径,视水深、流速和波浪情况而定,坡度不应陡于所抛石料浸水后的天然休止角[常用(1:1.25)~(1:3.0)],最小石料块径应大于 0.3m(一般不超过 0.5m)。抛石的顶宽,不应小于所用最小石料块径的 2 倍。抛石防护的容许流速为 3~5m/s。

在水流或波浪作用强烈的河段以及缺乏大块石料的地区,可用预制混凝土块体作为抛投材料,或者改用石笼防护。

4. 石笼

沿河路堤坡脚及河岸因防护工程基础不易处理或沿河挡土墙、护坡基础局部冲刷深度过大时,可采用石笼防护。一般河段,常用镀锌铁丝、高强度聚合物土工格栅或竹木石笼;急流滚石河段,可在铁丝笼内灌注小石子水泥混凝土,或采用钢筋混凝土框架石笼。用于防止冲刷淘底时,一般在河床上将石笼平铺并与坡脚线垂直;若防护岸坡或坡脚,则用垒码形式,但岸坡较缓时,也可平铺于坡面。石笼内装填的石料块径应大于石笼的网孔。单个石笼的大小,以不被相应速度的水流或波浪冲移为宜。石笼防护的容许流速可达 5~6m/s。图 5.26 为铁丝石笼防护示意图。

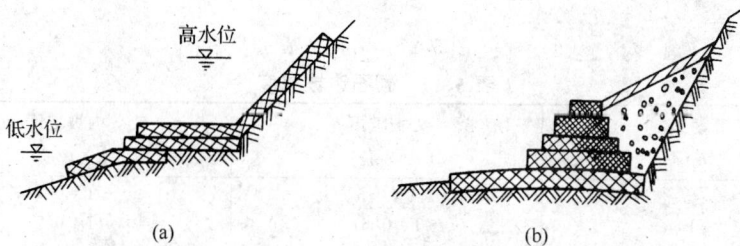

图 5.26 铁丝石笼防护

(a)平铺;(b)垒码

5. 浸水挡土墙

在峡谷急流和水流冲刷严重的河段,或为防止路基挤占河床,可采用挡土墙防护。浸水挡土墙大多采用浆砌片石或混凝土结构,基础应埋设在冲刷线以下的坚实地基上,必要时可采取防淘措施。其容许流速为 5~8m/s,并能抵抗强烈的波浪和流冰等的冲击。

5.5.3 支挡结构

为防止坡体坍滑,减少路基占地,可采用支挡结构。路基的支挡结构,除各类挡土墙外,还有能承受坡体侧压力作用的砌石路基(或称叠砌边坡)、护肩、护脚和矮墙等。

1. 砌石路基

陡山坡上的半填半挖路基,当填方较大、边坡伸出较远填筑困难,而附近又有较多不易风化的开山石料时,可采用砌石路基(见图 5.27),砌石边坡坡度见表5.11。其边坡表层选取较大片石砌筑,内侧填石。砌石的各部分尺寸,可参照图5.27 和表 5.11 确定。基础设置在稳固的地层上,外侧还应留出足够的襟边宽度(见表 5.12),基底面做成向内倾斜。砌石部分能支挡填方,稳定路基,但因其内侧边坡仰斜,且坡度较缓,不像挡土墙能独自稳立,需边填边砌。为使路肩整齐稳固,砌石顶部 0.5m 高度范围内应采用 M5 水泥砂浆砌筑。为提高砌石的整体性和稳定性,砌石高度超过 8m 时,底部 0.5m 高度范围内应浆砌;从上往下每隔 4m 左右浆砌一条厚度为 0.5m 的水平加强肋带。受水浸淹的砌石路基,应根据水流冲刷情况,予以勾缝或浆砌。

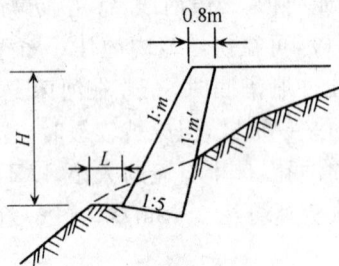

图 5.27 砌石路基

表 5.11 砌石边坡坡度

高度 H /m	外坡坡度 $1:m$	内坡坡度 $1:m'$
≤5	1:0.5	1:0.3
≤10	1:0.67	1:0.5
≤15	1:0.75	1:0.6

表 5.12 襟边宽度

地基地质情况	襟边宽度 L/m
弱风化的硬质岩石	0.2~0.6
强风化岩石或软制岩石	0.6~1.5
密实的粗粒土	1.0~2.0

2. 护肩

当砌石的高度不超过 2m 时,其内、外坡均可直立,就称为护肩。但护肩高度大于 1m 时,顶宽宜采用 1m。高速公路、一级公路的护肩,全部高度均应采用 M5 的水泥砂浆砌筑。

3. 护脚

地面横坡较陡时,填方路基有沿斜坡下滑的倾向,或为加固、收回坡脚,应采用有护脚路基。护脚由片石砌筑(干砌),断面为梯形,顶宽不小于 1m,内外侧边坡坡度可取(1:0.5)～(1:0.75),其高度不宜超过 5m,护脚断面面积与路堤面面积之比应为(1:6)～(1:7)。护脚外侧的襟边宽度应符合表 5.12 的规定。如地面为较陡的坚实岩层,为节省砌石体积,防止护脚滑动,可将基础做成台阶形。

4. 矮墙

在土质比较松散,容易产生碎落或坡面滑坍的挖方坡脚,以及水稻田地段的填方坡脚,均宜设置矮墙(见图 5.28)保护坡脚不被侵蚀,并可方便养护,少占耕地;矮墙可用浆砌(浸水时)或干砌片石,高度一般不超过 2m,顶宽 0.5～0.8m,墙内坡直立,外坡为(1:0.2)～(1:0.5)。

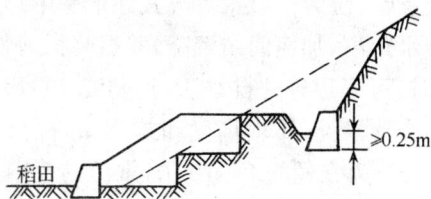

图 5.28　矮墙路基

5.5.4　地基加固

在软弱地基上填筑路基,为保证路堤稳定或控制工后沉降,应考虑地基、道路及施工等条件,采取适宜的加固处理方法;软弱地基的加固处理方法很多,按其作用机理可大致分为换填材料、排水固结、挤压密实、胶结硬化、调整结构等类型。

1. 换填材料

将地基软弱层的全部或部分换填为强度较高和透水性好的材料,可提高地基的承载力,减小沉降量。在工期较紧、优质填料有来源时,常采用这种较为有效的处理措施。换填的方法有开挖换填法、抛石挤淤法、爆破排淤法等。

开挖换填法:简称挖填法,是将需要处理的软弱层土挖除,用适宜的材料回填并压实。此法适用于软弱土层,位于地表而挖换深度不超过 3m 的场合。

抛石挤淤法:一般采用不小于 30cm 的片石,沿路中线向前抛填,再渐次向两侧扩展,或者自软弱层底面(横坡陡于 1:10 时)高侧向低侧抛投,而将基底的泥炭或淤泥挤出。待抛石外露后,应用小石块填塞找平,用重型机械碾压紧密,在其上铺设反滤层,再行填土。这种方法适用于排水困难的洼地,且软弱层土易于流动,厚度又较薄(不宜超过 3m),表层也无硬壳,但石料来源要充足。

爆破排淤法:一般将炸药放在软弱层土中爆炸,把淤泥或泥炭排走,用良好的填料置换。它的换填深度大,工效较高,仅仅适用于爆破对周围环境无不良影响的地区。对稠度较大而回淤较慢的软土或泥沼泽,可先爆后填,爆破一段,立即回填一段;对稠度较小的软土或泥沼,可先填后爆,填料随爆下沉,以避免回淤。

2. 排水固结

软弱地基通过加载预压,可减少工后沉降,提高承载能力。一般利用路堤填料自重进行加压。路堤的预压高度(荷载强度)超过极限高度时,应分级加载填筑,各级荷载始填时间是由地基固结后路堤的稳定性决定的。为加速排水固结,常设置透水性垫层(多用砂垫层)和竖向排水体(砂井、袋装砂井、塑性排水板等)。

砂垫层法。是在路堤与地基之间铺设厚度为 0.5~1.0m 的中砂、粗砂或砂砾层,可增加排水面,缩短固结的过程,还能改善施工机械的作业条件。它适用于软土层不很厚和路堤高度小于 2 倍极限高度的情况。但施工中需要严格控制路堤填筑的速率,工期也较长。

砂井排水法。采取螺钻、沉管或射水等方式在地基中形成竖向排水井孔,再灌入粗砂、中砂,以缩短排水距离,加速固结沉降,并提高抗剪强度。当软土层较厚(一般超过 5m)、路堤较高时,可采用砂井排水法(见图 5.29)。砂井的直径、间距和长度(深度),主要取决于地基情况、路堤高度和施工条件。砂井直径通常取 0.2~0.3m,井距(中心间距)一般为井径的 8~10 倍,常用的范围为 2~4m,平面上呈三角(梅花)形或正方形布置。井深应穿过地基的最危险滑动面和主要受压层;若软土层较薄或下卧透水层时,则砂井贯穿整个软土层,对排水固结更有利。砂井顶部(地基表面)应铺设砂垫层或十字交叉的砂沟,以排除砂井中流出的水。

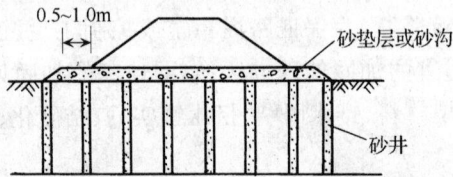

图 5.29 砂井排水法

袋装砂井。是把砂装入长条形透水性好(用聚丙烯等材料)的编织袋内,一般用导管式振动打桩机成孔,再将砂袋置于井孔中。这样,可保证砂井的连续性,避免颈缩现象。袋装砂井的直径可做到 7cm(一般不超过 10cm),井距 1~2m,相当于井径的 15~30 倍。袋装砂井因直径小,材料消耗少、成本低、设备轻型、施工速度快且质量稳定,常用来代替普通大直径砂井。

塑料排水板。通常由芯板(或芯体)和滤套(或滤膜)组成。它作为竖向排水体时,土层中孔隙水通过化纤无纺布滤套渗入到塑料芯板的纵向凹槽内,再排入砂垫层。塑料排水板的常用断面尺寸见图5.30。此时,塑料排水板的作用与直径为7～10cm的袋装砂井相当。塑料排水板可以用插板机置于软土中,而无需灌砂,施工就更简快,对地基的扰动也小,成为具有发展前途的排水材料。

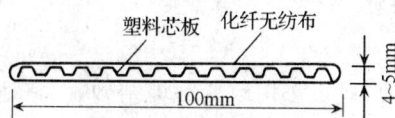

图 5.30 塑料排水板的常用断面尺寸

3. 挤压密实

地基土通过压实可提高强度和降低压缩性。对松软地层,一般压实方法难以达到要求时,常采取强夯、挤密等措施。

强夯法。又称动力固结法,它是以 8～12t(甚至 200t)的重锤和 8～20m(最高达 40m)的落距,对地层表面进行强力夯击,利用冲击波和动应力使地基土密实,达到加固的目的。饱和软黏土地基使用时,应在地面上先铺相当厚(有时达 2.5m)的砂砾垫层,然后间歇地夯打,以提高其效果。这种方法可使地基加固深度达 10～20m,甚至更深,但对周围环境的影响较大。

挤密法。是指在地基中用锤击、震冲、爆破等方法成孔,然后向孔内逐层夯填砂、碎石或石灰等材料,形成直径较大的桩体,并与桩间挤密的土共同组成复合地基。粒料桩是通过置换地基土、加速排水固结及应力集中作用来提高地基强度,减小沉降量。石灰桩是依靠生石灰的吸水、膨胀、发热以及离子交换作用,使地基土疏干、挤实和凝固。挤密桩的直径及设置深度、间距应经稳定、沉降验算确定。桩径一般为 0.3～0.5m,最大深度为 30m 左右,间距常用 0.75～1.5m,平面上按三角形布置。

4. 胶结硬化

松软地层可采用搅拌混合、高压喷射或压力灌注结合料及化学浆液,通过填充孔隙、离子交换和结硬反应获得加强。

浅层搅拌法。将石灰、水泥等结合料掺入表层土内,加以拌和,并进行压实而形成硬层。一般处治深度不超过 1.5m。

深层搅拌法。利用特制的搅拌机械在地层内将喷入的加固(结合)料与地基土强制拌和,形成加固土桩体或墙体,以提高地基承载力,限制软土侧向挤动及阻止地下渗透水流。加固料可以是粉状(生石灰粉、干水泥等)或者浆状(如石灰浆、水泥浆、二灰浆等)。粉体喷射搅拌桩体,简称粉喷桩,桩径一般采用 0.5m,桩距为 1.5m,加固深度可达 20m 以上。

高压喷浆法。用高压泥浆泵将化学浆液通过特殊喷嘴高速喷出,使浆液和土混合、胶结硬化后,就在地基中形成柱状或壁状的加固体。喷射的浆液常用水泥浆液,如果地下水流速较快,为防止浆液流失,需要掺速凝剂(如三乙醇胺和氯化钙等)。

灌浆法是指利用压力或电化学原理通过注浆管把浆液均匀地注入地层内,浆液以填充、渗透等方式,赶走土颗粒或岩石裂隙中的水分和空气并占据其位置,经过一定时间后,将原岩土层胶结成整体。这种方法,除加固地基外,还可用来整治坍方滑坡,防护坡面和堤岸等。

5. 调整结构

软土地基的加固处理,还可采用改变路堤结构,调整地基应力的办法。

轻质路堤:一般采用粉煤灰路堤,可降低地基应力,提高路堤的稳定性和减小沉降量。

反压护道:是在路堤两侧填筑一定宽度和高度的护道,使路堤下的地基土向两侧隆起的趋势得到平衡(压住),从而保证路堤的稳定性。这种方法施工简便,但占地广,土方量多,路堤沉降大。反压护道法(见图 5.31)一般采用单级形式,其高度一般为路堤的 1/2,但不得超过天然地基所容许的极限高度,宽度应通过稳定计算确定,且应满足路堤工后沉降要求。

图 5.31 反压护道法

加筋路堤:将能承受一定拉力的土工织物、塑料格栅和筋条等材料铺设在路堤的底部,可增加路堤强度,扩散基底应力,阻止侧向挤出,从而提高地基承载力和减小差异沉降。加筋的层数应按稳定计算确定。另外,土工织物还有反滤、排水和隔离等作用。

不少地基加固方法具有多种处理效果,如粒料桩就有挤密、置换、排水和加筋等多重作用。当单一的处理方案无法满足稳定与沉降的要求时,也可考虑多种措施组合应用。

5.6 软土地基处治

天然土体的性质不同于一般的均质材料,软土地基更是变化很大,不仅在空间上发生变化,而且随着时间的变化其性质也在发生变化。土力学中理论分析的计算模式都是在一定的假定条件下建立的,众多不确定因素的影响造成了理论分析结果与实际的差异。因此在处理软土地基时,应认真进行调查,重视施工过程中的动态观测,随时进行调整。软土地基的处理一定要遵照"因地制宜、综合考虑"的原则进行,目前软土地基的处理方法各种各样,下面就简单介绍常见的几种处理措施。

5.6.1 垫层及浅层处治

1. 垫层处治

垫层处治通常指换土垫层处治方法,就是把地基下一定深度内的软土全部或部分挖除,用砂、碎石、钢渣等强度高、水稳性好的粒状材料回填,这是浅层处治的一种,适用于表层软土小于3m的软土路段的处理。垫层的作用就是为了排出地基中的水分。通常比较经济、实用的材料是中、粗砂,垫层的厚度以能保证不致因沉降发生断裂为宜,其厚度通常为30～50cm。垫层的铺设宽度要大于路堤底宽,通常每侧各向外50～100cm。当垫层兼有排污作用时,其厚度还应适当加大。

在施工中,垫层除用中、粗砂和砂砾以外,垫层材料还可以用素土、石灰土、二灰(石灰、粉煤灰)、煤渣、矿渣及其他性能稳定、无侵蚀性等材料。虽然不同材料的垫层,其应力分布稍有差别,但从试验结果分析其极限承载力还是比较接近的。

2. 其他浅层处治

当软土层厚度较小时,也可采用其他的处治方法,如采用生石灰等浅层拌和、换填、抛石(堆土)等方法进行。抛石(堆土)排淤应在地表铺设网状材料或土工织物。

3. 垫层的作用

垫层的作用如下:

1)提高地基承载力。

2)减少沉降量。一般路基和结构物下浅层部分的沉降量在总沉降量中所占的比例是比较大的。同时,由于侧向变形而引起的沉降,理论上也是浅层部分占的比例较大,若以压实的砂层代替上部的软弱土,就可以减少这部分的沉降。

3)加速软弱土层的排水固结。因为在路堤施工中,较常用的垫层为中、粗砂和碎、砂砾石,这些材料都具有良好的透水性,软弱土层受压后,砂垫层作为良好的排水面,不但可以使下面孔隙水压力迅速消散,还可以加速软弱土层的固结,提高其强度,但固结的效果只限于浅层,深层部位的影响就不显著。

4)消除膨胀土地基上的胀缩作用。在膨胀土地基上采用换土断层法时,一般可选用砂、碎石、煤渣、二灰(石灰、粉煤灰)等作为垫层材料,但垫层厚度应依据变形计算确定,且垫层宽度应大于路堤或构造物基础宽度。

5)防止季节性冻土的冻胀作用。由于粗颗粒材料的孔隙率大,不会产生毛细管现象,因此可以防止冬季土中结冰和基础的冻胀。

6)消除湿陷性黄土的湿陷作用。

7)用于处理暗滨和暗沟场地。

5.6.2 轻质路堤

使用容重小的轻质材料作路堤,可以减轻路堤自重,达到减少沉降、增大稳定安全系数的目的。常用的轻质材料为粉煤灰。轻质路堤材料的应用一般不受地质条件的限制,但粉煤灰抗冲刷的能力低,设计时应注意外层要具有足够的防护厚度。用粉煤灰材料填筑路堤主要受运距的影响,应注意进行技术、经济综合比较。

5.6.3 反压护道

根据需要可在路堤的两侧或一侧设置反压护道,设置反压护道会增大沉降量,并加大用地宽度,因此一般不宜在用地受限制地区内设置。反压护道的高度一般为路堤的1/2,宽度应通过稳定计算确定,且应满足路堤工后沉降要求。具体计算可参阅有关资料。

5.6.4 加筋路堤

加筋路堤是采用变形小、老化慢、强度高的土工格栅、土工编织物等作加筋材料而修建的路堤。加筋材料的纵向或强度高的方向应垂直于公路的中线铺设,加筋材料应尽可能设置在路堤底部。在软土地基上加筋路堤的边坡坡度与一般的填土路堤边坡坡度相同,否则按加筋土挡墙设计。

目前作路堤的加筋材料为有纺编织物及塑料格栅,土工合成材料在国内均有厂家生产。由于无纺土工布拉力及抗变形的能力比编织土工布差,故不应选用无纺布作加筋材料。加筋路堤一般不受地质条件的限制,但地基土越软弱其作用越明显,它的设置主要受材料价格的影响。

5.6.5 预压及超载预压

为提高软弱地基的承载力,减小构筑物建成后的沉降,提高地基牢固度,预先在拟建软土地基上施加一定的静荷载,使地基土压密称为预压。预压是最常用的软土地基处治方法,适用于容许工后沉降标准较低或路堤填土高度不大的一般路段。在工期较短,预压时间受到限制时,可采取超载预压的方法加快预压期的沉降量。

预压期可根据要求的工后沉降量来确定,也可根据要求的固结度来确定,前者用于沉降起控制作用的地方,后者用于稳定起控制作用的地方。若沉降和稳定两者均为控制因素,则选用两者中较长的预压期。在预压期内地基应完成的沉降量不能小于路面设计使用年限末的沉降量与容许工后沉降之差,在必要时,预压期末地基的固结度还要满足地基稳定性的要求。

由于预压过程中地基的下沉,路堤的实际填筑高度要大于路堤的设计高度,实际路堤填土高度应等于路堤设计高度与预压期的沉降量之和。在实际设计过程中要考虑路面结构材料与路堤填筑材料单位质量的不同而引起的差异。由于预压高度与预压期的沉降量是相联系的,所以预压高度的计算需采用试算法。超载预压高度受到路堤稳定性的制约,同时预压结束后的剩余土方的处理也会造成困难,通常应结合竖向排水体进行超载预压。

5.6.6 竖向排水体预压

为缩短地基孔隙水的排出距离,加速软土地基的固结过程,对于软土地基采用垂直设置袋装砂井、塑料排水板及其他排水土工合成材料形成的排水柱体,通常称为竖向排水体。在软土地基中设置竖向排水体大大缩短了排水距离,加速了地基的固结过程,能明显提高预压的效果。这种预压方式常用在人工构造物与路堤相邻的过渡段,可达到严格控制工后沉降要求的目的。常用的竖向排水体有袋装砂井、塑料排水板及其他种类的土工合成材料复合体。

1. 排水体的直径(断面尺寸)

对于袋装砂井,直径为 7～10cm;塑料排水板或其他类似的复合排水体,其断面尺寸为 10cm×(0.4～0.5)cm,此时其作用与直径 7～10cm 的袋装砂井相当。

2. 排水体间距

排水体间距对排水体的作用影响很大,一定附加荷载条件下选用小的间距有利于地基的排水固结,排水体的作用也就越显著,所以间距不应过大,一般情况为 1～2m。

3. 排水体的布置形式

排水体的布置形式(见图 5.32)可按正方形和等边三角形两种形式布置。在设计计算时,可将排水体近似用圆柱体来代替,圆柱体的直径表示为 d_e(有效排水直径);若用 d 来表示排水体的间距,则它们有如下关系:

正方形布置: $d_e = 1.128d$

等边三角形布置: $d_e = 1.05d$

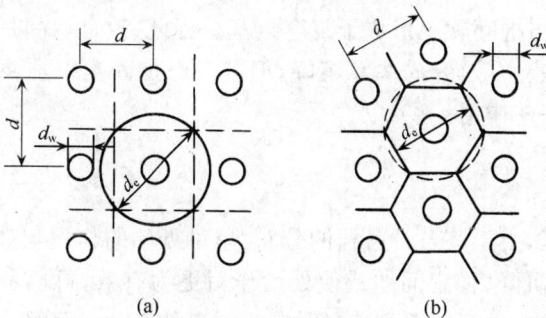

图 5.32 排水体的布置形式

(a)正方形布置;(b)等边三角形布置

4. 排水体的长度

排水体的长度主要由地层情况来确定。对于较薄的软土层,排水体应贯穿软土层;对于较厚的软土层,排水体应进行计算确定出长度。凡采用地下排水体处治方法的,填土预压期不小于 6 个月。

5.6.7 粒料桩

粒料桩是为提高软弱地基的承载力,在需进行地基处理的范围内,由碎石、砂砾、矿渣、砂等松散粒料作桩料,采用专用机械设置较大直径的桩体。专用机械一般为振动沉管机、水振冲器等。设置粒料桩后桩体与桩间土形成复合地基。粒料桩是通过置换软土、加速地基排水固结作用、桩的应力集中作用共同来提高稳定系数的,通常不考虑它对地基土的挤密作用。

粒料桩的直径及设置深度、间距应经过稳定、沉降验算确定,但桩的直径、深度除受地基地质条件制约外,还受机械设备的制约,一般相邻桩净距不应大于 4.0 倍桩径。

为了能较好地排除地基内的水分,设有粒料桩的路堤底面应按照垫层与浅层处治的方法设置排水垫层。粒料桩的桩料不应使用单一尺寸的粒料,其最大粒径不应超过 5cm;对十字板剪切强度低于 20kPa 的软土地基的桩料,最大粒径可放宽到 10cm,且 5～10cm 的粒料质量应占总质量的 50%～60%。料桩的含泥量不得超过5%。

5.6.8 加固土桩

加固土桩是用带有回转、翻松、喷粉与搅拌的机械,将软土地基局部范围内的某一深度、某一直径内的软土,用固化材料予以改良、加固形成的桩体。加固土桩一般常用的固化材料有水泥、石灰等,这些固化材料可以是浆状,也可以是粉状。粉状的要比浆状的技术效果好,这就是通常称的粉喷桩。

由于加固土桩是用某种专用机械将软土地基的局部范围内的软土,用加固材料改良加固而成,与桩间软土形成了复合地基。因此,改良后的加固土桩只考虑桩的置换作用、应力集中效应,减少总沉降,但应考虑加固土桩加快地基的排水固结速度和对地基的挤密作用。

5.6.9 综合(组合)处治

对于软土地基,由于其各种各样的分布,单种处治的作用与效果总是有局限性的,为了同时解决沉降、稳定问题或使处治作用更为有效,可以考虑同时利用两种或两种以上处治措施进行综合处治。例如,为加速软基的沉降量,减少工后沉降,除了设计预压或超载预压外,还可设置竖向排水设施、排水垫层等与之组合,使其能加速工前的预压或超压沉降,减少工后沉降。

综合处治的一般原则是:加速排水固结的措施与增加地基强度的措施相结合;地上、地面处治与地下处治相结合。在进行方案选择时,应根据当地的地质、水文、材料、施工、环境条件等,用两个或两个以上可行的方案进行经济、技术比较,选择其最优方案。

5.7 小　　结

路基在自然因素和车辆荷载的反复作用下会产生各种各样的病害。为保证路基具有足够的强度、稳定性和耐久性,应从路基断面形式和尺寸、基底处理、填料和压实要求、排水、防护与加固等几个方面进行综合考虑和设计。对填方路基来说,关键是稳固的地基、优质的填料、合适的边坡和充分的压实,这些方面的要求,规范均有明确规定。挖方路基的主要问题是边坡,虽然规范对其坡度值有所规定,但范围较大,还须根据当地具体情况进行选择。在设计时应充分重视路基排水,设置必要的地面排水和地下排水设施,并与沿线的桥涵等配合,形成完善的排水系统。路基防护与加固也是防治路基病害和确保路基稳固的重要措施,各种防护加固方法应根据实际条件合理选用。

思　考　题

5.1　路基的常见病害有哪些?形成的原因是什么?在设计中应如何考虑?

5.2　对路基填料有什么要求?用不同性质的土填筑路堤时,要注意哪些问题?

5.3　路基压实标准应根据哪些要求制订?

5.4　分析比较影响土质和岩石边坡坡度的诸因素。在确定坡度时,应怎样考虑这些因素?

5.5　什么叫路堤的极限高度?它同哪些因素有关?

5.6　在什么情况下,填筑路堤前应对其基底进行处理?怎样处理?

5.7　具体布置和设计各种路基排水结构物时应注意哪些问题?怎样才算形成排水系统?

5.8　为什么要对路基进行必要的防护?有哪些具体措施?如何选用?

5.9　地基加固可采取哪些方法?各适用于什么场合?

5.10　常用软土路基处理措施有哪些?各自适用条件是什么?

习　　题

地基为潮湿的黏土层,厚 25m,由快剪试验得 $C=14\text{kPa}$,$\phi=4.5°$。路堤高 7m,边坡 1:1.5,填料容重 $\gamma=19\text{kN/m}^3$。试判断地基承载力是否够。

第六章　路基的施工

　　路基施工就是按照设计图纸和规范要求,以最经济的方式,及时建成符合质量标准的路基结构物。为此,必须科学安排施工计划,积极采用先进技术,认真进行施工准备,严格遵守操作规程,切实加强施工管理。本章主要从路基土石方施工的准备工作和填方及挖方的施工方法、路基压实、软土地基路基施工及山区路基施工等方面进行介绍。

　　学习要求如下:

　　1)了解路基土石方施工前准备工作的内容和要求。

　　2)懂得合理安排路基填挖的施工方案。

　　3)正确选择路基的压实方法。

　　4)掌握各种软土地基的加固处理方法。

　　5)了解各种爆破方法及特点和适用场合。

　　6)懂得山区深挖路堑及填石、土石和高填方路堤的施工方法。

6.1　路基土石方施工

6.1.1　施工前的准备工作

　　施工单位通过投标获得工程任务后,即可着手进行施工的准备工作。准备工作分为技术准备、劳动组织准备、物资准备和施工现场准备等几个方面。经验表明,工程的施工能否按计划顺利进行,与准备工作的好坏有直接关系,因此必须认真做好各项准备工作。

　　1. 技术准备

　　(1)研究和熟悉设计文件并进行现场核对

　　组织有关人员学习设计文件,对设计文件、图纸及资料进行了解和研究,使施工人员明确设计意图,熟悉设计图纸的细节,掌握设计人员收集的各种原始资料,对设计文件和图纸进行现场核对。其主要内容是:

　　1)各项计划的布置、安排是否符合国家有关方针政策和规定。

　　2)设计文件所依据的水文、气象、土壤等资料是否准确、可靠、齐全。

　　3)对水土流失、环境影响的处理措施。

　　4)路基平、纵、横断面、构造物总体布置和桥涵结构物形式等是否合理,相互之间是否有错误和矛盾。

5）核对路线中线、主要控制点、水准点、三角点、基线等是否准确无误。主要构造物的位置、尺寸大小、孔径等是否恰当，能否采用更先进的技术或使用新型材料。

6）路线或构造物与农田、水利、航道、公路、铁路、电讯、管线及其他建筑物的互相干扰情况及其解决办法是否恰当，干扰可否避免。

7）对地质不良地段采取的处理措施。

8）主要材料、劳动力、机械台班等计算（含运距）是否准确。

9）施工方法、料场分布、运输工具、道路条件等是否符合实际情况。

10）临时便桥、便道、房屋布设是否合理，电力、电讯设备、桥梁吊装方案、设备、临时供水、场地布置等是否恰当。

11）各项协议文件是否齐备、完善。

12）工程验算以及采用的定额是否合理。

如现场核对时发现设计不合理或错误之处，应做好详细记录并拟定修改意见，待设计技术交底时提交。

（2）补充调查资料

进行现场补充调查，是为编制实施性施工组织设计收集资料。调查的内容主要如下：

1）工程地点的水文、地形、气候条件和地质情况。

2）自采加工料场、当地材料、可供利用的房屋情况。

3）当地劳动力资源、工业加工能力、运输条件和运输工具情况。

4）施工场地的水源、电源，以及生活物资供应情况。

5）当地风俗习惯等。

（3）设计交桩和设计技术交底

工程在正式施工之前，应由勘测设计单位向施工单位进行交桩和设计技术交底。

交桩应在现场进行，设计单位将路线测设时所设置的导线控制点和水准控制点及其他重要点位的桩志逐一移交给施工单位，施工单位在接受这些控制点后，要采取必要措施妥善加固保护。

设计技术交底一般由建设单位主持，设计、监理和施工单位参加。交底时设计单位应说明工程的设计依据、设计意图和功能要求，并对某些特殊结构、新材料、新技术以及施工中的难点和需注意的方面详细说明，提出设计要求。施工单位则将在研究设计文件中发现的问题及有关修改设计的意见提出，由设计单位对有关问题进行澄清和解释，对于合理的修改设计的意见，经过讨论认为确有必要，可在统一认识的基础上，对所讨论的结果逐一记录，并形成纪要，由建设单位正式行文，参加单位共同会签，作为与设计文件同时使用的技术文件和指导施工的依据，以及进行工程结算的依据。

（4）建立工地试验室

公路工程施工过程中,必须进行各种材料试验,以便选用合适的材料及材料性能参数,才能保证公路工程结构物的强度和耐久性,并有利于掌握各种材料的施工质量指标,保证结构物的施工质量。

公路技术等级的提高,使材料试验任务增大,并要求试验结果具有更高的准确性和可靠性。高等级公路线形更趋于平直,使得路基工程的高填深挖及经过不良地带的路段增加。由于高等级公路对路面的行车性能及耐久性能提出更高的要求,相应地要求路基更为稳定,路面材料应具有更高的力学性能、耐磨蚀性和气候稳定性等。公路工程事业的进步,促进了其施工技术水平的不断提高,同时也推动了公路工程新材料的研究应用,并且使材料性能试验及质量检验工作显得日益重要。另外,随着经济体制改革地深化,要求不断改善公路工程的投资效益,因而工程质量问题已从一般化的要求变成了衡量工程施工单位技术质量水平的标志。因此,在某种意义上说,一项工程的质量如何,已关系到该公路施工单位以后的业务前景。基于上述情况,加强质量管理和施工质量检验、建立并充分发挥工地试验室的作用,是施工单位必须做的一项十分重要的工作。

(5) 编制施工组织设计

公路施工组织设计是指导公路施工的基本技术经济文件,也是对施工实行科学管理的重要手段。编制施工组织设计的目的在于全面、合理、有计划地组织施工,从而具体实现设计意图,按质、按量、按期完成施工任务。实践证明,一个工程如果施工组织设计编得好,能正确地反映客观实际,并能得到认真执行,施工就可以有条不紊地进行,否则就会出现盲目施工的混乱局面,造成不必要的损失。

(6) 编制施工预算

施工预算是在施工图预算的基础上,根据施工图纸、施工组织设计或施工方案、施工定额等文件进行编制的,是企业内部控制各项成本支出、考核用工、签发施工任务单、限额领料和进行经济核算的依据。

2. 劳动组织准备

施工企业通过投标方式获得工程施工任务后,应根据签订的施工合同的要求。迅速组建符合本工程实际的施工管理机构,组织施工队伍进场施工。同时,为保证工程按设计要求的质量、计划规定的进度和低于合同总价的成本,安全顺利地完成施工任务,还应针对施工管理工作复杂、困难的特点,建立一整套完善的施工管理制度,采用科学的管理方法,进行切实有效地工作,才能达到预期的目的。

(1) 施工机构的组建和人员的配备

这里所指施工机构是指为完成公路施工任务负责现场指挥、管理工作的组织机构。结合我国具体情况及企业施工项目管理的推行,应由项目经理组建项目经理部。施工项目经理部的部门设置和人员的指导思想是把项目建成企业市场竞争的核心、企业管理的重心、成本核算的中心、代表企业履行合同的主体和工程管理实体。

（2）建立健全各项管理制度

1）施工计划管理制度。施工计划管理是施工管理工作的中心环节,一切其他管理工作都要围绕计划管理来开展。计划管理包括编制计划、实施计划、检查和调整计划等环节。由于公路施工受自然条件的影响大,其他客观情况的变化也难于准确预测,这就要求施工计划必须经过充分调查研究后制订,同时在执行过程中应随时检查,发现问题及时采取措施解决,必要时还应对计划进行调整修改,使之符合新的客观情况,保证计划的实现。

2）工程技术管理制度。施工技术管理是对施工技术进行一系列组织、指挥、调节和控制等活动的总称。其主要内容包括:施工工艺管理,工程质量管理,施工技术措施计划,技术革新和技术改造,安全生产技术措施,技术文件管理等。要搞好各项技术管理工作,关键是建立并严格执行各种技术管理制度。有了健全的技术管理制度,又能认真执行,才能很好地发挥技术管理作用,圆满完成技术管理的任务。

①技术责任制。技术责任制就是在一个施工单位的技术工作系统,对各级技术人员规定明确的职责范围,使其各负其责,各司其事,把整个施工技术活动和谐地、有节奏地组织起来。它对调动各级技术人员的积极性和创造性,促进施工技术的发展和保证工程质量,都有极其重要的作用。

根据施工单位的组织机构情况,制订分级技术责任制。上级技术负责人应履行向下级技术负责人进行技术交底和技术指导的职责,监督下级按施工图纸、施工规范和操作规程进行施工,处理下级请示的技术问题等责任。下级技术负责人应该接受上级技术负责人的技术指导和监督,执行自己所在技术岗位上的任务。各级技术负责人应负的责任,应根据组织机构和施工任务情况,明确规定在技术责任制中。

②技术交底制度。工程开工前,为了使参与施工的人员及工人了解所承担的工程任务的技术特点、施工方法、施工程序、质量标准、安全措施等,必须实施技术交底制度,认真做好交底工作。

技术交底不仅要针对技术干部,而且要把它交给所有从事施工的操作工人,从而提高他们自觉研究技术问题的积极性和主动性,为更好地完成施工任务和提高技术水平创造条件。

技术交底按技术责任制的分工,分级进行。施工单位的技术总负责人,应将公路施工质量标准、施工方法、施工程序、进度要求、安全措施,各分部工程施工组织的分工和配合,主要施工机具的安排和调配等,连同整个工程的施工计划,向所属工程队长及全体技术人员进行交底。工程队技术负责人应将本队承担的工程项目,向所属班组长及全体技术人员进行交底。班组技术负责人应将本班组承担工程项目的施工方法、劳动组合、机具配备等,对全组工人进行交底。班组技术交底是技术交底制度的最重要环节,班组工人应在接受交底后进行讨论,目的是要使参加施工实际操作的所有人员,充分了解自己在施工中应掌握的正确方法和应尽的具体责任,并对改进施工劳动组织和操作方法,以及提高工程质量和保证施工安全等方面提出合理化建议。因为工人是对施工操作最熟悉、经验最丰富的实践者,他们的意见和建议往往能切中要害,能提出和解决工程师考虑不到的问题,对完善施工计划能起到良好的促进作用。分级交底时,都应做好记录,作为检查施工技术执行情况和检查技术责任制的一项依据。

3) 工程成本管理制度。工程成本管理是施工企业为降低工程成本而进行的各项管理工作的总称。工程成本管理与其他管理工作有着密切联系,施工企业总的技术水平和经营管理水平的高低,均能直接或间接地反映在成本这个指标上。工程成本的降低,表明施工企业在施工过程中活劳动和物化劳动的节约。活劳动的节约说明劳动生产率的提高,物化劳动的节约说明机械设备利用率的提高和建筑材料消耗率的降低。因此,建立成本管理制度,加强对工程成本的管理,不断降低工程造价,具有十分重要的意义。

工程成本即工程建设过程中耗费的物化劳动(生产资料)和活劳动(付给劳动者的报酬)的货币表现。公路工程成本是施工企业为完成一定数量的工程所耗费的各项生产费用的总和,由直接成本和间接成本所组成。成本是反映企业工作质量的综合性指标,是衡量企业管理水平的尺度和制定计划价格的依据。

4) 施工安全管理制度。加强施工安全、劳动保护对公路工程的质量、成本和工期有重要意义,也是企业管理的一项基本工作。其基本任务是:正确贯彻执行"安全为了生产,生产必须安全"和"预防为主"的方针。建立安全施工责任制,加强安全检查,开展安全教育,在保证安全施工的条件下,创优质工程。

①施工安全责任制。施工工地应设安全工程师、班组应设不脱产或半脱产的安全检查员。各安全检查员应该立足本班组或单位工程施工的安全工作,督促和帮助操作人员遵守操作规程和各项安全施工制度。组织班前和班后的安全检查,一旦发现事故苗头应及时向工程管理人员报告,采取预防控制措施,防止事故的发生。

②安全教育、安全检查及事故处理。安全教育是提高施工人员安全施工知识和预防作业时发生事故的重要手段。安全检查是预防各种事故发生的重要措施。发生伤亡事故时应立即采取紧急措施,组织力量抢救,并将情况向有关方面报告。

③加强安全技术工作。安全施工是一项技术性很强的工作,应根据公路工程作业的各种特点来制定安全规范、作业章程。

3. 物资准备

物资准备是一项非常重要的工作。物资准备的主要内容包括:①路基、路面工程所需的砂石料、石灰、水泥、工业废渣、沥青等材料的准备;②沿线结构物所需的钢材、木材、砂石料和水泥等材料的准备;③施工工艺设备的准备;④其他各种小型生产工具、小型配件等的准备。

4. 施工现场准备

(1) 施工测量

路基开工前必做的路线复测和路基放样,都属于施工测量工作。施工测量的精度应符合有关规定。

1) 路线复测。路线复测是在现场按设计图纸把决定路线位置的各桩点加以确认、恢复和核对，必要时可以增改，对主要控制桩点还应保护和固定。其内容包括：导线、中线复测，水准点、中桩水准复测，横断面检查与补测等。

当道路中线由导线控制时，施工单位先要根据设计资料进行导线复测。原有导线点不能满足施工要求时，应增加导线点，保证在道路施工的全过程中，相邻导线点间能互相通视。复测导线时，必须与相邻施工段的导线闭合，以免引起各施工段交接处路线错位。对有碍施工的导线点，施工前应采用交汇法或其他方法予以固定。所设护桩应牢固可靠，常用带钉木桩、牢固岩石或永久性建筑物上的点，桩位要便于架设测量仪器和观测，并设在施工范围以外。中线复测是全面恢复与补测路线中桩，并固定其中主要控制桩，如交点、转点、圆曲线和缓和曲线的起止点等。恢复中线时，可按施工要求增加部分标桩。如发现原设计中线长度丈量错误或需局部改线时，应做断链处理，相应调整纵坡，并在设计图表的有关部位注明断链距离和桩号。中线复测时也应注意与桥隧结构物中心、相邻施工段的中线闭合，发现问题应及时查明原因，并报告有关部门。

水准复测工作，分为校对及增设水准点、复核及补测中桩地面标高两部分。水准点是施工过程中控制标高的依据，使用前应仔细校核，并与国家水准点闭合。为满足施工需要，在水准点间距超过 1km、高填深挖及地形复杂地段，应增设临时水准点。临时水准点必须符合精度要求，并与相邻水准点闭合。如发现个别水准点受施工影响时，应将其移出影响范围之外，其标高应与原水准点闭合。

路基横断面，应详细检查与核对，发现问题时应复测和更正。对缺少横断面图和增设的中桩处，应全部补测。横断面检查与补测时，应正确掌握其方向，否则将会引起较大的误差。

施工单位通过路线复测，可以结合当地具体条件熟悉设计文件，检查、复核补充和完善工程设计。对原设计中不合理部分，应提出修改方案，编制变更设计文件并报有关部门批准后施工。

2) 路基放样。路基放样是根据路线中桩、设计图表、施工工艺和有关规定，在实地标出道路用地界线和路堤坡脚、路堑坡顶、边沟、截水沟、排水沟、取土坑、护坡道、弃土堆等的具体位置，并定出路基轮廓，作为施工的依据。

路线复测之后，应按设计要求进行道路用地放样，订立界桩，由业主办理征用土地手续。施工单位还可根据施工需要提出增加临时用地计划，并对增加部分进行用地测量，绘制用地平面图及用地划界表，送交有关单位办理拆迁及临时占用土地手续。

路基边桩(填方坡脚桩或挖方坡顶桩)可根据横断面图所示(或按填挖高度等计算)至中桩的距离，在地上直接量得，用小木桩、铁杆或油漆标出。地面倾斜时，也可按图 6.1 所示进行山坡上的路基放样，从中桩向左右分别量出图上注明的水平距离,求得边坡线上的 a 和 a' 点(不一定在边桩处),再用边坡样板定出边坡和地面的交点(边桩)。将相邻横断面上的边桩,用拉绳打灰线或挖槽痕等方式连起来,即得路基基身的边线。另外,在距路中心一定安全距离处设立控制桩,其间隔不大于50m,桩上标明桩号及路中心填挖深,以便在施工期间随时复核路基的尺寸。

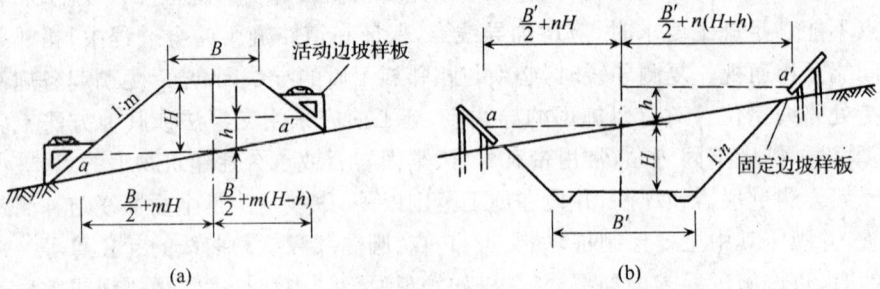

图 6.1 山坡上的路基放样

(a)路堤;(b)路堑

放完路基边桩后,应进行边坡放样。设立填挖标志,以控制路基的外形尺寸。边坡放样可采用竹竿挂线法(仅适用于人工填筑路堤)或边坡样板法(见图 6.1)。边坡样板法应每隔 20~40m 设置一处样板,施工时用样板校正填挖情况。对高填深挖地段,每填挖 5m 应复测中线桩,测定其标高及填挖宽度,以控制路基边坡的大小。必须指出,路基的施工标高与路线纵断面图上设计标高不同,前者应计入铺筑路面的校正值和必要的抛高值(例如,软土路堤的预留沉降量,挖方路床压实的下沉量等)。放样时,考虑边坡整修和路基沉实等因素,每层填挖的宽度也要留有一定的余量。

边沟、截水沟和排水沟放样时,可每隔 10~20m 在沟内外边缘钉木桩并注明里程及挖深;在施工过程中,用水准仪和样板架,检查沟底标高和尺寸。

(2)场地清理

划定路界后,即可按照设计文件和有关规定进行施工场地的清理工作。路基施工范围内原有的房屋、道路、沟渠、通讯电力设施、上下水道、坟墓及其他建筑物,均应协助有关部门事先拆迁或改造;对沿线受路基施工影响的危险建筑应予以适当加固;对文物古迹应妥善处理和保护。凡妨碍路基施工和影响行车安全的树木、灌木丛等,均应在施工前砍伐、移植或清除。高速公路、一级公路和填方高度小于 1m 的其他公路应将路堤范围内的树根全部挖除,并将坑穴填平夯实;其他公路的填方高度在 1m 以上时,允许保留树根但根部露出地面不得超过 20cm。路堑及取土坑等,也应将树根全部挖除。

在填方和借方地段的原地面,应根据表层土质情况进行清理。清出的种植土要集中堆放,作为种植草皮的备用土。填方地段在清理完地表面后,应整平压实到规定要求,才可进行填方作业。

路基施工前应切实做好场地排水工作,并注意维修排水设施,保证水流通畅,为施工提供方便。

(3) 临时工程

1) 临时交通便道。为维持施工期间场地内外的交通,保证机具、材料、人员和给养的运送,必须在施工前修筑临时道路,且应尽量利用原有道路,拓宽整平。跨灌渠或河道需架设临时便桥的,应会同有关部门协商解决。

2) 建造临时设施。为保证施工人员住宿、设备器材的存放和机具的维修,要修建临时房屋、仓库或工棚。

3) 解决用水用电。工地用水包括生产用水、生活用水和消防用水。为保证工程用水和生活用水的需要,应充分利用就近水源,必要时应铺设临时供水管道。要同时解决好生产用电和生活用电,施工现场用电包括生产用电和生活用电,其中生活用电主要是照明用电;生产用电包括各种生产设施用电、主体工程施工用电和其他临时设施用电。

4) 安全设施。公路工程施工现场远离城镇,没有消防部门且灭火条件差,除应加强管理外,还需设置必要的设施,特别是易燃、易爆物资储存仓库,要求采取有效措施,做好防范工作。工地、居住区要有消防车道,各种设施建筑布置必须符合有关规定。此外,工地内应禁止非工作人员随便出入,要设有标志,必要时,可设置栅栏、铁丝网隔离危险区。与原有道路交叉处,也要设置施工标志,夜间需设警告标志及信号灯。

6.1.2 填方路基施工

1. 基底处理与填料的选择

(1)基底的处理

路堤基底,是指地基与堤身的接触部分,应根据不同情况分别予以处理,以保证堤身稳固,使路堤填筑后不致产生过大的沉陷变形,并使路堤与原地面结合紧密,防止路堤沿基底发生滑动,应根据基底的土质、水文、坡度和植被情况及填土高度采取相应措施。

1) 基底土密实稳定、地面坡度缓于 1:5 时,路堤可直接填筑在天然地面上。但地表有树根草皮或腐殖土等应予以清除,以免日后形成滑动面或产生较大的沉陷。

2) 路基基底为耕地或较松的土时,应在填筑前进行压实。高速公路、一级公路和二级公路路堤基底的压实(重型击实标准)不应小于 85%;路基填土高度小于路床厚度(80cm)时,基底的压实度不宜小于路床的压实标准。基底松散土层厚度大于 30cm 时,应翻挖后再分层回填压实。

3) 路线经过水田、池塘或洼地时,应根据积水和淤泥层等具体情况,采取排水疏干、清淤换填(二级以下公路可抛填砂砾或石块等压挤淤泥)、晾晒或掺灰等处理措施,经碾压密实后再填路堤。受地下水影响的低填方路段,还应考虑在边沟下设置渗沟等降、排地下水措施。当基底土质湿软而深厚时,应按软土地基处理。

4)在地面坡度(包括横向和纵向)陡于1:5的稳定土斜坡上填筑路堤(或半路堤)时,为使填方部分与原地面紧密结合,坡面基底应挖成台阶(见图6.2),以防堤身沿斜坡下滑。台阶宽度不得小于1.0m,台阶高度一般为路堤分层填土厚度的2倍,台阶底应有2%~4%向内倾斜的坡度。对于半填半挖路基,挖方一侧在行车范围之内宽度不足一个车道的部分,其上路床深度范围之内的原地面土应予以挖除换填,并按上路床填方的要求施工,以增加车道内路基的均匀性及稳定性。若地面横坡陡于1:2.5,则应进行滑动稳定性验算,并采取必要的支挡措施。

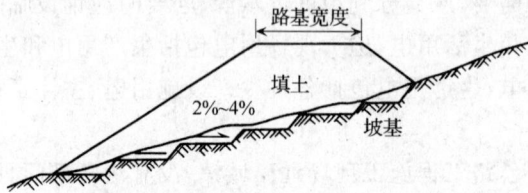

图6.2 坡面基底的处理

(2)填料选择

路堤一般都是利用当地就近土石作填料修筑而成,而公路沿线土石的类别和性质不同,修筑路基后的稳定性也有很大差异,应尽可能选择当地强度高、稳定性好并便于施工的土石作为路基填料。

碎石、卵石、砾石、粗砂等透水性良好的材料,不易压缩,强度高且受水的影响小,填筑路堤时可不受含水量限制,此类材料应优先选择。

用透水性不良及不透水的土填筑路堤时,需使其含水量接近最佳含水量时,应进行分层压实。

粉性土的水稳定性差,不宜用作路堤料,在季节性冰冻地区更应注意。

重黏土及黏性土可用在不高于5m的路堤,但应按水平层次填筑并压实到要求的密实度。

2.填筑方案

路堤填筑必须考虑不同的土质,从原地面逐层填起并分层压实,不允许任意混填,每层厚度随压实方法而定。一般有下列几种填筑方式。

(1)水平分层填筑法

水平分层填筑是路堤填筑的基本方案,填筑路堤宜采用水平分层填筑法,(见图6.3)即按照路堤设计横断面,自下而上逐层填筑。该填筑方法可将不同性质的土有规则地水平分层填筑和压实,易于获得必要的压实度和稳定性,如原地面不平,应由最低处开始分层填筑。水平分层填筑有利于压实,可以保证不同的填料按规定层次填筑。

当采用不同的土质分层填筑路堤时应遵守以下规则:

1)不同土质应分层填筑,层次应尽量减少,每层总厚度最好不小于 0.5m。不得混杂乱填,以免形成水囊或滑动面。

2)透水性差的土填筑在下层时,其表面应做成一定的横坡(一般为双向 4%横坡),以保证来自上层透水性填土的水分及时排出。

3)为保证水分蒸发和排除,路堤不宜被透水性差的土层封闭,也不应覆盖在透水性较大的土所填筑的下层边坡上。

4)根据强度与稳定性要求,合理地安排不同土质的层位。一般地,凡不因潮湿及冻融而变更其体积的优良土应填在上层,强度(形变模量)较小的土应填在下层。

5)为防止相邻两段用不同土质填筑的路堤在交接处发生不均匀变形,交接处应做成斜面,并将透水性差的土填在斜面的下部。不同土质接头处理如图 6.4 所示。

图 6.3 水平分层填筑法

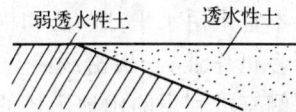

图 6.4 不同土质接头处理

路堤不同土质的填筑的方式如图 6.5 所示。

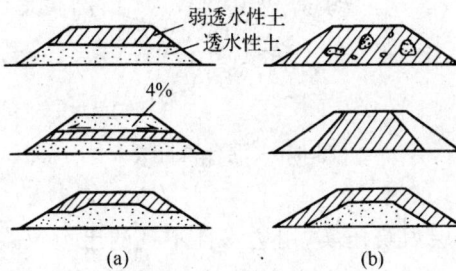

图 6.5 路堤不同土质的填筑方式

(a)正确方式;(b)错误方式

(2)纵向分层填筑法

宜于用推土机从路堑取料填筑距离较短的路堤,依纵坡方向分层,逐层向上填筑碾压密实。原地面纵坡陡于 12%的地段常采用此法。纵向分层填筑法如图 6.6 所示。

(3)横向填筑法(见图 6.7)

从路基一端、或两端同时按横断面的全部高度,逐步推进填筑,仅用于无法自下而上填筑的深谷、陡坡、断岩、泥沼等运土和机械无法进场的路堤,如图 6.7 所示。横向填筑因填土过厚,不易压实时施工需采取下列措施:①选用高效能压实机械;

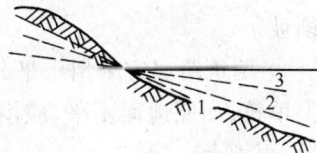

图 6.6 纵向分层填筑法

图中数字为填筑顺序

②采用沉陷量较小的砂性土或附近开挖路堑的废石方,并一次填足路堤全宽度;③在底部进行拨土夯实。

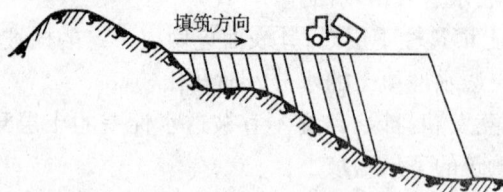

图 6.7　横向填筑法

（4）混合填筑法

混合填筑指路堤下层用横向填筑而上层用水平分层填筑,以使上部填土经分层压实获得足够的密度程度。混合填筑法(见图 6.8)适应于因地形限制或填筑堤身较高,不宜采用水平分层法和横向填筑法自始至终进行填筑的情况。可以单机作业,也可多机作业,一般沿线路分段进行,每段距离以 20～40m 为宜,多在地势平坦,或两侧有可利用的山地土场的场合采用。

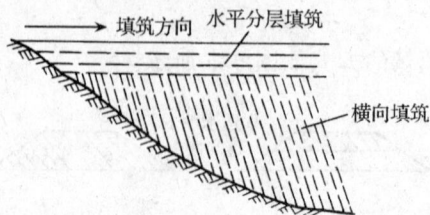

图 6.8　混合填筑法

3. 填筑规则

1）土方路堤应分层填筑压实,用透水性不良的土填筑路堤时,应控制其含水量在最佳压实含水量±2％之内。

2）土方路堤必须根据设计断面分层填筑、分层压实。采用机械压实时,分层的最大松铺厚度,高速公路和一级公路不应超过 30cm;其他公路,按土质类别、压实机具功能、碾压遍数等经过试验确定。但最大松铺厚度,不应超过 50cm。填筑至路床顶面最后一层的最小压实厚度,不应小于 8cm。

3）路堤填土宽度每侧应宽于填层设计宽度,压实宽度不得小于设计宽度,最后削坡。

4）填筑路堤宜采用水平分层填筑法施工,按照横断面全宽分成水平层次逐层向上填筑。如原地面不平,应由最低处分层填起,每填一层,经过压实符合规定要求之后,再填上一层。

5）原地面纵坡大于 12％的地段,可采用纵向分层法施工,沿纵坡分层,逐层填压密实。

6) 高速公路和一级公路,横坡陡峻地段的半填半挖路基,必须在山坡上从填方坡脚向上挖成向内倾斜的台阶,台阶宽度不应小于1m。其中挖方一侧,在行车范围之内的宽度不足一个行车道宽度时,则应挖够一个行车道宽度,其上路床深度范围之内的原地面土应予以挖除换填,并按上路床填方的要求施工。

7) 若填方分几个作业段施工,两段交接处不在同一时间填筑时,则先填地段应按1:1坡度分层留台阶。若两个地段同时填,则应分层相互交叠衔接,其搭接长度不得小于2m。

8) 对于陡峻山坡半填半挖路基,设计边坡外面的松散弃土应在路基竣工后全部清除。

4. 桥、涵台背填土施工

(1) 桥、涵处路基产生沉陷的原因

桥、涵台背处路基由于沉陷而导致跳车是高等级公路中常见的一种病害,其原因主要有:

1) 路基本身的压缩沉降。一般情况下,构造物往往先行施工,待一般路段的路基成形后,在台背处留下一缺口,当对此缺口填筑施工时,由于压实机械的作业面狭小而使压实不到位,特别是台、墙后侧及翼墙内侧达到规定要求更有一定的难度,导致该处路基压实质量下降,通车后,引起该处路基的压缩沉降。

2) 地基沉降。一般情况下,台背后的地物地貌与其他路段不同,地形起伏大,地质条件不一。同时由于桥涵处路基填筑高度较大,产生的基底应力也相对较大,因此,在台后填筑地段,产生的地基沉降也较其他路段大。

3) 路基与台背接头处,常会产生细小缩裂缝,雨水渗入缝后,使路基产生病害,导致该处路基发生沉降。

分析上述原因,无一不与填筑施工有密切关系,要解决桥、涵处填料的下沉问题,就必须采取正确的施工措施和适宜的施工方法。

(2) 台背填土的施工与控制

1) 设置横向泄水管或盲沟。台、背路基填筑前,在原地基土拱上设置泄水管或盲沟,桥涵台背填土基底的处理如图6.9所示。在基底上,先对基底进行必要的处理,然后填筑横坡为3%~4%的夯实黏土土拱,再在土拱上挖一条成双向坡的地沟(地沟尺寸一般宽40~60cm,深30~50cm)。然后在台背后全宽范围内满铺一层隔水材料(可用油毡或下垫尼龙薄膜上盖油毡)。在地沟内四周铺设有小孔的硬塑料管(管径一般不小于10cm,其上小孔孔径为5mm,布成绢花形,间距控制在10cm以内)。塑料泄水管的出口应伸出路基外,然后在硬塑料管四周填筑透水性好、粒径较大的砂石材料,再分层填筑台后材料,直到路基顶面。

横向盲沟的设置与上相同,取消泄水管,以渗透系数较大的透水性材料填筑地沟(大粒径碎石)。用土工布包裹盲沟出口处,并对其做必要的处理。

2) 台背填筑材料的选择与施工。桥(涵)头跳车产生的原因,主要是路基压缩沉降和地基沉降引起的,台背处填筑内摩擦角较小的材料(如土方),加之压实质量影响,路基的压缩沉降量一般较大。为保证台背处路堤的稳定,其填土除设计文件另有规定外,一般应选用内摩擦角较大的透水性材料,如岩渣、碎石,就能较好地减少路基的压缩沉降。另外,也有利于台背缝隙中渗入的雨水沿盲沟或泄水管顺利排出路堤外。

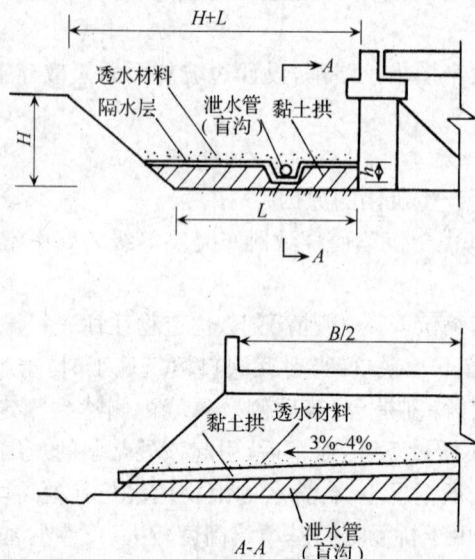

图 6.9　桥涵台背填土基底的处理

台背后填筑透水性材料,应满足一定的长度、宽度和高度要求,在通常情况下,台背填料顺路线方向长度顶部为距翼墙尾端不小于台高加 2m,底部距基础内缘控制长度不小于 2m,拱桥台背填土长度不应小于台高的 3～4 倍,涵洞填土长度每侧不应小于 2 倍孔径长度。透水性材料的填筑高度,从路堤顶面起向下计算,在冰冻地区一般不小于 2.5m,无冰冻地区填至高水位处。台背与路基接壤处,为保证连接质量,一般路基留一斜坡,斜坡坡度不大于 1:1(也可用台阶形式连接)。

台背的填筑施工应注意以下几点:

①控制填料的质量,填料的细料含量不宜过大。

②填筑前,应在土拱上设置泄水管或盲沟。

③台背填筑透水性材料前,桥、涵的台前防护工程及桥梁上部结构均应完成。

④填筑时,对涵洞缺口填土,应在两侧对称均匀分层回填压实。如果使用机械回填,则涵台胸腔部分及检查井周围应先用小型压实机械压实填好后,方可用机械进行大面积回填,涵顶填土压实厚度必须大于 50cm 时,才可通过重型机械和汽车。对桥梁构造物,也应做到两端对称施工,桥台背后填土与锥坡填土同时施工。

⑤应严格按照有关施工规范施工,控制每层填筑厚度、(一般不超过 20cm,当采用小型夯具时,一级以上的公路松铺厚度不超过 15cm)碾压遍数(一般不少于

10 遍),并对每层填筑质量实施检测,透水性材料以干容重或空隙率控制施工质量。

如果台背填筑非透水性土时,对土质不好、含水量高的填料要进行处理,必要时可以换土或掺小剂量石灰或水泥等。同时,尽可能做到桥、涵施工与路基开挖的结合,做到桥、涵台砌多高,填土填多高,分层压实,填至路基处理高度时按路基处理标准进行施工,尽量减少桥、涵完成后再开挖的局面,以保证填土的密实程度。

6.1.3 挖方路基施工

1. 路堑开挖方法

土质路堑开挖根据挖方数量大小及施工方法的不同主要有横向全宽挖掘法(见图 6.10)、纵向挖掘法(见图 6.11)和混合式挖掘法(见图 6.12)。不论采用何种方法开挖,均应保证施工过程中及竣工后能顺利排水,随时注意边坡的稳定,防止因开挖不当导致坍方;有计划地处理废方,尽可能用于改地造田,保护环境;注意有效地扩大工作面,提高生产效率,保证施工安全。各种挖掘方案的选择应视当地的地形条件、工程量的大小、施工方法和工期长短而定。

(1)横向挖掘法

1)单层横向全宽挖掘法。从开挖路堑的一端或两端按断面全宽一次性挖到设计标高,逐渐向纵深挖掘,挖出的土方一般都是向两侧运送,如图 6.10(a)所示。这种方法适用于挖掘深度小、且较短的路堑。

2)多层横向全宽挖掘法。从开挖的一端或两端按横断面分层挖至设计标高,如图 6.10(b)所示。多层横向全宽挖掘法主要适用于开挖深而短的路堑。

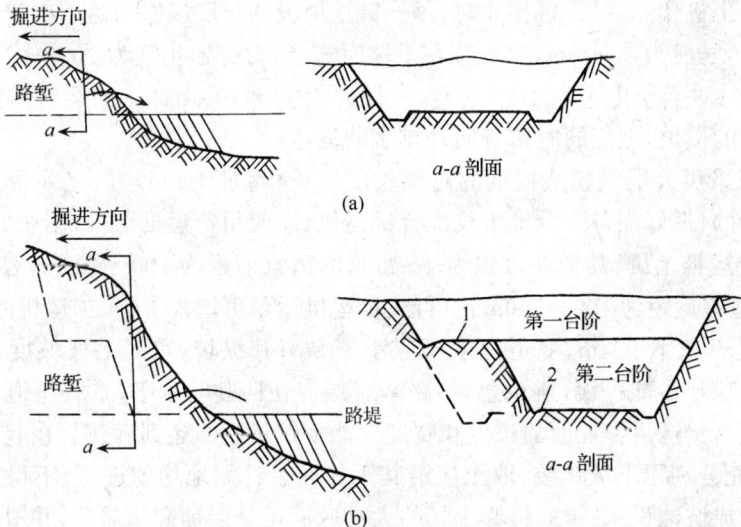

图 6.10 横向全宽挖掘法

土质路堑的开挖可采用人工作业,也可选用机械作业。

①用人工按横挖法挖路堑时,可在不同高度分几个台阶开挖,其深度一般为1.5~2.0m。无法自两端一次横挖到路基标高或分台阶横挖,均应设单独的运土通道及临时排水沟,以免相互干扰,影响工效,造成事故。

②用机械按横挖法挖路堑且弃土(或移挖作填)运距较远时,可用挖掘机配合自卸车进行。每层台阶高度可增加到3~4m。其余要求与人力开挖路堑相同。

③路堑横挖法也可用推土机进行,若弃土或移挖作填运距超过推土机的经济运距时,可用推土机推土堆积,再用装载机配合自卸车运土。用机械开挖路堑应注意的是,边坡应配合平地机或人工分层修刮平整,以保证边坡的平整与稳定。

(2)纵向挖掘法

1)分层纵挖法。沿路堑全宽,以深度不大的纵向分层进行挖掘,如图6.11(a)所示。适用于较长的路堑开挖。

2)通道纵挖法。先沿路堑纵向挖掘一通道,然后将通道向两侧拓宽以扩大工作面,并利用该通道作为运土路线及场内排水的出路。如图6.11(b)所示,该层通道拓宽至路堑边坡后,再开挖下层通道,如此向纵深开挖至路基标高,该法适用于路堑较长、较深、两端地面纵坡较小的路堑开挖。

3)分段纵挖法:沿路堑纵向选择一个或几个适宜处,将较薄一侧堑壁横向挖穿,使路堑分成两段或数段,各段再纵向开挖,如图6.11(c)所示。该法适用于路堑过长,弃土运距过远的傍山路堑,其一侧堑壁不厚的路堑开挖。

土质路堑纵向挖掘,多采用机械化施工。

①当采用分层纵挖法挖掘的路堑长度较短(不超过100m)、地面坡度较陡时,宜采用推土机作业。推土机作业时,每一铲挖地段的长度应能满足一次铲切达到满载的要求,一般为5~10m,铲挖宜在下坡时进行;对普通土宜为10%~18%,不得大于30%;对于松土不宜小于10%,不得大于15%;傍山卸土的运行道路应设有向内稍低的横坡,但应同时留有向外排水的通道。

②当采用分层纵挖法挖掘的路堑长度较长(超过100m)时,宜采用铲运机作业,有条件时最好配备一台推土机配合铲运机(或使用铲运推土机)作业。对于拖式铲运和铲运推土机,其铲斗容积为4~8m³的适宜运距为100~400m,容积为9~12m³的适宜运距为100~700m。自行式铲运机运距可增加1倍。铲运机的运土道,单道宽度不应小于4m,双道宽度不应小于8m;其纵坡,重载上坡坡度不宜大于8%;弯道应尽可能平缓,避免急弯;路基表层应在回驶时刮平,重载弯道处路基应保持平整。铲运机作业面的长度和宽度应能使铲量易于达到满载。在起伏地形的工地,应充分利用下坡铲装;取土应沿其工作面有计划地均匀进行,不得局部过度取土而造成坑洼积水。铲运机卸土场的大小应满足分层铺卸的需要,并留有回转余地。填方卸土应边走边卸,防止成堆,行走路线外侧边缘的距离不小于20cm。

(3)混合式挖掘法

当路线纵向长度和挖深都很大时,为扩大工作面,可将多层横挖法和通道纵挖法混合使用。先沿路堑纵向挖通道,然后沿横向坡面挖掘,以增加开挖坡面,如图6.12所示。每一坡面的大小,应能容纳一个施工小组或一台机械作业。

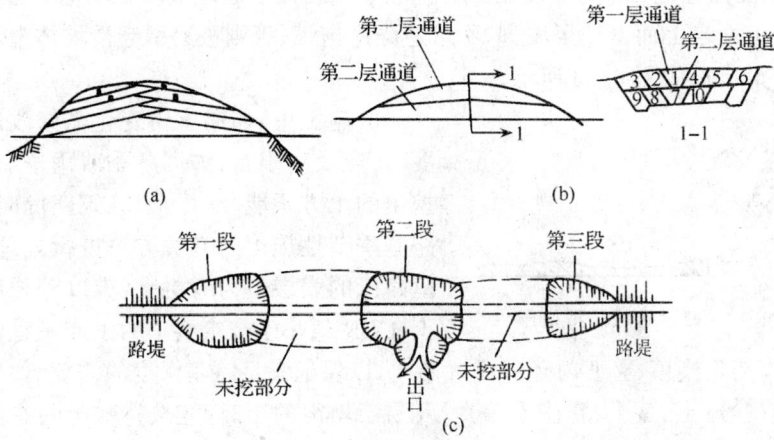

图 6.11　纵向挖掘法

(a)分层纵挖法;(b)通道纵挖法(图中数字为拓宽顺序);(c)分段纵挖法

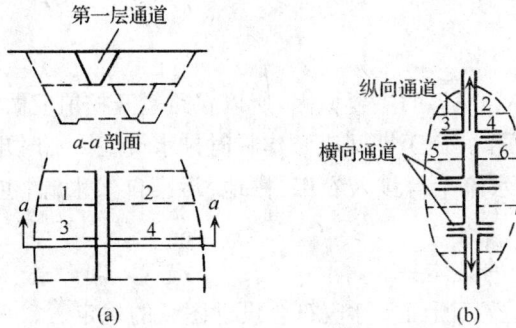

图 6.12　混合挖掘法

(a)横面和平面;(b)平面纵、横通道示意

箭头表示运土与排水方向,数字表示工作面号数

2. 施工中应注意的问题

(1) 土方开挖要求

土方开挖施工中应注意下列各点:

1)路基开挖前应对沿线土质进行检测试验。适用于种植草皮和其他用途的表土应储存于指定地点;对开挖出的适用材料,应用于路基填筑,可减少挖方弃土和弃土堆面积,也可减少填方借土和取土坑面积。但各类材料不应混杂,混杂材料均匀性差,难于保证路基的压实质量。对不适用的材料可做外弃处理。

2)土质路堑地段的边坡稳定极为重要。开挖时,不论开挖工程量和开挖深度大小,均应自上而下进行,不得乱挖超挖。一方面,要注意施工方法,如采用不加控制的爆破法施工,易造成路堑边坡失稳,易于坍方;掏洞取土易造成土坍塌伤人,因而严禁掏洞取土。在不影响边坡稳定的情况下采用爆破施工时,也应经过设计审批。另外,要注意施工顺序。防止因开挖顺序不当而引起边坡失稳崩塌。通常应按原有自然坡面自上而下挖至坡脚,不可逆顺序施工;否则极易引起滑坡体滑坍。路堑边坡防滑措施如图6.13所示。

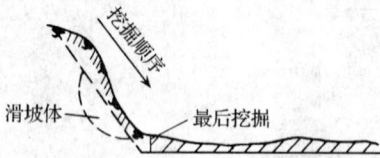

图 6.13　路堑边坡防滑措施

3)施工中,如遇土质变化需修改施工方案时,应及时报批;如因冬季或雨季影响,使挖出的土方不能及时用于填筑路堤时,应按路基季节性施工的有关方法进行处理;如路堑路床的表层下为有机土、难以晾干压实的土、CBR值小于规定要求的土或不宜作路床的土,均应清除换填,必要时还应设置渗沟,以保证满足路基深度的需要。如果遇到特殊土质(盐渍土、黄土、膨胀土等)以及易于坍滑的土时,应按特殊土的有关要求施工。

4)挖方路基施工标高,应考虑压实的下沉值。绝不能将路基的施工标高与路基的设计标高(路线纵断面图上设计标高)混同,造成超挖或少挖,产生浪费或返工。

(2)排水设施的开挖

水是造成路堑各种病害的主要原因,所以在路堑开挖前应做好截水沟,并根据土质情况做好防渗工作。施工期间应修建临时排水设施。临时排水设施应与永久性排水设施相结合,水流不得排入农田、耕地、污染自然水源,也不得引起淤积或冲刷。

对排水沟渠开挖的具体要求如下:

1)排水沟渠的位置、断面尺寸应符合设计图纸的规定。截水沟不应在地面坑洼处通过,必须通过时,应按路堤填筑要求将洼处填平压实,然后开挖,并防止不均匀沉陷和变形。

2)平曲线外边沟沟底纵坡,应与曲线前后的沟底相衔接。曲线内侧不得有积水或外溢现象发生。

3)路堑和路堤交接处的边沟应缓缓引向路堤两侧的天然沟或排水沟,不得冲刷路堤,路基坡脚附近不得积水。

4)排水沟渠应从下游出口向上游开挖。同时,应保证排水设施沟基稳固,严禁将排水沟挖筑在未加处理的弃土上;沟形整齐,沟坡、沟底平顺,沟内无浮土杂物;沟水排泄不得对路基产生危害;截水沟的弃土应用于路堑与截水沟间筑土台,并分层压(夯)实,台顶设2%倾向截水沟的横坡,土台边缘坡脚距路堑顶的距离不应小于设计规定。

（3）边坡开挖

路堑挖土边坡施工的基本要求,基本上与填土边坡类似,除了边坡坡度符合设计规范外,也应做好放样、布设标准边坡等工作。但是,与填方边坡相比又有自己的一些特点,路堤边坡由于是填土而成,其工程性质差异不大,而路堑边坡由自然状态土、石开挖而形成,随线路经过地带不同而有较大的变化,工程性质有时差别很大,施工作业难易程度也就有一定的区别。

对于砂类土边坡,施工时,挖出的斜坡应留有足够的余量,然后打桩、定线,进行坡面整修。具体做法是,先用机械开挖,留有 20～30cm 的余量,以后可人工修整或用平地机修整,也可用小型反铲挖掘机作业。如果采用挖掘机修整边坡,要求操作人员有较高的技术水平;否则很容易造成超挖或欠挖。

对于砾类土边坡,由于影响砾类土挖方边坡的因素,主要是土体结合的紧密程度,故其坡度要结合土壤、地质水文等条件确定。

砾类土的潮湿程度及边坡高度,对边坡的稳定有较大影响,一般湿度大,边坡高时,宜采用较缓坡度;对密实度差的土体,应避免深挖;要注意到边坡缓,则受雨水作用面积增大,故不应过缓。另外,需根据具体情况采取边坡防护和加固措施,切实做好排水工作,以免影响边坡稳定。

对于地质不良需设挡墙等防护设施的路堑边坡,应采用分段挖掘、分段修筑防护设施的方法,以保证安全和边坡的稳定。

（4）弃土处理

在施工过程中,弃土随便乱堆会影响现有公路和施工便道的车辆行驶,堵塞农田水利设施,造成水流污染、淤塞或挤压桥孔或涵管口,增加水流速度,改变水流方向,冲刷河岸,所有这些都是不允许的。所以要求在开挖路堑弃土地段前,提出弃土的施工方案报有关单位批准后实施,方案改变时,应报批准单位复查。

弃土堆的边坡不应陡于 1∶1.5,顶面向外应设不小于 2％的横坡,其高度不宜大于 3m。路堑旁的弃土堆,其内侧坡脚与路堑顶之间的距离,对于干燥硬土不应小于 3m;对于软湿土,不应小于路堑深度加 5m。在山坡上侧的弃土堆应连续而不中断,并在弃土堆前设截水沟;山坡下侧的弃土堆应每隔 50～100m 设不小于 1m 的缺口排水,弃土堆坡脚应进行防护加固。

此外,岩溶地区的漏斗处多已成为地面水排泄通道,暗河口则成为地下水的出口通道,如将弃土堆弃在这些地方,会造成地面水和地下水无法排走,形成水灾,影响路基安全。若在贴近桥墩、台处弃土,将会造成桥墩、台承受偏压,桥墩、台的安全会受到影响。所以,应严禁在岩溶漏斗处、暗河口处、贴近桥墩、台处弃土。

6.2 路 基 压 实

路基压实是保证路基质量的重要环节,路堤、路堑和路堤基底均应进行压实,且技术等级越高的公路,对路基的压实要求越严格。路基压实的作用,是提高填料的密实度,减少孔隙率;增强填料颗粒之间的接触面,增大凝聚力或嵌挤力,提高内摩阻力,减少形变,为路基的正常工作提供良好的基础。

6.2.1 土质路基的压实

路基在施工过程中通过挖、运、填等工序,土料原始天然结构被破坏,呈松散状态,为使路基具有足够的强度和稳定性,必须进行人工或机械压实使其呈密实状态。室内试验和老路基的调查均说明,土体经过压实后,使土基的物理力学性质得到极大的改善。压实良好的土基强度高、抵抗变形的能力大,可以避免自然沉落或在重型汽车作用下的土基产生进一步压实和沉陷;压实可以明显地减小土体的透水性,减小毛细水的上升高度和饱水量,增加其水稳定性;压实能在一定程度上防止冬季结冻期间土体的水分积聚和春融期土基软化。土基的压实工作是路基施工过程中的一个重要工序,是保证路基强度和稳定性的根本措施之一。

1. 影响压实效果的因素

影响路基压实效果的因素是多方面的,有内因也有外因,与施工作业有关的主要因素有以下几点。

(1) 土的含水量

任何有黏结力的土,在不同的湿度下,用同样压实功来挤压,将获得不同的密实度和强度。如图 6.14 所示为压实土的密度、形变模量与相对含水量的关系曲线,从图 6.14 可以看出土中水在压实过程中的作用。压实开始时,原状土相对湿度低,土颗粒之间的内摩阻力大,因而,外力难于克服,故压实的干密度小,表现出土的强度高,密度低;当相对湿度缓慢增加时,水分在土粒间起润滑作用,压实的结果,使被压材料(土粒)得以重新调整其排列位置,达到较紧密的程度,表现出密度增大,但与此同时,由于水的作用,内摩阻力有所减小,因而强度继续下降。当含水量继续增加,超过图 6.14 中曲线顶点等最优值时,水的润滑作用已经足够,水分过多,使起润滑作用以外多余水分进入土粒孔隙中,反而促使土粒分离而不易得到良好压实效果,从而降低了土的干密度;又由于土粒间距增大,内摩阻力与黏结力减小,使土的强度也随之减少。在压实曲线中出现驼峰形式。这就是说,在一定功的压实作用下,含水量的变化会导致土的干密度随之变化,在某一含水量(最佳含水量)下,干密度达到最大值(最大干密度)。不同土的最大干密度及最佳含水量的变化范围见表 6.1。一般地,土在天然状态下的含水量很接近于最佳含水量,因此,在施工作业中,新卸填土应当立即推平压实。

(2) 土的性质

不同土质的压实性能差别较大,一般来说非黏性土的压实效果较好,而且最佳含水量较小、最大干密度较大,在静力作用下,压缩性较小,在动力作用下,特别是在振动作用下很容易被压实。黏质土、粉质土等分散性土的压实效果较差,主要是由于这些细分散性的土颗粒的比表面大、黏聚力大、土粒表面水膜需水量大、最佳含水量偏高,而最大干密度反而偏小。不同土质的干密度与含水量关系见图 6.15。

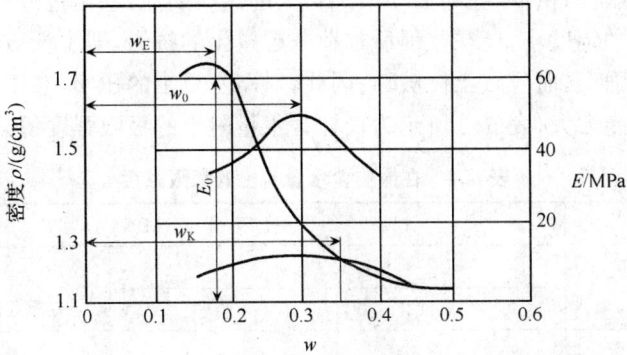

图 6.14 压实土的密度、形变模量与相对含水量的关系

表 6.1 不同土的最大干密度及最佳含水量的变化范围

土类名称	塑性指数	重　　型		轻　　型	
		最大干密度 /(g/cm³)	最佳含水量 /%	最大干密度 /(g/cm³)	最佳含水量 /%
S,SF	<1	1.94~2.02	7~11	1.80~1.89	8~12
SM	1~7	1.99~2.28	8~12	1.85~2.08	9~15
ML	1~7	1.77~1.97	15~19	1.61~1.80	16~22
SC,CLS	7~17	1.83~2.16	9~15	1.67~1.95	12~20
SCH,CHS,CH	>17	1.75~1.90	16~20	1.58~1.70	19~23

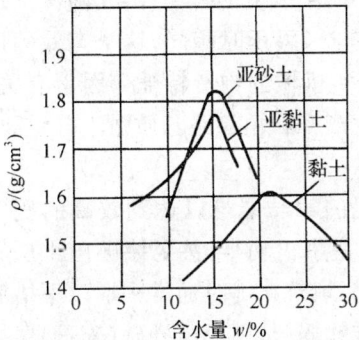

图 6.15 不同土质的干密度
与含水量关系

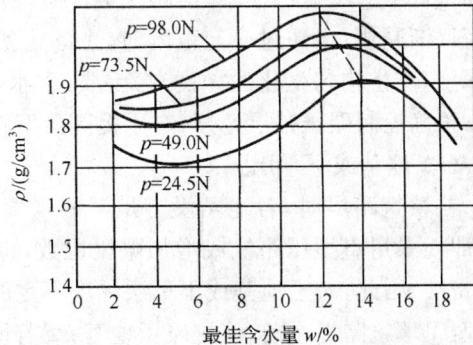

图 6.16 压实功能对最佳含水量、密实度影响
夯击次数不变,改变锤重

(3) 压实功能

压实功能是由碾压(或锤击)的次数及其单位压力 p(或荷重)所决定的。若在一定限度内增加压实功,则可降低含水量数值,提高最佳密实度的数值,压实功能对最佳含水量及密实度的影响如图 6.16 所示。

土在不同压实功能作用下的压实性质,是决定压实工作量和选择机具及选择施工方法的依据。事实上,对任何一种土,当密实度超过某一限值时,欲继续提高它的密实度,降低含水量值,往往需要增加很大的压实功能,甚至过分加大压实功能,不仅密实度增加幅度小,还往往因所加荷载超过土的抗力,即土受压部位承受压力超过土的极限强度,而导致土体破坏。因此,对路基填土的压实,在工艺方法上要注意不使压实功能太大,表6.2所示为最佳含水量时土的极限强度值。

表6.2 在最佳含水量时土的极限强度

种类	极限强度 /MPa		
	滚 压		夯实
	钢筒式	轮胎式	夯板直径70~100cm
低黏质土	0.3~0.6	0.3~0.4	0.3~0.7
中等黏质土	0.6~1.0	0.4~0.6	0.7~1.2
高黏质土	1.0~1.5	0.6~0.8	1.2~2.0
极黏质土	1.5~1.8	0.8~1.0	2.0~2.3

(4)压实土层的厚度

土受压时,能够以均匀变形的深度(即有效压实深度),近似地等于2倍的压模直径或2倍的压模与土接触表面的最小横向尺寸。超过这个范围,土受到的压力急剧变小,并逐渐趋于零作用,可认为此时土的密实度没有变化。图6.17是钢筒式压路机碾压土时滚轮沿垂直方向的压力分布(此时轮子与土的接触面是一个宽度很小的矩形,其宽度可视为压模的最小横向尺寸),当深度大于$2a$(a为最小横向尺寸)时,传至的压力已很小,不起压实作用。由此可知,土所受的外力作用,随深度增加而逐渐减弱,当超过一定范围时,土的密实度将与未碾压时相同,这个有效的压实深度(产生均匀变化的深度)与土质、含水量、压实机械的构造特征等因素有关,所以正确控制碾压铺层厚度,对于提高压实机械生产率和填筑路基质量十分重要。

(5)地基或下承层强度

在填筑路堤时,若地基没有足够的强度,路堤的第一层难以达到较高的压实度,即使采用重型压路机或增加碾压遍数,也只能是事倍功半,甚至使碾压土层起"弹簧"。因此,对于地基或下承层强度不足的情况,填筑路堤时通常采取以下措施处理:①填筑路堤之前,应先碾压地基;②若地基有软弱层,则应用砂砾(碎石)层处理地基;③路堑处路槽的碾压,先应铲除30~40cm原状土层并碾压地基后,再分层填筑压实。

(6)碾压机具和方法

压实机具和方法对压实的影响反映在以下几个方面:

1)压实机具不同,压力传布的有效深度也不同。一般地,夯击式机具的压力传布最深,振动式次之,碾压式最浅。根据这一特性即可确定各种机具的最佳压实度。

然而,同一种机具的压实作用深度,在压实过程中并不是固定不变的。如钢筒式压路机,开始碾压时,因土体松软,压力传布较深,但随着碾压次数的增加,上部土层逐渐密实,土的强度相应提高,其作用深度就逐渐减小了。

2) 压实机具的质量较小时,碾压遍数越多(即时间越长),土的密实度越高,但密实度的增长速度则随碾压遍数的增加而减小,并且密实度的增长有一个限度,达到这个限度后,继续以原来的施压机具对土体增加压实遍数则只能引起弹性变形,而不能进一步提高密实度(从工程实践来看,一般碾压

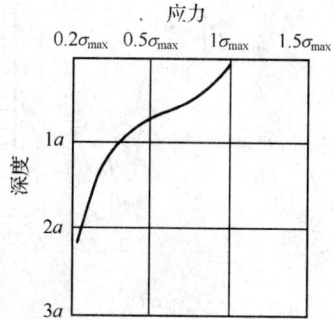

图 6.17　滚轮沿垂直方向的压力分布

遍数在 6 遍以前,密实增大明显,6～10 遍增长较慢,10 遍以后稍有增长,20 遍后基本不增长)。压实机具较重时,土的密实度随碾压遍数增加而迅速增加,但超过某一极限后,土的变形即急剧增加而达到破坏,机具过重以至超过土的强度极限时,将立即引起土体破坏。

压实机具的质量、作用遍数对压实的影响,可以由图 6.18 不同荷载下土的变形与时间的关系得到说明。曲线 P_1,即前述的第一种情况,土的变形随时间延长而增加,但增加的速度则随压实遍数的增长而逐渐减少,产生这种情况的原因,是土体在荷载作用下逐渐达到密实,强度即随之提高,于是变形就逐渐减小。曲线 P_2、P_3 分别是前述第二、三种情况,曲线反弯点即表明土体已开始出现破坏,即已达到土的强度极限。两曲线反弯点所对应的作用点所对应的遍数不同,说明破坏时间(从荷载开始作用至开始破坏时的时间)与荷载大小直接有关,荷载越重破坏时间越短。施工中,正是按照这一特性而根据不同的土质来选择机具和确定压实遍数(即压实时间)的。

3) 碾压速度越高,压实效果越差。如图 6.19 应力作用速率与土的变形量的关系所示,应力作用速度越高,变形量越小,土的黏性越大,影响就越显著。因此,为了提高压实效果,必须正确规定碾压的行驶速度。

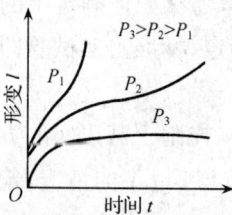

图 6.18　不同荷载下土的变形与时间关系

2. 土基压实标准

(1) 压实标准

压实的目的既然是使土体呈密实状态,因此密实度应该是土基压头的重要指标。由于它与土基的强度和稳定性关系密切,反映土基的使用品质,因此可以用来衡量压实的质量。

所谓密实度是指单位土体积内固体颗粒排列紧密的程度,即单位体积土重,常用不包括土体中水分重的单位

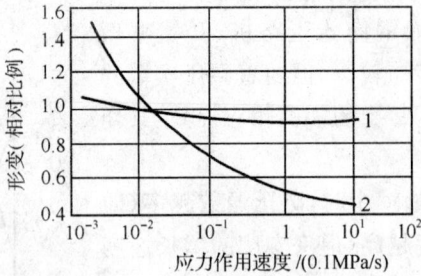

图 6.19　应力作用速度与土的变形量的关系

体积重,即干密度作为密实度的指标。但由于各种土的成分不同,其相对密度也不同,干密度指标并不能确切反映土颗粒排列紧密程度,相对密度大的土在相同干密度条件下较相对密度小的土颗粒排列要稀疏。因此,路基压实施工中为了便于检查和控制压实重量,土基的压实标准是以"压实度"来表示的。

所谓压实度是指压实后土的干密度与该种土的最大干密度之比,以 K 表示,即

$$K = \frac{\rho_d}{\rho_{dmax}} \times 100\% \tag{6.1}$$

压实度 K 实际上是以土的最大干密度为基准的相对值,是土在压实后达到接近最大干密度的程度。

土的最大干密度是按规定的方法在室内对要压实的土进行击实试验而确定的。

合理确定压实度 K 值,对保证土基的强度和稳定性十分重要,同时关系到技术上的经济性。路基为野外施工,受种种条件限制,要使压实度达到 100%(即达到室内标准条件下压实的最大干密度)是十分困难的,但相对来说,对路基上部,汽车荷载影响大,要求应高些,路基下部影响较小,要求可适当降低;公路等级和路面等级高,要求的 K 值应高些,路面等级低时,可相应降低。

(2) 重型击实试验法与轻型击实试验法

压实度 K 值既然是以土的最大干密度为基准的相对值,那么如何确定土的最大干密度就很重要。过去沿用的方法是以标准击实试验来确定,标准击实试验即目前所谓的轻型击实试验法。

用轻型击实试验法确定土的最佳含水量和最大干密度来控制土基压实的方法始于 20 世纪 30 年代,该方法是适应当时汽车载重一般在 40kN 以下的情况,筑路机械也是轻型的,碾压机具一般在 60kN 以下。随着重型汽车(载重 80kN 以上)的不断出现和交通的日益繁重,沿用轻型击实试验法控制土基的压实工作,已不能适应现代交通的需要,土基压实不足,在重车荷载作用下将被继续压实,造成沉陷使

路面破坏,同时效能更高的压实机具(重量为 120～150kN 或振动压路机)的出现,也给提高土基压实标准创造了条件,因此,有必要也有可能以重型击实试验法来代替轻型击实试验法。

重型击实试验法与轻型击实试验法的差异主要是击实功能的差别。重型击实试验法的单位击实功比轻型击实试验法提高 4.5 倍,仍以最佳含水量和最大干密度进行控制,但采用重型击实试验法后,对同样的土质其最大干密度提高,而最佳含水量减少,其变化的幅度与土类有关。对砂性土,最大干密度增加 6%～10%,最佳含水量减少 1%～3%(含水量的绝对值,下同);对黏性土,最大干密度增加 10%～16%,最佳含水量减少 3%～9%;对重黏土,最大干密度可增加 20%,最佳含水量约减少 10%左右。采用重型击实试验法后,黏性土的最大干密度增加和最佳含水量减少的幅度比砂性土为大。

重型击实试验法与轻型击实试验法对比如表 6.3 所示。

表 6.3　重型击实试验法与轻型击实试验法对比

击实试验法	锤重/N	锤击面直径/cm	落高/cm	试筒尺寸			锤击层数	每层锤击次数	单位击实功/[(N·cm)/cm³]	备注
				内径/cm	高/cm	体积/cm³				
轻型	25	5	30	10	12.7	997	3	25	56.3	
重型	45	5	45	10	12.7	997	5	27	274.0	土粒最大直径<25 cm

在确定最佳含水量和最大干密度时,究竟用重型击实试验法还是用轻型击实试验法,需根据工程性质按规范规定的要求选定。采用重型击实试验法来控制压实,对于确保高等级公路和城市重要干道路基质量,提高道路使用品质,具有重要意义。

3. 压实施工和质量控制

(1) 确定不同种类填土的最大干密度和最佳含水量

公路系带状构造物,一条公路往往连绵数十公里甚至上千公里。用于填挖路基的沿线材料的性质往往发生较大变化。在路基填筑施工之前,必须对主要取土场(包括挖方利用方)采取代表性土样,进行土工试验,用规范规定方法求得各个土场土样的最大干密度和最佳含水量,以便指导路基土的压实施工。

(2) 检查控制填土含水量

由于含水量是影响路基土压实效果的主要因素,故需检测欲填入路基中的土的含水量 ω,当 ω 接近最佳含水量 ω_0 时,填筑碾压的质量才有保证。当 $\omega > \omega_0$ 时,表明土中含水量过大,碾压时容易起“弹簧”,应将土晾干或换干一些的土;当 $\omega < \omega_0$ 时,说明土太干,难以达到要求的压实度,应适当洒水再碾压。

(3) 正确选择和使用压实机械

1) 压实机械的选择。压实机械的类型和数量选择是否恰当,直接关系到压实质量和工效。选择时应综合考虑以下几点。

①土的性质、状态。不同的压实机械,对不同的压实机具,不同土质的压实效果不同。如对砂性土,以振动式机械效果最好,夯击式次之,碾压式较差。对黏性土,则以碾压式和夯击式较好,而振动式较差甚至无效。压实机械的单位压力不应超过土的强度极限;否则会立即引起土基破坏。选择机械时,还应考虑土的状态及对压实度的要求,一般地,土的含水量小、压实度要求高,应选择重型机械;反之可选轻型机械。各种土质适宜的几种常用压实机械的选择见表 6.4。

表 6.4 各种土质适宜的几种常用压实机械

机械名称 \ 土的类别	细粒土	砂类土	砾石土	巨粒土	备 注
6～8t 双钢筒轮碾式压路机	A	A	A	A	用于预压整平
6～8t 三钢筒轮碾式压路机	A	A	A	B	最常用
6～8t 轮胎式压路机	A	A	A	A	最常用
羊足碾	A	C 或 B	C	C	粉质、黏土质砂可用
振动压路机	B	A	A	A	最常用
凸块式振动压路机	A	A	A	A	最宜使用于含水量较高的细粒土
手扶式振动压路机	A	A	A	C	用于狭窄地点
振动平板夯	B	A	A	B 或 C	用于狭窄地点,重 8kN 的可用于巨粒土
手扶式振动夯	A	A	A	B	用于狭窄地点
夯锤(板)	A	A	A	A	夯击影响深度最大
推土机、铲运机	A	A	A	A	仅用于摊平土层和预压

注:1. A 代表适用;B 代表无适当机械时可用;C 代表不适用。

2. 土的类别按《公路土工试验规程》(JTJ 051)的规定划分。

3. 对特殊土和黄土(CLY)、膨胀土(CHE)、盐渍土等的压实机械选择可按细粒土考虑。

4. 自行式压路机宜用于一般路堤、路堑基底的换填等的压实,一般采用直线式进退运行。

5. 羊足碾(包括凸块式碾、条式碾)应有光轮压路机配合使用。

②压实工作面。当工作面较大时,可采用碾压机械,较狭窄时宜用夯实机械。

③机械的技术特性与生产率。选择机械类型,确定机械数量,应考虑与其他工序的配合,使机械的生产能力互相适应。

2) 压实机械的使用。为了能以尽可能小的压实功获得良好的压实效果。在压实机械的使用上应注意两点。

① 压实机械应先轻后重,以便能适应逐渐增长的土基强度。

② 碾压速度宜先慢后快,以免松土被机械推走。形成不适宜的结构,影响压实质量,尤其是黏性土,高速碾压时,压实效果明显下降。通常压路机进行路基压实作业行驶速度在 4km/h 以内为宜。

此外,在路基土的压实中,除了运用不同性能的各种专用压实机械外,还应特别注意尽可能利用其他土方施工机械和运输车辆进行分层压实,有计划、有组织地利用运土车辆碾压填方土料。施工中要注意采用合理的技术措施,一般应控制填土厚度不大于 0.25~0.3m,并用推土机或平地机细致平土,控制合适的含水量;同时,还要在机械的运行线路上使各次行程能大体均匀分布到填土土层表面,保证土层表面全部被压到。

(4) 分层填筑、分层碾压

分层填筑。一方面要把握每层填土厚度的大小。填土层厚度过大。其深部不能获得要求的压实度;填土层厚度过小,会影响工作效率和经济效益。一般认为,对于细粒土,用 12~15t 光轮压路机时,压实厚度不得超过 25cm,用 22~25t 振动压路机时(包括液压振动)压实厚度不超过 60cm,见表 6.5。另一方面,每层填土应平整,且自中线向两边设置 2%~4% 的横向坡度,及时碾压,雨季施工时更应注意。

分层碾压。碾压前应对填土层的松铺厚度、平整度和含水量进行检查,符合要求后方可进行碾压。分层碾压的关键是控制碾压遍数。有条件的情况下,可通过试验性施工来确定达到设计密实度所需的碾压遍数,也可根据表 6.5 所列路基土方分层厚度与碾压遍数参考值选用。

在施工中,当含水量为最佳含水量时,还可采用下列经验值。对低黏质土压实所需的碾压遍数平均为 4~6 遍,对黏质土压实所需的碾压遍数平均为 10~12 遍。压实遍数控制在 10 遍以内,否则应考虑减少填土层厚。经压实度检验合格后方可转入下道工序。不合格处应进行补压后再检验,一直达到合格为止。

(5) 全宽填筑、全宽碾压

填筑路基时,应要求从基底开始在路基全宽度范围分层向上填土和碾压。压实路线,直线段宜先两侧后中间、小半径曲线段由内侧向外侧,纵向进退式进行;横向接头,对振动压路机一般重叠 0.4~0.5m,对三轮压路机一般重叠轮宽的 1/2,前后相邻两区段(碾压区段之前的平整,预压区段与其后的检验区段)应纵向重叠 1.0~1.5m,使路基各点都得到压实,避免土基产生不均匀沉陷。以往的施工实例表明,凡不注意全宽碾压的,当路堤填筑到一定高度时,均出现程度不同的纵向裂缝,严重的还影响到路面,使之也出现纵向裂纹。

使用夯锤压实时,第一遍各夯位应紧靠,如有间隙则不得大于 15cm,第二遍夯位应压在第一遍夯位的缝隙上,如此连续夯实,直至达到规定的压实度。

表 6.5　路基土方分层厚度与碾压遍数参考值

压实机械名称		每层填土松铺厚度/cm	有效碾压(夯击)遍数				合理采用压实机械的条件
			非塑性土壤		塑性土壤		
			最佳含水量时	低于最佳含水量时	最佳含水量时	低于最佳含水量时	
拖式光面碾(5t 以内)		10～15	6	9	9	15	碾压段长度不小于100m,适于压实塑性土
羊足碾(6～8 t)		20～30	4	6	8	12	
钢筒轮压路机	轻型(6～8 t)	15～20	4	6	8	12	碾压段长度不小于100m,适用于压实非塑性土
	中型(9～12 t)	20～30	4	6	8	12	
	重型(12～15t)	25～35	4	6	8	12	
轮式压路机(16t)		30～35	4	6	8	12	适用于压实非塑性土
振动压路机	2t	11～20	3	4	5	7	碾压段长度不小于100m,适于压实非塑性土,也可用于压实塑性土
	4.5t	25～35	3	4	5	7	
	10t	30～50	3	4	4	6	
	12t	4～55	3	4	4	6	
	15t	50～70	3	4	4	6	
重锤(夯击板)	1t 举高 2m	65～80	3	4	5	7	用于工作面受限制时,适于夯实非塑性土,也可用于压实塑性土
	1.5t 举高 1m	60～70	3	4	5	7	
	1.5t 举高 2m	70～90	3	4	4	6	
重夯机	0.3t	30～50	3	4	4	6	用于工作面受限制及结构物接头处
重夯机	1t	35～65	3	4	4	6	
人力夯	0.04t	20～25	3	4	4	6	
振动器(2t)		60～75	1～3min	2～4min	3～5min	5～7min	适用于压实非塑性土

注:1. 非塑性土是指砂、砾等无塑性的土。
　　2. 非塑性土的每层松铺厚度可取稍高的值;反之塑性土的每层松铺厚度可取稍低的值。
　　3. 颗粒不同的松砂可采用洒水夯实或振动压路机压实;颗粒大小一致的砂,可用夯夯实。
　　4. 夯板适用于松散土、砾石及石质土的压实。

（6）加强测试检查

1）填方地段基底。路堤填筑前应对基底进行压实。高速公路、一级公路和二级公路路堤基底的压实度不应小于 85%,当路堤填土高度小于路床厚度（80cm）时,基底的压实度不应小于路床的压实度标准。

2）路堤。每一压实层均应检验压实度,合格后方可填筑其上一层;否则应查明原因,采取措施进行补压。检验频率为每 2000m² 检验 8 点,不足 200m² 时,至少应检验 2 点,必要时可根据需要增加检验点,必须每点都符合规定值。

路床顶面压实完成后,还应进行弯沉值检验,检验汽车的轴载质量及弯沉允许值。检验频率为每一幅双车道每 50m 检验 4 点,左、右两后轮隙下各 1 点。计算路床顶面的回弹弯沉值,可按设计提供的 E_0 值,考虑季节影响系数之后,用式(6.2)计算回弹弯沉值 l_0,并用以检测路床顶面的实测弯沉值,检测的弯沉值应达到各点均符合要求。

$$l_0 = 9308E_0^{-0.938} \tag{6.2}$$

式中:E_0——土基回弹模量,MPa;

$\quad$ l_0——路床顶面设计要求的弯沉值,mm。

3)路堑路床。零填及路堑路床的压实,应符合其压实标准的规定。换填超过 30cm 时,按 90% 的压实标准控制。

4)桥涵处填土。桥台背后、涵洞两侧与顶部、锥坡背后的填土均应分层压实,分层检查,检查频率每 50m² 检验 1 点,不足 50m² 时至少检验 1 点,每点都应合格,每一压实层松铺厚度不超过 20cm。高速公路和一级公路的桥台、涵身背后和涵洞顶部的填土压实度,从填土基底或涵洞顶部至路床顶面均为 95%,其他公路为 93%,以确保不因密实度不足而产生错台,影响行车速度与安全。

桥涵处填土的压实采用小型的手扶振动夯或手扶振动压路机,但涵顶填土 50cm 内应采用轻型静载压路机压实,直至达到规定的压实度。

6.2.2 填石、土石及高填方路堤的压实

1. 填石路堤

(1)压实标准

填石路堤不能用土质路基的压实度来判定路基的密实程度,其判定方法目前国内外尚无统一规定。国外填石路堤曾采用在振动压路机的驾驶台上装设压实计反映的计数值来判定是否达到要求的紧密程度,但无定量值的规定,且只限于设有此种装置的压路机。我国现行《公路路基施工技术规范》(JTJ 033)规定的压实标准为:在规定深度范围内,以 12t 以上振动压路机压实,当压实层顶面稳定,不再下沉(无轮迹)时,可判为密实状态。

(2)压实方法及检查

填石路堤在压实之前,应用大型推土机摊铺平整。个别不平处应用人工配合以细石屑找平,使石块之间无明显高差台阶才便于压路机碾压,或使夯锤下坠到地面时,受力基本均匀,不致使夯锤倾倒。

填石路堤的填料石块本身是密实而不能压缩的,压实工作是使各石块之间松散接触状变为紧密咬合状态。由于石块粒径较大,质量较大,必须选用工作质量 12t 以上的重型振动压路机、工作质量 2.5t 以上的夯锤(或 25t 以上的轮胎压路机)压(夯)实,才能达到规定的紧密状态。用振动压路机或夯锤压实能在压实时产生振动力和冲击力,可使石块产生瞬时振动而向紧密咬合状态移位(静载光轮压路

机则很难产生这种功效),其压实厚度可达 1.0m。当缺乏上述两种压实机具,只能采用重型静载光轮压路机或轮胎压路机压实时,应减少每层填筑厚度和石料粒径。其适宜的压实厚度和粒径应通过试验确定,但不应大于 50cm。

填石路堤应先压两侧后压中间,压实路线对于轮碾应纵向互相平行,反复碾压。压实路线对夯锤应成弧形,当夯实密实程度达到要求后,再向后移动一夯锤位置。行与行之间应重叠 40~45cm;前后相邻区段应重叠 1.0~1.5m,其余注意事项与土质路基压实相同。

填石路堤使用各种压实机具时的注意事项与压实填土路基相同,而填石路堤压实到所要求的紧密程度所需的碾压或夯压的遍数应经过试验确定。采用重锤夯实时,重锤下落时不下沉而发生弹跳现象时,可进行压实度检验。

填石路堤顶面至路床顶面 30~50cm(高速公路、一级公路为 50cm,其他公路为 30cm)范围内应填筑符合路床要求的土,并按要求进行压实。

2. 土石路堤

土石路堤的压实方法与技术要求,应根据混合料中巨粒土的含量多少确定。当混合料中巨粒土(粒径大于 200mm 的颗粒)含量多于 70%时,其压实作业接近于填石路堤,应按填石路堤的方法和要求进行。当混合料中巨粒土的含量低于 50%时,其压实作业接近于填土路堤,应按前述填土路堤的方法和要求进行。

土石路堤的压实度可采用灌砂法或水袋法检测。其标准干容重应根据每一种填料的不同,含石量的最大干容重作出标准干容重曲线,然后根据试坑挖取试样的含石量,从标准干容重曲线上查出对应的标准干容重。当采用灌砂法或水袋法检验有困难时,可根据填石路堤的方法进行检验,即通过 12t 以上振动压路机压实试验,当压实层顶面稳定,不再下沉(无轮迹)时,可判定为密实状态。

如几种填料混合填筑,则应从试坑挖取的试样中计算各种填料的比例,利用混合料中几种填料的标准干容重曲线查得对应的标准干容重,用加权平均的计算方法,计算所挖试坑的标准干容重。

土石路堤的压实度标准,可采用灌砂法或水袋法检验并应符合填土路堤的压实度要求。也可按填石路堤的方法检验并应用灌砂法或水袋法判定压实度是否合格。

3. 高填方路堤

高填方路堤的基底承受路堤土本身的荷载很大,因此对基底应进行场地清理,并按照设计要求的基底承压强度进行压实,设计无要求时,基底的压实度不应小于 90%。当地基松软仅依靠对厚土压实不能满足设计要求的承压强度时,应进行地基加固处理,以达到设计要求。当基底处于陡峻山坡上或谷底时,应进行挖台阶处理,并严格分层填筑压实。当场地狭窄时,压实工作应采用小型的手扶式振动压路机或振动夯进行。当场地较宽广时应采用自行式 12t 以上的振动压路机碾压。

6.3 软土地基路基施工

6.3.1 软土、沼泽的分类与性质

软土、沼泽的分类及物理力学特性见表 6.6。我国东北的大兴安岭、小兴安岭、长白山、三江平原、松辽平原等地及青藏高原和西北地区的湖、盆、洼地和高寒山地均分布有沼泽,在内陆湖、塘、盆地、江、河、湖、海岸和山间洼地则分布有近代沉积的软土。在这些地区修筑路基,若不加处理,往往会发生路基失稳或过量沉陷,导致公路破坏或不能正常使用。

软土、沼泽可划分为软黏性土、淤泥质土、淤泥、泥炭质土及泥岩等五种类型(见表 6.6)。习惯上常把淤泥、淤泥质土、软黏土总称为软土,而把有机质含量高的泥炭、泥炭质土总称为沼泽,其物理、力学性质如下。

表 6.6 软土、沼泽的分类及其物理力学特性

	类型	天然密度 $\rho/(\text{t/m}^3)$	含水量 w /%	孔隙比 e	有机质含量/%	压缩系数 a $0.1 \sim 0.3$ (MPa^{-1})	渗透系数 $K/(\text{cm/s})$	快剪强度		标准贯入值 $N_{63.5}$
								C_u/kPa	ϕ_u	
软土	软黏性土	1.6~1.9	$w_L < w$ <100	>1.0	<3.0	>0.3	<10⁻⁶	<20	<10°	<2
	淤泥质土			1.0~1.5	3~10					
	淤泥			>1.5						
沼泽	泥炭质土	1.0~1.6	100~300	>3	10~50	>2.0	<10⁻⁶	<10	<20°	
	泥炭	1.0	>300	>10	>50		<10⁻²			

1.天然含水量高、孔隙比大

由于软土、沼泽中的黏粒及有机质含量大,吸水能力强,加之地处常年积水的洼地,土层厚度大,多呈软塑或半流塑状态,天然含水量达 30%~70%,有时甚至达 200%;孔隙比一般大于 1,大多在 1.0~2.0 之间,在某些地区可达 6.0;饱和度一般大于 95%;液限在 35~60 之间;塑性指数为 10~30,天然密度为 1.5~1.9 t/m³。

2.透水性差

软土、沼泽亲水性强而透水性弱(渗透系数为 10⁻⁸~10⁻⁷cm/s)且有明显的方向性。由于大部分软土及沼泽地层中都存在着带砂夹层,所以其渗透系数水平方向略大于垂直方向,软土与沼泽中的黏粒含量、有机质含量和液限越大,渗透系数就越低。因此,软土与沼泽的固结时间长,同时在加载初期,地基中孔隙水压力较高,影响地基强度。施工中表现为压实困难,且不便行车,不便于施工作业。

3.压缩性高

软土及沼泽由于孔隙比大,土粒间连接结构不稳定,具有高压缩性的特点,且

随液限的增加而增强,压缩系数一般在 $5.10 \times 10^{-7} \sim 1.53 \times 10^{-6} Pa^{-1}$。

4.抗剪强度低

软土与沼泽的抗剪强度很低,并与加载速度及排水固结有密切的关系,不排水剪切时,内摩擦角接近于零,内摩擦剪应力小于 19.92kPa,排水剪切时,抗剪强度随固结程度增加而增大。

5.触变性和蠕变性

软土与沼泽结构未被破坏前,具有一定的结构强度,但一经扰动,结构被破坏,强度迅速降低,但随静置时间的增长,其强度将逐渐恢复。软土的这种性质被称为触变性。触变性越大,表示强度降低越明显。

软土与沼泽在受荷载作用或荷载变化过程中,将发生连续持久而缓慢的变化,这种在剪应力作用下的剪切变形现象称为土的蠕变性。这种蠕变性实质上是软土与沼泽抗剪强度随时间增长而递减的性质,这种现象在工程上有很大的危害性。

6.3.2 软土、沼泽地区路基的基本要求

1.路基的稳定性

在天然的软土、沼泽地基上,采用快速施工方法修筑路堤所能填筑的最大高度,称为极限高度(或临界高度)。当路堤高超过此极限高度时,对路堤或地基必须采取加固处理措施,才能保证路堤的安全填筑和正常使用;否则,就可能使填土的部分发生崩塌、坡脚外侧地基隆起等,造成工程的大范围返工。如果坡脚附近有房屋、水管或其他工程设施,也将受到严重的威胁、破坏,甚至造成人身伤亡事故。

极限高度的大小,取决于地基的特性(软土的性质和成层情况,硬壳的厚度和性质)及填料的性质等。通常为 3~5m(Ⅰ、Ⅱ类沼泽路堤最小填筑厚度可分别参考表 6.7 和表 6.8)。也可按稳定性分析的结果及工地填筑试验确定。

表 6.7 Ⅰ类沼泽路堤最小填筑厚度

泥炭厚度/m	填土厚度/m
0.5~2	1.5~2.5
2~4	2.5~3.0
4~6	3.0
0.5~2	2.0~3.0

表 6.8 Ⅱ类沼泽路堤最小填筑厚度

泥炭厚度/m	填土厚度/m
0.5~2	2.0~3.0
2~4	3.0~3.5
4~6	3.5~4.0

注:填土厚度,如不挖除泥炭则指泥沼面以上的填土部分;如部分挖除泥炭应包括沉入泥沼的填土部分。

均质薄层软土地基的路堤极限高度

$$H_{\mathrm{C}} = N_{\mathrm{S}} C_{\mathrm{K}}/\rho \tag{6.3}$$

式中：H_{C}——极限高度，m；

C_{K}——软土的快剪黏聚力，t/m³；

ρ——填土的密度，t/m³；

N_{S}——稳定因素，｛与坡角 β 和深度因数 $n_{\mathrm{d}}[n_{\mathrm{d}}=(H+d)/H$，其中 H 为填土高度，d 为软土厚度]有关｝。

均质厚层软土地基的路堤极限高度

$$H_{\mathrm{C}} = 5.52\, C_{\mathrm{K}}/\rho \tag{6.4}$$

式中符号意义同前。

非均质软土地基的极限高度的计算比较复杂，需要用圆弧法计算确定。在施工条件允许时，也可根据工地筑堤试验确定。

软土及沼泽地基是否稳定，通常采用固结有效应力法进行验算。

2．路基的沉降

软土地基路堤，即使满足稳定性要求，不发生滑塌，但施工过程中至填筑完成后，由于软土的压缩性大，软土地基在路堤自重作用下也会产生沉降，这种沉降将在相当长的时间内持续发展，大大超过一般路堤的沉降量，严重时，不仅增加填土工程量，而且在靠近填土部位的挡土墙、边沟等排水设施也会受到沉降或水平移动的影响。即使完成铺装路面后，还可能继续产生沉降，对路面的纵、横断面造成影响，难于保证其平整性，引起路面结构的破坏。

为了了解路堤的沉降情况、概略估算因基底沉降而增加的填方数量，还必须计算路堤的沉降。

6.3.3　软土、沼泽地区路基施工

软土、沼泽地区路基施工，应着重解决可能出现的路基盆形沉降、失稳和路、桥沉降差等问题。因此，在施工前应做好施工设计，修筑地基处理试验路段，并报送有关部门批准后才能开工。

1．原地面处理

软土、沼泽地基应根据软土、淤泥的物理力学性质、埋层深度、路堤高度、材料场地条件、公路等级等因素分别采取换置土、抛石挤淤、超载预压、反压护道、渗水及灰土垫层、土工织物、塑料排水板、碎石桩、轻质路堤、深层加固等措施进行处理。各项措施配合使用时效果更好。

2．路堤填筑

1）路堤填筑前、应排除地表水，保持基底干燥，淹水部位填土应由路中心向两侧填筑，高出水面后，按要求分层填筑并压实。

2）软土、沼泽地区下层路堤，应采用渗水材料填筑。填筑路堤用土需设置集中

取土场,必须在两侧取土时,填高 2m 以内的路堤,取土坑内缘距坡脚距离不得小于 20m;填高 5m 以上的路堤,取土坑内缘距坡脚距离应大于 40m。

3）在路、桥衔接部位,路基与锥坡填土应同步填筑。碾压不易到位的边角处,可用小型夯实机械按要求夯压密实。填料采用渗水性土,分层碾压厚度控制在 15cm 左右。

4）软基填筑路堤,分层及接茬应做成错台形状,台宽不少于 2m。

3. 注意事项

1）软土地段路基应提前安排施工。路堤完工后应留有沉降期,如设计未规定,则不应少于 6 个月,沉降期内不应在路堤上进行任何后续工程。

2）修筑路面结构之前,路基沉降应基本趋于稳定,地基固结度应达到设计规定值。

3）软土段填筑路堤要做好必要的沉降和稳定监测,并严格控制施工填料和加载速度。监测沉降板应安装在路中线上,纵向间距为 200m,对于桥头引道路堤,应安装在路中线和两侧路肩边缘线上,第一块沉降板设在距桥台背 10m 处,其余每 50m 间隔设置。路堤填筑过程中,填一层应进行一次监测,水平位移量每昼夜不应超过 0.5cm,沉降量不大于 1.5cm,超过时即应暂停填筑。待沉降及位移量小于规定值后再继续施工。

4）各种软基处理方法的运用范围、施工规定及各种处治方法的质量检验方法与要求应符合《公路软土地基路堤设计与施工技术规范》(JTJ 017)的要求。

6.3.4 软土、沼泽地基的加固处理方法

当路堤经稳定性验算或沉降计算不能满足设计要求时,必须对软土、沼泽地基进行加固。加固的方法很多,现就公路中常用的几种方法予以介绍。

1. 表层处理法

(1)表层排水法

表层排水法是在路基填筑前,在地面需开挖水沟排除地表水,同时降低地基表层的含水量,确保施工机械的作业条件,为了使开挖水沟在施工中发挥盲沟作用,常用透水性良好的砂砾回填。

水沟布设应全面考虑地形与土质情况,使排水畅通,表层排水沟设置如图 6.20 所示。

水沟断面尺寸一般可取宽 0.5m,深 0.5～1.0m。路堤填筑前应用砂砾回填成盲沟,若埋设孔管,必须用良好的过滤材料保护。

(2)砂垫层法

砂垫层法是在软土地基顶面铺设厚度为 0.6～1.0m 的砂垫层(具体厚度视路堤高度、软土层厚度及压缩性而定,太厚施工困难,太薄效果差)作为软土层固结所需要的上部排水层,可以加速沉降的发展,缩短固结过程。砂垫层可作为路堤内的

地下排水层,它能改善施工时重型机械的作业条件。

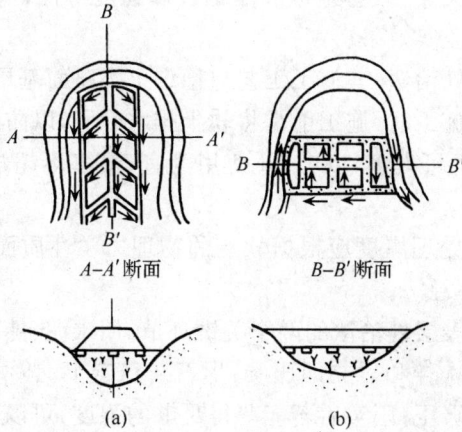

图 6.20 表层排水沟设置
(a)路堤与水流方向平行;(b)路堤与水流方向垂直

砂垫层的断面如图 6.21 所示。它具有施工简单,不需要特殊机具设备等特点。主要适用于以下情况:①路堤高度小于 2 倍极限高度;②软土表面无透水性低的硬壳;③软土层不很厚、或具有双面排水条件的情况;④当地有砂,且运距不太远,施工期限不紧迫的工程。

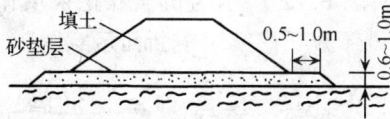

图 6.21 砂垫层断面图

采用砂垫层时,砂宜采用中砂及粗砂,要求级配良好,颗粒的不均匀系数不大于 5,且含量不超过 3%~5%。砂垫层一般用自卸汽车及推土机配合摊铺,摊铺应均匀,注意不要有很多的集中荷载作用。当路堤为粉土类土,透水性不好时,路堤坡脚附近砂垫层被路堤覆盖,可能会阻碍侧向排水,必须注意做好砂垫层端部的处理。

在路堤的填筑过程中,填筑的速度应合理安排,使加载的速率与地基承载力增加的速率相适应,以保证地基在路堤填筑过程中不发生破坏。通常可利用埋设在路堤中线的地面沉降板以及布置在路堤坡脚的位移边桩进行施工观测,随时掌握地基在路堤填筑过程中的变形情况和发展趋势,借以判断地基是否稳定,控制填土的速度。

砂垫层具体施工作业方法参见本节中排水固结法的有关内容。

(3) 稳固剂表层处治法

稳定剂表层处治是用生石灰、熟石灰、水泥及土壤离子稳固剂等稳定材料,掺入软弱的表层地基土中,改善地基的压缩性和强度特性,保证机械作业条件,提高路堤填土的稳定及压实效果。

软土地基表层处治法。其施工工艺与稳定土类路面基层的施工工艺基本相同。采用平地机路拌法施工时,施工前需将软土排水晾干,以防止机械陷入土中。工地存放的水泥、石灰不可太多,以够 1d 使用为宜,最多不超过 3d 使用量,应做好防水、防潮措施。

软土地基表层处理厚度应根据软土的物理力学性质而定,一般为 30~60cm。太薄效果差,太厚不经济。

压实与养生是表层处治法的两个关键环节。用水泥、熟石灰或离子稳固剂稳定处治土应在最后一次拌和后立即压实;生石灰稳定土,必须在拌和时初碾压,生石灰消解结束后再次碾压;压实后若能获得足够的强度,可以不进行专门养生。但由于土质与施工条件不同,处治土强度增长不均衡,则应做好 7d 的养生。

2. 换土法

这种方法是指将路基范围内的软土排除,用稳定性好的土、石进行回填。换土法按排淤方式可分为开挖换填法、抛石挤淤法和爆破排淤法三种。

(1) 开挖换填

在一定范围内,把影响路基稳定性的软土用人工或机械挖除,用无侵蚀作用的低压缩散体材料换置,分层夯实。按软土层的分布形态与开挖部位,有全面开挖换填和局部开挖换填两种。图 6.22 所示为机械开挖换填作业示意图,图 6.23 及图 6.24 为全断面开挖换填和部分开挖换填横断面示意图。

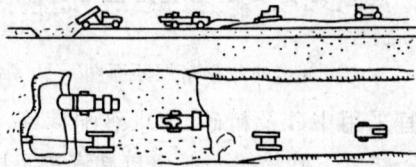

图 6.22　机械开挖换填作业示意图

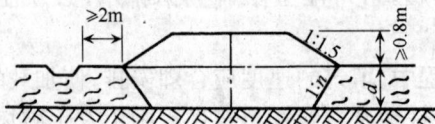

图 6.23　全断面开挖换填横断面示意图

开挖换填的深度一般在 2m 以内。开挖的边坡应根据深度与土的抗剪强度确定,一般为 1:1 左右。开挖时若用水泵排水,边坡容易被破坏,从而增加挖方量,因此如果有不需要压实的良好换填材料,以不排水为宜。为防止边坡塌落,应随时开

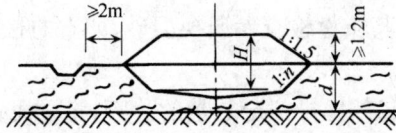

图 6.24 部分开挖换填横断面示意图

挖随时填料。

开挖换填所用填料一般有灰土、砂卵石、碎石及工业废渣等。

1) 换填灰土。一般用于不渗水路基,土料就地取用黏性土打碎过筛,其粒径不大于 15mm,石灰用块灰,在用前 1~2d 浇水粉化,其粒径不大于 5mm;灰与土的体积配合比为 2:8 或 3:7,拌和时根据气候和土的湿度适量浇水,拌好的灰土应颜色均匀一致,含水量以用手紧握灰土成团,两手指轻捏即碎为宜。铺设前,应将基底碾压数遍,铺土应分段分层进行并夯实,每层铺土厚度,可根据不同夯实方法确定(一般地,压路机松铺厚度为 20~30cm,蛙式打夯机松铺厚度为 20~25cm)。夯实(碾压)遍数根据设计要求确定,一般不少于 4 遍,铺上的灰土当日即应压实,换填完毕,不能暴露过久,应连续进行路堤的填筑施工。

换填灰土的质量检查。用环刀法取样,测定干密度,对于轻亚黏土最小干密度为 $1.55~1.6 g/cm^3$,亚黏土为 $1.5~1.55 g/cm^3$,黏土为 $1.45~1.50 g/cm^3$。

2) 换填砂、卵石。换填材料宜用级配良好,质地坚硬的中砂、粗砂和卵石、碎石,不含草根杂物,含泥量不超过 3%,石子粒径最大不超过 5cm。人工级配的砂石,应将砂石拌和均匀后铺填压实。换填砂卵石每层铺设厚度、最佳含水量及施工要点参见表 6.9。

表 6.9 换填砂卵石每层铺设厚度、最佳含水量及施工要点

压实方法	每层松铺厚度 /m	施工时最佳含水量/m	施工要点	备注
夯实法	15~20	8~12	用蛙式打夯机夯实,每夯压半夯,分层夯实,每层均匀夯 3~4 遍	适用于换填砂、卵石层
碾压法	15~20	8~12	用 6~10t 压路机往返碾压,每层碾压不少于 4 遍,或用振动式压路机振动 3~5min	适用于大面积换填砂、石,不宜用在地下水位路基

换填砂砾石质量检查。可在砂砾层中设置纯砂检查点,在同一施工条件下,按环刀取样法,测定干容重,以不小于试验所确定的该砂料在中密状态时的干容重数值为合格,或用贯入法测定,也可用灌砂法测定。

3) 换填碎石、工业废渣。换填碎石或工业废渣(通常用矿渣)是目前应用较多的一种地基加固方法。实践证明,碎石和矿渣有足够强度,形变模量大,稳定性好,

地基固结快,沉降能较快达到要求,一般要求碎石、矿渣粒径为 5～60mm,级配较好,含泥量不大于 5%。其质量检查参照换填砂、卵石的检查方法。

（2）抛石挤淤

抛石挤淤是在路基底部抛投一定数量的片石,将淤泥挤出基底范围,以提高地基的强度。这种方法施工简单、迅速、方便。主要适用于常年积水的洼地,排水困难,泥炭呈流动状态,厚度较薄,表层无硬壳,片石能沉达底部的泥沼或厚度为 3～4m 的软土。

抛投的片石大小,随泥炭或淤泥的稠度而定,对于容易流动的泥炭或淤泥,片石可稍小些,但一般片石直径不宜小于 30cm。抛投的顺序,应先从路堤中部开始,中部向前突进后再渐次向两侧扩展,以使淤泥向两旁挤出。当软土或泥沼底面有较大的横坡时,抛石应从高的一侧向低的一侧扩展,并在低的一侧多抛填一些。片石抛出水面后,需用重型压路机振动碾压密实,然后在其上铺设反滤层,再行填土。

必须指出的是,抛石挤淤时,由于沉降不一致,从而在路堤下面残留部分软土,完工后会发生不利的不均匀沉降,应引起重视。

抛石挤淤典型断面如图 6.25 所示。

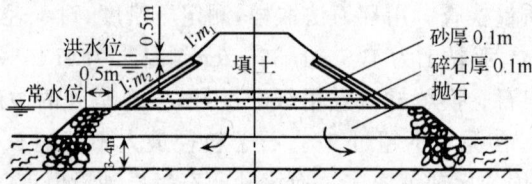

图 6.25　抛石挤淤典型断面示意图

（3）爆破排淤

爆破排淤是将炸药放在软土或泥沼中爆炸,利用爆炸时的张力作用,把淤泥或泥炭扬弃,然后回填强度较高的渗水性土。其特点是换填深度大、工效较高,软土、泥沼均可采用。但爆破对周围环境影响很大,一般只限于爆破对周围构造物或设施没有不良影响地区,且淤泥或泥炭层较厚、稠度大、路堤较高和施工期紧迫时使用。

爆破排淤法可根据爆破与填土的相对关系分为两种。一种是先在原地面上填筑低于极限高度的路堤,再在基底下爆破。这种作业方法适用于稠度较大的软土或泥沼,先填的路堤随爆随沉,避免了回淤。但先填后爆要严格控制炸药,既要炸开淤泥或泥炭,又不致扬弃已填路堤,要做到这一点是较困难的;另一种是先爆后填,适用于稠度较小、回淤较慢的软土。采用这种作业方法时,应事先准备好充足的回填材料,爆破后立即回填,做到随爆随填,填满再爆,爆后即填,以免回淤,造成浪费。

3. 反压护道及侧向约束法

（1）反压护道

反压护道是在路堤两侧填筑一定宽度的护道,使路堤下的淤泥或泥炭向两侧隆起的趋势得到平衡,以提高路堤在施工中的滑动破坏安全系数,达到路堤稳定的目的。

反压护道法加固路基的特点是不需要特殊的机具设备和材料,施工简易,但占地较多、用土量较大,后期沉降大,养护工作量大。一般适用于非耕作区、取土方便的地区和路堤高度不大于$\left(1\dfrac{2}{3}\sim2\right)$倍极限高度路段的软土处理,对泥沼不宜采用。

反压护道在设计施工中应注意以下几点:

1)反压护道一般采用单级形式,因为多级式护道的稳定力矩增加值较小,作用不大。

2)反压护道高度一般为路堤高度的 1/2～1/3。为保证护道本身稳定,其高度不得超过天然地基所容许的极限高度。

3)反压护道宽度一般用圆弧稳定分析法通过稳定性验算确定。试验中,软土或泥沼地基的强度指标采用快剪法测定,也可用无侧限抗压强度的一半或用十字板现场剪力试验所测得的强度。

4)反压护道在施工时,一般按图 6.26 所示路堤填筑顺序进行,先填包括反压护道在内的砂垫层Ⅰ及路堤Ⅱ,最后填筑主路堤Ⅲ。同时在填筑中应避免过高堆填,而应分层铺筑,充分压实,并应有一定横坡度,以利于排水;两侧反压护道应与主路堤同时填筑,特别是反压护道的填筑速度不得低于主路堤。

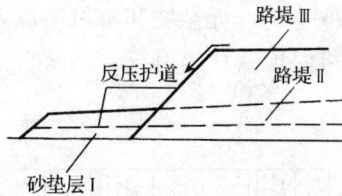

图 6.26　反压护道法路堤填筑顺序

(2)侧向约束

侧向约束是在路堤两侧坡脚附近打入钢筋混凝土桩(也有采用木桩的)或者设置片石齿墙等,可限制基底软土的挤动,从而保持基底的稳定,坡脚侧向约束如图 6.27 所示。

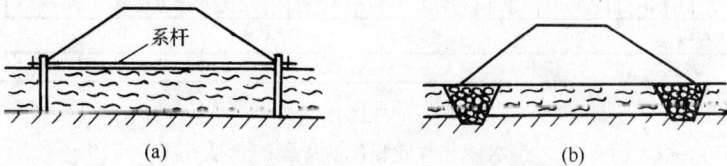

(a)　　　　　　　　　　　　　　　　(b)

图 6.27　坡脚侧向约束示意图
(a)桩式侧向约束;(b)石砌齿墙侧向约束

地基在施行侧向约束后,路堤的填筑速度可不加控制,比反压护道节省土方,少占耕地,但需耗费一定数量的钢筋、水泥、木材,成本较高。

此法适用于软土层较薄、底部有坚硬土层和施工期紧迫的情况,下卧层面具横向坡度时尤其适用。

4. 排水固结法

排水固结法是在天然软土地基表层设置砂垫层等水平向排水体,在地基中设置砂井等竖向排水体,然后加载预压,使土体的孔隙水排出,逐渐固结,地基发生沉降,同时强度逐渐提高的方法。

排水固结法具有节省土方、少占农田、经济有效等特点,可用于加固软弱地基,包括天然沉积层和人工冲填的土层,如沼泽土、淤泥及淤泥质土、冲积土等。特别适用于路堤高度大于极限高度或农田地段和填料来源困难的情况。在天然土层的水平排水性能比垂直向好,或软土中存在有连续薄砂层时,采用此法更为合适。

(1)水平向排水垫层施工

排水垫层的作用是在预压过程中,从土体进入垫层的渗透水迅速地排出,使土层的固结能正常进行。排水垫层的质量将直接关系到加固效果和预压时间的长短。

1)排水垫层材料的选择。排水垫层材料,一般采用透水性好的材料,其渗透系数一般不低于 10^{-3}cm/s,同时能起到一定的反滤作用,避免土颗粒渗入垫层的孔隙中阻塞排水通道,减弱垫层的渗透性。为了保证垫层本身的渗透性,一般以采用级配良好的中粗砂为好,排水砂井及砂垫层所用砂的合适粒度分布范围如图 6.28 所示。此外,要求含泥量不超过 3%,无杂物和有机质混入。粉细砂一般不宜采用。若理想的砂料来源困难时,可因地制宜选用符合要求的其他材料,也可采用连通的砂沟来代替整片砂垫层。

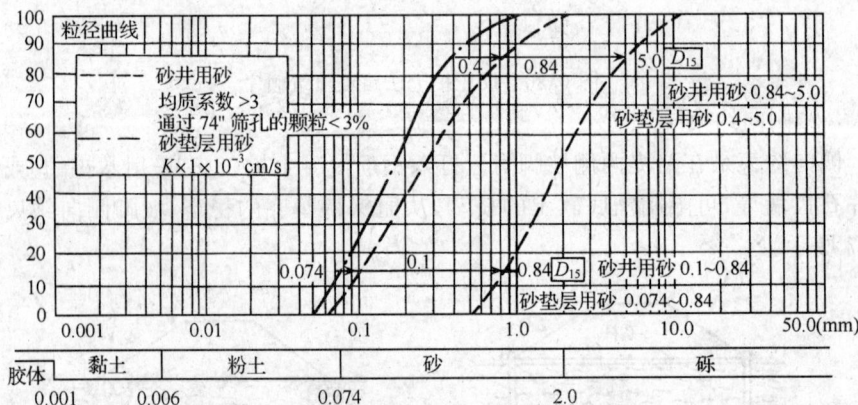

图 6.28 排水砂井及砂垫层所用砂的合适粒度分布图

2)排水垫层的厚度。排水垫层的厚度首先要满足上土层的渗透水能及时地排出去,其次能起到持力层的作用。根据需要和工程实践,一般有以下三种形式:

① 满足设计要求的排水垫层,其厚度一般为 30~50cm。

② 由于施工机械需要及水下施工特殊条件,需铺设超厚砂垫层,其厚度根据承载力计算或有关规定确定。

③ 砂垫层和其他粒料持力层混合结构。至于采用哪一种垫层,要根据被加固地基表层土的性质及砂井施工机械的性能具体确定。当表层有一定厚度的硬壳层,能承受施工机械的重力时,可按标准排水砂垫层的要求铺设。对于新冲填不久的或无硬壳层的软黏土地基,应采用厚垫层或混合料排水垫层。

3) 排水垫层施工方法。排水垫层目前有下列几种施工方法:

① 当地基表层具有一定厚度的硬壳层,其承载力较好,能行驶一般运输机械时,一般采用机械分堆摊铺法,即先堆成若干砂堆,然后用机械或人工摊平。

② 当硬壳层承载力不足时,一般采用顺序推进摊铺法。

③ 当软土地基表面很软,如新沉积或新冲填不久的超软地基,首先要改善地基表面的持力条件,使其能供施工人员和轻型运输工具行走。工程上常用如下措施:

地基表面铺荆笆,搭接处用铅丝绑扎,以承受垫层等荷载引起的拉力,搭接长度取决于地基土的性质,一般搭接长 20cm。当采用两层荆笆时,应将塔接处错开,错开距离以搭缝之间间距的一半为宜。荆笆铺设搭接如图 6.29 所示。

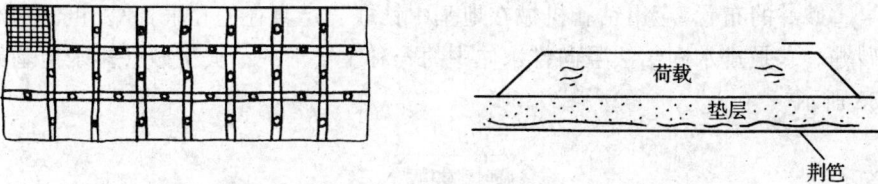

图 6.29　荆笆铺设搭接示意图

表面铺设塑料编织网(见图 6.30)或尼龙编织网,编织网上再做砂垫层,如图 6.30 所示。

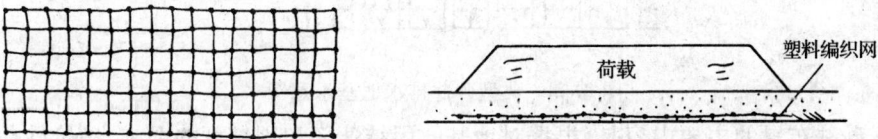

图 6.30　塑料编织网

表面铺设土工聚合物,土工聚合物上再铺排水垫层,如图 6.31 所示。

以上为目前超软地基上施工常用的方法,它们可单一使用,也可混合使用,还可根据当地材料来源,选择具有一定抗拉强度,断面小的材料,但应注意两点,一是饱水后的材料要有足够的抗拉强度;二是当被加固地基处在边坡位置或将来有水平力作用时,要注意由于材料腐烂而形成软弱夹层,给加固后地基的稳定性带来潜在的影响。

超软地基表面尽管采取了加强措施,但持力条件仍然很差,一般轻型机械上不去,在这种情况下,通常采用人工或轻便机械顺序推进铺设,常用方法有四种:①用人力手推车运砂铺设;②用轻型小翻斗车铺垫;③用轻型皮带输送机推进回填,如图6.32所示;④用小型水力泵输砂铺垫,该法系水力冲填,垫层铺设质量好,但要求有充足的水源。砂料需二次搬运。

图6.31 土工聚合物铺设示意图　　　　图6.32 轻型皮带输送机推进回填

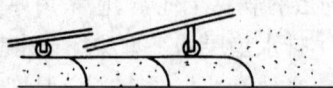

无论采用何种施工方法。在排水垫层的施工过程中应避免对软土表层的过大扰动,以免造成砂和淤泥混合,影响垫层的排水效果。另一个值得重视的问题是,在铺设砂垫层之前,应清除干净砂井顶面的淤泥及其他杂物,以利砂井排水。

(2)竖向排水体的施工

竖向排水体在工程上的应用有以下三种:30~50cm 直径的砂井;7~12cm 直径的袋装砂井;塑料排水板。

1)砂井。

①砂井的布置。应用钻孔机械在地基中钻取一定直径的孔眼,灌以粗、中砂,即为砂井。它是排水固结法竖向排水体中的一种主要形式。典型砂井排水地基如图6.33所示。

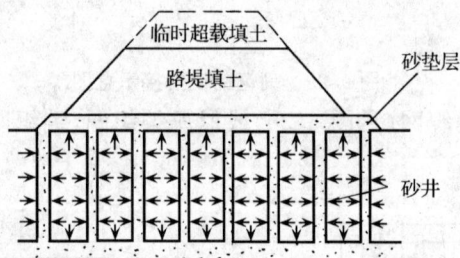

图6.33 典型砂井排水地基示意图

砂井布置的主要内容是,根据对地基的固结速率和固结度的要求,确定砂井的直径、间距、深度、并布置砂沟或砂垫层。

砂井的直径按排水固结的要求不需要很大,但为了便于施工和保证质量,直径也不能太小,一般普通砂井直径采用 20~50cm,袋装砂井直径采用 7~12cm,视施工机具的具体条件而定。

砂井的间距。砂井的间距为两相邻砂井中心间的距离。这是影响固结速率最主要的因素之一,井距越小,固结越快;反之,则固结越慢。因此,当填土高、地基土的固结系数小和施工期短时,应采用较小的井距;反之,可采用较大的井距。普通砂井井距一般为井径的 8~10 倍,常用的井距范围为 2~4m。袋装砂井井距一般为 1.0~2.0m,相当于井径的 15~30 倍。砂井在平面上可布置成三角(梅花)形或正方形,三角形排列较为紧凑、有效。砂井平面布置及影响范围土柱体剖面图如图 6.34 所示。

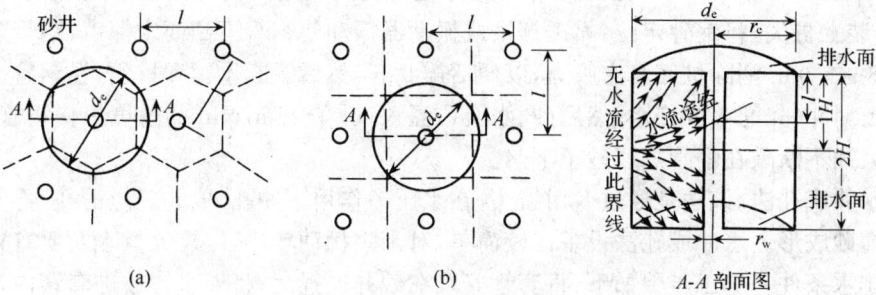

图 6.34 砂井平面布置及影响范围土柱体剖面图
(a)三角(梅花)形;(b)正方形

砂井的深度。砂井深度应视软土层的情况而定。当软土层较薄,或底层为透水层时,砂井应贯穿整个层厚。当软土层厚时,砂井不必贯穿整个软土层,路堤高,采用较深的砂井;路堤低,则采用较低的砂井。具体深度应通过稳定性分析来确定。

砂垫层或砂沟的布置。为了把砂井中的水分排到路堤坡脚外,在路堤底部应铺设砂垫层,若缺乏砂料时,也可采用砂沟式垫层,即横向每排砂井顶部设置砂沟一条,再在纵向以数条砂沟连贯之,砂沟布置如图 6.35 所示。纵向砂沟采用中间密、两旁疏的布置方式,砂沟的宽度可为砂井直径的 2 倍,高度为 0.3~0.5m(水下砂沟厚度为 1.0m 左右)。

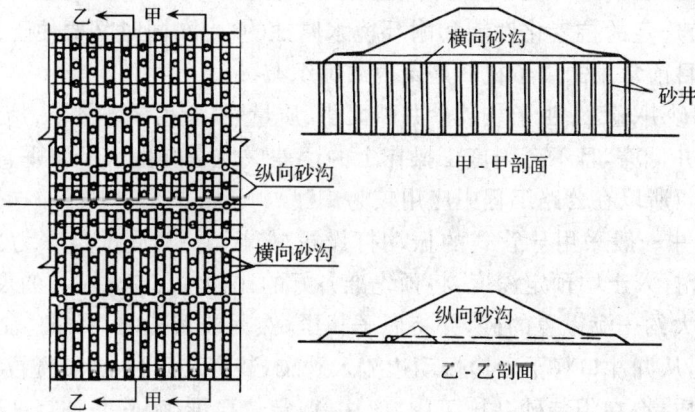

图 6.35 砂沟布置图

② 砂井的施工。砂井施工工艺恰当与否,直接影响到砂井的排水效果,施工工艺的选择主要考虑三个问题:①保证砂井连续、密实,并且不出现颈缩现象;②施工

时尽量减小对周围土的扰动;③施工后砂井的长度、直径和间距应满足设计要求。砂井施工国内外主要采用如下方法:

套管法。在履带起重机的吊臂上安装一个供穿心锤用的导向架,以锤击钢管;或用一个振动锤夹住钢管施加振动力,前者称为冲击式,后者称为振动式。钢管应比砂井长 0.5～1.0m,以利拔管。管的底部应有混凝土桩尖或活瓣桩尖。施工步骤如下:装上桩尖,将钢管定位;靠锤打击或振动器振动使钢管下到要求深度;钢管上拔 0.5～1.0m,消除桩底真空吸力,以便活瓣张开,然后提起重锤和桩帽,在钢管上口搁上漏斗,先灌入少许水,然后砂、水交错灌入;以 4～6m/min 的速度慢慢拔管,并用大锤不断敲在钢管加速砂子下落。

水冲成孔法。该法是通过专用喷头,在水压力作用下冲孔,成孔后经清孔,再向孔内灌砂成形。水冲成孔法设备比较简单,对土的扰动较小,但需大量水及要有方便的排水条件。施工步骤如下:将套管安置在砂井位置上;将射水管放进套管内射水,套管慢慢下沉,如果遇到较坚实土层,可用锤轻轻敲击顶部,使套管下沉;套管达到要求深度后,上下移动射水管,使套管中的土充分流出(清孔);灌砂,拔起套管。

爆破法。对于 10m 以内的浅砂井,用螺纹钻钻孔,在钻孔内放置条形药包,爆炸扩孔,孔内灌砂。施工步骤如下:用螺纹钻钻垂直孔,孔深比砂井深度大 0.5m,以便放置药包;用管子钳卡住铁管,用人力将药包压入孔内,压入深度比砂井深度大 0.2～0.3m,以防孔底回淤;将传爆线一端连在雷管和导火索上,点爆;爆成井孔后即灌水,使孔壁不坍塌,经检查后,砂、水交替灌入,灌满为止。

2)袋装砂井

① 袋子材料选择。根据排水要求,袋装砂井的编织袋应具有良好的透水性,袋内砂不易漏失,袋子材料应有足够的抗拉强度,使能承受袋内砂自重及弯曲所产生的拉力,要有一定的抗老化性能和耐环境水腐蚀的性能,同时又要便于加工制作、价格低廉。目前常用的袋子材料是聚丙烯编织布。

② 袋装砂井施工。由于袋装砂井断面小、质量轻、所用设备简单、施工简便,造价比一般砂井低廉,且不会因施工操作上的误差或地基发生水平和垂直变形而丧失其连续性。所以在公路工程中应用较为广泛。

袋装砂井一般采用导管式的振动打设机械施工。其施工步骤为:将内径约12cm 的套管打入土中预定深度;将预先准备好的比砂井长 2m 左右的聚丙烯编织袋底部装入大约一满锹重的砂,并将底子扎紧,然后放入孔内;将袋的上端固定在装砂漏斗上,从漏斗口将干砂边振动边流入砂袋,装实装满为止;慢慢拔出套管。

为确保质量,在袋装砂井施工中,应注意:定位要准确,砂井垂直度要好;砂料含泥量要小于 3%,因为直径小,长细比大的砂井,井阻效率较为显著;袋中砂宜用风干砂,不宜用潮湿砂,以免袋内砂干燥后,体积减小,造成袋装砂井缩短,与排水垫层不搭接等质量事故;聚丙烯编织袋,在施工时应避免太阳光长时间直接照射;

砂袋入口处的导管口应装设滚轮,避免砂袋被挂破漏砂;施工中要经常检查桩尖与导管口的密封情况,避免导管内进泥过多,影响加固深度;确定袋装砂井的长度时,应考虑袋内砂体积减小,袋装砂井在孔内的弯曲、超伸以及伸入水平排水垫层内的长度等因素,避免砂井全部伸入孔内,造成与砂垫层不连接。

3) 塑料板排水法。

塑料排水板是带有孔道的板状物体。具有单孔过水断面大、排水畅通、质量轻、强度高、耐久性好等特点,是一种较理想的竖向排水体,目前在国内得到广泛应用。

① 排水板材料。排水板按其结构形式可分为多孔单一结构型和复合结构型两大类,塑料排水沟结构如图 6.36 所示。

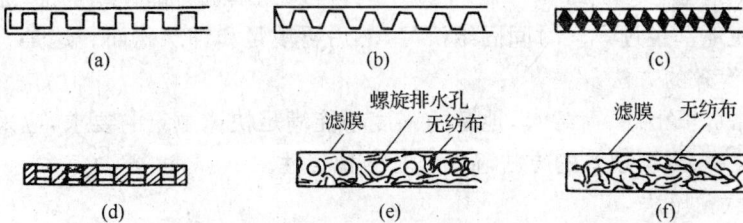

图 6.36　塑料排水板结构

(a)方形槽塑料板;(b)梯形槽塑料板;(c)三角形槽塑料板;
(d)硬透水膜塑料板;(e)无纺布螺旋孔排水板;(f)无纺布柔性排水板

多孔单一结构。这是一种经特殊加工的两块聚氯乙烯树脂透水板,两板之间仅有若干个点以凸缘相接触,而其间留有许多孔隙,故透水性好。这种塑料板具有耐酸碱、不膨胀、不变质等特点。在多孔单一结构型中还有纤维质无纺布和多孔质材料制成的,这种排水板在土压力作用下过水面积减少,排水效果较差。

复合结构型。是一种内面为聚氯乙烯或聚丙烯做成的芯板,外面套以用涤纶类或丙烯类合成纤维制成的滤膜。板宽一般为 100mm,厚 3～4mm。

塑料排水板应符合质量标准,购进的产品要有出厂检验合格证,并在现场每10 万米至少抽一个样品进行检验,合格后方可使用。目前我国已有许多厂家生产塑料排水板。

② 塑料板排水法施工。塑料板排水法施工通常用专用插板机作业,插板机可分为套管式和无套管式两类。由于无套管插板机是用钻杆直接将塑料板压入土中,塑料板容易损伤或随钻杆拔起。所以,宜选用套管式插板机。套管式插板机施工步骤如下:卷筒通过井架上方的滑轮,插入套管内;将塑料排水板由排水板被套管的输送滚轴夹住,一起压入土中;达到预定深度后,输送滚轴反转松开排水板,上拔套管,塑料排水板便被留在土中;在地面以下 20cm 左右将排水板切断。

塑料板在施工过程中应注意下列各点:塑料板滤水膜在插入过程中避免损坏,防止淤泥进入板芯堵塞输水孔,影响塑料板的排水效果;上拔套管要避免将塑料板带出;严格控制间距和深度;塑料板带上 2m 应补插;塑料板需接长时,应采用滤水膜内平搭接的连接方法,搭接长度应在 20cm 以上。塑料板连接方法如图 6.37 所示。

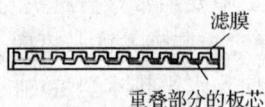

图 6.37　塑料板连接方法示意图

（3）预压

排水固结法加固软土地基是在软土地基内设置竖向排水体,铺设水平排水垫层和对地基施加固结压力来实现的。产生固结压力的荷载有三类：①路堤填料本身的重力；②外加预压荷载；③通过减小地基土的孔隙水压力而增加固结压力的方法(即真空预压法)。

1）自重预压法。

在软土地基上修筑路堤,如果工期不紧,可以先填筑一部分或全部,通过填料自重压力使地基经过一段时间固结沉降,然后再填足和铺筑路面。这是一种常用的、经济而有效的方法。

由于路堤填土高、荷载大,地基的强度不能满足快速填筑的要求,应采用严格控制加荷速率、逐层填筑的方法确保地基的稳定性。

2）超载预压法。

在修筑路堤时,预先把土填得比设计高度高一些,或加宽填土宽度,靠堆载压力加速地基固结下沉,以后再挖除超填部分,这种方法与自重预压法相似,预压期一般较长,需 0.5 年至 1 年。当路堤高时,可采用分级加荷,第一级加荷尽量大一些,并保持合适的加荷速率,以保证地基只产生沉降而不致丧失稳定。

加荷速率可由下列方法确定：①根据地面沉降速率。埋设沉降板,每 1～2d 观测一次,要求中线表面日沉降量不大于 10mm；②根据边桩水平位移。边桩长 1.0～1.5m,打入地面 1.0m 左右,要求日水平位移不超过 5mm；③根据地基孔隙水压力,在地基不同深度埋设孔隙水压力计进行观测,要求孔隙水压力不超过预压荷载应力的 50%～60%。

3）真空预压法。

① 特点。真空预压法适用于渗透性比较小的饱和软黏土地基,特别是超软地基,不适用于在加固区范围内有较厚透水层并有充足水源补给的地基。其特点是：不需要堆载,省略了加载和卸载的工序,缩短了预压时间,省去了大量堆载材料；真空法所产生的负压使地基土的孔隙水加速排出,缩短了固结时间,同时由于孔隙水排出过程中,渗流速度的增大,由渗流力引起的附加应力也随之增大,提高了加固效果；孔隙渗流水的流向反渗流力引起的附加应力均指向被加固土体,土体在加固过程中的侧向变形很小,固结压力可一次加足,地基不会发生剪切破坏,缩短了总的加固时间；所需的设备和施工工艺均比较简单,无需大量的大型设备,便于大面积施工。

② 施工步骤。真空预压法施工流程为：水平向及竖向排水→观测设备埋设→埋设真空分布管→铺设密封膜→真空泵安装管路连接→抽真空→观测→效果

检验。

水平向分布滤管的埋设。水平分布滤管主要作用是在抽真空过程中使真空度在整个加固区内分布均匀。真空分布管排列方法有鱼刺形和条形两种(见图6.38),一般采用条形排列。

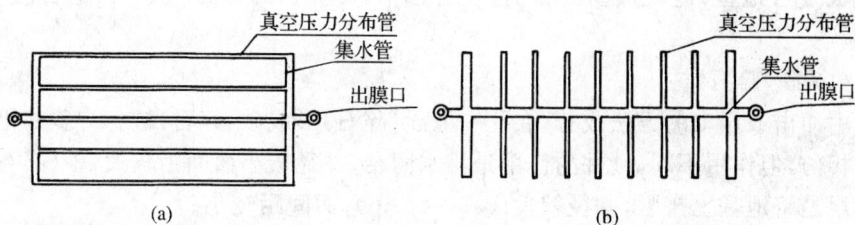

图 6.38　真空分布管的排列

(a)条形排列;(b)鱼刺形排列

滤水管可用钢管或塑料管,一般埋设在水平排水垫层中部,当排水垫层较厚时,可埋设于排水层顶面以下 10～20cm 的位置;滤水孔采用 $\phi 8 \sim 10mm$,间距5cm,三角形排列(见图6.39)。为确保滤水管的效果,可在其上绕 3mm 铅丝,圈距5cm,外包尼龙窗纱布一层。滤水管结构见图 6.39。

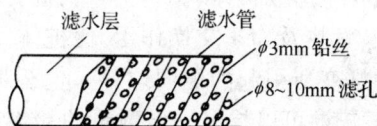

图 6.39　滤水管结构图

铺设密封膜。密封膜一般采用密封性聚氯乙烯薄膜或线性聚乙烯专用薄膜等。由于密封膜是大面积施工,为确保在真空预压全过程的密封性,一般采用 2～3 层膜,按先后顺序同时铺设,并注意膜的四周密封。

真空泵安装管路连接。真空管路是指加固区与真空泵间的连接管路,它不仅向膜内传递真空压力,而且是排水的主要通道。真空管路应满足总排水量需要的过水断面,能承受径向压力,连接密封。

抽真空。开动离心泵进行真空抽气,膜内真空压力逐渐提高,由于被加固的土层在预压初期排水量较大,真空度提高较慢,随着土层排水固结程度的提高,膜内真空度逐渐稳定在 73kPa 以上,这个过程随着土质和固结程度不同,一般需 1～5d,当达到预定真空度以后,为节约能源,可采用自动控制,间隔抽真空措施。

观测。在抽真空过程中要求观测泵、真空管、膜内及土体内各深度的真空度、土层的深层沉降、地表总沉降、土层沿深度的侧向位移、孔隙水压力等的变化。

效果检验。当真空预压达到预定技术要求后停止抽真空,并测读以上观测项目的变化,检验和评价预压效果。

5. 挤密法

在土基中钻孔,成孔后在孔中灌以砂、石、土、灰土或石灰等材料,捣实而成直径较大的桩体,利用横向挤紧作用,使地基土粒彼此靠紧,孔隙减少,而且孔被填满和压紧。桩体具有较高的承载能力,群桩的面积约占加固面积的 20%,以致桩和原土组成复合地基,达到加固的目的,在公路中常用的有砂(碎石)桩和生石灰桩两种。

(1)砂(碎石)桩

用冲击或振动的方法成孔,在孔中灌砂(碎石)形成砂(碎石)桩。与砂井相比,形式相仿,但作用不同。砂井的作用是排水固结,井径较小而间距较大;砂(碎石)桩的作用是将地基土挤紧,井径较大(0.6~0.8m),而间距较小。

冲击法施工步骤为:套管就位 →提起芯管,灌砂→锤击下沉至设计深度→提起芯管,灌砂→锤击套管和芯管→将砂挤出套管→提起套管和芯管→灌砂→锤击芯管,使砂密实。

砂桩也可用振动法施工。其施工步骤为:将装有垂直振动器的套管就位 →振动下沉→将砂灌入套管中→边振动边使套管上下运动→套管逐步上提→最后形成密实的砂桩。

(2)生石灰桩

用生石灰碎块置于桩孔中形成桩体,称为生石灰桩。生石灰桩的主要作用是挤密,而生石灰的吸水、膨胀、发热及离子交换作用,使桩体硬化,改善地基土的性质,此外还可减小因周围土的蠕变所引起的侧向位移。生石灰桩孔径多用 20~30cm,桩长多在 10m 以内。生石灰桩可以掺入一定数量的粉煤灰或砂,有时还掺入少量石膏,以利触发反应,提高强度。

6. 化学加固法

利用化学溶液或胶结剂,采用压力灌注或搅拌混合等措施,使土颗粒胶结起来,达到对土基加固的目的,称为化学加固法。其施工工艺主要有高压喷射注浆法和深层搅拌法两种。

(1)高压喷射注浆法

所谓高压喷射注浆,就是利用钻机把带有喷嘴的注浆管钻进至土层的预定位置后,以高压设备使浆液或水成为 20MPa 左右的高压流喷射出来,冲击破坏土体。当能量大,速度快和呈脉动状的喷射流的超压超过土体结构强度时,土粒便从土体剥落下来。一部分细小的土粒随着浆液冒出水面,其余土粒在喷射流的冲击力、离心力和重力等作用下,与浆液搅拌混合,并按一定的浆土比例和质量大小有规律地重新排列。浆液凝固后,便在土中形成一个固结体。固结体的形状和喷射流移动方向有关,一般分为旋转喷射(简称旋喷)和定向喷射(简称定喷)两种泥浆形式。旋喷时,喷嘴一面喷射一面旋转和提升,固结体呈圆柱状。主要用于加固地基,提高地基的抗剪强度,改善土的变形性质,使其在荷载作用下,不产生过大的变形。也可以组成闭合的帷幕,用于截阻地下水流.定喷时,喷嘴一面喷射一面提升,喷射的方向固定不变,固结体形如壁状,通常用于基础防渗、改善地基土的水流性质和稳定边坡等工程。作为地基加固,通常采用旋喷注浆形式。浆液以水泥浆为主,当土的渗透性较大或地下水流速过大时,为防止浆液流失,可在浆液中掺加三乙醇胺和氯化钙等速凝剂。

高压喷射注浆法的施工工艺流程如图 6.40 所示。

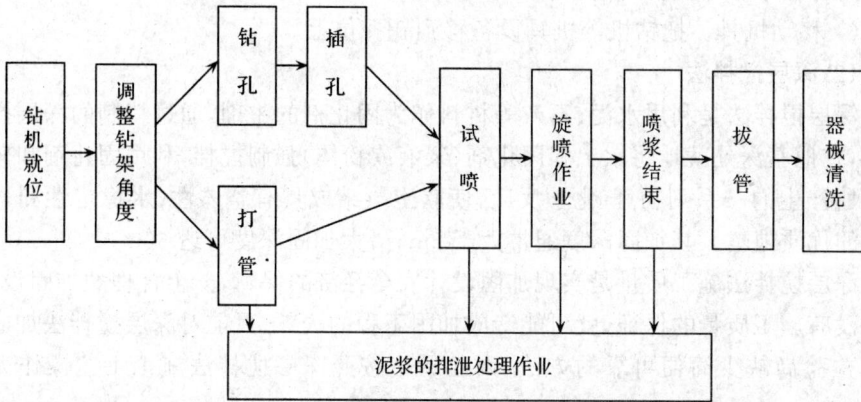

图 6.40　高压喷射注浆施工工艺流程

1)钻机定位。旋喷注浆施工的第一道工序就是将使用的钻机安装在设计的孔位上,使钻杆头对准孔位的中心,并保证钻孔达到设计要求的垂直度(倾斜度不大于 1.5%)。

2)钻孔。钻孔的目的是为将旋喷注浆插入预定的地层中。钻孔方法很多,主要视地层中地质情况、加固深度、机具设备等条件而定。可采用 70 型或 76 型旋转振动钻机,也可采用地质钻机钻孔。

3)插管。插管是将旋喷注浆管插入地层预定的深度,使用 70 型或 76 型振动钻机钻孔时,插管与钻孔两道工序合二为一,钻孔完毕,插管作业即完成。使用地质钻机钻孔完毕,必须拔出岩芯管,并换上旋喷管插入预定深度。在插管过程中,为防止泥沙堵塞喷嘴,可边射水、边插管,水压力一般不超过 1MPa。如压力过高,则易将孔壁射塌。

4)旋喷作业。当喷管插入预定深度后,由下而上进行旋喷作业。旋喷操作要注意下列各点:

① 旋喷前要检查高压设备和管路系统,其压力和流量必须满足设计要求。注浆管及喷嘴内不得有任何杂物,注浆管接头的密封圈必须良好。

② 喷射过程中,要注意防止喷嘴被堵,水、气、浆的压力和流量必须符合设计值。使用双喷嘴时,若一个喷嘴被堵,则可采取复喷方法继续施工。

③ 喷射时,要做好压力、流量、冒浆量的量测工作,并按要求逐项记录。钻杆的

旋转和提升必须连续。拆卸钻孔继续旋喷时,注意保持钻杆有0.1m的搭接长度,不得使喷射固结体脱节。

④ 深层旋喷时,应先喷浆后旋转和提升,以防注浆管扭断。搅拌水泥时,水灰比要符合设计规定,不得随意更改,在旋喷过程中应防止水泥浆沉淀,使浓度降低。禁止使用受潮或过期的水泥。

5)冲洗。当喷射提升到设计标高后,旋喷即告结束。施工完毕应把注浆管等机具设备冲洗干净,管内、机内不得残存水泥浆。

6)移动机具。把钻机等机具设备移到新孔位上。

(2)深层搅拌法

深层搅拌法是利用水泥、石灰等材料作为固化剂的主剂,通过特制的深层搅拌机械,在地基深处就地将软土和固化剂(浆液或粉体)强制搅拌,利用固化剂和软土之间所产生的一系列物理-化学反应,使软土凝结成具有整体性、水稳定性和一定强度的优质地基。其加固深度通常大于5m,最大加固深度可达60m。

深层搅拌法施工质量是实现加固设计安全经济的保障,一个合理的加固设计,如果没有施工质量的保证,就可能造成加固工程的失效。目前对深层搅拌法加固质量的检验尚缺少简便可靠的方法,因此严格按照深层搅拌法施工工艺操作尤其重要。

深层搅拌法的施工工艺流程如图6.41所示。

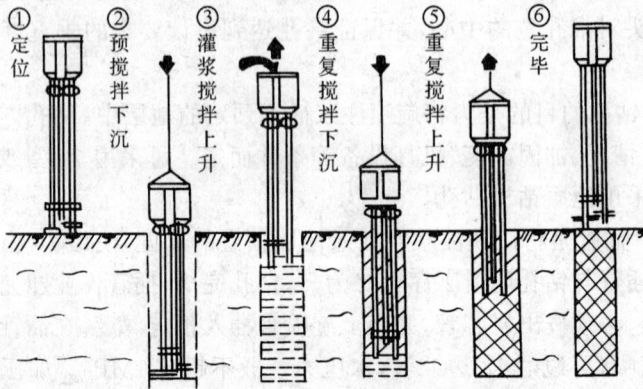

图6.41 深层搅拌法施工工艺流程

1)定位。起重机(或用塔架)悬吊深层搅拌机到达指定桩位,对中。当地面起伏不平时,应使起吊设备保持水平。

2)预搅拌下沉。待深层搅拌机的冷却水循环正常后,启动搅拌机电机,放松起重机钢丝绳,使搅拌机沿导向架搅拌切土下沉并预搅。要求软土应完全预搅切碎,以利于同水泥浆均匀搅拌。

3)制备水泥浆。待深层搅拌机预搅下沉到一定深度时,即开始按设计确定的配合比搅拌水泥浆,待压浆前将水泥浆倒入集料斗中,水泥浆不离析。

4) 提升喷浆搅拌。深层搅拌机下沉到达设计深度后,开启灰浆泵将水泥浆压入地基中,且边喷浆、边旋转。输浆管道不能发生堵塞,同时严格按设计确定的提升速度提升深层搅拌机,其误差不得大于±10cm/min。

5) 重复上下搅拌。深层搅拌机提升至设计加固深度的顶面标高时,集料斗中的水泥浆正好排空。为使软土和水泥浆搅拌均匀,可再次将搅拌机边旋转边沉入土中,至设计加固深度后再将搅拌机提升出地面。

6) 清洗。向集料斗中注入适量清水,开启灰浆泵,清洗全部管路中残存的水泥浆,直至基本干净,并将黏附在搅拌头的软土清洗干净。

7) 移位。重复上述 1)～6)步,进行下一根桩的施工。

7. 动力固结法

动力固结法,也称强夯法,它是以 8～12t(甚至达 200t)的重锤,8～20m(最高达 40m)落距,对土基进行强力夯击,利用冲击波和动应力,达到土基加固的目的。具有施工简单、加固效果好、使用经济等优点。经强夯处理的地基,其承载力可提高 2～5 倍,压缩性降低 2～10 倍,适用于杂填土、砂类土、黏质土、泥炭和沼泽土等。

1) 平整场地。预先估计强夯后可能产生的平均地面变形,并以此确定地面高程,然后用推土机平整。

2) 铺垫层。遇地表层为细粒土,且地下水位高的情况,有时需在表面铺 0.5～2.0m 厚的砂、砂砾或碎石。其目的是在地表形成硬层,既可支撑起重设备,确保机械通行、施工,又可加大地下水和表面的距离,防止夯击效率降低。

3) 夯点放线定位。宜用石灰或打小桩的方法进行,其偏差不得大于 5cm。

4) 强夯施工。当第一遍夯完后,用新土或坑壁的土将夯坑填平,再进行下一遍夯击,直到将计划的夯击遍数(一般为 2～3 遍,每遍间隔时间 1～6 周)夯完为止。最后一遍为满夯(也称"搭夯"),其落距为 3～5m。

5) 现场记录。强夯施工时应对每一夯实点的夯击能量、夯击次数和每次夯沉量等做好详细的现场记录。

6) 安全措施。为了防止飞石伤人,现场工作人员应戴安全帽。另外,在夯击时所有人员应退到安全线以外。

6.4 山区路基施工

6.4.1 岩石路堑破碎开挖

在路基工程中,当线路通过山区、丘陵及傍山沿溪地段时,往往会遇到集中的或分散的岩石区域,这就必须进行石方的破碎、挖掘作业。岩土的破碎开挖,主要采用两种方法:一是松土机械作业法;二是爆破作业法。

松土机械作业法是利用大型、整体式松土器,耙松岩土后由铲运机械装运。其特点是作业过程比较简单,具有较高的作业效率,在国外高等级公路施工作业中被广泛采用。因此,对岩土的开挖,如果能用松土器破碎,建议使用该种方法。高等级公路施工中常用的松土机械是带松土器的推土机。其生产率除与自身的功率大小有关外,还与岩石的可松性有关,即与岩石的种类、岩石的风化程度及裂缝发展程度有关。一般地,砂岩、石灰岩、页岩以及砾岩等水成岩,呈层状结构,比较适宜于松土器作业。片麻岩、片岩、石英岩等变成岩,岩层较薄(小于 15cm)也可采用松土器施工。花岗岩、玄武岩、安山岩等火成岩及较厚的片麻岩、片岩、石英岩,松开较困难,一般需经预裂爆破后方可进行松土器施工作业。

爆破作业法是利用炸药爆炸时所产生的热和高压,使岩石或周围的介质受到破坏或移位。其特点是施工进度快,并可减轻繁重的体力劳动,提高劳动生产率。但该法是一种带有危险性的作业,需要有充分的爆破知识和必要的安全措施。山区公路路基目前爆破仍是石方路基施工最有效的方法,还可用以爆松冻土、孤石,挤出淤泥和软土,开采石料等。山区公路路基石方工程量大,而且集中,一般占土石方总量的 45%～75%。工程量大时,采用爆破法施工,可大大提高工效,缩短工期,节省劳力,降低成本。所以下面主要对爆破施工作业进行介绍。

1. 炸药

炸药是一种化学性质不稳定的物质,其成分中大都含有碳、氢、氮、氧等四种元素,在冲击、摩擦等外力作用下易发生爆炸,爆速高达每秒几千米,爆温高达 1500～4500℃,爆炸所产生的气体比原体积大 10 000 倍以上,爆压超过 1×10^5 大气压,因而具有极大的破坏力。

炸药的种类繁多,在爆破工程中常用的可分为起爆炸药和主要炸药两大类。

(1) 起爆炸药

起爆炸药是一种爆炸速度极高的烈性炸药,爆速可达 2000～8000m/s,用以制造雷管。起爆炸药又可分为正起炸药和副起炸药。正起炸药如雷汞、叠氮铅、黑索金、泰安等对热能和机械冲击能均具有强烈的敏感性;副起炸药如三硝基甲硝胺、四硝化戊四醇等需由正起炸药起爆,其爆速很高,可加强雷管的起爆能量。

(2) 主要炸药

用以对介质(岩石)进行爆炸的炸药称为主要炸药,它的敏感性较低,要在起爆炸药强力的冲击下才能爆炸。道路施工中常用的主要炸药如下:

① 黑色炸药。它是由硝石(硝酸钾或硝酸钠)、硫磺及木炭所组成的混合物,配合比以 75∶10∶15 为最佳。好的黑色炸药为深灰色的颗粒,不玷污手。黑色炸药制作简便,材料来源广泛,价格低廉,但威力小,怕潮湿,对撞击、摩擦、明火的敏感度高,易燃烧爆炸。在制造、使用和管理中应注意安全。

② 梯恩梯(TNT)炸药。TNT(三硝基甲苯)呈淡黄色,有粉状、片状(块状)及结晶粉末状,压制后呈黄色,熔铸块呈褐色。味苦,有毒。块状的不吸潮,粉状的吸

潮。露天遇火燃烧冒浓烟,不爆炸,但骤然加温或密闭燃烧即会爆炸,或当温度达到350℃以上时,会由燃烧转为爆炸。爆炸威力大(但本身含氧不足),爆炸时产生有毒的一氧化碳气体,不可用于地下作业。由于它制造成本高,工业上仅用来制造硝铵炸药。

③ 胶质炸药。它是在硝化甘油和硝酸铵(有时用硝酸钾或硝酸钠)的混合物中另加入一些木屑和稳定剂制成的。它一般可分为耐冻与非耐冻两种。工业上常用的是硝化甘油及二硝化乙二醇含量分别为 62% 和 38% 的耐冻胶质炸药。它对冲击、摩擦和火星都很敏感,如果湿度较高或储存时间过久,容易分解、渗油和挥发。此时对外界的作用更敏感,受冻后尤其危险,它是一种危险性较高的炸药。胶质炸药威力大,不吸湿,有较大密度和可塑性,适合在水下和坚石中使用。

④ 硝铵炸药。是目前石方爆破中广泛应用的一类炸药。它是硝酸铵、梯恩梯和少量木粉的混合物,道路工程中常用的 2 号岩石硝铵炸药,其配合比例为 85:11:4,具有中等威力和一定的敏感性。

硝铵炸药物理安定性较低,易吸湿和结块,受潮后敏感性和威力显著降低,爆炸时产生有毒气体。规程中规定,用于地下爆破时其含水率应小于 0.5%,用于露天爆破时其含水率应小于 1.5%,若含水率超过 3%,则产生爆炸不完全或拒爆现象。

硝铵类炸药需用起爆药包或雷管来引爆,如在 8 号雷管作用下可以充分起爆,是安全的炸药。

⑤ 铵油炸药。它是硝酸铵和柴油(或再加木粉)的混合物,通常两者的比例为94.5:5.5,当加木粉时,其比例为 92:4:4。这是一种廉价、安全、制造简单、威力比硝铵炸药略低且敏感性低的炸药。其主要缺点是易受潮和结块,使用时不能直接以 8 号雷管起爆,必须同时用 10% 的硝铵炸药作为起爆体,才能使其充分起爆。

铵油炸药最好在工地就地拌制,不要存放。目前在爆破作业中应用较多。

⑥ 浆状炸药。它是以硝酸铵、梯恩梯(或铝、镁粉)和水为主混合而成的一种糊糊状炸药,其威力大,抗水性强,适用于深孔爆破,但需烈性炸药起爆。

⑦ 乳化油炸药。是以硝酸铵、硝酸钠、高氯酸钠等水溶液,石蜡、柴油和失水山梨醇单油酸脂的乳化剂,以及含有微小气泡的物质如空心玻璃微球或膨胀珍珠岩等,混合而成的一种乳胶状抗水炸药,具有中等威力,8 号雷管可直接起爆。

2. 起爆器材及起爆方法

(1) 火花起爆

火花起爆,就是利用导火索燃烧时产生的火花引爆雷管,先使药卷爆炸,从而使全部炸药引起爆炸,火花起爆的器材有大雷管、导火索及点火材料。雷管内装的都是烈性炸药,遇撞击、按压、摩擦、加热、火花都会爆炸。因此在运输、保管、使用中要特别注意,要轻拿轻放,不可随便乱扔。清点雷管时要在软垫上进行。要防止受潮,特别是对纸壳雷管。如果雷管内有尘土,禁止用木条或铁丝去掏,也不要用嘴吹

(以免唾液进入使炸药受潮),只能在手指甲上轻轻倒出.导火索的燃烧速度有两种规格:一种为 1cm/s;另一种为 0.5cm/s,使用前需要进行燃烧速度的试验.为了防止药芯受潮和导火索头散落而瞎炮,在使用前应将每盘导火索的两端各切去50mm.插入雷管的导火索的这一端应当切平,以便使其紧靠雷管的加强帽.另一端则应切成斜面,使药芯更多地露在外面,以便点火.导火索插入雷管时,不得转动或用刀猛压.若采用金属壳雷管,必须用雷管钳将雷管壳夹紧于导火索上.其夹紧部分为3~5mm,不得过多.若采用纸壳雷管,距离开口端 10mm 的长度内用细绳缠紧,或在导火索与雷管结合处用胶布缠好.

起爆药卷的制作步骤如下:解开药卷一端,使包皮纸敞开;将药卷捏松,用木棍(直径略大于雷管,长 100~120mm)轻轻地插入药卷中央,然后抽出;将火雷管插入药卷的孔内,收拢包皮纸,用细麻绳绑扎.如用于潮湿处,药卷还需做防潮处理.火花起爆药卷线路布置见图 6.42.

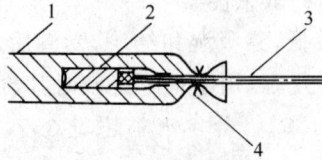

图 6.42　火花起爆药卷

1. 药卷;2. 火雷管;3. 导火索;4. 细麻绳

(2)电力起爆

电力起爆,是利用电雷管中电力引火剂的通电发热燃烧使雷管爆炸,从而引起药包爆炸.图 6.43 是电力起爆装置的一种线路布置.电力起爆器材有电雷管、电线、电源以及测量仪表.电雷管常用的有即发电雷管(或称瞬发电雷管)和迟发电雷管(或称延期电雷管)两种.当有几个或几组药包,需要按照一定的间歇时间起爆时,则使用迟发电雷管.在一个回路上,必须用 25Ω 以下时,电阻差不超过 0.25Ω,当电雷管的电阻在 1.25~2.0Ω 时,电阻差不超过 0.3Ω.

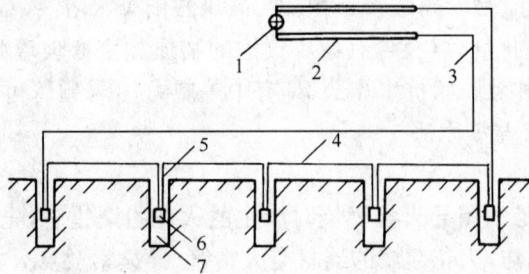

图 6.43　电力起爆装置

1. 电源;2. 电线;3. 区域线;4. 连接线;5. 端线;6. 电管线;7. 药包

电力起爆所用电线必须采用绝缘完好的导线,电线按在网路中的作用不同,分为脚线、端线、连接线、区域线和主线,由电雷管引出的导线叫做脚线,连接电雷管脚线和连接线的叫做端线,连接炮眼之间的导线叫做连接线。以上三种电线的直径不得小于 0.8mm,一般采用 1 股 $\phi1.13\sim\phi1.37$mm 的绝缘胶皮线或塑料绝缘线。连接主线与连接线的导线叫做区域线,由电源引至区域线的导线叫做主线。区域线和主线,一般采用 7 股 $\phi1.6\sim\phi2.11$mm 的绝缘线。

电力起爆的电源有放炮器、干电池、蓄电池、移动式发电站、照明电力线路或动力电力线等。放炮器的规格有 10 发(每次能起爆串联 10 个电雷管)、30 发、50 发和100 发等。干电池和蓄电池用于规模较小的爆破。移动式发电站、照明或动力电力线路,在药包多、准爆电流(保证起爆所需的最小电流)需要大的情况下,是最可靠的起爆电源,使用电力线路时,不得将主线直接挂到线路上,必须装设闸刀开关。

电力起爆测量仪表有小型欧姆计、爆破电桥、伏特计和安培计、万能电表数种。小型欧姆计可测定 $0\sim500\Omega$ 的电阻,适用于检查电雷管和引爆线路的导电性,以及电路是否接通或近似的电阻数值。爆破电桥用以测量电雷管的电阻和全部电爆网路上的电阻,在使用前必须用万能电表或安培计检查它的两接线柱上输出电流数值,最大电流不得超过 50mA;否则,使用时不安全。伏特计、安培计则用以测定电源线路中的电压和电流。万能电表主要用以检查爆破电桥,也可作伏特计或安培计,但不得用来测量电雷管。

电力起爆网中,电雷管的联结方式有串联、并联和混合联三种。

(3)导爆索起爆

导爆索起爆就是利用导爆索的爆炸直接引起药包的爆炸,导爆索起爆装置如图 6.44 所示。导爆索其外形与导火索相似,直径 4.8~5.8mm,药芯是烈性炸药做成,有良好的防水性能,浸在水中 12h 仍能爆炸。导爆索必须在放入药室前在木板上切好所需要的长度,决不可将导爆索放入药室后再切断。导爆索爆速快(6800~7200m/s)主要用于深孔爆破和药室爆破,使几个药室能做到几乎同时起爆,可以提高爆破效果。由于导爆索着火较困难,使用时需在药室外的导爆索上捆扎一个 8号雷管来起爆。导爆网路与药包的联结方式有并联、串联、并簇联三种。

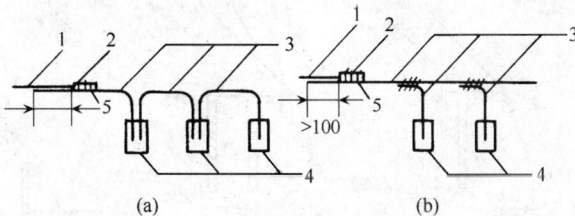

图 6.44 导爆索起爆装置
(a)串联;(b)并联
1. 导火索;2. 火雷管;3. 导爆索;4. 药包;5. 麻或绳索

(4)塑料导爆管起爆

塑料导爆管由高压聚乙烯制成内、外径分别为 1.4mm 和 3mm 的松管,内涂有以奥克托金或黑索金为主的混合炸药,药量为 14~16mg/m。国产导爆管爆速为 1600~2000m/s。可用雷管、导爆索、火帽、引火头等能产生冲击波的器材激发,很安全,可作为非危险品运输。一个 8 号雷管可激发 30~50 根导爆管。起爆网路与药包的联结方式有并联、串联、簇联和复式联结法等。该起爆法具有抗杂电、操作简单、使用安全可靠、成本较低等优点,因而有逐渐替代导火索和导爆索起爆的趋势。

3. 一般爆破

一般爆破有裸露药包爆破、炮孔爆破、药壶爆破和猫洞爆破等。

(1)裸露药包爆破

图 6.45 裸露药包

1. 裸露药包;

2. 覆盖物;

3. 被爆体

裸露药包爆破主要用来炸除孤石或大块岩石,如图 6.45 所示。操作时药包最好置于岩石的凹槽或裂缝处。也可将药包底部架空成聚能穴,以加强破碎岩石的能力,还可用厚度大于药包高度的黏土或砂土覆盖然后即可起爆。但应注意覆盖物内不得有石块、砖块等坚硬物块,以防发生飞石事故。

(2)炮孔爆破

根据炮孔的深浅不同,炮孔爆破法又可分浅孔爆破法和深孔爆破法。

1)浅孔爆破法。浅孔爆破法又称浅眼爆破法,它是在被爆破的岩石内钻凿直径为 25~75mm、深度为 1~5m 的炮孔进行装药爆破,是应用最普遍的一种爆破方法。适用于工程量不大的路堑开挖、采石或大块岩石的再爆破。是一种不可缺少的炮型,炮孔布置如图 6.46 所示。炮孔主要技术参数及用药量的计算方法如下:

最小抵抗线:根据岩石的硬度和爆破层厚度而定,可按式(6.5)计算

$$W = kd \qquad (6.5)$$

式中:W ——由炮孔底至临空面的最小距离,m;

d ——钻孔最大直径,cm;

k ——系数(一般取 15~30,坚石用小值,次坚石用大值)。

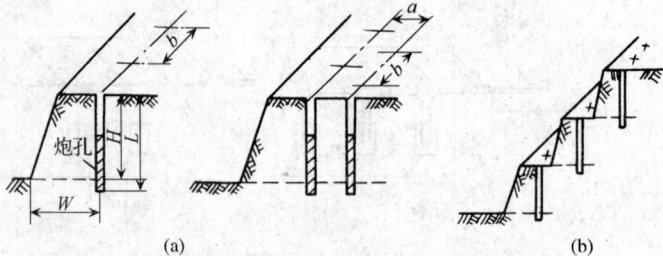

图 6.46 炮孔布置

(a)台阶式;(b)梯段式

炮孔深度:根据岩石的坚硬程度而确定,可按式(6.6)计算

$$L = k_2 H \qquad (6.6)$$

式中:L——炮孔深度,m;

　　H——爆破岩石厚度(台阶高度),m;

　　k_2——系数(坚石为 1.0~1.15;次坚石为 0.85~0.95;软石为 0.7~0.9)。

炮孔间距:用排炮爆破时,同排炮眼的间距,根据岩石的类别、节理发育程度,由式(6.7)计算

$$a = k_3 W \qquad (6.7)$$

式中:a——炮孔间距,m;

　　W——最小抵抗线,m;

　　k_3——系数(采用火雷管起爆为 1.2~2.0,采用电雷管起爆为 0.8~2.3)。

炮孔排距:当使用多排爆破时,如炮孔按方格形布置,则 $b=a$,如炮孔按三角形布置,则 $b=0.86a$。多排炮孔布置方式见图 6.47。

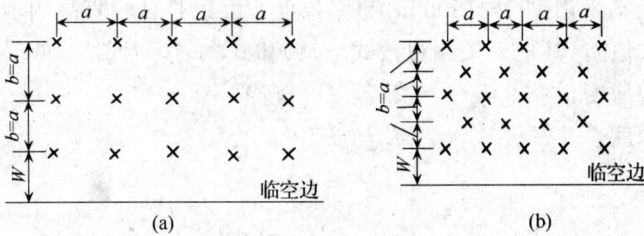

图 6.47　多排炮孔布置方式
(a)方格形布置;(b)三角形布置

用药量:浅孔炮用药量可按松动药包量的公式计算

$$Q = 0.33 K W^3 \qquad (6.8)$$

式中:Q——炸药量,kg;

　　K——单位岩石的硝铵炸药消耗量(软石为 0.26~0.28;次坚石为 0.28~0.34;坚石为 0.34~0.35),kg/m³;

　　W——最小抵抗线。

2) 深孔爆破法。深孔爆破就是孔径一般为 75~120mm、深度为 1~5m,采用延长药包的一种爆破方法。炮孔需用大型的潜孔凿岩机、穿孔机或空压机打孔,如果用挖运机械清方,可以实现石方施工全面机械化,是大量石方(10 000m³ 以上)快速施工的重要方法,其优点是劳动生产率高,一次爆落的方量多,施工进度快,爆破时对路基边坡的影响比大爆小,若配合预裂或光面爆破,则边坡平整稳定,爆破效果更易控制,爆破时比较安全。但由于需要用大型机械,故转移工地、开辟场地、修筑便道等准备工作较复杂,且爆破后仍有 10%~25% 的大石块需第二次爆破。

进行深孔爆破,要求先将地面修成台阶,称为梯段。梯段的倾角最好为 60°~

$75°$,高度应在 $5\sim15\text{m}$ 之间,炮孔分垂直孔和斜孔两种,深孔爆破炮孔示意如图 6.48 所示。

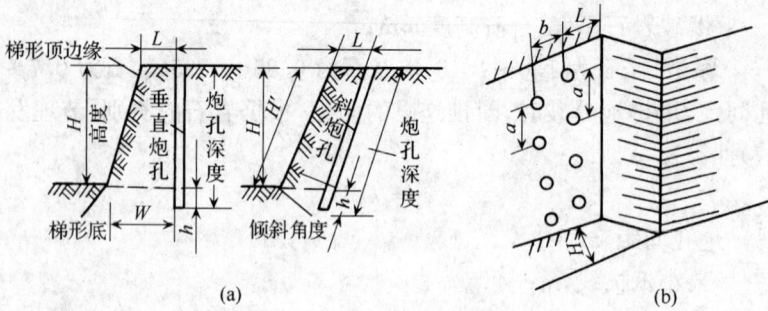

图 6.48 深孔爆破炮孔示意图

(a)垂直和斜炮孔梯段断面;(b)炮孔布置立面图

炮孔直径 d 采用 $100\sim150\text{mm}$。超钻长度 h 大致是梯段直高的 $10\%\sim15\%$(岩石坚硬者取大值)。其他有关用量按式(6.9)和式(6.10)计算

垂直孔的深度:

斜孔的深度:

$$\left.\begin{array}{l} L_1 = H + h \\ L_2 = H' + h \end{array}\right\} \tag{6.9}$$

炮孔间距: $$a = k_3 W \tag{6.10}$$

底板抵抗线: $$W = d\sqrt{\dfrac{7.85\rho\tau l}{K'k_3H}}$$

式中:d——钻孔直径,m;

h——超钻长度,m;

H,H'——垂直孔,斜孔岩石厚度;

ρ——炸药密度,kg/cm^3;

K'——单位耗药量($K'=1/3\,K$),kg/m^3;

k_3——系数(一般在 $0.6\sim1.4$ 范围内,常取 $0.7\sim0.85$);

τ——深孔装药系数($H<10\text{m},\tau=0.6$;$H=10\sim15\text{m},\tau=0.5$;$H=15\sim20\text{m}$,$\tau=0.4$)。

W 值确定后,可按 $L=W-H\cot\alpha$ 估算 L 值,为确保凿岩机作业安全,L 应大于 $2\sim3\text{m}$,否则需调整 W 值。多排炮孔时,每排的距离 b 可取 $b=W$;最后按式(6.11)计算炸药用量 Q

$$Q = \tau KWH\alpha \tag{6.11}$$

深孔爆破除需正确选用设计参数和布孔外,对装药、堵塞等操作技术要求也比较严格,随着石方施工机械化程度的提高,特别是在山区高等级公路路基施工中,深孔爆破在石方集中、地形较缓的垭口及深路堑上使用,获得了很好的效果。深孔

爆破单位耗药量为 $0.45\sim0.71g/m^3$，平均每米钻孔爆落岩石 $11\sim20m^3$。因此，在有条件时应尽可能采用这种爆破方法。

炮孔爆破法施工作业过程如下：

①炮孔位置的选择。炮孔的位置、方向和深度都会直接影响爆破的效率，合理地选择炮孔位置十分重要，在布置炮孔位置时，要尽量利用临空面较多的地形，或者有计划地改造地形，使前一次爆破为后一次爆破创造更多的临空面，这样可以提高爆破效果。此外，应防止炮孔的方向与临空面正交，否则，会使炮孔轴线与最小阻力线的方向一致，易于在爆破时首先将堵塞炮孔的封口崩落，而降低效果或失效。

②凿岩钻孔。钻孔是爆破工程中所占时间比例较大的作业，因此，提高钻孔工作效率，对工程进度的影响相当重要。凿岩钻孔有人工钻孔和机械钻孔两种。人工钻孔（打眼）效率低下，仅用于较小规模的少量浅孔爆破。在高等级公路中，多采用机械钻孔。采用机械钻孔时，要根据选定的爆破方法选用不同的机械设备，对于浅孔，大多采用风钻，向下钻孔时，使用自身质量为 $20\sim35kg$ 的轻型手动风钻；向上或倾斜方向钻孔，采用支架式重型风钻，风钻不仅能减轻劳动强度和提高工效，而且可以保证质量。

风钻是以压缩空气为动力，适用于任何硬度岩石的钻孔。轻型风钻钻孔直径为 $38\sim45mm$，钻孔深度为 $2\sim8m$，重型风钻钻孔直径为 $38\sim70mm$，钻孔深度在 $4\sim30m$ 以上。

对于深孔爆破，使用的主要设备是各种钻机。包括钢索冲击钻机、回转式钻机和潜钻机等。钢索冲击式钻机，钻机安放在轮车上，可以自行配用不同规格的钻头，实用于进行坚硬或松软岩石不同孔径的炮孔钻凿，钻孔深度较大，但只能钻垂直孔，不能钻斜孔。回转式钻机比冲击式钻机轻便，且钻进速度快，可更换各种钻头，以适应不同的岩石条件和孔径，为了排除岩粉及冷却钻头，作业时，在钻杆顶部设有进水接头，引水通过钻杆中心进入钻孔。潜钻机是一种自行式回转-冲击钻机，构造简单，维修方便，生产率高，运转费用低，粉尘少，噪声小，使得工人劳动条件得到改善，是一种较为先进的钻孔设备。

③装药及堵塞。炮孔法的药包量可按松动药包量的公式计算。但在实际工作中，因为炮孔多，往往根据炮孔深度和岩石情况来确定药包量。由于炮孔必须堵塞 $1/3$ 的深度，否则容易出现冲天炮，所以装药量大致为炮孔深度的 $1/3\sim1/2$，特殊情况下不得超过 $2/3$，最少不能少于炮孔深度的 $1/4$。

装药前应把炮孔内的石粉、泥浆除净，并将炮孔口周围打扫干净。为了防止炸药受潮，可在炮孔底部放一些油纸。若炸药为药粉，装药时应用勺子或漏斗分几次装入，每装一次，用木棍或竹棍轻轻压紧。若炸药为药卷时，装药时可用炮棍将药卷一个个地送入炮孔，并需轻轻地压紧，起爆药卷在炮内的位置要适中。起爆药卷装入炮孔时，要特别小心，不可撞击或挤压，以防触及雷管而发生爆炸。

装药后，可用 1 份黏土、2 份粗砂、含水适当的松散土料进行堵塞；若为水平炮孔或斜炮孔,则用 2 份黏土、1 份粗砂、做成比炮孔小 5～8mm、长 100～150mm 的圆柱形炮泥进行堵塞。堵塞时,对于紧靠起爆药卷的堵塞料不要捣压,以免振动雷管引起爆炸,以后装入的堵塞料则要轻轻捣实。在捣实中注意不要碰坏导火索或雷管脚线。

近年来,有些工程开始使用水封爆破。水封爆破是采用一定规格的塑料袋装满水以代替土料炮泥堵塞炮孔,进行爆破。它有以下优点:由于水是不可压缩的,因而炸药在爆炸时能更有效地利用其能量来提高爆破效果;炸药爆炸瞬间产生高温、高压,把水变成雾或蒸气迅速扩散,吸附粉尘然后降落。炮烟中的有毒气体能部分地溶于水雾中,一氧化碳也有所下降,从而减少了有害气体的含量。

④起爆和清方。爆破后,应按爆破次数,分次对破碎的岩石进行清理。选择清方机械时,既要考虑施工场地,又要考虑机械功能,以提高工作效率,加快工程进度。

(3) 药壶爆破法

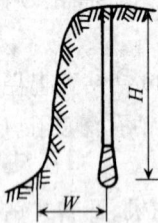

图 6.49 药壶爆破法

药壶爆破法(见图 6.49)是指在深 2.5～3.0m 以上的炮孔底部用少量炸药经一次或多次爆破(称烘膛或压缩爆破)将孔底扩大成葫芦形,最后装入炸药进行爆破(见图 6.49)。此法与炮孔爆破法相比,具有爆破效果好、工效高、进度快、炸药消耗少等优点,是小炮中最省工、省药的一种方法。但扩大药壶的操作较为复杂,爆落的岩石大小不均匀。由于在坚硬岩石中扩大药壶较为困难,故此法主要用于硬土和软石的爆破,爆破层的高度一般为 3～8m,不含水分,自然地面坡度在 70°左右。如果自然地面坡度较缓,一般先用浅孔爆破切脚,炸出台阶后再使用药壶爆破。

炮孔有关参数为:

①药壶爆破法的最小抵抗线 W 随爆破层的高度 H 而定,一般 $W=(0.5～0.8)H$,H 较大时取小值;反之取大值。

②药壶爆破法的炮孔距离。单排群炮用电雷管起爆时 $a=(0.8～1.0)W$。

③炮孔的行距。多排群炮,各排行距 $b=1.5W$。

④当炮眼布置成三角形时,上下层炮孔间距 $a=2W_下$($W_下$为下层最小抵抗线)。

⑤药壶内的药包量计算。根据实践经验,可按式(6.12)计算

$$m = KW^3 \qquad (6.12)$$

式中:m——药壶内的药包量,kg;

K——单位岩石的硝铵炸药消耗量(一般采用,软石 0.26～0.28;次坚石 0.28～0.30;坚石 0.34～0.35),kg/m³。

当炮孔打至预定的深度后,将孔内清除干净,即可进行药壶的爆扩。爆扩药壶所需的次数及用药量视不同的岩石而定。第一次爆扩时的药量一般为 0.15～

0.20kg,以后逐渐增加。增加的药量视岩石的硬度而定。根据经验,在中等坚硬岩石中,第二次爆扩的用药量为 0.3～0.4kg,以后每次递增 0.15～0.20kg,但最大用药量不得超过 1.5kg,以免在爆扩时使药壶坍塌。爆扩的次数,则根据药包量所需的容积而定。药壶爆扩时,由于炮孔内的热量一时不易散去,所以下一次装药前应间隔一定的时间。当炮孔深度在 5m 以内,使用 TNT 或硝铵炸药时,应间隔 15min,炮孔深度大于 5m 时,应用冷水冲洗,待孔内温度降至 40℃左右(放入温度计测量),将水吸干,进行再次扩大。

(4) 猫洞炮爆破法

猫洞炮爆破法(见图 6.50)是指炮洞直径为 0.2～0.5m,洞穴呈水平或略有倾斜,深度小于 5m,用集中药包在炮洞中进行爆破的一种方法,如图 6.50 所示。其特点是充分利用岩体本身的崩塌作用,用较浅的炮眼爆破较高的岩体,一般爆破可炸松 15～150m³。其最佳使用条件是:岩石等级在 Ⅴ～Ⅶ级之间,阶梯高度最少应大于炮眼深的 2 倍,自然地面坡度在 70°左右。由于炮眼直径较大,爆能利用率较差,故炮眼深度应大于 1.5m,不能放孤炮。猫洞炮工效一般可达 4～10m³,单位耗药量在 0.13～0.3kg/m³ 之间,在有裂缝的软石和坚石中,阶梯深度大于 4m,药壶炮的药壶不易形成时采用这种爆破方法,可以获得好的爆破效果。

应指出的是,猫洞炮炮眼深度应与阶梯高度、自然地面横坡相配合,遇高阶梯时要布置多层药包。烘膛时应根据岩石类别,分别采用浅眼烘膛、深眼烘膛、内部扩眼等法。

4. 特殊爆破方法

在实际工程中,为了达到某种预期的目的,例如,欲控制介质的破坏区域、控制破碎物的散落方向或散坍范围,降低空气冲击波和噪声的强度、减轻地震波的影响等,往往采用各种特殊的爆破技术。下面仅就公路施工中比较常用的预裂爆破和光面爆破、定向爆破、松动爆破、微差爆破及静态爆破做简要介绍。

(1) 预裂爆破和光面爆破

所谓预裂爆破,是沿岩体设计开挖面与主炮孔之间布置一排预裂炮孔,并使预裂炮孔超前主炮孔一段时间起爆

图 6.50 猫洞炮爆破法

(一般为 50～150ms),从而沿设计开挖面将岩石拉断,形成贯通裂缝(1～2cm),当爆破完成后,岩石开挖面便形成要求的轮廓尺寸。

光面爆破是在开挖界限的周边,适当排列一定间隔的炮孔,在有侧向临空面的情况下,用控制抵抗线和药量的方法进行爆破,使之形成一个光滑平整的边坡。

采用光面与预裂爆破,主要具有以下优点:一是保证了预留岩体应有的稳定性;二是能实现岩石开挖面轮廓平整;三是使爆破保留区达到减震的目的。

影响预裂及光面爆破效果的主要参数是炮孔的孔径、孔距、孔深以及装药量。

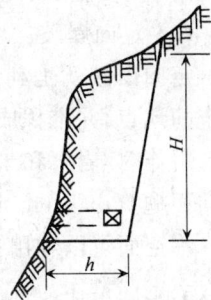

施工中对钻孔的质量应十分重视,要符合设计要求。图 6.51 是预裂爆破钻孔布置示例。

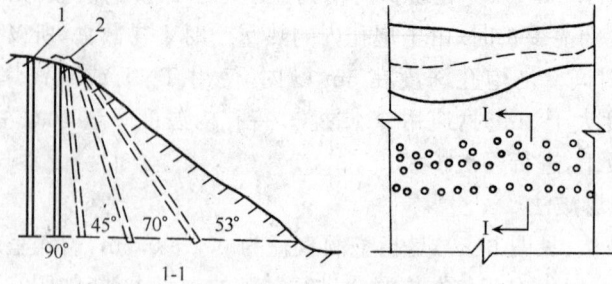

图 6.51　预裂爆破钻孔布置示意图
1. 预裂炮孔;2. 主炮孔

进行光面或预裂爆破时,应严格保持炮孔在同一平面内,炮孔间距 a 和抵抗线 W 之比应小于 0.8(即 $a/W < 0.8$)。装药量应适当控制,并用合理的药包结构,通常使炮孔直径大于药卷直径 $1 \sim 2$ 倍,或采用间隔药包、间隔钻孔装药。预裂炮的起爆时间在主炮之前,光面炮在主炮之后,其间隔时间可取 $25 \sim 50$ms。同一排孔必须同时起爆,最好用传爆线起爆,否则会影响爆破质量。光面炮眼间距通常为钻孔直径的 16 倍,光面炮眼抵抗线通常为钻孔直径的 21.5 倍;预裂炮眼间距通常为钻孔直径的 $8 \sim 12$ 倍;装药实度通常为钻孔直径平方值的 9 倍。

(2) 定向爆破

定向爆破就是利用爆破的作用,将大量的岩石和土,按照指定的方向,搬移到一定的地点,并堆积成一定形状的填方。定向爆破的基本原理,就是炸药在岩或土内部爆炸时,岩石和土是沿着最小抵抗线,即沿着从药包中心到临空面最短距离的方向而抛掷出去的。因此,合理选择临空面而布置炮孔是定向爆破的一个重要问题。临空面可以利用自然的地形,也可以在爆破地点,用人工方法造成任何需要的孔穴或定向槽作为临空面。这样,以便形成最小抵抗线的方向能够指向工程需要的方向,而将爆破的岩石和土抛向指定的位置上去。图 6.52 是定向爆破的示意图。

(3)松动爆破与微差爆破

松动爆破是道路施工中一种常用的爆破技术。在设计爆破方案时,应选择好孔网参数与起爆方法,控制好单孔装药量,根据周围环境与被保护目标的安全要求,确定爆破规模和一次起爆的总药量,以便限制爆炸地震波的强度和影响范围,并应制定严格的防护和安全措施。

微差爆破是指两相邻药包或前后排药包以毫秒的时间间隔(一般为 $15 \sim 75$ms)依次起爆,也称毫秒爆破。当装药量相等时,其优点是:可减震 $1/3 \sim 2/3$ 左右;前发药包为后发药包开创了临空面,从而加强了岩石的破碎效果;降低多排孔

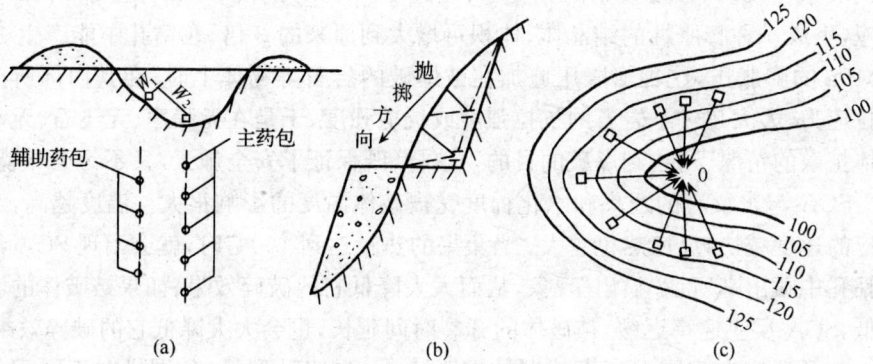

图 6.52　定向爆破示意图

(a)水平地面单侧定向爆破；(b)半挖半填定向爆破；(c)斜坡地面两侧一端集中堆积定向爆破

一次爆破的堆积高度,有利于挖掘机作业;由于逐发或逐排依次爆破,减少了岩石挟制力,可节省炸药 20%,可增大孔距,提高每米钻孔的炸落方量。炮孔排列和起爆顺序,根据断面形状和岩性,有多种形式,微差爆破各种起爆网路如图 6.53 所示。多排孔微差爆破是炮孔爆破发展的方向。

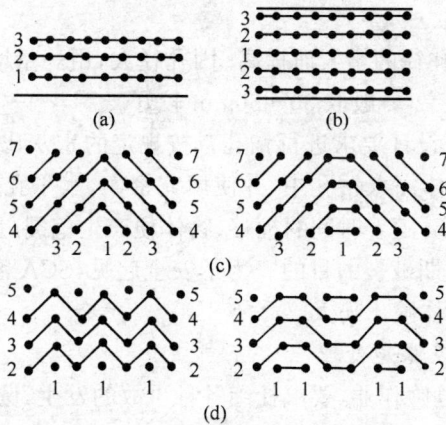

图 6.53　微差爆破各种起爆网路图

图中数字为起爆顺序

(a)直排依次顺序起爆法；(b)直排中心掏槽起爆法；(c)V 形起爆网路；(d)波形起爆网路

(4)静态爆破

静态爆破又称无声爆破。这是一种采用静态爆破剂的控制性爆破,能做到在无噪声、无飞石、无爆破地震波、无冲击波、无有毒气体以及无粉尘的情况下,将爆破物破碎。

静态爆破剂又称无声破碎剂(简称 SCA),是近年来由建筑材料科学研究院等单位研究成功的一种爆破材料。它是一种具有高膨胀能的粉末状物质。使用时用水调成浆体,灌入被爆破物的钻孔中,经过 10~24h(最快 1~4h),由于 SCA 与水反应,生成一种膨胀性的结晶体,体积可增大到原来的 3 倍,在钻孔中能产生 30~50MPa 的膨胀压,这种膨胀压施加在被爆破的岩石等物体上时,在其内部所产生的拉应力,大大超过了岩石的抗拉强度或抗剪强度,于是在无噪声、无飞石、无有害气体扩散的情况下,达到爆破的目的。这样,既保证了安全施工,又不污染环境。

SCA 与水反应的速率和水化程度受被破体温度的影响很大。温度越高,水化反应的速度越快,反应热也越大。当集聚的热量达到 100℃时,就会出现 SCA 浆体从钻孔中喷出来所谓"喷出"现象,从而大大降低它的破碎效果,如果被破体的温度过低,SCA 反应速率迟缓,被破体的开裂时间延长,也会大大降低它的破碎效果。

为了适应在不同温度下的爆破需要,SCA 有四种型号,分别供在不同季节条件下使用,施工时可根据当地气温条件选用。一般来说,只要不产生喷出现象,使用温度高一些,破碎效果要好一些。

膨胀压是 SCA 的主要技术指标,影响膨胀压的主要因素有水灰比、温度、直径及被爆物的材质等。施工时要选择适宜的操作方法,以获得较高的膨胀压。

SCA 的膨胀压随水灰比的增大而减小,故使用时采用低水灰比。一般控制在 0.3~0.35,过低则不利于施工。

SCA 的膨胀压随温度的增高而增大,故在气温较低时,可采用温水搅拌或用电热丝法适当加热。

SCA 膨胀压还随孔径的增大而提高。因孔径大,用药量增大。但也不宜用太大孔径,以免引起喷出现象,一般取 30~50mm 较好。

施工时,首先按照设计要求进行钻孔。按规定的水灰比将 SCA 搅拌均匀,在 10min 以内将 SCA 浆体灌入钻孔中,并使填充密实,水平孔和向上孔需用湿黏土球或泡沫塑料等物堵塞。随着时间的推移,物体便产生龟裂,且裂缝越来越大,经过一定时间,即可达到预期破裂的目的。为了安全起见,SCA 灌浆后在 3h 内不要近距离直视孔口,以防浆体喷出伤人。

5. 爆破安全措施及瞎炮处理

爆破施工是一种危险作业,要求杜绝各种事故的发生,做到安全生产。对于爆破作业的每一道工序,都必须认真执行各有关爆破安全规程,有组织、有计划、有步骤地进行施工。

(1) 爆破施工的安全措施

1) 装药必须用木棒把炸药轻轻压入炮孔,严禁冲捣和使用金属棒;堵塞炮泥时,切不可击动雷管。

2) 炮孔深度超过 4m 时,必须用两个雷管起爆;如深度超过 10m,则不得用火花起爆。

3) 在电闪雷鸣时,禁止装药、安装电雷管和连接电线等操作,应迅速将雷管的脚线和电线的主线两端连成短路。此时,所有工作人员应立即离开装药地点,隐蔽于安全区。

4）放炮前必须划出警戒范围，立好标志，并有专人警戒。裸露药包、深孔的安全距离不小于400m；浅孔、药壶爆破法的安全距离不小于200m。

（2）瞎炮的处理措施

1）应由原装炮人员当班处理，如不可能时，原装炮人员在现场将装炮的详细情况交待给处理人员。

2）如果炮孔外的电线、导火索或导爆索经检查完好，可以重新起爆。

3）可用木制或竹制工具将堵塞物轻轻掏出，另装入雷管或起爆药卷重新起爆。绝对禁止拉动导火索或雷管脚线，以及掏动炸药内的雷管。

4）如果是硝铵炸药，可在清除部分堵塞物后，向炮孔内浇水，使炸药溶解，或用压力水冲洗。

5）距原炮孔近旁40m以上（深孔时不少于2m）处打一平行于原炮孔的炮孔，装药爆破。但如果不知道原炮孔的位置，或附近可能有其他瞎炮时，此法不得采用。

6. 大爆破施工

大爆破施工，是采用导洞和药室装药，用于药量在1000kg以上的爆破。大爆破的威力大、效率高，可以缩短工期、节约劳力，但使用不当则可能破坏山体平衡，造成路基后遗病害，因此公路石方开挖一般不采用。只有当路线穿过孤独山丘，开挖后边坡不高于6m，且根据岩石形状和风化程度，确认开挖后，边坡稳定，方可考虑大爆破方案。必须采用大爆破方案时，则应进行详细的现场调查和技术经济论证并做好技术设计，报主管部门审批后方可实施。

大爆破施工程序为：大爆破技术设计→施工前的准备→竖井、导洞和药室开挖→爆破前的准备→爆破→瞎炮处理和爆破效果测定。

（1）大爆破技术设计

经详细的技术经济论证和边坡稳定性分析，并报主管部门批准采用大爆破方案时，首先应做好大爆破的技术设计。其技术设计文件的内容包括：

1）工程名称、概述、工程概况、爆破地点（桩号）、工程数量、地形特征、预计爆破范围、要求或预测爆破效果、工期。

2）自然条件及工程地质、水文地质资料。

3）爆破方案及类型说明。

4）药室位置的布置图，包括平面图和导洞、药室剖面图、用药量和爆破网路的主要计算资料。

5）施工方案和施爆步骤。

6）爆破预计危险区。

7）安全措施。

8）劳力、机械、材料费用与经济指标。

9）大爆破施工的总平面图，纵横剖面图，药室位置图。平面图比例（1：200）～

（1∶500），在平面及纵横剖面上应示出爆破范围、药室位置、用于爆破工程的电缆、电线网路以及安全警戒位置等。

（2）施工前的准备

根据批准的设计方案进行现场核对，编制导洞和药室施工组织设计、施工进场道路、导洞、药室的实地放样。根据施工组织设计，组织人力、机械和材料。在导洞药室施工前，应先修好进场道路。

（3）竖井、导洞和药室开挖

1）当遇松软岩石或岩石十分破碎时，平洞和深度大于 3.0m 的竖井应设临时支撑，在回填堵塞时，这些临时支撑材料可由里至外或由下至上逐步拆除回收。

2）药室应按设计断面开挖，药室做成近似立方体，室底标高与设计标高之差不应大于 10cm，导洞与药室用横洞连接，横洞与导洞垂直，药室中心距导洞中心不小于 2.5m。

3）导洞分竖井和平洞两种，竖井深度不大于 16m，如超过 16m 或有地下水时，最好用平洞，平洞长度为 30m 左右，竖井或平洞的选用，应考虑施工进度和爆破效果。平洞采用梯形断面，断面尺寸为 1.8m×(0.8+1.2)m，断面最小尺寸不应小于 1.4m×0.8m。竖井断面尺寸与竖井深度有关，当深度 $H>15m$ 时，断面最小尺寸不应小于 1.4m×1.2m。土质竖井可采用直径不小于 1.0m 的圆形断面或边长不小于 1.0m 的长方形断面。当竖井开挖深度大于 6.0m 时，应采取通风措施。

4）导洞和药室可用风钻开挖，炮眼深度不应大于工作面最小边长的 0.6～0.8倍，如岩石节理发育，导洞和药室应考虑临时支撑。

（4）爆破前的准备

1）导洞和药室验收。检查导洞、药室的几何尺寸应符合设计要求；清除危石和残存石渣，引流裂隙水，清除未炸雷管及瞎炮。

2）装药。装药时间应尽可能短，避免炸药受潮。装药自下而上，自里向外逐层码砌平稳、密实。起爆体应平衡安放在设计位置。药包要坚固牢靠，下部药包要能承受上部药包压力，装药不得在雨雪、大风、雷电、浓雾及黑夜进行；起爆体装入药室后，应拆除洞内及洞口一切电源线，改用绝缘电筒或其他安全照明设施。

3）导洞和竖井堵塞。堵塞前应对装药质量进行检查，并用木槽、竹筒或其他材料保护电爆缆线。在药室外侧砌一道石墙，然后填土捣实。石墙外 2～3m 一段，或洞身至药室拐弯一段，应用黏土填塞夯实，其余部分可土石分层填塞紧密。堵塞长度按照设计要求，洞口部分除设计另有规定外，应再砌一道面墙，并用黏土封紧。

竖井和平洞的堵塞料可就地取材，分层回填至原地面，平洞堵塞长度应不小于最小抵抗线。堵塞过程中，对电爆线路应注意保护，并派专人经常检查、维护，不得损坏。

4）起爆线路的敷设。敷设线路前，非接线人员和设备应撤离至安全地点，并在爆破影响区外设警戒，禁止人畜进入影响区，切断场内一切设备的电源。然后从药室开始,逐渐向主线和电源方向连接,禁止先接电源和供电设备,并禁止在雷雨天和黑夜进行。接线前应仔细检查每一个导洞的线路电阻,如发现误差超过10%或不能通电,应查明原因排除故障,对可疑线路和起爆体应更换。为了安全起爆,可设置必要的复线作为起爆线路。接线时所有接头要求清洁、接触良好,并用绝缘胶布包好扎牢,以保证电阻稳定,电流正常。

(5)爆破

施爆前,应规定醒目清晰的爆破信号,并发布通告,及时疏散危险区内的人员、牲畜、设备及车辆等,对不能撤离的建筑物应采取保护、加固措施。并在危险区周围设警戒。起爆前15min,由总指挥发布起爆准备命令,爆破站做最后一次验收检查和安全检查。如无新情况发生,在接到指挥长起爆命令后立即合闸施爆。起爆后应迅速拉闸断电。起爆后15min,由指定爆破作业人员进入爆破区内进行安全检查,确认无拒爆现象和其他问题后,方能解除警戒。

(6)瞎炮处理和爆破效果测定

爆破后如有瞎炮,应由原施工人员找出线头接上电源重新起爆,或者沿导洞小心掏取堵塞物,取出起爆体,用水灌浸药室使炸药失效,然后清除。

爆破后应及时清理危石和堑内土石方,测定爆破效果。

7. 施工中应注意的问题

开挖石方应根据岩石的类别、风化程度和节理发育程度等确定开挖方式,对于软石和强风化岩石,能用机械直接开挖的均应采用机械开挖,也可人工开挖。凡不能使用机械或人工直接开挖的石方,采用爆破法开挖。用爆破法开挖时,应注意如下问题:

(1)爆破区管线调查

石方需用爆破法开挖的地段,如空中有缆线,应查明其平面位置和高度;还应调查地下有无管线,如果有管线,应查明其平面位置和埋设深度;同时应调查开挖边界线外的建筑物结构类型、完好程度、距开挖界距离,然后制定爆破方案。任何爆破方案的制定,必须确保空中缆线、地下管线和施工区边界外建筑物的安全。爆破方案确定后,进行炮位、炮孔深度和用药量设计,其设计图纸资料应报送有关部门审批。

(2)爆破方法的选择

爆破施工对边坡的稳定性影响很大,为保证边坡的稳定,一般不选用大爆破,而选用中、小爆破。

1)当石方风化较严重、节理发育或岩层形状对边坡稳定不利时,需用小型排炮微差爆破,小型排炮药室距设计边坡线的水平距离不应小于炮孔间距的1/2。

2)当岩层走向与路线走向基本一致,倾角大于15°,且倾向公路,或者开挖边界线外有建筑物,施爆可能对建筑物地基造成影响时,应在开挖边界沿设计地面打预裂孔,其孔深与炮孔深度相同,孔内不装炸药和其他爆破材料,孔的距离不大于炮孔纵向间距的 1/2。

3) 开挖层靠边坡的两列炮孔,特别是靠顺层边坡的一列炮孔,应采用减弱松动爆破。

4) 开挖边坡外有必须保证安全的重要建筑物,即使采用减弱松动爆破仍无法保证建筑物安全时,可采用人工开凿或静态爆破。

(3) 爆破法开挖程序

石方爆破开挖必须严格按如下程序进行:施爆区管线调查 →炮位设计与设计审批→配备专业施爆人员→用机械或人工清除施爆区覆盖层和强风化岩石→钻孔→爆破器材检查与试验→炮孔(或坑道、药室)检查与废渣清除→装药并安装引爆器材→布置安全岗和施爆区安全人员→炮孔堵塞→撤离施爆区和飞石、强地震波影响区内的人、畜→起爆→清除瞎炮→解除警戒→测定爆破效果(包括飞石、地震波对施爆区内外构造物造成的损伤及造成的损失)。

(4) 施爆及排水

进行爆破作业时必须由经过专业培训并取得爆破证书的专业人员施爆。要注意开挖区的施工排水,在纵向和横向形成坡面开挖面,其坡度应满足排水要求,以确保爆破出的石料不受积水浸泡。

(5) 边坡清刷

1) 石质挖方边坡应顺直、圆滑、大面平整。边坡上不得有松石、危石。突出于设计边坡线的石块,其突出尺寸不应大于 20cm,超爆凹进部分尺寸也不应大于 20cm。对于软质岩石,突出及凹进尺寸均不应大于 10cm;否则应进行清理。

2) 挖方边坡应从开挖面往下分级清刷边坡,下挖 2～3m 时,应对新开挖边坡刷坡。对于软质岩石边坡可用人工或机械清刷,对于坚石和次坚石,可使用炮眼法、裸露药包法爆破清刷边坡,同时清除危石、松石。清刷后的石质路堑边坡不应陡于设计规定。

3) 石质路堑边坡如因过量超挖而影响上部边坡岩体稳定时,应用浆砌片石补砌超挖的坑槽。如石质路堑边坡系易风化岩石,还应砌筑碎落台。

(6) 路床整修

1) 石质路堑路床底高应符合设计要求,开挖后的路床基岩标高与设计标高之差应符合规范要求。如过高,应凿平;过低,应用开挖的石屑或灰土碎石填平并碾压密实。

2) 石质路堑路床顶面宜使用密集小型排炮施工,炮眼底标高宜低于设计标高 10～15cm,装药时应在孔底留 5～10cm 空眼,装药量按松动爆破计算。

3) 石质路床超挖大于 10cm 的坑洼有裂隙水时,应采用渗沟连通,渗沟宽不小于 10cm,渗沟底略低于坑洼底,坡度不小于 6‰,使可能的裂隙水或地表渗水由浅坑洼渗放深坑洼,并与边沟连接。如渗沟底低于边沟底则应在路肩下设纵向渗沟,沟底应低于深坑洼底至少 10cm,宽不小于 60cm;纵向渗沟由填方路段引出。渗沟应填碎石,并与路床同时碾压到规定的要求。

6.4.2 深挖路堑的施工

路堑边坡高度等于或大于 20m 时称为深挖路堑。深挖路堑的施工方法与一般路堑的施工方法基本相同,这里仅就深挖路堑施工中的一些特殊问题和要求做一简介。

1. 施工前的准备

深挖路堑因为它的边坡较高,易于坍塌,且工程数量大,常是影响全线按期完工的重点工程。因此,在施工前准备工作的一个重要任务,就是要详细复查设计文件所确定的深挖路堑地段的工程地质资料及路堑边坡,并收集了解土石界限、工程等级、岩层风化厚度及破碎程度等岩层工程特征,若路堑为砂类土时,应了解其颗粒级配、密实程度和稳定角;路堑为细粒土时应了解含水量和物理力学性质,以及不良地质情况,地下水及其存在形式等。要根据详细了解的工程地质情况、工程量的大小和工期编制施工组织设计,确定配备机械设备类型和劳动力,这对保证工程质量和按期完工是非常重要的。

施工前准备工作的另一重要任务是对工程地质进行补探工作。过去有些深挖路堑常缺乏工程地质资料或者仅有地表面 1~2m 深的探坑的地质资料,有些资料只根据天然露头确定工程难易等级,这对保证深挖路堑边坡稳定的论证是不够的。更不能以此编制施工组织设计和指导施工。因此,在施工前,必须进行工程地质补探工作(高速、一级公路补做工程地质勘探时应以钻探为主),解决原设计文件中工程地质资料缺乏或严重不足的问题。补做工程地质勘探并验算后,若高路堑边坡难以稳定将造成长期后患,则应按补做的地质资料进行方案的选择,并报请审批后实施。

2. 土质高路堑

(1)边坡

深挖路堑边坡是否能够稳定,因素很多。最主要的是边坡坡度大小,若坡度小,边坡平缓,则易于稳定;反之,则不稳定。同时亦与气候有关,因此要求边坡应严格按照设计坡度施工。但遇到土质情况与设计资料不符,特别是土质较设计松散时,应向有关方面提出修改设计的意见,批准后实施,以保证路堑边坡的稳定。

实践表明,路堑边坡按一定高度设平台与从上至下一面坡相比,虽然设平台的综合坡度与一面坡的坡度相同,但前者边坡较稳定些。此外,分层设有平台还可起到碎落台作用。因此,在施工高路堑边坡时,应每隔 6~10m 高度设置平台,平台宽度人工施工不应小于 2m;机械施工不应小于 3m。平台表面横向坡度应向内倾斜。坡度为 0.5%~1%;纵向坡度应与路线平行平台上的排水设施、排水系统连通。

施工过程中如修建平台后的边坡如果仍然不能稳定,应根据其不稳定因素,如设计边坡过陡,大雨后的含水量增加,土的内摩擦角降低,边坡中地下水的影响等,采用修建石砌护坡、边坡上植草皮或做挡墙等防护措施,如边坡上有地下水渗出时,还应根据地下水渗出的位置、流量,修建排水设施将其排走。

(2)路堑开挖

土质单边坡和双边坡深挖路堑的施工方法与一般高度的路堑的施工方法基本相同,只不过需多分几层施工。

单边坡路堑可采用多层横向全宽挖掘,双边坡则通常采用分层纵挖法和通道纵挖法,若路堑纵向长度较大、一侧边坡的土壁厚度和高度不大时,可采用分段纵挖法。施工机械可采用推土机或铲运机。当弃土运距较远超过铲运机的经济运距时,可采用挖掘机配合自卸汽车作业或采用推土机、装载机配合自卸汽车作业。

土质深挖路堑施工中应注意的是,不能采用不加控制的爆破法施工和掏洞取土法施工。不加控制的爆破法施工会造成路堑边坡失稳,易于坍方,掏洞取土易造成土坍塌伤人。特别应注意,在靠边坡3m以内禁止采用爆破法,即使是土质紧密,为加快施工进度在距边坡3m以外准备采用爆破法施工时,也应进行严密设计,以免炸药量过多,爆破时将边坡上的土炸松,使边坡不能稳定,造成后患。过去在这方面的教训是不少的,所以应引起重视。

3. 石质高路堑

石质高路堑宜采用中小爆破法施工,只有当路线穿过独山丘。开挖后边坡不高于6m,且根据岩石形状和风化程度,确认开挖后边坡稳定,才可考虑大爆破方案。

单边坡石质深路堑已有一面临空,为了使爆破后的石块较小,便于推土机清方,绝对不能采用松动爆破、减弱松动爆破或药室爆破。前两种爆破方法虽然能节省炸药,但爆破后石块太大。有些大石块还要重新钻眼爆破将石块炸小(二次爆破),或需用人工以撬棍将大石块慢慢移走(无法使用机械施工),施工进度太慢。药室爆破虽然爆破方量较大,但可能将边坡炸松,而且构建药室的都是人工操作,花费时间多。正确的做法是采用深粗炮眼、分层、多排、多药量、群炮、光面、微差爆破方法。其原则是打炮眼尽量使用机械,爆破后使石块小一些,便于机械清除。若最后一排炮眼靠近边坡时,应采用光面爆破设计施工。

双边坡石质深挖路堑的施工较单边坡的困难一些,首先需用纵向挖掘法在横断面中部每层开辟一条较宽的纵向通道,以便爆破后的石料运走,同时成为两侧未炸石方的临空面;其次横断面两侧按单边坡石质路堑的施工方法作业。

6.4.3 填石、土石及高填方路堤的施工

1. 填石路堤

在山丘地区,路基石方占有相当大的比例,石质路堤是一种最常见、最普遍的路基形式,因此,研究石质路堤的施工,具有重要的意义。

填石路堤的施工,除应考虑石料性质、石块大小、填筑高度和边坡坡度等因素外,还应注意选择正确的填筑方法。正确的填筑方法对路堤达到应有的密实度与稳

定性要求是一个重要的因素。

(1)填料要求

填石路堤的石料来源主要是路堑和隧道爆破后的石料,施工时要注意其强度和风化程度是否符合要求。石料强度是指饱水试件的极限抗压强度,填石路堤要求其强度值不小于 15MPa(用于护坡的不应低于 20MPa)。

用于填石路堤的石料在粒径上也有要求。一般情况下,最大粒径不应超过层厚的 2/3。在高速公路及一级公路填石路堤路床顶面以下 50cm 范围内,填料最大粒径不得大于 10cm,其他等级公路填石路堤,路床顶面以下 30cm 范围内,填料最大粒径不应大于 15cm。

(2)填筑方法

填石路堤的填筑施工方式有倾填(含抛填)和逐层填筑、分层压实两种。倾填又可分为石块从岩面爆破后直接散落在准备填筑的路堤内,和用推土机将爆破后堆置在半路堑上的石块以及用自卸汽车从远处运来的爆破石块推入路堤的情况。无论是哪一种倾填情况,由于石料是从高处自然落下,面料间难免犬牙交错,空隙较大,故倾填路堤的压实、稳定等问题较多。因此,高速公路,一级公路和铺设高级路面的其他等级公路的填石路堤不宜采用倾填式施工,而应采用分层填筑、分层压实的方法。二级及二级以下且铺设低级路面的公路在陡峻山坡段施工特别困难或大量爆破以挖作填时,可采用倾填方式将石料填筑于路堤下部,但倾填路堤在路床底面下不小于 1.0m 范围内仍应分层填筑压实。

采用分层填筑方式施工可分为机械作业和人工作业两种方法。机械施工分层填筑时,高速公路及一级公路分层松铺厚度一般为 50cm,其他公路为 100cm。施工中应安排好石料运行路线,专人指挥,按水平分层,先低后高、先两侧后中央卸料。由于每层填筑厚度较大,故摊铺平整工作必须采用大型推土机进行,个别不平处应配合人工用细石块、石屑找平。如果石块级配较差、粒径较大、填层较厚,石块间的空隙较大时,可于每层表面的空隙里扫入石渣、石屑、中砂、粗砂,再以压力水将砂冲入下部,反复数次,使空隙填满。人工摊铺、填筑填石路堤,当铺填粒径 25cm 以上石料时,应先铺填大块石料,大面向下,小面向上,摆平放稳,再用小石块找平,石屑塞填,最后压实;铺填粒径 25cm 以下石料时,可直接分层摊铺,分层碾压。

(3)注意事项

1)填石路堤的填料如果岩性相差较大,特别是岩石强度相差较大时,则应将不同岩性的填料分层或分段填筑。例如,易风化软岩不得用于路堤上部,也不得用于路堤浸水部分;又如有些挖方路段是爆破石而有的是天然漂石土、块石上等,这些填料不得混填在一起,应分层或分段填筑。如果路堑或隧道基岩虽为不同岩种,但其石料强度均符合要求(大于 15MPa),则允许使用挖出的混合料填筑路堤。

2)用强风化石料或软质岩石填筑路堤时,用重型压路机或夯锤压实时,可能会被碾压或夯压成碎屑、碎粒,这类石料能否用于填筑路堤应按有关规定检验其

CBR 值,符合要求(根据公路等级和填筑部位对 CBR 值的要求有所不同)时才准许使用;否则不得使用,这可以保证路堤填筑压实后的浸水整体强度和稳定性。该类填料与土质路堤填料类似,故能使用时,应按土质路堤技术要求施工。

3) 填石路堤路床顶部至路床底部 30～50cm(高速公路及一级公路为 50cm,其他公路为 30cm)范围内应用符合路床要求的土填筑,并分层压实,这可提高路床面的平整度,使其均匀受力并有利于与路面底层的连接。

2. 土石路堤

(1)填料要求

一般情况下,石块强度大于 20MPa 时,就不易被压路机压碎。所以,当土石混合料中石料强度大于 20MPa 时,其粒径不得超过压实层厚度的 2/3,超过的应予以清除,这有利于压实均匀,并在填筑时,不致使上下层石块重叠,避免碾压时不稳定。当土石混合料中所含石块为软质岩或极软岩(强度小于 15MPa)时,易为压路机压碎,不存在强度较大石块产生的问题,故其粒径可与压实层厚度相同,但不应超过层厚,超过的应打碎。

(2)填筑方法

土石路堤不得采用倾填方法,只能采用分层填筑,分层压实。

当土石混合料中石料含量超过 70％时,可采用人工铺填,先铺填大块石料,且大面向下,放置平稳,再铺小块石料、石渣或石屑嵌缝找平,然后碾压。当土石混合料中石料含量小于 70％时,可用推土机将土石混合料铺填,每层铺填厚度应根据压实机械类型和规格确定,不应超过 40cm。用机械铺填时应注意避免硬质石块,特别是集中在一起的尺寸大的硬质石块。

(3)注意事项

1) 若将压实后渗水性差的细粒土填在路堤两侧,则雨后填筑于路堤中部渗水性好的土吸收的水分无法排除而降低路堤承载力,甚至路堤中部形成水囊,使路面严重破坏。所以,压实后渗水性差异较大的土石混合填料应分层或分段填筑,不可纵向分幅填筑。如确需纵向分幅填筑,应将压实后渗水性良好的土石混合料填筑于路堤两侧。

2) 土石混合填料一般来自不同的路段。如果均为硬质石料,则不论石料类别如何,可混在一起填筑,如果均为软质石料且压实后的渗水性基本相同,也可混在一起填筑。但如果来自不同路段的土石混合料的岩性或土石混合比相差较大,则应分层或分段填筑。如分层或分段填筑有困难,则应将硬质石块的混合料铺于填筑层的下面,且石块不得过分集中或重叠,上面再铺软石质料混合料,然后整平碾压。

3) 由于填石路堤空隙大,在行车作用之下易产生推移。所以,为使路面稳定,并保持较好的平整度,以利舒适行车。在土石路堤的路床顶面以下 30～50cm(高速公路和一级公路为 50cm,其他公路为 30cm)范围内应填筑符合路床要求的土并分层压实,可使在路床高程范围之内强度均匀一致,并有利于加强路面结构与土石路堤之间的结合。

3. 高填方路堤

水稻田或长年积水地带,用细粒土填筑路堤高度在 6m 以上,其他地带填土或填石路堤高度在 20m 以上时,称为高填方路堤。

高填方路堤在施工前,应对原地面进行清理,如果地基土的强度不符合设计要求,则应进行处理或加固。基底为斜坡时,应按规定挖好横向台阶。

高填方路堤应采用分层填筑、分层压实的方法施工。在填筑时一定要按路堤高度和边坡坡度将该层的路堤宽度(包括加宽量)填足,不得缺填,如果填到上面才发现路堤填的宽度不够时,再对边坡补填,则松土不易与原边坡土结合紧密,而且不好压实。

填筑高填方路堤时,每层填筑厚度应根据所采用的填料确定。当填料来源不同,其性质差异较大时,应分层填筑,不应分段或纵向分幅填筑。

处于水淹路段的高填方路堤,除承受一般外力和自重外,其淹没部分还要承受水的浮力及渗透动水压力的作用。当水位骤然下降时,土体内部的水向边坡外流出,渗透动水压力可能破坏路堤边坡稳定性,故路堤浸水部分应采用水稳性较高及渗水性好的填料。其边坡比不小于 1:2,可以避免边坡失稳。

6.5 小 结

路基施工前必须从技术、劳动组织、物资和施工现场等方面做好充分准备工作,以确保施工能按计划顺利进行,确保工程质量,加快建设速度,降低工程造价。路基施工的基本工作主要为土石方施工。

路基土石方施工的要点是合理调配土方,按断面形式、填挖情况和运距长短等条件选择合适的填筑方案以及填料的充分压实。影响压实质量和经济性的因素很多,应结合压实土的具体性质和要求通过实地试验选定最适宜的方案。在路基压实中,应逐层控制与检验工程质量。

软土路基施工中要了解软土的物理力学性质和软土路基的基本要求,首先做好原地面处理,然后选择正确的填筑方案。对于软土地基的加固处理方法,有表层处理法、换土法、反压护道及侧向约束法、排水固结法、挤密法、化学加固法、动力固结法等。

山区路基施工中,岩石破碎的关键是选择合适的爆破方法,合理布置药包和确定用药量。各种爆破方法在爆破效果、炸药用量和对山体的不利影响等方面有很大的差异,应根据地形地质条件、岩石体积、横断面形状、爆破要求和施工机具等因素选用。在石方作业中,容易出现事故,应特别注意安全工作。

思 考 题

6.1 在路基施工前,应进行哪些准备工作?

6.2 如何选择土石方路基的填挖方案?

6.3 请拟一试验方案以确定适宜的压实参数。

6.4 试解释路基压实时土的最佳施工含水量与要求干密度的关系。

6.5 填石、土石及高填路基的压实有何要求?

6.6 如何选择软土地基的加固处理方法?

6.7 分析影响爆破效果的各个因素;选择炮位和确定药量时应怎样考虑这些因素?

6.8 比较各种爆破方法的特点、适用场合、爆破效果、用药量和药包布置要求。

6.9 深挖路堑和高填方路堤施工有何特殊要求?

第七章 挡土墙的设计

挡土墙(简称挡墙)是支挡路基填土或山坡坡体的墙式结构物,在设置挡土墙的地段,应根据有关资料和设计要求选定挡土墙的位置、形式和构造,并绘制布置图。挡土墙的断面设计时如果没有标准图可套用,就应进行滑动和倾覆稳定以及基底和墙身截面应力等方面的验算。为此,需要确定作用于挡土墙上的力系,特别是计算墙后土体的主动土压力。

学习要求如下:

1) 了解各种类型挡土墙的构造、特点和使用场合;懂得挡土墙布置的要求和方法。

2) 搞清朗金和库仑主动土压力的计算原理和适用条件,并能运用土压应力图进行土压力计算。

3) 掌握挡土墙验算的各项内容,并会进行加筋土结构计算。

7.1 挡土墙的类型及适用范围

挡土墙是指支挡土体而承受其侧压力作用的墙体。它具有阻挡墙后土体下滑,保护路基和收缩边坡等功能。在路基工程中,挡土墙常用来克服地形或地物的限制和干扰,减少土石方、拆迁和占地的数量,防止填土挤压河床和水流冲淘岸坡(这时简称为浸水墙),整治坡体滑坍等病害(称为抗滑墙)。

按照设置挡土墙的位置,路基挡土墙可分为路肩墙、路堤墙和路堑墙等,挡土墙设置位置的分类如图 7.1 所示。

挡土墙按材料和结构特点的不同而有很多形式,其中应用较多的有石砌重力式、钢筋混凝土薄壁式、锚定式、垛式和加筋土式等。

1.石砌重力式

重力式挡土墙主要依靠墙体自重抵抗墙后土体的侧压力(土压力)来维持其稳定。一般多采用片(块)石砌筑而成,在缺乏石料的地区有时也用砖或混凝土修建。这类重力式挡土墙的圬工量较大,但其结构简单,取材容易,施工方便,故被广泛使用。

石砌挡土墙各部位的名称见图 7.1。其墙背可做成直线形(仰斜和俯斜)和折线形(凸形和衡重式),以适应不同地形、地质条件的经济要求。仰斜墙背[见图 7.1(a)],所受的土压力较小,故墙身断面较经济,用于路堑墙时,墙背与边坡较贴合,坡体开挖量和回填量均较少。俯斜墙背[见图 7.1(b)],所受的土压力虽大,但当墙

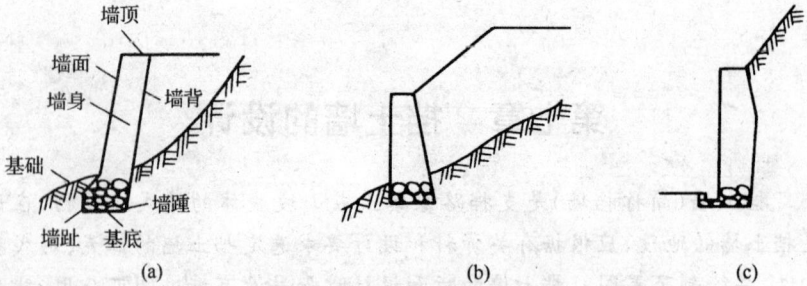

图 7.1　挡土墙设置位置的分类

(a)路肩墙；(b)路堤墙；(c)路堑墙

趾处地面横坡较陡时,可采用陡直的墙面来减小墙高,反而有利。若将仰斜墙背的上部做成俯斜,就成为凸形墙背[见图 7.1(c)],这样可减小上部墙的断面尺寸(包括墙高),大多用于路堑墙。若在上下墙背间再增设衡重台,并采用陡直的墙面,形成衡重式结构称为衡重式挡土墙(见图 7.2)。它可利用衡重台上填土的重力作用和全墙重心的后移,以增加墙体稳定性和节约断面尺寸,适用于地形陡峻处的路肩墙和路堤墙,也可用于路堑墙(兼有拦挡碎石的作用)。石砌挡土墙可采用浆砌或干砌,后者仅用于墙高小于 6m 且地基条件良好、地震烈度较低和非沿河受水冲刷的地段。

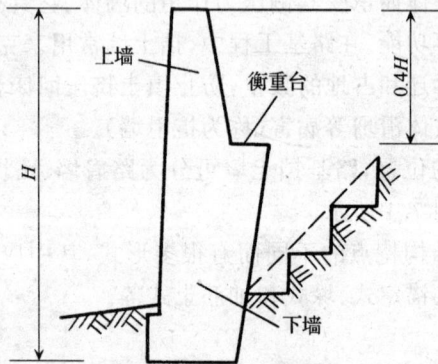

图 7.2　衡重式挡土墙

2. 钢筋混凝土薄壁式

钢筋混凝土薄壁式挡土墙(见图 7.3)采用钢筋混凝土结构,可分为悬臂式和扶壁式两种。

悬臂式挡土墙是由立壁和底板组成[见图 7.3(a)]。它的结构断面较薄,需要利用踵部底板(称踵板)上的土重来保持稳定,趾部底板(称趾板)还可提高抗倾覆能力和减小基底应力,立壁作为单悬臂构件抵抗土压力作用。此种挡土墙适用于缺乏石料地区的路肩墙和路堤墙(因墙后回填土数量多),地基情况也可较差。当墙较高时,立壁下部的弯矩较大,钢筋与混凝土用量急剧增加,就会影响这种结构形式的经济性。因而,墙高超过 6 m 时,为提高结构的强度和刚度,改善受力状况,常沿墙长方向每隔一定距离加设肋板(扶壁),把立壁同底板连接起来,成为扶壁式挡土墙[见图 7.3(b)]。

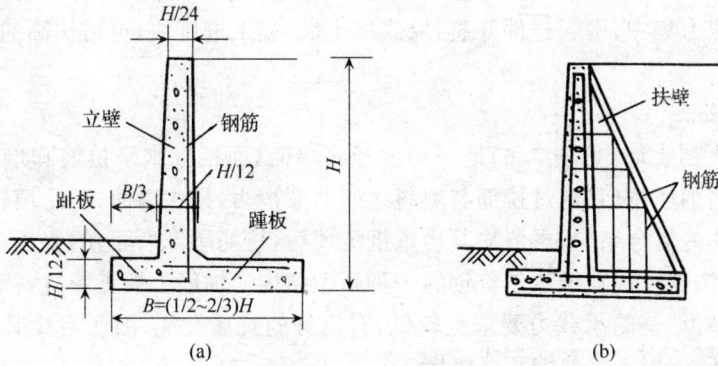

图 7.3　钢筋混凝土薄壁式挡土墙

(a)悬壁式 ;(b)扶壁式

3. 锚定式

锚定式挡土墙(见图 7.4),由钢筋混凝土墙面(或立柱和挡土板)和锚固构件两个部分组成,属于轻型挡土墙。按锚固方式的不同,又可分为锚杆式、锚定板式和桩板式等。

锚杆式和锚定板式挡土墙,依靠锚入稳定地层中的钢杆或埋入填料稳定区(被动区和中性区)内的锚定板产生的抗拔力,拉住立柱并抵御由挡土板传来的土压力作用(见图 7.4)。这类挡土墙基底应力小、圬工数量少、构件可预制装配,增高时可分级建造,前者适用于路堑墙,后者适用于路堤墙和路肩墙。

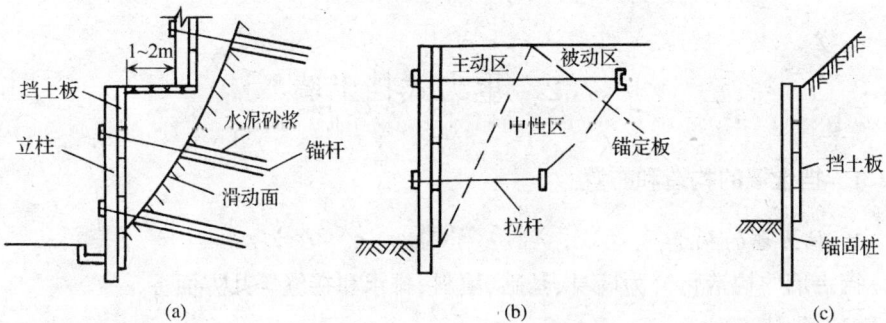

图 7.4　锚定式挡土墙

(a)锚杆式;(b)锚定板式;(c)桩板式

桩板式挡土墙,将钢筋混凝土锚固桩埋入稳定地层中,中间用挡土板抵挡墙后土体[见图 7.4(c)]。这种形式适用于地基较差、墙后土体下滑力较大而要求基础埋置较深的滑坡整治地段,施工时可避免大面积开挖,因而对山体的稳定有利。

4. 垛式

垛式挡土墙(见图 7.5)通常是用钢筋混凝土预制杆件纵横交错拼装成框架,内填以土石,借其自重抵抗墙后土体的推力。这种挡土墙属于柔性结构,允许产生一定的变形,能建造在承载力较低的地基上,但若基底产生较大的不均匀下沉,将使杆件内应力集中,引起杆件开裂。垛式挡土墙,施工进度快,可用作高的路肩墙和路堤墙。

5. 加筋土

加筋土挡土墙(见图 7.6)是一种由竖直墙面(面板)、水平拉筋和墙内填料三部分组成的加筋体。它通过拉筋与填料之间的摩擦力,拉住墙面,防止填料坍落,形成一个整体的复合结构,再依靠其自重抵抗墙后(拉筋尾部后面)的土压力作用。这是 1963 年法国工程师维达尔首创的一种新型结构。加筋土挡土墙材料消耗少、施工较简便,对地基的承载力要求也较低,有良好的抗震性能,因而常比其他类型的挡土墙经济,适用于路肩墙和路堤墙。

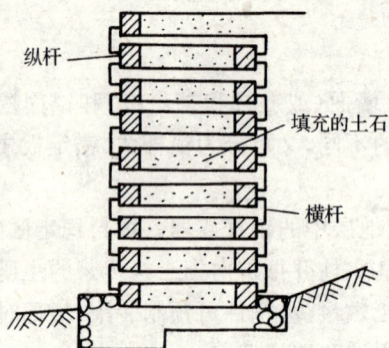

图 7.5　垛式挡土墙

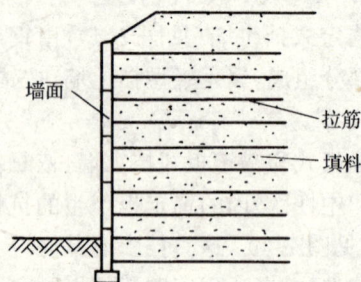

图 7.6　加筋土挡土墙

7.2　重力式挡土墙

7.2.1　挡土墙的构造和布置

1. 挡土墙的构造

挡土墙的构造可分为墙身、基础、填料、排水和接缝等几方面。

(1)墙身

挡土墙的墙身构造应在满足强度和稳定性要求的前提下按结构合理、断面经济和施工方便等原则来确定。

石砌重力式挡土墙的墙身构造较简单。墙背仰斜部分的坡度一般为(1:

0.15)～(1∶0.25),而不应缓于 1∶0.30,以免施工困难;俯斜部分的坡度一般为 (1∶0.20)～(1∶0.40)。衡重式上下墙的墙高比,通常可采用 2∶3(见图 7.2)。墙面一般都用直线形,其坡度应与墙背相协调。地面横坡陡时,墙面可用(1∶0.05)～(1∶0.2);地面平缓时,一般采用(1∶0.15)～(1∶0.3)较为经济。墙顶的宽度,浆砌时不宜小于 0.5m;干砌时应不小于 0.6m。干砌挡土墙顶部 0.5m 高度内宜用砂浆砌筑以求稳定。墙顶高出地面 6m 以上或地势险要处,且连续长度超过 20m 的路肩墙,考虑交通安全的需要,墙顶应设置护栏。

(2) 基础

挡土墙基础,应根据地形、地质条件埋置足够的深度,以保证挡土墙的稳定性。对于土质地基,基底埋置深度一般应在天然地面以下不小于 1.0m(加筋土挡土墙的面板基础不得小于 0.6m);受水流冲刷时,应在冲刷线以下不小于 1.0m;有冻害时,应在冻结线以下不小于 0.25m,但非冻胀土(如砂砾、卵石等)地区,可不受此限制。对于岩石地基,应消除表面风化层;当风化层较厚而难于全部清除时,可根据岩石的风化程度及其相应的容许承载力将基底埋在风化层中,当墙趾前地面横坡较大时,基础除嵌入岩层一定深度外,还应留出足够的襟边宽度,以防趾前地基剪切破坏,基础嵌入岩层的具体规定见表 7.1。当挡土墙位于地质不良(如滑坡)地段,地基内可能出现滑动面时,基础底面应埋置在滑动面以下(稳定岩层中的深度应不小于 0.5m,稳定土层中的深度应不小于 2.0m),或采取其他措施,防止挡土墙随滑动土体滑动。挡土墙的基础形式如图 7.7 所示。

表 7.1　基础嵌入岩层的具体规定

地基岩层情况	基础埋深 h/m	襟边宽度 L/m	嵌入示意图
轻风化的硬质岩石	0.2	0.2～0.6	
风化或软质岩石	0.4	0.4～1.0	
坚实的粗粒土	1.0	1.0～2.0	

一般挡土墙,都直接修筑在天然地基上。当地基承载力较低,地形平坦而墙身较高时,为了减小基底应力和增加抗倾覆能力,常采用扩大基础[见图 7.7(a)]。基础加宽宽度,一般不小于 0.2m;基础高度按加宽部分的抗剪和抗弯拉强度或者材料刚性角(浆砌片石为 35°,混凝土为 40°)的要求确定。遇到软弱地基时,可采用人工加固等措施。

挡土墙砌筑在横坡较陡的坚硬岩石地基上时,为减少基坑开挖量和节省圬工,可将基础底面做成台阶形[见图 7.7(b)]。台阶的高宽比不应大于 2∶1,台阶宽度不小于 0.5m。挡土墙受滑动稳定控制时可采用倾斜基底或凸榫基底,以提高抗滑能力。

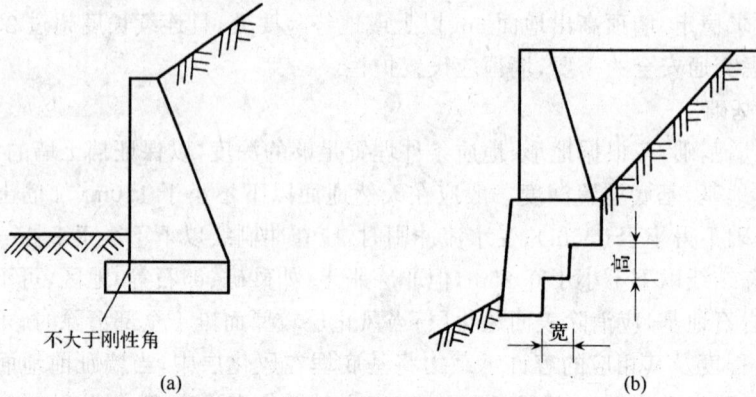

图 7.7　挡土墙的基础形式
(a)扩大基础 ；(b)台阶基础

（3）填料

墙后填料可用透水性好的砂砾或碎石材料,膨胀性土应避免采用。对于加筋体,为增加拉筋与填料间的摩擦力,宜选用饱水内摩擦角大于 25°的砂砾等材料,但最大颗粒的尺寸不应超过 25cm(受加筋层间距的限制),其中粒径大于 15cm 的颗粒不得超过 25%,使用金属的墙面和拉筋时,为防止遭受到严重锈蚀,还应限制填料的 pH 和电阻率等。

（4）排水

挡土墙应采取适当的排水措施防止地面水下渗和流入墙后土体,以免地基承载力下降、墙后推力增大和拉筋腐蚀加速。挡土墙的泄水孔及排水层如图 7.8 所示。

墙后坡体和加筋体顶面应做好排水处理,如设置截水(排水)沟、夯实地表松土和铺封闭层等,以减少雨水和地表径流下渗。路堑墙墙趾前的边沟应予以铺砌加固,防止边沟水渗入基础。非浸水加筋土挡墙墙前地表处,也应设置混凝土或浆砌片石散水。

浆砌片(块)石或混凝土墙身,应设置泄水孔(见图 7.8),使墙后积水能迅速排出。泄水孔可用直径为 5～10cm 的圆孔,或 5cm×10cm、10cm×10cm、15cm×20cm 的方孔;其间距一般为 2～3m,上下交错设置。最下排泄水孔的出水口底部应高出地面(路堑墙为边沟水位,浸水挡土墙为常水位)0.3m。在泄水孔进水口处应设置反滤层,以免淤塞孔道。

干砌挡土墙和加筋土挡土墙,因墙身和墙面透水可不设泄水孔。

当填料透水性差(如采用细粒土)而易积水或有冻胀可能时,在墙身和面板背后应设置排水层、反滤层或防冻层(图7.8),以加强泄水,防止细粒材料被渗出水流带走,并减轻墙背和面板承受的水压力、膨胀力及胀力(计算时可不考虑)。

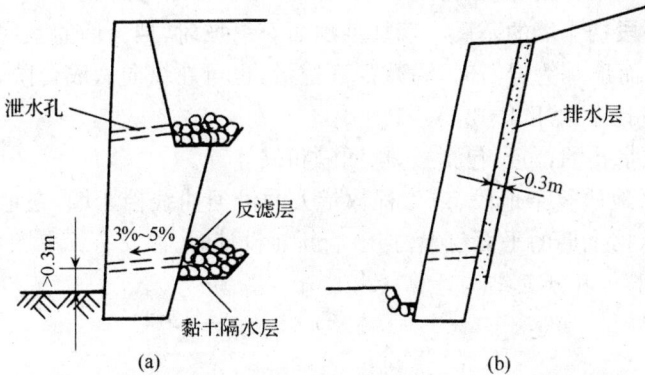

图 7.8 挡土墙的泄水孔及排水层

(a)双排泄水孔;(b)连续排水层

(5)接缝

为避免地基不均匀沉降而使墙身受力带来不利影响,在地基性质和墙高等情况突变处,应设置沉降缝。同时,为防止圬工砌体因收缩硬化和温度变化而产生裂缝,应设置伸缩缝,一般将沉降缝和伸缩缝结合在一起设置。

挡土墙应根据地形和地质条件分段设计与施工。对于非岩石地基,宜每隔10~15m(加筋土挡土墙可达30m)设置一道沉降伸缩缝,对于岩石地基,其伸缩缝间距可适当增大。沉降伸缩缝的缝宽一般为2~3cm,自墙顶做到基底。浆砌挡土墙的接缝内可用胶泥填空;但在渗水量大而填料容易流失或冻害严重地区,则应用沥青麻筋或沥青木板等具有弹性的材料,沿墙内、外、外顶边填塞,深度不小于15cm;当墙背为填石且冻害不严重时,可不嵌填材料,仅设空缝。对于干砌挡土墙,缝的两侧应选用平整石料砌筑使其形成竖直通缝。钢筋混凝土挡墙的伸缩缝采用企口缝,间距不超过30m;其间设置表面有Ⅴ形缺口的收缩缝(钢筋不要切断),间距约为10m。加筋土挡土墙的沉降缝两侧也应采用异形面板,以形成直缝。

2. 挡土墙的布置

在设置挡土墙的地段应根据墙址处的地形、地质和水文等情况,考虑材料来源和施工条件,结合技术经济比较,进行挡土墙的布置和设计。路基挡土墙的布置,一般包括横向和纵向两方面。

挡土墙的横向布置是在路基横断面图上选定挡土墙的位置和形式,确定墙身断面、基础形式和埋置深度,拟定排水设施,指定墙后填料等,并绘制有代表性的挡土墙横断面图。

挡土墙的纵向布置(图 7.9)是在墙址纵断面图上进行,布置后绘成挡土墙正面图,内容有:

1) 确定挡土墙的起讫点和墙长,选择墙与路基或其他结构物的连接方式。墙端可直接嵌入山坡,或与路堤以锥坡相衔接等。

2) 按地基和地形情况进行分段,确定沉降缝和伸缩缝的位置。

3) 布置各段挡土墙的基础。墙址处地面有纵坡时,挡土墙的基底应做成不大于 5%的纵坡,而地基为岩石时,为减少开挖量,也可在纵向做成台阶,其尺寸随地形变动,但高宽比不大于 1∶2。

4) 确定泄水孔的位置,包括数量、间隔和尺寸等。

对于地形、地质复杂地段,或工程数量大的沿河曲线挡土墙,在地形图上进行平面设计,标示挡土墙的平面位置。挡土墙断面设计时,如没有标准图可供套用,就需进行稳定性验算和断面结构计算。

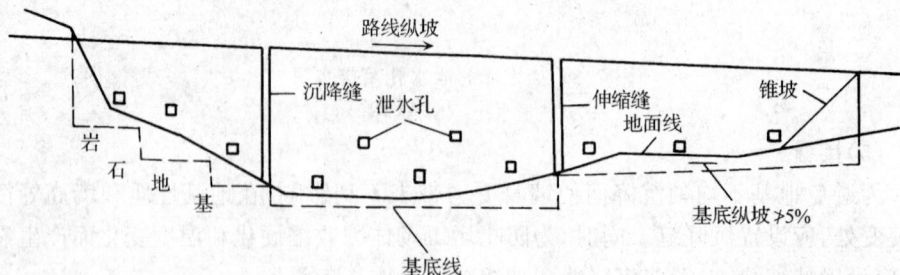

图 7.9　挡土墙的纵向布置

7.2.2　材料要求及施工注意事项

1.填料选择

为保证挡土墙的正常使用和经济合理,墙后填料的选择是一项重要的工作。由土压力理论可知,填料的内摩擦角越大,主动土压力就越小;填料的容重越大,主动土压力就越大。因此应选择内摩擦角大、容重小的填料,应优先采用砂类土、碎(砾)石土填筑。这些填料透水性好、抗剪强度大且稳定、易排水,能显著减少主动土压力。

因黏性土的压实性和透水性较差,又常具有吸水膨胀性和冻胀性,产生侧向膨胀压力,从而影响挡土墙的稳定,一般不采用黏性土。当不得已采用时,应适当掺入碎石、砾石和粗砂等。严禁使用腐殖土、盐渍土、淤泥、白垩土及硅藻土等作为填料,填料中也不应含有机物、冰块、草皮、树根等杂物及生活垃圾。在季节性冰冻地区,不能使用冻胀材料。对于重要的、高度较大的挡土墙,不应用黏土作填料,由于黏土性能不稳定,在干燥时体积易收缩,而在遇水时易膨胀,其交错收缩与膨胀使得作用于墙背上的土压力无法正确估计,实际土压力值有时比理论计算值大得多,从而导致挡土墙外移或外倾,甚至使挡土墙失去作用和破坏。

浸水挡土墙墙背应全部用水稳性和透水性较好的材料填筑。

2.墙身材料要求

石料应经过挑选,采用结构密实、质地均匀、不易风化且无裂缝的硬质石料,其抗压强度不小于 30MPa。在冰冻及浸水地区,应具有耐冻和抗侵蚀性能。

尽量选用较大的石料砌筑。块石形状应大致方正、上下面大致平整,厚度不小于 0.2m,宽度和长度约为厚度的(1～1.5)倍和(1.5～3)倍,用作镶面时,由外露面四周向内稍加修凿。片石应具有两个大致平行的面,其厚度不小于 0.15m,宽度及长度不小于厚度的 1～5 倍,质量约 30kg。用作镶面的片石,可选择表面较平整,尺寸较大者,并应稍加修整。粗料石外形应方正成大面体,厚度 0.2～0.3m,宽度为厚度的(1～1.5)倍,长度为厚度的(2.5～4)倍,表面凹陷深度不大于 20mm。用作镶面时,应适当修凿,外露面应有细凿边缘。

混凝土预制块的规格与料石相同,抗压强度不小于 C15,并根据砌体形式的需要和起吊能力决定预制块的形状大小。

砌筑挡土墙常用砂浆标号(见表 7.2)应按挡土墙类别、部位及用途选用。宜采用中砂或粗砂,用于砌筑片石时最大粒径不超过 5mm,砌筑块石、粗料石、混凝土块时不超过 2.5mm。

表 7.2　砌筑挡土墙常用砂浆标号

挡土墙类别、部位及用途	砂浆标号
一般挡土墙	M5(四级公路可用 M2.5)
浸水挡土墙常水位以下部分	M7.5
严寒地区及抗震挡土墙	较非地震区提高一级
勾缝	比砌筑用标号提高一级

干砌挡土墙的墙高时最好用块石砌筑。在墙高超过 5m 或石料强度较低时,可在挡土墙的中部设置厚度不小于 0.5m 的浆砌水平层,以增加墙身的稳定性。

混凝土挡土墙所用混凝土标号不得低于 C15,其基础部分可采用相同标号的片石混凝土(其中掺入片石量不超过总体积的 25%)。

3.设计注意事项

挡土墙设计应根据地质资料综合考虑结构类型、材料情况与施工条件等因素,保证挡土墙正常使用。挡土墙设计中,应注意以下事项:

1)广泛收集、认真分析地形、地质、填料性质及荷载条件等资料。根据平面布置,结合当地经验和现场地质条件,参考同类或已建成的经验,初步选定挡土墙的尺寸。

2)填料计算指标如容重 γ、内摩擦角 ϕ、黏聚力 C、墙背摩擦角 δ 等,直接关系到挡土墙的安全和经济。设计前,需通过试验确定,尽可能取得准确的、符合实际的数值。

3）多雨地区及冰冻地区，在挖方路段设置挡土墙时，应考虑到雨季、冻融季节土体含水量的增加会使填料内摩擦角(ϕ值)降低较多，对挡土墙的稳定性影响很大。对此设计、施工时均应注意。

4）基础是保证挡土墙安全、正常工作的一个重要部分，很多挡土墙的破坏是因基础设计不当而引起的。基础设计时，必须充分掌握地基的工程地质与水文地质条件，在安全、可靠、经济的条件下，确定基础类型、埋置深度及地基处理措施。在自然滑坡等不稳定地基上，尽量不设挡土墙，对于岩层倾斜（滑向山坡外侧）、表层软弱、横坡较陡的岩层上设挡土墙时，应尽量少开挖，以免破坏岩层的天然稳定状态。

5）地面横坡较大时，在较坚硬的岩石地段，可做成台阶状基础。

6）墙顶设有护墙、护坡时，应采取措施，防止护墙、护坡沿着土体表面下滑。如在护墙、护坡背后设耳墙，或做粗糙面，使与土体密贴；或在护墙、护坡与挡土墙顶接触处设变坡平台。必要时应根据计算加大墙身截面。

7）经常受侵蚀性环境水作用的挡土墙，应采用抗侵蚀的水泥砂浆砌筑或抗侵蚀的混凝土浇筑；否则应采取其他防护措施。

8）沿河、滨湖、水库地区或在海岸附近的挡土墙，由于基底受水流冲刷或波浪侵袭，常导致墙身的整体破坏。因此，为防止基底淘刷应注意加固与防护。

9）浸水挡土墙墙后应尽量采用渗水材料填筑，以利迅速宣泄积水，减少由于水位涨落引起的动水压力。

10）地震地区的挡土墙，当相邻两段的地面标高不同时，应在标高变化处，设置接缝。

4. 施工注意事项

挡土墙施工应与设计要求相配合，施工中应注意以下几点：

1）施工前应做好地面排水工作，浸水挡土墙宜在枯水季节施工。

2）在松软地层、坍方或坡积层地段，基坑不应全段开挖，以免在挡土墙砌筑过程中发生坍滑；应采用跳槽间隔分段开挖的方法，以保证施工安全。

3）基坑开挖后，若发现地基与设计情况有出入，应按实际情况调整设计；若发现基岩有裂缝，应以水泥砂浆或小石子混凝土灌注饱满；若基底岩层有外露的软弱夹层，应在墙趾前对该层做封面防护，以防风化剥落后，基础折裂而致使墙身外倾。

4）墙趾部分的基坑，在基础施工完后应及时回填夯实，并做成 5% 外倾斜坡，以免积水下渗，影响墙身的稳定。

5）浆砌挡土墙应错缝砌筑，填缝必须紧密，灰浆应填塞饱满。

6）墙体应达设计强度的 75% 以上，方可回填墙后填料。

7）回填前，应确定填料的最佳含水量和最大干密度。根据碾压机具和填料性质，分层填筑压实，压实度应满足设计要求。

8）墙后回填必须均匀摊铺平整，并设不小于 3% 的横坡，以利排水。墙背 1.0m

范围内,不得有大型机械行驶或作业,防止碰坏墙体,并用小型压实机械碾压,分层厚度不得超过 0.2m。

9）墙后地面横坡陡于 1∶5 时,应先处理填方基底(如铲除草皮、开挖台阶等)再填土,以免填方顺原地面滑动。

10）地震地区的挡土墙,为减少地震力的作用,施工前必须疏干墙后填料。浆砌挡土墙高度大于 8m 时,应沿墙高每隔 4m 设置一层混凝土垫层,并与上、下层片石充分交错咬紧。

7.3 薄壁式挡土墙

7.3.1 悬臂式挡土墙

悬臂式挡土墙立壁墙面板的胸坡稍向后仰,成 2%～5% 的倾斜度,高度不宜 $>6m$,立壁顶部厚约 $H/24$,最小 25cm。底板厚约 $H/12$,最小 30cm,底板宽度 $B=(1/2～2/3)H$,其中趾板的宽度要占 1/3,并且要求踵板宽度 $\not< H\tan\alpha$。基本试算尺寸拟定后,由朗肯公式计算挡墙垂直面上的土压力,再和踵板上方的超载、土体的自重体力一起计算地基反力,悬壁式挡土墙力系图如图 7.10 所示。计算墙的内力时必须将全墙分为立壁、踵板、趾板和中间夹板几个隔离体进行计算。

1）立壁。由体力 W_3 与土压力 E_B 固定端三个未知力相平衡。

2）踵板。土压力 E_D 与竖面 cd 上土压力 $E_A=\frac{1}{2}\overline{\gamma cd^2}ka$ 减去 $E_B=\frac{1}{2}\gamma h^2 ka'$,而 E_B 是两侧对称可以抵消不计,故作用在踵板上各力为填土的体力 W_1、W_2,土压力 E_B,踵板体力 W_4。在全墙稳定计算中的地基反力及摩擦力 F 均已知,故可求解左边固定端三个未知力。

3）趾板。作用在趾板上的力有趾板和土的体力 W_5 和 W_6,被动土压力 E_p,地基反力 N_1 和抗滑力 F_1,见图 7.10 所示。

4）中间夹板。以上三部分和地基传给夹板的力是平衡的(可能有计算上一些误差),在夹板上诸力都已知道,无需计算。

钢筋混凝土结构计算详见设计手册,全墙抗滑稳定计算同刚性挡土墙。

7.3.2 扶壁式挡土墙

扶壁式挡土墙的主要尺寸和悬臂式相似,高度 $H\not> 10\,m$,底部由趾板、踵板和立壁三部分组成。常用宽度 $B=(1/2～2/3)H$,扶壁间的净距 $L=(1/3～1/2)H$,底板厚 $\approx H/12$,立壁厚 $\approx H/24$,最小厚度为 30cm,这些尺寸只供试算参考。

主要尺寸确定后即可计算作用在挡土墙上的外力,包括墙和土的自重体力、土压力、超载,作用在底板上的地基反力以及其他特殊荷载。土压力用朗肯公式先计

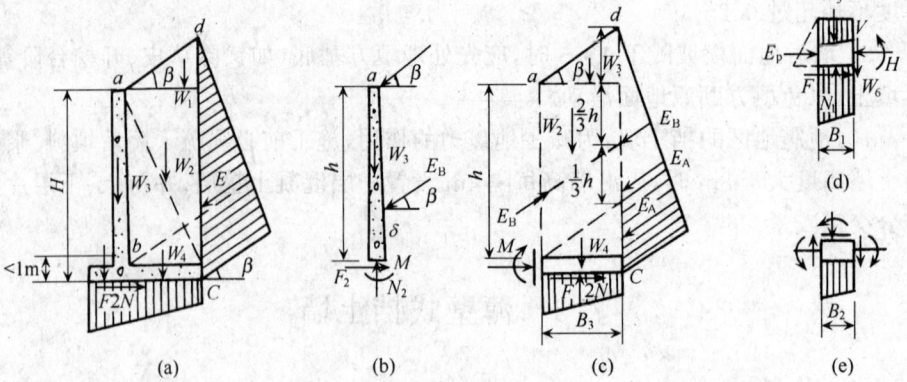

图 7.10　悬臂式挡土墙力系图

(a)全墙；(b)立柱；(c)踵板；(d)趾板；(e)夹板

算踵端竖面上的应力图。

扶壁式挡墙内力计算属于高次静不定,必须对结构计算做若干假定,可不必过于精细。计算单元和施工缝(伸缩缝)长度有关,一般地区可取 $L=15\sim30$ m。设肋板即扶壁的净距为 l,伸缩缝在跨中断开,则可视墙面板在肋板处固定,在两端为悬壁。

1. 墙面板(立壁)

扶壁式挡土墙设计用墙面板的横向弯矩系数如图 7.11 所示,扶壁式挡土墙墙面板踵上的作用力如图 7.12 所示,作用在立壁上的荷载和弯矩见图 7.13。

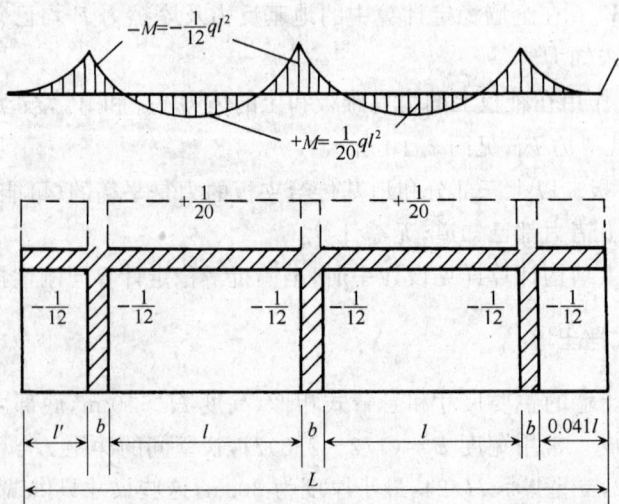

图 7.11　扶壁式挡土墙设计用墙面板的横向弯矩系数

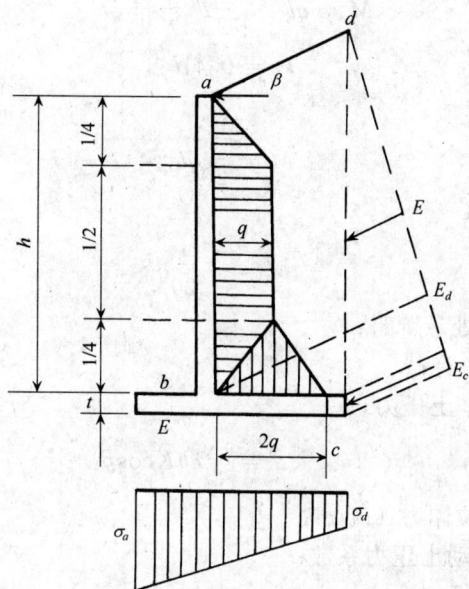

图 7.12　扶壁式挡土墙墙面板踵板的作用力

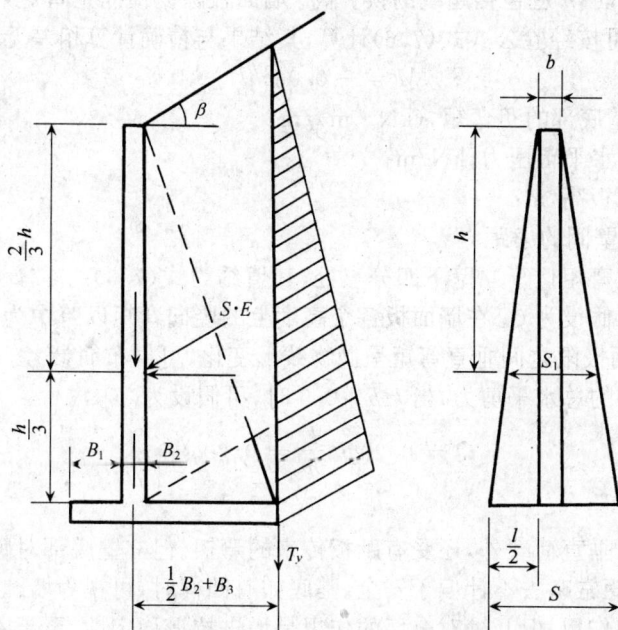

图 7.13　作用在立壁上的荷载和弯矩

　　为使悬臂跨和墙踵跨的端部弯矩等于相邻连续板内的端部弯矩,两个跨长应有如下的关系

$$M = ql' \times \frac{1}{2}l' = \frac{1}{12}ql^2 \qquad (7.1)$$

$$l' = 0.41l \qquad (7.2)$$

面板跨中弯矩为

$$M = \frac{1}{20}ql^2 \qquad (7.3)$$

肋板处负弯矩为

$$-M = -\frac{1}{20}ql^2 \qquad (7.4)$$

式中：l'——伸缩缝处悬臂跨；

l——肋板间净跨；

q——等代水平土压力，

$$q = \frac{1}{2}\gamma hK\cos\beta \qquad (7.5)$$

γ——填料单位体力，kN/m；

K——朗肯主动土压力系数；

h——墙面板高，m；

β——斜坡角。

地面有超载时，h 应包括超载的换算高。墙面板除受横向正弯矩外还受有竖向的负弯矩，此值可按经验公式式(7.6)计算，其结果与精确计算相差无几。

$$M = -0.06qhl \qquad (7.6)$$

式中：M——立壁底部的负弯矩，(kN·m)/m；

q——等代水平土压力，kN/m；

h——墙面板高，m；

l——两扶壁间的净距。

最大竖向正弯矩位于立壁下四分点处，其值约为式(7.6)的 1/4。在上四分点处的竖向弯短可假设为 0。在墙面板各个高度上的竖向弯矩以跨中为最大，至肋板处等于 0，在此两极限之间垂直弯矩呈抛物线形变化，可供布筋参考。

在立壁底部的总水平剪力，当 $l/h \geqslant 0.5$ 时，可假设为

$$Q = 0.20qh\frac{l}{h} = 0.20ql \qquad (7.7)$$

2. 踵板

踵板上除了垂直荷载外，还受有趾板传来的弯矩。但立壁底部对踵板的约束力较小，此处的弯矩常略去不计偏于安全。基底如有凸榫时，可视为墙踵梁，它在墙踵板的后缘起支撑作用，但凸榫对全墙的作用是增进抗滑稳定性。至于踵板的横向力矩，由于其宽度 $B_3 < l$，因此横向弯矩的计算值常较纵向的为小，负弯矩尤其小，故可不计。

作用在墙踵处最大的纵向弯矩为

正弯矩

$$M_{max} = \frac{l}{20} \sum^{1\sim6} Pl^2 \qquad (7.8a)$$

负弯矩

$$-M_{max} = -\frac{1}{12} \sum^{1\sim6} Pl^2 \qquad (7.8b)$$

式中：l——肋板净距，等于踵板的跨度，m；

P——作用在踵板上的垂直荷载（包括 P_1、P_2、P_3、P_4、P_5 和、P_6，kPa。）

土体及超载的体力 $P_1 = \gamma_\pm (h_1 + h_0)$；

踵板体力 $P_2 = \gamma_污 t$（见图 7.12）；

传至踵板上均布的垂直土压力 P_3

$$P_3 = E_d \frac{\sin\beta}{B_3} \qquad (7.9)$$

传至踵板边缘的垂直土压力 P_4

$$P_4 = 2E_d \frac{\sin\beta}{B_3} \text{（三角形分布）} \qquad (7.10)$$

由于趾板弯矩影响的等代荷载 P_5

$$P_5 = 2.4 \frac{M_T}{B_3^2} \qquad (7.11)$$

在踵端的地基反力 P_6

$$P_6 = P_b \qquad (7.12)$$

由于踵板的弯矩和趾板弯矩 M_T 有关，此影响可简化为作用在踵板上的等代荷载来考虑，设此荷载强度在踵端为 W_5，在立壁处为 0，力矩作用与 M_T 平行，由此得出

$$\left(\frac{2}{3}P_5 B_3\right) \frac{5}{8} B_3 = M_T \qquad (7.13)$$

$$P_5 = 2.4 \frac{M_T}{B_3^2} \qquad (7.14)$$

踵板端部与肋板结合处的最大剪力 Q 为

$$Q = \frac{1}{2} \sum Pl \qquad (7.15)$$

3. 趾板

扶壁式挡墙趾板的设计与悬臂式相同，且与肋板的间距无关。由于全部趾部弯矩假设都传给踵板，因此在立壁下的二者厚度应相等。并将趾部钢筋伸入踵部 $\frac{1}{2} B_3$ 处。

4. 肋板（扶壁）

肋板与一部分墙面板形成 T 梁结构，它所受全部土压力为 ES，这里 E 为朗肯主动土压力，如图 7.14 肋板上的力和弯矩示意图中的阴影面积，S 为底部有效翼缘宽度。肋板的受拉破坏主要在底部。

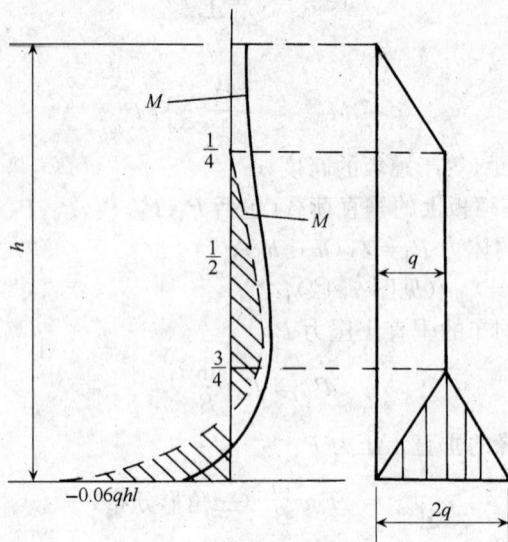

图 7.14　肋板上的力和弯矩示意图

　　如果略去肋板内的自重应力和作用其上的土压力，则由于弯矩所产生的垂直压应力的合力 C，可认为是作用在墙面板的中点处。

　　由土压力所产生的倾覆弯矩 $M_0=SE_Hh/3$，为稳定弯矩 $M_r=T_y(B_2/2+B_3)$ 所抵抗，故肋板背面拉力钢筋的垂直分力为

$$T_v = \frac{hSE_H}{1.5B_2 + 3B_3} \tag{7.16}$$

其中

$$S=l+0.5b$$

　　通常将 h 分为几段高度计算钢筋，而断面则从底到顶基本上一样，或由于墙面的倾斜度稍有减少。

7.4　加筋土挡土墙

　　加筋土层填方中加入拉筋，以改善土的力学性能成为一种复合材料。加筋土可用于路堤边坡加固，也可和预制板结合成为新型重力式挡土结构。它不仅体力大而且强度高、柔性好，能吸收一般振动和冲击，可保持垂直的墙面和节约用地，工程费用比刚性挡墙节省一半左右。加筋土据库伦摩擦理论由土对筋条的摩擦力产生抗拉作用，确保填方的整体强度和稳定性。

　　亨利·华达尔(Henry. Vidal) 于 1963 年通过三轴试验，证明在土中加少量纤维材料，可提高土的强度 3～4 倍，提出了加筋土方法并取得专利，此后在技术上又有许多详尽的发展，15 年之后全球大约建造了 2200 多座较重要的加筋土挡墙和

桥台,以公路用得最多、高速铁路上也用。我国于 20 世纪 70 年代初开始加筋土技术的应用和研究。图 7.15 是美国田纳西州 Rockwood 公路和法意高速公路上 Peyronnet 加筋土挡土墙断面示意。此外加筋土还在码头、海堤、运河、沉淀池、谷仓……木材工程等许多领域中广泛应用。

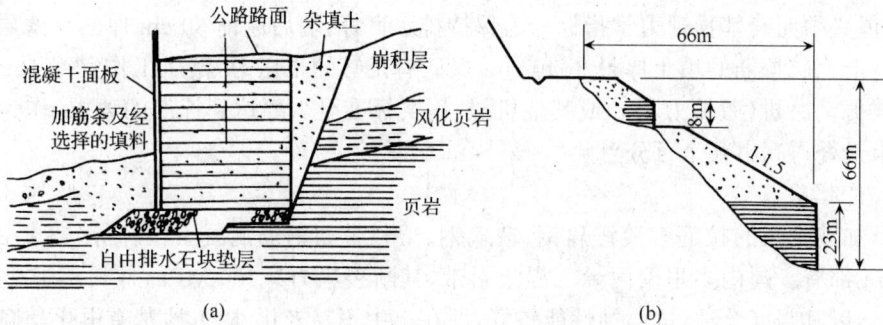

图 7.15 加筋土挡土墙断面示意图

(a)美国田纳西州 Rockwood 公路挡土墙;(b)法意高速公路上 Peyronnet 挡土墙

加筋土挡土墙施工简便,面板组装无需大型机械,挡土墙的柔性性质对地基要求不很严格,但仍需铺设在稳定地基,不得有过大的沉降和变形。对填料有一定要求,取用粗粒土不方便之处要影响造价。加筋土挡土墙修成之后,墙后地面不能再开挖或打桩,要修建哪些建筑物和绿化带,都要预先列入计划。加筋土的抗震性、耐久性和蠕变等问题还在研究观察中,目前尚缺乏完整资料。

1. 地基

因为加筋土是具有垂直边坡的土体,与一般填土相比地基承载力要大一点,但比刚性挡土墙为低。一般要求下沉量 δ 和全长 l 之比小于 1%。对于软土、不稳边坡、盐渍土和变电所附近,因其沉陷量、滑移量过大,或是对筋带、钢条有电化学腐蚀作用,均不应使用加筋土。有水流冲刷的基础则必须有防护。

2. 墙面板

国外多用镀锌钢板,一般厚 3.2mm,弯成半圆形、椭圆形、拱形或三角形,这种面板要特别制造,适用于下沉量较大处。

国内混凝土或加筋的预制板,板间留有企口并有销子连接,也有在企口缝间加上土工纤维或预留孔起泄水作用。一般板厚 6~25cm,根据板面大小和土压力而定。配筋时板厚按混凝土断面的 2%。用 ϕ6mm 钢筋,间隔 15~25cm。供拉筋连接的弯勾或螺栓的外露部分要采取防锈蚀措施,如涂上两层热沥青,保证加筋土的使用寿命。墙面板就地灌注时,必须加早强剂并留出规定的墙缝,每层高度≯1.5m。在城市附近的铺面板还可加上花盆或其他艺术上处理,与周围环境协调。

3. 填料

加筋土由填料和筋条间的摩擦产生拉力,因此填料的选择至为重要,一般应用粗粒土填料如 Gw、GP、Gf、Sw、SP、Sf,另在 Gf、Sf 中要求细粒土含量≥25%;粒径<6cm 粒径、>10 cm 的应除去(以免压坏筋带),使压实均匀,有良好的摩擦。站内如有过去蒸汽机车的弃渣均可利用。放宽填料的要求有一定的范围,如英国规定可以用黏性土,但需满足三个条件,即液限≥45%,塑性指数≥20,胶粒<10%。此条件说明粉黏土和砂黏土尚可使用,而黏土则不能使用。对不良土质可以处理后使用,但必须明确其物理力学指标。为保持排水良好,墙后应铺 30 cm 厚的反滤层。

最上层拉筋的填土厚最小 40 cm,保证有足够的正压力,辗压工作宜用 12t 铰接式振动路机(激振力 20t)或其他机械,压实标准至少要达到标准的要求,作为加筋土最好再高出几个百分点。

4. 拉筋

加筋土用的拉筋有镀锌扁钢、玻璃钢、塑料带和钢筋混凝土拉杆等,宽度 2～25cm 都有。国内多用聚丙烯工程塑料带,其断裂应力>200 MPa,伸长率 10%～15%,以其强度合适,抗腐蚀性能较好,埋在土中不易老化。附近地基有电化学腐蚀作用者,不可使用钢条筋带。筋带长度由计算确定并不得短于 1m,竖向或横向的筋带间距约 0.75m,最大 1.5m,需上下筋带错开铺时拉紧,使整体拉力均匀。摩擦系数 f 值一般对细粒土取 0.3,粗粒土取 0.4。

串联式钢筋混凝土拉杆,主筋用 $\phi2～24$mm,混凝土预制,宽 12～25cm,厚 6cm,每节长 1～2m,也可用圆形,焊接后涂上热沥青并做沥青砂浆或沥青混凝土防护层,此层断面与混凝土齐平。

5. 计算

详见设计手册。

7.5 锚杆挡土墙

锚杆挡土墙(见图 7.16)靠锚在岩土弹性区内的锚杆拉住墙身或立柱,以对抗荷载和土压力。其类型按描杆分有小锚杆、大锚杆和预应力锚杆;按墙身材料分有钢筋混凝土、混凝土和浆砌片石;按墙身结构分有整板式、柱板式和柱拱式等数种。锚杆挡土墙多用于路堑墙及地基较差地段和缺石料地区,圬工数量只有刚性挡墙的 1/10,挖方及造价可节约一半左右。

图 7.16(a)为成昆铁路线泥坡路堑墙锚杆挡土墙,坡积层厚 2～3m,下为砂岩与泥岩互层,风化严重,地下水较发育,数处泉眼常年有水,全墙高 15.2m,于 1970年建成,减少石方 15 900m³,节约圬工 4870 m³,还加快了工期。图 7.16(b)为沙通铁路线一处傍山沿沟线路,地势陡峻,线路右侧为片麻岩陡山坡节理发育,表层1～2m 风化颇重,采用路肩式锚杆挡土墙与衡重式路肩墙比较,可节省圬工 80%,节约挖方工时和造价大约 50%。图 7.16(c)为成昆铁路线狮子山滑坡工点,墙高5m,长 100m,采用竖向预应力锚杆,由于锚杆的压力增进了墙身的稳定因而减少

了断面。

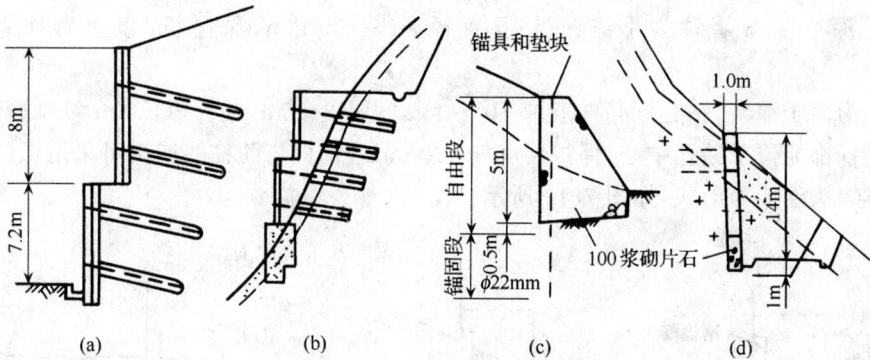

图 7.16 锚杆挡土墙

(a)成昆铁路线泥坡路堑墙;(b)沙通铁路线 K1593 路肩墙;

(c)成昆铁路线狮子山预应力锚杆抗滑墙;(d)成昆铁路线团结村小锚杆路堑墙

1. 土压力计算

轻型挡土墙受力较为复杂,因有锚杆筋带和锚定板的约束,以及岩土的性质和施工工艺都影响锚杆拉力和土层主动状态的发挥,使土压力在主动至静止间变动,因此在当前的实际工作中没有必要只遵照理想状态做较精密的计算,可以采用半经验公式,即

$$\sigma = 0.645\gamma H K m \tag{7.17}$$

式中:σ——土的侧压力,kPa;

γ——土的单位体力,kN/m³;

H——墙高,m;

K——土压力增大系数(一般取 1.2);

m——主动土压力系数。

2. 挡板

挡板一般都用钢筋混凝土预制,临时工程也可用钢板或木板,为了施工和设计的方便,将挡板分成 2～3 种类型,以该层的土压力作为均布荷载 q,将挡板设计成由立柱支撑的简支梁。

3. 立柱

立柱也称肋柱,为受弯构件,承受由挡板传来的土压力。假定立柱与锚杆联结处为一铰支座,立柱为承受土压力的简支梁或连续梁。若一根立柱仅两根锚杆且底端自由时,可按两端悬臂的简支梁计算。若锚杆为 2 根及以上且底端为铰接或半固定时,则按连续梁计算。若底端嵌入岩层可视为固定。

4. 锚杆

摩擦型锚杆一端拉住立柱,另端埋在岩土稳定区内。常用 $\phi25$ 螺纹钢或多根

φ5mm 钢丝组成,注浆后应有较强的黏结力和抗拔力。支撑型锚杆内锚头有药包式、胀卷式和膨胀体式多种,随锚杆插进,端部扩大后即可自锚。钻孔直径 40～50 mm,深 2～5m 者称为小锚杆;钻孔直径 80～150 mm,深在 5m 以上者称为大锚杆。

为便于灌浆,钻孔倾角一般取 10°～45°,间隔 2～5m,锚杆每长 2m 设一箍筋,使锚杆都能位于钻孔中心,保护层≮15～20 mm。锚杆与肋柱的连接可采用螺线端杆或焊头连接等形式,如图 7.17 所示。

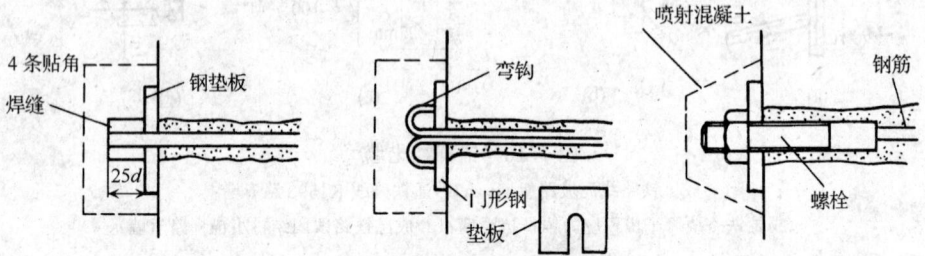

图 7.17　锚杆与肋柱的连接形式

裸露的钢材在淡水中每年的锈蚀不超过 0.05mm,因大气和潮湿引起的锈蚀要大一些,在某些环境中如盐渍土和变电站附近也许是严重的。但一般均可用涂料或用含铜高达 0.3% 的钢条,也可以选料时稍厚一些。非锚固段锚杆防锈可用环氧防锈涂料涂 2～3 道,并用两层沥青玻璃布或沥青麻布包扎。

7.6　锚定板挡土墙

锚定板挡土墙由墙板、带锚板拉杆和填土共同组成,依靠锚定板在填土中的抗拔力而维持平衡。1973 年,国内在太焦铁路线(见图 7.18)修建了一座高 24m 新型的柔性挡土墙,墙身分为 6 级,每级高 4m,留平台 1m,下半部为中距 2m 的锚杆,上半部为多层锚定板,从 1975 年通车至今状态良好。到 1982 年,国内在铁路上共建成 15 座锚定板挡土墙和桥台。

锚定板结构的特点是:轻型省料,构件可预制,便于机械施工并节省劳力。柔性大应力分布较广,不集中在圬工基础上,因而对地基要求较宽。锚定板不依靠筋带的摩擦力维持平衡,因而对填料要求不如加筋土那么严格,而且拉筋不需很长。

1978～1980 年间铁道科学研究院曾在武昌、太原、常州、南平会同有关单位进行了数十次原型锚定板现场抗拔试验(见图 7.19)。试验时分级加荷,每 10min 测定变位值一次,如果连续三次即 30min 的变位记录不超过 0.1mm,即认为已稳定,可以再加下一级荷载。如果变位值超限(＞0.05H),或变位速率逐渐加大,则认为锚定板丧失了稳定。据实测值分析锚定板容许抗拔力可取 100～150 kPa,相应位

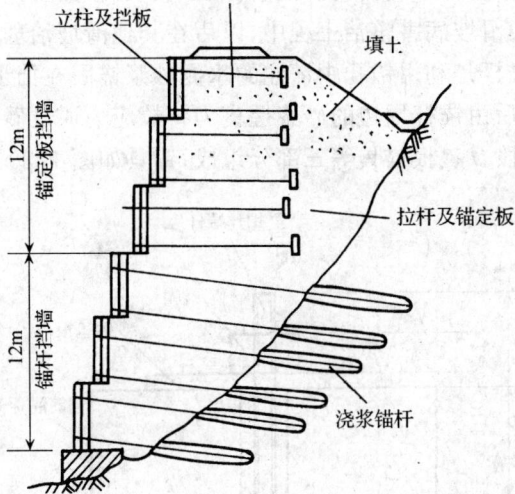

图 7.18 太焦铁路线锚杆、锚定板挡土墙

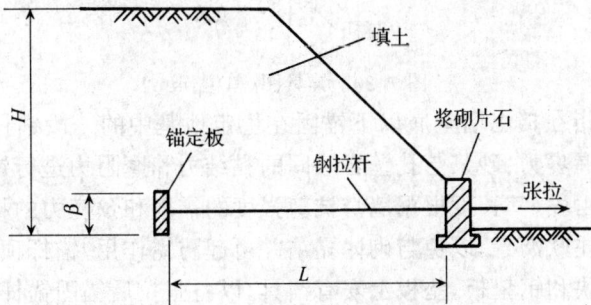

图 7.19 现场抗拔试验

移为 3～5cm。

7.7 其他结构形式的挡土墙

7.7.1 竖向预应力锚杆挡土墙

竖向预应力锚杆挡土墙是由圬工砌体和竖向预应力锚杆构成,如图 7.19 所示。砌体一般是由浆砌片(块)石或素混凝土筑成,竖向预应力锚杆竖向设置,它的一端锚固在岩质地基中,另一端砌筑于墙身内,并设锚具与圬工砌体联系,最后对锚杆进行张拉。竖向预应力锚杆挡土墙就是利用锚杆的弹性回缩对墙身施加竖向预应力,以提高挡土墙的稳定性,从而代替部分挡土墙圬工的重力,减少挡土墙圬工断面,达到节省圬工、降低造价的目的。

竖向预应力锚杆挡土墙一般适用于岩质地基(即要求地基承载力高)及墙身所

受侧压力(如滑坡推力)较大的情况。此种挡土墙我国铁路部门于1975年首先应用于成昆铁路狮子山滑坡病害整治工程中,以后在其他滑坡治理工程中陆续使用。

　　灌浆预应力锚杆是利用锚孔中灌注的水泥砂浆锚固在挡土墙基底稳定岩层的钻孔中,锚杆受拉后由锚杆周边的砂浆握裹力将拉应力通过砂浆传递到岩层中。由锚固段、张拉自由段及垫板锚具等三部分组成,锚具如图7.20所示。

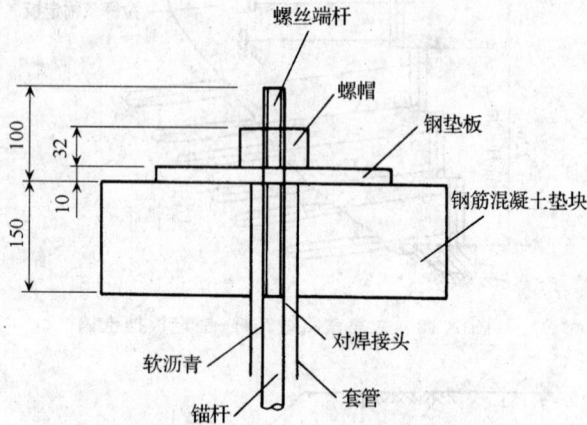

图 7.20　锚具图(单位:mm)

　　锚固段是指在挡土墙基底以下锚固在稳定地基中的一段锚杆,它是利用水泥砂浆对锚杆的握裹力、砂浆与孔壁岩层间的黏结力和摩阻力进行锚固的。锚固段以上部分称为自由段,其长度根据墙身抗剪强度的需要和预应力的损失而定。这段锚杆的周围应灌注软沥青,以免与砌体黏结并可起防锈作用。锚杆顶端设置有预制的钢筋混凝土垫块和钢垫板,垫板上安有锚具,以备张拉后锚固锚杆。锚头采用螺丝端杆锚具,竖向预应力锚杆结构如图7.21所示。螺丝端杆与锚杆用对焊连接。

　　锚杆设计包括锚杆材料的选定和截面尺寸的确定,锚杆间距及锚杆锚固深度的确定等。

　　锚杆宜用经过双控冷拉处理后的单根粗钢筋制作,双控冷拉处理的目的在于提高钢筋的极限强度,一般采用螺纹钢筋。其截面应根据受力大小而定,锚杆直径还需增加2mm作为防锈的安全储备,目前常用$\phi 18 \sim 32$mm。锚孔直径一般比锚杆直径大$15 \sim 30$mm,为$50 \sim 100$mm,根据岩石的风化程度、水泥砂浆与岩石的黏结强度等综合选定。

　　锚杆的间距应根据锚杆的抗拔力、墙身圬工数量等因素确定。在纵向尽可能均匀布置,以不引起锚孔周围地层应力的重叠和过分集中为原则,其纵向间距一般不小于1.0m,并以大于20倍的锚孔直径为宜。为增加抗倾覆能力,锚杆在横向宜靠近墙背,但应使墙身能承受垫块压力而不致破坏。一般距墙背0.5m,要求墙背砌筑整齐、坐浆密实。

　　锚固深度是指锚杆埋入稳定地基中的长度,其长度可按抗拔力要求根据锚固

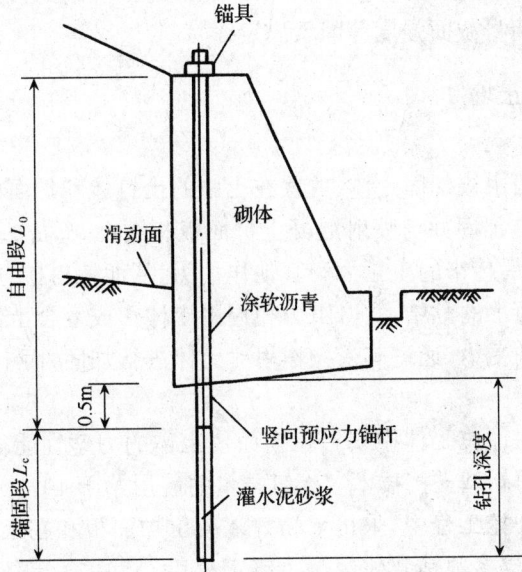

图 7.21　竖向预应力锚杆结构图

地层性质确定。设计时还应考虑岩层构造,防止挡土墙位移时切断锚杆,同时避免基底处应力过于集中。有效锚固深度从挡土墙基底以下 0.5m 处算起,即基底以下 0.5m 设置为自由段(涂以软沥青)。根据锚杆拉拔试验,当采用冷拉螺纹钢筋做锚杆时,在较完整的硬质岩层中,砂浆强度大于 C30 时,其锚杆有效锚固深度约为 2m 即可。对于埋置于软质或严重风化岩层中的锚杆,则应根据现场拉拔试验确定,如成昆铁路狮子山工点(地基为页岩)根据拉拔试验,采用 16Mn 钢 $\phi22$ 钢筋的锚杆,有效锚固深度成昆铁路为 3.5~4.0m。竖向预应力锚杆挡土墙的锚头一般采用螺母联结。各段长度与挡土墙高度的关系,锚头锚固位置分为埋入式及出露式两种(见图 7.22)。低墙或处于试验阶段时宜用出露式;墙身较高或有可靠的预应力

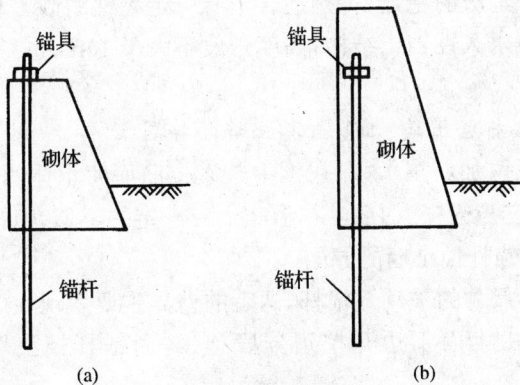

图 7.22　锚头锚固位置

(a)出露式;(b)埋入式

损失实测资料时,可选用埋入式。埋入式锚头埋设位置应综合考虑锚杆各段的长度(预应力损失)和墙身截面强度等因素决定。

7.7.2 土钉式挡土墙

1. 概述

土钉式挡土墙由被加固土体、放置在土中的土钉体和护面板组成。天然土体通过土钉的就地实施加固并与喷射混凝土护面板相结合,形成一个类似重力式的挡土墙,以此抵抗墙后传来的土压力和其他作用力,从而使得挖方坡面稳定。土钉依靠与土体接触界面上的黏结力、摩阻力和周围土体形成复合土体,土钉在土体发生变形的条件下被动受力,通过其受拉作用对土体进行加固。而土钉间土体的变形则由护面板予以约束。

土钉是一种在原位土体中安置拉筋而使土体的力学性能得以改善,从而提高挖方边坡稳定性的新型支挡技术。土钉技术的应用始于1972年,在法国凡尔赛附近铁路路堑边坡开挖工程中,采用了喷射混凝土护面板和在土体中置入钢筋作为临时支护,并在完成多项钻孔注浆型土钉工程后,于1974年又首次采用了打入式土钉。德国、美国等在20世纪70年代中期开始应用此项技术。我国于20世纪80年代初期首先在山西柳湾煤矿边坡稳定中应用土钉,并开始土钉的试验研究和工程实践。

与其他挡土墙相比,土钉墙有如下优点:①能合理利用土体的自身能力,将土体作为墙体的不可分割的一部分;②施工设备轻便、操作方法简单;③结构轻巧,柔性大,有非常好的抗震性能和延性;④施工不需单独占用场地;⑤材料用量和工程量少,工程造价低;⑥施工速度快,基本不占用施工工期。

虽然土钉技术具有许多优点,但也有缺点和局限性:①变形稍微大于预应力锚杆的变形;②在软土、松散砂土中施工难度较大;③土钉在软土中的抗拔力低,需设置得很长很密或事先对土体进行加固,变形量较大,造价较高。

土钉墙可用于边坡的稳定,特别适合于有一定黏性的砂土和硬黏土。作为土体开挖的临时支护和永久性挡土结构,高度一般不大于15m,也可用于挡土结构的维修、改建与加固。

2. 土钉墙与锚杆挡土墙、加筋土挡土墙的异同

土钉是一种原位加筋技术,即在土中敷设拉筋而使土体的力学性能得以改善的土工加固方法,它与锚杆、加筋土在形式上有一定的类似,但也有着本质的差异。

(1) 土钉墙与锚杆挡土墙的异同

土钉可视为小尺寸的被动式锚杆,两者的差异主要表现在以下几个方面:

1) 土钉墙是由上而下边开挖边分段施工,而锚杆挡土墙是自下而上整体施工。

2) 锚杆挡土墙应设法防止产生变位;土钉一般要求土体产生小量位移,从而

使土钉与土体之间的摩阻力得以充分发展。

3）锚杆只是在锚固段内受力，而自由段只起传力作用；土钉则是全长范围内受力。

4）锚杆的密度小，每个杆件都是重要的受力部件；土钉密度大，靠土钉的相互作用形成复合整体，因而即使个别土钉失效，对整个结构物影响也不大。

5）锚杆挡土墙将库仑破裂面前的主动区作为荷载，通过锚杆传至破裂面后的稳定区内；土钉墙是在土钉的作用下把潜在破裂面前的主动区的复合土体视为具有自撑能力的稳定土体。

6）锚杆可承受的荷载较大，为防止墙面冲切破坏，其端部的构造较复杂；土钉一般不需要很大的承载力，单根土钉受荷较小，护面板结构较简单，利用喷射混凝土及小尺寸垫板即可满足要求。

7）锚杆长度一般较长，需用大型机械进行施工；土钉长度一般较短，直径较小，相对而言施工规模较小，所需机具也比较灵便。

由上述可以看出，如果仅加固挖方边坡，则土钉墙是合适的；如果墙后土体和深部土体稳定性有问题时，则用锚杆挡土墙比较合适。

（2）土钉墙与加筋土挡土墙的异同

土钉墙与加筋土挡土墙均是通过土体的微小变形使拉筋受力而工作；通过土体与拉筋之间的黏结、摩擦作用提供抗拔力，从而使加筋区的土体稳定，并承受其后的侧向土压力，起重力式挡土墙的作用。两者的主要差异如下：

1）施工顺序不同，加筋土挡土墙自下而上依次安装墙面板、铺设拉筋、回填压实逐层施工，而土钉墙则是随着边坡的开挖自上而下分级施工。

2）土钉用于原状土中的挖方工程，所以对土体的性质无法选择，也不能控制；加筋土用于填方工程中，在一般情况下，对填土的类型是可以选择的，对填土的工程性质也是可以控制的。

3）加筋多用土工合成材料，直接同土接触而起作用；土钉多用金属杆件，通过砂浆同土接触而起作用（有时采用直接打入钢筋或角钢到土中而起作用）。

4）设置形式不同，土钉垂直于潜在破裂面时将会较充分地发挥其抗剪强度，因而应尽可能地垂直于潜在破裂面设置；加筋条一般水平设置。

总之，土钉墙是由设置于天然边坡或开挖形成的边坡中的加筋杆件及护面板形成的挡土体系，用以改良原位土体的性能，并与原位土体共同工作形成一重力挡土墙式的轻型支挡结构，从而提高整个边坡的稳定性。

3. 土钉墙的基本原理

土体的抗剪强度较低，抗拉强度几乎可以忽略。虽然土体具有一定的结构整体性，但是自然土坡只能在较小的高度（即临界高度）内直立，当边坡高度超过临界值或者在超载及其他因素（如含水量的变化）作用下，将发生突发性整体破坏。为此常采用挡土结构承受其后的侧向土压力，限制其变形发展，防止土体整体稳定性破坏,这种措施属于常规的被动制约机制。土钉墙则是由在土体内设置一定长度和密度的土钉构成的,土钉与土共同作用,弥补土体自身强度的不足,为主动制约机制的支挡结构。因此以增强土体自身稳定性的主动制约机制为基础的复合土体,不仅有效地提高了土体整体刚度,又弥补了土体抗拉、抗剪强度低的弱点。通过相互作用,土体自身结构强度的潜力得到了充分发挥,改变了边坡变形和破坏形态,显著提高了整体稳定性。

直立土钉墙比素土边坡的承载力高(试验表明可提高1倍以上),更为重要的是,土钉墙在荷载作用下不会发生素土边坡那样突发的整体性滑裂或塌落。它不仅延迟了塑性变形发展阶段,而且具有明显的渐进性变形和开裂破坏,在丧失承受更大荷载的能力时,仍可维持较长时间不会发生整体性塌滑。土钉墙和素土边坡的破坏形式见图7.23。

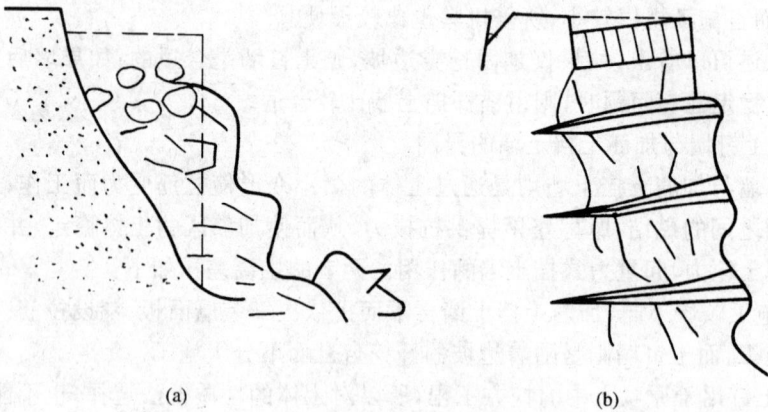

图 7.23　土钉墙和素土边坡的破坏形式
(a)素土;(b)土钉墙

土钉墙的这些性状是通过土钉与土体相互作用实现的,这种作用一方面体现在土钉-土界面间阻力的发挥程度;另外,由于土钉与土体的刚度比相差悬殊,所以在土钉墙进入塑性变形阶段后,土钉自身作用逐渐增强,从而改善了复合土体塑性变形和破坏性状。土钉在复合土体内的作用可概括为四个方面:①箍束骨架作用;②分担作用;③应力传递与扩散作用;④坡面变形的约束作用。

4. 土钉墙的构造

土钉墙一般用于高度在15m以下的边坡开挖工程,常用高度为6~12m,斜面坡度一般为70°~90°。土钉墙采取自上而下分层修建的方式,分层开挖的最大高度取决于土体可以直立而不破坏的能力,砂性土为0.5~2.0m,黏性土可以适当增大一些。分层开挖高度一般与土钉竖向间距相同,常用1.5m。分层开挖的纵向长度,取决于土体维持不变形的最长时间和施工流程的相互衔接,多为10m左右。

(1)土钉

1)土钉类型

① 钻孔注浆钉。这是最常用的一种类型,它是通过钻孔、置入钢筋、注浆、补浆来设置的。整个土钉体是由钢筋和外裹的水泥砂浆(有时用细混凝土和水泥净浆,特殊情况下也可使用树脂等材料)组成。用作土钉的钢筋直径一般为 25~35mm,钻孔直径为 75~150mm。土钉钢筋与喷射混凝土护面板应连接牢固。

② 击入钉。把作为土钉的角钢、圆钢(常为螺纹钢筋)或钢管用振动冲击钻或液压锤直接击入土中,不需注浆,土钉长度一般不超过 6m。

③ 注浆击入钉。用端部密封、周面带孔的钢管作为土钉,击入后从管内注浆并透过壁孔将浆体渗透到周围土体。

④ 高压喷射注浆击入钉。利用高频(约 70Hz)冲击锤将具有中孔的土钉击入土中,同时以一定的压力(20MPa)将水泥浆从土钉端部的喷嘴射出,起润滑作用并渗入周围土体,提高土钉与土体的黏结力。

⑤ 气动射击钉。以高压气体为动力,作用于土钉的外部扩大端,直接将土钉射入土中。可以采用圆钢或钢管,直径为 25~38mm,长度为 3~6mm。

2)土钉长度 L

已建工程的土钉实际长度 L 均不超过土坡的垂直高度 H。拉拔试验表明,对高度小于 12m 的土坡采用相同的施工工艺,在同类土质条件下,当土钉长度达到土坡垂直高度时,再增加其长度对承载力无显著提高,初选土钉长度可按式(7.18)计算

$$L = mH + S_0 \qquad (7.18)$$

式中:m——经验系数($m = 0.7 \sim 1.0$);

H——土坡的垂直高度,m;

S_0——止浆器长度(一般 $S_0 = 0.8 \sim 1.5$)。

3)土钉孔直径 D 及间距

根据土钉直径和成孔方法选定土钉孔直径 D,一般取 $D = 70 \sim 200mm$,常用的孔直径为 120~150mm;选定行、列距的原则是以每个土钉注浆对其周围土的影响区与相邻孔的影响区相重叠为准。应力分析表明,一次压力注浆可使孔外 $4D$ 的邻近范围内有应力变比,因此可按 $(6 \sim 12)D$ 选土钉行、列距,并满足式(7.19)的要求

$$S_y S_x \leqslant K_1 DL \qquad (7.19)$$

式中:K_1——注浆工艺系数(对一次压力注浆工艺,取 $K_1 = 1.5 \sim 2.5$);

S_x, S_y——土钉的水平间距(列距)和垂直间距(行距)m。

按防腐要求,土钉孔直径 D 应大于土钉直径加 60mm。

4)土钉材质和直径 d

为增强土钉与砂浆(或细石混凝土)的握裹力,土钉选用 Ⅱ 级以上螺纹钢筋。

由于土钉端头需进行锚固,用高强度变形钢筋做土钉需焊接高强螺栓端杆,但高强变形钢筋的可焊性较差。近年来,土钉墙中采用Ⅳ级SiMnV精轧螺纹钢筋,可在钢筋螺纹上直接配与钢筋配套的螺母,连接方便、可靠。

另外,也可采用多根钢绞线组成的钢绞索作为土钉。由于多根钢绞索的组装、施工设置与定位以及端头锚固装置较复杂,目前国内应用尚不广泛。

土钉直径 d 一般为 16～32mm,常用 25mm,也可按式(7.20)估算

$$d = (20 \sim 25) \times 10^{-3}(S_y S_x)^{1/2} \tag{7.20}$$

(2)护面板

土钉墙的护面板虽不是结构的主要受力构件,但它是传力体系的一个重要部分,也起保证各土钉间土体的局部稳定性、防止土体被侵蚀风化的作用。护面板应在每一阶段开挖后立即设置以限制原位土体的减压并阻止原位土体的力学性质,特别是抗剪强度的降低。

护面板通常用 50～100mm 厚的钢筋网喷射,混凝土做成,钢筋直径为 6～8mm,网格尺寸为 200～300mm。喷射混凝土强度等级不应低于 C20,与土钉连接处的混凝土层内应加设局部钢筋网以增加混凝土的局部承压能力。此外,为了分散土钉与喷射,混凝土护面板处的应力,在螺帽下垫以承压钢板,尺寸一般为 20cm×20cm,厚度为 8～15mm,也可用预制混凝土板作为护面板。对于永久工程,喷射混凝土护面板的厚度不少于 150～250mm,分两次喷成。为了改善建筑外观,也可在第一次喷射混凝土的基础上现浇一层混凝土或铺上一层预制混凝土板。护面板的构造及土钉与护面板的连接形式如图 7.24 所示。土工物也可作为护面,即先把土工织物覆盖在边坡上,然后设置土钉。当拧紧土钉端部的螺母时将土工织物拉向坡面形成拉膜,同时使坡面受到压力作用。

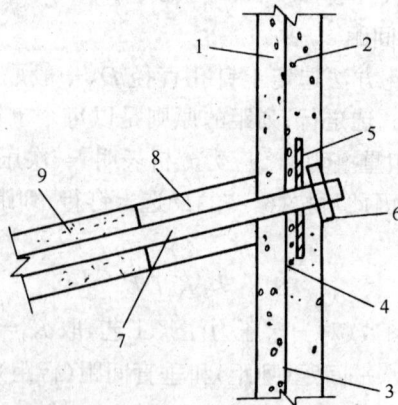

图 7.24 土钉墙护面板的构造及土钉与护面板的连接形式

1. 第一道喷射混凝土;2. 第二道喷射混凝土;3. 钢筋;
4. 局部加强钢筋;5. 钢垫板;6. 螺母;7. 土钉;8. 填塞段;9. 注浆段

7.7.3 桩板式挡土墙

1. 概述

桩板式挡土墙(见图 7.25)是钢筋混凝土结构,由桩及桩间的挡土板两部分组成的锚固段的锚固作用和被动土抗力,维护挡土墙的稳定。桩板式挡土墙适宜于土压力大,墙高超过一般挡土墙限制的情况,地基强度的不足可由桩的埋深得到补偿。桩板式挡土墙可作为路堑、路肩和路堤挡土墙使用,也可用于处治中小型滑坡,多用于岩石地基,基岩的饱水无阻抗压强度必须大于 10MPa。

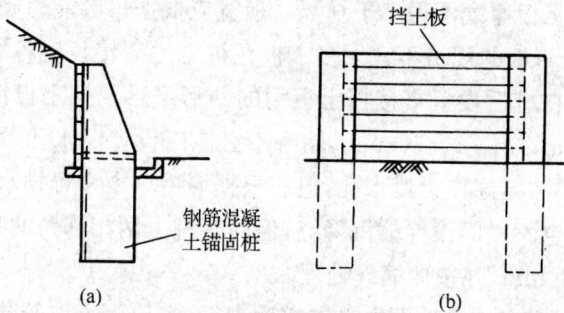

图 7.25 桩板式挡土墙

(a)断面图;(b)正面图

由于土的弹性抗力较小,设置桩板式挡土墙后,桩顶处可能产生较大的水平位移或转动,因而一般不用于土质地基。若需用于土质地基,一般应在桩的上部(一般可在桩顶下 $0.29H$ 处)设置锚杆,以减小桩的位移和转动,提高挡土墙的稳定性。

桩板式挡土墙作路堑墙时,可先设置桩,然后开挖路基,挡土板可以自上而下安装,这样既保证了施工安全,又减少了开挖工程量。

2. 土压力计算

墙后土压力(包括车辆荷载所引起的侧向压力)的计算与重力式挡土墙的土压力计算方法相同,即以挡土板后的竖直墙背为计算墙背,按库仑主动土压力理论计算。在滑坡地段,则应按滑坡推力进行计算。

桩和板的计算仅考虑墙背主动土压力的水平分力,主动土压力的竖向分力及墙前被动土压力一般忽略不计。

3. 桩设计

桩板式挡土墙中所采用的桩应就地整休灌筑,混凝土强度等级不得低于C20。钢筋视实际情况,选用(I～IV)级或5号钢筋。可采用挖孔桩,也可采用钻孔桩。挖孔桩宜为矩形截面,高宽比 $h/b < 1.5$;钻孔桩一般为圆形截面,桩的直径 D 或宽度(顺墙长方向)b 不得小于 1.0m。嵌入基岩风化层底面以下不得小于 1.5 倍桩径(或桩宽),但也不宜大于 5 倍桩径(或桩宽)。为了计算方便,可先按经验初拟埋深,

一级岩土地基取桩长的 1/3，土质地基取桩长的 1/2，然后根据验算适当调整。

桩的间距与桩间距范围内的土压力和挡土板的吊装能力有关，宜为墙高 H 的 (1/5～1/2)。

由于桩是主要受力构件，对挡土墙的稳定性起着十分重要的作用，桩身混凝土必须连续灌注，不得中断。墙后填土应在混凝土达到设计强度的 70% 以后，才能进行填筑。

4. 挡土板设计

挡土板可预制拼装，混凝土强度等级不得低于 C20；截面一般为矩形、槽形，也可采用空心板。挡土板厚度不得小于 0.2m，板宽应根据吊装能力确定，但不得小于 0.3m，大多为 0.5m；板的规格不宜太多。板在桩上的搭接长度各端不得小于 1 倍的板厚，圆形桩应在桩后设置搭接挡土板用的凸形平台。挡土板钢筋保护层厚度 a，外露面 $a=30\text{mm}$，内侧 $a=50\text{mm}$。墙身不必专门设置泄水孔，可利用每块板上预留的吊装孔和拼装缝隙作为泄水孔，但应根据墙后填土设置排水垫层、墙背排水层及反滤层。墙身也不专门设伸缩沉降缝，但同一桩上两相邻跨的挡土板的搭接处净间距不得小于 30mm，并按伸缩缝处理。

挡土板的安装应在桩侧地面整平夯实后进行，当地面纵坡较陡时，可设浆砌片石垫块作挡土板的基础，图 7.26 为山区岩石地基的桩基。

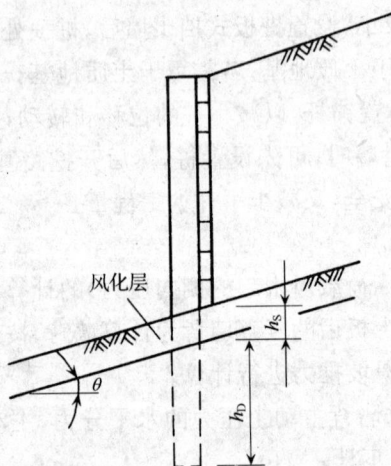

图 7.26　山区岩石地基的桩基

挡土板可视为支撑在桩上的简支板进行内力计算，并按受弯构件设计。挡土板上的作用荷载，取板所在位置的墙后土压力的大值，按均布荷载考虑，计算跨径为相邻桩的净距再加 1 倍的板厚。

桩与板间搭接部位的接触面还应进行抗压强度的验算。

7.8 小　　结

本章对各种类型挡土墙构造、特点、适用条件及挡土墙的布置进行了详细讲述,还介绍了朗金和库伦主动土压力的计算原理和适用条件,同时对当前国内外采用的加筋土挡墙进行了介绍。需了解各类挡墙的构造和特点,根据荷载和地质情况,应用土压力理论设计挡土墙的结构断面尺寸。

思　考　题

7.1　挡土墙的布置包括哪几个方面?

7.2　挡土墙设计和施工中应注意哪些事项?

7.3　薄壁式挡墙分为哪几类?各由几部分组成?

7.4　简述加筋土墙的特点。

7.5　如何进行锚杆挡墙的设计?

7.6　土钉挡墙有什么特点?

第八章 路面基层的施工

基层主要承受由面层传来的车辆荷载垂直力,并把它扩散到垫层和土基中,因此,要求基层应有足够的强度和刚度。车轮荷载水平力作用,沿深度递减得很快,对基层影响很小,对基层材料的耐磨性可不予重视。基层应有平整的表面,以保证面层厚度均匀。基层遭受大气因素的影响虽比面层小,但难于阻止地下水上升。当面层透水时,也不能阻止雨水的渗入,所以基层结构应有足够的水稳性。

基层(底基层)可分为结合料(包括有机结合料和无机结合料)稳定类基层和无结合料的粒料类基层。其中无机结合料稳定类基层又称为半刚性或整体性基层,通常包括水泥稳定类、石灰稳定类和水泥、石灰综合稳定类。半刚性基层材料的显著特点是:整体性强、承载力高、刚度大、水稳性强,是我国二级以上公路路面基层的主要结构形式。粒料类基层常分为嵌锁型和级配型。

8.1 石灰稳定土基层

在粉碎的或原来松散的土(包括各种粗、中、细粒土)中,掺入一定量的石灰和水,经拌和、压实及养生,当其抗压强度符合规定的要求时,称为石灰稳定土基层。

用石灰稳定细粒土得到的混合料,简称石灰土。用石灰稳定中粒土和粗粒土得到的混合料,原材料为天然砂砾土时,简称石灰砂砾土;原材料为天然碎石土时,简称石灰碎石土。用石灰土稳定级配砂砾(砂砾中无土)和级配碎石(包括未筛分碎石)时,分别简称石灰土砂砾或石灰土碎石。用石灰稳定土铺筑的路面基层和底基层,分别称为石灰稳定(土)基层和石灰稳定(土)底基层。

石灰稳定土具有良好的力学性能,它的初期强度和水稳性较低,后期强度较高。石灰稳定土可适用于各类路面的基层和底基层,但石灰土不宜用作高级路面的基层,而宜用作底基层。在冰冻地区的潮湿路段,以及其他地区的过分潮湿路段,不宜采用石灰土作基层。只能采用石灰土时,应采取措施防止水分侵入石灰土基层。

石灰稳定土属于整体性半刚性材料,后期刚度较大,为避免灰土层受弯拉而断裂,并使其在施工中碾压时能够压稳而不起皮,灰土层厚度不应小于10cm,为便于拌和均匀和碾压密实,用12~15t压路机碾压时,厚度不大于15cm。用15~20t压路机碾压时,压实厚度应大于20cm,且采用先轻后重碾压次序(分层铺筑时,下层宜稍厚)。石灰稳定土基层施工在最低气温0℃之前完成,如次年直接铺筑沥青路面时,根据南、北方气候不同,应在冰冻前1~2个月完工,并尽量避免在雨季施工。

石灰稳定土基层的施工方法主要有路拌法和中心站集中拌和(厂拌)法两种。

8.1.1 路拌法施工

1. 准备工作

(1) 准备下承层

当石灰稳定土用作基层时,要准备底基层;当石灰稳定土用作底基层时,要准备土基。对其下承层总的要求是:平整、坚实,具有规定的路拱,没有任何松散和软弱处。因此,对底基层或土基,必须按规范规定进行验收。凡验收不合格的路段,必须采取措施,使其达到标准后,方能在其上铺筑石灰土基层。若底基层或土基因开放交通而受到破坏,则应逐一进行找平、换填、碾压等处理,逐一断面检查下承层标高是否符合设计要求。在槽式断面的路段,两侧路肩上每隔一段距离(如5~10m)应交错开挖泄水沟(或做盲沟)及时排出积水,保证底基层或土基的干燥。

(2) 施工放样

在底基层或土基上恢复中线,直线段每15~20m设一桩,平曲线段每10~15m设一桩,在对应断面的路肩外侧设指示桩。在两侧指示桩上,标出石灰稳定土层边缘的设计高。

(3) 备料

备料应根据各段石灰稳定土层的宽度、厚度及预定的压实度(换算为压实密度),计算各路段需要的干集料质量,根据料场集料的含水量和运料车辆的吨位,确定每车料的摊铺面积及堆放距离。

1) 集料。采备集料前,应先将树木、草皮和杂土清除干净,并在预定采料深度范围内自上而下采集集料,不宜分层采集,不应将不合格材料采集在一起。如果分层采集集料,则应将来料先分层堆放在场地上,然后从前到后(上下层一起装入汽车),将料运到施工现场。集料中的超尺寸颗粒应予以筛除。

2) 石灰。石灰应选在公路两侧宽敞而邻近水源且地势较高的场地集中堆放。预计堆放时间较长时,应用土或其他材料覆盖封存。石灰堆放在集中拌和场地时,需搭设防雨棚。石灰在使用前7~10d充分消解。消解后的石灰应保持一定的湿度,以免过干飞扬,但也不能过湿成团,且消石灰宜过孔径10mm的筛。

2. 运料与摊铺

(1) 运料

运料时,要注意对预定堆料的下层在堆料前应先洒水,使其湿润,不应过分潮湿而造成泥泞;在同一料场供料的路段,由远到近将料按计算的距离(间距)卸置于下承层中间或一侧。卸料距离应严格掌握,避免料不够或过多;料堆每隔一定距离应留有缺口;集料在下承层上的堆置时间不应太长。

（2）摊铺集料

在摊铺集料时，应预先通过试验确定集料的松铺系数。人工摊铺混合料时，混合料松铺系数可参考表8.1。对能封闭交通的道路，摊铺集料应在摊铺石灰的前一天进行。摊料长度应与施工日进度相同，以次日施工需要量为准。对不能封闭交通的道路以及雨季，应在当天摊铺集料。用平地机或其他合适的机具将集料均匀摊铺在预定的宽度上，表面应力求严整，并有规定的路拱。摊铺过程中，应注意将土块、超尺寸颗粒及其他杂物拣除，如集料中有较多土块，也应进行粉碎。

表 8.1　混合料松铺系数

材料名称	松铺系数	说　明
石灰土	1.53～1.58	现场人工摊铺土和石灰，机械拌和，人工整平
石灰土	1.68～1.70	路外集中拌和，现场人工摊铺
石灰土、砂砾	1.52～1.56	路外集中拌和，现场人工摊铺

（3）摊铺石灰

摊铺石灰时，如黏性土过干，应事先洒水闷料，使土的含水量略小于最佳值。在人工摊铺的集料层上，用6～8t两轮压路机碾压1～2遍，使其表面平整，并有一定密实度。然后，按计算的每车石灰的纵横间距，用石灰在集料层上做卸置石灰的标记，同时划出摊铺石灰的边线，用刮板将卸置的石灰均匀摊开。石灰摊铺完后，表面应没有空白位置。然后量测石灰的松铺厚度，根据石灰的含水量和松铺密度，校核石灰用量是否合适。

3. 拌和与洒水

（1）干拌

1）集料应采用稳定土拌和机拌和，拌和深度达到稳定层底。设专人跟随拌和机，随时检查拌和深度并配合拌和机操作员调整拌和深度，除直接铺在土基上的一层外，严禁在拌和层底部留有素土夹层。拌和应适当破坏（约1cm）下承层的表面，以利于上下层的黏结。通常应拌和两遍以上（如使用的是生石灰粉，宜先用平地机或多铧犁将石灰翻到集料层中间，但不能翻到底部），在进行最后一遍拌和之前，必要时先用多铧犁紧贴下承层表面翻拌一遍。直接铺在土基上的拌和层也应避免素土夹层。

2）在没有专用机械的情况下，如果为石灰稳定细粒土和中粒土，也可用农用旋转耕作机与铧犁或平地机相配合拌和，但其拌和效果较差。先用旋转耕作机拌和，后用多铧犁或平地机将底部素土翻起。再用旋转耕作机拌和第二遍，多铧犁或平地机将底部料再翻起，并随时检查调整翻犁的深度，使稳定上层全部翻透。严禁在稳定土层和下承层之间残留一层素土，也应防止翻犁过深、过多破坏下承层的表面。还可以用缺口圆盘耙与多铧犁或平地机相配合，拌和石灰稳定细粒土、中粒土和粗粒土（但其拌和效果较差）。用平地机或多铧犁在前面翻拌，用圆盘耙跟在后面拌和,即采用边翻边耙的方法。圆盘耙的速度应尽量快,使石灰与集料拌和均匀。共翻拌 4~6 遍,开始的两遍不应翻犁到底,以防石灰落到底部,后面的几遍应翻犁到底。随时检查调整翻犁的深度,使稳定土层全部翻透。

（2）洒水湿拌

在拌和过程中,及时检查含水量。用喷管式洒水车补充洒水,使混合料的含水量等于或略大于最佳值(视土类而定可大 1‰ 左右),洒水车距离应长些。水车起洒处和另一端调头处都应超出拌和段 2m 以上。洒水车不应在正进行拌和的以及当天计划拌和的路段上调头和停留,以防局部水量过大,拌和机械应紧跟在洒水车后面进行拌和,尤其在纵坡大的路段上更应配合紧密,减少水分流失。

1) 在洒水过程中,要人工配合拣出超尺寸颗粒,清除粗细石料"窝",以及局部过湿之处。拌和完成的标志是:混合料色泽一致,没有灰条、灰团和花面,没有粗细石料"窝",且水分合适均匀。

2) 拌和石灰加黏土的稳定碎石或砂砾时,应先将石灰土拌和均匀,然后均匀地摊铺在碎石或砂砾层上,再一起进行拌和,用石灰稳定塑性指数大的黏土时,由于黏土难以粉碎,宜采用两次拌和法。即第一次加 70%～100% 预定剂量的石灰进行拌和,闷放一夜,然后补足石灰用量,再进行第二次拌和。

4. 整形与碾压

（1）整形

混合料拌和均匀后,先用平地机初步整平和整形。在直线段,平地机由两侧向路中心进行刮平。在平曲线段,平地机由内侧向外侧进行刮平。需要时,再返回刮一遍。用平地机或轮胎压路机快速碾压 1～2 遍,用轮胎压路机碾压时,因轮胎表面没有花纹,压后表面比较光滑。在用平地机整平前,应先用齿耙把低洼处表层 5cm 以上耙松,避免在较光滑的表面产生薄层找补的情况,用平地机进行整形后再碾压一遍。对于局部低洼处,应用齿耙将其表层 5cm 以上耙松,并用新拌的石灰混合料进行找补平整,再用平地机整形一次,每次整形都要按照规定的坡度和路拱进行。特别要注意接缝处的整平,接缝必须顺适平整。

（2）碾压

整形后,当混合料处于最佳含水量±1% 时(如果表面水分不足,应适当洒水),立即用 12t 以上三轮压路机、重型轮胎压路机或振动压路机在路基全宽内进行碾压。直线段由两侧路肩向路中心碾压;平曲线段由内侧路肩向外侧路肩进行碾压。碾压时后轮应重叠 1/2 倍轮宽,后轮必须超过两段的接缝处,后轮压完路面全宽时即为一遍。碾压一直进行到要求的密实度为止,一般需 6~8 遍。压路机的行进方式同路基碾压,碾压过程中,石灰稳定土的表面应始终保持湿润。如果表面水蒸发快,应及时补洒少量的水。如果出现"弹簧"、松散、起皮等现象,应及时翻开重新拌和,或用其他方法处理,使其达到质量要求。在碾压结束之前,用平地机再终平一次,使其纵向顺适,路拱和超高符合设计要求。终平应仔细进行,必须将局部高出部分刮除并扫出路外,对于局部低洼之处,不再进行找补,留待铺筑面层时处理。

5. 施工中应注意的问题

(1) 接缝和"调头"处的处理

两个工作段的搭接部分,应采用对接形式。前一段拌和后,留5~8m不进行碾压。后一段施工时,将前段留下未压部分,一起再进行拌和。拌和机械及其他机械不应在已压成的石灰稳定土层上调头,如果必须在其上进行调头,应采取措施(如覆盖10cm厚的砂或砂砾)保护调头部分,使石灰稳定土表层不受破坏。

(2) 纵缝的处理

石灰稳定土层的施工应尽可能避免纵向接缝,对于不能中断交通的路段,可采用半幅施工方法。必须分两幅施工时,纵缝必须垂直相接,不应斜接。

(3) 路缘处理

当石灰稳定土层上为薄沥青面层时,基层每边应较面层宽20cm以上。在基层全宽上喷洒透层沥青或设下封层,沥青面层边缘以三角形向路肩抛出6~10cm。如设路缘块时,必须注意防止路缘块阻滞路面表面水和结构层中的水。

(4) 用石灰稳定低塑限指数的砂、粉性土的处理

用石灰稳定低塑限指数的砂性土和粉性土时,碾压过程中容易起皮松散,成型困难,施工时要大量洒水,分两阶段碾压,第一阶段,洒水后用履带拖拉机先压1~3遍,达到初步稳定;第二阶段,待水分接近最佳含水量时,再继续用12t以上压路机压实。当缺少履带拖拉机时,洒水后,先用轻型压路机碾压两遍,然后覆盖一层素土,继续用12t以上压路机压实并养生后,将素土层清除干净。

8.1.2 中心站集中拌和(厂拌)法施工

石灰稳定土可以在中心站用多种机械集中拌和,如强制式拌和机、双转轴桨叶式拌和机等,集中拌和有利于保证配料的准确性和拌和的均匀性。

1. 备料

土块要粉碎,最大尺寸不应大于15mm。集料的最大粒径和级配都应符合要求,必要时,应先筛除集料中不符合要求的颗粒。配料应准确,在潮湿多雨地区施工时,还应采取措施保护集料,特别是细集料(含土)和石灰免遭雨淋。

2. 拌制

在正式拌制稳定土混合料之前,必须先调试所用的厂拌设备,使混合料的颗粒组成和含水量都达到规定的要求。集料的颗粒组成发生变化时,应重新调试设备。应根据集料和混合料的含水量及时调整加水量,拌和要均匀。

3. 运输

已拌成的混合料应尽快运送到铺筑现场。如运距远、气温高,则车上的混合料应加以覆盖,以防水分过多蒸发。

4. 摊铺及碾压

下承层为石灰稳定土时,应先将下承层顶面拉毛,再摊铺混合料。摊铺应采用沥青混凝土摊铺机、水泥混凝土摊铺机或稳定土摊铺机摊铺混合料。在没有上述摊铺机的情况下,可以用摊铺箱或自动平地机摊铺混合料。用摊铺机或摊铺箱摊铺时,要求拌和机与摊铺机的生产能力相协调,如拌和机的生产能力较低,则应用最低速度摊铺,以减少摊铺机停机待料的情况。在摊铺机后面应设专人消除粗、细集料离析现象,特别是局部粗集料"窝",应该铲除,并用新混合料填补。摊铺后应用振动压路机、二轮压路机和轮胎压路机及时进行碾压。用平地机摊铺混合料时,根据铺筑层的厚度和要求达到的压实干密度,计算每车混合料的铺筑面积。将混合料均匀地卸在路幅中央,路幅宽时,可将混合料卸成两行,用平地机将混合料按松铺厚度摊铺均匀,平地机后面应及时消除粗集料"窝"和粗集料带(补充细混合料并拌和均匀)。

5. 整形、碾压

与路拌法相同。

8.1.3 养生及交通管制

1) 石灰稳定土在养生期间应保持一定的湿度,养生期一般不少于7d。养生方法可根据具体情况采用洒水、覆盖砂、低塑性土或沥青膜等。在养生期间石灰土表层不能忽干忽湿,每次洒水后,应用两轮压路机将表层压实。石灰稳定土层碾压结束1~2d后,其表层较干燥(如石灰土的含水量不大于10%,石灰粒料土的含水量在5%~6%)时,可以立即喷洒透层,做下封层或铺筑面层。但初期应禁止重型车辆通行。

2) 在养生期间未采用覆盖措施的石灰稳定土层上,除洒水车外,应封闭交通。在采用覆盖措施的石灰稳定土层上,不能封闭交通时,应限制车速不得超过30km/h,如石灰稳定土分层施工时,下层石灰稳定土碾压完后,可以立即铺筑另一层石灰稳定土,不需专门的养生期。

3) 养生期结束后,应立即喷洒透层沥青或做下封层,并在5~10d内铺筑沥青面层。在喷洒透层沥青后,应撒布3~8mm或5~10mm的小碎(砾)石,小碎石不完全覆盖,均匀覆盖约60%的面积,露黑。如喷洒的透层沥青能透入基层,运料车辆和面层混合料摊铺机在上行驶不会破坏沥青膜时,可以不撒小碎石。如果为水泥混凝土面层时,也不应让基层长期暴晒开裂。

8.2 水泥稳定土基层

在粉碎的或原来松散的土(包括各种粗、中、细粒土)中,掺入一定量的水泥和水,经拌和压实及养生后得到的混合料,当其抗压强度符合规定的要求时,称为水泥稳定土。用水泥稳定细粒土(砂性土、粉性上或黏性土)时简称水泥土;当所用细粒土属于砂时,简称水泥砂。用水泥稳定粗粒土和中粒土得到的混合料,视原材料,可相应简称为水泥碎石(级配碎石和未筛分碎石)、水泥石渣(采石场废料)、水泥石屑(碎石场细筛余料)、水泥砂砾、水泥碎石土或水泥砂砾土。

用水泥稳定土铺筑的路面基层和底基层,分别称为水泥稳定(土)基层和水泥稳定(土)底基层。

水泥稳定土有良好的力学性能和板体性,它的水稳性和抗冻性都较石灰稳定土好。水泥稳定土的初期强度高并且强度随龄期增长,它的力学强度还可根据需要而调整。一般可适用于各种交通类别道路的基层和底基层。

水泥稳定土施工时,应先确定每一作业段的合理长度,而且必须采用流水作业,使各工序紧密衔接。特别是要尽量缩短从拌和到完成碾压之间的延迟时间,所以在施工时应做延迟时间对强度影响的试验,以确定合适的延迟时间,并使此时水泥稳定土的强度仍能满足设计要求。

水泥稳定土基层的施工方法主要有路拌法和中心站集中拌和(厂拌)法两种。

8.2.1 路拌法施工

水泥稳定土路拌法施工与石灰稳定土的路拌法施工相似。

8.2.2 中心站集中拌和(厂拌)法施工

水泥稳定土可以在中心站用强制式拌和机、双转轴桨叶式拌和机(卧式叶片拌和机)等厂拌设备进行集中拌和。塑性指数小,含土量少的砂砾土、级配碎石、砂、石屑等集料也可以用自落式拌和机拌和。其施工方法与石灰稳定土厂拌法施工基本相同,不做赘述。但应该注意的是:在摊铺过程中,如中断时间已超过2~3h,又未按横向接缝方法处理,则应将摊铺机附近及其下面未经压实的混合料铲除,并将已碾压密实且高程和平整度符合要求的末端挖成一横向(与路线垂直)垂直向下的断面,然后再摊铺新的混合料。

8.2.3 养生及交通管制

水泥稳定土基层每一段碾压完成并经压实度检查合格后应立即开始养生,不应延误。但如水泥稳定土分层施工时,下层水泥稳定土碾压完后,经过1d就可以铺筑上层水泥稳定土,不需经过7d养生期。但在铺筑上层稳定土之前,应始终保持土层表面湿润。为增加上、下层之间的黏结性,在铺筑上层稳定土时,需在下层表面撒少量水泥或水泥浆。此外,如水泥稳定土用作水泥混凝土路面的基层,且面层是用小型机械施工的,则基层完成后不需养生就可铺筑混凝土面层。

水泥稳定土基层养生方法如下:

1)用不透水薄膜或湿砂进行养生。用砂覆盖时,砂层厚7~10cm,砂铺匀后,应立即洒水,并保持在整个养生期间砂的潮湿状态,也可以用潮湿的帆布、粗麻布、草帘或其他合适的材料覆盖,但不得用湿黏土覆盖。养生结束后,必须将覆盖物清除干净。

2) 采用沥青乳液进行养生。乳液应采用沥青含量约 35％的慢裂沥青乳液,使其能透入基层几毫米深。沥青乳液的用量 $1.2\sim1.4\text{kg/m}^2$,分两次喷洒,乳液分裂后,撒布 $3\sim8\text{mm}$ 或 $5\sim10\text{mm}$ 的小碎(砾)石,小碎石约撒布 60％的面积(不完全覆盖,露黑)。养生结束后,沥青乳液相当于透层沥青。也可以在完成基层上立即(或第二天)做下封层,利用下封层进行养生。

3) 无上述条件时,可用洒水车经常洒水进行养生,每天洒水的次数应根据气候而定。整个养生期间应始终保持稳定土层表面潮湿,不应时干时湿。洒水后,应注意表层情况,必要时,用两轮压路机压实。

除采用沥青养生外,养生期不少于 7d,如养生期少于 7d 就已做上承层,则应注意勿使重型车辆通行。

8.3　石灰工业废渣稳定基层

随着工业的发展,工业废渣逐渐增多,怎样综合利用工业废渣引起了国内外重视。近年来,我国利用工业废渣铺筑路面基层,取得显著成效,不但提高了路面使用品质,而且降低了工程造价,“变废为宝”,具有很大的经济意义。

公路上常用的工业废渣包括:火力发电厂的粉煤灰、钢铁厂的高炉矿渣和钢渣(已经过崩解达到稳定)、化肥厂的电石渣、煤矿的煤渣、煤矸石,以及其他冶金矿渣等。

路用工业废渣一般用石灰进行稳定,故通常称石灰稳定工业废渣(简称石灰工业废渣)。它包括两大类:①石灰和粉煤灰类(简称二灰),又可分为石灰粉煤灰、石灰粉煤灰土、石灰粉煤灰砂、石灰粉煤灰砂砾、石灰粉煤灰碎石、石灰粉煤灰矿渣、石灰粉煤灰煤矸石等;②石灰其他废渣类,可分为石灰煤渣、石灰煤渣土、石灰煤渣碎石、石灰煤渣砂砾、石灰煤渣矿渣、石灰煤渣碎石土等。用石灰工业废渣铺筑的路面基层和底基层,分别称石灰工业废渣基层和石灰工业废渣底基层。

石灰工业废渣,特别是二灰材料,具有良好的力学性能、板体性、水稳性和一定的抗冻性,其抗冻性较石灰土高。石灰工业废渣的初期强度低,但随龄期的增长幅度大。石灰工业废渣可适用于各种交通类别道路的基层和底基层。

8.3.1　路拌法施工

1. 施工准备

1) 准备下承层。同石灰稳定土。

2) 施工放样。同石灰稳定土。

3) 备料。

① 粉煤灰运到路上、路旁或厂内场地后,通常露天堆放。此时,必须使粉煤灰含有足够的水分(含水量15%~20%),以防飞扬。特别在干燥和多风季节,必须使料堆表面保持潮湿,或者覆盖。如在堆放过程中,部分粉煤灰凝结成块,使用时,应将灰块打碎。

② 土或粒料的准备。同石灰稳定土。

③ 石灰的准备。同石灰稳定土。

④ 路肩用料与石灰工业废渣层用料不同,应采取培肩措施,先将两侧路肩培好。路肩料层的压实厚度应与稳定土层的压实厚度相同。路肩上每隔5~10m应交错开挖临时泄水沟。

⑤ 计算材料用量。根据各路段石灰工业废渣层的宽度、厚度及预定的干压实密度,计算各路段需要的干混合料数量。根据混合料的配合比、材料的含水量,以及所用运料车辆的吨位,计算各种材料每车料的堆放距离。

2. 运输和摊铺集料

集料运输与摊铺的方法和步骤如下:

1) 采用二灰混合料时,先将粉煤灰运到路上;采用二灰土时,先将土运到路上;采用二灰粒料时,先将粒料运到路上。在同一料场供料的路段内,由远到近按计算的距离卸置于下承层中间或上侧,卸料距离应严格掌握,避免料不够或过多。

2) 采用机械路拌时,应采用层铺法,即将先运到路上的材料摊铺均匀后,再往路上运送第二种材料,将第二种材料摊铺均匀后,再往路上运送第三种材料。在摊铺集料前,应先在未堆料的下承层上洒水,使其表面湿润,然后再用平地机或其他合适的机具将料均匀地摊铺在预定的宽度上。表面应力求平整,并具有规定的路拱。粒料应较湿润,必要时先洒少量水。第一种材料摊铺均匀后,宜先用两轮压路机碾压1~2遍,然后再运送并摊铺第二种材料。在第二种材料层上,也应先用两轮压路机碾压1~2遍,然后再运送并摊铺第三种材料。

3. 拌和与洒水

机械拌和时,应采用稳定土拌和机或粉碎拌和机。在无专用拌和机械的情况下,也可采用平地机或多铧犁与旋转耕作机或缺口圆耙配合进行拌和。采用专用拌和机时,干拌一遍;采用其他机械时,干拌2~4遍。具体拌和方法同石灰稳定土。

对于二灰粒料,应先将石灰和粉煤灰拌和均匀,然后均匀地摊铺在粒料层上,再一起进行拌和。

4. 整形与碾压

(1) 整形

在整形过程中,必须禁止任何车辆通行。

初步整形后,检查混合料的松铺厚度,必要时应进行补料或减料。二灰土的松铺系数为1.5~1.7,二灰粒料的松铺系数为1.3~1.5,人工摊铺石灰煤渣(土)的松铺系数为1.6~1.8,石灰煤渣粒料为1.4,钢渣石灰为1.4~1.6。用机械拌和及机械整形时,松铺系数为1.2~1.4。

（2）碾压

整形后,当混合料处于最佳含水量±1%时,进行碾压。其压实厚度与压实度要求与石灰稳定土相同。如表面水分不足,应适当洒水。

应用12t以上三轮压路机、重型轮胎压路机或振动压路机在路基全宽内进行碾压。直线段由两侧路肩向路中心碾压。平曲线段中内侧路肩向外侧路肩进行碾压。碾压时,后轮应重叠1/2的轮宽;后轮必须超过两段的接缝。后轮压完路面全宽时,即为一遍。碾压到要求的密实度为止。一般需碾压6~8遍,压路机的碾压速度,头两遍采用1.5~1.7km/h,以后采用2.0~2.5km/h。在道路两侧,应多压2~3遍。

用12~15t轮压路机碾压时,每层的压实厚度不应超过15cm;用18~20t轮压路机碾压时,每层的压实厚度不应超过20cm。对于二灰粒料,采用能量大的振动压路机碾压时,或对于二灰土,采用振动羊足碾与三轮压路机配合碾压时,每层的压实厚度可根据试验适当增加。压实厚度超过上述要求时,应分层铺筑,每层的最小压实厚度为10cm,下层应稍厚。

对于二灰土,应采用先轻型、后重型压路机碾压。

5. 接缝和调头处的处理

1）横缝。两工作段的搭接部分,应采用对接形式。前一段拌和后,留5~8m不进行碾压,后一段施工时,将前段留下未压部分,一起再进行拌和。如第二天接着向前施工,则当天最后一段的末端缝可按此法处理。如第二天不接着向前施工,则当天最后一段的工作缝应按下述方法处理：

在石灰工业废渣拌和结束后,在预定长度的末端,挖一条横贯全宽的槽,槽内放两根与压实厚度等厚的方木（两根方木加在一起的长度等于铺筑层的宽度）,方木的另一侧用素土回填,然后进行整形和碾压。

继续往前施工时,紧接的作业段拌和结束后,除去顶木,用混合料回填。靠近顶木未能拌和的一小段,应人工进行补充拌和。

2）纵缝。石灰工业废渣层的施工应该避免纵向接缝,必须分两幅施工时,纵缝必须垂直相接,其处理方法与石灰稳定土相同。

8.3.2　中心站集中拌和（厂拌）法施工

石灰工业废渣混合料可以在中心站用多种机械进行集中拌和,如强制式拌和机、双转轴桨叶式拌和机等。也可以用路拌机械或人工在场地上进行分批集中拌和。集中拌和时,必须掌握下列各个要点：土块、粉煤灰块要粉碎;配料要准确;含水量要略大于最佳值,使其运到现场、摊铺后碾压时的含水量能接近最佳值;拌和要均匀。

混合料的拌和、摊铺、碾压、养生及其他问题的处理与石灰稳定土相同,这里不再赘述。

8.3.3 养生及交通管制

1) 石灰工业废渣层碾压完成后的第 2 天或第 3 天开始养生。通常采用洒水养生法,每天洒水的次数视气候条件而定,应始终保持表面潮湿或湿润。养生期一般为 7d,也可借用透层沥青或下封层进行养生。

2) 在养生期间,除洒水车外,应封闭交通。

3) 养生期结束,应立即铺筑面层或做下封层。其要求与石灰稳定土相同。

4) 石灰工业废渣分段施工时,下层碾压完毕后,可以立即在其上铺筑另一层,不需专门养生期。

8.3.4 施工应注意的问题

1. 施工季节

半刚性基层宜在春末或夏季组织施工。施工期间的最低气温应在 5℃以上;在冰冻地区应保证在结冻前有一定成型时间,即在第一次重冰冻(-3~-5℃)到来之前的 0.5~1 个月(水泥稳定类)或 1~1.5 个月(石灰、工业废渣稳定类)完成。若不能达到上述要求则碾压成型的半刚性基层应采取覆盖措施以防冻融破坏。多雨地区应避免在雨季施工石灰土结构层。雨季施工水泥稳定土或石灰稳定中、粗粒土时,应特别注意气候变化,采取措施避免结合料或混合料遭雨淋。降雨时应停止施工,及时排除地表水,使运到路上的材料不过分潮湿。已经摊铺的混合料应尽快碾压密实。

2. 路拌法施工中土与粉煤灰用量的控制

在二灰稳定类基层施工中,石灰剂量可以检测,土与粉煤灰的比例只能在施工中加以控制,若控制不好,不仅影响强度,还会使压实度检测失去意义。实际上,土与粉煤灰不同于砂砾和碎石,后者在装卸或摊铺过程中体积变化不大,而土和粉煤灰经装卸、运输和摊铺等,都能使密度变化,室内测量的松干密度总是偏小。如用其松干密度计算虚铺厚度将使工地用量偏多。此外,工地的运土工具较杂,难以用堆土距离控制。因此,可用稳压厚度控制配比的方法,即固定稳压的压路机型及遍数,实测稳压后土及粉煤灰的干密度。反过来,通过抽检稳压厚度来控制土与粉煤灰的比例。

3. 接缝及"调头"处的处理

无论用厂拌法还是路拌法施工,均应尽量减少横向接缝和纵向接缝,必须设置接缝时应妥善处理。对于水泥稳定类基层,同一天施工的两个作业段衔接处应搭接拌和,即前一段拌和后留下 5~8m 长的混合料不碾压,待后一段施工时,在前一段未碾压的混合料中加入水泥,并拌和均匀。每一工作日的最后一段水泥稳定类基层完工后,应将末端设置成垂直端面,以保证接缝处有良好的传荷能力。对于石灰稳定类和工业废渣稳定类基层,同一天施工的两作业段衔接处可按前述方法处理,但不再添加结合料。施工过程中出现的纵向接缝应设置成垂直接缝,接缝区的混合料应充分碾压密实。

4. 水泥稳定类混合料基层施工作业段长度的确定

确定水泥稳定类混合料基层的施工作业段长度应考虑水泥的终凝时间、延迟时间、工程质量要求、施工机械效率及气候条件等因素。延迟时间控制在 3~4h 内,不得超过水泥的终凝时间。在保证混合料强度符合要求的前提下,尽可能增长施工作业段长度。为此,水泥稳定类基层应采用流水作业法组织施工,使各工序紧密衔接,尽可能缩短延迟时间以增加施工流水段长度。一般条件下,每作业段长度以200m 为宜。

8.4　粒料类基层

粒料类基层(granular base)是由一定级配的矿质集料经拌和、摊铺、碾压,且强度符合规定时的路面基层。按强度形成原理的不同,矿质集料分为嵌挤型和密实型两种类型。嵌挤型粒料包括泥结碎石、泥灰结碎石、填隙碎石等,强度靠颗粒之间的摩擦和嵌挤锁结作用形成。密实型粒料具有连续级配,故也称级配型基层,材料包括级配碎(砾)石、符合级配要求的天然砂砾等。本节主要介绍级配碎石、级配砾石和填隙碎石基层的施工技术。

8.4.1　级配碎(砾)石基层

级配碎石基层由粗、细碎石和石屑各占一定比例、级配符合要求的碎石混合料铺筑而成。级配碎石基层适用于各级公路的基层和底基层,也可作较薄沥青面层与半刚性基层之间的中间层,减轻和消除半刚性基层开裂对沥青面层的影响,避免出现反射裂缝。

级配砾石基层是由粗、细砾石和砂按一定比例配制的混合料铺筑的、具有规定强度的路面结构层,适用于二级及二级以下公路的基层及各级公路底基层。

1. 路拌法施工

(1) 准备下承层

1) 基层的下承层是底基层及其以下部分,底基层的下承层可能是土基也可能还包括垫层。下承层表面应平整、坚实,具有规定的路拱,没有任何松散的材料和软弱地点。

2) 下承层的平整度和压实度应符合规范的规定。

3) 下承层(不论路堤或路堑),必须用 12~15t 三轮压路机或等效的碾压机械进行碾压(压 3~4 遍)。在碾压过程中,如发现土过干、表层松散,应适当洒水;如土过湿,发生"弹簧"现象,应采取挖开晾晒、换土、掺石灰或粒料等措施进行处理。

4) 对于底基层,根据压实度检查(或碾压检验)和弯沉测定的结果,凡不符合设计要求的路段,必须根据具体情况,分别采用补充碾压、加厚底基层、换填好的材料、挖开晾晒等措施,使其达到规定标准。

5) 底基层上的低洼和坑洞,应仔细填补及压实。底基层上的搓板和辙槽,应刮除;松散处应耙松、洒水并重新碾压。

(2) 施工放样(同石灰稳定土)

(3) 准备材料

1) 计算材料用量,根据各路段基层或底基层的宽度、厚度及预定的干压实密度,计算各段需要的干集料数量,对于级配碎石,分别计算未筛分碎石和石屑(细砂砾或粗砂)的数量,根据料场未筛分碎石和石屑的含水量以及所用运料车辆的吨位,计算每车料的堆放距离。

2) 在料场洒水,加湿未筛分碎石,使其含水量较最佳含水量大1%左右,以减少运输过程中的集料离析现象(未筛分碎石的最佳含水量约为4%)。

3) 未筛分碎石和石屑可按预定比例在料场混合,同时洒水加湿,使混合料的含水量超过最佳含水量约1%,以减轻施工现场的拌和工作量以及运输过程中的离析现象(级配碎石的最佳含水量约为5%)。

(4) 运输

在同一料场供料的路段,由远到近将料按要求的间距卸置于下承层上。卸料间距应严格掌握,避免料不够或过多,并且要求料堆每隔一定距离留一缺口,以便施工。当采用两种集料时,应先将主要集料运到路上,待主要集料摊铺后,再将另一种集料运到路上。如粗、细两种集料的最大粒径相差较多,应在粗集料处于潮湿状态时,再摊铺细集料。

集料在下承层上的堆置时间不能太长。运送集料较摊铺集料工序只宜提前1~2d。

(5) 摊铺

1) 摊铺前要事先通过试验确定集料的松铺系数,人工摊铺混合料时,其松铺系数为1.40~1.50;平地机摊铺混合料时,其松铺系数为1.25~1.35。

2) 用平地机或其他合适的机具将集料均匀地摊铺在预定的宽度上,要求表面应平整,并具有规定的路拱,同时摊铺路肩用料。

3) 检验松铺材料的厚度,看其是否符合预定要求。必要时,应进行减料或补料工作。

4) 级配碎石、砾石基层设计厚度一般为8~16cm,当厚度大于16cm时,应分层铺筑,下层厚度为总厚度的0.6倍,上层厚度为总厚度的0.4倍。

(6) 拌和及整形

应采用稳定土拌和机拌和级配碎、砾石。在无稳定土拌和机的情况下,也可采用平地机或多铧犁与圆盘耙相配合进行拌和。

1）用稳定土拌和机拌和。用稳定土拌和机拌和 2 遍以上。拌和深度应直到级配碎、砾层底。在进行最后一遍拌和之前，必要时先用多铧犁紧贴底面翻拌一遍。

2）用平地机拌和。用平地机将铺好的集料翻拌均匀。平地机的作业长度一般为 300～500m，拌和遍数一般为 5～6 遍。

3）用缺口圆盘耙与多铧犁配合拌和。用多铧犁在前面翻拌，圆盘耙跟在后面拌和，即采用边翻边耙的方法，共翻耙 4～6 遍。圆盘耙的速度应尽量快，且应随时检查调整翻耙的深度。

用多铧犁翻拌时，第一遍由路中心开始，将碎石或砾石混合料往中间翻，同时机械应慢速前进。第二遍应是相反，从两边开始，将混合料向外翻。翻拌遍数应以双数为宜。

无论采用哪种拌和方法，在拌和的过程中都应用洒水车洒足所需的水分，拌和结束时，混合料的含水量应该均匀，并较最佳含水量大 1% 左右，应该没有粗细颗粒离析现象。如级配碎石或砾石混合料在料场已经混合，可视摊铺后混合料的具体情况（有无粗细颗粒离析现象），用平地机进行补充拌和。

拌和均匀后的混合料要用平地机按规定的路拱进行整平和整形（要注意离析现象），用拖拉机、平地机或轮胎压路机在已初平的路段上快速碾压一遍，以暴露潜在的不平整，再用平地机进行最终的整平和整形。在整形过程中，必须禁止任何车辆通行。

（7）碾压

压路机的碾压速度，头两遍采用 1.5～1.7km/h，级配碎石或砾石基层在碾压中还应注意下列各点：

1）凡含土的级配碎石、砾石基层，都应进行滚浆碾压，直压到碎石、砾石层中无多余细土泛到表面为止。滚到表面的浆（或事后变干的薄层土）应予以清除干净。

2）碾压全过程均应随碾压随洒水，使其保持最佳含水量。洒水后，待其表面晾干后碾压，直到要求的密实度。

3）开始时，应用相对较轻的压路机稳压，稳压 2 遍后，即时检测、找补，同时如发现砂窝或梅花现象应将多余的砂或砾石挖出，分别掺入适量的碎砾石或砂，彻底翻拌均匀，并补充碾压，不能采用粗砂或砾石覆盖处理。

4）碾压中局部有"软弹"、"翻浆"现象，应立即停止碾压，待翻松晒干，或换含水合适的材料后再进行碾压。

5）两作业段的衔接处，应搭接拌和，第一段拌和后，留 5～8m 不进行碾压，第二段施工将前段留下未压部分，重新拌和，并与第二段一起碾压。

6）严禁压路机在已完成的或正在碾压的路段上调头和急刹车。

7）对于不能中断交通的路段，可采用半幅施工的方法。接缝处应对接，必须保持平整密合。

2. 中心站集中拌和(厂拌)法施工

级配碎石混合料除上面介绍的路拌法外,还可以在中心站用多种机械进行集中拌和,如用强制式拌和机、卧式双转轴桨叶式拌和机、普通水泥混凝土拌和机等。

(1) 材料

采用不同预先筛分制备的各级配碎石和石屑,按预定配合比在拌和机内拌制级配碎石混合料。

(2) 拌制

在正式拌制级配碎石混合料之前,必须先调试所用的厂拌设备,使混合料的颗粒组成和含水量都达到规定的要求。

在采用未筛分碎石和石屑时如未筛分碎石或石屑的颗粒组成发生明显变化,应重新调试设备。

(3) 摊铺

1) 摊铺机摊铺。可用沥青混凝土摊铺机、水泥混凝土摊铺机或稳定土摊铺机摊铺碎石混合料。摊铺时,在摊铺机后面应设专人消除粗细集料离析现象。

2) 自动平地机摊铺。没有摊铺机时,可采用自动平地机摊铺碎石混合料,其步骤为:①应根据摊铺层的厚度和要求达到的压实干密度,计算每车碎石混合料的摊铺面积;②将混合料均匀地卸在路幅中央,路幅宽时,也可将混合料卸成两行;③用平地机将混合料按松铺厚度摊铺均匀;④设专人在平地机后面及时消除粗细集料离析现象,对于粗集料窝,应添加细集料,并拌和均匀,对于细集料窝,应添加粗集料,并拌和均匀;⑤整形与路拌法相同。

(4) 碾压

用振动压路机、三轮压路机进行碾压,碾压方法与要求和路拌法相同。

(5) 接缝处理

1) 横向接缝。用摊铺机铺混合料时,靠近摊铺机当天未压实的混合料,可与第二天摊铺的混合料一起碾压,但应注意此部分混合料的含水量。必要时,应人工补洒水,使其含水量达到规定的要求。用平地机摊铺混合料时,每天的工作接缝处理与路拌法相同。

2) 纵向接缝。应避免产生纵向接缝。如摊铺机的摊铺宽度不够,必须分两幅摊铺时,应采用两台摊铺机一前一后相隔5～8m同步向前摊铺混合料。在仅有一台摊铺机的情况下,可先在一条摊铺带摊铺一定长度后,再开到另一条摊铺带上摊铺,然后一起进行碾压。

(6) 冬季施工

1) 摊铺。冬季进行级配碎砾、砾石基层施工,在摊铺、碾压等工序上,需注意以下几点:①应严格控制作业面,保证当日摊铺段当日碾压成活,不能当日摊铺次日碾压;②冰块应破碎分散,避免大冰块集中;③摊铺平整后立即洒盐水,并随洒随压。

2) 碾压成型。

① 冬季碾压必须仔细找平,避免因过多的找补延长作业时间。

② 碾压时,掌握先轻后重,压路机滚轮宜重轮在前,以避免推移。

③ 碾压成型后,要保持干燥,避免冷冻使表面疏松。

级配碎石、砾石基层施工完成、检测合格后,要连续进行上层施工。如不能连续铺筑上层时,要设专人进行洒水湿润养护。

级配碎石、砾石基层未洒透层沥青或未铺封层时,不应开放交通,特别要禁止履带车辆通行,以保护表层不受损坏。

8.4.2 填隙碎石

用单一尺寸的粗粒碎石作主集料,形成嵌锁作用,用石屑(缺乏石屑时,也可以添加细砾砂或粗砂等细集料,但其技术性能不如石屑)填满碎石间的孔隙,增加密实度和稳定性,这种结构称为填隙碎石。填隙碎石基层的施工有干法和湿法两种。

1. 准备工作

1)准备下承层与"级配碎、砾石基层施工"相同。

2)填隙碎石基层对于下承层的作业和施工放样与本节"级配碎、砾石基层施工"相同。

3)材料用量。

① 碎石料。根据路段基层或底基层的宽度、厚度及松铺系数(1.20~1.30。当碎石最大粒径与层厚之比为 0.5 左右时,系数为 1.3;比值较大时,系数接近 1.2),计算各段需要的粗碎石数量。根据运料车辆的车厢体积,计算每车料的堆放距离。

② 填隙料。填隙料的用量为碎石量的 30%~40%。

2. 运输和摊铺粗碎石

1)在同一料场供料的路段,由远到近将粗碎石按计算的距离卸置于下承层上。卸料距离应严格掌握,避免料不够或过多,且料堆每隔一定距离应留一缺口,以便于施工作业。

2)平地机或其他合适的机具将粗碎石均匀地摊铺在预定的宽度上。表面应力求平整,且具有规定的路拱,同时摊铺路肩用料。

3)检验松铺材料层的厚度,看其是否符合预定要求。

3. 撒铺填隙料和碾压

(1)干法施工

干法施工的填隙碎石特别适宜于干旱缺水地区施工,步骤如下:

1)初压。用 8t 两轮压路机碾压 3~4 遍,使粗碎石稳定就位。在直线段上,碾压从两侧路肩开始,逐渐错轮向路中心进行。在有超高路段,碾压从内侧路肩开始,逐渐错轮向外侧路肩进行。错轮时,每次重叠 1/3 轮宽。在第一遍碾压后,应再次找平。初压终了时,表面应平整,并且有要求的路拱和纵坡。

2）撒铺填隙料。用石屑撒布机或类似的设备将干填隙料均匀地撒铺在已压实的粗碎石层上，松铺厚 2.5～3.0cm，需要时，用人工或机械（滚动式钢丝）扫匀。

3）碾压。用振动压路机慢速碾压，将全部填隙料振入粗碎石间的孔隙中。如没有振动压路机，可用重型振动板。碾压方法同初压，但路面两侧应多压 2～3 遍。其压实厚度通常为碎石最大粒径的 1.5～2.0 倍，即 10～12cm，碾压后基层的固体体积率应不小于 85%，底基层的固体体积率应不小于 83%。

4）再次撒铺填隙料。用石屑撒布机或类似的设备将干填隙料再次撒铺在粗碎石层上，松铺厚 2.0～2.5cm，用人工或机械扫匀。

5）再次碾压。用振动压路机进行碾压，碾压过程中，对局部填隙料不足之处，人工进行找补，将局部多余的填料用竹帚扫到不足之处或扫出路外。

6）振动压路机碾压后，如表面仍有未填满的孔隙，则还需补撒填隙料，并用振动压路机继续碾压，直到全部孔隙被填满为止。同时，应将局部多余的填隙料铲除或扫除。填隙料不应在粗碎石表面局部集中。表面必须能见粗碎石（如填隙碎石层上为薄沥青面层，应使粗碎石的棱角外露 3～5mm）。

7）设计厚度超过一层铺筑厚度，需在上再铺一层时，应将已压成的填隙碎石层表面的细料扫除一些，使表面粗碎石外露 5～10mm，然后摊铺第 2 层粗碎石，并按上述 1）～6）的工序进行。

8）填隙碎石表面孔隙全部填满后，用 12～15t 三轮压路机再碾压 1～2 遍，在碾压过程中，不应有任何蠕动现象。在碾压之前，应在表面先洒少量水。

（2）湿法施工

1）开始的工序与干法施工 1）～5）的步骤相同。

2）粗碎石层表面孔隙全部填满后，立即用洒水车洒水直到饱和（应注意勿使多余水浸泡下承层）。

3）用 12～15t 三轮压路机跟在洒水车后面进行碾压。其压实要求及压实厚度与干法施工相同。在碾压过程中，将湿填隙料继续扫入所出现的孔隙中，需要时，再添加新的填隙料。洒水和碾压应一直进行到细集料和水形成粉砂浆为止。粉砂浆应有足够的数量，以填塞全部孔隙，并在压路机轮前形成微波纹状。

4）干燥。碾压完成的路段要留待一段时间，让水分蒸发。结构层变干后表面多余的细料以及任何集中成一薄层的细料覆盖层，都应扫除干净。

5）设计厚度超过一层铺筑厚度，需在上再铺一层时，应待结构层变干后，摊铺第二层粗碎石，并重复上述 1）～4）的工序。

8.5 基层施工质量控制与检查验收

8.5.1 施工质量控制

确保基层的施工质量符合设计文件和技术规范要求是基层施工的首要任务，

施工过程中应采取有效措施控制施工质量,如建立、健全工地现场试验、质量检查与工序间的交接验收制度。各工序完成后应进行相应指标的检查验收,上一道工序完成且质量符合要求方可进入下一道工序的施工。施工质量控制的内容包括原材料与混合料技术指标的检验、试验路铺筑及施工过程中的质量控制与外形管理三大部分。

1. 原材料与混合料质量技术指标试验

基层施工前及施工过程中原材料出现变化时,应对所采用的原材料进行规定项目的质量技术指标试验,以试验结果作为判定材料是否适用于基层的主要依据。原材料技术指标试验项目及试验方法参见前述有关的内容。

2. 铺筑试验路

为了有一个标准的施工方法做指导,在正式施工前应铺筑一定长度的试验路,以便考察混合料的配合比是否适宜,确定混合料的松铺系数、标准施工方法及作业段的长度等,并根据铺筑试验路的实际过程优化基层的施工组织设计。

3. 质量控制与外形管理

基层施工质量控制是在施工过程中对混合料的含水量、集料级配、结合料剂量、混合料抗压强度、拌和均匀性、压实度、表面回弹弯沉值等项目进行检查。外形管理包括基层的宽度、厚度、路拱横坡、平整度等,施工时应按规定的外形管理测量频度和质量标准进行检查(见表 8.2)。

表 8.2 外形管理测量频度和质量标准

工程种类	项目		频率	质量标准	
				高速、一级公路	其他公路
底基层	纵段高程/mm		高速、一级公路每 20 延米一个断面,每个断面 3~5 点;其他公路每 20 延米 1 点	+5, -15	+5, -20
	厚度/mm	均值	每 1500~2000m² 6 点	-10	-12
		单个值		-25	-30
	宽度/mm		每 40 延米 1 处	+0 以上	+0 以上
	横坡度/%		每 100 延米 3 处	±0.3	±0.5
	平整度/mm		每 200 延米 2 处,每处连续 3.3m	15	20
基层	纵段高程/mm		高速、一级公路每 20 延米一个断面,每个断面 3~5 点;其他公路每 20 延米 1 点	+5, -10	+5, -15
	厚度/mm	均值	每 1500~2000m² 6 点	-8	-10
		单个值		-20	-25
	宽度/mm		每 40 延米 1 处	+0 以上	+0 以上
	横坡度/%		每 100 延米 3 处	±0.3	±0.5
	平整度/mm		每 200 延米 2 处,每处连续 3.3m	10	15

8.5.2 检查验收

基层施工完毕应进行竣工检查验收,内容包括竣工基层的外形、施工质量和材料质量三个方面。检查验收过程中的试验、检验应做到原始记录齐全、数据真实可靠,为质量评定提供客观、准确的依据。检查验收应随机抽样进行,不能带有任何倾向性,通常以 1km 长的路段为一个评定单位。表8.3列出了竣工外形检查的内容和合格标准。竣工质量检查的内容和合格标准列于表8.4中。

表8.3 竣工外形的检查内容和合格标准

工程种类	项 目		频 率	质量标准	
				高速、一级公路	其他公路
底基层	纵段高程/mm		每200m 4点	+10, -20	+10, -30
	厚度/mm	均值	每200m² 每车道1点	-10	-12
		单个值		-15	-30
	宽度/mm		每200m 4处	+0以上	+0以上
	横坡度/%		每200m 4个断面	±0.3	±0.5
	平整度/mm		每200m 2处,每处连续3.3m	15	20
基层	纵段高程/mm		每200m 4处	+5, -10	+5, -15
	厚度/mm	均值	每200m² 每车道1点	-8	-10
		单个值		-15	-20
	宽度/mm		每200m 4处	+0以上	+0以上
	横坡度/%		每200m 4个断面	±0.3	±0.5
	平整度/mm		每200m 2处,每处连续3.3m	10	15
路基	高程/mm		每200m 4点	+10, -20	+10, -30
	宽度/mm		每200m 4处	+0以上	+0以上
	横坡度/%		每200m 4个断面	±0.5	±0.5
	平整度/mm		每200m 2点,每处连续3.3m	≤20	≤30

表8.4 竣工质量检查内容和合格标准

工程种类	项 目	检查数量	标准值	极限低值
路基[1]	压实度	每200m 4处(灌砂法)	重型压实度:高速、一级公路不少于95%;其他公路93%以上	90%
	碾压检验	全面、随时	无弹簧现象	
	弯沉值检验	每一评定段(不超过1km),每车道40~50测点	95%或97.7%概率上波动界限不大于计算容许值	

工程种类	项目	检查数量	标准值	极限低值
集料底基层	压实度	每200m 6~10处[2]	96%	93%
	弯沉值	每车道 40~50测点		计算得的允许值[3]
级配碎石(或砾石)	压实度	每200m 6~10处[2]	基层98%	93%
			底基层96%	91%
	颗粒组成	每200m 2~3处[2]	规定级配范围	
	弯沉值			计算得的允许值[3]
填隙碎石	压实度(固体体积率)	每200m 6~10处[2]	基层85%[3]	82%
			底基层83%	80%
	弯沉值	每车道 40~50测点	每车道40~50测点	计算得的允许值[3]
水泥土、石灰土、二灰、二灰土	压实度	每200m 6~10处[2]	93%(95%)	89%(90%)
	水泥或石灰剂量/%	每200m 3~6处[2]	设计值	水泥为-1.0% 石灰为-2.0%
水泥稳定粒料(土)、石灰稳定粒料(土)、石灰工业废渣(粒料)	压实度	每200m 6~10处[2]	基层93%(97%)	
			底基层96%(97%)	
	颗粒组成	每200m 2~3处[2]	规定级配范围	
	水泥或石灰剂量/%	每200m 3~6处[2]		-1.0%

1) 在底基层施工前对路基进行检测,并应符合本表规定。

2) 以每天完成段落为评定单位时,检查数量可为低限值,以1km为评定单位时,检查数量应为高限值。

3) 就弯沉值而言,计算得的允许值应是极限高值。

8.6 小 结

本章主要讲述了无机结合料稳定材料结构层的施工方法,同时还讲述了粒料类基层的施工工序。通过学习,要求重点掌握石灰稳定土、水泥稳定土和石灰粉煤灰类基层的施工步骤,熟悉级配碎石基层的施工工艺,并且能够结合实践加深体会。

思 考 题

8.1 碎(砾)石路面的强度和稳定性是如何形成的?

8.2 试总结水泥稳定类与石灰稳定类基层施工工艺的区别。

8.3 工业废渣类基层有几种?简述其施工工艺。

第九章　沥青路面的设计

沥青路面又称为柔性路面,是以沥青混合料作面层,以无机结合料或粒料类结构层为基层,考虑必要的垫层组成的路面结构的统称。主要有沥青混凝土、沥青碎石、沥青贯入式、沥青表面处治、乳化沥青碎石、沥青玛琋脂碎石混合料等不同的类别。

沥青路面设计的任务是根据使用要求及气候、水文、土质等自然条件,密切结合当地实践经验,设计确定经济合理的路面结构,使之能承受交通荷载和环境因素的作用,在预定的使用期限满足各级公路相应的承载能力、耐久性、舒适性、安全性的要求。路面设计应包括路面设计的任务指标和技术指标的确定,原材料的选择,路面结构层组合设计,路面结构层混合料配合比设计和设计参数的测试与确定,路面结构厚度计算与确定,路面结构的方案比选等内容。

沥青路面设计方法,可以概括分为两类:一类是以经验或试验为依据的经验法;一类是以力学分析为基础,考虑环境、交通条件以及材料特性为依据的理论法。目前理论法对沥青路面的应力、形变和位移的分析,大多应用弹性层状体系理论,并采用电算的方法。我国沥青路面设计规范规定沥青路面设计理论以弹性层状体系理论为基础。本章着重阐述基于理论法的沥青路面结构设计与计算。

通过本章的学习,应该达到以下要求:

1)了解沥青路面结构设计理论和原理。

2)掌握沥青路面结构组和设计的原则。

3)掌握新建沥青路面设计的程序和方法。

4)掌握沥青路面改建设计的程序和方法。

9.1　概　　述

9.1.1　沥青路面的基本特性

沥青路面是用沥青材料作结合料黏结矿料修筑面层与各类基层和垫层所组成的路面结构。

由于沥青路面使用沥青结合料,因而增强了矿料间的黏结力,提高了混合料的强度和稳定性,使路面的使用质量和耐久性都得到提高。与水泥混凝土路面相比,沥青路面具有表面平整、无接缝、行车舒适、耐磨、振动小、噪声低、施工期短、养护维修简便、适宜于分期修建等优点,因而获得越来越广泛的应用。20世纪50年代以来,各国修建沥青路面的数量迅猛增长,所占比重很大。我国的公路和城市道路近20年来使用沥青材料修筑了相当数量的沥青路面。沥青路面是我国高速公路的主要路面形式。随着国民经济和现代化道路交通运输的需要,沥青路面必将有更大的发展。

沥青路面属柔性路面,其强度与稳定性在很大程度上取决于土基和基层的特性。沥青路面的抗弯强度较低,因而要求路面的基础应具有足够的强度和稳定性,所以,在施工时必须掌握路基土的特性进行充分的压实。对软弱土基或翻浆路段,必须预先加以处理。在低温时,沥青路面的抗变形能力很低,在寒冷地区为了防止土基不均匀冻胀而使沥青路面开裂,需设置防冻层。沥青面层修筑后,由于它的透水性小,从而使土基和基层内的水分难以排出,在潮湿路段易发生土基和基层变软,导致路面破坏。因此,必须提高基层的水稳性,尽可能采用结合料处治的整体性基层。对交通量较大的路段,为使沥青路面具有一定的抗弯拉和抗疲劳开裂的能力,可在沥青面层下设置沥青混合料的联结层。采用较薄的沥青面层时,特别是在旧路面上加铺面层时,要采取措施加强面层与基层之间的黏结,以防止水平力作用而引起沥青面层的剥落、推挤、拥包等破坏。

9.1.2 沥青路面的分类

1) 按强度构成原理可将沥青路面分为密实类和嵌挤类两大类。密实类沥青路面要求矿料的级配按最大密实原则设计,其强度和稳定性主要取决于混合料的黏聚力和内摩阻力。密实类沥青路面按其空隙率的大小可分为闭式和开式两种:闭式混合料中含有较多的小于 0.5mm 和 0.074mm 的矿料颗粒,空隙率小于 6%,混合料致密而耐久,但热稳定性较差;开式混合料中小于 0.5mm 的矿料颗粒含量较少,空隙率大于 6%,其热稳定性较好。

嵌挤类沥青路面要求采用颗粒尺寸较为均一的矿料,路面的强度和稳定性主要依靠骨料颗粒之间相互嵌挤所产生的内摩阻力,而黏聚力则起着次要的作用。按嵌挤原则修筑的沥青路面,其热稳定性较好,但因空隙率较大、易渗水,因而耐久性较差。

2) 按施工工艺的不同,沥青路面可分为层铺法、路拌法和厂拌法三类。

层铺法是用分层洒布沥青,分层摊铺矿料和碾压的方法修筑,其主要优点是工艺和设备简便、功效较高、施工进度快、造价较低,其缺点是路面成型期较长,需要经过炎热季节行车碾压之后路面方能成型。用这种方法修筑的沥青路面有沥青表面处治和沥青贯入式两种。

路拌法是在路上用机械将矿料和沥青材料就地拌和摊铺和碾压密实而成的沥青面层。此类面层所用的矿料为碎(砾)石者称为路拌沥青碎(砾)石;所用的矿料为上者则称为路拌沥青稳定土。路拌沥青面层,通过就地拌和,沥青材料在矿料中分布比层铺法均匀,可以缩短路面的成型期。但因所用的矿料为冷料,需使用黏稠度较低的沥青材料,故混合料的强度较低。

厂拌法是将规定级配的矿料和沥青材料在工厂用专用设备加热拌和,然后送到工地摊铺碾压而成的沥青路面。矿料中细颗粒含量少,不含或含少量矿粉,混合料为开级配的,(空隙率达10%～15%),称为厂拌沥青碎石;若矿料中含有矿粉,混合料是按最佳密实级配配制的(空隙率10%以下)称为沥青混凝土。厂拌法按混合料铺筑时温度的不同,又可分为热拌热铺和热拌冷铺两种:热拌热铺是混合料在专用设备加热拌和后立即趁热运到路上摊铺压实;如果混合料加热拌和后储存一段时间再在常温下运到路上摊铺压实,即为热拌冷铺。厂拌法使用较黏稠的沥青材料,且矿料经过精选,因而混合料质量高,使用寿命长,但修建费用也较高。

3) 根据沥青路面的技术特性,沥青面层可分为沥青混凝土、热拌沥青碎石、乳化沥青碎石混合料、沥青贯入式、沥青表面处治五种类型。此外,沥青玛碲脂碎石近年在许多国家也得到广泛应用。

沥青表面处治路面是指用沥青和集料按层铺法和拌合法铺筑而成的厚度不超过3cm沥青路面。沥青表面处治的厚度一般为1.5～3.0cm。层铺法可分为单层、双层、三层。单层表处厚度为1.0～1.5cm,双层表处厚度为1.5～2.5cm,三层表处厚度为2.5～3.0cm。沥青表面处治适用于三级、四级公路的面层、旧沥青面层上加铺罩面或抗滑层、磨耗层等。

沥青贯入式路面是指用沥青贯入碎(砾)石作面层的路面。沥青贯入式路面的厚度一般为4～8cm。当沥青贯入式的上部加铺拌和的沥青混合料时,也称为上拌下贯,此时拌和层的厚度宜为3～4cm,其总厚度为7～10cm。沥青贯入式碎石路面适用于作二级及二级以下公路的沥青面层。

沥青碎石路面是指用沥青碎石作面层的路面,沥青碎石的配合比设计应根据实践经验和马歇尔实验的结果,并通过施工前的试拌和试铺确定。沥青碎石有时也用作联结层。

9.1.3 沥青路面类型的选择

采用不同的施工工艺和材料可以修筑成不同类型的沥青路面。因此,必须根据路面的使用要求和施工的具体条件,按照技术经济原则来综合考虑,选定最适当的路面类型。

选择沥青路面的类型,一方面要根据任务要求(道路的等级、交通量、使用年限、修建费用等)和工程特点(施工季节、施工期限、基层状况等);另外,还应考虑材料供应情况、施工机具、劳力和施工技术条件等因素,路面类型的选择可参照表9.1选定。从施工季节来讲,沥青类路面一般都要求在温暖干燥的气候条件下施工,所用沥青材料在施工时具有较大的流动性,便于路面摊铺和压实成型。热拌热铺类的沥青碎石或沥青混凝土面层,气候对其影响较小,仅要求在晴朗天气和气温不低于5℃时施工。若施工气温较低,则应选用热拌冷铺法施工较为适宜。

表 9.1 路面类型的选择

公路等级	路面等级	面层类型	设计年限/年	设计年限内累计标准轴次(万次/一车道)
高速公路、一级公路	高级路面	沥青混凝土 沥青玛琋脂碎石	15	>400
二级公路	高级路面	沥青混凝土	12	>200
	次高级路面	热拌沥青碎石混合料、沥青贯入式	10	100~200
三级公路	次高级路面	乳化沥青碎石混合料、沥青表面处治	8	10~100
四级公路	中级路面	水结碎石、泥结碎石、级配碎(砾)石、半整齐石块路面	5	≤10
	低级路面	粒料改善土	5	

沥青类路面一般不宜铺筑在纵坡大于 6% 的路段上。纵坡大于 3% 的路段,考虑抗滑的要求,应采用粗粒式的沥青碎石或粗粒式的沥青表面处治。

9.2 沥青路面材料的力学特性与温度稳定性

9.2.1 沥青混合料的强度特性

表征沥青混合料力学强度的参数是:抗压强度、抗剪强度和抗拉(包括抗弯拉)强度。一般沥青混合料均具有较高的抗压强度,而抗剪和抗拉强度则较低。因此,沥青路面的损坏,往往是由拉裂或滑移开始而逐渐扩展。

1. 抗剪强度

沥青混合料的剪切破坏可按摩尔-库仑原理进行分析。材料在外力作用下如不产生剪切破坏,则应具备下列条件:

$$\tau_{max} < \sigma \tan\varphi + c \tag{9.1}$$

式中:τ_{max}——在外荷载作用下,某一点所产生最大的剪应力;

σ——在外荷载作用下,在同一剪切面上的正应力;

c——材料的黏结力;

φ——材料的内摩阻角。

在沥青路面设计时,通常通过三轴剪切试验、通过应力状况摩尔圆分析获得沥青混合料的受力状况和相应的强度指标。

沥青混合料的抗剪强度主要取决于沥青与矿料相互作用而产生的黏结力,以及矿料在沥青混合料中相互嵌挤而产生的内摩阻角。

沥青混合料的黏结力取决于许多因素,其中最主要的是沥青黏滞度,沥青含量与矿粉含量的比值,以及沥青与矿料相互作用的特性。沥青的黏滞度越高,黏结力就越大,因为高黏滞度的沥青能使沥青混合料的黏滞阻力增大,因而具有较高的抗剪强度。随着沥青含量增加、矿料颗粒间自由沥青增加,沥青混合料的黏结力随即下降。在沥青与矿料的相界面上,由于分子的吸附作用,越靠近矿料表面,沥青的黏滞度越高。因此,矿料的比面积和矿料周围沥青膜的厚度对沥青混合料的黏结力有很大的影响。矿料颗粒越小,比面积越大,包覆矿料颗粒的沥青膜越薄,黏结力就越大。沥青的表面活性越强,矿料对沥青的亲和性越好,吸附作用就越强烈,黏结力也越大。碱性的矿料与沥青黏结时,会发生化学吸附过程,在矿料与沥青接触面上形成新的化合物,因而黏结力较高。酸性的矿料与沥青黏结时,不会形成化学吸附过程,黏结力就较低。

矿料的级配、颗粒的形状和表面特性,都对沥青混合料的内摩阻力产生影响,沥青用量同黏结力和内摩阻角的关系见表 9.2。随着颗粒尺寸的增大,内摩阻力也就增大。颗粒表面粗糙、棱角尖锐的混合料,由于颗粒相互嵌紧,其内摩阻力要比圆滑颗粒的混合料大得多。此外,沥青混合料中沥青的存在总是会降低矿质混合料的内摩阻力。沥青含量过多时,不仅内摩阻力显著地降低,而且黏结力也下降。

表 9.2 沥青用量同黏结力和内摩阻角的关系

沥青混凝土中的沥青用量/%	剩余空隙率/%	内摩阻角/°	黏结力/MPa
5	3.3	30	0.190
6	2.5	30	0.155
7	0.7	19	0.060

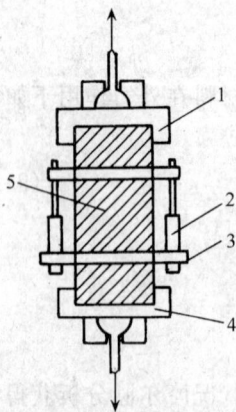

图 9.1 直接拉伸试验示意图
1. 上盖帽;2. 变形传感器;
3. 金属帽;4. 下盖帽;5. 试件

2. 抗拉强度

在气候较寒冷地区,冬季气温下降,特别是急骤降温时,沥青混合料发生收缩,如果收缩受阻,就会产生拉应力,该应力超过沥青混合料的抗拉强度时,路面就会产生开裂。

沥青混合料的抗拉强度,可用直接拉伸试验或间接拉伸——劈裂试验测定。直接拉伸试验(见图 9.1)是将沥青混合料制成圆柱形试件,试件两端黏结在球形铰接的金属盖帽上,试件上安置变形传感器。在给定温度时,以一定加荷速度拉伸,记录各荷载应力下的变形值。应力-应变曲线中的最大应力值即为极限抗拉强度。

间接拉伸试验(劈裂试验,见图 9.2)是将沥青混合料用马歇尔标准击实法制成直径(101.6±0.25)

mm、高(63.5±1.3)mm，或从轮碾机成型的板块试件或从道路现场钻取直径 $\phi(100\pm2)$ mm、或 $\phi(150\pm2.5)$ mm、高为 (40 ± 5) mm 的圆柱体试件。试件两侧垫上金属压条。试件直径为 (100 ± 2) mm 或为 (101.6 ± 0.25) mm 时，压条宽度为 12.7mm，内侧曲率半径 50.8mm；试件直径为 (150 ± 2.5) mm 时，压条宽度为 19mm，内侧曲率半径 75mm，压条两端均应磨圆。在给定温度下，沿试件直径方向通过试件两侧压条按一定加荷速度施加压力，直到试件劈裂破坏。

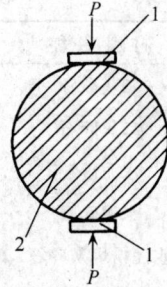

图 9.2　间接拉伸试验示意图
1. 压条；2. 试件

沥青混合料的极限抗拉强度 S_t 由式(9.2)求得

$$S_t = \frac{2P}{\pi t d} \tag{9.2}$$

式中：P——总荷载，MN；

t——试件的厚度，m；

d——试件的直径，m；

π——圆周率；

S_t——沥青混合料的极限抗拉强度，MPa。

沥青混合料在低温下的抗拉强度同沥青的性质、沥青含量、矿质混合料的级配、测试时的温度等因素有关。试验表明，沥青的黏滞度大，或沥青含量较大，沥青混合料则具有较高的抗拉强度。密级配混合料的抗拉强度较开级配混合料高。在低温下沥青混合料的抗拉强度随温度降低而提高，形成一个峰值(脆化点)，低于脆化点后则强度下降。

我国现行的《公路沥青路面设计规范》(TJT 014-97)中沥青混凝土和半刚性材料的抗拉强度采用劈裂试验测得的劈裂强度。表 9.3、表 9.4 分别列出了沥青混凝土和半刚性基层材料劈裂强度常见值。

表 9.3　沥青混凝土劈裂强度常见值

材料名称	沥青针入度	劈裂强度(15℃)/MPa
细粒式密级配沥青混凝土	≤90	1.2～1.6
中粒式密级配沥青混凝土	≤90	0.8～1.2
中粒式开级配沥青混凝土	≤90	0.6～1.0
细料式开级配沥青混凝土	≤90	0.6～1.0

表 9.4　半刚性基层材料劈裂强度常见值

材 料 名 称	配合比或规格要求	劈裂强度/MPa
二灰砂砾	7：13：80	0.6～0.8
二灰碎石	8：17：75	0.5～0.8
水泥砂粒	(5～6)%	0.4～0.6
水泥碎石	(5～6)%	0.4～0.6
水泥粉煤灰碎石	4：16：80	0.4～0.7
石灰水泥粉煤灰砂粒	6：3：10：75	0.4～0.6
石灰水泥碎石	5：3：92	0.35～0.5
石灰土碎石	粒料占 60%	0.3～0.4
碎石灰土	粒料占 50%	0.25～0.35
水泥石灰砂砾土	4：3：25：68	0.3～0.4
二灰土	10：30：60	0.2～0.3
石灰土	(8～12)%	0.25

3. 抗弯拉强度

沥青路面在行车重复荷载作用下,往往因路面弯曲而产生开裂破坏,因此,必须验算沥青混合料的抗弯拉强度。

沥青混合料的抗弯拉强度在室内用梁式试件在简支受力情况下测定。试验时用三分点法加荷,梁中间部分处于纯弯拉状态,抗弯拉强度试验加荷形式见图 9.3。

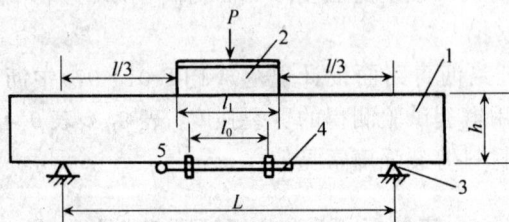

图 9.3　抗弯拉强度试验加荷形式示意图
1. 试验梁;2. 承载板;3. 支点;4. 顶杆;5. 千分表

我国《公路工程沥青及沥青混合料试验规程》(JTJ 052)规定的试件尺寸是由轮碾成型后切制的长(250±2.0)mm,宽(30±2.0)mm,高(95±2.0)mm 的棱柱体小梁,其跨径为(200±0.5)mm。试验温度采用(15±0.5)℃。当用于评价沥青混合料低温抗拉伸性能时,采用试验温度-(10±0.5)℃。

沥青混合料的抗弯拉强度为

$$\sigma_t = \frac{PL}{bh^2} \tag{9.3}$$

式中：P——最大荷载，MN；

b——试件宽度，m；

h——试件高度，m；

L——跨径，m。

沥青混合料的抗弯拉强度，取决于所用材料的性质（沥青的性质、沥青的用量、矿料的性质、混合料的均匀性）及结构破坏过程的加荷状况（重复次数、应力增长速度等）。此外，计算时期的温度状况对抗弯拉强度也有很大的影响。

9.2.2 沥青混合料的应力-应变特性

沥青混合料在应力-应变关系中呈现出不同的性质。有时仅呈现为弹性性质，有时则主要呈黏塑性性质。而大多数情况下，几乎同时综合呈现上述性质，即沥青混合料是一种弹性-黏塑性材料。

应力作用下变形的发展如图9.4所示，当作用应力相当小，即低于弹性极限或屈服点时[见图9.4(a)]，应力作用后，一部分变形瞬即在该材料中产生，并在应力撤除之后，仍以同样的速度消失，这是沥青混合料的纯弹性变形（或称瞬时弹性变形），在这个范围内应力和应变呈直线关系；另一部分变形随力的作用时间而缓慢增大，应力撤除后，变形也随时间增加而缓慢地消失，这是沥青混合料的黏弹性变形（或称潜后弹性变形）。这种情况说明，沥青混合料受力较大时，即高于弹性极限或屈服点，特别是受力的时间很短促时，材料呈现出弹性或兼有黏弹性的性质。当作用力相当大时[见图9.4(b)]，在相当长的时间内（超过弹性变形发展的时间），材料的变形除有瞬时弹性变形和滞后弹性变形外，还存在黏滞性塑性流动变形。应力撤除后，这部分变形不再消失，即塑性变形。这种情况说明，沥青混合料受力相当大，且受力时间又较长时，材料不仅产生弹性变形，而且有随时间而发展的塑性变形。

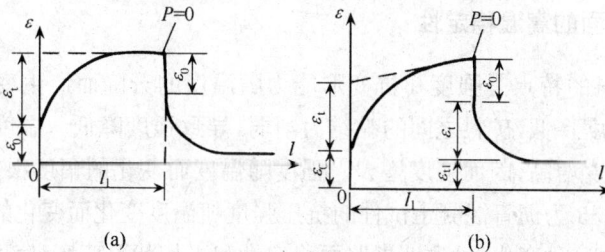

图9.4 应力作用下变形的发展

(a)低于屈服点；(b)高于屈服点

沥青混合料的应力-应变特性，不仅同荷载大小和作用时间有关，而且与材料的温度有关。

考虑到荷载作用时间和温度对沥青及沥青混合料应力-应变特性的影响，C.范德甫(van der Poel)提出用劲度模量(简称劲度)作为表征弹-黏塑材料的性质指标。所谓劲度模量,就是材料在给定的荷载作用时间和温度条件下应力与总应变的比值,即

$$S_{S,T} = \left(\frac{\sigma}{\varepsilon} \right)_{t,T} \tag{9.4}$$

式中：$S_{S,T}$——劲度模量,MPa；

σ——施加的应力,MPa；

ε——总应变；

t——荷载作用时间,s；

T——材料的温度,℃。

9.2.3　沥青混合料的疲劳特性

如同其他路面材料一样,沥青混合料的变形和破坏,不仅与荷载应力的大小有关,而且同荷载作用次数有很大关系。路面材料在低于极限抗拉强度下经受重复拉应力或拉应变而最终导致破坏,称为疲劳破坏。导致路面材料最终破坏(即开始疲劳开裂)的荷载作用次数,称为疲劳寿命。

影响沥青混合料疲劳特性的因素很多,除了与材料的性质(种类、组成等)、环境因素(温度、湿度等)、加荷方式等因素有关外,还取决于沥青混合料的劲度。因此,任何影响劲度的因素(矿料级配、沥青种类和用量、混合料的压实程度和空隙率、试验的温度、加荷速度和应力级等)对混合料的疲劳特性都有影响。

沥青混合料的疲劳特性可用多种室内试验方法测定。通常采用的方法是在简支的小梁上做重复加荷弯曲试验,也可采用重复加荷间接拉伸试验(劈裂试验)测定。

9.2.4　沥青路面的高温稳定性

沥青混合料的特点是强度和抗变形能力随温度的升降而产生变化。温度升高时,沥青的黏滞度降低,矿料之间的黏结力削弱,导致强度降低。温度降低时恰好相反,沥青的黏滞度增高,因而强度增大。强度随温度而变化的幅度很大,相差几倍甚至几十倍。表9.5为沥青混凝土试件的抗压强度随温度变化而变化的情况。由于沥青混合料强度的这种变化,导致沥青路面稳定性和工作状况变坏,使用性能降低。

表 9.5　沥青混凝土试件抗压强度随温度而变化的情况

温度/℃	平均抗压强度/MPa	温度/℃	平均抗压强度/MPa
50	1.0～2.0	—10	10.0～17.0
20	2.5～5.0	—35	18.0～30.0
0	8.0～13.0		

夏季高温时,在停车地点(平面交叉路口、停车站、停车场等)和行车变速的路段上,由于行车的起动与制动,加速与减速,路面可能受到很大的水平作用力(可达到 0.6~0.8 MPa),大体上与垂直应力相当,并且在车辆的重复荷载作用下会发生变形累积。在这种情况下,若沥青混合料的高温稳定性不足,路面就会产生较大的剪切变形。因此提高沥青混合料在高温下的抗剪切能力,就是提高其温度稳定性。

沥青路面在高温下产生的剪切变形,大体上有下列两种情况:一种是面层很薄,或者面层与基层之间的黏结力很差时,面层将沿着基层顶面滑动;另一种是面层很厚,或者面层与基层之间的黏结力很大时,则整个面层内部发生推挤移动。

目前,对沥青混合料高温稳定性的分析,大都借助于试验的方法,较广泛应用的有马歇尔稳定度、无侧限抗压强度和车辙试验等试验方法。

影响沥青混合料高温稳定性的因素主要是:沥青和矿料的性质及其相互作用的特性,矿料的级配组成等。

为了提高沥青混合料的高温稳定性,可采用提高黏结力和内摩阻力的方法。在混合料中增加粗矿料含量,或限制剩余空隙率,使粗矿料形成空间骨架,就能提高混合料的内摩阻力。适当地提高沥青材料的黏稠度,控制沥青与矿粉的比值,严格控制沥青用量,采用具有活性的矿粉,以改善沥青与矿粉的相互作用,就能提高混合料的黏结力。此外,在沥青混合料中使用掺入聚合物(如天然橡胶、合成橡胶、聚乙丁烯、聚乙烯等)改性的沥青,也能取得比较满意的效果。

车辙是路面结构及土基在行车荷载作用下的补充压实,以及结构层中材料的侧向位移产生的累积永久变形。这种变形出现在行车轮带处,即形成路面的纵向带状凹陷。车辙是高级沥青路面的主要破坏形式。沥青混凝土的热稳性主要表现在夏季路面是否在车辆荷载的作用下逐渐形成车辙。研究表明,处于 45℃ 以上的沥青路面受交通荷载的作用最易造成较大的车辙。车辙的年增加量与沥青的软化点、60℃ 的黏度、沥青混合料的动稳定度有很显著的相关性。

影响沥青混合料动稳定度的因素较多。一般密级配的动稳定度大于开级配,沥青用量过多,动稳定度下降,试验温度低则动稳定度高,试验荷载大则动稳定度低。采用改性沥青可明显地提高动稳定度。综合考虑中国国情,我国《公路沥青路面设计规范》(JTJ 014-97)规定,高速公路沥青混合料的动稳定度应大于 800 次/mm,一级公路的动稳定度应大于 600 次/mm。若在南方长期持续气温较高地区,应尽可能的提高沥青混合料的动稳定度指标。

9.2.5 沥青路面的低温抗裂性

沥青路面在低温时强度虽然增大,但其变形能力却因刚性增大而降低。气温下降,特别是在急骤降温时,会在路面结构上产生温度梯度,路面面层遇降温而收缩的趋势会受到其下部层次的约束在面层产生拉应力。开始时由于沥青混合料的劲度相对较低,拉应力较小;但是随着进一步的降温,在低温状态下,沥青混合料的劲度增加,从而伴随了收缩趋势的进一步增强,导致拉应力超过沥青混凝土的强度,造成面层开裂。沥青路面的低温缩裂,大致可分为两类:一类是温度下降而造成路面的开裂,它与沥青混合料的体积收缩有关,这种裂缝是由表面开始发裂而逐渐发展成为裂缝;另一类是属于路基或基层收缩与冰冻共同作用而产生的裂缝,这类裂缝是从基层开始逐渐反映到沥青面层开裂。由于路面收缩的主轴是纵向的,因此低温产生的裂缝大多是横向的。裂缝的间距一般为 6～10m 出现,往往就是沥青路面损坏开始。随着低温循环的影响,裂缝将会进一步扩展,随后雨水由裂缝渗入路面结构,逐渐导致路面工作状况恶化。

影响低温开裂的因素很多,其中主要的因素是路面所用沥青的性质、当地的气温状况、沥青老化程度、路基的种类和路面层次的厚度等。此外,路面面层与基层的黏着状况,基层所用材料的特性,行车的状况对开裂也有一定的影响。

使用稠度较低、温度敏感性低的沥青,可以减少或延缓路面的开裂。路面所在地区的气温越低,开裂越严重。沥青材料的老化,对低温更为敏感,使路面产生开裂的可能性增大。增加沥青面层的厚度可以减少或者延缓路面的开裂,但是不能根除。

近年来,有的国家提出在沥青路面面层上用沥青-橡胶(黏稠沥青 75%＋磨细硫化橡胶粉 25%)混合料铺设一层厚约 10mm 的薄层,构成应力吸收薄膜,以提高路面的抗拉强度和减少温度对路面开裂的影响。在路面面层与基层之间,用沥青-橡胶混合料铺设一层应力吸收薄膜夹层,也能有效地防止路面的反射开裂。

9.2.6 沥青路面的水稳性

高速公路、一级公路、二级公路的沥青混凝土应具有良好的水稳性。沥青混凝土的水稳性指标,除通常采用浸水马歇尔试验和沥青与矿料的黏附性试验,以检验沥青混合料受水损害时的抗剥落性能外,对年最低气温低于－21.5℃的寒冷地区,还应增加沥青混合料冻融劈裂残留强度试验。

9.3 对沥青路面材料的要求

9.3.1 对原材料的要求

1. 沥青材料

沥青路面所用的沥青材料有石油沥青、煤沥青、液体石油沥青和沥青乳液等。各类沥青路面所用沥青材料的标号,应根据路面的类型、施工条件、地区气候条件、施工季节和矿料性质与尺寸等因素而定。煤沥青不宜作沥青面层用,一般仅作为透层沥青使用。选用乳化沥青时,对于酸性石料、潮湿的石料,以及低温季节施工应选用阳离子乳化沥青,对于碱性石料或与掺入的水泥、石灰、粉煤灰共同使用时,应选用阴离子乳化沥青。

对热拌热铺沥青路面,由于沥青材料和矿料均必须加热拌和,并在热态下铺压,故可采用稠度较高的沥青材料。而热拌冷铺类沥青路面,所用沥青材料的稠度可较低。对浇贯类沥青路面,若采用的沥青材料过稠,难以贯入碎石中,过稀又易流入路面底部。因此,这类路面宜采用中等稠度的沥青材料。当地气候寒冷、施工气温较低、矿料粒径偏细时,宜采用稠度较低的沥青材料。但炎热季节施工时,由于沥青材料的温度散失较慢,则可用稠度较高的沥青材料。对于路拌类沥青路面,一般仅采用稠度较低的沥青材料。适用于各类沥青路面的沥青材料标号见表 9.6。

表 9.6 各类沥青路面选用的沥青材料标号

气候分区	沥青种类	沥青路面类型			
		沥青表面处治	沥青贯入式及上拌下贯式	沥青碎石	沥青混凝土
寒冷地区	石油沥青	A-140 A-180	A-140 A-180	AH-90 AH-110 AH-130 A-100	AH-90 AH-110 A-100
温和地区	石油沥青	A-100 A-140 A-180	A-140 A-180	AH-90 AH-110 A-100	AH-70 AH-90 A-100 A-60
较热地区	石油沥青	A-60 A-100 A-140	A-60 A-100 A-140	AH-50 AH-70 AH-90 A-100 A-60	AH-50 AH-70 A-100 A-60

注:寒冷地区:年度内最低月平均气温(℃)低于—10℃;年内月平均气温 25℃的日数(d)少于 215。
温和地区:年度内最低月平均气温(℃)为 0~—10℃;年内月平均气温 25℃的日数(d)为 215~270。
较热地区:年度内最低月平均气温(℃)高于 0℃;年内月平均气温 25℃的日数(d)多于 270。
A 表示普通道路石油沥青;AH 表示重交通道路用石油沥青。

2. 粗集料

沥青路面所用的粗集料有碎石、筛选砾石、破碎砾石、矿渣等。

碎石系由各种坚硬岩石轧制而成。沥青路面所用的碎石应具有足够的强度和耐磨性能,根据路面的类型和使用条件选定石料的等级。各种沥青路面面层粗集料质量技术要求见表 9.7。

碎石应是匀质、洁净、坚硬、无风化的,并应不含过量小于 0.075mm 的颗粒(小于 2%),吸水率小于 2%~3%。颗粒形状接近立方体并有多棱角,细长或扁平的颗粒(长边与短边或长边与厚度比大于 3)含量应小于 15%,压碎值应不大于 20%~30%。

碎石与沥青材料的黏附性大小,对沥青混合料的强度和耐久性有极大影响,应优先选用同沥青材料有良好黏附性的碱性碎石。碎石与沥青材料的黏附性用水煮法测定时,一般公路不小于 3 级,高等级公路应不小于 4 级。

表 9.7　沥青路面面层粗集料质量技术要求

指　表	高速公路、一级公路	其他等级公路
石料压碎值(≤)/%	28	30
洛杉矶磨耗损失(≤)/%	30	40
视密度(≥)/%	2.50	2.45
吸水率(≤)/%	2.0	3.0
对沥青的黏附性/级(≥)	4	3
坚固性(≤)/%	12	—
细长扁平颗粒含量(≤)/%	15	20
水洗法<0.075mm 颗粒含量(≤)/%	1	1
软石含量(≤)/%	5	5
石料磨光值(≥)/BPN	42	实测
石料冲击值(≤)/%	28	实测
碎石砾石的破碎面积(≥)/%		
拌和的沥青混合料路面表面层	90	40
拌和的沥青混合料路面中下面层	50	40
贯入式路面		40

筛选砾石由天然砾石筛选而得。由于天然砾石是各种岩石经自然风化而成不同尺寸的粒料,强度极不均匀,而且多是圆滑形状。因此,筛选砾石仅适用于交通量较小的路面面层下层、基层或联结层的沥青混合料中使用,不宜用于防滑面层。在交通量大的沥青路面面层,若使用砾石拌制沥青混合料,则在砾石中至少应掺有50%(按质量计算)大于 5mm 的碎石或经轧制的砾石。沥青贯入式路面用砾石时,主层矿料中应掺有 30%～40%以上的碎石或轧制砾石。

轧制砾石系由天然砾石轧制并经筛选而得,要求大于 5mm 颗粒中 40%(按质量计)以上至少有一个破碎面。用于沥青贯入式面层时,主层矿料中要有 30%～40%(按质量计)以上颗粒至少有两个破碎面。

路面抗滑表层粗集料应选用坚硬、耐磨、抗冲击性好的碎石,不得使用筛选砾石、矿渣及软质集料。用于高速公路、一级公路沥青路面表面层及各类抗滑表层的粗集料应符合规定的石料磨光值要求。为了保证石料与沥青之间有较好的黏结性能,经检验属于酸性岩石的石料,用于高速公路、一级公路和城市快速路、主干路时,应使用针入度较小的沥青,必要时可在沥青中掺加抗剥离剂,或用干燥的磨细消石灰或生石灰粉、水泥作为填料的一部分,其用量为矿料总量的 1%～2%。将粗集料用石灰浆处理后使用也可以有效地提高石料与沥青之间的黏结力。

3. 细集料

细集料通常以 2.36mm 作为分界,沥青面层的细集料可采用天然砂、机制砂及石屑。表9.8是沥青面层用天然砂规格。细集料应洁净、干燥、无风化、无杂质,并有适当的颗粒组成。热拌沥青混合料的细集料采用优质的天然砂或机制砂,在缺砂地区也可以用石屑。但由于一般情况下石屑的含泥量高,强度不高,因此用于高速公路、一级公路沥青混凝土面层及抗滑表层的石屑用量不超过天然砂及机制砂的用量。细集料应与沥青有良好的黏结能力,与沥青黏结性能很差的天然砂及用花岗岩、石英岩等酸性石料破碎的机制砂或石屑不应用于高速公路、一级公路沥青面层。必须使用时,应有抗剥落措施。

表9.8 沥青面层用天然砂规格

方孔筛/mm	圆孔筛/mm	通过各筛孔的质量		
		粗砂	中砂	细砂
9.5	10	100	100	100
4.75	5	90~100	90~100	90~100
2.36	2.5	65~95	75~100	85~100
1.18	1.2	35~65	50~90	75~100
0.6	0.6	15~29	30~59	60~84
0.3	0.3	5~20	8~30	15~45
0.15	0.15	0~10	0~10	0~10
0.075	0.075	0~5	0~5	0~5
细度模数 M_x		3.7~3.1	3.0~2.3	2.2~1.6

4. 填料

沥青混合料的填料是采用石灰岩或岩浆岩中的强基性岩石等憎水性石料经磨细得到的矿粉,原石料中的泥土杂质应除净。矿粉要求干燥、洁净,其质量应符合表9.9的沥青面层用矿粉质量技术要求。当采用水泥、石灰、粉煤灰作填料时,其用量不超过矿料总量的2%。

表9.9 沥青面层用矿粉质量技术要求

指 标		高速公路、一级公路	其他等级公路
视密度≥/(t/m³)		2.50	2.45
含水量≤/%		1	1
粒度范围	<0.6mm/%	100	100
	<0.15mm/%	90~100	90~100
	<0.075mm/%	70~100	70~100
外观		无团粒结块	
亲水系数		<1	

9.3.2 沥青混合料的组成设计

热拌沥青混合料的配合比设计包括目标配合比设计阶段、生产配合比设计阶段及生产配合比验证阶段。通过配合比设计决定沥青混合料的材料品种、矿料级配及沥青用量。沥青混合料的配合比设计采用马歇尔试验设计方法，并对设计的沥青混合料进行浸水马歇尔试验、水稳定性检验及车辙试验进行抗车辙能力检验。配合比设计各阶段都必须进行马歇尔试验，经配合比设计得到的沥青混合料应符合表9.10所规定的热拌沥青混合料马歇尔试验设计技术标准。高速公路和一级公路的热拌沥青混合料的配合比设计应遵照上述三阶段设计步骤。

表 9.10 热拌沥青混合料马歇尔试验设计技术标准

试验项目	沥青混合料类型	高速公路、一级公路	其他等级公路	行人道路
击实次数/次	沥青混凝土	两面各 75	两面各 50	两面各 35
	沥青碎石、抗滑表面	两面各 50	两面各 50	两面各 35
稳定度 K_n	Ⅰ 型沥青混凝土	>7.5	>5.0	>3.0
	Ⅱ 型沥青混凝土	>5.0	>4.0	—
流值/$\times 10^{-2}$mm	Ⅰ 型沥青混凝土	20～40	20～45	20～50
	Ⅱ 型沥青混凝土、抗滑表层	20～40	20～45	—
孔隙率/%	Ⅰ 型沥青混凝土	3～6	3～6	2～5
	Ⅱ 型沥青混凝土、抗滑表面	4～10	4～10	—
	沥青碎石	>10	>10	—
沥青饱和度/%	Ⅰ 型沥青混凝土	70～85	70～85	75～90
	Ⅱ 型沥青混凝土、抗滑表面	60～75	60～75	—
	沥青碎石	40～60	40～60	—

注：1. 粗粒式沥青混凝土稳定度可降低 1kN。

2. Ⅰ 型细粒式及砂粒式沥青混凝土的空隙率为 2%～6%。

3. 当沥青碎石混合料试件在 60℃水浴中浸泡即发生松散时，可不进行马歇尔试验，但应测定密度、空隙率、沥青饱和度等。

目标配合比设计阶段。用工程实际使用的材料计算各种材料的用量比例配合成规定的矿料级配，进行马歇尔试验，确定最佳沥青用量。以此矿料级配及沥青用量作为目标配合比，供拌和机确定各冷料仓的供料比例、进料速度及试拌使用。

生产配合比设计阶段，对间歇式拌和机，必须从二次筛分后进入各热料仓的材料取样进行筛分，以确定各热料仓的材料比例，供拌和机控制室使用。同时反复调整冷料仓进料比例以达到供料均衡，并取目标配合比设计的最佳沥青用量、最佳沥青用量±0.3%等三个沥青用量进行马歇尔试验，确定生产配合比的最佳沥青用量。

生产配合比验证阶段，拌和机采用生产配合比进行试拌、铺筑试验段，并用拌和的沥青混合料及路上钻取的芯样进行马歇尔试验检验,由此确定生产用的标准配合比。标准配合比应作为生产上控制的依据和质量检验的标准。标准配合比的矿料级配至少应包括 0.075mm、2.36mm、4.75mm(圆孔筛 0.074mm、2.5mm、5mm),三档的筛孔通过率接近要求级配的中值。经设计确定的标准配合比在施工过程中不得随意变更。生产过程中,当进场材料发生变化,沥青混合料的矿料级配、马歇尔试验技术指标不符合要求时,应及时调整配合比,使沥青混合料质量符合要求并保持相对稳定,必要时重新进行配合比设计。

沥青混合料的沥青最佳用量,通常以马歇尔稳定度试验来确定。

9.4　沥青路面设计理论和设计标准

9.4.1　沥青路面设计理论

由不同材料的结构层及土基组成的路面结构,在荷载作用下其应力形变关系一般呈非线性特性,且形变随应力作用时间而变化,同时应力卸除后常有一部分变形不能恢复。因此,严格地说,沥青路面在力学性质上属于非线性的弹-黏-塑性体。但是考虑到行驶车轮作用的瞬时性(百分之几秒),在路面结构中产生的黏-塑性变形数量很小,所以对于厚度较大、强度较高的沥青路面,将其视作线性弹性体,并应用弹性层状体系理论进行分析计算。弹性层状体系如图 9.5 所示。该体系由若干个弹性层组成,上面各层具有一定厚度,最下一层为弹性半空间体。

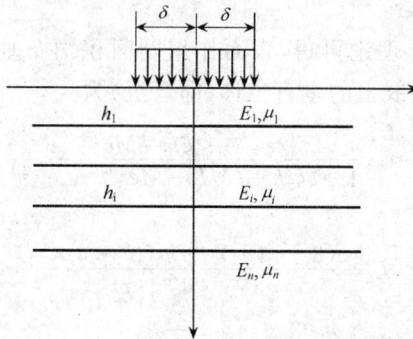

图 9.5　弹性层状体系示意图

应用弹性力学方法求解弹性层状体系的应力、变形和位移等分量时,引入如下一些假设:①各层是连续的、完全弹性的、均匀的、各向同性的,以及位移和形变是微小的;②最下一层在水平方向和垂直向下方向为无限大,其上各层厚度为有限、水平方向为无限大;③各层在水平方向无限远处及最下一层向下无限深处,其应力、形变和位移为零;④层间接触情况,或者位移完全连续(称连续体系),或者层间仅竖向应力和位移连续而无摩阻力(称滑动体系);⑤不计自重。

　　求解时,将车轮荷载简化为圆形均布荷载(垂直荷载与水平荷载),并在圆柱坐标体系中分析各分量。在图 9.6 的圆柱坐标 (r,θ,z) 系中微分单元体受力分析图中,在弹性层状体系内微分单元体上,应力分量有三个法向应力 σ_r、σ_θ 和 σ_z 及三对剪应力 $\tau_{rz}=\tau_{zr}$,$\tau_{r\theta}=\tau_{\theta r}$,$\tau_{z\theta}=\tau_{\theta z}$。

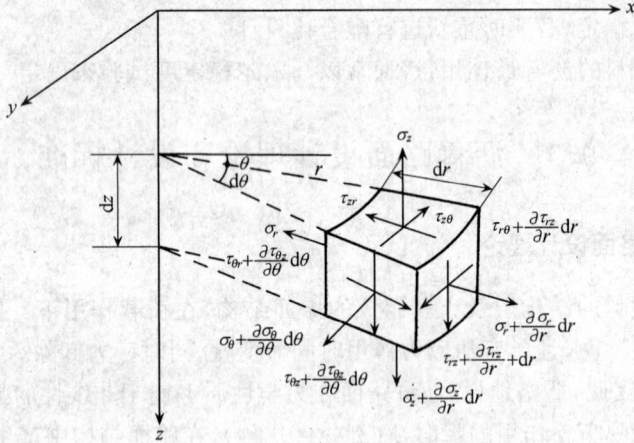

图 9.6　圆柱坐标系 (γ,θ,z) 中微分单元体受力分析图

　　当层状体系表面作用着轴对称荷载时,各应力、形变和位移分量也对称于对称轴,即它们仅是 r 和的函数。因而 $\tau_{r\theta}=\tau_{\theta r}=0$,$\tau_{z\theta}=\tau_{\theta z}=0$,三对剪应力只剩下一对 $\tau_{rz}=\tau_{zr}$。

　　由此,根据弹性力学理论可得,表面作用圆面积均布垂直荷载的双层连续体系,体系表面荷载作用轴线上的垂直位移(即弯沉)为

$$\omega = \frac{2(1-\mu_1^2)}{E_1}p\delta\int_0^\infty \frac{2e^{-\xi h}-4\xi h-Me^{2\xi h}}{1+4\xi^2 h^2+ML-Me^{2\xi h}-Le^{-2\xi h}} \times \frac{J_1(\xi h)}{\xi}\xi \qquad (9.5)$$

其中

$$L = \frac{(3-4\mu_0)-m(3-4\mu_1)}{3-4\mu_0+m}$$

$$M = \frac{m(3-4\mu_1)+1}{1-m}$$

$$m = \frac{E_0(1+\mu_1)}{E_1(1+\mu_0)}$$

式中:E_1,μ_1,E_0,μ_0——上层和半空间体的弹性模量与泊松比。

　　式(9.5)为含有贝塞尔函数和指数函数的广义积分。所有各分量的表达式都是如此形式,它们的数值计算需借助于电子计算机来进行。在计算机已广泛使用的今天,进行这种计算工作已经没有什么困难了。

　　为了使用方便,将式(9.5)改写为

$$\omega = \frac{2p\delta}{E_0}\bar{\omega} \qquad\qquad (9.6)$$

$$\bar{\omega} = \frac{2(1-\mu_1^2)E_0}{E_1}\int_0^\infty \frac{Le^{-\xi h} - 4\xi h - Me^{2\xi h}}{1 + 4\xi^2 h^2 + ML - Me^{2\xi h} - Le^{-2\xi h}} \times \frac{J_1(\xi h)}{\xi}\xi$$

式中，$\bar{\omega}$ 称为垂直位移系数，弹性层状体系单圆均布荷载弯沉计算结果绘成诺谟图如图 9.7。计算时取 $\mu_0 = 0.35$，$\mu_1 = 0.25$。

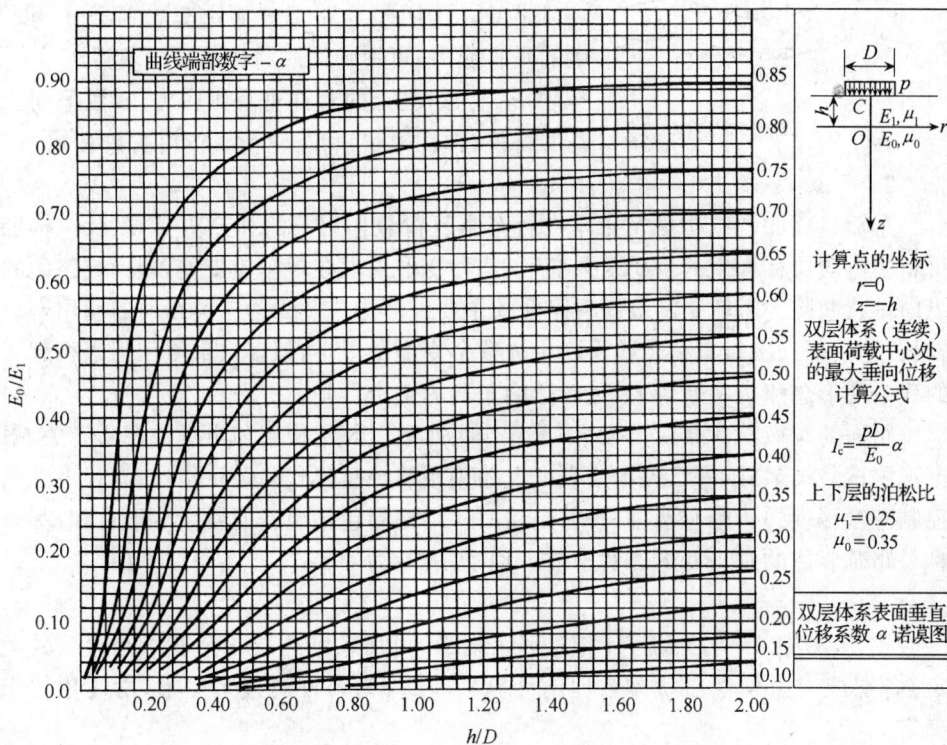

图 9.7　弹性层状体系单圆均布荷载弯沉计算诺谟图

弹性三层体系由两个弹性层以及弹性半空间体组成，其分量的求解方法与前述双层体系相似。

9.4.2　沥青路面的破坏状态与设计标准

沥青路面由于环境因素的不断影响和行车荷载的反复作用，经过一段时间的使用，便会产生破坏而失去原有的使用能力。因此，在工程设计中，可以根据沥青路面不同的结构破坏状态确定相应的设计标准。

1. 沉陷

沉陷是路面在车轮作用下表面产生的较大凹陷变形，有时凹陷两侧伴有隆起现象出现，如图 9.8 所示，当沉陷严重时，超过了结构的变形能力，在结构层受拉区产生开裂而形成纵裂,并有可能逐渐发展成网裂。造成路面沉陷的主要原因是路基土的压缩。当路基土的承载能力较低,不能承受从路面传至路基表面的车轮压力,便产生较大的垂直变形即沉陷。

为控制路基土的压缩引起路面的沉陷,可选用路基土的垂直压应力或垂直压应变作为设计标准,如:

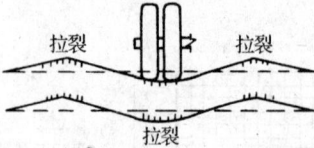

$$\sigma_{z0} \leqslant [\sigma_{z0}] \tag{9.7}$$

式(9.7)中 σ_{z0} 为路基表面由车轮荷载作用产生的垂直应力,可用弹性层状体系理论求得。

$[\sigma_{z0}]$ 为路基土的容许垂直压应力,其数值同土基的特性(弹性模量)和车轮荷载作用次数有关。

图 9.8 沉陷示意图

2. 车辙

车辙是路面的结构层及土基在行车重复荷载作用下的补充压实,以及结构层材料的侧向位移产生的累积永久变形。这种变形出现在行车轮带处,即形成路面的纵向带状凹陷。车辙是高级沥青路面的主要破坏形式。因为这类路面的使用寿命较长,即使每一次行车荷载作用产生的残余变形量很小,但多次重复作用累积起来的残余变形总和也将会较大,足以影响车辆的正常行驶。

路面的车辙同荷载应力大小,重复作用次数以及结构层和土基的性质有关。根据观测试验结果,国外已提出了表征上述关系的经验公式和设计指标。有代表性的控制车辙深度的指标有两种:一种是路面各结构层包括土基的残余变形总和;另一种是路基表面的垂直变形。对于前一种,可表示为

$$L_{re} \leqslant [L_{re}] \tag{9.8}$$

式(9.8)中 L_{re} 为路面的计算总残余变形,可由各结构层残余变形经验公式确定(各层应力由弹性层状体系理论计算)。$[L_{re}]$ 为容许总残余变形,由使用要求确定。

路基表面的垂直应变标准,可表示为

$$\varepsilon E_0 \leqslant [\varepsilon E_0] \tag{9.9}$$

式(9.9)中 εE_0 为路基表面的垂直应变,可由弹性层状体系理论求得。$[\varepsilon E_0]$ 为路基表面容许垂直应变,可由路基残余变形和荷载应力、应力重复次数及路基土弹性模量之间的经验关系确定。

3. 疲劳开裂

开裂是沥青路面常见的一种破坏类型。开裂的种类及产生的原因有几种。这里讲的开裂是路面在正常使用情况下,由行车荷载的多次反复作用引起的。疲劳开裂的特点是,路面无显著的永久变形,开裂开始大都是形成细而短的横向开裂,继而逐渐扩展成网状,开裂的宽度和范围不断扩大。产生疲劳开裂的原因,是沥青结构层受车轮荷载的反复弯曲作用,使结构层底面产生的拉应变(或拉应力)值超过材料的疲劳强度(它较一次荷载作用的极限值小很多),底面便开裂,并逐渐向表面

发展。经水硬性结合料稳定而形成的整体性基层也会产生疲劳开裂,甚至导致面层破坏。

结构层达到临界疲劳状态时所承受的荷载重复次数称为疲劳寿命。某一种路面结构层疲劳寿命的大小,主要取决于所受到的重复应变(或应力)大小,同时也与路面的环境因素有关。通过室内试验和现场路段的观测,可以建立路面或结构层材料承受重复荷载次数与重复应变(或应力)大小之间的关系,即疲劳方程或疲劳曲线。因而可根据路面的设计使用年限求得累计荷载作用次数,由疲劳方程确定路面结构层所容许的重复应变(或应力)的大小。

以疲劳开裂作为设计标准时,用结构层底面的拉应变或拉应力不超过相应的容许值控制设计,即

$$\varepsilon_r \leqslant \varepsilon_R \tag{9.10}$$

或

$$\sigma_r \leqslant \sigma_R \tag{9.11}$$

式中:ε_r,σ_r——按弹性层状体系理论计算的结构层底面的最大拉应变和拉应力;

ε_R,σ_R——由疲劳方程确定的该结构层容许拉应变和容许拉应力。

4. 推移

当沥青路面受到较大的车轮水平荷载作用时(例如经常启动或制动路段及弯道、坡度变化处等),路面表面可能出现推移和拥起。造成这种破坏的原因是,车轮荷载引起的垂直力和水平力的综合作用,使结构层内产生的剪应力超过材料的抗剪强度。同时也与行驶车轮的冲击与振动有关。

为防止沥青面层表面产生推移和拥起,可用面层抗剪强度标准控制设计。也就是在车轮的垂直力和水平力的共同作用下,面层中可能产生的最大剪应力 τ_{max}(由弹性层状体系理论计算的各应力分量求得),应不超过材料的容许剪应力 τ_R,即

$$\tau_{max} \leqslant \tau_R \tag{9.12}$$

这项设计标准通常用于停车站、交叉口等车辆频繁制动地段及紧急制动路段高温情况下的沥青路面设计。对于同沥青混合料的黏聚力和内摩阻角有关的容许剪应力 τ_R,其取值应考虑路面的温度状况。

5. 低温缩裂

路面结构中某些整体性结构层在低温(通常为负温度)时由于材料收缩受限制而产生较大的拉应力,当它超过材料相应条件下的抗拉强度时便产生开裂。由于路面的纵向尺度远大于横向,低温收缩时侧向约束不大,故这种开裂一般为横向间隔性的裂缝,严重时才发展为纵向裂缝。在冰冻地区,沥青面层和用无机结合料稳定的整体性基层,冬季可能出现这种开裂。

低温缩裂是一项同荷载因素无关的设计指标,即低温时结构层材料因收缩受约束而产生的温度应力 σ_{rt} 应不大于该温度时材料的容许拉应力 σ_{tR},即

$$\sigma_{rt} \leqslant \sigma_{tR} \tag{9.13}$$

6. 路面弯沉设计标准

路面弯沉是路面在垂直荷载作用下,产生的垂直变形。一般认为,路面弯沉不仅能够反映路面各结构层及土基的整体强度和刚度,而且与路面的使用状态存在一定的内在联系,同时弯沉值的测定也比较方便。所以我国现行的沥青路面设计方法采用设计弯沉作为路面整体刚度的设计指标。高速公路、一级公路和二级公路的沥青路面除了按弯沉设计路面结构之外,还必须对沥青混凝土面层和半刚性基层、底基层进行层底拉应力的验算。城市道路路面设计尚需进行沥青混合料面层的剪应力验算。

路面设计弯沉值是表征路面整体刚度大小的指标,它是根据设计年限内一个车道上预测通过的累计当量轴次、公路等级、面层和基层类型而确定的路面弯沉设计值,是路面厚度计算的主要依据。路面设计弯沉值可以作为路面竣工后第一年不利季节、路面温度为 $20℃$ 时在标准轴载 $100kN$ 作用下,竣工验收的最大回弹弯沉值,它与交通量、公路等级、面层和基层类型有关。

9.5 沥青路面结构组合设计

沥青路面结构层次的合理选择和安排,是整个路面结构是否能在设计使用年限里承受行车荷载和自然因素的共同作用,同时又能发挥各结构层的最大效能,使整个路面结构经济合理的关键。根据理论分析和多年的使用经验,在路面结构组合设计中要遵循下列原则。

1. 适应行车荷载作用的要求

作用在路面上的行车荷载,通常包括垂直力和水平力。路面在垂直力作用下,内部产生的应力和应变随深度向下而递减。水平力作用产生的应力、应变,随深度递减的速率更快。路面表面还同时承受车轮的磨耗作用,因此要求路面面层具有足够的强度和抗变形能力,在其下各层的强度和抗变形能力可自上而下逐渐减小。这样,在进行路面结构组合时,各结构层应按强度和刚度自上而下递减的规律安排,以使各结构层材料的效能得到充分发挥。

按照这种原则组合路面时,结构层的层数越多越能体现强度和刚度沿深度递减的规律。但就施工工艺、材料规格和强度形成原理而言,层数不应过多,也就是不能使结构层的厚度过小。表 9.11 是各类结构层的适宜厚度以及考虑施工因素的最小厚度,可供设计时参考。适宜的结构层厚度需结合材料供应、施工工艺并按表 9.11 的规定确定,从强度要求和造价考虑,应自上而下由薄到厚。路面设计时,沥青面层厚度与公路等级、交通量及组成、沥青品种和质量有关,设计时应根据公路等级、交通量大小、重型车所占的比例、选用沥青质量等因素,综合考虑确定沥青层厚度。基层、底基层厚度应根据交通量大小、材料力学性能和扩散应力的效果,发挥压实机具的功能以及有利于施工等因素选择各结构层的厚度。沥青路面相邻结构层材料的模量比对路面结构的应力分布有显著影响,是合理确定结构层层数、选定适宜结构层材料的重要考虑因素.根据分析和经验,基层与面层的模量比应不小于 0.3,土基与基层或底基层的模量比为 0.08~0.40。

表 9.11 各类结构层的最小厚度和适宜厚度

路基类型	土质\n基层、垫层类型\n道路冻深/cm	黏性土、细亚黏土			粉性土		
		砂石类	稳定土类	工业废料类	砂石类	稳定土类	工业废料类
中湿	50~100	40~45	35~40	30~35	40~45	40~45	30~40
	100~150	45~50	40~45	35~40	50~60	45~50	40~45
	150~200	50~60	45~55	40~50	60~70	50~60	45~50
	大于 200	60~70	55~65	50~55	70~75	60~70	50~65
潮湿	60~100	45~55	40~50	35~45	50~60	45~55	40~50
	100~150	55~60	50~55	45~50	60~70	55~60	50~60
	150~200	60~70	55~65	50~55	70~80	60~70	60~65
	大于 200	70~80	65~75	55~70	80~100	70~90	65~80

2. 在各种自然因素作用下稳定性好

如何保证沥青路面的水稳性,是路面结构层选择与组合需要解决的重要问题。在潮湿和某些中湿路段上修筑沥青路面时,由于沥青层不透气,使路基和基层中水分蒸发的通路被隔断,因而向基层积聚。如果基层材料中含土量多(如泥结碎石、级配砾石),尤其是土的塑性指数较大时,遇水变软,强度和刚度急剧下降,结果导致路面开裂破坏。所以沥青路面的基层一般应选择水稳性好的材料,在潮湿路段及中湿路段尤应如此。

在季节性冰冻地区,当冻深较大,路基土为易冻胀土时,常常产生冻胀和翻浆。在这种路段上,路面结构中应设置防止冻胀和翻浆的垫层。路面总厚度的确定,除满足强度要求外,还应满足防冻厚度的要求,以避免在路基内出现较厚的聚冰带,防止产生导致路面开裂的不均匀冻胀。防冻的厚度与路基潮湿类型、路基土、道路冻深以及路面结构层材料热物理性有关。根据经验及试验观测,表 9.11 给出路面防冻最小厚度推荐值,可供生产使用。如按强度计算的路面总厚度小于表列厚度规定时,应增设或加厚垫层使路面总厚度达到表列要求。

在冰冻地区和气候干燥地区,无机结合料稳定土或粒料的基层常常产生收缩裂缝。如果沥青面层直接铺筑其上,会导致面层出现反射裂缝,为此可在其间加设一层粒料或优质沥青材料层,或者适当加厚面层。

3. 考虑结构层的特点

路面结构层通常是用密实级配、嵌挤以及形成板体等方式构成的,因而如何构成具有要求强度和刚度并且稳定的结构层是设计和施工都必须注意的问题。影响结构层构成的因素,除材料选择、施工工艺之外,路面结构组合也是十分重要的。例如,沥青面层不能直接铺筑在铺砌片石基层上,而应在其间加设碎石过渡层,否则

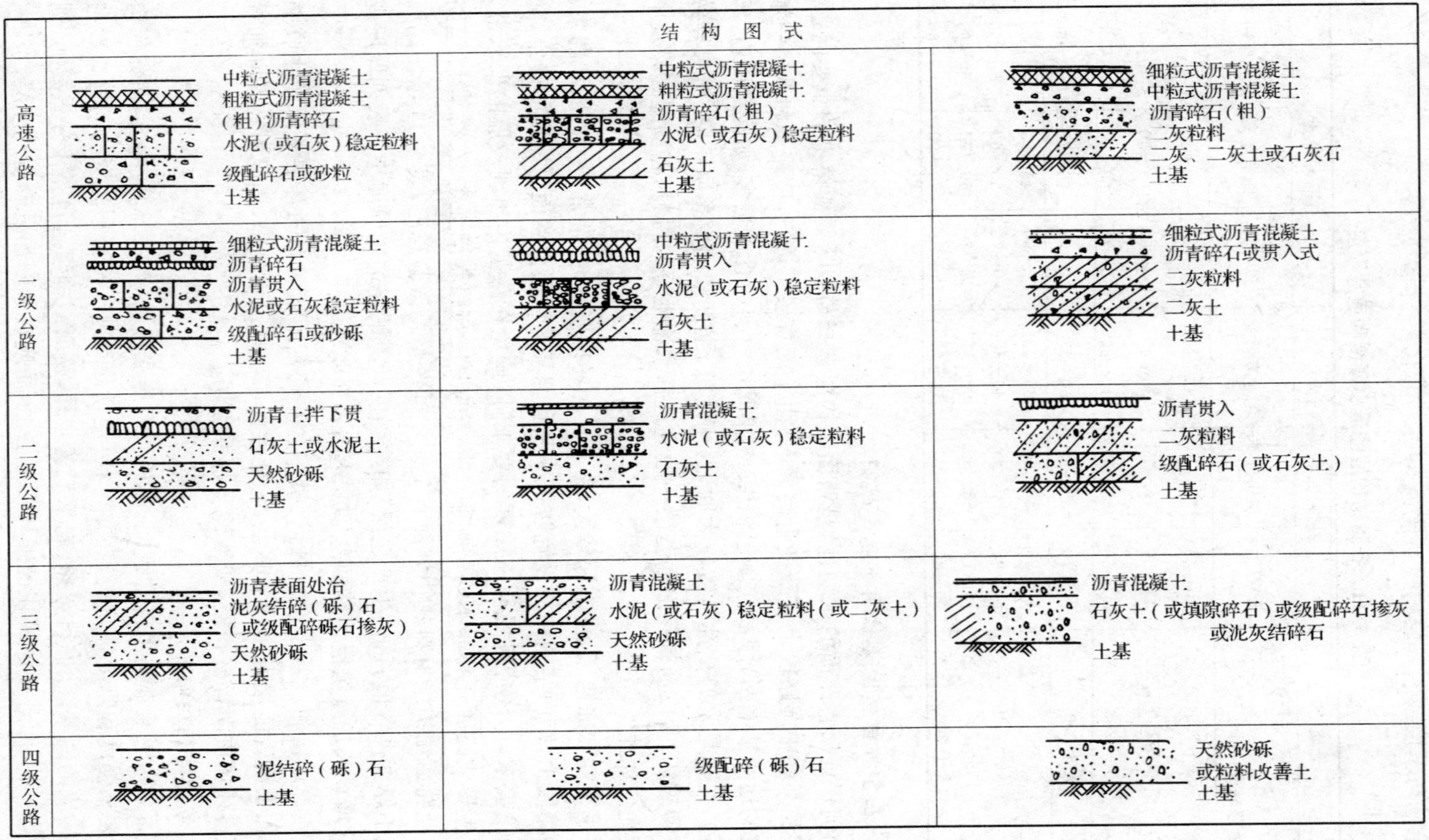

结 构 图 式

高速公路
- 中粒式沥青混凝土、粗粒式沥青混凝土（粗）沥青碎石、水泥（或石灰）稳定粒料、级配碎石或砂砾、土基
- 中粒式沥青混凝土、粗粒式沥青混凝土、沥青碎石、水泥（或石灰）稳定粒料、石灰土、土基
- 细粒式沥青混凝土、中粒式沥青混凝土、沥青碎石、二灰粒料、二灰土、二灰土或石灰石、土基

一级公路
- 细粒式沥青混凝土、沥青碎石、沥青贯入、水泥或石灰稳定粒料、级配碎石或砂砾、土基
- 中粒式沥青混凝土、沥青贯入、水泥（或石灰）、石灰土、土基
- 细粒式沥青混凝土、沥青碎石或贯入式、二灰粒料、二灰土、土基

二级公路
- 沥青表面处治、泥灰结碎（砾）石（或级配碎砾石掺灰）、天然砂砾、土基
- 沥青混凝土、水泥（或石灰）稳定粒料、石灰土、土基
- 沥青贯入、二灰粒料、级配碎石（或灰土）、土基

三级公路
- 沥青土拌下贯、石灰土或水泥土、天然砂砾、土基
- 沥青混凝土、水泥（或石灰）稳定粒料（或二灰土）、土基
- 沥青混凝土、石灰土（或级配碎石）或级配碎石掺灰、或泥灰结碎石、土基

四级公路
- 泥结碎（砾）石、土基
- 级配碎（砾）石、土基
- 天然砂砾、或改善料收善土、土基

图 9.9 各级公路推荐的路面结构图式

铺砌片石不平稳或片石可能的松动都会反映到沥青面层上,造成面层不平整甚至沉陷开裂。这类片石也不能直接铺在软弱的路基上,而应在其间铺粒料层。又如,沥青混凝土或热拌沥青碎石之类的高级面层与粒料基层或稳定土基层之间应设沥青碎石或沥青贯入式联结层。

为了保证路面结构的整体性和结构层之间应力传递的连续性,应尽量使结构层之间结合紧密稳定,不产生层间滑移,必要时应采取以下一些技术措施,提高路面的结构整体性。

1)在沥青面层与半刚性基层或粒料基层之间应设置透层沥青;当半刚性基层表面有可能出现细粒料松散现象或因不能立即加铺沥青层且有施工车辆通行时,还应在透层沥青上增撒粗砂或石屑;在多雨地区或多雨季节施工,应用层铺法的单层表面处治做下封层,以防止雨水渗入基层。

2)当沥青层由双层或三层组成时,若不能连续施工而沥青层表面被污染,或在旧沥青层及水泥混凝土面上加铺沥青层时,均应在层间设黏层沥青。

3)透层沥青、黏层沥青、下封层的材料规格和用量均应符合《公路沥青路面施工技术规范》的有关要求。

在进行路面设计时,要按照面层耐久、基层坚实、土基稳定的要求,贯彻因地制宜、合理选材、方便施工、利于养护的原则以及上述结构组合原则,结合当地经验拟定几种路面结构方案,进行分析比较,并优先选用便于机械化施工和质量管理的方案,做到技术先进,经济合理。图 9.9 所示为各级公路推荐的路面结构图式。

9.6 新建沥青路面的结构厚度计算

我国新建公路沥青路面设计采用双圆垂直均布荷载作用下的多层弹性层状体系理论,以设计弯沉值为路面整体刚度的设计指标。对沥青混凝土面层和半刚性材料的基层、底基层进行层底拉应力的验算。由于汽车在沥青面层上启动、制动常常引起面层表面产生推挤和拥起等剪切破坏,我国城市道路设计规范规定在弯沉和拉应力两项指标之外,增加一项剪应力指标。在进行沥青面层的剪切验算时,要求面层在车轮垂直荷载与水平荷载共同作用下,其破坏面上可能产生的剪应力 τ_a,应不超过材料的容许剪应力 τ_R。

9.6.1 计算图式

路面弯沉值、沥青混凝土层和半刚性材料层的层底拉应力和三层体层剪应力的计算图式分别见图 9.10,图 9.11 和图 9.12。图 9.10 中,A 点是路表弯沉的计算点,位于双圆均布荷载的轮隙中间;验算沥青混凝土层底部拉应力时,应力最大点在 B 和 C 两点之间,可分别计算图 9.11 中点 B、D、C、E 的应力,然后确定最大应力。考虑到路面实际使用情况以及计算的合理性,在进行弯沉计算或验算层底拉应力时,层间接触条件设定为完全连续体系。

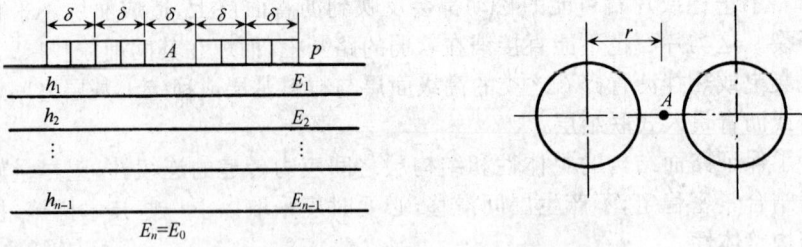

图 9.10 路面弯沉值计算图式

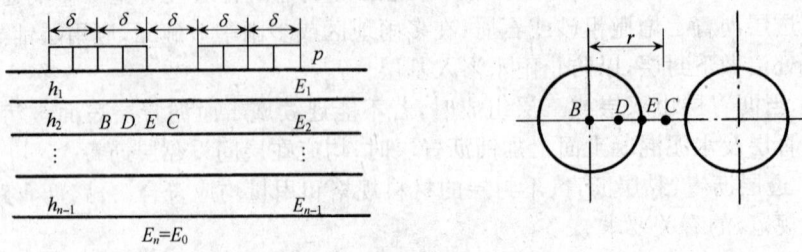

图 9.11 沥青混凝土层和半刚性材料层的层底拉应力计算图式

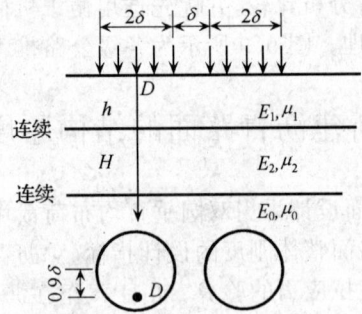

图 9.12 三层体系剪应力计算图式

9.6.2 路面容许弯沉和设计弯沉值

现有路面回弹弯沉值是用杠杆式弯沉仪和具有标准轴载的规定汽车按前进卸荷法测定的(近年出现了落锤频率式弯沉仪)。弯沉值的大小反映了路基路面的强弱,在相同车轮荷载下,路面的弯沉值越大,则路面抵抗垂直变形的能力越弱;反之则强。实践表明,回弹弯沉值大的路面,在经受了轮载不太多次的重复作用后,即呈现出某种形态的破坏;回弹弯沉值小的路面,能经受轮载较多次重复作用才能达到这种形态的破坏。就是说,在达到相同程度的破坏时,回弹弯沉大小同该路面的使用寿命即轮载累计重复作用次数成反比关系。根据路面达到某种破坏状态时的重复荷载作用次数所对应的弯沉值即为该种路面所要求的使用寿命来确定它所容许的最大弯沉值，这个弯沉值被称为容许弯沉值。因此，路面容许弯沉值的确切含义是：路面在使用期末的不利季节，在设计标准轴载作用下容许出现的最大回弹弯沉值。

容许弯沉值与路面使用寿命的关系可通过调查测定确定。国内对公路沥青路面按外观特征分为五个等级，如表 9.12 所示，并把第四外观等级作为路面临界破坏状态，以第四级路面的弯沉值的低限作为临界状态的划界标准。从表 9.12 所列的外观特征可知，这样的临界状态相当于路面已疲劳开裂并伴有少量永久变形的情况。对相同路面结构不同外观特征的路段进行测定后发现，外观等级数越高，弯沉值越大，并且外观等级同弯沉值大小有着明显的联系。这样，便可确定路面处于不同极限状态时的容许弯沉值，并将此弯沉值同该路面在以前使用期间的累计交通量建立关系。

表 9.12　国内沥青路面外观等级描述

外观等级	外观状况	路面表面外观特征
一	好	坚实、平整、无裂纹、无变形
二	较好	平整、无变形、少量发裂
三	中	平整、无变形、有少量纵向或不规则裂纹
四	较坏	无明显变形，有较多纵横向裂纹或局部网裂
五	坏	连片严重龟（网）裂或伴有车辙、沉陷

路面设计弯沉值是根据设计年限内每个车道通过的累计当量轴次、公路等级、面层和基层类型确定的，相当于路面竣工后第一年不利季节、路面在标准轴载 100kN 作用下，测得的最大回弹弯沉值。路面设计弯沉和容许弯沉的关系实际上反映了路表弯沉在使用期间的变化，该变化过程是一个多方面因素综合作用的复杂过程。路基路面结构层的材料特性、压实程度、干湿状况、温度环境、结构类型、气候条件、交通组成、检测时的环境条件以及所使用的仪器设备等均将对弯沉的变化产生很大的影响。

我国公路路面设计弯沉值计算公式如下

$$L_d = 600 N_e^{-0.2} A_c A_s A_b \tag{9.14}$$

式中：L_d——路面设计弯沉值，0.01mm（该值是在标准温度，标准轴载作用下，测定的路表回弹弯沉值，对半刚性基层用 5.4m 弯沉仪，对柔性基层为 3.6m 弯沉仪；若用自动弯沉车或落锤式弯沉仪测定时，应建立相应的换算关系进行换算）；

　　　N_e——设计年限内一个车道上累计当量轴次；

　　　A_c——公路等级系数（高速公路、一级公路为 1.0；二级公路为 1.1；三、四级公路为 1.2）；

　　　A_s——面层类型系数（沥青混凝土面层为 1.0；热拌沥青碎石、乳化沥青碎石、上拌下贯或贯入式路面为 1.1；沥青表面处治为 1.2；中低级路面为 1.3）；

A_b——基层类型系数（对半刚性基层、底基层总厚度等于或大于 20cm 时，A_b=1.0，若面层与半刚性基层之间设置等于或小于 15cm 级配碎石层、沥青贯入碎石、沥青碎石的半刚性基层结构时，仍为 1.0；柔性基层、底基层或柔性基层厚度大于 15cm，底基层为半刚性下卧层时为 1.6）。

路面厚度是根据弹性多层体系理论、层间接触状态为完全连续，在以双圆均布荷载作用下，轮隙中心实测路表弯沉值 L_s 等于设计弯沉值 L_d 的原则进行计算，即 $L_s = L_d$，由于力学计算模型、土基模量、材料特性和参数等方面在理论假设和实际状态之间存在一定的差异，理论弯沉值和实测弯沉值之间存在一定误差，因此需要对理论弯沉值进行修正，通过对大量的实测资料进行分析，得到如下实测弯沉和理论弯沉关系式

$$L_s = 1000 \cdot \left(\frac{2p\delta}{E_0} \right) \alpha_c F \qquad (9.15)$$

$$F = 1.63 \left(\frac{L_s}{2000\delta} \right)^{0.38} \left(\frac{E_0}{p} \right)^{0.36} \qquad (9.16)$$

式中：L_s——路面实际弯沉值，0.01mm；

p, δ——标准车型的轮胎接地压强（MPa）和当量圆半径；

F——弯沉综合修正系数；

α_c——理论弯沉系数，$\alpha_c = f\left(\frac{h_1}{\delta}, \frac{h_2}{\delta}, \cdots, \frac{h_{n-1}}{\delta}, \frac{E_2}{E_1}, \frac{E_3}{E_2}, \cdots, \frac{E_0}{E_{n-1}} \right)$，其中 E_0 为土基回弹模量值（MPa），$E_1, E_2, \cdots, E_{n-1}$ 为各层材料回弹模量值（MPa），h_1, h_2, h_{n-1} 为各结构层厚度（cm）。

9.6.3 标准轴载与轴载换算

路面设计时使用累计当量轴次的概念。但路上行驶的车辆类型很多，所以必需选定一种标准轴载，把不同类型轴载的作用次数换算为这种标准轴载的作用次数。考虑到我国公路汽车运输车辆的现状及发展趋势。我国路面设计以双轮组单轴载 100kN 为标准轴载，以 BZZ-100 表示。标准轴载计算参数按表 9.13 确定。

当把各种轴载换算为标准轴载时，为使换算前后轴载对路面的作用达到相同

表 9.13 标准轴载计算参数

标准轴载	BZZ-100	标准轴载	BZZ-100
标准轴载 P/kN	100	单轮传压面当量圆直径 d/cm	21.30
轮胎接地压强 p/MPa	0.70	两轮中心距/cm	1.5d

的效果,应该遵循两项原则:第一,换算以达到相同的临界状态为标准,即对同一种路面结构,甲轴载作用 N_1 次后路面达到预定的临界状态,路面弯沉为 L_1,乙轴载作用使路面达到相同效果,临界状态的作用次数为 N_2,弯沉为 L_2,此时甲乙两种轴载作用是等效的,则应按此等效原则建立两种轴载作用次数之间的换算关系;第二,对某一种交通组成,不论以哪种轴载的标准进行轴载换算,由换算所得轴载作用次数计算的路面厚度是相同的。

当以设计弯沉值为设计指标及沥青层层底拉应力验算时,凡轴载大于 25kN 的各级轴载(包括车辆的前、后轴)P_i 的作用次数 n_i,均按公式(9.17)换算成标准轴载 P 的当量作用次数 N。

$$N = \sum_{i=1}^{k} C_1 C_2 n_i \left(\frac{P_i}{P} \right)^{4.35} \qquad (9.17)$$

式中:N——标准轴载的当量轴次,次/d;

$\quad n_i$——被换算车辆的各级轴载作用次数,次/d;

$\quad P$——标准轴载,kN;

$\quad P_i$——被换算车辆的各级轴载,kN;

$\quad k$——被换算车辆的类型数;

$\quad C_1$——轴数系数[$C_1 = 1 + 1.2(m-1)$,m 是轴数。当轴间距大于 3m 时,按
       单独的一个轴载计算,当轴间距小于 3m 时,应考虑轴数系数];

$\quad C_2$——轮组系数[单轮组为 6.4,双轮组为 1,四轮组为 0.38]。

当进行半刚性基层层底拉应力验算时,凡轴载大于 50kN 的各级轴载(包括车辆的前后轴)P_i 的作用次数 n_i,均按公式(9.18)换算成标准轴载 P 的当量作用次数 N'。

$$N' = \sum_{i=1}^{K} C_1' C_2' n_i \left(\frac{P_i}{P} \right)^{8} \qquad (9.18)$$

式中:C_1'——轴数系数[$C_1' = 1 + 2(m-1)$];

$\quad C_2'$——轮组系数(单轮组为 1.85,双轮组为 1.0,四轮组为 0.09)。

9.6.4 土基回弹模量值的确定

弹性理论中表征材料性质的参数是弹性模量和泊松比。在应用弹性层状体系理论进行路面计算时,必须确定路基土和路面材料的弹性模量值。无论路基土或路面材料,在通常荷载作用下其应力应变关系是非线性的,因而弹性模量不是定值,而是应力状态的函数。工程上通常采用承载板试验或弯沉测定的方法确定路基土和路面材料回弹模量值,并将这种回弹模量作为弹性模量。土基回弹模量(E_0)是路面结构设计的重要参数,其取值的大小对路面结构厚度有较大影响,正确地确定 E_0 是十分重要的。土基回弹模量值与土的性质、密实度、含水量、路基所处的干湿状态以及测试方法有密切的关系。当前,确定土基回弹模量(E_0)的常用方法有以

下几种。

(1) 现场实测法

现场实测法是在不利季节,采用刚性承载板直接在现场土基上实测 E_0,目前采用的测试方法是按照《公路路基路面现场测试规程》(JTJ 059-95)的规定用大型承载板测定土基 $0\sim0.5$mm(路基软弱时测至 1mm)的变形压力曲线,按式(9.19)计算土基回弹模量。

$$E_0 = 1000\left(\frac{\pi D}{4}\right)\frac{\sum P_i}{\sum L_i}(1 - \mu_0^2) \qquad (9.19)$$

式中:E_0——土基回弹模量,MPa;

μ_0——土的泊松比,根据部颁设计规范规定取用;

D——承载板直径,30cm;

P_i——承载板压力,MPa;

L_i——相应于荷载 P_i 时的回弹变形值,0.01mm。

因弯沉测定比承载板法简便、快捷,可选择典型路段测试,建立 E_0 和 L_0 的相关关系,用弯沉值检验土基回弹模量,由回弹弯沉测值计算土基回弹模量 E_{0L} 可用公式(9.20)。

$$E_{0L} = 1000 \cdot \frac{2p\delta}{L_0}(1 - \mu_0^2) \qquad (9.20)$$

式中:p ——测定车单轮轮胎接地压强,MPa;

δ——当量圆半径,cm;

L_0——轮隙中心处的回弹弯沉(0.01 mm);

α_0——均匀体弯沉系数(取 0.712)。

实测到回弹弯沉后,可按式(9.21)确定土基回弹模量设计值。在非不利季节实测土基回弹模量时,还应考虑季节影响系数。

$$E_{0s} = (\overline{E}_0 - Z_a S)/K_1 \qquad (9.21)$$

式中:E_{0s}——某路段土基回弹模量设计值;

$\overline{E}_0, S$ ——该路段实测土基回弹模量平均值与标准差;

Z_a——保证率系数(高速公路、一级公路为 2,二、三级公路为 1.648,四级公路为 1.5);

K_1——不利季节影响系数(可根据当地经验选用)。

(2) 查表法

在无实测条件时,可按下述步骤由查表法预测土基回弹模量值。

1) 确定临界高度。临界高度指在不利季节,土基分别处于干燥、中湿或潮湿状态时,路床表面距地下水位或地表积水水位的最小高度。可根据土质、气候条件按当地经验确定。当缺乏实际资料时,中湿、潮湿状态的路基临界高度(H_1、H_2、H_3)可参考表 9.14 选用。

2) 拟定土的平均稠度。在新建公路的初步设计中,因无法实测求得的平均稠度,可根据当地经验或路基临界高度,判断各路段土基的干湿类型,参照表9.15土基干湿状态的稠度建议值或表9.16土基干湿类型论证得到各路段土的平均稠度ω_c值。

表 9.14 路基临界高度参考值

自然区划	砂性土								
	地下水			地表长期积水			地表临时积水		
	H_1	H_2	H_3	H_1	H_2	H_3	H_1	H_2	H_3
II₁									
II₂									
II₃	1.9~2.2	1.3~1.6							
II₄									
II₅	1.1~1.5	0.7~1.1							
III₁									
III₂	1.3~1.6	1.1~1.3	0.9~1.1	1.1~1.3	0.9~1.1	0.6~0.9	0.9~1.1	0.6~0.9	0.4~0.6
III₃	1.3~1.6	1.1~1.3	0.9~1.1	1.1~1.3	0.9~1.1	0.6~0.9	0.9~1.1	0.6~0.9	0.4~0.6
III₄ III₁ₐ									
III₂ₐ	1.4~1.7	1.0~1.3							
IV₁ IV₁ₐ									
IV									
IV₃									
IV₄	1.0~1.1	0.7~0.8							
IV₅									
IV₆	1.0~1.1	0.7~0.8							
IV₆ₐ									
IV₇				0.9~1.0	0.7~0.8	0.6~0.7			
V₃	1.3~1.6	1.1~1.3	0.9~1.1	1.1~1.3	0.9~1.1	0.6~0.9	0.9~1.1	0.6~0.9	0.4~0.6
VI₁	(2.1)	(1.7)	(1.3)	(1.8)	(1.4)	(1.0)	<u>0.7</u>	<u>0.3</u>	
VI₁ₐ	(2.0)	(1.6)	(1.2)	(1.7)	(1.3)	(1.0)	(1.0)	(0.5)	
VI₂	1.4~1.7	1.1~1.4	0.9~1.1	1.1~1.4	0.9~1.1	0.6~0.9	0.9~1.1	0.8~0.9	0.4~0.6
VI₃	(2.1)	(1.7)	(1.3)	(1.9)	(1.5)	(1.1)			
VI₄	(2.2)	(1.8)	(1.4)	(1.9)	(1.5)	(1.2)	<u>0.8</u>		
VI₄ₐ	(1.9)	(1.5)	(1.1)	(1.6)	(1.2)	(0.9)	(0.5)		
VI₄ᵦ	(2.0)	(1.6)	(1.2)	(1.7)	(1.3)	(1.0)			
VII₁	(2.2)	(1.0)	(1.6)	(2.1)	(1.6)	(1.3)	(0.8)	(0.4)	
VII₂									
VII₃	1.5~1.8	1.2~1.5	0.9~1.2	1.2~1.5	0.9~1.2	0.6~0.9	0.9~1.2	0.7~0.9	0.4~0.6
VII₄	(2.1)	(1.6)	1.3	(1.8)	(1.4)	1.0	(0.9)		
VII₅	(3.0)	(2.4)	1.9	(2.4)	(2.0)	1.6	(1.5)	(1.1)	(0.5)

自然区划	砂性土								
	地下水			地表长期积水			地表临时积水		
	H_1	H_2	H_3	H_1	H_2	H_3	H_1	H_2	H_3
VII$_{6a}$									
II$_1$	黏性土								
II$_2$	2.7	2.0							
II$_3$	2.5	1.8							
II$_4$	2.4~2.6	1.9~2.1	1.2~1.4						
II$_5$	2.1~2.5	1.6~2.0							
III$_1$									
III$_2$	2.2~2.7	1.7~2.2	1.3~1.7	1.7~2.2	1.3~1.7	0.9~1.3	1.3~1.7	0.9~1.3	0.45~0.9
III$_3$	2.1~2.5	1.6~2.1	1.2~1.6	1.6~2.1	1.2~1.6	0.9~1.2	1.2~1.6	0.9~1.2	0.55~0.9
III$_4$									
III$_{1a}$									
III$_{2a}$									
IV$_1$ IV$_{1a}$	1.7~1.9	1.2~1.3	0.8~0.9						
IV$_2$	1.6~1.7	1.1~1.2	0.8~0.9						
IV$_3$	1.5~1.7	1.1~1.2	0.8~0.9	0.8~0.9	0.5~0.6	0.3~0.4			
IV$_4$	1.7~1.8	1.0~1.2	0.8~1.0						
IV$_5$	1.7~1.9	1.3~1.4	0.9~1.0	1.0~1.1	0.6~0.7	0.3~0.4			
IV$_6$	1.8~2.0	1.3~1.5	1.0~1.2	0.9~1.0	0.5~0.6	0.3~0.4			
IV$_{6a}$	1.6~1.7	1.1~1.2	0.7~0.8						
IV$_7$	1.7~1.8	1.4~1.5	1.1~1.2	1.0~1.1	0.7~0.8	0.4~0.5			
V$_1$	2.0~2.4	1.6~2.0	1.2~1.63	1.6~2.0	1.2~1.6	0.8~1.2	1.2~1.6	0.8~1.2	0.4~0.8
V$_2$ V$_{2a}$	1.7~1.9	0.7~0.9	0.3~0.5						
V$_3$	1.7~1.9	0.8~1.0	0.4~0.6						
V$_4$ V$_5$ V$_{5a}$	1.7~1.9	0.9~1.1	0.4~0.6						
VI$_1$	(2.3)	(1.9)	(1.6)	(2.1)	(1.7)	(1.3)	0.9	0.5	
VI$_{1a}$	(2.2)	(1.9)	(1.5)	(2.0)	(1.6)	(1.2)	(0.9)	(0.5)	
VI$_2$	2.2~2.7	1.6~2.2	1.2~1.6	1.6~2.2	1.2~1.6	0.7~1.2	1.2~1.6	0.7~1.2	0.4~0.7
VI$_3$	(2.4)	(2.0)	(1.6)	(2.1)	(1.7)	(1.4)	(0.8)	(0.6)	
VI$_4$	2.4	2.0	1.6	(2.2)	(1.7)	(1.3)	1.0	0.6	
VI$_{4a}$	(2.2)	(1.7)	(1.4)	(1.9)	(1.4)	(1.1)	0.7		
VI$_{4b}$	(2.3)	(1.8)	(1.4)	(2.0)	(1.6)	(1.2)	(0.8)		
VII$_1$	2.2	(1.9)	(1.5)	(2.1)	(1.6)	(1.2)	(0.9)	(0.5)	
VII$_2$	(2.3)	(1.9)	(1.6)	1.8	1.4	1.1	0.8	0.4	

自然区划	黏性土								
	地下水			地表长期积水			地表临时积水		
	H_1	H_2	H_3	H_1	H_2	H_3	H_1	H_2	H_3
VII₃	2.3~2.8	1.7~2.3	1.3~1.7	1.7~2.3	1.3~1.7	0.7~1.3	1.3~1.7	0.7~1.3	0.4~0.7
VII₄	(2.1)	(1.6)	(1.3)	(1.8)	(1.4)	(1.1)	(0.7)		
VII₅	(3.3)	(2.6)	(2.1)	(2.4)	(2.0)	(1.6)	(1.5)	(1.1)	(0.5)
VII₆a	(2.8)	2.4	1.9	2.5	2.0	1.6	1.4	(0.8)	
Ⅱ₁	粉性土								
Ⅱ₂	3.4	2.6	1.9						
Ⅱ₃	3.0	2.2	1.6						
Ⅱ₄	2.6~2.8	2.1~2.3	1.4~1.6						
Ⅱ₅	2.4~2.9	1.8~2.3							
Ⅲ₁	2.4~3.0	1.7~2.4							
Ⅲ₂	2.4~2.8	1.9~2.4	1.4~1.9	1.9~2.4	1.0~1.9	1.0~1.4	1.4~1.9	1.0~1.4	0.5~1.0
Ⅲ₃	2.3~2.7	1.8~2.3	1.4~1.8	1.8~2.3	1.4~1.8	1.0~1.4	1.4~1.8	1.0~1.4	0.5~1.0
Ⅲ₄	2.4~3.0	1.7~2.4							
Ⅲ₁a	2.4~3.0	1.7~2.4							
Ⅲ₂a	2.4~3.0	1.7~2.4							
Ⅳ₁Ⅳ₁a	1.9~2.1	1.3~1.4	0.9~1.0						
Ⅳ₂	1.7~1.9	1.2~1.3	0.8~0.9						
Ⅳ₃	1.7~1.9	1.2~1.3	0.8~0.9	0.9~1.0	0.6~0.7	0.3~0.4			
Ⅳ₄									
Ⅳ₅	1.8~2.1	1.3~1.5	0.9~1.1						
Ⅳ₆	2.0~2.2	1.5~1.6	1.0~1.1						
Ⅳ₆a	1.8~2.0	1.3~1.4	0.9~1.1						
Ⅳ₇									
Ⅴ₂Ⅴ₂a	2.3~2.5	1.4~1.6	0.5~0.7						
Ⅴ₃	1.9~2.1	1.3~1.5	0.5~0.7						
Ⅴ₄Ⅴ₅Ⅴ₅a	2.2~2.5	1.4~1.6	0.5~0.7						
Ⅵ₁	(2.5)	(2.0)	(1.6)	(2.3)	(1.8)	(1.3)	(1.2)	0.7	0.4
Ⅵ₁a	(2.5)	(2.0)	(1.5)	(2.2)	(1.7)	(1.2)	0.6		
Ⅵ₂	2.3~2.5	1.8~2.3	1.4~1.8	1.8~2.3	1.4~1.8	0.9~1.4	1.4~1.8	0.9~1.4	0.5~0.9
Ⅵ₃	(2.6)	(2.1)	(1.6)	(2.3)	(1.8)	(1.4)	(1.3)	(0.7)	
Ⅵ₄	(2.6)	(2.2)	1.7	2.4	1.9	1.4	1.3	0.8	
Ⅵ₄a	(2.4)	(1.9)	1.4	2.1	1.6	1.1	1.0	0.5	
Ⅵ₄b	(2.5)	1.9	1.4	(2.2)	(1.7)	(1.2)	1.0	0.5	

自然区划	粉性土								
	地下水			地表长期积水			地表临时积水		
	H_1	H_2	H_3	H_1	H_2	H_3	H_1	H_2	H_3
Ⅶ₁	(2.5)	(2.0)	(1.5)	(2.4)	1.8	1.3	1.1	0.6	
Ⅶ₂	(2.5)	(2.1)	(1.6)	(2.2)	(1.6)	(1.1)	0.9	0.4	
Ⅶ₃	2.4~3.1	2.0~2.4	1.6~2.0	2.0~2.4	1.6~2.0	1.0~1.6	1.6~2.0	1.0~1.6	0.5~1.0
Ⅶ₄	(2.3)	(1.8)	(1.3)	(2.1)	(1.6)	(1.1)			
Ⅶ₅	(3.8)	(2.2)	(1.6)	(2.9)	(2.2)	(1.5)		(1.3)	(0.5)
Ⅶ₆ₐ	(2.9)	(2.5)	1.8	(2.7)	2.1	1.5	1.6	1.1	

注：1. 表中 H_1、H_2、H_3 分别为路基干燥、中湿、潮湿状态的临界高度；路床面至地下水位高度小于 H_3 时为过湿路基，必须经处治后方能铺筑路面。

2. Ⅵ、Ⅶ区有横线者，表示实测资料较少，有括号者表示没有实测资料，根据规律推算出来的。

表 9.15　土基干湿状态的稠度建议值

干湿状态　　土组	干燥状态 $\omega_c \geq \omega_{c1}$	中湿状态 $\omega_{c1} > \omega_c \geq \omega_{c2}$	潮湿状态 $\omega_{c2} > \omega_c \geq \omega_{c3}$	过湿状态 $\omega_c < \omega_{c3}$
土质砂	$\omega_c \geq 1.20$	$1.20 > \omega_c \geq 1.00$	$1.00 > \omega_c \geq 0.85$	$\omega_c < 0.85$
黏质土	$\omega_c \geq 1.10$	$1.10 > \omega_c \geq 0.95$	$0.95 > \omega_c \geq 0.80$	$\omega_c < 0.80$
粉质土	$\omega_c \geq 1.05$	$1.05 > \omega_c \geq 0.90$	$0.90 > \omega_c \geq 0.75$	$\omega_c < 0.75$

注：ω_{c1}、ω_{c2}、ω_{c3} 分别为干燥和中湿、潮湿和过湿状态路基的分界稠度，为路床表面以下 80cm 深度内的平均稠度。

表 9.16　土基干湿类型

土基干湿类型	路床表面以下 80cm 深度内平均稠度 ω_c 与分界稠度 ω_{c1} 的关系	一　般　特　征
干燥	$\omega_c \geq \omega_{c1}$	土基稳定，路面强度和稳定性不受地下水地表积水影响，路基高度 $H_0 > H_1$
中湿	$\omega_{c1} > \omega_c \geq \omega_{c2}$	土基上部土层处于地下水或地表积水影响的过滤地带区内。路基高度 $H_2 < H_0 \leq H_1$
潮湿	$\omega_{c2} > \omega_c \geq \omega_{c3}$	土基上部土层处于地下水或地表积水毛细影响区内。路基高度 $H_3 < H_0 \leq H_2$
过湿	$\omega_c < \omega_{c3}$	路基极不稳定，冰冻区春融翻浆，非冰冻区软弹土基经处理后方可铺筑路面，路基高度 $H_0 \leq H_3$

注：1. 为不利季节路床表面距地下或地表积水水位的高度。

2. 地表积水指不利季节积水 20d 以上。

3. H_1、H_2、H_3 分别为干燥和中湿、潮湿和过湿状态的路基临界高度，见表 9.14。

3）预测土基回弹模量。根据土类和气候区以及拟定的路基土的平均稠度,可参考表 9.17 预测二级自然区划各土组土基回弹模量参考值预测土基回弹模量。

当采用重型击实标准时,土基回弹模量值可比表 9.17 所列数值提高 15%～30%。

（3）室内实验法

取代表性土样在室内根据最佳含水量条件下求得小承载板的回弹模量 E_0 值的试验结果,应考虑不利季节、不利年份的影响,乘以折减系数 λ。根据设计路段的路基临界高度及相应的路基干湿类型以及土基标定含水量,确定代表不利季节土基的稠度值;当调查资料不足时,可按路基土的干湿类型,由表 9.15 或表 9.16 选定土基稠度值。折减系数可按表 9.18 选定。

（4）换算法

在新建土基上用承载板法测定 E_0 时,同时测定回弹弯沉 L_0、承载比 CBR 与土性配套指标,并在室内按相应土性状态进行 E_0、CBR 测试,建立现场测定与室内试验的关系,得到 E_0-L_0、E_0-CBR 的相关换算关系式,以此为基础,可以单独采用室内试验方法确定 E_0 值。

表 9.17 二级自然区划各土组土基回弹模量参考值（单位:MPa）

区划	稠度 ω_c 土组	0.80	0.90	1.00	1.05	1.10	1.15	1.20	1.30	1.40	1.70	2.00
II_1	黏质土	19.0	22.0	25.0	26.5	28.0	29.5	31.0				
	粉质土	18.5	22.5	27.0	29.0	31.5	33.5					
II_2	黏质土	19.5	22.5	26.0	28.0	29.5	31.5	33.5				
	粉质土	20.0	24.5	29.0	31.5	34.0	36.5					
II_{2a}	粉质土	19.0	22.5	26.0	27.5	29.5	31.0					
II_3	土质砂	21.0	23.5	26.0	27.5	29.0	30.0	31.5	34.5	37.0	45.5	
	黏质土	23.5	27.5	32.0	34.5	36.5	39.0	41.5				
	粉质土	22.5	27.0	32.0	34.5	37.0	40.0					
II_4	黏质土	23.5	30.0	35.5	39.0	42.0	45.5	50.5	57.0	65.0		
	粉质土	24.5	31.5	39.0	43.0	47.0	51.5	56.0	66.0			
II_5	土质砂	29.0	32.5	36.0	37.5	39.0	41.0	42.5	46.0	49.5	59.0	69.0
	黏质土	26.5	32.0	38.5	41.5	45.0	48.5	52.0				
	粉质土	27.0	34.5	42.5	46.5	51.0	56.0					
II_{5a}	粉质土	33.5	37.5	42.5	44.5	46.5	49.0					
III_1	粉质土	27.0	36.5	48.0	54.0	61.0	68.5	76.5				
III_2	土质砂	35.0	38.0	41.5	43.0	44.5	46.0	47.5	50.5	53.5	62.0	70.0
	黏质土	27.0	31.5	36.5	39.2	41.5	44.0	46.5	52.0	57.5		
	粉质土	27.0	32.5	38.5	42.0	45.0	48.5	51.5	59.0			
III_{2a}	土质砂	37.0	40.0	43.0	44.5	46.0	47.5	49.0	52.0	54.5	62.5	70.0

区划	土组	稠度 ω_c 0.80	0.90	1.00	1.05	1.10	1.15	1.20	1.30	1.40	1.70	2.00
III₃	土质砂	36.0	39.0	42.5	44.0	45.5	47.0	48.5	51.5	54.5	63.0	71.0
	黏质土	26.0	30.0	34.5	36.5	38.5	41.0	46.0	47.5	52.0		
	粉质土	26.5	32.0	37.0	40.0	43.0	46.0	49.0	55.0			
III₄	粉质土	25.0	34.0	45.0	51.5	58.5	66.0	74.0				
IV₁	黏质土	21.5	25.5	30.0	32.5	35.0	37.5	40.5				
IV₁ₐ	粉质土	22.0	26.5	32.0	35.0	37.5	40.5					
IV₂	黏质土	19.5	23.0	27.0	29.0	31.0	33.0	35.0				
	粉质土	31.0	36.5	42.5	45.5	48.5	51.5					
IV₃	黏质土	24.0	28.0	32.5	35.0	37.5	39.5	42.0				
	粉质土	24.0	29.5	36.0	39.0	42.5	46.5					
IV₄	土质砂	28.0	30.5	33.5	35.0	36.5	38.0	39.5	42.0	45.0	53.0	61.0
	黏质土	25.0	29.5	34.0	36.5	38.5	41.0	43.5				
	粉质土	23.0	28.0	33.5	36.0	39.0	42.0					
IV₅	土质砂	24.0	26.0	28.0	29.0	30.0	30.5	31.5	33.5	35.0	40.0	44.5
	黏质土	22.0	27.0	32.5	33.5	38.5	41.5	44.5				皖、
	黏质土	28.5	34.0	39.5	42.5	45.5	48.5	51.5				浙、
	粉质土	26.5	31.0	36.5	39.0	42.0	45.0					赣
IV₆	土质砂	33.5	37.0	41.0	43.0	44.5	46.5	48.5	52.0	55.5	66.5	77.0
	黏质土	27.5	33.0	38.0	41.0	44.0	46.5	50.5				
	粉质土	26.5	31.5	36.5	39.0	42.0	45.0					
IV₆ₐ	土质砂	31.5	35.0	38.5	40.0	42.0	43.5	45.0 46.0	48.5	52.0	62.0	72.0
	黏质土	26.0	31.0	35.5	38.0	40.5	43.5					
	粉质土	28.0	34.5	41.0	44.5	48.5	52.0					
IV₇	土质砂	35.0	39.0	43.0	45.0	47.0	49.0	51.0	55.0	59.0	70.5	82.0
	黏质土	24.5	29.5	34.5	37.0	40.0	42.5	44.5				
	粉质土	27.5	33.5	40.0	43.5	47.5	51.0					
V₁	土质砂	27.5	31.5	35.5	37.5	39.5	41.5	43.5	58.0	52.0	65.0	78.5
	黏质土	27.0	32.0	37.0	39.0	42.5	45.5	48.0	54.0	60.0		
	粉质土	28.5	34.0	40.0	43.0	46.0	49.5	52.5	59.5			
V₁ V₂ V₂ₐ	紫色黏质土	22.5	26.0	30.0	32.0	34.0	36.0	38.0				
	紫色粉质土	22.5	27.5	33.5	36.5	40.0	43.0					
	黄壤黏质土	25.0	29.0	33.0	35.5	37.5	40.0	42.0				
	黄壤粉质土	24.5	30.5	37.5	41.0	45.0	49.0					
V₃	黏质土	25.0	29.0	33.0	35.5	37.5	39.5	42.0				
	粉质土	24.5	30.5	37.5	41.0	45.0	48.5					
V₄	红壤黏质土	27.0	32.0	38.0	41.0	44.0	47.0	50.5				
	红壤粉质土	22.0	27.0	32.5	35.5	38.5	41.5					

区划	稠度 ω_c 土组	0.80	0.90	1.00	1.05	1.10	1.15	1.20	1.30	1.40	1.70	2.00
Ⅵ	土质砂	51.0	54.0	57.0	58.5	60.0	61.0	62.0	64.5	67.0	73.5	80.0
	黏质土	33.5	37.0	41.0	42.5	44.0	45.5	47.2	50.5			
	粉质土	34.0	38.0	42.0	44.0	46.0	48.0	50.0				
Ⅵ 1a	土质砂	52.5	55.0	58.0	59.0	60.5	61.5	62.5	65.0	67.0	73.0	79.0
	黏质土	27.0	31.0	34.5	36.0	38.0	40.0	42.0	45.5			
	粉质土	31.5	36.5	41.5	44.0	46.5	49.0	51.5				
Ⅵ 2	土质砂	42.0	45.5	49.0	50.5	52.0	53.5	55.5	58.5	61.5	69.0	78.0
	黏质土	27.0	30.5	33.5	35.0	37.0	38.0	40.0	43.0	46.5		
	粉质土	25.5	30.5	35.5	38.0	41.0	43.5	46.0	52.0			
Ⅵ 3	土质砂	46.0	50.0	53.5	55.0	56.5	58.5	60.0	63.0	66.0	75.0	83.0
	黏质土	29.5	33.5	37.5	39.5	44.0	44.0	46.8	50.0			
	粉质土	29.5	35.0	41.0	43.5	49.5	49.5	52.5				
Ⅵ 4	土质砂	51.0	53.5	56.5	57.5	59.0	60.0	61.0	63.5	65.5	72.0	77.5
	黏质土	28.5	32.0	36.0	37.5	39.5	41.5	43.5	47.5			
	粉质土	30.5	34.5	39.0	41.0	43.5	45.5	48.0				
Ⅵ 4a	土质砂	45.5	49.0	52.5	54.0	56.0	57.5	59.0	62.0	65.0	73.5	81.5
	黏质土	31.0	34.5	38.0	40.0	40.0	44.0	45.5	49.5			
	粉质土	33.0	38.5	44.0	47.0	47.0	52.0	56.0				
Ⅵ 4b	土质砂	49.5	52.5	55.5	57.0	58.5	59.5	61.0	63.5	65.5	72.5	78.5
	黏质土	30.0	33.0	36.5	38.0	39.5	41.0	42.5	45.5			
	粉质土	31.0	35.5	40.5	43.0	45.5	48.5	51.0				
Ⅶ 1	土质砂	52.0	55.0	58.0	59.5	61.0	62.0	63.5	66.0	69.0	76.0	82.5
	黏质土	26.5	31.5	36.5	39.5	42.0	45.0	48.0	54.0			
	粉质土	30.5	37.0	44.0	47.5	51.5	55.0	59.0				
Ⅶ 2	土质砂	48.0	51.0	54.0	55.0	56.5	58.0	59.0	61.5	64.0	71.0	77.0
	黏质土	25.5	29.5	33.0	35.0	37.0	39.0	41.5	45.5			
	粉质土	28.0	33.5	39.0	42.0	45.0	48.5	51.5				
Ⅶ 3	土质砂	42.5	45.5	49.0	50.5	52.5	53.5	55.0	58.0	60.5	68.5	76.5
	黏质土	20.5	24.5	28.5	30.5	32.5	35.0	37.0	41.5			
	粉质土	23.5	28.0	33.0	36.0	38.5	41.0	44.0				
Ⅶ 4	土质砂	47.0	50.0	53.0	54.5	56.0	57.0	58.5	61.0	63.5	70.5	77.0
Ⅶ 6a	黏质土	22.0	25.3	29.0	30.5	32.5	34.5	36.0	40.0			
	粉质土	27.5	32.5	37.5	40.5	43.0	46.0	49.0				
Ⅶ 5	土质砂	45.5	49.0	52.0	53.0	54.5	56.0	57.5	60.0	62.5	70.0	76.5
	黏质土	30.0	33.0	37.5	39.5	41.5	43.5	45.0	49.0			
	粉质土	32.5	38.0	43.5	46.0	49.0	51.5	54.5				

表 9.18 折减系数

土基稠度值	$\omega_c \geqslant \omega_{c0}$	$\omega_{c0} > \omega_c \geqslant \omega_{c1}$	$\omega_c < \omega_{c1}$
折减系数	0.90	0.80	0.70

9.6.5 路面材料设计参数值

材料模量值是表征材料刚度特性的指标,目前我国常用的路面材料参数测试方法有压缩试验、劈裂试验、弯拉试验。设计时采用何种试验及其模量值应考虑下列因素:①测试方法简便,结果比较稳定;②测得的模量值和强度应较好地反映各种路面材料的力学特性;③模量值和强度用于厚度计算时,应较好地与设计方法相匹配,设计厚度与实际经验相吻合。

我国现行的公路沥青路面设计规范规定,以设计弯沉值计算路面厚度,对高速公路、一级公路、二级公路沥青混凝土面层和半刚性材料的基层、底基层,应验算拉应力是否满足容许拉应力的要求,各层材料的计算模量采用抗压回弹模量,沥青混凝土和半刚性材料的抗拉强度采用劈裂试验测得的劈裂强度。高速公路、一级公路在初步设计阶段应选用沿线筑路材料或外购材料进行混合料配合比设计。在选定配合比的基础上,按有关规程的规定实测材料的设计参数,并论证确定各处材料计算模量和抗拉强度。在工程可行性研究或二级、三级公路的初步设计阶段,也可参照表 9.19 沥青混合料设计参数和表 9.20 基层材料设计参数进行选用。表 9.19 中列出了 20℃、15℃时的抗压模量。由于弯沉值是以 20℃ 为标准温度,因此,以路面设计弯沉值计算路面结构厚度时,采用 20℃ 的抗压模量。验算层底拉应力是以 15℃ 为标准温度,故用 15℃ 的抗压模量。

表 9.19 沥青混合料设计参数参考值

材料名称	沥青针入度	抗压模量 E_1/MPa		劈裂强度 15℃
		20℃	15℃	σ/MPa
细粒式密级配沥青混凝土	≤90	1200~1600	1800~2200	1.2~1.6
中粒式密级配沥青混凝土	≤90	1000~1400	1600~2000	0.8~1.2
中粒式开级配沥青混凝土	≤90	800~1200	1200~1600	0.6~1.0
粗粒式密级配沥青混凝土	≤90	800~1200	1200~1600	0.6~1.0
沥青碎石混合料	—	600~800	—	—
沥青贯入式	—	400~600	400~600	—

注:1. 沥青碎石混合料不验算层底拉应力。

2. 细粒式和粗粒式的开级配沥青混凝土,选用同类密级配的低值。

3. 符合重交通沥青技术要求时,可用较高值,沥青针入度大于 100 时,或符合轻交通沥青技术要求时,采用低值。

大量的试验研究表明,半刚性材料的抗压模量、抗压强度、劈裂强度与龄期均有较好的相关关系,通过建立这些相关关系可以预估规定龄期的材料模量或强度,并经充分论证后作为设计值使用。式(9.22)是某类石灰土经试验得到的强度增长方程。它与石灰土的石灰剂量有关。

石灰剂量 8% $R = 0.495d^{0.447}$ (9.22a)

石灰剂量 10% $R = 0.591d^{0.475}$ (9.22b)

石灰剂量 12% $R = 0.662d^{0.663}$ (9.22c)

式中:R——抗压强度,MPa;

d——养护的天数。

表 9.20 基层材料设计参数

材料名称	配合比或规格要求	抗压模量E/MPa	劈裂强度σ/MPa	备注
二灰砂砾	7:13:80	1300~1700	0.6~0.8	
二灰碎石	8:17:75	1300~1700	0.5~0.8	
水泥砂砾	5%~6%	1300~1700	0.4~0.6	
水泥碎石	5%~6%	1300~1700	0.4~0.6	
石灰水泥粉煤灰砂砾	6:3:16:75	1200~1600	0.4~0.6	
石灰水泥碎石	5:3:92	1000~1400	0.35~0.5	
石灰土碎石	粒料占60%以上	700~1100	0.3~0.4	
碎石灰土	粒料占40%~50%	600~900	0.25~0.35	
水泥石灰砂砾土	4:3:25:68	800~1200	0.3~0.4	
二灰土	10:30:60	600~900	0.2~0.3	
石灰土	8%~12%	400~700	0.2~0.25	
石灰土	4%~7%	200~350	—	处理路基时用
级配碎石	符合级配要求	300~350	—	作上基层用
		250~300	—	作基层用
		200~250	—	作底基层用
填隙碎石	填隙密实	200~280	—	作底基层用
未筛分碎石	具有一定级配	180~230	—	作底基层用
天然砂砾	符合规范要求	150~200	—	
中、粗砂		80~100		作垫层用

9.6.6 结构层材料的容许拉应力

我国沥青路面设计除了以路面设计弯沉为设计控制指标之外,对高等级道路路面还要验算沥青混凝土面层和整体性材料基层的拉应力。要求结构层底面的最

大拉应力不大于结构层材料的容许拉应力,在路面设计中通常表示为

$$\sigma_m \leqslant \sigma_R \tag{9.23}$$

结构层材料的容许拉应力是路面承受行车荷载反复作用达到临界破坏状态时的最大疲劳应力。这一应力较一次荷载作用的抗拉强度小,减小的程度同重复荷载次数及路面结构层材料的性质有关。这种关系可用式(9.24)表示:

$$\sigma_R = \frac{\sigma_{sp}}{K_s} \tag{9.24}$$

式中:σ_R——路面结构层材料的容许拉应力,MPa;

σ_{sp}——结构层材料的极限抗拉强度(由实验确定。我国公路沥青路面设计规范采用极限劈裂强度),MPa;

K_s——抗拉强度结构系数。

结构层材料的极限抗拉强度一般用规定尺寸的梁式试件三分点加载测定,或者通过劈裂试验测定。我国现行规范规定用劈裂试验测定 σ_{sp}。沥青混凝土的劈裂强度与温度有关,规范规定以 15 ℃作为测试温度。水泥稳定类材料的龄期规定为90d,二灰稳定类、石灰稳定类的龄期为180d。

表征结构层材料的抗拉强度因疲劳而降低的抗拉强度结构系数,根据荷载应力与达到疲劳临界状态的荷载作用次数之间关系的疲劳方程可表示如下:

对沥青混凝土面层

$$K_s = 0.09 A_a N_e^{0.22}/A_c \tag{9.25}$$

对无机结合料稳定集料类

$$K_s = 0.35 N_e^{0.11}/A_c \tag{9.26}$$

对无机结合料稳定土类

$$K_s = 0.45 N_e^{0.11}/A_c \tag{9.27}$$

式中:A_a——沥青混合料级配的系数(细、中粒式沥青混凝土为 1.0,粗粒式沥青混凝土为 1.1);

A_c——公路等级系数,见公式(9.15)。

9.6.7　简化公式和查图法计算弯沉和结构层底拉应力

应用弹性层状体系理论计算双轮隙的路表弯沉时,由于弹性层状体系理论计算过程的复杂性,一般均需通过计算机进行求解。早期在计算机未能遍及时,许多科技工作者通过大量的研究工作,提出了多种图解法和表解法以及简化公式方法。近年来路面优化设计和可靠度设计的研究,简化公式有了新的发展。下面简要介绍有关计算方法。我国现行的公路沥青路面设计规范规定,为保证精度,沥青路面的结构计算应采用弹性层状体系理论的计算机程序进行路面结构的计算。

(1)简化公式方法

典型的三层路面结构的路表轮隙弯沉(见图 9.13)按式(9.2.8)进行计算。

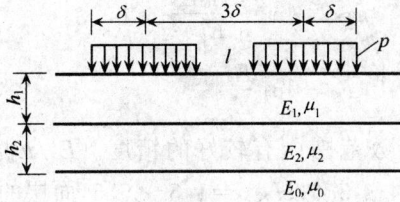

图 9.13 典型的三层路面计算图式

$$\ln(\bar{\omega}) = 0.66 - 0.154\ln(x) +$$

$$0.7\ln\left[\left(1 - \frac{1}{\sqrt{1 + h_1^2}}\right)\frac{E_3}{E_1} + \left(\frac{1}{\sqrt{1 + h_1^2\left(\frac{E_1}{E_2}\right)^{0.07}}} - \frac{1}{\sqrt{1 + \left(h_1\sqrt{\frac{E_1}{E_2}} + h_2\right)^{1.85}}}\right)\frac{E_3}{E_2} + \frac{1}{\sqrt{x}}\right]$$

$$(9.28)$$

其中

$$h_1 = \frac{0.8H_1}{\delta}$$

$$h_2 = \frac{0.8H_2}{\delta}$$

$$x = 1 + \left[h_1\left(\frac{E_1}{E_3}\right)^{0.285} + h_2\left(\frac{E_2}{E_3}\right)^{0.285}\right]^{19}$$

式中,$\bar{\omega}$ 为理论弯沉系数,理论弯沉值 l_1 按式(9.29)计算。

$$l_1 = \frac{2p\delta}{E_0}\bar{\omega} \tag{9.29}$$

式(9.29)在下列参数范围内有较好的精度,$E_2/E_1 = 0.3 \sim 2.0$;$E_3/E_2 = 0.02 \sim 0.2$;$H_1/\delta = 0.4 \sim 5.5$;$H_2/\delta = 1.5 \sim 5.4$,面层的泊松比取值为 0.25,其余各层均为 0.35。三层连续体系的中层拉应力系数(见图 9.13),可按式(9.30)计算。

$$\ln(\sigma_2) = 0.345 + x_1(0.618 - 0.188\,x_2 - 0.207x_3)$$

$$+ x_2(0.045 - 0.216x_4 - 0.218x_3) + x_3(-0.553x_4 + 0.192x_5)$$

$$- x_5(0.728 + 0.111x_5) - 0.158x_6$$

$$(9.30)$$

其中

$$x_1 = \ln\left[2.5\left(\frac{E_2}{E_1}\right)^{0.1}\frac{\delta}{H_1 + H_2} - \frac{E_2}{10E_1}\right]$$

$$x_2 = \ln\left(\frac{H_2}{\delta}\right)$$

$$x_3 = \ln\left(\frac{H_1 + H_2}{\delta}\right)$$

$$x_4 = \ln\left(\frac{E_2}{E_1}\right)$$

$$x_5 = \ln\left(\frac{8.68E_3}{E_2} + 0.68\right)$$

$$x_6 = \ln\left(\frac{E_3}{E_2}\right)$$

式(9.30)在下列参数范围内有较好的精度。$E_2/E_1 = 0.3 \sim 2.0$；$E_3/E_2 = 0.02 \sim 0.22$；$H_1/\delta = 0.4 \sim 3.6$；$H_2/\delta = 1.5 \sim 5.5$，面层的泊松比取值为0.25，其余各层均为0.35。

(2) 查图法

不具备电算条件时，还可以通过查弯沉和弯拉应力的诺谟图方法进行路表弯沉和结构层底部弯拉应力的计算。双层体系双圆荷载轮隙弯沉(见图9.14)的理论弯沉系数 α_L 计算诺谟图如图9.15所示。计算时取 $\mu_1 = 0.25$，$\mu_2 = 0.35$。理论弯沉的计算公式为

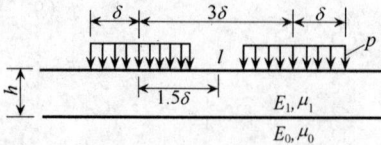

图9.14 双圆垂直荷载
下的弯沉计算图式

$$l = \frac{2p\delta}{E_0}\alpha_L \qquad (9.31)$$

式中，α_L 为理论弯沉系数，查图9.15(弹性双层体系双圆均布荷载弯沉计算诺谟图)。

当计算体系为弹性三层体系时，理论弯沉的表达式为

$$l = \frac{2p\delta}{E_1}\alpha_L \qquad (9.32)$$

式(9.32)中理论弯沉系数 α_L ($\alpha_L = K_1K_2\alpha$，其中 K_1、K_2、α 为系数)，可查图9.16(弹性三层体系表面弯沉系数诺谟图)。计算时取泊松比 $\mu_1 = \mu_2 = 0.25$，$\mu_0 = 0.35$。车轮荷载在路面面层和基层底面产生的弯拉应力，用弹性层状体系理论方法计算。当双层体系理论表面作用圆形垂直均布荷载时(见图9.19)，由弹性双层状体系理论求得上层底面的拉应力，其辐向应力与切向应力分别为

$$\left.\begin{array}{l}\sigma_r = p\bar{\sigma}_r \\ \sigma_t = p\bar{\sigma}_t\end{array}\right\} \qquad (9.33)$$

式中，$\bar{\sigma}_r$ 与 $\bar{\sigma}_t$ 分别为辐向与切向弯拉应力系数，它们是 E_0/E_1、h/δ 的函数，其表达式为含有贝塞尔函数和指数函数的广义积分。在上层底面 $r > 0$ 处，$\bar{\sigma}_r > \bar{\sigma}_t$，在 $r = 0$ 处，$\bar{\sigma}_r = \bar{\sigma}_t$，数值最大。图9.18给出了最大弯拉应力计算诺谟图，图9.18是由 $r = 0$ 时出的电算结果绘成的。在双圆均布垂直荷载作用下，当双层体系面层厚度不太大($H/\delta < 2$)时，最大弯拉应力通常发生在面层底面一个圆形荷载中心轴上($r = 0$，$z = 0$)，[见图9.19(a)]所示，并且切向应力最大，其表达式为

$$\sigma_m = p\sigma_m \qquad (9.34)$$

对于三层体系，在常用路面材料和厚度范围内，上层底面的通常最大弯拉应力也产生在 z 轴上($r = 0$)或靠近 z 轴，而中层底面的最大弯拉应力一般产生在 $r = 1.5\delta$ 处，[见图9.19(b)]所示。

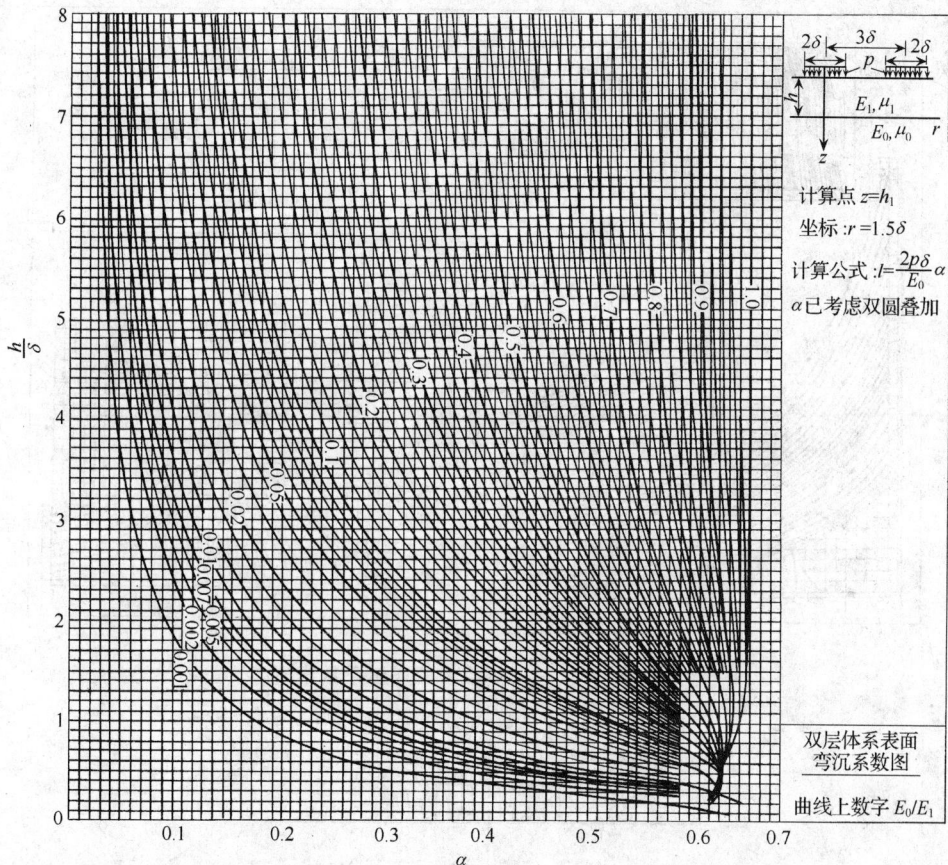

图 9.15 弹性双层体系双圆均布荷载弯沉计算诺谟图

三层体系上层或中层的弯拉应力表达式也如式(9.33)，此时 $\bar\sigma_r$ 与 $\bar\sigma_t$ 是 E_0/E_1、E_2/E_1、h/δ 及 H/δ 的函数。上层和中层底面的最大弯拉应力表达式同式(9.34)。不同层位的最大弯拉应力系数计算诺谟图如图 9.20 和图 9.21 所示。在设计计算时，我国《公路沥青路面设计规范》和 SHELL 设计手册等方法都把层间视为连续接触。

9.6.8 多层路面的等效换算

路面通常为多层结构，计算多层路面弯沉最好的方法是用弹性层状体系的计算机程序进行计算。当采用前述的简化方法进行计算时，需要将多层路面结构按照弯沉或结构层底部拉应力等效的原则换算为双层体系或三层体系。

（1）弯沉等效换算法

将多层体系按照弯沉相等的原则换算为双层体系的方法称为等弯沉换算法。设有下层模量相同（E_0）、上层的模量和厚度分别为 E_1, h_1 和 E_1', h_1' 的两个双层体

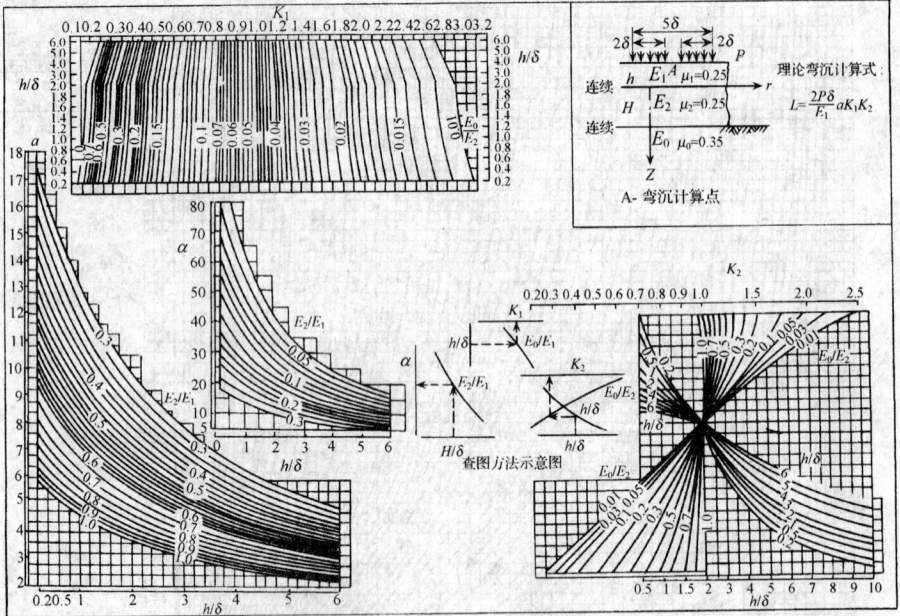

图 9.16　弹性三层体系表面弯沉系数诺谟图

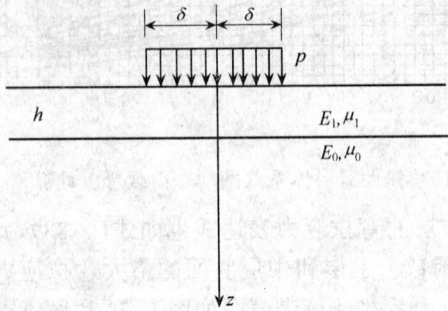

图 9.17　双层体系拉应力计算图式

系(见图 9.22)其弯沉分别为

$$l_a = \frac{2p\delta}{E_0}\alpha_{l_a} \text{ 及 } l_b = \frac{2p\delta}{E_0}\alpha_{l_b}$$

如令 $l_a = l_b$,则 $\alpha_{l_a} = \alpha_{l_b}$,就是说在弯沉系数相等的条件下,可以把一个模量 E_1、厚度 h_1 的面层换算为另一个模量 E_1'、厚度 h_1' 的面层。如此进行,可将多层体系的面层以下各层逐次换算为模量与其上层相同的层次,最终得到一个等效的双层体系。这就是多层路面等弯沉换算法原理。

当采用三层体系为计算体系时,需将多层体系按照弯沉等效的原则换算为三层体系。换算时将多层体系的第一层作为上层,其厚度和模量保持不变,将第二至

$n-1$ 层作为中层并把它们换算为第二层模量的等效厚度,再加上模量不变的下层半空间体则得到一个弯沉等效的三层体系(见图 9.23)。

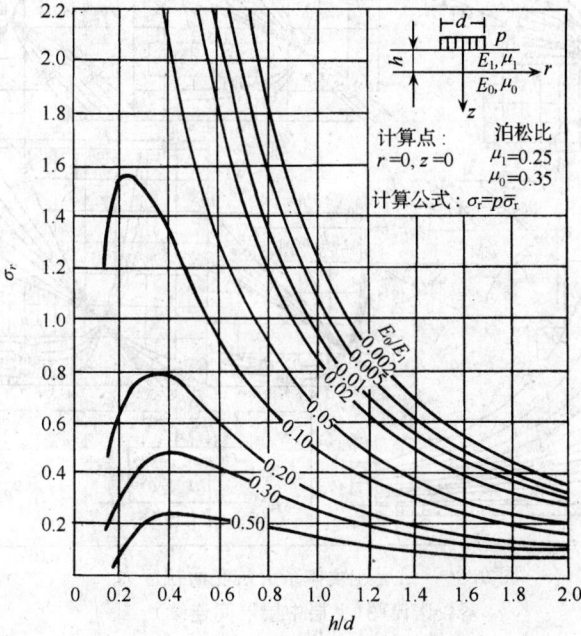

图 9.18　最大弯拉应力计算诺谟图

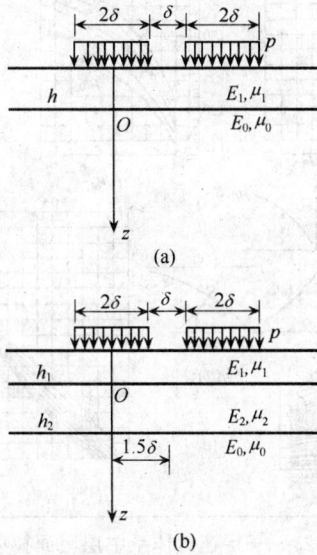

图 9.19　最大弯拉应力位置示意图

通过对大量多层弹性体系电算结果的分析回归,得到中层厚度的换算公式为

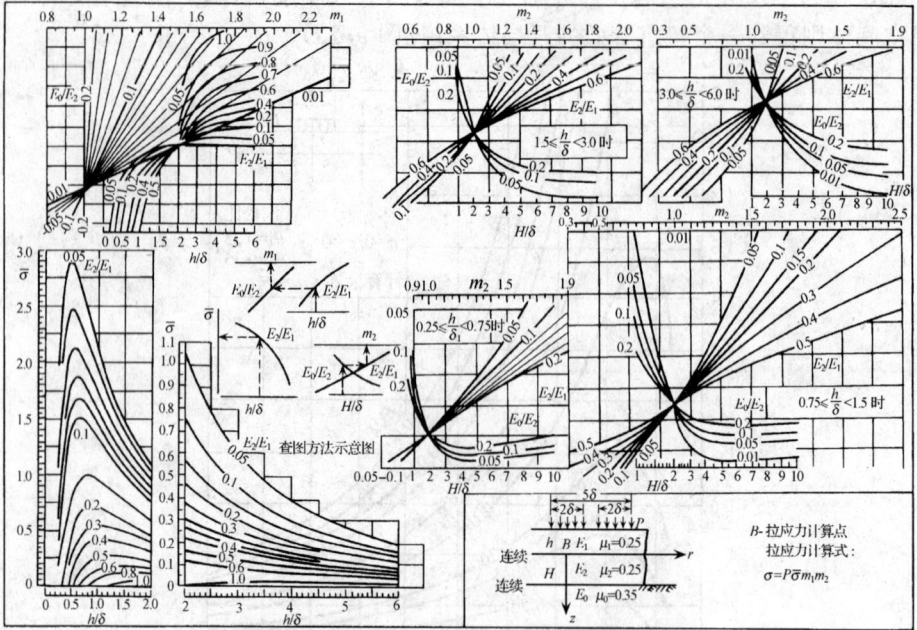

图 9.20 三层连续体系上层底面拉应力
系数诺谟图(上层中层层间连续)

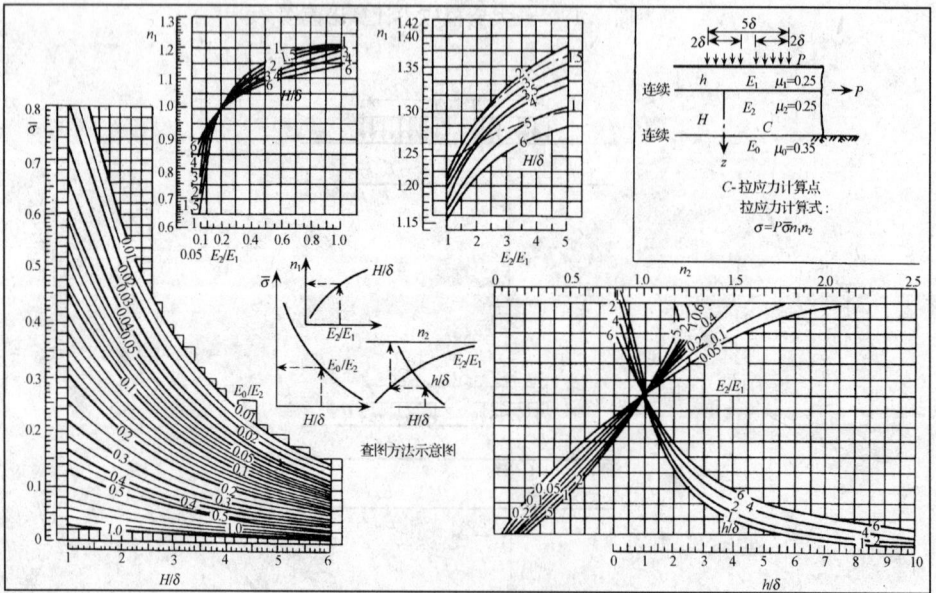

图 9.21 三层连续体系中层底面拉应力
系数诺谟图(上层中层层间连续)

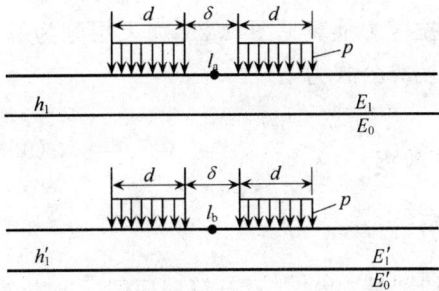

图 9.22　双层体系弯沉等效换算图示　　　图 9.23　多层体系弯沉等效换算图示

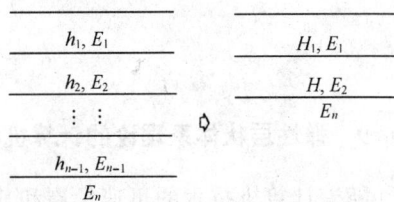

$$H = h_2 + \sum_{k=3}^{n-1} h_k \sqrt[2.4]{\frac{E_k}{E_2}} \qquad (9.35)$$

（2）弯拉应力等效换算法

当采用三层体系计算多层路面的结构层底部拉应力时，需将多层路面按照拉应力相等的原则换算为含有上层、中层和下层半空间体的弹性三层体系。换算后使用三层体系相应层的拉应力计算诺谟图求算拉应力。根据对电算结果的分析归纳得出计算上层和中层弯拉应力的多层路面换算方法如下：

1）计算上层底面弯拉应力的换算方法。这里说的上层是换算为三层体系之后的上层，多层体系弯拉应力换算如图 9.24 所示。当计算第 i 层底面的弯拉压力时，需将 i 层以上各层换算为模量 E_i、厚度 h 的一层即所谓上层，换算公式为

$$h = \sum_{k=1}^{i} h_k \sqrt{\frac{E_k}{E_i}} \qquad (9.36)$$

将 $i+1$ 层至 $n-1$ 层换算为模量 E_{i+1}、厚度为 H 的一层即中层，换算公式为

$$H = \sum_{k=i+1}^{n-1} h_k \sqrt[0.9]{\frac{E_k}{E_{i+1}}} \qquad (9.37)$$

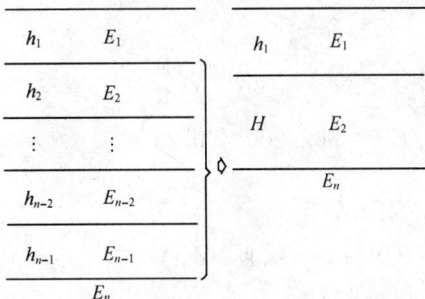

图 9.24　多层体系弯拉应力换算示意图　　　图 9.25　多层体系计算中层弯拉应力换算示意图

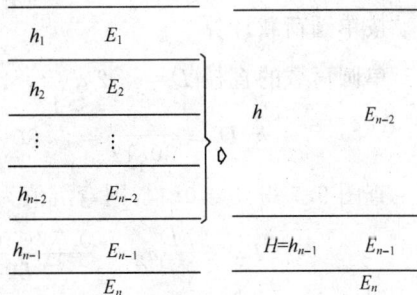

2) 计算中层底面弯拉压力。此时即为计算路基之上的 $n-1$ 层的弯拉应力，就是中层为 $H=h_{n-1}$，多层体系计算中层弯拉应力换算见图 9.25，而上层则为 $n-2$ 层以上各层换算为模量 E_{n-2} 的换算厚度，换算公式为

$$h = \sum_{k=1}^{n-2} h_k \sqrt[4]{\frac{E_k}{E_{n-2}}} \tag{9.38}$$

9.6.9 弹性层状体系理论的计算机程序解

随着计算机技术的迅速发展和普及，特别是 1962 年召开第一届国际沥青路面设计会议以后，许多设计组织和机构提出了弹性层状体系理论的计算机解，除弹性层状体系理论外，有些程序还能求解黏弹性问题。这些程序中较有影响的有 Shell 公司的 BISAR 程序，美国加州大学 Berkly 分校 ELSYM 程序，澳大利亚道路委员会的 CIRCLY 程序。我国有关单位也先后编制开发了基于弹性层状体系理论的路面分析程序，如 GHT 程序和东南大学的 DRFP 程序。现行公路沥青路面设计规范也开发了相配套的路面结构分析和设计程序（APDS 97 程序）。20 世纪 60 年代后期，有限元方法开始应用于路面的荷载响应分析。有限元方法的优点在于它能较灵活地反映路面材料的非线性特性，从而能够更加合理地给出弹性层状体系理论或黏弹性体系的非线性响应。

【例 9.1】 已知轮载 $P=0.7\mathrm{MPa}$，双圆荷载的直径 $d=21.3\mathrm{cm}$，双层连续体系，$E_0=50\mathrm{MPa}$，$E_1=200\mathrm{MPa}$，$h=24\mathrm{cm}$。试分别按查图法和简化公式方法以及弹性层状体系理论计算双圆荷载轮隙中心处及相当单圆荷载中心处的弯沉值。

【解】 （1）查图法
按双圆荷载计算

$\delta=10.65\mathrm{cm}$，　$h/\delta=24/10.65=2.25$，　$E_0/E_1=502/200=0.25$

查图 9.14 得 $\alpha_L=0.435$，则弯沉值为

$$l = \frac{2p\delta}{E_0}\alpha_L = \frac{2 \times 0.7 \times 10.65}{50} \times 0.44 = 0.131(\mathrm{cm})$$

按单圆荷载计算
单圆荷载的直径 $D=\sqrt{2}\,d=\sqrt{2}\times21.3=30.12(\mathrm{cm})$

$$h/D = \frac{24}{30.12} = 0.80, \quad E_0/E_1 = 502/200 = 0.25$$

查图 9.7 得 $\alpha_L=0.44$，则弯沉值为

$$l = \frac{2pD}{E_0}\alpha_L = \frac{0.7 \times 30.12}{50} \times 0.44 = 0.186(\mathrm{cm})$$

（2）简化公式计算
式（9.28）是针对三层体系的，但只要令 $E_1=E_2$，$H_1=H_2$，$H_1+H_2=h$，则同样可用于双层体系。于是有 $E_1=E_2=200\mathrm{MPa}$，$H_1=H_2=h/2=12\mathrm{cm}$，代入式

(9.28),得

$$h = \frac{0.8H_1}{\delta} = 0.901, \quad h = \frac{0.8H_2}{\delta} = 0.901$$

$$x = 1 + \left[0.901 \left(\frac{200}{50} \right)^{0.285} + 0.901 \left(\frac{200}{50} \right)^{0.285} \right]^{1.9} = 7.49$$

$$\ln(\bar{\omega}) = 0.066 - 0.1538\ln(7.49) + 0.71\ln\left[\left(1 - \frac{1}{\sqrt{1 + 0.901^2}} \right) \frac{50}{200} \right.$$

$$+ \left(\frac{1}{\sqrt{1 + 0.901^2}} - \frac{1}{\sqrt{1 + (0.901 + 0.901)^{1.85}}} \right) \frac{50}{200} + \left. \frac{1}{\sqrt{7.49}} \right]$$

$$= -0.743$$

$$\bar{\omega} = 0.475$$

$$l = \frac{2p\delta}{E_0} = \frac{2 \times 0.7 \times 10.65}{50} \times 0.475 = 0.141 (\text{cm})$$

(3) 弹性层状体系理论计算机解(DRFP 程序)

由 DRFP 程序计算得到的理论弯沉结果为:0.131(cm)

9.6.10 新建路面结构设计步骤

新建沥青路面通常按以下步骤进行路面结构设计:

1) 根据设计任务书的要求,确定路面等级和面层类型,计算设计年限内一个车道的累计当量轴次和设计弯沉值。

2) 按路基土类与干湿类型,将路基划分为若干路段(在一般情况下路段长度不小于 500m,若为大规模机械化施工,不小于 1km),确定各路段土基回弹模量值。

3) 根据已有经验和规范推荐的路面结构,拟定几种可能的路面结构组合与厚度方案,根据选用的材料进行配合比试验及测定各结构层材料的抗压回弹模量、抗拉强度,确定各结构层材料设计参数。

4) 根据设计弯沉值计算路面厚度。对高速公路、一级公路、二级公路沥青混凝土面层和半刚性基层材料的基层、底基层,应验算拉应力是否满足容许拉应力的要求。如不满足要求,或调整路面结构层厚度,或变更路面结构组合,或调整材料配合比,提高材料极限抗拉强度,再重新计算。上述计算应采用弹性多层体系理论编制的路面结构设计程序进行(见图 9.26)。

对于季节性冰冻地区的高级和次高级路面,还应验算防冻厚度是否满足要求。

【例 9.2】 甲乙两地之间计划修建一条四车道的一级公路,在使用期内交通量的年平均增长率为 10%。该路段处于 Ⅳ₇ 区,为粉质土,稠度为 1.00,沿途有大量碎石集料,并有石灰供给。预测该路竣工后第一年的交通组成如表 9.21 所示,试进行路面结构设计。

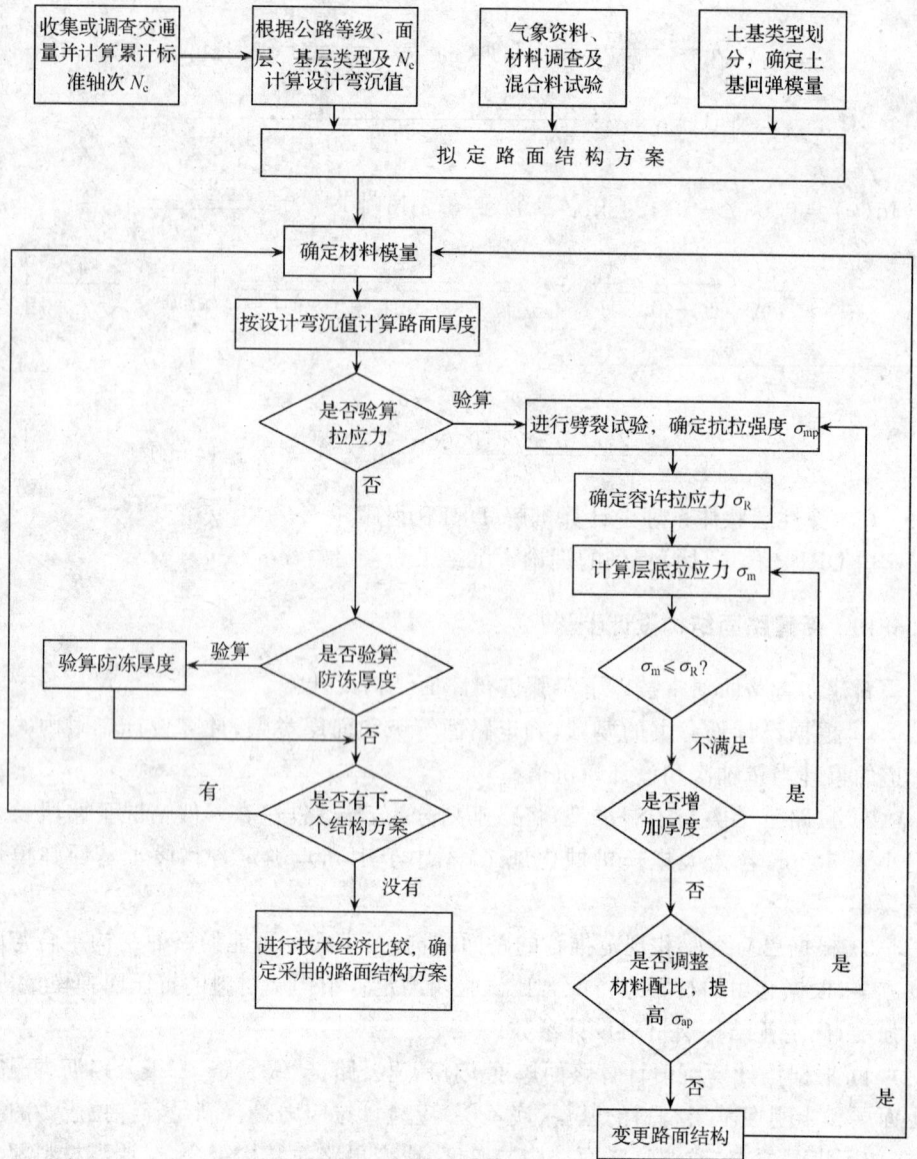

图 9.26　路面结构设计程序框图

表 9.21　预测第一年的交通组成表

车型	前轴重/kN	后轴重/kN	后轴数	后轴轮组数	后轴距	交通量/(次/d)
三菱 T635B	29.3	48.0	1	双轮组	—	300
黄河 JN163	58.6	114.0	1	双轮组	—	400
江淮 HF150	45.1	101.5	1	双轮组	—	400
解放 SP9200	31.3	78.0	3	双轮组	>3m	300
湘江 HQP40	23.1	73.2	2	双轮组	>3m	400
东风 EQ155	26.5	56.7	2	双轮组	3m	400

【解】 1. 轴载分析

路面设计以双轮组单轴载 100kN 为标准轴载。

(1) 以设计弯沉值为指标及验算沥青层层底拉应力中的累计当量轴次

① 轴载换算。轴载换算采用如下的计算公式：

$$N = \sum_{i=1}^{k} C_1 C_2 n_i \left(\frac{P_i}{P} \right)^{4.35}$$

轴载换算结果(弯沉)如表 9.22 所示。

表 9.22　轴载换算结果表(弯沉)

车型		P_i/kN	C_1	C_2	$n_i/(次/d)$	$C_1 C_2 n_i \left(\frac{P_i}{P} \right)^{4.35}$ (次/d)
三菱 T635B	前轴	29.3	1	1	300	1.4
	后轴	48.0	1	1	300	12.3
黄河 JN163	前轴	58.6	1	1	400	39.1
	后轴	114.0	1	1	400	707.3
江淮 HF150	前轴	45.1	1	1	400	12.5
	后轴	101.5	1	1	400	426.8
解放 SP9200	前轴	31.3	1	1	300	1.9
	后轴	78.0	3	1	300	305.4
湘江 HQP40	后轴	73.2	2	1	400	205.9
东风 EQ155	前轴	26.5	1	1	400	1.2
	后轴	56.7	2.2	1	400	74.6
$N = \sum_{i=1}^{k} C_1 C_2 n_i \left(\frac{P_i}{P} \right)^{4.35}$						1788.4

② 累计当量轴次。根据设计规范,一级公路沥青路面的设计年限取 15 年,四车道的车道系数是 0.4~0.5,取 0.45。

累计当量轴次

$$N_e = \frac{[(1 + \gamma)^t - 1] \times 365}{\gamma} N_1 \eta$$

$$= \frac{[(1 + 0.1)^{15} - 1] \times 365 \times 1788.4 \times 0.45}{0.1}$$

$$= 9\,332\,988 \text{ 次}$$

(2) 验算半刚性基层层底拉应力中的累计当量轴次

① 轴载换算。验算半刚性基层层底拉应力的轴载换算公式为

$$N' = \sum_{i=1}^{k} C_1' C_2' n_i \left(\frac{P_i}{P} \right)^{8}$$

轴载换算结果(半刚性基层层底拉应力)如表 9.23 所示。

表 9.23 轴载换算结果(半刚性基层层底拉应力)

车 型		P_i/kN	C_1	C_2	n_i/(次/日)	$C_1'C_2'n_i\left(\dfrac{P_i}{P}\right)^8$
黄河 JN163	前轴	58.6	1	1	400	5.6
	后轴	114.0	1	1	400	1141.0
江淮 HF150	后轴	101.5	1	1	400	450.6
解放 SP9200	后轴	78.0	3	1	300	123.3
湘江 HQP40	后轴	73.2	2	1	400	65.9
东风 EQ155	后轴	56.7	3	1	400	12.8
$N' = \displaystyle\sum_{i=1}^{k} C_1'C_2'n_i\left(\dfrac{P_i}{P}\right)^8$						1799.2

② 累计当量轴次

参数取值同上,设计年限是 15 年,车道系数取 0.45。

累计当量轴次:

$$N_e = \frac{[(1+\gamma)^t - 1]\times 365}{\gamma}N_1\eta = \frac{[(1+0.1)^{15} - 1]\times 365 \times 1799.2 \times 0.45}{0.1}$$

$$= 9\ 389\ 359\ \text{次}$$

2. 结构组合与材料选取

由上面的计算得到设计年限内一个行车道上的累计标准轴次约为 900 万次左右。根据规范推荐结构,并考虑到公路沿途有大量碎石且有石灰供应,路面结构面层采用沥青混凝土(15cm),基层采用水泥碎石(取 25cm),底基层采用石灰土(厚度待定)。

规范规定高速公路、一级公路的面层由二层至三层组成。查规范中的第四节沥青路面的 4.2 高级路面中的表 4.2.1"沥青混合料类型的选择(方孔筛)",采用三层式沥青面层,表面层采用细粒式密级配沥青混凝土(厚度 4cm),中面层采用中粒式密级配沥青混凝土(厚度 5cm),下面层采用粗粒式密级配沥青混凝土(厚度 6cm)。

3. 各层材料的抗压模量与劈裂强度

查表 9.19,表 9.20,得到各层材料的抗压模量和劈裂强度。抗压模量取 20℃的模量,各值均取规范给定范围的中值,因此得到 20t 的抗压模量:细粒式密级配沥青混凝土为 1400MPa,中粒式密级配沥青混凝土为 1200MPa,粗粒式密级配沥青混凝土为 1000MPa,水泥碎石为 1500MPa,石灰土为 550MPa。各层材料的劈裂强度:细粒式密级配沥青混凝土为 1.4MPa,中粒式密级配沥青混凝土为 1.0MPa,粗粒式密级配沥青混凝土为 0.8MPa,水泥碎石为 0.5MPa,石灰土为 0.225MPa。

4. 土基回弹模量的确定

该路段处于 IV_7 区,为粉质土,稠度为 1.00,查表 9.17"二级自然区划各土组土基回弹模量参考值(MPa)"查得土基回弹模量为40MPa。

5. 设计指标的确定

对于一级公路,规范要求以设计弯沉值作为设计指标,并进行结构层底拉应力验算。

(1) 设计弯沉值

路面设计弯沉值根据式(9.14)计算。该公路为一级公路,公路等级系数取1.0,面层是沥青混凝土,面层类型系数取1.0,半刚性基层,底基层总厚度大于20cm,基层类型系数取1.0。

设计弯沉值为

$$l_d = 600N_e^{-0.2}A_cA_sA_b = 600 \times 9\,332\,998^{-0.2} \times 1.0 \times 1.0 \times 1.0 = (0.01\text{mm})$$

(2) 各层材料的容许层底拉应力

$$\sigma_R = \sigma_{sp}/K_s$$

细粒式密级配沥青混凝土

$$K_s = 0.09A_aN_e^{0.22}/A_c = 0.09 \times 1.0 \times 9\,332\,998^{0.22}/1.0 = 3.07$$

$$\sigma_R = \sigma_{sp}/K_s = 1.4/3.07 = 0.4560\text{MPa}$$

中粒式密级配沥青混凝土

$$K_s = 0.09A_aN_e^{0.22}/A_c = 0.09 \times 1.0 \times 9\,332\,998^{0.22}/1.0 = 3.07$$

$$\sigma_R = \sigma_{sp}/K_s = 1.0/3.07 = 0.3257\text{MPa}$$

粗粒式密级配沥青混凝土

$$K_s = 0.09A_aN_e^{0.22}/A_c = 0.09 \times 1.1 \times 9\,332\,998^{0.22}/1.0 = 3.38$$

$$\sigma_R = \sigma_{sp}/K_s = 0.8/3.38 = 0.2367\text{MPa}$$

水泥碎石

$$K_s = 0.35N_e^{0.11}/A_c = 0.35 \times 9\,332\,998^{0.11}/1.0 = 2.05$$

$$\sigma_R = \sigma_{sp}/K_s = 0.5/2.05 = 0.2439\text{MPa}$$

石灰土

$$K_s = 0.45N_e^{0.11}/A_c = 0.45 \times 9\,332\,998^{0.11}/1.0 = 2.63$$

$$\sigma_R = \sigma_{sp}/K_s = 0.225/2.63 = 0.0856\text{MPa}$$

6. 设计资料总结

设计弯沉值为24.22(0.01mm),相关设计资料汇总见表9.24。

7. 确定石灰土层厚度

通过计算机设计计算得到,石灰土的厚度为24.5cm,实际路面结构的路表实测弯沉值为24.19(0.01mm),沥青面层的层底均受压应力,水泥碎石层底的最大拉应力为0.1223MPa,石灰土层底最大拉应力为0.075MPa。

上述设计结果满足设计要求。

表 9.24　设计资料汇总表

材料名称	h/cm	20℃模量/MPa	容许拉应力/MPa
细粒式沥青混凝土	4	1400	0.4560
中粒式沥青混凝土	5	1200	0.3257
粗粒式沥青混凝土	6	1000	0.2367
水泥碎石	25	1500	0.2439
石灰土	—	550	0.0856
土基	—	40	—

9.7　路面结构的剪应力计算

由于汽车在沥青面层上经常性地启动、制动会引起面层表面产生推挤和拥包等破坏,我国城市道路设计规范规定除了弯沉、弯拉应力两项设计指标外,增加一项剪应力指标。在进行沥青面层的剪应力验算时,要求面层在车轮垂直荷载与水平荷载共同作用下,其破坏面上可能产生的剪应力 τ_a,应不超过材料的容许剪应力 τ_R。在路面设计中通常表示为

$$\tau_a \leqslant \tau_R \tag{9.39}$$

9.7.1　剪应力与抗剪强度

沥青路面的面层材料均属颗粒材料,对它们做抗剪强度验算时,宜采用摩尔-库仑强度理论,就是为使路面结构不发生剪切破坏,应限制其结构内的剪应力不超过结构层材料的抗剪强度,即

$$\tau_a \leqslant \tau \tag{9.40}$$

式中,抗剪强度 τ 由库仑理论得

$$\tau = c + \sigma_a \tan\varphi$$

式中:σ_a——结构层可能破坏面上的正应力;

c, φ——材料的黏聚力和内摩阻角。

对处于三向受力状态的路面结构层,在其破坏面上取单元体,其三个主应力分别为 σ_1、σ_2 和 σ_3,且 $\sigma_1 > \sigma_2 > \sigma_3$。根据摩尔强度理论,其强度条件取决于 σ_1 和 σ_3,由图 9.27 的摩尔圆可得

$$\left.\begin{aligned}\tau_a &= \frac{1}{2}(\sigma_1 - \sigma_3)\cos\varphi \\ \sigma_a &= \frac{1}{2}[(\sigma_1 + \sigma_3) - (\sigma_1 - \sigma_3)\sin\varphi]\end{aligned}\right\} \tag{9.41}$$

而最大剪应力

$$\tau_m = \frac{1}{2}(\sigma_1 - \sigma_3)$$

所以式(9.41)可写成

$$\left.\begin{array}{l}\tau_a = \tau_m \cos\varphi \\ \sigma_a = \sigma_1 - \tau_m(1 + \sin\varphi)\end{array}\right\} \qquad (9.42)$$

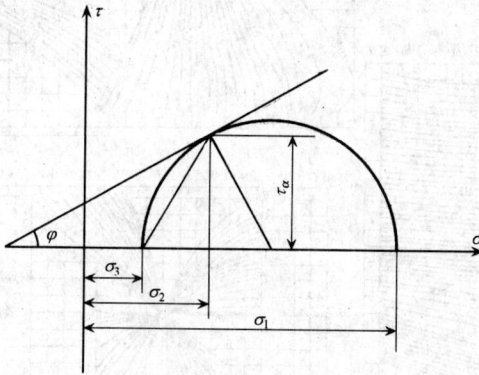

图 9.27 摩尔圆应力分析图

为了使用方便,对图 9.28 所示计算图式的路面表面轮缘计算点 D,编绘出 τ_m 和 σ_1 的计算诺谟图,见图 9.29 见图 9.30 所示。

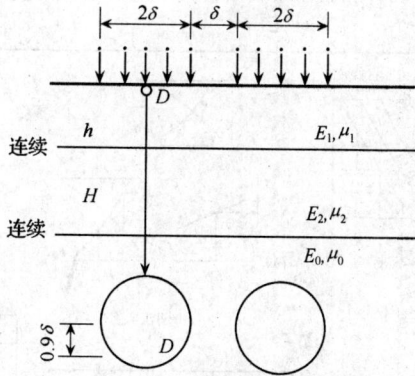

图 9.28 三层体系剪应力分析图式

作用于路面表面的水平荷载,以车轮垂直荷载乘以车轮与路面之间的摩擦系数表示,即

$$q = fp$$

式中摩擦系数 f 对停车站、交叉路口等缓慢制动地点为 0.2,对偶然的紧急制动为 0.5。绘制诺谟图时,取 $f = 0.3$,当计算其他 f 值的 τ_m 与 σ_1 时,根据数值解的结果整理得如下近似计算公式

$$\left.\begin{array}{l}\tau_{mf} = \tau_{m(0.3)} + 1.3(f - 0.3)p \\ \sigma_{1f} = \sigma_{1(0.3)} + 0.46(f - 0.3)p\end{array}\right\} \qquad (9.43)$$

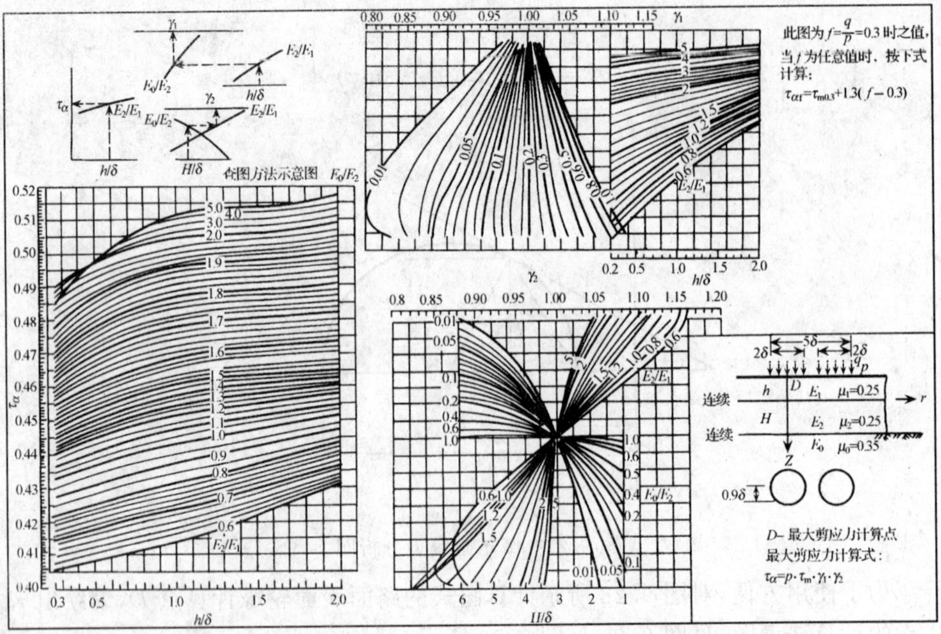

图 9.29 三层体系表面最大剪应力系数诺漠图

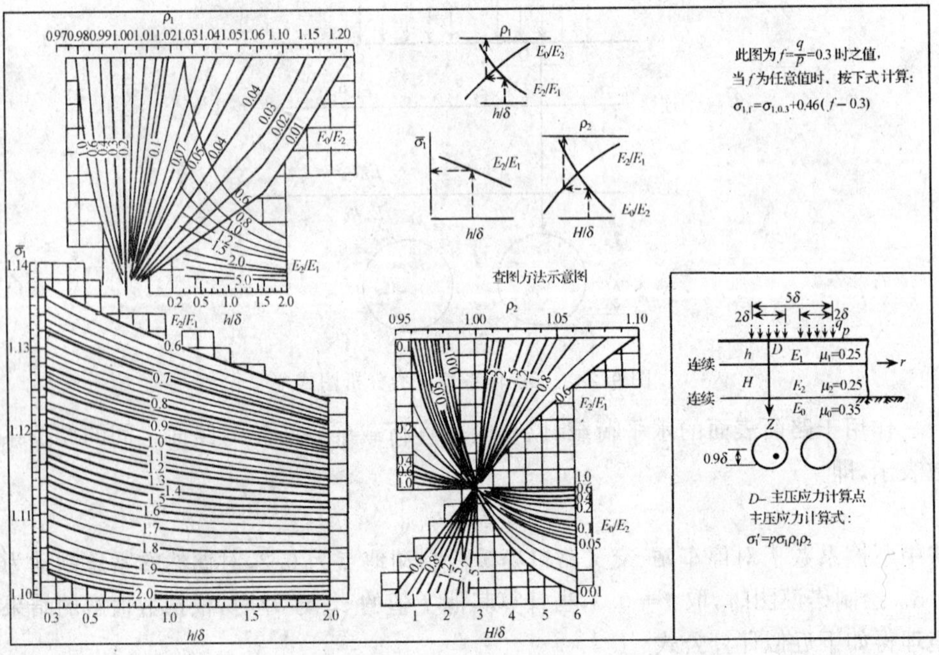

图 9.30 三层体系表面主压应力系数诺漠图

式中,σ_{mf}、σ_{1f}和$\tau_{m(0.3)}$、$\tau_{1(0.3)}$分别为摩擦系数f和$f=0.3$时的τ_m和σ_1。

应用式(9.42)和强度条件式(9.41),可以进行柔性路面任一结构层包括土基的剪切度计算。

将式(9.42)代入式(9.41),得

$$\frac{1}{2\cos\varphi}\left[(\sigma_1 - \sigma_3) - (\sigma_1 + \sigma_3)\sin\varphi\right] = c \tag{9.44}$$

式(9.44)左端称为有效剪应力(或活动剪应力)。有的方法(如前苏联法)应用式(9.44)的原理进行路面结构层的抗剪强度计算。

当验算沥青路面面层的抗剪强度时,需要确定易于发生面层表面推移、拥包等现象的夏季高温时沥青混合料的容许剪应力。此容许剪应力为沥青混合料的抗剪强度,除以相应的抗剪切结构强度系数K_t,即

$$\tau_R = \frac{\tau}{K_t} \tag{9.45}$$

沥青混合料的抗剪切结构强度系数同行车荷载作用情况有关。经调查整理,停车站、交叉路口等缓慢制动处($f=0.2$)

$$K_t = \frac{0.35}{A_c} N_t^{0.15} \tag{9.46}$$

式中:N_t——停车站在设计年限内停车的标准轴累计数(对交叉路口考虑到停车时车种的不同,每一次红灯停车轴数应按在交叉口等待通过的车轴数与车道内车种比例情况确定);

A_c——道路等级系数,同式(9.15)。

在紧急制动时($f=0.5$)

$$K_{t(0.5)} = \frac{1.2}{A_c} \tag{9.47}$$

应用图9.27和图9.28计算多层路面沥青面层的剪应力时,需将多层路面按剪应力等效的原则换算为三层体系。分析表明,此时换算的方法与弯沉计算时相同,即以沥青面层作为上层,将其以下各层按式(9.35)换算成中层。

9.7.2 路面结构层材料的抗剪强度系数

路面结构层抗剪强度参数为黏聚力c和内摩阻角φ。沥青混合料的c和φ通常用三轴剪力仪试验测定。由于沥青面层抗剪强度的计算条件是夏季高温,所以剪切计算及试验的标准温度为当地高温月份路表实际温度的平均值。

计算面层剪应力时,各组成结构层计算模量采用抗压回弹模量。

沥青面层的c、φ值应按规定的方法实测取得数值。

【例9.3】 已知某路面结构由5cm沥青混凝土($E=1500$MPa,$c=0.2$MPa,$\varphi=37$℃),6cm沥青贯入碎石($E=600$MPa),和29cm级配砾石灰土($E=1200$MPa)组成,累计标准轴载次数$N_t=1\,565\,589$次。试计算确定的路面结构沥

青混凝土面层的剪应力。

【解】 (1)确定剪应力和抗剪强度

路面结构等效换算

$$h = h_1 = 5cm$$

$$H = h_2 + h_3 \sqrt[2.4]{\frac{E_3}{E_2}} = 6 + 29 \times \sqrt[2.4]{\frac{1200}{600}} = 44.7(cm)$$

计算剪应力和正应力

由 $\frac{h}{\delta} = \frac{5}{10.65} = 0.469$，$\frac{E_2}{E_1} = \frac{600}{1000} = 0.600$，$\frac{E_0}{E_2} = 0.057$，$\frac{H}{\delta} = \frac{44.7}{10.65} = 4.197$，查图 9.29 得 $\overline{\tau_m} = 0.408$，$\gamma_2 = 1.070$，查图 9.30 得 $\overline{\sigma_1} = 1.136$，$\rho_1 = 1.035$，$\rho_2 = 0.894$，因而得 $f = 0.3$ 时，

$$\tau_{m(0.3)} = p\,\overline{\tau_m}\gamma_1\gamma_2 = 0.7 \times 0.408 \times 0.898 \times 1.070 = 0.27(MPa)$$

$$\sigma_{1(0.3)} = p\,\overline{\sigma_1}\rho_1\rho_2 = 0.7 \times 1.136 \times 1.035 \times 0.894 = 0.74(MPa)$$

缓慢制动时

$$\tau_{m(0.2)} = \tau_{m(0.3)} + 1.3(f-0.3)p$$
$$= 0.27 + 1.3(0.2-0.3) \times 0.7 = 0.18(MPa)$$

$$\sigma_{1(0.2)} = \sigma_{1(0.3)} + 0.46(f-0.3)p$$
$$= 0.74 + 0.46 \times (0.2-0.3) \times 0.7 = 0.71(MPa)$$

已知沥青混凝土面层 $c = 0.2MPa$，$\varphi = 37°$，则

$$\tau_\alpha = \tau_m\cos\varphi = 0.18 \times \cos37° = 0.15(MPa)$$

$$\sigma_\alpha = \sigma_1 - \sigma_m(1 + \sin\varphi) = 0.71 - 0.18 \times (1 + \sin37°) = 0.43(MPa)$$

因而

$$\tau = c + \sigma_\alpha\tan\varphi = 0.2 + 0.43 \times \tan37° = 0.48(MPa)$$

紧机制动时

$$\tau_{m(0.5)} = 0.27 + 1.3 \times (0.5-0.3) \times 0.7 = 0.45(MPa)$$

$$\sigma_{1(0.5)} = 0.74 + 0.46 \times (0.5-0.3) \times 0.7 = 0.80(MPa)$$

$$\tau_\alpha = 0.45 \times \cos37° = 0.38(MPa)$$

$$\sigma_\alpha = 0.80 - 0.45 \times (1 + \sin37°) = 0.10(MPa)$$

$$\tau = 0.2 + 0.10 \times \tan37° = 0.27(MPa)$$

(2)确定容许剪应力

停车站在设计年限内停车标准轴数现按双车道总累积轴数的 15% 计，即 $N_t = 0.15 \times 1\,565\,589 = 234\,838$ 次。缓慢制动时

$$K_{t(0.2)} = \frac{0.35}{A_c}N_t^{0.15} = \frac{0.35}{1.1} \times 234\,838^{0.15} = 2.03$$

$$\tau_R = \frac{\tau}{K_{t(0.2)}} = \frac{0.35}{2.03} = 0.24(MPa)$$

紧急制动时

$$K_{t(0.5)} = \frac{1.2}{A_c} = \frac{1.2}{1.1} = 1.09$$

$$\tau_R = \frac{\tau}{K_{t(0.5)}} = \frac{0.27}{1.09} = 0.25(MPa)$$

(3)验算剪切条件

对于缓慢制动

$$\tau_a = 0.15(MPa) < \tau_R$$

对于紧急制动

$$\tau_a = 0.38(MPa) > \tau_R$$

显然,后一种制动情况不满足抗剪强度要求。为满足这一要求,可改变混合料组成设计,或采用质量较好的沥青,也可以改变结构组成或结构层厚度。

9.8　沥青路面改建设计

沥青路面随着使用时间的延续,其使用性能和承载能力不断下降,超过设计使用年限后便不能满足正常行车交通的要求,而需补强或改建。路面补强设计工作包括现有路面结构状况调查、弯沉评定以及补强厚度计算。当原有路面需要提高等级时,对不符合技术标准的路段应先进行线形改善,改线路段应按照新建路面设计。加宽路面、提高路基、调整纵坡的路段应视距具体情况按新建或改建路面设计。在原有路面上补强时,按改建路面设计。路面补强设计工作包括现有路面结构状况调查、弯沉评定及补强厚度计算。

9.8.1　路面结构状况调查与评定

对使用中的路面进行结构状况的调查与评定,其目的主要是了解路面现有结构状况和强度,据以判断是否需要加强或预估剩余使用寿命,分析路面损坏的原因及提出处理措施。

现有路面状况调查工作包括如下内容:

1) 交通调查。对于当前的交通量和车型组成进行实地观测。通过调查分析预估交通量增长趋势,确定年平均增长率。

2) 路基状况调查。调查沿线路基土质、填挖高度、地面排水情况、地下水位,以确定路基土组和干湿类型。

3) 路面状况调查。调查路面结构类型、组合和各层厚度,为此需开挖试坑进行量测和取样试验。量测路基和路面宽度。详细记载路表状况及路拱大小。对路面的病害和破坏应详加记述并分析产生原因。

4) 路面修建和养护历史调查。路面结构强度的评定通常采用测量路表轮隙回弹弯沉的方法。由于路面在一年内的不同时期具有不同的强度,而经补强设计的路面必须保证在最不利季节具有良好的使用状态,因此原有路面的弯沉值应在不利季节测定,若在非不利季节测定,应按各地的季节影响系数进行修正。如在原砂石路面上加铺沥青面层时,因补强后对路基的湿度有影响,路基和基层中的水分蒸发较以前困难,致使路基和基层中湿度增加、强度降低、弯沉增大,因此还应根据当地经验进行湿度影响的修正。

当原路面为沥青面层时,弯沉测定值还随路面温度的变化而变化。为了使不同温度时测定的弯沉结果可以比较,以及便于进行补强设计,需把不同温度测定的结果换算为标准温度 20℃的弯沉值 l_{20},其换算系数或温度修正系数为

$$K_3 = \frac{l_{20}}{l_{T_1}} \tag{9.48}$$

式中,l_{T_1} 为测定时沥青面层平均温度 T_1 时的弯沉值。T_1 可根据各地的经验公式确定,下面是某地区总结的经验公式:

$$T_1 = a + bT_0$$

其中

$$a = -2.14 - 0.52h, \quad b = 0.62 - 0.008h$$

式中:h——沥青面层厚度,cm;

　　T_0——测定时路表温度与前 5h 平均气温之和,℃。

经过标准温度 20℃与测定温度 T_1 时两种弯沉测定值之比的统计加工得到如下弯沉温度修正系数经验公式:

当 $T_1 \geqslant 20$℃时

$$K_3 = \exp\left[h\left(\frac{1}{T_1} - \frac{1}{20}\right)\right] \tag{9.49}$$

当 $T_1 < 20$℃时

$$K_3 = \exp[0.002h(20 - T_1)] \tag{9.50}$$

在确定原路面的计算弯沉时,应将全线分段,分段时应考虑下列因素:

1)同一路段路基的干湿类型与土质基本相同。

2)同一路段内各测点的弯沉值比较接近,若局部路段弯沉值很大,应先进行修补处理,再进行补强。

3)各路段的最小长度应与施工方法相适应。一般不小于 500m,机械化施工时不小于 1km。在水文、土质条件复杂或需特殊处理的路段,其分段长度可视实际情况确定。

在对原有路面进行弯沉检测时,每一车道、每路段的测点数不少于 20 点,且应以标准轴载车辆测定为准,如用非标准轴载则按式(9.51)将非标准轴载的检测结果换算为标准轴载下的弯沉值。

$$\frac{l_{100}}{l_i} = \left(\frac{P_{100}}{P_i}\right)^{0.87} \tag{9.51}$$

式中：P_{100}，l_{100}——标准轴载 100kN 的轴重和弯沉值；

P_i，l_i——非标准轴载测定车的轴重和弯沉值。

各路段的计算弯沉值按式(9.52)计算：

$$l_0 = (\overline{l_0} + Z_a S) K_1 K_2 K_3 \tag{9.52}$$

式中：l_0——路段的计算弯沉值，0.01mm；

$\overline{l_0}$——路段内原路面上实测弯沉的平均值，0.01mm；

S——路段内原路面上实测弯沉的标准差，0.01mm；

Z_a——保证率系数(补强二级及二级以上公路路面时，取 1.5，补强三、四级公路时取 1.3)；

K_1，K_2——季节影响系数和湿度影响系数(可根据当地经验选用)；

K_3——温度修正系数。

9.8.2 原路面当量回弹模量的计算

用理论法进行路面的补强计算时，需要将原路面计算弯沉值换算成综合回弹模量值。进行这种换算时，将原路基路面体系看成计算弯沉相等的匀质体，同时考虑承载板测定回弹模量与弯沉测定回弹模量之间的差异，得到如下综合回弹模量 E_z 的计算公式：

$$E_z = \frac{1000pD}{l_0} m_1 m_2 \tag{9.53}$$

式中：p——弯沉测定车的轮胎压力；

D——与弯沉测定车双圆轮迹面积相等的承载板直径(即 $D = 1.414d$，d 为轮迹单圆直径)；

l_0——原路面计算弯沉值；

m_1——用标准轴载的汽车在原有路面上测得的弯沉值与用承载板在相同压强条件下所测得的回弹变形值之比(即轮板对比值，$m_1 = L_{轮}/L_{板}$，一般情况下，应通过在旧路面上进行对比试验确定。20 世纪 80 年代中期，有关科研单位的试验结果表明，在相当大的范围内则均十分接近 1.1，故在没有对比资料的情况下，推荐取值为 1.1)。

m_2——原路面当量回弹模量扩大系数[计算与原有路面接触的补强层层底拉应力时。m_2 按式(9.54)计算，计算其他补强层层底拉应力及弯沉值时，$m_2 = 1.0$]。

引入修正系数的原因是因为按照拉应力验算的原则，在进行与旧路面接触的补强层层底弯拉应力验算时，与计算层的结构层(即旧路面面层)的材料参数应维持不变。但旧路面当量回弹模量相当于在弯沉等效的基础上将由数层不同材料组成的旧路面等效视作一均质弹性半空间体时所对应的等效模量。显然，该模量值不同于和计算层相邻的原路面面层的回弹模量，因此，在进行与旧路面接触的补强层层底拉应力验算时，应对旧路面当量回弹模量进行修正，根据研究，规范给出如下公式：

$$m_2 = \mathrm{e}^{0.037 \frac{h'}{\delta}} \left(\frac{E_{n-1}}{p} \right)^{0.25} \tag{9.54}$$

式中：E_{n-1}——与原路面接触层材料的抗压回弹模量，MPa；

h'——各补强层等效与原路面接触层 E_{n-1} 相当的等效厚度，cm，

$$h' = \sum_{i=1}^{n-1} h_i \left(E_i \sqrt{E_{n-1}} \right)^{0.25} \tag{9.55}$$

h_i——第 i 层补强的厚度，cm；

E_i——第 i 层补强层材料的抗压回弹模量，MPa；

$n-1$——补强层层数。

9.8.3 补强厚度的计算

在确定原有路面的当量回弹模量后，可用弹性层状体系理论进行补强层厚度的计算，若补强单层时，以双层弹性体系为设计计算的力学模型，补强 n 层时，以 $n+1$ 层弹性体系为力学模型计算。补强设计时，仍以设计弯沉值作为路面整体刚度的控制指标；对于二级和二级以上公路，还应进行补强层底面拉应力的验算。设计弯沉值、各补强层底面的容许拉应力的计算方法、弯沉综合修正系数及补强层材料参数的确定与新建路面设计时的各项方法相同。

9.9 小 结

沥青路面是一种常用的路面结构类型，路面结构的损坏形式多种多样，不仅有行车荷载的作用，而且受自然因素的影响；既要考虑路面各结构层的强度和抗变形能力，又要考虑结构层的组合问题；既要考虑路面结构的承载能力，又要考虑经济因素和施工技术问题。在设计中应全面考虑各方面因素。

路面结构厚度计算的方法有查图法、简化公式法和应用计算机程序计算法。以前以查图法应用最多，现公路路面设计规范要求采用计算机程序计算法，对这部分的应用以程序应用说明书为准。

思 考 题

9.1 沥青路面是怎样分类的？如何选择沥青路面的类别？

9.2 沥青路面的材料特性主要考虑哪些方面？

9.3 沥青路面的常见病害有哪些？产生的原因是什么？

9.4 沥青路面结构组合设计应遵循哪些原则？

9.5 新建沥青路面的设计程序是什么？

9.6 如何确定土基的回弹模量？

9.7 在沥青路面改建设计中,如何确定原路面的计算弯沉值和回弹模量？

习　题

II$_5$ 区某地新建一条一级公路,已知路面容许弯沉值 $l_R = 0.39$mm,沥青混凝土面层容许弯拉应力 $\sigma_R = 0.48$(MPa),水泥稳定砂砾容许弯拉应力 $\sigma_R = 0.28$(MPa),石灰土容许弯拉应力 $\sigma_R = 0.12$(MPa)。标准轴载为:BZZ$-$100,$p = 0.7$(MPa),$\delta = 0.65$cm。根据当地经验和试验确定的路面结构各层的抗压、弯拉回弹模量及确定的各层厚度见表 9.25。试进行下列计算和验算:

1) 计算水泥稳定砂砾层的厚度;

2) 验算沥青混凝土底面拉应力;

3) 验算水泥稳定砂砾层底面拉应力;

4) 验算石灰土层底面拉应力。

表 9.25

层次	材料名称	各层厚度 /cm	抗压回弹模量 /MPa	弯拉回弹模量 /MPa
1	中粒式沥青混凝土	$h_1 = 4$	$E_{P_1} = 1200$	$E_{S_1} = 1600$
2	沥青碎石	$h_2 = 8$	$E_{P_2} = 800$	$E_{S_2} = 1500$
3	4%水泥稳定砂砾	$h_3 = ?$	$E_{P_3} = 500$	$E_{S_3} = 2800$
4	8%石灰土	$h_4 = 18$	$E_{P_4} = 300$	$E_{S_4} = 1000$
5	土基		$E_0 = 39$	$E_0 = 39$

第十章 沥青路面的施工

沥青路面具有表面平整、无接缝、行车舒适、耐磨、噪声低、施工期短、养护维修简便,适宜于分期修建等优点,因此得到了广泛的应用。沥青路面是我国高速公路的主要路面形式。沥青面层的主要类型有沥青混凝土、沥青碎石、沥青表面处治、沥青贯入式等。

本章主要对沥青路面的材料要求、沥青混合料的拌和、摊铺、碾压及施工质量控制等问题进行探讨。

10.1 施工前的准备工作

施工前的准备工作主要有原材料的确定、机械选型与配套、修筑试验路段等内容。

10.1.1 对材料的要求

1. 沥青材料

沥青路面所用的沥青材料有道路石油沥青、煤沥青、液体石油沥青和沥青乳液等。对进场沥青,每批到货均应检验生产厂家所附的试验报告,检查装运数量、装运日期、定货数量、试验结果等。对每批沥青进行抽样检测,检测合格后方可使用。道路石油沥青适用于各类沥青路面的面层,高速公路、一级公路和城市快速路、主干路铺筑沥青路面时,石油沥青材料的质量要求应符合表10.1重交通道石油沥青质量要求的规定。

沥青面层所采用的沥青标号,需根据气候分区、沥青路面类型和沥青种类等按表10.2选用。面层的上层宜应用较稠的沥青,下层或连接层可采用较稀的沥青。对渠化交通的道路,应采用较稠的沥青。

表 10.1 重交通道路石油沥青质量要求

试 验 项 目	AH-130	AH-110	AH-90	AH-70	AH-50
针入度(25 C,100g,5s)/10^{-1}mm	120~140	100~120	80~100	60~80	40~60
延度(5cm/min,15 C)(≥)/cm	100	100	100	100	80
软化点(环球法)/C	40~50	41~51	42~52	44~54	45~55
闪点(COC)(≥)/C			230		

试 验 项 目		AH-130	AH-110	AH-90	AH-70	AH-50
含蜡量(蒸馏法)(≤)/%				3		
密度(15℃)/(g/cm³)				实测记录		
溶解度(三氯乙烯)(≥)/%				99.0		
薄膜加热试验163℃ 5h	质量损失(≥)/%	1.3	1.2	1.0	0.8	0.6
	针入度比(≥)/%	45	48	50	55	58
	延度25℃(≥)/cm	75	75	75	50	40
	延度(15℃)/cm			实测记录		

表 10.2 沥青标号的选择

气候分区	沥青种类	沥青路面类型			
		沥青表面处治	沥青灌入式	沥青碎石	沥青混凝土
寒冷地区	石油沥青	A-140 A-180 A-200	A-140 A-180 A-200	AH-90 H-110 AH-130 A-100 A-140	AH-90 AH-110 AH-130 A-100 A-140
	煤沥青	T-5 T-6	T-6 T-7	T-6 T-7	T-7 T-8
温和地区	石油沥青	A-100 A-140 A-180	A-100 A-140 A-180	AH-90 AH-110 A-100 A-140	AH-70 AH-90 A-60 A-100
	煤沥青	T-6 T-7	T-6 T-7	T-7 T-8	T-7 T-8
较热地区	石油沥青	A-60 A-100 A-140	A-60 A-100 A-140	AH-50 AH-70 AH-90 A-100 A-60	AH-50 AH-70 A-60 A-100
	煤沥青	T-6 T-7	T-7	T-7 T-8	T-7 T-8 T-9

道路用乳化石油沥青质量要求应符合表10.3的规定。乳化沥青适用于沥青表面处治路面、沥青贯入式路面、常温沥青混合料路面,以及透层、黏层与封层。乳化沥青的类型应根据使用目的、矿料种类、气候条件选用。对酸性石料,以及当石料处于潮湿状态或在低温下施工时,采用阳离子乳化沥青;对碱性石料,且石料处于干燥状态,或与水泥,石灰、粉煤灰共同使用时,采用阴离子乳化沥青。

液体石油沥青适用于透层、黏层及拌制常温沥青混合料。根据使用目的与场所,可分别选用快凝、中凝、慢凝的液体石油沥青。道路用煤沥青适用于透层、黏层,也可用于三级及三级以下的公路和次干路以下的城市道路铺筑沥青面层,但热拌沥青混合料路面的表面层不宜采用煤沥青。

表 10.3 道路用乳化石油沥青质量要求

项目 \ 种类		PC-1 PA-1	PC-2 PA-2	PC-3 PA-3	BC-1 BC-1	BC-2 BA-2	BC-3 BA-3
筛上剩余量(≤)/%		0.3					
破乳速度试验		快裂	慢裂	快裂	中或慢裂		慢裂
黏度	沥青标准黏度计 C25,3 (s)恩格拉度 E25	12～45 3～15	8～20	1～6	12～100 3～40		40～100
蒸发残留物含量(≥)/%		60	50		55		60
蒸发残留物性质	(25℃,100g,5s)/$(10^{-1}$mm)	80～200	80～300	60～160	60～200	60～300	80～200
	延度比 25℃/cm(≥)	80					
	溶解度(三氯乙烯)(≥)/%	97.5					
储存稳定性	5(≤)/%	5					
	1(≤)/%	1					
与矿料的黏附性,裹覆面积(≥)		2/3					
粗粒式集料拌和试验		—			均匀	—	
细粒式集料拌和试验						均匀	
水泥拌和试验,1.18mm 筛上剩余量/%						5	
低温储存稳定度(−5℃)		无粗颗粒或结块					
用途		表面处治及灌入式洒布用	透层用	黏层用	拌制粗粒式沥青混合料	拌制中粒式沥青混合料	拌制中粒式及细粒式沥青混合料	拌制砂粒式沥青混合料及稀浆封层

2. 粗集料

用于沥青面层的粗集料包括碎石、破碎砾石、筛选砾石、矿渣等。粗集料应洁净、干燥、无风化、无杂质,并具有足够的强度和耐磨耗性,沥青面层用粗集料质量应符合表 10.4 的规定。粗集料应具有良好的颗粒形状。路面抗滑表层粗集料应选用坚硬、耐磨、抗冲击性好的碎石或破碎砾石,不得使用筛选砾石、矿渣及软质集料。用于高速公路、一级公路和城市快速路、主干路沥青路面表层及各类道路抗滑表层粗集料质量应符合表 10.4 中石料磨光值的要求,但允许掺加不超过 40%粗集料总量的普通集料作为中等或较小粒径的粗集料。

表 10.4 沥青路面表层用粗集料质量要求

指标	高速公路、一级公路、城市快速路、主干路	其他等级公路与城市道路
石料压碎值(≤)/%	28	30
洛杉矶磨耗损失(≤)/%	30	40
视密度(≥)/(t/m³)	2.50	2.45
吸水率(≤)/%	2.0	3.0
对沥青的黏附性(≤)/级	4	3
坚固性(≤)/%	12	—
细长扁平颗粒含量(≤)/%	15	20
水洗法<0.075mm 颗粒含量(≤)/%	1	1
软石含量(≤)/%	5	5
石料磨光值(≥)/BPN	42	实测
石料冲击值(≤)/%	28	实测

筛选砾石仅适用于三级及三级以下公路和次干路以下的城市道路的沥青表面处治路面或拌和法施工的沥青面层的下面层,不得用于贯入式路面及拌和法施工的沥青面层的中、上面层。

3. 细集料

沥青面层用细集料可采用天然砂、机制砂及石屑。细集料应洁净、干燥、无风化、无杂质,并有适当的颗粒级配,沥青面层用细集料质量应符合表 10.5 的要求。热拌沥青混合料的细集料应采用优质的天然砂或机制砂。在缺砂地区,也可使用石屑,但高速公路、一级公路和城市快速路、主干路沥青混凝土面层及抗滑表层的石屑用量不超过天然砂及机制砂的用量。

表 10.5 沥青面层用细集料质量要求

指标	高速公路、一级公路、城市快速路、主干路	其他等级公路与城市道路
视密度(≥)/(t/m³)	2.50	2.45
坚固性(>0.3mm 部分)(≤)/%	12	—
砂当量(≥)/%	60	50

细集料应与沥青有良好的黏结能力。与沥青黏结性能很差的天然砂及用花岗岩、石英岩等酸性石料破碎的机制砂或石屑不宜用于高速公路、一级公路和城市快速路、主干路沥青面层。当需要使用时,应采用抗剥离措施。

4. 填料

沥青混合料的填料宜采用石灰岩或岩浆岩中的强基性岩石等憎水性石料经磨细得到的矿粉。矿粉要求干燥、洁净,沥青面层用矿粉质量应符合表10.6的要求。当采用水泥、石灰、粉煤灰作填料时,其用量不宜超过矿料总量的2%。

表10.6 沥青面层用矿粉质量要求

指 标		高速公路、一级公路城市快速路、主干路	其他等级公路与城市道路
视密度(≥)/(t/m³)		2.50	2.45
含水量(≤)/%		1	1
粒度范围	<0.6mm	100%	100%
	<0.15mm	90%～100%	90%～100%
	<0.075mm	75%～100%	70%～100%
外观		无团粒结块	
亲水系数		<1	

10.1.2 拌和设备的选型

通常,根据工程量和工期选择拌和设备的生产能力和移动方式(固定式、半固定式和移动式),而且其生产能力应和摊铺能力相匹配,不应低于摊铺能力,最好高于摊铺能力5%左右。高等级公路沥青路面施工,应选用拌和能力较大的设备。

10.1.3 施工机械检查

施工前对各种施工机具应做全面检查。

1) 沥青混合料拌和设备在开始运转前要进行一次全面检查,搅拌器内有无积存余料、冷料运输机是否运转正常。

2) 洒油车应检查油泵系统、洒油管道、量油表、保温设备等有无故障,校核其洒油量。

3) 矿料撒铺车应检查其传动和液压调整系统,确定撒铺每一种规格矿料时应控制的间隙和行驶速度。

4) 摊铺机应检查其规格和主要机械性能,如振捣板、振动器、熨干板、螺旋摊铺器、离合器、刮板送料器、料斗闸门、厚度调节器、自动找平装置等是否正常。

5) 压路机应检查其规格和主要机械性能(如转向、启动、振动、倒退、停驶等方面的能力)及滚筒表面的磨损情况。

10.1.4 修筑试验路段

沥青路面大面积施工前,应采用计划使用的机械设备和混合料配合比铺筑试验段。通过试验段的修筑,根据沥青路面各种施工机械相匹配的原则,确定合理的施工机械、机械数量及组合方式;确定拌和机的上料速度、拌和时间与温度(拌和前进行流量测定,建立料仓开度与流量的关系),摊铺温度、摊铺速度、摊铺宽度、自动找平方式等操作工艺;压实机械的合理组合,碾压温度、碾压速度及遍数等压实工艺;确定松铺系数和合适的作业段长度,制订施工进度计划。

10.2 沥青混合料的拌和与运输

10.2.1 试拌

在拌和厂拌制一种新配合比的混合料之前,或生产中断了一段时间后,应根据室内配合比进行试拌。通过试拌及抽样试验确定施工质量控制指标。

1) 对间歇式拌和设备,应确定每盘热料仓的配合比。对连续式拌和设备,应确定各种矿料送料口的大小及沥青、矿料的进料速度。

2) 沥青混合料应按设计沥青用量进行试拌,试拌后取样进行马歇尔试验,验证设计沥青用量的合理性,必要时可做适当调整。

3) 确定适宜的拌和时间。间歇式拌和设备每盘拌和时间宜为 30~60s,以沥青混合料拌和均匀为准。

4) 确定适宜的拌和与出厂温度。根据不同的沥青品种和不同的沥青混合料确定混合料拌和及出厂温度。

10.2.2 拌制

根据配料单进料,严格控制各种材料用量及其加热温度。拌和后的沥青混合料均匀一致,无花白、离析和结团成块等现象。每班抽样做沥青混合料性能、矿料级配组成和沥青用量检验。每班拌和结束时,清洁拌和设备,放空管道中的沥青。做好各项检查记录,不符合技术要求的沥青混合料禁止出厂。

10.2.3 沥青混合料的运输

运输车辆的数量和总运输能力应该较拌和机生产能力和摊铺速度有所富余。施工中应保证将拌和机拌制的沥青混合料(包括预先储存在拌和厂成品储料仓内的混合料)及时运送到摊铺现场,在运输时还要组织好车辆在拌和厂装料处和工地卸料的顺序以及车辆在工地卸料时的停车地点。

将混合料从拌和厂运到摊铺现场,必须用篷布覆盖运输车内的沥青混合料,以保持混合料的温度。在雨季施工时,运料车还应有防雨篷布。运至摊铺地点的沥青混合料的温度应符合要求。

10.3 沥青混合料摊铺

摊铺作业是沥青路面施工的关键工序之一。包括下承层准备、施工放样、摊铺机各种参数的调整与选择、摊铺机作业等主要内容。

10.3.1 准备工作

1. 下承层准备

在铺筑沥青混合料时,它的下承层可能是基层、路面下面层或中面层。如基层可能出现弹软、松散或表面浮尘等,需对基层表面进行维修。在路面下面层或中面层表面如有泥泞污染等,必须清洗干净。下承层缺陷处理后,即可洒透层油或黏层油。

2. 施工放样

施工放样包括平面控制与标高控制两项内容。平面控制是定出摊铺路面的边线位置。标高测定的目的是确定下承层表面高程与原设计高程相差的确切数值,以便在挂线时纠正到设计值或保证施工层厚度。根据标高值设置挂线标准桩,借以控制摊铺厚度和标高。对无自控装置的摊铺机,不存在挂线问题,但应根据所测标高值和本层应铺厚度综合考虑确定实铺厚度,用适当垫块或定位螺旋调整就位。

10.3.2 摊铺机参数的选择与调整

摊铺机参数包括结构参数和运行参数两大部分。在摊铺作业前,根据施工要求对其进行选择和调整。

1. 结构参数的调整

(1)熨平板宽度与拱度的调整

熨平装置是摊铺机的重要工作装置,它用于对螺旋摊铺器所摊铺的沥青混合料进行预压整形和整平,以便为随后的压路机压实创造必要的条件。

熨平装置通过左右两只牵引大臂铰接连接到主机上,其组成主要包括振捣机构、振动机构、熨平板、铺层厚度调节器、路拱调节器和加热系统等部分。按其结构形式的不同,可将熨平装置分为机械加长式熨平装置和液压伸缩式熨平装置;按其功能的不同,可将它分为标准型熨平装置和高密实度熨平装置。熨平板宽度的调节方法随熨平板延伸方式而异,液压伸缩式熨平板采用液压伸缩无级调节,机械加宽式熨平板采用机械分段接长调节。

熨平板宽度调整之后,要调整其拱度。各种型号摊铺机的调拱机构大致相同,调整后可在标尺上直接读出拱度的绝对数(mm)值或横坡百分数。一些大型摊铺机,常设计有前后两副调拱机构。这种双调拱机构,其前拱的调节量略大于后拱。这样有利于改善摊铺层的表面质量和结构致密的均匀性。如果调整不当,将出现表面致密度不均等缺陷。经验表明,前拱过大,混合料易向中间带集中,于是出现两侧疏松,中部紧密并被刮出亮痕和纵向撕裂状条纹,反之,前拱过小,甚至小于后拱,混合料被分向两侧,于是将出现中间疏松,两侧紧密并刮出亮痕和纵向撕裂状条纹,只有前后拱符合规定时,才能获得满意的摊铺效果。一般人工接长调整宽度的熨平板,其前后拱之差为 3~5mm,液压伸缩调宽的熨平板,差值为 2~3mm。

(2) 摊铺厚度的确定和熨平板初始工作迎角的调整

摊铺工作开始前要准备两块长方垫木,以此作为摊铺厚度的基准。垫木宽 5~10cm,长与熨平板纵向尺寸相同或稍长,厚度为松铺厚度。将摊铺机停置于摊铺带起点的平整处后,抬起熨平板,把两块垫木分别置于熨平板两端的下面。如果熨平板加宽,垫木则放在加宽部分的近侧边处。

熨平板放置妥当后,调整其初始工作迎角。多数摊铺机上装有手动调整机构,用以调整初始工作迎角。调节得正确与否,只能通过实际摊铺的厚度去检验。具有自动调平装置的摊铺机,在机器结构上可以靠改变熨平板侧臂安装位置来获得有限级(如三级)的初始工作迎角,每一级初始工作迎角适应一定范围的摊铺厚度。同时,依靠电子液压调平装置来控制工作迎角的瞬时变化,以保证摊铺平整度。

(3) 分料螺旋与熨平板前缘距离的调整

现代摊铺机的熨平板前缘与分料螺旋之间的距离是可变的。它主要根据摊铺厚度、混合料级配及油石比、下承层强度与刚度、矿料粒径等条件,对这一距离进行适当调整。当摊铺厚度较大、矿料粒径也大、沥青混合料温度偏低或发现摊铺层表面出现波纹应将距离调大,在石灰稳定土、水泥稳定土、二灰及二灰土基层上摊铺厚度较小的沥青层时,应将距离调小;一般摊铺条件下(厚度 10cm 以下的中、粗粒式沥青混合料,矿料粒径约 3cm,正常摊铺温度),则将距离调至中间位置。

(4) 振捣梁行程调整

绝大多数摊铺机在熨平板之前设有机械往复式振捣梁,由一偏心轴传动。偏心轴一般由一台液压电机驱动,往复运动的行程可进行有级或无级调整,视摊铺厚度、温度和密实度而定,通常在 4~12mm 之间。一般情况下,薄层、矿料粒径小选择短行程;反之,摊铺厚度大、温度低、矿料粒径大时,选择长行程,摊铺面层时只能选用短行程。

(5) 熨平板前刮料护板高度的调整

有些摊铺机熨平板前装有刮料护板。其作用在于保持熨平板前部混合料的堆积高度为定值。因此,刮料护板的高度调整得当,有助于提高摊铺质量。当摊铺厚度小于 10cm 时,刮料护板底刃应高出熨平板底板前缘 13~15mm,对于液压伸缩调幅的熨平板,此值要稍减小。如果摊铺厚度增加,或混合料粒径增大,刮料护板要适当提高;反之,摊铺层减薄、混合料中细料多或油石比较大时,应适当降低刮料护板高度。为确保在熨平板全宽范围内料堆高度一致,刮料护板底刃必须平直,且与熨平板底边缘保持平行。

2. 摊铺机作业速度的选择

摊铺机的作业速度对摊铺机的作业效率和摊铺质量影响极大。正确选择作业速度,是加快施工进度、提高摊铺质量的重要手段。摊铺机的速度变化范围从零值到每分钟数十米之间,可进行无级调节。如果摊铺机时快时慢、时开时停将导致熨平板受力系统平衡变化频繁,对摊铺层平整度和密实度产生很大影响;速度过快使铺层疏松、供料困难,停机会使铺层表面形成台阶状,且料温下降,不易压实。

选择摊铺速度的原则是保证摊铺机连续作业。首先要考虑供料能力,包括沥青混合料拌和设备的生产能力和运输车辆的运输能力。其次,摊铺机的工作速度还与所用混合料种类、温度及铺筑的层次不同而有所区别。一般面层下层的摊铺速度较快,为 6～10m/min,面层上层的摊铺速度较慢,为 6m/min 以下。对于薄层罩面,更要慢些。因为机械前进速度慢,则铺层可得到较多的振捣次数。一般摊铺机每前进1m,振捣梁的振捣次数不少于 200 次。

10.3.3　摊铺机作业

1. 熨平板的加热

在摊铺机就位并调整完毕后,就要做好摊铺机和熨平板的预热、保温工作,要求熨平板温度不低于 80℃。每天开始施工之前或临时停工后再工作时,均应对熨平板进行预热,其目的是减少熨平板及其附件与混合料的温差,以防止混合料黏附在熨平板底面上而影响铺层质量,因为 100℃以上的混合料碰到未加热的熨平板底面时,将会冷黏在板底,这些黏附的混合料随板向前移动时,会拉裂铺层表面,形成沟槽和裂纹。如果先对熨平板进行加热,则加热后的熨平板可对铺层起到熨烫作用,从而使铺层表面平整无痕。熨平板的预热温度应与混合料温度接近,如果过热,除了易使熨平板本身变形和加速磨损以外,还会使铺层表面沥青焦化和拉沟,影响铺层平整度和强度。

2. 摊铺机供料机构操作

摊铺机供料机构包括刮板输送器和向两侧洒布料的螺旋摊铺器两个部分。两者的工作应相互密切配合,工作速度匹配。工作速度确定后,还要力求保持其均匀性,这是决定路面平整度的一项重要因素。

刮板输送器的运转速度及闸门的开启度共同影响向摊铺室的供料量。通常刮板输送器的运转速度确定后就不大变动了,因此向摊铺室的供料量基本上依靠闸门的开启高度来调节。在摊铺速度恒定时,闸门开度过大,使得螺旋摊铺室中部积料过多,形成高堆,造成螺旋摊铺器的过载并加速其叶片的磨损。同时也增加熨平板的前进阻力,破坏熨平板的受力平衡,使熨平板自动向上浮起,铺层厚度增加。如果关小闸门或暂停刮板输送器的运转,掌握不好,又会使摊铺室内的混合料突然减少,中部形成下陷状(料的高度降低),其密实度与对熨平板的阻力减小,同样会破坏熨平板的受力平衡,使熨平板下沉,铺层厚度减小。

3. 摊铺方式

摊铺时,先从横坡较低处开铺。各条摊铺带的宽度最好相同,以节省重新接宽熨平板的时间(液压伸缩式调宽较省时)。使用单机进行不同宽度的多次摊铺时,应尽可能先摊铺较窄的那一条,以减少拆接宽次数。

如果为多机摊铺,则应在尽量减少摊铺次数的前提下,各条摊铺带的宽度可以有所不同(即梯队作业方式),梯队间距不应太大,一般为 5~15m,以便形成热接茬。如为单机非全幅作业,每幅不可铺筑太长,应在铺筑 100~150m 后调头完成另一幅,此时一定要注意接好茬。

4. 接缝处理

接缝包括纵向接缝和横向接缝(工作缝)两种。接缝处理的好坏直接影响路面质量。接缝处理不好,易使接缝处下凹或凸起造成平整度不良,或由于接缝处压实度不够和结合强度不足而产生裂纹。在用宽幅摊铺机全幅摊铺时,可避免纵向接缝,但横向接缝是不可避免的。

(1) 纵向接缝

纵向接缝有热接缝和冷接缝两种。热接缝施工一般是使用两台以上摊铺机成梯队同步摊铺沥青混合料,此时两条相邻摊铺带的混合料都处于压实前的热状态,所以纵向接缝易于处理,且连接强度好。热接缝施工应注意以下几点:①两台摊铺机的结构参数和运行参数应调整成相等;②接缝两侧摊铺层的横坡和厚度均应一致,搭接重叠应在 5~10cm 之间;③两台摊铺机前后距离为 5~10m,使沥青混合料在高温状态下相接;④后一台摊铺机靠接缝一侧宜拖一热熨斗,后者跨接缝行走,熨平接缝;⑤上下铺层的纵向接缝应错开 15cm 以上,表面层的纵缝应顺直,且宜设在路面标线位置。

当施工中由于设备配备以及场地条件等限制,有时不可避免地形成纵向冷接缝,此时应在先摊铺带的靠接缝一侧设置挡板,挡板的高度与铺筑层的压实厚度相同,以使压路机能压实边部并形成一个垂直面。在不设置挡板的情况下,碾压后的边部会成为一斜面,在摊铺相邻带之前应将呈斜面部分切割后除去。清除切割用的冷水并干燥后,在切割的垂直面上热涂黏结沥青后再摊铺相邻带的沥青混合料。摊铺时新混合料应重叠在已铺带上 5~10cm,借此加热接缝边部的冷沥青混合料,开始碾压前,用耙子把重叠范围内的大料剔去并铲除大部分重叠的混合料,使纵缝处冷热表面,重叠宽约 2cm 左右的细料(2cm 连接带),然后按规定碾压。

(2) 横向接缝

横向接缝通常指每天的工作缝或由于摊铺中断时间较长,摊铺机后面尚未碾压的沥青混合料的温度已下降到低于规定的温度后再开始摊铺的接缝。

横接缝的处理有三个要点,即正确的接缝位置、接缝方式和施工方法。

1) 接缝位置。在施工结束时,摊铺机应在接缝近端部约 1m 处将熨平板稍微抬起驶离现场,用人工将端部混合料铲齐后再予以碾压。然后用 3m 直尺检查平整度,并找出表面纵坡或铺层厚度开始发生变化的横断面,趁尚未冷透时用锯缝机将此断面切割成垂直面,并将切缝靠端部一侧已铺的不符合平整度要求的尾部铲除,与下次施工时形成平缝连接。

2)接缝方式。为了保证接缝的质量,沥青面层的各铺层均应采用平接缝,对中、下面层,当受条件限制时,也可采用斜接缝。

3)施工方法。在预先处理好的接缝处,要求摊铺机第一次布满料时,不前行,用热料预热横向冷接缝至少 10min(最好达到 30min),并用温度最高的一车料开始摊铺,这样有利于提高接缝温度,也有利于整平压密接缝处混合料。新铺面与已铺的冷铺面重叠 5cm,整平接缝并对齐,趁热横向碾压,压路机大部分钢轮在冷铺面,新铺面第一次压 15～20cm,以后逐渐展向新铺面直至全部在新铺层上为止,再改为纵向碾压。

当纵向相邻摊铺层已经成型,同时已有纵缝时,可先用钢筒式压路机沿纵缝碾压一遍,其在新铺带上的碾压宽度为 15～20cm,然后再沿横缝做横向碾压,最后进行正常的纵向碾压。

10.4　沥青混合料的压实技术

压实是沥青面层施工的最后一道工序,是保证沥青混合料的质量,使其物理力学性质和功能特性符合设计要求的重要环节。合适的碾压,既能使沥青面层达到高的密实度,又具有良好的平整度。

沥青混合料的密实度越大,空隙率就越小,其稳定度、抗拉强度和劲度就越大,因而其疲劳寿命也越长,在使用过程中产生的压缩变形也就越小,抗车辙能力越强。如果压实不足,面层初期的空隙率大,不仅加速沥青混合料的老化,而且初期的透水性就越大,在不同季节会带来各种不良后果。

压实工作的主要内容包括碾压机械的选型与组合、压实温度、速度、遍数、压实方式的确定及特殊路段的压实(弯道及陡坡等)。

10.4.1　碾压机械的选型与组合

1. 常用沥青路面压实机械

用于沥青面层碾压的压路机主要有静作用光轮压路机、轮胎压路机、振动压路机和组合式压路机。

(1)静作用光轮压路机

静作用光轮压路机可分为双轴双轮式、双轴三轮式和三轮三轴串联式光轮压路机。

双轴双轮式压路机前后各有一个轮子。根据结构要求,转向轮可为分开式,也可为整体式;质量为 1.0～12t。这种压路机通常较少,仅作为辅助设备。但它具有更好的压实适应性,能在摊铺层上横向碾压,产生更均匀的密实度。

双轴三轮式压路机前面是一个较小的从动轮,后面有两个较大的驱动轮,质量2.5~16t,常用于沥青混合料的初压。

三轮三轴式压路机有三个等宽的碾压滚轮,分装在刚性机架的前中后三根轴上,后轮为驱动轮,直径较大,中、前轮均为从动轮,直径较小。该种压路机大多为重型,适用于压实沥青混凝土路面,且在作业时可以随被压层表面的不平程度自动地重新分配各滚轮上的负荷,压平料层的凸起部分,主要用于要求平整度较高等级公路路面的压实作业。

(2)轮胎压路机

轮胎压路机根据其大小,可装5~11个光面橡胶轮,这些橡胶轮通常具有改变轮胎压力的性能,其工作质量一般为5~25t。轮胎压路机可用来进行接缝处的预压、坡道预压、消除裂纹、薄摊铺层的压实等作业。

(3)振动压路机

振动压路机分为自行式单轮振动压路机、串联振动压路机及组合式振动压路机。

自行式单轮振动压路机,前面有一个振动轮,后面是两个橡胶驱动轮。有些机型前轮也是驱动轮。为了压实沥青混合料,振动轮有不同振幅和频率可供选用。自行式单轮振动压路机,常常用于平整度要求不高的路面作业。

沥青混合料的压实度要求较高时,常使用串联振动压路机。串联振动压路机分为单轮振动和双轮振动,并且大型串联振动压路机有较多的频率和振幅。驱动轮是一个或两个组合式压路机是轮胎压路机和振动压路机的一种组合形式。这一设想是为了把轮胎压路机的优点同振动压路机的优点结合在一起。但只有经过适当的选择和运用,才是有效的。

有关路面压实机械详见第十四章公路施工机械。

2. 选型与组合

结合工程实际,选择压路机种类、大小和数量,应考虑摊铺机的生产率、混合料特性、摊铺厚度、施工现场的具体条件等因素。

摊铺机的生产率决定了需要压实的能力,从而影响了压路机大小和数量的选用,而混合料的特性则为选择压路机的大小、最佳频率与振幅提供了依据。如混合料矿料含量的增加或最大尺寸的增大,都会使其工作度下降,要达到要求的密实度就需要较大压实能力的压路机。沥青稠度高时,也是如此。选择压路机质量和振幅,应与摊铺层厚度相适应,摊铺层厚度小于6cm,最好使用振幅为0.35~0.6mm的中小型振动压路机(2~6t),这样,就可避免材料出现推料、波浪、压坏骨料等现象。在压实较厚的摊铺层(厚度大于10cm)时,使用高振幅(可高达1.00mm)的大、中型振动压路机(6~10t)。压路机的选择必须考虑施工现场的具体情况,若有陡坡、转弯的路段应考虑压路机操作的机动灵活性。

10.4.2 压实作业的程序

沥青混合料面层碾压通常分为初压、复压和终压三个阶段。

1. 初压

初压又称为稳压,是压实的基础,其目的是整平和稳定混合料,同时为复压创造有利条件。由于沥青混合料在摊铺机的熨平板前已经过初步整平压实,而且刚摊铺的混合料温度较高,常在140℃左右,因此,只要较小的压实功就可以达到较好的稳定压实效果。通常用6~8t的双钢轮压路机或6~10t振动压路机前进时(关闭振动装置)以2km/h左右的速度碾压2~3遍,一般不采用普通轮胎压路机进行初压。碾压时驱动轮在前静压匀速前进,后退时沿前进碾压时的轮迹行驶并可振动碾压。也可用组合式钢轮-轮胎压路机(钢轮在接近摊铺机端)进行初压,前进时静压匀速碾压,后退时沿前进碾压时的轮迹行驶并可振动碾压。初压后检查平整度、路拱,必要时予以修正。如在碾压时出现推移,可待温度稍低后再压,如出现横向裂纹,应检查原因并及时采取纠正措施。

2. 复压

复压是压实的主要阶段,其目的是使混合料密实、稳定、成型,因此,复压应在较高的温度下并紧跟初压后面进行,复压期间的温度不应低于120~130℃。通常用双轮振动压路机(用振动压实)或重型静力双轮压路机和16t以上的轮胎压路机先后进行碾压,也可用组合式压路机、双轮振动压路机和轮胎压路机一起进行碾压,碾压方式与初压相同,碾压遍数参照铺筑试验段时所得的结果确定,通常不少于6遍。

3. 终压

终压是消除轮迹、缺陷和保证面层有较好平整度的最后一步。由于终压既要消除复压过程中表面遗留的不平整,又要保证路面的平整度,因此,沥青混合料也需要在较高但又不能过高的碾压温度下结束碾压。终压常使用静力双轮压路机并应紧接在复压后进行,碾压遍数为2~3遍。

4. 压实方式

碾压时压路机应由路边向路中,这样就能始终保持压路机以压实后的材料作为支撑边。三轮式压路机每次重叠为后轮宽1/2,这种碾压方式,可减少压路机前推料、起波纹等。双轮压路机每次重叠为30cm。

10.4.3 接缝处的碾压

接缝的碾压是压实工序中的重要环节,处理得好坏直接影响到路面质量。接缝处的碾压分为横向接缝碾压和纵向接缝碾压。

1. 横向接缝碾压

在条件许可的地方,可使用较小型压路机对横向接缝采用横向碾压(条件受限制的地方也可采用纵向碾压)。横向碾压开始时,使压路机轮宽的 10～20cm 置于新铺的沥青混合料上碾压,这时压路机质量的绝大部分处在压过的铺层上。然后逐渐横移直到整个滚轮进入新铺层上。必要时先用压路机静压,然后振动碾压。

2. 纵向接缝碾压

(1) 热料层与冷料层相接(冷接缝)

热料层与冷料层相接可采用两种方法碾压:第一种方法是压路机位于热沥青混合料上,然后进行振动碾压,这种碾压方法,是把混合料从热边压入相对的冷结合边,从而产生较高的结合密实度;第二种方法是在碾压开始时,只允许轮宽的 10～20cm 在热料层上,压路机的其余部分位于冷料层上,碾压时,过量的混合料从未压实的料中挤出,这样就减少了结合边缘的料量,这种方法产生的结合密度较低。在这两种碾压过程中,压路机的碾压速度都应很低。

(2) 热料层相接(梯队作业时)

热料层相接的压实方法是:先压实离中心热接茬两边大约为 20cm 以外的地方,最后压实中间剩下来的一窄条混合,材料不能从旁边挤出,并形成良好的结合。

10.4.4 提高压实质量的关键技术

1. 合理确定碾压温度

实践证明,碾压温度是影响沥青混合料压实密实度的最主要因素。沥青混合料在规定的温度范围内温度越高,其黏性越大,越容易在外力作用下缩小其空隙和增加密实度,也越容易取得平整效果。而温度较低时,碾压工作变得较为困难,且容易产生很难消除的轮迹,造成路面不平整。因此,在实际施工中,要求在摊铺后及时进行碾压。

沥青混合料的最佳碾压温度是指在材料允许的温度范围内,沥青混合料能够支撑压路机而不产生水平推移、表面无开裂情况且压实阻力较小的温度,此时可用较少的碾压遍数,获得较高的密实度和较好的压实效果。

若碾压时混合料温度过高,会引起压路机两旁混合料隆起,碾轮后的摊铺层裂纹,碾轮上粘起沥青混合料(尽管用水喷洒)及前轮推料等问题。而碾压温度过低时(50～70℃),由于混合料的黏性增大,导致压实无效,或起副作用。

压实质量与压实温度有直接关系,而摊铺后混合料温度是在不断变化的,特别是摊铺后 4～15min 内,温度损失最大(1～5℃/min),因此必须掌握好有效压实时间,适时碾压。有效压实时间的长短与混合料的冷却速度、压实厚度等因素有密切关系。影响冷却速度的因素有气温、湿度、风力和混合料下承层的温度等。凡遇气温低、湿度大、风力大,以及下承层温度低等,都会使有效压实时间缩短,并增加碾压困难。

2. 选择合理的压实速度与遍数

合理的压实速度,对减少碾压时间,提高作业效率有十分重要的意义。在施工中,保持适当的恒定碾压速度是非常必要的。一般速度控制在 2～4km/h,轮胎压路机可适当提高,但不超过 5km/h。速度过低,会使摊铺与压实工序间断,影响压实质量,从而可能需要增加压实遍数来提高压实度。碾压速度过快,会产生推移、横向裂纹等。

3. 选择合理的振频和振幅

为了获得最佳的碾压效果,合理地选择振频和振幅是非常重要的。

振频主要影响沥青面层的表面压实质量,振动压路机的振频比沥青混合料的固有频率高一些,可获得较好的压实效果。试验表明,对于沥青混合料的碾压,其振频多在 42～50Hz 的范围内选择。

振幅主要影响沥青面层的压实深度。当碾压层较薄时,选用高振频、低振幅;而碾压层较厚时,则可在较低振频下,选取较大的振幅,以达到压实的目的。对于沥青路面,通常振幅可在 0.4～0.8mm 内进行选择。

10.5 沥青面层施工质量控制与验收

质量控制,就是为了确保合同和有关技术规范所规定的质量标准而采取的一系列监控措施、手段和方法。质量控制包括施工单位(或称承包商)的质量控制、建设单位(或业主)的质量控制、政府的质量监督三个方面。其中业主对质量的控制越来越多地通过委托社会监理单位来完成,即在公路工程施工中实行"企业自检、社会监理和政府监督"的质量保证体系。业主委托监理工程师对承包商所承包项目的工程质量、进度计划及工程费用实行监督管理。

10.5.1 施工过程中的质量检查及控制标准

1. 施工过程中的材料检查内容及要求

施工中的材料检查,是在每批材料进场时已进行过检查及批准的基础上,再抽查其质量稳定性(变异性)。施工单位在施工过程中必须经常对各种施工材料进行抽样试验,材料质量应符合质量指标的要求见表 10.7。

材料检查的另一项重要内容是矿料级配精度和油石比计量精度。例如,对于间歇式沥青混合料搅拌设备,二次筛分后砂石料再分别予以精确计量,是这种设备可以获得较高级配精度和油石比精度的重要保证。因为这种配料方式是将集料、矿粉和沥青分别予以计量,它们的配合比精度仅仅取决于各自称量系统的精度,排除了相互之间制约。

表 10.7 施工过程中材料质量检查的内容与要求

材料	检查项目	检查频度	
		高速公路、一级公路、城市快速路、主干路	其他公路与城市道路
粗集料	外观(石料品种、扁平细长颗粒、含泥量等)	随时	随时
	颗粒组成	必要时	必要时
	压碎值	必要时	必要时
	磨光值	必要时	必要时
	洛杉矶磨耗值	必要时	必要时
	含水量	施工需要时	施工需要时
	松方单位重	施工需要时	施工需要时
细集料	颗粒组成	必要时	必要时
	含水量	施工需要时	施工需要时
	松方单位重	施工需要时	施工需要时
矿粉	外观	随时	随时
	<0.075mm 含量	必要时	必要时
	含水量	必要时	必要时
石油沥青	针入度	每100t 1次	每100t 1次
	软化点	每100t 1次	必要时
	延度	每100t 1次	必要时
	含蜡量	必要时	必要时
煤沥青	黏度	每50t 1次	每100t 1次
乳化沥青	黏度	每100t 1次	每100t 1次
	沥青含量	每100t 1次	每100t 1次

注:1. 表列内容是在材料进场时已按"批"对材料进行了全面检查的基础上,日常施工过程中质量检查的项目与要求。

  2. "必要时"是指施工企业、监理、质量监督部门、业主等各个部门对其质量发生怀疑,提出需要检查时,或是根据需要商定的检查频度。

2. 施工过程中质量检查及控制标准

施工过程中的质量检查包括工程质量及外形尺寸两部分。其检查内容、频度、质量控制标准应符合规范规定要求,施工过程中沥青面层外形尺寸的质量控制标准见表 10.8。当检查结果达不到规定要求时,应追加检测数量,查找原因,做出处理。

10.5.2 沥青路面交工质量检查与验收

1. 施工单位自检自评

沥青路面施工完成后,施工单位将全线以 1~3km 作为一个评定路段,按规定频率,随机选取测点,对沥青面层进行全线自检,计算平均值、标准差及变异系数,向主管部门提供全线检测结果及施工总结报告,申请交工验收。

表 10.8 施工过程中沥青面层外形尺寸的质量控制标准

路面类型	检查项目	检查频度	质量要求或允许偏差(单点检验)		实验方法
			高速公路、一级公路、城市快速路、主干路	其他公路、城市道路	
沥青表面处治	厚度	不少于每 2000m² 一点		−5mm	挖坑(路中及路侧各一点)
	平整度(最大间距)	随时		10mm	用 3m 直尺检测
	宽度	设计断面逐个检测		±30mm	用尺量
	横坡度	设计断面逐个检测		±0.5%	用横断面仪或水准仪检测
沥青贯入式路面	厚度	不少于每 2000m² 一点		−8% 或 −5mm	挖坑
	平整度(最大间距)	随时		8mm	用 3m 直尺检测
	宽度	设计断面逐个检测		±30mm	用尺量
	横坡度	设计断面逐个检测		±0.5%	用横断面仪或水准仪检测
热拌沥青混合料路面	厚度 总厚度	不少于每 2000m² 一点	−8mm	−8% 或 −5mm	铺筑时随时插入量取,每日用混合料数量及实铺面积
	上面层	不少于每 2000m² 一点	−4mm	−4mm	校核,成型后钻孔或挖坑检测
	平整度(最大间隙) 上面层	随时	3mm	5mm	3m 直尺在纵横各方向检测
	中、下面层	随时	5mm	7mm	
	宽度 有侧石 无侧石	设计断面逐个检测 设计断面逐个检测	±2cm 不小于设计宽度	±2cm 不小于设计宽度	用尺量 用尺量 用水准仪检测
	纵断面高程 横坡度	设计断面逐个检测 设计断面逐个检测	±15cm ±0.3%	±20cm ±0.5%	用横断面仪或水准仪检测

注:1. 表中厚度检测频度指成型后钻坑(或挖孔)频度。

2. 其他公路与城市道路的厚度控制,当设计厚度>60mm 时,以厚度的百分率控制;≤60mm 时,以绝对值控制。

2. 工程建设单位检查验收

工程建设单位(业主)或监理工程师、工程质量监督部门在接到施工单位交工验收报告,并确认施工资料齐全后,应立即对施工质量进行交工检查与验收。检查验收应按随机抽样的方法,选择一定数量的评定路段进行实测检查,每一检查段的检查频度、试验方法及检测结果应符合规定要求。检查、实测项目由建设单位组织实施或委托有资质的专业检测单位提供检测结果。

3. 工程施工总结

工程结束后,施工单位应根据国家竣工文件编制办法的规定,提出施工总结及若干个专项报告,连同竣工图表,形成完整的施工资料档案,一并提交工程主管部门及有关档案管理部门。施工总结报告的内容应包括工程概况(包括设计及变更情况)、工程基础资料、材料、施工组织、机械及人员配备、施工方法、施工进度、试验研究、工程质量评价、工程决算、工程使用服务计划等。

施工管理与质量检查报告应包括施工管理体制、质量保证体系、施工质量目标、试验段铺筑报告、施工前及施工中材料质量检查结果(测试报告)、施工中工程质量检查结果(测试报告)、工程交工质量自检结果(测试报告)、工程质量评价以及原始记录、像册、录像等各种附件。

10.6 小 结

沥青路面的施工过程主要包括试拌、拌和、运输、摊铺、碾压等工序,内容繁杂、实践性强。在学习过程中可参考现行沥青路面施工及验收规范,以巩固所学知识。在实际施工中,应按正确的工艺、方法、科学地组织施工,确保工程质量与进度。

思 考 题

10.1 简述提高沥青路面压实质量的关键技术。

10.2 试述沥青混合料的摊铺工序。

10.3 简答沥青混合料试拌的目的。

第十一章　公路沥青路面的养护

对于公路沥青路面，为了保证路面经常处于良好的技术状态，必须加强养护。对沥青路面必须进行预防性、经常性和周期性养护，加强计划及施工管理，根据计划做好进度安排、人员组织、物资设备供应，确保养护工作按照计划实施。沥青路面宜采用机械化养护，提高养护工程质量和服务水平，同时还应依靠科技进步，加强养护技术管理，逐步采用先进的检测仪器设备采集路况资料，应用路面管理系统，正确评价路况，提出科学的养护对策。积极推广应用新技术、新材料、新工艺，发展现代化沥青路面的养护技术。

本章学习要求如下：

1)了解公路沥青路面养护的内容和质量标准。

2)懂得沥青路况调查与评价的内容和方法。

3)掌握沥青路面的日常养护。

4)学会常见沥青病害的维修。

11.1　养护内容与质量标准

11.1.1　工作内容与要求

沥青路面的养护工作可分为日常巡视与检查、小修保养、中修、大修、改建和专项养护工程等，其具体内容如下：

1. 日常巡视与检查

日常巡视与检查内容包括：①路面上是否有明显的坑槽、裂缝、拥包、沉陷、松散、车辙、泛油、波浪、麻面、冻胀、翻浆等病害，其危害程度及趋势；②路面上是否有可能损坏路面或妨碍交通的堆积物等。

2. 小修保养

小修保养可分为日常保养和小修两项工作内容：

1)日常保养的内容：①清扫路面泥土、杂物；②排除路面积水、积雪、积冰、积砂、铺防滑料等；③拦水带(路缘石)的刷白、修理；④清理边沟、维修护坡道、培土等。

2)小修的内容：修补路面的泛油、拥包、轻微裂缝、横向裂缝、坑槽、沉陷、波浪、局部网裂、松散、车辙、麻面、啃边等病害。

3. 中修工程

中修工程的内容有：①沥青路面整段铺装、罩面或封面（稀浆封层）；②沥青路面局部严重病害处理；③整段更换路缘石、整段维修路肩。

4. 大修工程

大修工程的内容包括路面的翻修、补强等。

5. 改建工程

改建工程的工作内容有：①提高路面等级；②补强；③加宽；④局部改线。对不适应交通要求、不符合路线标准的路段，通过局部改线，提高公路等级，使其符合技术标准要求。

6. 专项养护工程

沥青路面的小修保养要符合下列要求：①保证路面平整、横坡适度、线形顺直、清扫整洁、排水良好；②加强巡路检查，掌握路面情况，及时排除有损路面的各种不良因素，发现路面初期病害应及时维修。

对路面较大损坏，应根据损坏程度，及时安排大、中修或专项工程，进行维修和整治；对路面承载能力不足或不适应交通要求的，应根据不同情况进行补强、加宽或改线，以提高公路等级。

应重视路面排水。及时修补沥青路面的坑槽和裂缝，防止地表水渗入基层；对已渗入基层的积水，应设纵横向盲沟排水，地下水位较高的在排水沟下面设置腹式盲沟；应加强路面排水设施的维修养护，保持良好的排水功能。

11.1.2 养护质量标准

1. 沥青路面养护质量标准

1）沥青路面平整度、抗滑性能及破损状况的养护质量标准应符合表 11.1 的规定。

表 11.1 沥青路面平整度、抗滑性能及破损状况的养护质量标准

序号	项 目		高速公路、一级公路	其他等级公路
1	平整度 /mm	平整度仪(σ)	≤3.5	≤4.5(≤5.5 或≤7.0)[1]
		三米直尺(h)	≤7	≤10(≤12 或≤15)[2]
		IRI/(m/km)	≤6	≤8
2	抗滑性能	横向力系数 SFC	≥40	≥30
		摆式仪摆值 BPN	—	≥32
3	路面状况指数 PCI		≥70	55

1）对于其他等级公路的平整度方差 σ：沥青碎石、贯入式应取低值 4.5；沥青表面处治取中值 5.5；碎砾石及其他粒料类路面取高值 7.0。

2）对于其他等级公路的平整度三米直尺指标：沥青碎石、贯入式应取低值 10；沥青表面处治取中值 12；碎砾石及其他粒料类路面取高值 15。

2）沥青路面强度的养护质量标准应符合表 11.2 的规定。

表 11.2 沥青路面强度的养护质量标准

评价指数	高速公路、一级公路	其他等级公路
路面强度系数 SSI	≥0.8	≥0.6

3）沥青路面车辙养护质量标准应符合表 11.3 的规定。

表 11.3 沥青路面车辙养护质量标准

评价指数	高速公路、一级公路	其他等级公路
路面车辙深度/mm	≤15	—

注:对于其他等级公路不对车辙深度做要求。

4）沥青路面应保持横坡适度,以利排水,各种路面类型的路拱坡度应符合表 11.4 规定的沥青路面横坡度。

表 11.4 沥青路面横坡度

路面类型	高速公路	其他等级公路
路拱坡度	1.0～2.0	—

注:对于高速公路、一级公路路拱横坡的养护标准,路面结构排水良好的可比表列值低 0.5%,其他等级公路的路拱横坡可根据公路等级的情况比照《公路工程技术标准》(JTJ 001)中相应的设计值低 0.5%作为养护标准。

5)沥青路面平整度、抗滑性能、路面状况、强度、车辙及路拱横坡度的养护状况若达不到表 11.1～表 11.4 的规定标准时,应采取适当的措施对其进行处治予以修复,以达到规定的要求。

2. 大修、中修、改建、专项工程的质量标准

对沥青路面采取大修、小修、改建及实施专项养护工程时,应遵照《公路沥青路面养护技术规范》(JTJ 073)、《公路工程质量检验评定标准》(JTJ 071)、《公路沥青路面施工技术规范》(JTJ 032)、《公路路面基层施工技术规范》(JTJ 034)及《公路路基施工技术规范》(JTJ 033)的相关技术规定执行。

11.1.3 养护材料要求

1. 基本要求

沥青路面的养护维修材料主要有道路石油沥青、乳化石油沥青、液体石油沥青、改性沥青等沥青材料、各种规格的粗细集料、填料等砂石材料,以及由这些材料

组成的混合料。各种维修养护材料都必须进行必要的试验,不符合要求的,不得使用。

2. 技术要求

沥青路面养护维修材料的技术要求应符合《公路沥青路面设计规范》(JTJ 014)、《公路沥青路面施工技术规范》(JTJ 032)的规定;材料试验应遵照《公路工程沥青及沥青混合料试验规程》(JTJ 052)、《公路工程石料试验规程》(JTJ 054)、《公路工程集料试验规程》(JIJ 058)的规定执行。

11.1.4 养护机具配备

沥青路面的养护维修应根据实际要求和各地实际情况配备各种机具设备,其种类及规格,可参见《公路沥青路面养护技术规范》(JTJ 073.2-2001)附录 A。

沥青路面改建工程所需机具应遵照《公路沥青路面施工技术规范》(JTJ 032)的有关规定配备。

路面状况调查设备可参照表 11.5 执行。

表 11.5　路面状况调查设备表

调查内容	调查设备	备　注
路面破损状况	直尺等直观调查设备	可配备路况摄影车
路面结构强度	贝克曼梁弯沉仪及弯沉车	可配备自动弯沉仪或落锤式弯沉仪
路面平整度	路面平整度仪或三米直尺	
路面抗滑能力	摩擦系数仪	可配备横向力系数仪
路面车辙深度	路面车辙测试仪	

养护机械应配备具有上岗证书的技术工人,并注意做好机械的保养维修工作,确保安全使用,提高机械设备的完好率和使用率。

11.2　路况调查与评价

11.2.1 路面的破损类型

沥青路面破损可分为裂缝类、松散类、变形类及其他类等四大类。沥青路面各类破损类型及分级(严重程度描述)见表 11.6。

表 11.6　沥青路面破损类型及分级

破损类型		分级	外　观　描　述	分级指标	计量单位
裂缝类	龟裂	轻	初期龟裂,缝细,无散落,裂区无变形	块度:20～50cm	m²
		中	裂块明显,缝较宽,无散落或轻微散落,轻度变形	块度:<20cm	
		重	裂块破碎,缝宽,散落重,变形明显,亟待修理	块度:<20cm	
	不规则裂缝	轻	缝细,不散落或轻微散落,块度大	块度:>100cm	m²
		重	缝宽,散落,裂块小	块度:50—100cm	
	纵裂	轻	缝壁无散落或轻微散落,无支缝或少支缝	缝宽:≤5mm	m²
		重	缝壁散落多,支缝多	缝宽:>5mm	
	横裂	轻	缝壁无散落或轻微散落,无或少支缝	缝宽:≤5mm	m²
		重	缝壁散落多,支缝多	缝宽:5mm	
松散类	坑槽	轻	坑浅,面积较小(<1 m²)	坑深:≤25mm	m²
		重	坑深,面积较大(>1m²)	坑深:>25mm	
	麻面		细小嵌缝料散落,出现粗麻表面		m²
	脱皮		路面面层层状脱落		m²
	啃边		路面边缘破碎脱落,宽度 10cm 以上		m²
	松散	轻	细集料散失,路面磨损,路表粗麻		
		重	粗集料散失,多量微坑,表面剥落		
变形类	沉陷	轻	深度浅,行车无明显不适感	深度:≤25mm	m²
		重	深度深,行车明显颠簸不适	深度:>25mm	
	车辙	轻	变形较浅	深度:≤25mm	m²
		重	变形较深	深度:>25mm	
	搓板		路面产生纵向连续起伏,似搓板状的变形		m²
	波浪	轻	波峰波谷高差小	高差:≤25mm	m²
		重	波峰波谷高差大	高差:>25mm	
	拥包	轻	波峰波谷高差小	高差:≤25mm	m²
		重	波峰波谷高差大	高差:>25mm	
其他类	泛油		路表呈现沥青膜,发亮,镜面,有轮印		m²
	磨光		路面原有粗糙构造衰退或丧失,路表光滑		m²
	修补损坏面积		因破损或损坏而采取修复措施进行处治,路表外观上已修补的部分与未修补部分明显不同		m²
	冻胀		路基下部的水分向上聚集并冻结成冰引起路面结构膨胀,造成路表拱起和开裂		m²
	翻浆		因路基湿软,路面出现弹簧、破裂、冒浆的现象		m²

11.2.2 调查内容与方法

1. 路面调查的内容与频率

路面调查主要包括路面破损状况、路面结构强度、路面平整度、路面抗滑能力等四项内容。根据需要还可增加对桥头、通道两侧以及涵洞的不均匀沉降观测和交通量观测。

路面调查可采用全面调查或抽样调查的方式。路面调查频率应遵照表11.7的规定。

表 11.7　路面调查频率

公路等级	评价指标			
	破　损	平　整　度	强　度	抗　滑
高速公路、一级公路	每年一次		1～3 年一次	
二、三、四级公路	每年重点调查		必要的调查	

2. 路面调查的方法

（1）破损调查

路面破损的调查指标为综合破损率（DR）。高速公路和一级公路路面破损数据调查,宜采用先进快速的调查方法。其他等级公路可采用人工调查的方法。

（2）强度调查

路面强度的调查指标为路面弯沉值（L_s）。高速公路和一级公路路面弯沉值的调查,宜采用自动弯沉仪或落锤弯沉仪进行调查,但应建立与贝克曼梁测定结果的对应关系。其他等级公路可采用贝克曼梁弯沉仪进行调查。

（3）平整度调查

路面平整度的调查指标为国际平整度指数（IRI）。路网的全面调查宜采用车载式检测设备快速检测；小范围的抽样调查可采用连续式平整度仪或三米直尺检测。各种方法的测定结果应建立与国际平整度指数之间的对应关系。

（4）抗滑能力的调查

路面抗滑能力的调查指标为横向力系数（SFC）和摆值（BPN）。调查设备可采用横向力测定车和摆式仪。高速公路和一级公路,宜采用横向力系数测定车。

（5）交通量观测

当调查与评价路段有交通量观测数据时,可直接采用;如交通量观测数据不能满足要求时,要进行补测。

11.2.3 数据的采集与管理

现有路面数据采集应由地（市）级公路管理机构负责组织,由县级公路部门组成测试小组进行,也可委托专门的检测机构进行。参与数据采集人员必须严肃认真,有较丰富的养护路面实践经验,并熟悉路面病害类型区分,确保数据真实、可靠。

（1）调查方法

1）仔细查看路面上存在的损坏状况,正确区分病害类型和严重程度,丈量其损坏面积,按病害类型及其严重程度,记入沥青路面损坏情况调查表,准确至平方米,不规则形状的损坏面积计算时先按当量面积计算,然后根据破损程度乘上系数确定;评价段次按100m设定。

2）对于各种单条裂缝,其损坏面积按裂缝长度乘以0.2m计算。

3）车辙的损坏面积按车辙的长度乘以0.4m计算。对于车辙、拥包、波浪、坑槽、沉陷等类损坏,可用三米直尺测其最大垂直变形,以确定其严重程度。

4）调查结果应按路段汇总,填入沥青路面损坏情况总表。路段长度宜采用100m,以整公里桩号为起讫点,并考虑以公路交叉及行政区分界为分段点。

（2）数据校核

地（市）公路部门应组织复核小组进行抽查,抽查数量占实际调查路段的5％～10％,偏差范围在±10％以内为合格,不合格时应重新进行调查。

11.2.4　维修养护对策

沥青路面养护对策应根据公路等级、交通量、分项路况评价结果确定。分项路况评价包括:路面破损状况、行驶质量、路面强度和抗滑性能等方面。路面综合评价指标仅用于对路面质量的总体评价。

各地公路养护管理部门应结合路面管理系统的使用,根据路面分项评价结果和养护资金的情况,统筹安排本地区公路网的资金需求计划和资金分配方案,确定公路养护的优先次序。同时根据公路等级、交通量、分项路况的评价结果,结合养护资金情况,采取如下维修养护对策:

1）在满足强度要求的前提下（路面的结构强度系数为中等以上时）,若高速公路及一级公路的路面状况指数（PCI）评价为优、良,或者二级及二级以下公路的路面状况指数评价为优、良、中时,以日常养护为主,并对局部破损进行小修;若高速公路及一级公路的路面状况指数（PCI）评价为中及中以下,或者二级及二级以下公路的路面状况指数评价为次及次以下,应采取中修罩面措施。

2）在不满足强度要求的前提下（路面的结构强度系数为中等以下时）,应采取大修补强措施提高其承载能力。

3）若高速公路及一级公路的行驶质量指数（RQI）评价为优、良,或者二级及二级以下的公路的行驶质量指数评价为优、良、中时,以日常养护为主;若高速公路及一级公路的行驶质量指数（RQI）评价为中及中以下,或者二级及二级以下公路的行驶质量指数评价为次及次以下时,应采取罩面等措施改善路面的平整度。

4）高速公路及一级公路的抗滑能力不足（SFC<40）的路段,或二级及二级以

下公路抗滑能力不足(SFC<30 或 BPN<32)的路段,应采取加铺罩面层等措施提高路表面的抗滑能力。

5)因路面不适应现有交通量或载重的需要,应通过提高现有路面的等级,或通过加宽等改建措施提高道路的通行能力和服务质量。

大、中修及改建工程的结构类型和厚度,可根据公路等级、交通量、当地经济条件和已有经验,通过设计确定。对项目级的养护维修对策,可根据公路网的资金分配情况和养护工作计划安排,结合各路况分项评价结果和本地区成熟的养护经验,选择具体的养护维修措施。

11.3　日常养护

11.3.1　一般公路沥青路面日常养护

1. 一般公路沥青路面的初期养护

一般公路沥青路面初期养护应按下列规定进行。

(1) 热拌沥青混合料路面的初期养护

摊铺、压实后的热拌沥青混合料路面,待摊铺层自然冷却,混合料表面温度低于50℃后方可开放交通;纵横向的施工接缝是沥青路面的薄弱环节,应加强初期养护,随时用三米直尺查找暴露出来的轻微不平,铲高补低,经拉毛后,用混合料垫平、压实。

(2) 沥青贯入式路面的初期养护

路面竣工后,开放交通时,行驶车辆限速在 15km/h 以下,根据表面成型情况,逐步提高到 20km/h;设专人指挥交通或设置临时路标,按先两边,后中间控制车辆行驶,达到全面压实;应随时将行车驱散的嵌缝料回扫、扫匀、压实,以形成平整密实的上封层。当路面泛油后,要及时补撒与施工最后一层矿料相同的嵌缝料,同时控制行车碾压。

(3) 沥青表面处治路面的初期养护

层铺法施工的沥青表面处治路面的初期养护与贯入式路面的要求基本相同;拌和法施工的沥青表面处治路面的初期养护与热拌沥青混合料的要求基本相同。

(4) 乳化沥青路面的初期养护

乳化沥青路面的初期稳定性差,压实后的路面应做好初期养护,设专人管理,按实际破乳清况,封闭交通 2~6h;在未破乳的路段上,严禁一切车辆、人、畜通过;开放交通初期,应控制车速不超过20km/h,并不得制动和调头。当有损坏时应及时修补。

2. 一般公路沥青路面日常养护

沥青路面日常养护应按下列规定执行。

1)加强路况巡查,及时发现病害,研究分析病害产生的原因,并有针对性及时对病害进行维修处理。

2) 路面清扫应按如下规定进行。

①巡查过程中,发现路面上有杂物,要及时清扫,保持路面清洁。

②沥青路面的日常清扫,应根据实际情况,采用机械或人工的方法进行清扫。

③沥青路面的清扫作业频率应根据路面污染程度、交通量的大小及其组成、气候及环境条件等因素而定;长而宽隧道内、桥梁上沥青路面的清扫频率应适当增加。

④为了防止清扫路面时产生扬尘而污染环境,危及行车安全,机械清扫时应配备洒水装置,并根据路面的扬尘程度,确定适当的洒水量。

3) 严禁履带车和铁轮车在沥青路面上直接行驶,如必须行驶,应采取相应措施。

4) 雨后路面有积水的地方要及时排除。

5) 排水设施的养护。在春融期,特别是汛前,应对排水设施进行全面检查并疏通。雨天必须上路巡查,及时排除堵塞并疏通。防止水流直接冲刷路基、路面及路肩。暴雨过后应重点检查,如有冲刷、损坏,应及时修补。

6) 除雪防滑。

①当降雪影响正常通行时,应组织人员与机械清除路面积雪,对重要道路要争取地方政府组织沿线人员与机械设备除雪。

②在冬季降雪或下雨后,路面出现结冰时,应在桥面、陡坡、急弯、桥头引道撒铺一层防滑料。在环保允许情况下,也可撒布融雪材料(氯化钙、氯化钠等)。

7) 路肩养护。

①路肩上应保持适当的横坡,坡度应平整顺适,硬路肩横坡可与路面横坡相同或略大,植草路肩应比路面横坡度大 1%～2%。当路肩的横坡过大或过小时,应及时整修。

②堆料台应设置在路肩以外,堆料应距离适当、排列规整。

③路肩应经常保持平整坚实,对出现的坑槽、车辙、缺口应及时修补。

④对雨天积水、淤泥应及时排除和清理,铲除的淤泥土石及杂物,不得堆放在边沟内或边坡上。

⑤宜结合 GBM 工程用块石、水泥混凝土预制块铺砌路肩外侧边缘带。对边缘带应加强养护,由于路表水冲刷及车辆碾压造成的松动、破损应及时修复或更换。

⑥可在路肩上种植(或保留)草皮,并经常修整,草高不超过 15cm,并以不影响路面排水为原则,保护路肩不被冲刷。

8) 边坡养护。

①路基边坡的坡面应平顺、坚实无冲沟,其坡度符合设计规定。经常检查路堑,特别是深路堑边坡的稳定情况。如果发现有危岩、浮石等,应及时清除,避免坍落危及行车、行人安全和堵塞边沟。当土路堑边坡出现冲沟时,应及时用黏土填塞捣实;出现潜流涌水时,可开集水沟,将水引向路基以外。

②填土路堤边坡因雨水冲刷,易出现冲沟缺口,应及时用黏结性良好的土修补

拍实。对较大的冲沟和缺口,修理时应将原边坡开挖成台阶形,然后分层填筑夯实,并注意与原坡面衔接平顺,并增加植被防护。

③边坡、碎落台、沿河路堤等,受水流冲刷及浸淹,出现缺口、冲沟、沉陷、塌落滑坡时,应根据水流、地质、边坡坡度等情况,选用种草、铺草皮、栽灌木丛、投放石笼、干砌或浆砌片石护坡等防治措施。

3. 一般公路沥青路面季节性预防养护

沥青路面对气温比较敏感,应根据各地不同季节的气候特点、水和温度变化规律,按照"预防为主、防治结合"的原则,结合本地区成功经验,针对如下所列不同季节病害根源,因地制宜,采取有效的技术措施,做好预防性季节性养护工作。

（1）春季

春季气温较暖,路基内的水分开始转移,是各种病害集中暴露的季节。养护中应抓住时机,及时防治路面病害。

1）路基含水量较大的路段,随着解冻路基强度减弱,在行车作用下面层容易出现裂缝病害;含水量已达饱和、强度和稳定性差的路段,经车辆碾压容易出现翻浆。

2）施工质量差的路面,在气温回升时容易变软,矿料经碾压产生松动,油层不稳定,容易出现拥包、波浪等。

3）秋末冬初低温施工路段,随着温度的上升,容易出现泛油。

4）春融季节路面出现网裂后,如不及时处理,容易发展为坑槽。

（2）夏季

夏季气候炎热,地面水分蒸发快,是沥青路面各种病害全面发展的季节。养护中要充分利用夏季气温高、操作方便的条件,及时消灭病害。

1）新铺的沥青路面在高温作用下容易出现泛油。

2）基层含水量较大或质量差的路段,在行车作用下容易造成路面发软产生车辙。

3）沥青用量过多,矿料过细或沥青黏度差的沥青路面容易出现拥包、波浪、发软等病害。

（3）秋季

秋季气温逐渐降低,雨水较多。应及时处理病害,为冬季沥青路面的正常使用打下基础。

1）秋季雨水较多,容易积水的路面,如果有裂缝和基层不密实,易出现坑槽。

2）强度不够的路肩受雨水侵蚀或积水影响,在行车碾压下,易产生啃边。

3）基层含水量较大、强度不够,或地基受水泡发软的路段,路面稳定受到影响,在行车碾压下易出现网裂。

（4）冬季

冬季气候寒冷,路基路面冻结,是沥青路面比较稳定的季节,但是也要注意沥青路面的养护。

1）路面在低温下发生不同方向的收缩,容易产生横向、纵向裂缝。

2）积雪地区做好除雪防滑。

11.3.2 高速公路沥青路面日常养护

对高速公路沥青路面应进行经常性和预防性的日常养护，以保证路面经常处于良好的技术状态。对于高速公路沥青路面出现的各类病害，必须及时、快速处理。当发现直接危及日常交通和行车安全的病害，应立即修复或采取临时过渡措施后再按有关要求进行修复。路面的日常养护，应根据实际需要配置适用的机具设备，建立适当的材料储备，并组织可靠的养护材料供应网络，以确保路面养护作业正常进行。在高速公路上进行路面养护作业的人员，必须事前接受专门的安全教育和养护作业规程的培训。

1. 巡查和检测

高速公路沥青路面的日常养护，应坚持巡视检查制度，及时发现路面及其附属设施的损坏情况和可能影响交通的路障，以便养护部门及时、合理地安排维修和清理，尽快恢复路面正常使用状态。

1）巡视检查分为日常巡查、定期巡查、特殊巡查和专项巡查，高速公路巡查内容、频率、方法及装备按表 11.8 执行。

表 11.8　高速公路巡查内容、频率、方法及装备

巡查种类	巡查内容	巡查频率	巡查方法	巡查装备
日常巡查	检查沥青路面及附属设施的完好程度，发现各类路面病害及可能诱发病害的因素，发现可能妨碍交通的路障	每天一次双向全程	车行为主，人工观测、目测及手工计量，辅以摄影或摄像	有明显标识、装备黄色警示灯的巡查车，并配备摄影或摄像器材，卷尺及检查锤等工具
定期巡查	检查整个养护单元中包括沥青路面在内的全部养护项目	每月一次，双向全程	步行检查路段不少于1km，其余车行。定性与定量观测检查结合，重要情况应摄影或摄像	同日常巡查，参加人员较多时可再配备一辆普通车辆，但在行驶途中应位于巡查车之前方
特殊巡查	主要是在暴雨、台风、大雾、严重冰冻及其他可能危及沥青路面正常状态或妨碍高速公路正常交通的灾害气候时进行的巡查，包括防汛防台风巡查、雾天巡查、冰雪巡查等	在灾害天气到来之前进行预防性巡查；在灾害性天气中进行应急性巡查；在灾害性天气过后进行补救性巡查	车行为主，巡查车速适当降低，发现异常情况应立即向应急抢险指挥中心报告	巡查车同上，并应配备可靠的通信设备和摄影、摄像器材，夜间巡查时还应配备有效的照明设备
专项巡查	对某些数量较多且危害较大的路面病害，或路面状况发生异常变化的特殊路段进行较为细致的检查	根据实际需要决定	车行与步行结合，定位、定量观测，重要情况应摄影或摄像	同日常巡查，并配备与检查内容相适应的测量仪器

2）巡查作业中，巡查人员应强化自身保护意识，按规定穿着安全标志服。巡查

车速一般控制在 40～50km/h,并按规定开启示警灯。如遇到需要停车检查的情况,应停在紧急停车带上。如必须停在行车道上时,应开启巡查车的危险报警闪光灯,并采取必要的安全措施,巡查人员应在巡查车的前方迅速完成检查或测量作业。

3) 巡查作业中应由专人记录巡查情况,巡查结束后应尽快整理、汇总巡查记录,并通知有关部门采取相应的养护措施。

路面的日常养护,应注意采集、利用气象信息和交通信息等相关信息。

1) 每天记录当地的天气预报和实际天气情况。在多风、多雨、多雪、多雾、多冰冻季节,应随时注意天气的变化,必要时应与当地的气象台、站取得联系并保持联系,随时获取最新气象信息,以便及时采取相应措施。

2) 按规定进行交通量调查。

高速公路沥青路面应进行路面破损、强度、平整度和抗滑性能检测,以及必要的专项技术检测。

各项巡视检查、专项调查和技术检测的结果,均应及时进行整理和初步分析,并输入公路路面管理系统,由该系统每年一次对路面的技术状况和使用品质进行综合评价,作为制定下一年度养护工作计划的依据。当在各类巡查或专项检测中发现路面某一方面的技术状况和使用品质明显下降时,应及时通过该系统做出阶段性评价,以便及时采取相应的养护对策。

对修建于软土地基的高速公路沥青路面应定期进行路面高程测量。当桥头引道的不均匀沉降出现下列情况,应及时予以修复:①与桥台的连接部位沿桥台靠背产生错台,且最大高差达 2cm 以上;②台后接近桥台部位的纵向坡度差超过 5‰。

2. 清扫和排水

对尘土、落叶、杂物等造成的路面污染,应进行日常清扫,保持高速公路良好的运行环境。

1) 日常清扫应以机械作业为主,机械清扫沿路面右侧或左侧进行,并尽量避免在中间行车道进行清扫作业及变换车道进行清扫作业。对清扫机械无法扫及的路面死角,应进行人工辅助清扫。

2) 日常清扫的作业频率应根据路面污染程度而定,一般为每日　次全程清扫,清扫时间应尽量避开流量高峰时段。

3) 清扫机械必须配备洒水装置,机械清扫作业应根据路面的扬尘程度确定适当的洒水量。

4) 路面清扫后的垃圾不得随意倾倒,应运至指定地点或垃圾场妥善处理。

5) 桥面、隧道内沥青路面及收费广场日常清扫作业按以上要求进行,但应适当加大隧道内沥青路面及收费广场的清扫频率。

除了定期的日常清扫作业外,还应根据路面污染的特殊情况,及时进行不定期的特殊清扫保洁作业。

1) 当发现路面上有妨碍正常交通的杂物时,应立即清除。

2) 当意外事件、事故等因素造成路面污染时,应及时清扫。

3) 当沥青路面被油类物质或化学物品污染时,应先撒砂、撒木屑或用化学中和剂处理,然后进行清扫,必要时再用水冲洗干净。

高速公路沥青路面应保持排水畅通,路面无积水。

1) 对中央分隔带集水井、横向排水管、路侧拦水缘石及泄水槽、桥面泄水孔等路面排水系统应经常进行清理和疏通,发现损坏部位应及时修复。

2) 经常检查沥青路面的排水情况,检查时间一般以在雨间或雨后 $1\sim2h$ 为宜。发现路面明显积水的部位,应分析原因,分别采取下列不同措施:①对虽未破损,但造成雨后明显积水的行车道路面局部沉陷部位,应及时清扫并予以整平;②对设置有路侧拦水带及泄水槽的路段,如因拦水带开口及泄水通道的位置不妥而造成路面积水时,应及时调整;③对因横坡不适而造成积水的路段,应采取临时措施,尽量减少行车道部位的积水,并在罩面及翻修工程中彻底调整解决。

3) 在雨季到来之前,应对全部路面排水系统及路堤边沟、涵管、泵站、集水井、沉淀池等所有排水设施进行全面检查和疏通,修复损坏部位,处理水毁隐患,清除路肩和边坡高草,确保雨季排水畅通。应加强雨季排水,及时处理路面水毁部位,减轻水害损失。

3. 故障和清理

为了及时处理并尽量减轻因不可抗拒因素和突发事件所造成的损害,高速公路管理机构应建立完善的应急抢险机制,全天候不间断的值班,随时掌握、分析各类有关信息,做好各种应急抢险准备工作,一旦发生险情,快速做出反应,指挥应急抢险工作。

应根据实际需要配置必要的排障、抢险、救援设备和可靠的通讯指挥设施,对排障、抢险、救援人员应进行专门的业务培训,并预先制定排障、抢险、救援作业程序。一旦出现妨碍正常交通、危及行车安全的路面险情和障碍物,应急抢险指挥中心应立即组织人员、设备,按程序进行排障、抢险、救援工作,迅速排除路障和路面险情,恢复正常交通。必要时可请求当地政府和当地驻军支援。

排障作业结束后,应按有关规定,尽快清理现场,发现路面及附属设施受到损害的,应尽快予以修复。

4. 除雪和防冻

严寒地区的除雪和防冻是路面冬季养护的重点,应根据当地历年气象记录资料、气象预测资料、路面结构、沿线条件等,事先制定切合实际情况的除雪和防冻工作计划,制定适用于各种不同的气温、降雪量和积雪深度条件下的除雪和防冻作业规程,落实相应的除雪、防冻作业人员和机具设备,并按实际需要储备防冻、防滑材料。

在严寒降雪季节到来后,应随时监测气象变化情况,一旦降温、降雪,立即按计划部署相应的除雪和防冻作业,特别注意桥面、坡道、弯道、匝道、收费广场等重点区段,尽量减轻积雪和冰冻对行车安全造成的危害,缩短影响正常交通的时间。

路面除雪应以机械作业为主,人工作业为辅。在降雪过程中,当路面积雪厚度超过 1cm 时,即可开始除雪作业。一般以铲为主,除雪机械的作业方向宜与正常行车方向相同,行驶速度为 30~50km/h。从路面左侧向右侧依次进行。当降雪量较大,难以在降雪过程中清除全部积雪时,应在雪停后及时清除路面全部积雪。

路面上的压实雪、融化的雪水、未及排除的雨水可能形成冰冻层时,应及时采取防冻防滑措施。当气温低于 0℃时,在大、中型桥面、桥头引道纵坡大于 2.5%的路段或平面曲线半径小于 500m 的匝道范围内,应撒布盐、盐水、盐砂混合料或其他融雪剂等防冻防滑材料。撒布的时间和频率与除雪作业同步。待雪停后,应将残留在路面上的防冻防滑材料与积雪一并清除干净。

除雪和防冻作业应不分昼夜快速进行,作业现场必须实行统一指挥,并落实与作业形式相适应的安全作业措施和交通控制措施。

11.4 常见病害的维修

沥青路面常见的病害有裂缝、拥包、沉陷、车辙、波浪、冻胀、翻浆、坑槽、麻面、松散、脱皮、啃边和磨光等现象。对各种路面病害应分析其产生的原因,并根据路面的结构类型、设计使用年限、维修季节、气温等实际情况,采取相应维修措施。为防止病害发展和破损面积的扩大,对病害应及时进行处治。

11.4.1 裂缝的维修

在高温季节全部或大部分可愈合的轻微裂缝,可不加处理。在高温季节不能愈合的轻微裂缝,可采用以下两种方法进行处治:

1)将有裂缝的路段清扫干净并均匀喷洒少量沥青(在低温、潮湿季节可喷洒乳化沥青),再匀撒一层 2~5mm 的干燥洁净石屑或粗砂,最后用轻型压路机将矿料碾压。

2)沿裂缝涂刷少量稠度较低的沥青。

对于路面的纵向或横向的裂缝,应根据裂缝的宽度按以下步骤分别予以处治:

1)缝宽在 5mm 以内。①清除缝中杂物及尘土;②将稠度较低的热沥青(缝内潮湿时应采用乳化沥青)灌入缝内,灌入深度约为缝深的 2/3;③填入干净石屑或粗砂,并捣实;④将溢出缝外的沥青及石屑、砂清除。

2)缝宽在 5mm 以上。①除去已松动的裂缝边缘;②用热拌沥青混合料填入缝中,捣实,缝内潮湿时应采用乳化沥青混合料。

因沥青性能不好、或路面设计使用年限较长、油层老化等原因出现的大面积裂缝(包括网裂),此时如基层强度尚好时,通过技术经济比较,可选用下列维修方法:

①乳化沥青稀浆封层,封层厚度为 3～6mm;②加铺沥青混合料上封层,或先铺设土工合成材料后,再在其上加铺沥青混合料上封层;③改性沥青薄层罩面;④单层沥青表面处。

由于土基、基层强度不足或路基翻浆等引起的严重龟裂,应先处治好基层后再重做面层。

11.4.2 拥包的维修

属于施工时操作不慎将沥青漏洒在路面上形成的拥包,将拥包除去即可。

已趋于稳定的轻微拥包,应将拥包用机械刨削或人工挖除。如果除去拥包后,路表不够平整,应予以处治。

因面层沥青用量过多或细料集中而产生较严重拥包,或路面连续多次出现拥包而面积较大,但路面基层仍属稳定,则应用机械或人工将拥包全部除去,并低于路表面约 10mm。扫尽碎屑、杂物及粉尘后用热沥青混合料重做面层。

因基层局部含水量过大,使面层与基层间结合不良而被推移变形造成的拥包,应把拥包连同面层挖除,将水分晾晒干,或用水稳定性较好的材料更换已变形的基层,再重做面层。

由于基层局部强度不足或水稳性不好,使基层松软而导致的拥包,应将面层和基层完全挖除。如土基中含有淤泥,还应将淤泥彻底挖除,换填新料并夯实。在地下水位较高的潮湿路段,应采取措施引出地下水并在基层下面加铺一层水稳性好的材料,最后重做面层。

11.4.3 沉陷的维修

因路基不均匀沉降而引起的局部路面沉陷,若土基和基层已经密实稳定,不再继续下沉,可只修补面层。并根据路面的破损情况分别采取下列处治措施。

1) 路面略有下沉,无破损或仅有少量轻微裂缝,可在沉陷处喷洒或涂刷黏层沥青,再用沥青混合料将沉陷部分填补,并压实平整。

2) 因路基沉陷导致路面破损严重,矿料已松动、脱落形成坑槽的,应按照坑槽的维修方法予以处治。

因土基或基层结构遭到破坏而引起路面沉陷,应按要求处治好基层后再做面层。

涵台背因填土不实出现不均匀沉降的,可根据实际情况选择以下处理方法:

1) 挖除沥青面层,在沉陷的部分加铺基层后重做面层。

2) 对于台背填土密实度不够的,应重新进行压实处理,台背死角处的压实宜采用夯实机械。

3) 对含水量和孔隙比均较大的软基或含有有机物质的黏性土层,宜采取换土处理。换土深度应视软层厚度而定。换填材料首先应选择强度高、透水性好的材料,如碎石土、卵砾土、中粗砂及强度较高的工业废渣,且要求级配合理。

4)采用注浆加固处理。

11.4.4 车辙的维修

车道表面因车辆行驶推移而产生的车辙,应将出现车辙的面层切削或铣刨清除,然后重铺沥青层。在高速公路及一级公路上可采用沥青玛琋脂碎石混合料(SMA),或 SBS 改性沥青混合料,或聚乙烯改性沥青混合料来修补车辙。

路面受横向推挤形成的横向波形车辙,如果已经稳定,可将凸出的部分削除,在波谷部分喷洒或涂刷黏结沥青并填补沥青混合料并找平、压实。

因面层与基层间有不稳定的夹层而形成的车辙,应将面层挖除,清除夹层后,重做面层。

由于基层强度不足、水稳性能不好,使基层局部下沉而造成的车辙,应先处治基层。

11.4.5 波浪与搓板的维修

属于面层原因形成的波浪或搓板可按下述方法进行维修:

1)路面仅有轻微波浪或搓板,可在波谷部分喷洒沥青,并匀撒适当粒径的矿料,找平后压实。

2)波浪(搓板)的波峰与波谷高差起伏较大时,应顺行车方向将凸出部分铣刨削平,并低于路表面约 10mm。削除部分喷洒热沥青,再匀撒一层粒径不大于 10mm 的矿料,扫匀,找平,并压实。

3)严重的、大面积波浪或搓板,应将面层全部挖除,然后重铺面层。

如果面层与基层之间存在不稳定的夹层,面层在行车荷载的作用下推移变形而形成波浪(搓板),应挖除面层,清除不稳定的夹层后,喷洒黏结沥青,重铺面层。

因基层局部强度不足,或稳定性差等原因造成的波浪(搓板),应先对基层进行处治,再重做面层。

11.4.6 冻胀和翻浆的维修

因路基冻胀使路面局部或大面积隆起影响行车时,应将胀起的沥青路面刨平,待春融后按翻浆处理的方法予以处治。

因冬季基层中的水结冰引起冻胀,春融季节化冻而引起的翻浆应根据情况采用以下方法之一予以处治:

1)换填砂粒。

2)局部发生翻浆的路段,可采用打石灰梅花桩或水泥砂砾桩的办法予以改善。

3)加深边沟,并在翻浆路段两侧路肩上交错开挖宽为 30～40cm 的横沟,其间距为 3~5cm,沟底纵坡不小于 3‰,沟深应根据解冻情况,逐渐加深,直至路面基层以下。横沟的外口应高于边沟的沟底。如路面翻浆严重,除挖横沟外,还应顺路面边缘设置纵向小育沟。交通量较小的路段也可挖成明沟。但翻浆停止后,应将明沟填平恢复原状。

因基层水稳定性不良或含水量过大造成的翻浆应挖去面层及基层全部松软的部分。将基层材料晾晒干,并适当增加新的硬粒料(有条件时应换填透水性良好的砂砾或工业废渣等)。分层(每层不超过 15cm)填补并压实。最后恢复面层。

低温季节施工的石灰稳定类基层,在板体强度未形成时雨水渗入,其上层发生翻浆的,应将翻浆部分挖除,重做石灰稳定基层或换用其他材料予以填补,然后重做面层。

11.4.7 坑槽的维修

路面基层完好,仅面层有坑槽时的维修方法如下:

1) 按照"圆洞方补、斜洞正补"的原则,划出所需修补坑槽的轮廓线。

2) 沿所划轮廓线开凿至坑底稳定部分,其深度不得小于原坑槽的最大深度。

3) 清除槽底、槽壁的松动部分及粉尘、杂物,并涂刷黏层沥青。

4) 填入沥青混合料(在潮湿或低温季节,可采用乳化沥青拌制的混合料)并整平。

5) 用小型压实机具或铁制手夯将填补好的部分压(夯)实。新填补的部分应略高于原路面。如果坑槽较深(7cm 以上),应将沥青混合料分两次或三次摊铺和压实。

6) 热补法修补。采用热修补养护车,将加热板加热坑槽处路面,翻松被加热软化铺装层,喷洒乳化沥青,加入新的沥青混合料,然后搅拌摊铺,压路机压实成型。

对交通量较小的路段在低温寒冷或阴雨连绵的季节,无法采用常规方法,也无条件采用合适的材料修补坑槽时,为防止坑槽面积的扩大,可采取临时性的措施对坑槽予以处治,待天气好转后再按规范要求重新修补。

因基层局部强度不足等使基层破坏而形成坑槽时,应按照有关要求先处治基层,再修复面层。

11.4.8 麻面与松散的维修

因嵌缝料散失出现轻微麻面,在沥青面层不贫油时,可在高温季节撒适当的嵌缝料,并用扫帚扫匀,使嵌缝料填充到石料的空隙中。

大面积麻面应喷洒稠度较高的沥青,并撒适当粒径的嵌缝料,应使麻面部分中部的嵌缝料稍厚,周围与原路面接口要稍薄,定型要整齐,并碾压成型。

因沥青用量偏少或因低气温施工造成的沥青面层松散,应采用以下方法处治:

1) 先将路面已松动了的矿料收集起来。

2）待气温升至 15℃ 以上时，按 0.8～1.1 kg/m² 的用量喷洒沥青，再均匀撒上 3～6mm 的石屑或粗砂（5～8m³/1000m²）。

3）用轻型压路机压实。

做稀浆封层处治，对松散路面处理后，再做稀浆封层。

对于因油温过高，沥青老化失去黏结性而造成的松散，应将松散部分全部挖除后，重做面层。

因沥青与酸性石料间的黏附性不良而造成路面松散。应将松散部分全部挖除后，重做面层。重做面层的矿料不应再使用酸性石料。在缺乏碱性石料的地区，应在沥青中掺入抗剥离剂、增黏剂或使用干燥的生石灰、消石灰、水泥等表面活性物质作为填料的一部分，或采用石灰浆处理粗骨料等抗剥离措施，提高沥青与矿料的黏附力，并增加混合料的水稳性。

由于基层或土基软化变形而造成的路面松散，应参照有关规定先处理好基层后，再重做面层。

11.4.9　泛油的维修

只有轻微泛油的路段，可撒上 3～5mm 粒径的石屑或粗砂，并用压路机或控制行车碾压。

泛油较重的路段，可先撒 5～10mm 粒径的碎石，用压路机碾压。待稳定后，再撒 3～5mm 粒径的石屑或粗砂，并用压路机或控制行车碾压。

面层含油量高，且已形成软层的严重泛油路段，可根据实际情况采用下述方法之一进行处治：

1）先撒一层 10～15mm 粒径（或更大的）碎石，用压路机将其强行压入路面，待基本稳定后，再分次撒上 5～10mm 粒径的碎石，并碾压成型。

2）将含油量过高的软层铣刨清除后，重做面层。

处治泛油应注意以下事项：①处治时间应选择在泛油路段已出现全面泛油的高温季节；②撒料应顺行车方向撒，先粗后细；做到少撒、薄撒、匀撒、无堆积、无空白；③禁止使用含有粉粒的细料；④采用压路机或引导行车碾压，使所撒石料均匀压入路面；⑤如采用行车碾压，应及时将飞散的粒料扫回，待泛油稳定后，将多余浮动的石料清扫并回收。

11.4.10　脱皮的维修

由于沥青面层与上封层之间黏结不好，或初期养护不良引起的脱皮，应清除已脱落和已松动的部分，再重新做上封层，所做封层的沥青用量及矿料粒径规格应视封层的厚度而定。

如沥青面层层间产生脱皮，应将脱落及松动部分清除，在下层沥青面上涂刷黏结沥青,并重做沥青层。

面层与基层之间因黏结不良而产生的脱皮,应先清除掉脱落、松动的面层,分析黏结不良的原因。若面层与基层间所含水分较多,应晾晒或烘干;若面层与基层之间夹有泥层,则应将泥砂清除干净,喷洒透层沥青后,重做面层。

11.4.11 啃边的维修

路面边缘沥青面层破损而形成啃边应将破损的沥青面层挖除,在接茬处涂刷适量的黏结沥青,用沥青混合料进行填补,再整个压实。修补啃边后的路面边缘应与原路面边缘齐顺。

因基层松软、沉陷而形成的啃边,应先对路面边缘基层局部加强后再恢复面层。

应加强路肩的养护工作,保持路肩稳定;随时注意填补路肩上的车辙、坑洼或沟槽;经常保持路肩与路面衔接平顺,并保持路肩应有的横坡,以利排水。

为防止路面出现啃边,应采取以下措施:①用砂石、碎砖(瓦)、工业废渣等改善、加固路面或设硬路肩,使路肩平整、坚实;②可在路面边缘增设路缘石,或将路面基层加宽到其宽度外 20～25cm 处;③在平交道口或曲线半径较小的路面内侧,可适当加宽路面。

11.4.12 磨光的维修

高速公路、一级公路已磨光的沥青面层抗滑能力降低,可用路面铣刨机直接恢复其表面的粗糙度。

路面石料棱角被磨掉,路面光滑,抗滑性能低于要求值时,应加铺抗滑层。

对表面过于光滑,抗滑性能特别差的路段,应做罩面处理。

1)可以采用拌和法或层铺法施工的单层表面处治,也可以采用乳化沥青稀浆封层。

2)罩面前,应先处治好原路面上的各种病害,若原路表有沥青含量过多的薄层,应将其刮除掉后洒黏层油。

11.4.13 桥面沥青铺装的养护与维修

经常保持桥面的清洁,及时清除各种污物、积水、积雪和冰块,疏通桥面泄水孔。冬季必要时应撒铺防冻、防滑材料。

桥面沥青铺装出现的各种病害,经检查确系不是由桥梁结构破坏而引起的沥青面层损坏,应按上述有关病害的处治方法进行。

当沥青铺装中的防水层被破坏时,应采用与原防水层相同的材料与结构予以修复。

11.5 小　　结

　　沥青路面的养护工作可分为日常巡视与检查、小修保养、中修、大修、改建和专项养护工程等，沥青路面一般采用机械化养护，沥青路面养护对策应根据公路等级、交通量、分项路况评价结果确定。公路沥青的养护可分为一般公路的日常养护和高速公路的日常养护。对各种路面病害应分析其产生的原因，并根据路面的结构类型、设计使用年限、维修季节、气温等实际情况，采取相应维修措施。为防止病害发展和破损面积的扩大，对各种病害应及时进行处治。

思 考 题

11.1　沥青路面养护主要包括什么工作内容？

11.2　沥青路面的小修保养应符合哪些要求？

11.3　对沥青路面的养护材料和机械有何要求？

11.4　沥青路面路况调查的内容和方法是什么？

11.5　如何确定沥青路面的维修养护对策？

11.6　沥青路面的日常养护包括什么内容？

11.7　高速公路沥青路面的日常养护有什么特殊要求？

11.8　常见沥青路面的病害有哪些？如何处治？

第十二章　水泥混凝土路面结构的设计

　　本章主要介绍水泥混凝土路面的损坏模式和设计标准、弹性地基板的应力分析、水泥混凝土路面结构层组合设计、混凝土路面板平面尺寸的确定、水泥混凝土路面的接缝设计和加铺层设计。

　　水泥混凝土路面是以水泥与水拌和成的水泥浆为结合料,以碎(砾)石、砂为集料,加以适当的掺和料及外掺剂,拌和成水泥混凝土混合料,经养护成型的路面。主要包括普通水泥混凝土、钢筋混凝土、连续配筋混凝土、钢纤维混凝土、碾压混凝土等路面。普通水泥混凝土路面是指除接缝区和局部范围(如角隅和边缘)外,其余部位不配置钢筋的混凝土路面,也叫素混凝土路面。

　　水泥混凝土路面与其他路面相比,具体以下特点:

　　1) 强度高。水泥混凝土路面具有较高的抗压,抗弯拉强度及抗磨耗能力。

　　2) 水泥混凝土路面色泽鲜明,能见度好,对夜间行车有利。

　　3) 抗滑性能好。水泥混凝土路面粗糙度好,能保证车辆有较高的安全行驶速度,提高车辆行驶的稳定性。

　　4) 耐久性好。由于水泥混凝土路面强度和稳定性好,因此它经久耐用。一般能使用 20～40 年,而且它能通行包括履带式车等在内的各种运输工具。

　　5) 稳定性好。水泥混凝土路面受到水的浸入和温度等自然因素影响时,引起的强度变化小,不存在沥青路面的那种老化现象。

　　但是,水泥混凝土路面也存在一些缺点,主要有以下几方面:

　　1) 开放交通较迟。水泥混凝土路面铺筑后,一般要经过 15～20d 的湿治养生,才能开放交通,如需提前开放交通,则需采取特殊措施。

　　2) 水泥和水的需要量大。修筑 0.2m 厚、7m 宽的混凝土路面,每 1000m 要耗费水泥 400～500t 和水 250t,还不包括养生用的水在内,这对水泥供应不足和缺水地区带来较大困难。

　　3) 有接缝。一般水泥混凝土路面要建造许多接缝,这些接缝不但增加施工和养护的复杂性,而且容易引起行车跳动,影响行车的舒适性。同时接缝又是路面的薄弱点,如处理不当,将导致路面板边和板角处破坏。

　　4) 修复困难。水泥混凝土路面破坏后,开挖很困难,修补工作量也大,且影响交通,这对于有地下管线的城市道路,带来较大困难。

12.1 水泥混凝土路面的损坏模式和设计标准

12.1.1 水泥混凝土路面的损坏模式

水泥混凝土路面在行车荷载和环境因素的作用下可能出现的破坏类型主要有以下几种。

1. 断裂

路面板内应力超过水泥混凝土强度时会出现纵向、横向、斜向或角隅断裂裂缝。严重时裂缝交叉而使面层板破碎成碎块。造成的原因是多方面的:板太薄、轮载过重、板的平面尺寸过大、地基不均匀沉降或过量塑性变形使板底脱空失去支撑、施工养生期间收缩应力过大等。断裂破坏了板的整体性,使板承载能力降低。因而,板体断裂为水泥混凝土面层结构破坏的临界状态。

2. 唧泥

唧泥是车辆行经接缝时,由缝内喷溅出稀泥浆的现象。唧泥常发生在雨天或雨后。在轮载的重复作用下,板边缘或角隅下的基层由于塑性变形累积而同混凝土面板脱离,或者基层的细颗粒在水的作用下强度降低,当水分沿缝隙下渗而积聚在脱空的间隙内或细颗粒土中,在车辆荷载作用下积水形成水压,使水和细颗粒土形成的泥浆从缝隙中喷溅出来。唧泥的出现,使路面板边缘部分逐渐形成脱空区,随荷载重复作用次数的增加,脱空区逐渐增大,最终使板出现断裂。由唧泥引起的断裂一般为横向断裂。

3. 错台

错台是指接缝两侧出现的竖向相对位移。当胀缝下部填缝板与上部缝槽未能对齐,或胀缝两侧混凝土壁面不垂直,在胀缩过程中接缝两侧上下错位而形成错台。横缝处传荷能力不足,或唧泥发生过程中,使基层材料在高压水的作用下冲积到后方板的板底脱空区内,使该板抬高,形成两板间高度差。当交通量或地基承载力在横向各块板上分布不均匀,各块板沉陷不一致时,纵缝处也会产生错台现象。错台降低了行车的平稳性和舒适性。

4. 拱起

混凝土路面在热胀受阻时,横缝两侧的数块板突然出现向上拱起的屈曲失稳现象,并伴随出现板块的横向断裂。板的拱起主要是由于板收缩时接缝缝隙张开,填缝料失效,硬物嵌入缝内,致使板受热膨胀时产生较大的热压应力,从而出现这种纵向屈曲失稳现象。

5. 接缝挤碎

接缝挤碎是指邻近横向和纵向两侧的数十厘米宽度内,路面板因热胀时受到阻碍,产生较高的热压应力而挤压成碎块。这主要是由于胀缝内的传力杆排列不正或不能滑动,或者缝隙内落入硬物所致。

12.1.2 设计标准

从水泥混凝土路面的几个主要破坏类型可以看出,影响混凝土路面的使用性能是多方面的,如轮载、温度、水分、基层、接缝构造、材料以及施工和养护情况等。为保证路面结构承载能力,混凝土路面结构设计应以防止面层板断裂为主要设计标准;为保证汽车行驶性能,应以接缝两侧的错台为主要控制标准。

混凝土路面在经受车轮荷载重复作用的同时,还经受周围气温周期性变化的影响。因此,混凝土路面板的疲劳破坏不仅与荷载重复次数有关,而且与温度周期性变化产生的温度翘曲应力重复作用有关。我国规范采用荷载疲劳应力和温度疲劳翘曲应力综合作用所产生的疲劳损坏作为确定混凝土板厚的设计依据。

为防止混凝土路面拱起、错台、接缝挤碎和唧泥,除了采取结构措施,如设置排水基层、耐冲刷基层和增强接缝传荷能力外,还应加强常规养护管理。

12.2 弹性地基板的应力分析

水泥混凝土路面板具有较高的力学强度,在车轮荷载作用下变形小,同时按照现行的设计理论,混凝土板工作在弹性阶段,也就是在计算汽车荷载作用下,板内产生的最大应力不超过混凝土的比例极限应力。当水泥混凝土板工作在弹性阶段时,基层和土基所承受的荷载单位应力及产生的变形也微小,它们也都工作于弹性阶段。同时,由于混凝土板与基层或土基之间的摩阻力一般不大,因此在力学图式上可把水泥混凝土路面结构看成是弹性地基板,用弹性地基板理论进行分析计算。

12.2.1 弹性地基板基本假定

水泥混凝土面板的刚度远大于基(垫)层和路基的刚度。在轮载的作用下,它具有良好的扩散荷载的能力,所产生的弯曲变形远小于其厚度,因此一般采用小挠度弹性薄板理论进行分析。

研究弹性小挠度薄板在垂直于中面的荷载(板顶为局部范围内的轮载,板底为地基反力)作用下的弯曲时,通常采用下述三项基本假设:

1) 垂直于中面方向的应变极其微小,可以忽略不计,薄板全厚度范围内的所有各点都有相同的位移 W。

2) 垂直于中面的法线,在弯曲变形前后均保持为直线并垂直于中面,因而无横向剪切应变。

3) 中面上各点无平行于中面的位移。

对于弹性地基薄板,板与地基的联系还采用了如下假设:

1) 在变形过程中,板与地基的接触面始终吻合,即板面与地基表面的竖向位移是相同的。

2）在板与地基的接触面之间没有摩阻力（可以自由滑动），即接触面上的剪应力视为零。

由于对地基的受力变形采用不同的假设（即地基模型），因此所能建立的板的挠度 W 与竖向反力 q 的关系方程也就不同。目前采用两种假设，即文克勒地基假设与弹性半空间体地基假设，从而产生了两种求解弹性地基板应力和位移的方法。不同假设地基的受力变形如图 12.1 所示。

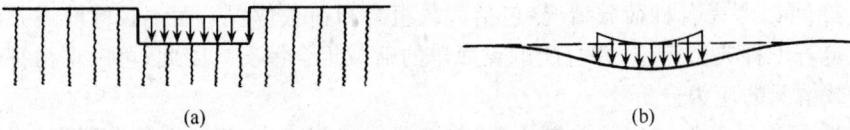

(a)   (b)

图 12.1　不同假设地基的受力变形图

(a)文克勒地基；(b)弹性半空间地基

12.2.2　文克勒地基与弹性半空间地基

文克勒地基假设提出地基反力只有垂直力，它是以反应模量 K 表征的弹性地基。并假设地基上任一点的反力 $q(x,y)$ 仅同该点的挠度 $W(x,y)$ 成正比，而同其他邻点无关，可用下式表示为

$$q(x,y) = KW(x,y)$$

式中：$q(x,y)$——地基顶面某一点的反力，MPa；

K——地基反力模量，MPa/m^3；

$W(x,y)$——竖向挠度，cm。

文克勒地基假设认为地基顶面某一点的沉陷仅决定于作用于该点的压力，而与相邻的地基不发生任何关系，地基的受压作用正如许多彼此互不相联系的弹簧受压的情况一样[见图 12.1(a)]。实际上，地基在横向一部分受力，而相邻部位也受到影响，并发生沉陷，是相互牵连和相互制约的。

鉴丁文克勒地基假设存在上述缺点，人们提出了符合弹性体基本假设的弹性均质半无限地基假设。弹性半空间地基是以弹性模量和泊松比表征的弹性地基，它假设地基为一各向同性的弹性半无限体（故又称半无限地基），如图 12.1(b)所示。地基在荷载作用范围内及影响所涉及部分均产生变形，其顶面上任一点的挠度不仅同该点的压力有关，也同其他各点的压力有关，可以用如下计算公式表示

$$q(x,y) = fW(x,y)$$

半个世纪以来，上述两种地基假说的计算方法均有所发展。以文克勒地基假说为基础的计算方法应用很广。虽然它低估了地基的侧向联系，却使计算结果略偏于安全。弹性半无限地基假说在理论上较为严密，但是解题方法过于复杂。我国现在采

用弹性半无限地基上的弹性薄板理论和有限元位移法计算荷载应力和温度应力。

12.2.3 半无限地基板荷载应力的有限元解

1. 有限元法

有限元法是结构和连续介质应力分析中的一种有效的计算方法。采用有限元法分析水泥混凝土路面的荷载应力优点如下：

1）可以按板块的实际大小求解有限尺寸的板，从而消除无限大板的假设所带来的误差（此误差随荷载接近板边缘和相对刚度半径的增大而增加）。

2）可以考虑各种荷载情况（包括荷载组合和荷载位置），而不必像前述方法那样规定若干种典型荷位，并且能解算简单的荷载组合情况。因此，可以求得符合实际荷载情况的应力分析。

3）可以计及板的实际边界条件，如接缝的传荷能力、板和地基的脱空（不连续接触）等。

4）所解得的结果是整个板面上的位移场和应力场，从而可以更全面地分析板的受荷情况。

2. 临界荷位的确定

为简化计算工作，通常选取使路面板产生最大应力、最大挠度或最大损坏的一个轴载作用位置作为临界荷位。《公路水泥混凝土路面设计规范》(JTG D40-2002)以荷载应力和温度应力产生的综合疲劳损坏作为设计标准。经过几种典型路面结构的荷载和强度梯度的损耗分析，只有在纵缝为具有较大传荷能力的企口缝，横缝为不考虑其传荷能力的假缝（当作自由边处理）时，临界荷位出现在横缝边缘中部（但前者出现的可能性很小），其余情况均应选取纵缝边缘中部为临界荷位。因此选取纵缝边缘中部作为临界荷位，用以计算板内最大弯拉应力值。

12.3 水泥混凝土路面结构层组合设计

12.3.1 结构组合设计原则

1. 土基和基层

(1) 土基

土基是混凝土路面的基础。没有坚固、密实、均匀、稳定的路基，就没有稳固的路面。路基质量的好坏，直接关系到路面的使用品质。理论分析表明，通过刚性面层和基层传到土基上的压应力很小，一般不超过 0.05MPa。如果土基的稳定性不足，在自然因素如水温变化等影响下，路基出现较大的变形，造成土基不均匀沉陷，导致对面层板的不均匀支撑，会使面层板在荷载作用下底部产生过大的弯拉应力而破坏。

因此，对土基的要求首先要保证足够的稳定性和强度，与路面紧密接触，不致因承受荷载、气候及其他因素的影响而改变形状、降低强度等;同时应平整,并有一定的路拱横坡度。

另外,要加强排水设计,对可能危害路基稳定的地面水和地下水,采取必要的防水排水措施,使之远离路基。

（2）基层

对水泥混凝土面层下基层的首要要求是抗冲刷能力。不耐冲刷的基层表面,在渗入水和荷载的共同作用下,会产生唧泥、板底脱空和错台等病害,导致行车的不舒适,并加速和加剧板的断裂。提高基层的刚度,有利于改善接缝的传荷能力。然而,其作用只能是在基层未受冲刷的前提下才能得到保证,而其效果不如在接缝内设置传力杆。

交通繁重程度影响到基层受冲刷的程度以及唧泥和错台出现的可能性和程度。各种基层具有不同的抗冲刷能力,它取决于基层材料中结合料的性质和含量以及细料的含量。依据上述首要要求,按交通等级和基层的抗冲刷能力,提出了各交通等级的基层类型（见表12.1）。

表 12·1　交通等级的基层类型

交通等级	基 层 类 型
特重交通	贫混凝土、碾压混凝土或沥青混凝土基层
重交通	水泥稳定粒料或沥青稳定碎石基层
中等或轻交通	水泥稳定粒料、石灰粉煤灰稳定粒料或级配粒料基层

（3）垫层

垫层主要设置在温度和湿度状况不良的路段上,以改善路面结构的使用性能。前者出现在季节性冰冻地区路面结构厚度小于水泥混凝土路面最小防冻层厚度要求时（见表12.2）,设置防冻垫层可以使路面结构免除或减轻冻胀和翻浆病害。在路床土湿度较大的挖方路段上,设置排水垫层可以疏干路床土,改善路面结构的支撑条件。

表 12·2　水泥混凝土路面最小防冻层厚度（单位:m）

路基干湿类型	路基土质	当地最大冰冻深度			
		0.50～1.00	1.01～1.50	1.51～2.00	＞2.00
中湿路基	低、中、高液限黏土	0.30～0.50	0.40～0.60	0.50～0.70	0.60～0.95
	粉土,粉质土,中液限黏土	0.40～0.60	0.50～0.70	0.60～0.85	0.70～1.10
潮湿路基	低、中、高液限黏土	0.40～0.60	0.50～0.70	0.60～0.90	0.75～1.20
	粉土,粉质土,中液限黏土	0.45～0.70	0.55～0.80	0.70～1.00	0.80～1.30

注:1. 冻深小或填方路段,或者基层、垫层为隔温性能良好的材料,可采用低值;冻深大或挖方及地下水位高的路段,或者基层、垫层为隔温性能稍差的材料,应采用高值。

2. 冻深小于 0.50m 的地区,一般不考虑结构层防冻厚度。

2. 混凝土面板

轮载作用于板中部时所产生的最大应力约为轮载作用于板边部时的 2/3,因此,面层板的横断面应采用中间薄两边厚的形式,以适应荷载应力的变化。一般边部厚度较中部约大 25%。但是采用厚边式路面对土基和基层的施工带来不便,而且使用经验也表明,在厚度变化转折处,易引起板的折裂。因此,目前国内外常采用等厚式断面,或在等厚式断面板的最外两侧板边部配置钢筋予以加固。

普通水泥混凝土路面板的厚度须根据该路在使用期内的交通性质和交通量设计计算决定。普通混凝土、钢筋混凝土、碾压混凝土或连续配筋混凝土面层所需的厚度,可根据表 12.3 计算确定。

表 12.3　水泥混凝土面层厚度的参考范围

交通等级	特　　重			重		
公路等级	高速	一级	二级	高速	一级	二级
变异水平等级	低	中	低	中	低	中	低	中
面层厚度/mm	≥260	≥250	≥240	270～240	260～230	250～220

交通等级	中　　等		轻	
公路等级	二级	三、四级	三、四级	三、四级
变异水平等级	高	中	高	中	高	中
面层厚度/mm	240～210	230～220	220～200	≤230	≤220

12.3.2　交通分析与轴载换算

1. 标准轴载与轴载换算

我国公路水泥混凝土路面结构设计以 100kN 的单轴-双轮组荷载作为标准轴载。对于各种不同汽车轴载的作用次数,可按等效疲劳断裂原则换算成标准轴载的作用次数,并根据标准轴载的作用次数判断道路的交通繁重程度。轴载换算公式为

$$N_s = \sum_{i=1}^{n} \delta_i N_i \left(\frac{P_i}{100} \right)^{16} \tag{12.1}$$

$$\delta_i = 2.22 \times 10^3 P_i^{-0.43} \tag{12.2}$$

或

$$\delta_i = 1.07 \times 10^{-5} P_i^{-0.22} \tag{12.3}$$

或

$$\delta_i = 2.24 \times 10^{-8} P_i^{-0.22} \tag{12.4}$$

式中:N_s——100kN 的单轴-双轮组荷载作为标准轴载的作用次数;

P_i——单轴-单轮、单轴-双轮组或三轴-双轮组轴型 i 级轴载的总重,kN;

n——轴型和轴载级位数;

N_i——各类轴型 i 级轴载的作用次数;

δ_i ——轴-轮型系数[单轴-双轮组时，$\delta_i = 1$；单轴-单轮时，按式(12.2)计算；
双轴-双轮组时，按式(12.3)计算；三轴-三轮组时，按式(12.4)计算]。

2. 交通分级、累计轴载计算

设计使用年限内设计车道的标准轴载累计作用次数与使用初期的交通量、交通组成和交通量的增长情况等因素有关。上述交通参数应进行详细调查、观测与预测，然后按式(12.5)确定设计使用年限内设计车道的标准轴载累计作用次数 N_e。

$$N_e = \frac{N_s \times [(1 + g_r)^t - 1] \times 365}{g_r} \eta \qquad (12.5)$$

式中：N_e ——标准轴载累计作用次数；

t ——设计基准期；

g_r ——交通量年平均增长率；

η ——临界荷位处的车辆轮迹横向分布系数，按表12.4选用。

表 12.4 车辆轮迹横向分布系数

公路等级		纵缝边缘处
高速公路、一级公路、收费站		0.17～0.22
二级及二级以下公路	行车道宽>7m	0.34～0.39
	行车道宽≤7m	0.54～0.62

注：车道或行车道宽或者交通量较大时，取高值；反之，取低值。

水泥混凝土路面所承受的轴载作用，按设计基准期内设计车道所承受的标准轴载累计作用次数分为 4 级，交通分级范围见表12.5。

表 12.5 交通分级

交通等级	特重	重	中等	轻
设计车道标准轴载累计作用次数 $N_e(1 \times 10^4)$	>2000	100～2000	3～100	<3

12.3.3 基层顶面当量回弹模量

混凝土面板下的地基包括路基和根据需要设置的垫层和基层，分析板内荷载应力时，直接采用三层弹性体系进行计算，并对路床上的基层和底基层或垫层结构，依据等弯曲刚度的原则换算为回弹模量和厚度当量的单层结构后，按双层体系进行计算。其计算分为新建公路和旧柔性路面两种情况。

1. 新建公路的基层顶面当量回弹模量值

在设计新建公路时，基层顶面的当量回弹模量 E_t，可根据土基状态拟定的基层、垫层结构类型和厚度，用规范建议的土基、垫层及基层材料回弹模量值，确定如下：

$$E_t = ah_x^b E_0 \left(\frac{E_x}{E_0} \right)^{1/3} \qquad (12.6)$$

$$E_x = \frac{h_1^2 E_1 + h_2^2 E_2}{h_1^2 + h_2^2} \tag{12.7}$$

$$h_x = \left(\frac{12D_x}{E_x}\right)^{1/3} \tag{12.8}$$

$$D_x = \frac{E_1 h_1^3 + E_2 h_2^3}{12} + \frac{(h_1 + h_2)^2}{4}\left(\frac{1}{E_1 h_1} + \frac{1}{E_2 h_2}\right)^{-1} \tag{12.9}$$

$$a = 6.22 \times \left[1 - 1.51\left(\frac{E_x}{E_0}\right)^{-0.45}\right] \tag{12.10}$$

$$b = 1 - 1.44 \times \left(\frac{E_x}{E_0}\right)^{-0.55} \tag{12.11}$$

式中：E_t——路床顶面的回弹模量，MPa；

E_0——基层和底基层或垫层的当量回弹模量，MPa；

E_x——基层和底基层或垫层的回弹模量，MPa；

E_1、E_2——基层和底基层或垫层的当量厚度，m；

h_x——基层和底基层或垫层的当量弯曲刚度，MN·m；

h_1、h_2——基层和底基层或垫层的厚度，m；

a，b——与 E_x/E_0 有关的回归系数。

底基层和垫层同时存在时，可先按式(12.7)～式(12.9)将底基层和垫层换算成具有当量回弹模量和当量厚度的单层，然后再与基层一起按式(12.6)～式(12.11)计算基层顶面当量回弹模量。无底基层和垫层时，相应层的厚度和回弹模量分别以零值代入式(12.6)～式(12.11)进行计算。

2. 旧柔性路面的顶面当量回弹模量值

在旧柔性路面上加铺混凝土路面时，应通过承载板试验或弯沉测定法确定原有路面顶面的当量回弹模量 E_t，即

$$E_t = 13\,739\omega_0^{-1.04} \tag{12.12}$$

式中，ω_0 为以后轴重 100kN 的车辆进行弯沉测定，经统计整理得到的原路面计算回弹弯沉值(0.01mm)。

12.3.4 混凝土板的设计弯拉强度

水泥混凝土路面的强度以 28d 龄期的弯拉强度作为设计控制指标。当混凝土浇筑后 90d 内不开放交通时，可采用 90d 龄期的弯拉强度。各交通等级要求的混凝土弯拉强度标准值不得低于表 12.6 的规定。

表 12.6　混凝土弯拉强度标准值

交 通 等 级	特重	重	中等	轻
水泥混凝土的弯拉强度标准值/MPa	5.0	5.0	4.5	4.0
钢纤维混凝土的弯拉强度标准值/MPa	6.0	6.0	5.5	5.0

12.3.5 混凝土板应力分析

轴载在混凝土面层内产生的应力,采用半无限地基上弹性小挠度薄板的力学模型和有限元法进行分析计算。选取混凝土板的纵向边缘中部作为产生最大荷载和温度梯度综合疲劳损坏的临界荷位。

1. 荷载应力分析

标准轴载 P_S 在临界荷位处产生的荷载疲劳应力按式(12.13)确定。

$$\sigma_{pr} = k_r k_f k_c \sigma_{ps} \tag{12.13}$$

式中:σ_{pr}——标准轴载 P_S 在临界荷位处产生的荷载疲劳应力,MPa;

σ_{ps}——标准轴载 P_S 在四边自由板的临界荷位处产生的荷载应力(MPa)[由式(12.14)计算确定];

k_r——考虑接缝传荷能力的应力折减系数[纵缝为设拉杆的平缝时,k_r = 0.87~0.92(刚性和半刚性基层取低值,柔性基层取高值);纵缝为不设拉杆的平缝或自由边时,k_r = 1.0;纵缝为设拉杆的企口缝时,k_r = 0.76~0.84];

k_f——考虑设计基准期内荷载应力累计疲劳作用的疲劳应力系数[由式(12.16)计算确定];

k_c——考虑偏载和动载等因素对路面疲劳损坏影响的综合系数(按公路等级查表12.7确定)。

表 12.7 综合系数 k_c

公路等级	高速公路	一级公路	二级公路	三、四级公路
k_c	1.30	1.25	1.20	1.10

标准轴载 P_S 在四边自由板临界荷位处产生的荷载应力按式(12.14)计算。

$$\sigma_{ps} = 0.077 r^{0.60} h^{-2} \tag{12.14}$$

$$r = 0.537 h \left(\frac{E_c}{E_t} \right)^{1/3} \tag{12.15}$$

式中:r——混凝土板的相对刚度半径,m;

h——混凝土板的厚度,m;

E_c——水泥混凝土的弯拉弹性模量,MPa;

E_t——基层顶面当量回弹模量,MPa。

设计基准期内的荷载疲劳应力系数按式(12.16)计算确定。

$$k_f = N_e^{\nu} \tag{12.16}$$

式中:k_f——设计基准期内的荷载疲劳应力系数;

N_e——设计基准期内标准轴载累计作用次数;

ν—— 与混合料性质有关的指数(普通混凝土、钢筋混凝土、连续配筋混凝土,$\nu = 0.057$;碾压混凝土和贫混凝土,$\nu = 0.065$)。

2. 温度应力分析

在临界荷位处的温度疲劳应力按式(12.17)确定。

$$\sigma_{tr} = k_t \sigma_{tm} \qquad (12.17)$$

式中:σ_{tr}—— 临界荷位处的温度疲劳应力,MPa;

σ_{tm}—— 最大温度梯度时混凝土板的温度翘曲应力[按式(12.18)确定],MPa;

k_t—— 考虑温度应力累计疲劳作用的疲劳应力系数[按式(12.19)确定]。

最大温度梯度时混凝土板的温度翘曲应力按式(12.18)计算

$$\sigma_{tm} = \frac{\alpha_c E_c h T_g}{2} B_x \qquad (12.18)$$

式中:σ_{tm}—— 最大温度梯度时混凝土板的温度翘曲应力,MPa;

α_c—— 混凝土的线膨胀系数(通常可取为 $1 \times 10^{-5}/℃$),$1/℃$;

T_g—— 最大温度梯度[查表12.8(最大温度梯度标准值)取用];

B_x—— 综合温度翘曲应力和内应力作用的温度应力系数(可按 l/r 和 h 查温度应力系数图12.2确定);

h—— 板长,即横缝间距,m。

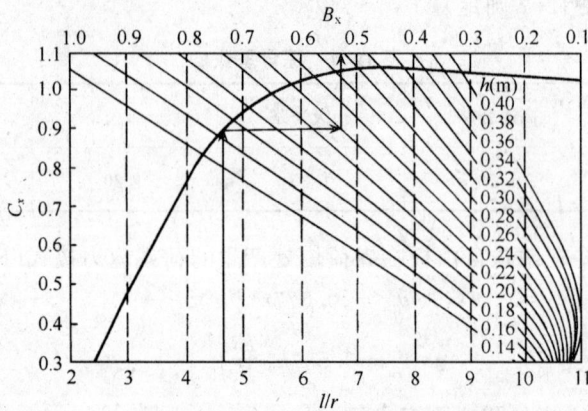

图 12.2　温度应力系数

表 12.8　最大温度梯度标准值

公路自然区划	II、V	III	IV、VI	VII
最大温度梯度/(℃/m)	83~88	90~95	86~92	93~98

注:海拔高时,取高值;湿度大时,取低值。

温度疲劳应力系数可按式(12.19)计算确定

$$k_t = \frac{f_r}{\sigma_{tm}} \left[a \left(\frac{\sigma_{tm}}{f_r} \right)^c - b \right] \quad (12.19)$$

式中:a、b、c分别为回归系数(按所在地区的公路自然区划确定)。

3. 水泥混凝土板的综合疲劳作用

水泥混凝土板在使用过程中,板的应力来自汽车荷载疲劳作用和温度反复变化作用。为保证混凝土板在设计使用年限内板不过早破坏,必须综合考虑这些作用的影响,不导致板的应力过大。

混凝土板的综合疲劳作用是汽车荷载和温度对板产生的应力总和,根据公式分别求出板的荷载疲劳应力和温度应力,然后按现行水泥混凝土路面设计规范中采用路面结构可靠度设计方法,即以行车荷载和温度梯度综合作用产生的疲劳断裂作为极限设计状态,其表达式为

$$\gamma_r (\sigma_{pr} + \sigma_{tr}) \leqslant f_r \quad (12.20)$$

式中:γ_r——可靠度系数(依据所选目标可靠度及变异水平等级按表12.9确定);

σ_{pr}——行车荷载疲劳应力,MPa;

σ_{tr}——温度梯度疲劳应力,MPa;

f_r——水泥混凝土设计弯拉强度,MPa。

表 12.9　可靠度系数

变异水平等级	目标可靠度			
	95	90	85	80
低	1.20~1.33	1.09~1.16	1.04~1.08	—
中	1.33~1.5	1.16~1.23	1.08~1.13	1.04~1.07
高	—	1.23~1.33	1.13~1.18	1.07~1.11

注:变异系数在变化范围的下限时,可靠度系数取低值;上限时,取高值。

12.3.6　混凝土板厚度设计过程

考虑荷载应力和温度翘曲应力综合疲劳损伤作用的混凝土板厚度计算(见图12.3)和板平面尺寸确定方法,可遵循下述设计步骤:

1) 收集并分析交通参数。收集日交通量和轴载组成数据,确定轮迹分布系数,计算设计车道标准轴载日作用次数;由此确定道路的交通等级,并进而选定设计年限、选定交通量年平均增长率,计算使用年限内标准轴载的累计作用次数。

2) 初拟路面结构。初选路面结构层次、类型和材料组成;拟定各层的厚度、面

层板平面尺寸和接缝构造。

3）确定材料参数。试验确定混凝土的设计弯拉强度和弹性模量,基层、垫层和路基的回弹模量,基层顶面的当量回弹模量。

4）计算荷载疲劳应力。计算得到标准轴载作用下板边中部的最大荷载应力;按接缝类型选定接缝传荷系数;按标准轴载累计作用次数计算得到疲劳应力系数;按交通等级选定综合系数;综合上述计算结果可得到荷载疲劳应力。

5）计算温度应力。由所在地公路自然区划选择最大温度梯度;按路面结构和板平面尺寸计算最大温度梯度时的温度翘曲应力;按自然区划及 σ_{tm} 和 f_r 确定温度应力累计疲劳作用系数;由此计算确定温度疲劳应力。

6）检验初拟路面结构。行车荷载和温度梯度综合作用满足式(12.20),说明拟定的板厚合理,上述检验条件如不符合,则重新拟定路面结构或板平面尺寸,重新计算,直到满足为止。

混凝土板厚度计算流程图见图 12.3。

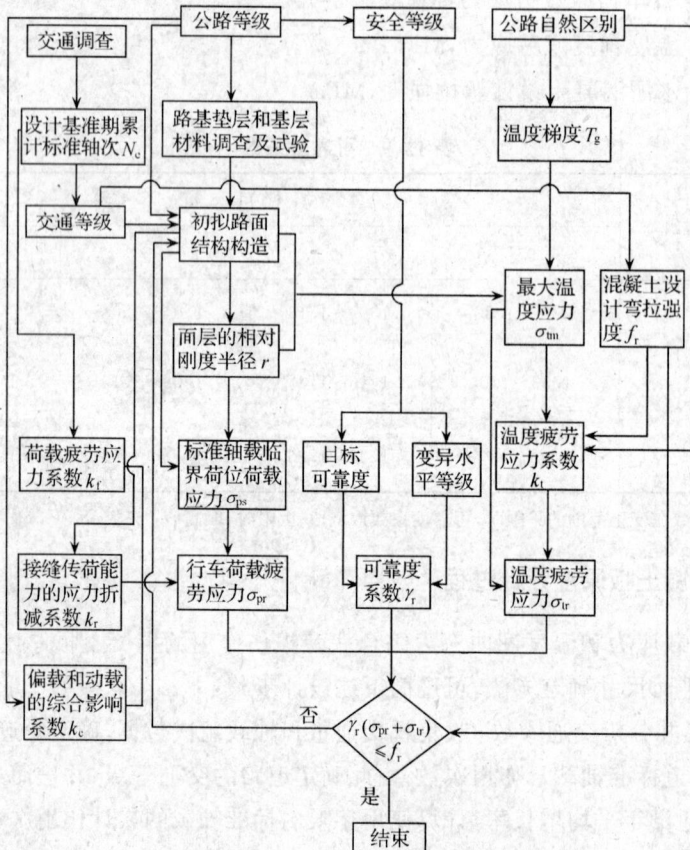

图 12.3 混凝土板厚度计算流程图

12.4　混凝土路面板平面尺寸的确定

由于大气温度周期性的变化,致使水泥混凝土路面产生各种形式的温度变形。由年温差引起的温度变形,周期较长,温度变化缓慢,因此路面板的胀缩在厚度范围内呈均匀分布,这种变形一旦受到约束,将转变为温度内应力,若内应力超出容许范围,路面板即产生裂缝或被挤碎。在夏季,日温差较大,由于日温差变化周期较短,在路面板厚度范围内呈现不均匀分布,引起混凝土变形及开裂(见图 12.4)造成上下板底面的温度坡差。这种坡差将促使面板向上,或向下翘曲。这些变形会受到板与基础之间的摩阻力和黏结力以及板的自重和车轮荷载等的约束,致使板内产生过大的应力,造成板的断裂或拱胀等破坏。因此,对于不配钢筋的素混凝土路面,其路面接缝设置(见图 12.5)必须按照温度应力的计算方法确定板块平面尺寸,并遵循一定的规则将路面分割为整齐的平面块体,以防止不规则裂缝的产生。

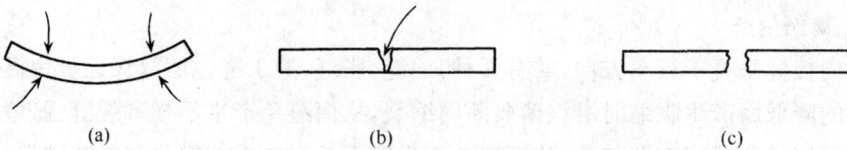

图 12.4　混凝土变形及开裂

(a)由于温度坡差引起的变形;(b)由于温度坡差引起的开裂;(c)由于板体温度均匀下降使板的开裂

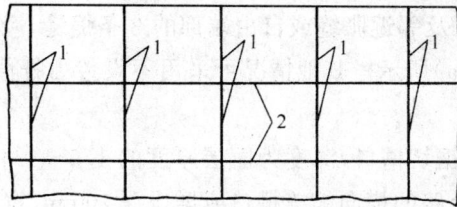

图 12.5　路面接缝设置

1. 横缝 ;2. 纵缝

从图 12.4 可见,由于翘曲而引起的裂缝,在裂缝发生后被分割的两块板体尚不致完全分离,倘若板体温度均匀下降引起收缩,则将使两块板体被拉开[(见图 12.4(c)],从而失去荷载传递作用。

为避免这些缺陷,混凝土路面不得不在纵横两个方向设置许多接缝,把整个路面分割成为许多板块(见图 12.5)。

以纵向与横向接缝将路面板分割为规则的形状,对于消除温度内应力,保持路面整齐的外观是有效的措施,但是接缝附近的路面板却因此成了最薄弱的部位。车轮通过时,由于边、角部位接缝对路面的削弱,更加容易断裂。雨水也容易穿过接缝渗入路基和基层,有时还会引起唧泥,使细颗粒土壤流失,造成路面板边、板角脱空,以致面板工作条件进一步恶化。因此,从兼顾两方面的需要出发,混凝土路面既要设置接缝,又应尽量使接缝数量减少,并且从接缝构造保持两侧面板的整体性,以提高传荷能力,保护面板下路基与基层的正常工作条件。

12.5　水泥混凝土路面的接缝和配筋设计

12.5.1　横向接缝的构造与布置

接缝是水泥混凝土路面板的重要构造部位,也是最容易产生病害的部位。按照接缝的几何位置,可分为纵缝和横缝。纵缝平行于行车方向,横缝一般垂直于纵缝。纵缝两侧的横缝不得互相错位。

1. 横向缩缝

横向接缝垂直于行车方向,共有 3 种:缩缝、胀缝、施工缝。缩缝保证板块温度和湿度的降低而产生收缩时沿该薄弱断面缩裂,从而避免产生不规则裂缝。胀缝保证板在温度升高时能部分伸张,从而避免产生路面板在热天的拱胀和折断破坏,同时胀缝也能起到缩缝的作用。另外,混凝土每天施工结束以及其他原因不能继续施工时,应设置施工缝,其位置应尽可能选在缩缝或胀缝处。

横向缩缝构造见图 12.6,它可等间距或变间距布置,采用假缝形式。特重和重交通公路、收费广场以及邻近胀缝或自由端部的 3 条缩缝,应采用设传力杆假缝形式,其构造如图 12.6(a)所示。其他情况可采用不设传力杆假缝形式,其构造如图 12.6(b)所示。

横向缩缝顶部应锯切槽口,深度为面层厚度的 1/5～1/4,宽度为 3～8mm,槽内填塞填缝料。高速公路的横向缩缝槽口应增设深 20mm、宽 6～10mm 的浅槽口,其构造如图 12.7 所示。

2. 横向施工缝

设在缩缝处的横向施工缝(见图 12.8),应采用加传力杆的平缝形式,其构造如图 12.8(a)所示;设在胀缝处的施工缝,其构造与胀缝相同。遇有困难需设在缩缝之间时,施工缝采用设拉杆企口缝形式,其构造如图 12.8(b)所示。

3. 横向胀缝

在邻近桥梁或其他固定构造物处或与其他道路相交处应设置横向胀缝。设置的胀缝条数,应根据膨胀量大小而定。低温浇筑混凝土面层或选用膨胀性高的集料时,宜酌情确定是否设置胀缝。胀缝宽 20mm,缝内设置填缝板和可滑动的传力杆。

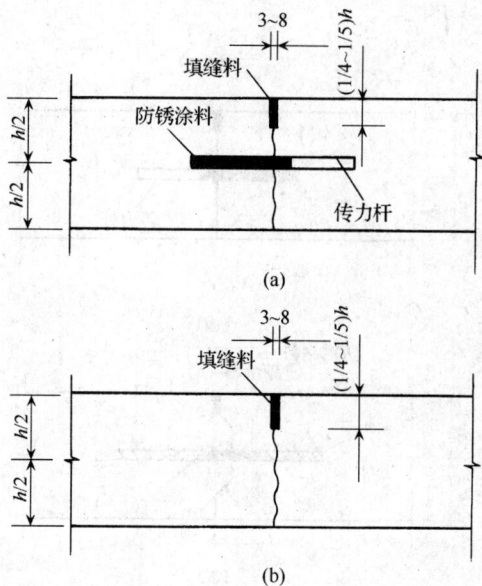

图 12.6 横向缩缝构造(尺寸单位:mm)

(a)设传力杆假缝形;(b)不设传力杆假缝形

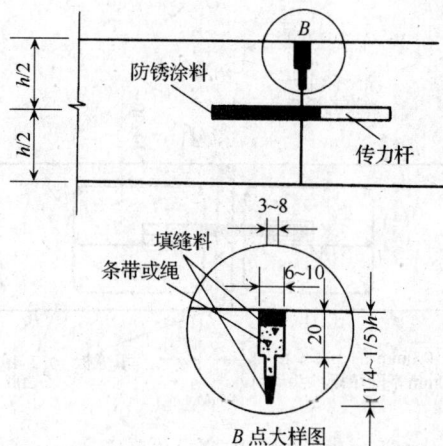

图 12.7 浅槽口构造(尺寸单位:mm)

胀缝构造如图 12.9 所示。

4. 传力杆

传力杆应采用光面钢筋,其尺寸和间距可按表 12.10 选用。最外侧传力杆距纵向接缝或自由边的距离为 150～250mm。

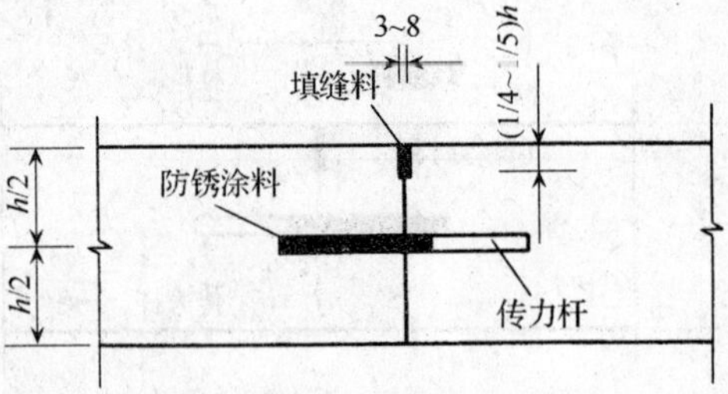

图 12.8 横向施工缝构造(尺寸单位:mm)

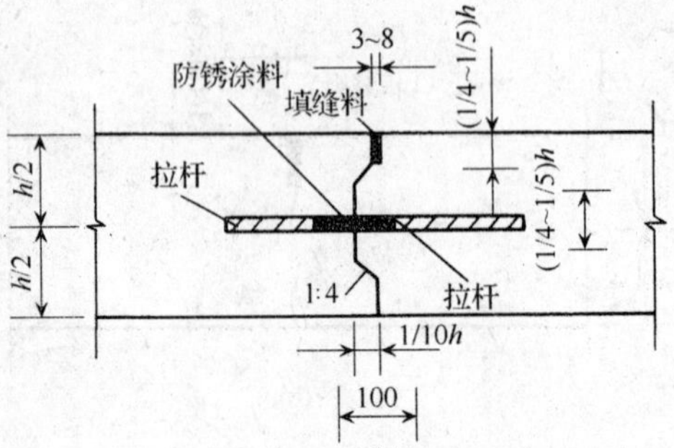

(a)设传力杆平缝形;(b) 设拉杆企口缝形

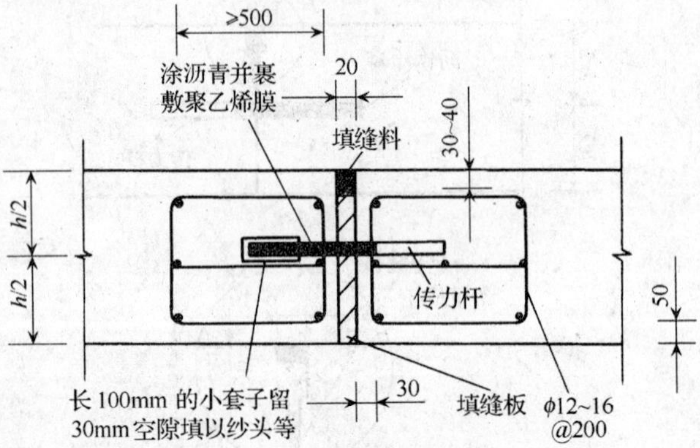

图 12.9 胀缝构造(尺寸单位:mm)

表 12.10 传力杆尺寸和间距(单位:mm)

面层厚度/mm	传力杆直径	传力杆最小长度	传力杆最大间距
220	28	400	300
240	30	400	300
260	32	450	300
280	35	150	300
300	38	500	300

12.5.2 纵向接缝的构造与布置

纵缝应与路线中线平行,一般分假缝和施工缝,纵缝构造见图 12.10。在路面等宽的路段内或路面变宽路段的等宽部分,纵缝的间距和形式应保持一致。路面变宽段的加宽部分与等宽部分之间,以纵向施工缝隔开。加宽板在变宽段起终点处的宽度不应小于 1m。

1. 纵向施工缝

一次铺筑宽度小于路面宽度时,应设置纵向施工缝。纵向施工缝采用平缝型式,并应设置拉杆。上部应锯切槽口,深度为 30~40mm,宽度为 3~8mm,槽内灌塞填缝料,构造如图 12.10(a)所示。

2. 纵向缩缝

一次铺筑宽度大于 4.5m 时,应设置纵向缩缝,其构造如图 12.10(b)所示。纵向缩缝采用假缝形式,锯切的槽口深度应大于施工缝的槽口深度。采用粒料基层时,槽口深度应为板厚的 1/3;采用半刚性基层时,槽口深度应为板厚的 2/5。

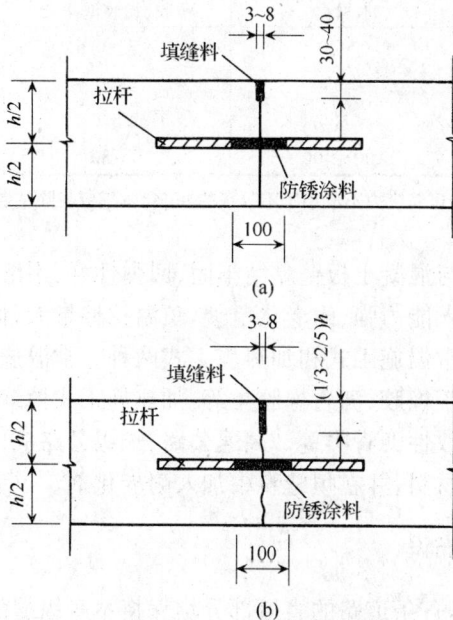

图 12.10 纵缝构造(尺寸单位:mm)

(a)纵向施工缝;(b)纵向缩缝

3. 拉杆

拉杆应采用螺纹钢筋,设在板厚中央,并应对拉杆中部 100mm 范围内进行防锈处理。拉杆直径、长度和间距可参照表 12.11 选用。施工布设时,拉杆间距应按横向接缝的实际位置予以调整,最外侧的拉杆距横向接缝的距离不得小于

100mm。

表 12.11 拉杆直径、长度和间距（单位：mm）

面层厚度/mm	到自由边或设拉杆纵缝的距离/m					
	3.0	3.50	3.75	4.5	6.0	7.50
200~250	14×700×900	14×700×800	14×700×700	14×700×600	14×700×500	14×700×400
260~300	16×800×900	16×800×800	16×800×700	16×800×600	16×800×500	16×800×400

注：拉杆直径、长度和间距的数字为直径×长度×间距。

连续配筋混凝土面层的纵缝拉杆可由板内横向钢筋延伸穿过接缝代替。接缝材料应选用能适应混凝土面板膨胀和收缩、施工时不变形、弹性复原率高、耐久性好的胀缝板。高速公路、一级公路应采用塑胶、橡胶泡沫板或沥青纤维板；其他公路可采用各种胀缝板。各类胀缝板的技术要求应符合表 12.12 的规定。

表 12.12 胀缝板的技术要求

试验项目	胀缝板种类		
	木材类	塑胶、橡胶泡沫类	纤维类
压缩应力/MPa	5.0~20.0	0.2~0.6	2.0~10.0
弹性复原率/%	≥55	≥90	≥65
挤出量/mm	<5.5	<5.0	<3.0
弯曲荷载/N	100~400	0~50	5~40

注：各类胀缝板吸水后的压缩应力不应小于不吸水的 90%，木板应去除结疤，沥青浸泡后木板厚度应为 (20~25)±1m。

填缝材料应具有与混凝土板壁黏结牢固、回弹性好、不溶于水、不渗水，高温时不挤出、不流淌、抗嵌入能力强、耐老化龟裂，负温拉伸量大，低温时不脆裂、耐久性好等性能。填缝料有常温施工式和加热施工式两种。常温施工式填缝料主要有聚（氨）酯、硅树脂类、氯丁橡胶、沥青橡胶类等。加热施工式填缝料主要有沥青玛蹄脂类、聚氯乙烯胶泥类、改性沥青类等。高速公路、一级公路应优先使用树脂类、橡胶类或改性沥青类填缝材料，并在填缝料中加入耐老化剂。

12.5.3 交叉口接缝布设

两条道路正交时，各条道路的直道部分均保持本身纵缝的连贯，而相交路段内各条道路的横缝位置应按相对道路的纵缝间距做相应变动，保证两条道路的纵横缝垂直相交，互不错位。两条道路斜交时，主要道路的直道部分保持纵缝的连贯，而相交路段内的横缝位置应按次要道路的纵缝间距做相应变动，保证与次要道路的纵缝相连接。相交道路弯道加宽部分的接缝布置，应不出现或少出现错缝和锐角板。

在次要道路弯道加宽段起终点断面处的横向接缝，应采用胀缝形式。膨胀量大时，应在直线段连续布置 2~3 条胀缝。

12.5.4 端部处理

混凝土路面与固定构造物相衔接的胀缝无法设置传力杆时,可在毗邻构造物的板端部内配置双层钢筋网;或在长度为 6～10 倍板厚的范围内逐渐将板厚增加20%。

混凝土路面与桥梁相接,桥头设有搭板时,应在搭板与混凝土面层板之间设置长 6～10m 的钢筋混凝土面层过渡板。后者与搭板间的横缝采用设拉杆平缝形式,与混凝土面层间的横缝采用设传力杆胀缝形式。膨胀量大时,应连续设置 2～3 条设传力杆胀缝。当桥梁为斜交时,钢筋混凝土板的锐角部分应采用钢筋网补强。

桥头未设搭板时,应在混凝土面层与桥台之间设置长 10～15m 的钢筋混凝土面层板;或设置由混凝土预制块面层或沥青面层铺筑的过渡段,其长度不小于 8m。

混凝土路面与沥青路面相接时,其间应设置至少 3m 长的过渡段。过渡段的路面采用两种路面呈阶梯状叠合布置,其下面铺设的变厚度混凝土板的厚度不得小于 200mm。过渡板与混凝土面层相接处的接缝内设置直径 25mm、长 700mm、间距400mm 的拉杆。混凝土面层毗邻该接缝的 1～2 条横向接缝应设置胀缝。

12.5.5 水泥混凝土路面特殊部位的处理

1. 混凝土面板板边补强

混凝土面层自由边缘下基础薄弱或接缝为未设传力杆的平缝时,可在面层边缘的下部配置钢筋。通常选用 2 根直径为 12～16mm 的螺纹钢筋,置于面层底面之上 1/4 厚度处并不小于 50mm,间距为 100mm。纵向边缘钢筋仅作用在一块板内,不得穿过胀缝,一般也不应穿过缩缝,以免妨碍板的翘曲。为加强锚固能力,钢筋两端应向上弯起,边缘钢筋布置如图 12.11 所示。

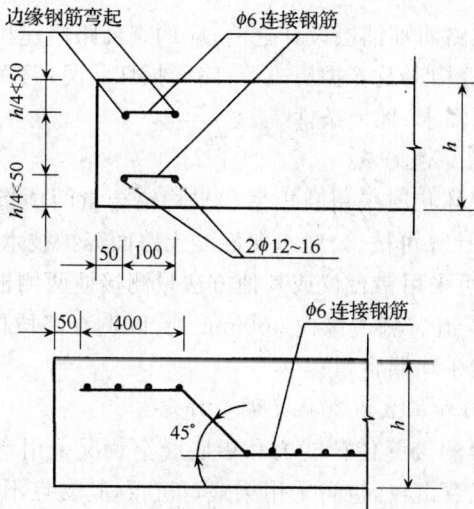

图 12.11 边缘钢筋布置(尺寸单位:mm)

2. 混凝土面板角隅补强

承受特重交通的胀缝、施工缝和自由边的面层角隅及锐角面层角隅,应配置角隅钢筋。通常选用 2 根直径为 12~16mm 的螺纹钢筋,置于面层上部,距顶面不小于 50mm,距边缘为 100mm,角隅钢筋布置如图 12.12 所示。

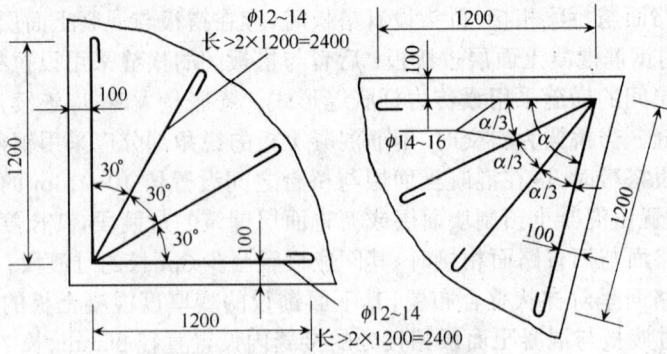

图 12.12 角隅钢筋布置(尺寸单位:mm)

3. 构造物横穿公路

涵洞、管线等构造物横穿公路,为保证构造物不因行车荷载下传的力而造成破坏,应对构造物顶部及其两侧适当范围内的混凝土板采用钢筋网补强或用钢筋混凝土板。

12.6 水泥混凝土路面的加铺层设计

12.6.1 旧混凝土路面的技术调查

在进行旧混凝土路面加铺层设计之前,应调查公路修建和养护技术资料:路面结构和材料组成、接缝构造及养护历史等;路面损坏状况;路面结构强度;承受的交通荷载及预计的交通需求;环境条件。

1. 路面损坏状况调查评定

混凝土路面的损坏状况采用断板率和平均错台量两项指标评定,分为 4 个等级。断板率的调查和计算可按《公路水泥混凝土路面养护技术规范》(JTJ 073.1)的规定进行;错台调查可采用错台仪或其他方法量测接缝两侧板边的高程差,量测点的位置在错台严重车道右侧边缘内 300mm 处,以调查路段内各条接缝高程差的平均值表示该路段的平均错台量。

2. 接缝传荷能力和板底脱空状况调查评定

旧混凝土面层板的接缝传荷能力和板底脱空状况采用弯沉测试法调查评定。弯沉测试采用落锤式弯沉仪,也可采用梁式弯沉仪,其支点不得落在弯沉盆内。旧混凝土面层的接缝传荷能力依据接缝传荷系数分为 4 个等级,板底脱空可根据面层板角隅处的多级荷载弯沉测试结果,并综合考虑唧泥和错台发展程度以及接缝传荷能力进行判别。

3. 旧混凝土路面结构参数调查

旧混凝土面层厚度的标准值可根据钻孔芯样的量测高度按式(12.21)计算确定。

$$h_e = \bar{h}_e - 1.04s_h \tag{12.21}$$

式中：h_e——旧混凝土面层量测厚度的标准值,mm;

$\bar{h}_e$——旧混凝土面层量测厚度的均值,mm;

s_h——旧混凝土面层厚度量测值的标准差,mm。

旧混凝土面层弯拉强度的标准值可采用钻孔芯样的劈裂试验测定结果按式(12.22)和式(12.23)计算确定。

$$f_r = 0.621f_{sp} + 2.64 \tag{12.22}$$

$$f_{sp} = \bar{f}_{sp} - 1.04s_p \tag{12.23}$$

式中：f_r——旧混凝土弯拉强度标准值,MPa;

f_{sp}——旧混凝土劈裂强度标准值,MPa;

$\bar{f}_{sp}$——旧混凝土劈裂强度测定值的均值,MPa;

s_p——旧混凝土劈裂强度测定值的标准差,MPa。

旧混凝土的弯拉弹性模量标准值可按式(12.24)计算确定。

$$E_c = \frac{10^4}{0.0915 + \dfrac{0.9634}{f_r}} \tag{12.24}$$

式中：E_c——旧混凝土的弯拉弹性模量标准值,MPa;

f_r——旧混凝土的弯拉强度标准值,MPa。

旧混凝土路面基层顶面的当量回弹模量标准值,可采用落锤式弯沉仪(标准荷载 100kN,承载板半径 150mm)量测板中荷载作用下的弯沉曲线,按式(12.25)和式(12.26)确定。

$$E_t = 100e^{(3.60+24.03\omega_0^{-0.057}-15.63I^{0.222})} \tag{12.25}$$

$$SI = \frac{\omega_0 + \omega_{300} + \omega_{600} + \omega_{900}}{\omega_0} \tag{12.26}$$

式中：E_t——基层顶面的当量回弹模量标准值,MPa;

SI——路面结构的荷载扩散系数;

ω_0——荷载中心处的弯沉值,μm;

ω_{300},ω_{600},ω_{900}——距离荷载中心 300mm、600mm 和 900mm 处的弯沉值,μm。

12.6.2 混凝土加铺层结构设计

加铺层铺筑前应更换破碎板,修补裂缝,磨平错台,压浆填封板底脱空,清除接缝中失效的填缝料和杂物,并重新封缝。

加铺层应根据使用要求及旧混凝土路面的状况,选用分离式或结合式水泥混凝土加铺结构,或沥青混凝土加铺结构,经技术经济比较后选定。

旧混凝板的厚度、混凝土的弯拉强度和弹性模量标准值以及基层顶面当量回弹模量标准值,采用旧混凝土路面的实测值,按旧混凝土路面结构参数调查方法确定。

1. 分离式混凝土加铺层结构设计

当旧混凝土路面的损坏状况和接缝传荷能力评定等级为中或次,或者新旧混凝土板的平面尺寸不同、接缝形式或位置不对应或路拱横坡不一致时,应采用分离式混凝土加铺层。

分离式混凝土加铺层的接缝形式和位置,按新建混凝土面层的要求布置。

加铺层可采用普通混凝土、钢纤维混凝土、钢筋混凝土和连续配筋混凝土。普通混凝土、钢筋混凝土和连续配筋混凝土加铺层的厚度不小于 180mm;钢纤维混凝土加铺层的厚度不小于 140mm。

加铺层和旧混凝土面层应力分析,按分离式双层板进行。

2. 组合式混凝土加铺层结构设计

当旧混凝土路面的损坏状况和接缝传荷能力评定等级为优良,面层板的平面尺寸及接缝布置合理,路拱横坡符合要求时,可采用结合式混凝土加铺层。

采用铣刨、喷射高压水或钢珠、酸蚀等方法,打毛清理旧混凝土面层表面,并在清理后的表面涂敷黏结剂,使加铺层与旧混凝土面层结合成整体。加铺层的最小厚度为 25mm。加铺层和旧混凝土板的应力分析,按结合式双层板进行。

3. 沥青加铺层结构设计

当旧混凝土路面的损坏状况和接缝传荷能力评定等级为优良或中时,可采用沥青加铺层。

接缝传荷能力评定等级为中时,应根据气温、荷载、旧混凝土路面承载能力、接缝处弯沉差等情况选用下述减缓反射裂缝的措施:

1) 增加沥青加铺层的厚度。

2) 在加铺层内设置橡胶沥青应力吸收夹层、玻璃纤维格栅或者土工织物夹层。

3) 沥青加铺层的下层采用开级配沥青碎石组成的裂缝缓解层。

4) 在沥青加铺层上,对应旧混凝土面层的横缝位置锯切横缝。

沥青加铺层的厚度按减缓反射裂缝的要求确定。高速公路和一级公路的最小厚度为 100mm,其他等级公路的最小厚度为 70mm。

12.7 小　结

　　本章主要在分析水泥混凝土路面损坏模式的基础上,提出了水泥混凝土路面的设计标准,进而分析了文克勒地基板和弹性半空间地基板的温度应力与荷载应力;同时还讲述了水泥混凝土路面板平面尺寸及接缝的设置。总结了水泥混凝土板厚度的计算流程。

　　本章涉及许多弹性力学、材料力学等基础学科的知识,要求学生在掌握了基础力学知识的基础上,理解水泥混凝土板的工作原理,重点掌握水泥混凝土路面的设计过程。

思　考　题

12.1　试述水泥混凝土路面的特点,并与沥青路面进行比较。

12.2　水泥混凝土路面板的平面尺寸是如何确定的?

12.3　水泥混凝土路面板的接缝类型有几种,构造上有什么区别?

第十三章 水泥混凝土路面的施工及养护

本章主要介绍用轨道式摊铺机及滑模式摊铺机铺筑水泥混凝土路面的施工工艺及技术要求;特殊气候条件下施工的注意事项;碾压混凝土与沥青混凝土复合式路面修筑技术;旧水泥混凝土路面上的水泥混凝土加铺层及沥青加铺层设计。

13.1 轨道式摊铺机施工

13.1.1 施工准备工作

施工前的准备工作包括材料准备及质量检验,混合料配合比检验与调整,基层的检验与整修等项工作。

1. 材料准备及其性能检验

根据施工进度计划,在施工前分批备好所需要的各种材料(包括水泥、砂、石料及必要的外加剂),并在实际使用时核对调整。对已选备的砂和石料抽样检测含泥量、级配、有害物质含量、坚固性;对碎石还应抽检其强度、软弱及针片颗粒含量和磨耗等。如含泥量超过允许值,应提前一两天冲洗或过筛至符合规定为止,若其他项目不符合规定时,应另选料或采取有效的补救措施。

已备水泥除应查验其出厂质量报告单外,还应逐批抽检其细度、凝结时间、安定性及 3d、7d、28d 的抗压强度等是否符合要求。为节省时间,可采用 2h 压蒸快速测定。受潮结块的水泥禁止使用。另外,新出厂的水泥至少要存放一周后才能使用。外加剂按其性能指标检验,并须通过试验判定是否适用。

2. 混合料配合比检验与调整

混凝土施工前必须检验其设计配合比是否合适,如不合适、应及时调整。

(1)工作性的检验与调整

按设计配合比取样试拌,测定其工作性,必要时还应通过试铺检验。

(2)强度的检验

按工作性符合要求的配合比,成型混凝土抗弯拉及抗压试件,养生 28d 后测定强度,或压蒸 4h 快速测定强度后推算到 28d 强度。强度较低时,可采用提高水泥标号、降低水灰比或改善集料级配等措施。

除进行上述检验外,还可以选择不同用水量、不同水灰比、不同砂率或不同集料级配等配置混合料,通过比较,从中选出经济合理的方案。施工现场砂和石子的含水量经常变化,必须逐班测定,并调整其实际用量。

3. 基层检验与整修

（1）基层质量检验

基层强度应以基层顶面的当量回弹模量值或以黄河标准汽车测定的计算回弹弯沉值作为检查指标。基层质量检查项目与标准为:当量回弹模量值或计算回弹弯沉值,现场每50m实测2点,不得小于设计要求;压实度以每1000m² 测1点,不得小于规定要求;厚度每50m测1点,允许误差±10%;平整度每50m测一处,用3m直尺量,最大不超过10mm;宽度每50m测一处,不得小于设计规定;纵坡高程要求用水准仪测量,每20m测1点,允许误差±10mm;横坡要求用水准仪测量,当路面宽度为9~15m时检测5点,大于15m时检测7点,允许误差≤±1%。

基层完成后,应加强养护,控制行车,使不出现车辙。如有损坏应在浇筑混凝土板前采用相同材料修补压实,严禁用松散粒料填补。对加宽的部分,新旧部分的强度应一致。

（2）测量放样

测量放样是水泥混凝土路面施工的一项重要工作。首先应根据设计图纸放出路中心线及路边线,在路中心线上一般每20m设一中心桩,同时应设胀缩缝、曲线起讫点和纵坡转折点等中心桩,并相应在路边各设一对边桩。放样时,基层的宽度应比混凝土板每侧宽出25~35cm。膨胀土路基上的基层,其宽度应横贯整个路基。主要中心桩应分别固定在路旁稳固位置。测设临时水准点于路线两旁固定建筑物上或另设临时水准桩,每隔100m左右设置一个,不宜过长,以便于施工时就近对路面进行标高复核。根据放好的中心线及边线,在现场核对施工图纸的混凝土分块线。要求分块线距窨井盖及其他公用事业检查井盖的边线至少1m的距离,否则应移动分块线的位置。放样时为了保证曲线地段中线内外侧车道混凝土块有较合理的划分,必须保持横向分块线与路中心线垂直。对测量放样必须经常进行复核,包括在浇捣混凝土过程中,要做到勤测、勤核、勤纠偏。

13.1.2 机械选型和配套

各施工工序可以采用不同类型的机械,而不同类型的机械具有不同的工艺要求和生产率。因此,整个机械化施工需要考虑机械的选型和配套。轨道式摊铺机施工法各工序可选用的机械列于表13.1。

1. 主导机械选型

决定水泥混凝土路面质量和使用性能的施工工序,主要是混凝土的摊铺成型和拌和。因此,通常把混凝土摊铺成型机械作为第一主导机械,把混凝土拌和机械作为第二主导机械。在机械选型时,应首先选定主导机械,然后根据主导机械的技术性能和生产率,选配配套机械。

主导机械的选择,应考虑满足施工质量和进度的要求,同时还要考虑我国现阶段工程单位技术人员素质、管理水平和购买能力等实际情况。配套机械的选型和配套数量,必须保证主导机械发挥最大效率,且使用配套机械的类型和数量尽可能少。用机械铺筑的路面质量(密实度和平整度)以及操作进度取决于水泥混凝土的拌制质量。在选择拌和机机型时,主要考虑:拌和品质和拌和能力、机械可靠度、工作效率和经济性。

表 13.1　轨道式摊铺机施工法各工序可选用的机械

工序	可考虑选用的机械
混凝土拌和	拌和机,装载机,称量设备
混凝土运输	自卸汽车,搅拌车
卸料	侧面卸料机,纵向卸料机
摊铺	刮板式匀料机,箱式摊铺机,螺旋式摊铺机
振捣	振捣机,内部振动式振捣机
接缝施工	钢筋(传力杆、拉杆)插入机,切缝机
表面修整	修整机,纵向表面修整机,斜向表面修整机
修整粗糙面	拉毛机,压(刻)槽机

2. 机械合理配套

合理配套主要指拌和机与摊铺机、运输车辆之间的配套情况。当摊铺机选定后,可根据机械的有关参数和施工中的具体情况计算出摊铺机械的生产率。拌和机械与之配套就是在保证摊铺机械生产效率充分发挥的前提下,使拌和机械的生产率得到正常发挥,并在施工中保持均衡、协调一致。

当摊铺机和拌和机的生产率确定后,车辆在整个系统内的配套实质上是车辆与拌和机的配套。车辆的配套问题可以应用排队论,找出合理的配套方案。考虑到装载点与车辆的配套是一个动态系统,即随着摊铺机作业的推进,车辆的运输路程随时间的增加而增加。在运输与装载过程中,随机影响因素又较多,如道路状况、操作水平、设备运行状况等都在不断变化,因此需对排队论中单通道模型进行改进,增加时间变化等因素便于在配套方案中适时优化控制,通过输入不同的采集数据得到不同的结果,然后进行分析比较,找出合理的优化方案。

13.1.3　拌和与运输

1) 混凝土拌和。在拌和机的技术性能满足混凝土拌和要求的条件下,混凝土各组成材料的技术指标和配比计量的准确性是混凝土拌制质量的关键。在机械化施工中,混凝土拌和的供料系统应尽量采用配有电子秤等自动计量设备,有困难时,最低限度也要采用集料箱加地磅的计量方法,而体积计量法难于达到计量准确的要求,应停止使用。采用自动计量设备,在施工前,应按混凝土配合比要求,对水泥、水和各种集料的用量准确调试后,输入到自动计量的控制存储器中,经试拌检验无误,再正式拌和生产。

2)为保证混凝土的工作性,在运输中,应考虑蒸发失水和水化失水,以及因运输的颠簸和振动使混凝土发生离析等。要减少这些因素的影响程度,其关键是缩短运输时间,并采取适当措施防止水分损失和离析。

机械化施工时,可以采用自卸汽车或搅拌车运输混凝土。一般情况下,坍落度大于 5cm 时用搅拌车运输。从开始搅拌到浇筑的时间,用自卸汽车运输时必须不超过 1h,用搅拌车时不得超过 1.5h,若运输时间超过限值,或者在夏天铺筑路面时,应使用缓凝剂。

3)卸料。卸料机械有侧向和纵向两种,侧向卸料机在路面铺筑范围外操作,自卸汽车不进入路面铺筑范围,需有可供卸料机和汽车行驶的通道。纵向卸料机在铺筑范围内操作,由自卸汽车后退供料,在基层上不能预先安设传力杆及其支架。

13.1.4 混凝土的摊铺与振捣

1. 轨道模板安装

轨道式摊铺机施工的整套机械,在轨道上移动推进,以轨道为基准控制路面表面的高程。由于轨道和模板同步安装,统一调整定位,将轨道固定在模板上,既作水泥混凝土路面的侧模板也是每节轨道的固定基座,见轨道模板示意图 13.1。

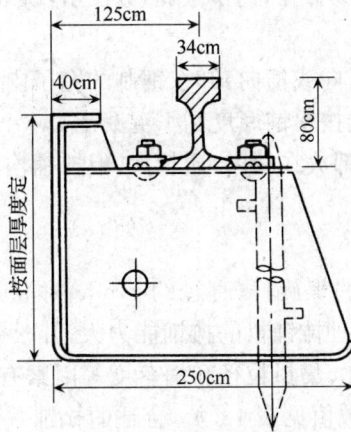

图 13.1　轨道模板

轨道高程控制是否精确,铺轨是否平直,接头是否平顺,将直接影响路面表面的质量和行驶性能,轨道及模板的质量标准和安装质量要求分别见表 13.2 和表 13.3。模板要能承受从轨道传下来的机组质量,横向要保持模板的刚度。轨道数量根据进度配备,并要有拆模周期内的周转数量。施工时日平均气温在 20℃以上时,按日进度配置;日平均气温低于 19℃时,按日铺筑进度 2 倍配置。设置纵缝时,应按要求间距,在模板上预先做拉杆置放孔。对各种钢筋的安装位置偏差不得超过

1cm;传力杆必须与板面平行并垂直接缝,其偏差不得超过 5mm;传力杆间距偏差不超过 1cm。

表 13.2 轨道及模板的质量标准

项目	纵向变形	局部变形	最大不平整度(3m 直尺)	高度
轨道	≤5mm	≤3mm	顶面≤1mm	按机械要求
模板	≤3mm	≤2mm	侧面≤2mm	与路面厚度相同

表 13.3 轨道及模板安装质量要求

纵向线形顺直度	顶面高程	顶面平整度(3m 直尺)	相邻轨、板间高差	相对模板间距离误差	垂直度
≤5mm	≤3mm	≤2mm	≤1mm	≤3mm	≤2mm

2. 摊铺

摊铺是将倾卸在基层上或摊铺机箱内的混凝土按摊铺厚度均匀地充满模板范围之内。摊铺机可以选用刮板式、箱式或螺旋式。

(1) 刮板式摊铺机

摊铺机本身能在模板上自由地前后移动,在前面的导管上左右移动。由于刮板本身也旋转,所以可以将卸在基层上的混凝土堆,向任意方向摊铺。这种摊铺机比其他类型摊铺机的质量轻,容易操作,易于掌握,故使用较普遍,但其摊铺能力较小。

(2) 箱式摊铺机

混凝土通过卸料机(纵向或横向)卸在钢制的箱子内。箱子在机械前进行驶时横向移动,同时箱子的下端按松铺厚度刮平混凝土。

混凝土混合料一次全部放在箱内,质量大,但摊铺均匀而准确。其摊铺能力大,故障较少。

(3) 螺旋式摊铺机

由可以正反方向旋转的螺旋杆(直径约 50cm)将混凝土摊开。螺旋后面有刮板,可以准确调整高度。这种摊铺机的摊铺能力大,其松铺系数一般在 1.15~1.30 之间。它与混凝土的配合比、集料粒径和坍落度等因素有关。但施工阶段主要取决于坍落度。摊铺系数参考数值见表 13.4。合适的松铺系数按各工程的配合比情况由试验确定。

表 13.4 摊铺系数参考数值

坍落度/cm	1	2	3	4	5
松铺系数	1.25	1.22	1.19	1.17	1.15

3. 振捣

混凝土振捣,可采用振捣机或内部振动式振捣机进行。

混凝土振捣机是跟在摊铺机后面,对混凝土进行再一次整平和捣实的机械。振捣机构造如图 13.2 所示。在振捣梁前方设置一道与铺筑宽度同宽的复平刮梁。其作用一方面是补充摊铺机初平的缺陷,更重要的是使松铺混凝土在全宽范围内达到正确高度,它与振捣密度和路面平整度直接相关。其后是一道全宽的弧面振捣梁,以表面平板式振动把振动力传至全厚度。布料的均匀和松铺厚度掌握是关键。复平梁前沿堆雍有确保充满模板的少量余料,余料堆积高度不应超过 15cm,过多会加大复平梁推进阻力。弹性振捣梁通过后混凝土已全部振实,其后部混凝土应控制有 2~5mm 回弹高度。靠近模板处的混凝土,用插入式振捣器补充振捣。

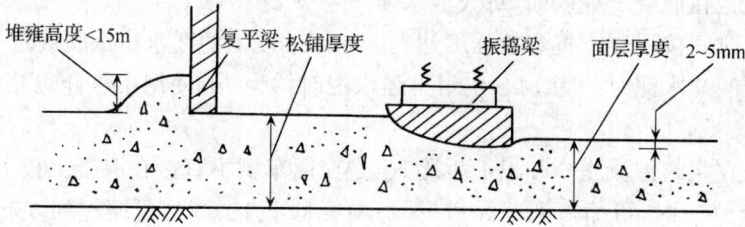

图 13.2　振捣机构造

内部振动式振捣机主要用并排安装的振捣棒插入混凝土中,由内部进行振实。振捣器一般安装在有轮子的架子上,可在轨道上自行或用其他机械牵引。振捣棒有斜插入式和垂直插入式两种。

13.1.5　表面修整

振实后混凝土还应进行整平、精光、纹理制作等工序。

采用机械修整时的表面修整机有斜向移动和纵向移动两种。斜向表面修整机通过一对与机械行走轴线成 10°~13°的整平梁做相对运动来完成修整,其中一根整平梁为振动整平梁。纵向表面修整机为整平梁在混凝土表面沿纵向往返移动,由于机体前进而将混凝土板表面整平。机械修整的速度需考虑混凝土的易修整性和机械的特性。轨道或模板的顶面应经常清扫,以便机械能顺畅通过。

整平操作时,应使整平机械前的拥料向路面横坡高的一侧。在施工中途有停歇时,整平梁停驻处混凝土表面常有微小的棱条出现,可辅以人工抹面。

精光工序是对混凝土表面进行最后的精细修整,使混凝土表面更加致密、平整、美观,这是混凝土外观质量的关键工序。

纹理制作是提高水泥混凝土路面行车安全性的重要措施之一。施工时用纹理制作机,对混凝土路面进行拉槽或压槽,使混凝土表面在不影响平整度的前提下,具有一定的粗糙度。纹理制作的平均深度控制在 1~2mm 以内,制作时应控制纹理的走向与路面前进方向垂直,相邻板的纹理要相互衔接,横向邻板的纹理要沟通以利排水。适宜的纹理制作时间以混凝土表面无波纹水迹时比较合适,过早和过晚都会影响纹理制作质量。

13.1.6 养生

混凝土表面修整完毕后,应进行养生,使混凝土板在开放交通前具有足够的强度。在养生初期,为减少水分蒸发,避免阳光照射,防止风吹和雨淋等,可以用活动的三角形罩棚将混凝土板全部遮盖起来。

混凝土表面的泌水消失后,可在其表面喷洒薄膜养生剂进行养生,养生剂应在纵横方向各洒一次以上,洒布要均匀,用量要足够。也可采用洒水湿养,用湿草帘或麻袋等覆盖在混凝土板表面,每天洒水喷湿至少2~3次。

养生时间按混凝土抗弯拉强度达到3.5MPa以上的要求由试验确定。通常,使用普通硅酸盐水泥时约为14d,使用早强水泥时约为7d,使用中热硅酸盐水泥约为21d。

模板在浇筑混凝土60h以后拆除。但当交通车辆不直接在混凝土板上行驶,气温不低于10℃时,可缩短到20h后拆除;温度低于10℃时,可缩短到36h后拆除。拆模板时不应损坏混凝土板和模板。

13.1.7 接缝施工

1. 纵缝

纵缝构造(见图13.3)一般采用如图13.3(a)所示的平缝加拉杆形。若采取全幅施工时,则用图13.3(b)所示的假缝加拉杆形。

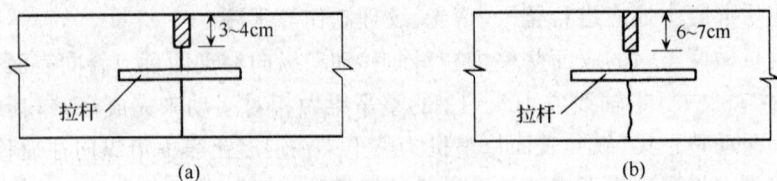

图13.3 纵缝构造图
(a)平缝加拉杆形;(b)假缝加拉杆形

平缝施工应根据设计要求的间距,预先在模板上制作拉杆置放孔,并在缝壁一侧涂刷隔离剂,拉杆应采用螺纹钢筋,顶面的缝槽以切缝机切成,深度为3~4cm,并用填料填满。顶面不切缝时,施工时应及时清除已打好面板上的黏浆或用塑料纸遮盖,保持纵缝的顺直和美观。

假缝施工应预先将拉杆采用门形式固定在基层上,或用拉杆置放机在施工时置入。假缝顶面的缝槽应采用切缝机切成,深度为6~7cm,使混凝土在收缩时能从此缝向下规则开裂,防止因切缝深度不足引起不规则裂缝。

2. 横向裂缝

混凝土结硬后,应适时切缝。切得过早,因混凝土的强度不足,会引起集料从砂浆中脱落,而不能切出整齐的缝;切得过迟,混凝土板会在非预定位置出现早期裂缝.合适的切缝时间应控制在混凝土获得足够的强度,而收缩应力并未超出其强度范围,它随混凝土的组成和性质(集料类型、水泥类型和含量、水灰比等)、施工时的气候条件等因素而变化.研究表明,适宜的切缝时间是施工温度与施工后时间的乘积为200~300个温度小时或混凝土的抗压强度为8.0~10.0MPa时比较合适.切缝的方法以调深调速的切缝机锯切效果较好.为减少早期裂缝,切缝可采用"跳仓法",即每隔几块板切一缝,然后再逐块锯切.切缝深度为板厚的1/3~1/4,切缝太浅会引起不规则断裂.

3. 胀缝

胀缝分浇筑混凝土终了时设置和施工中间设置两种,图13.4为胀缝施工示意图.

施工终了时设置胀缝,可采用图13.4(a)所示的形式.传力杆长度的一半穿过端部挡板,固定于外侧定位模板中.混凝土浇筑前应先检查传力杆位置.浇筑时,应先摊铺下层混凝土,用插入振捣器振实,并校正传力杆位置,再浇筑上层混凝土.浇筑邻板时应拆除顶头木模,并设置下部胀缝板、木制嵌条和传力杆套管.

施工过程设置胀缝,可采用图13.4(b)所示的形式.胀缝施工应预先设置好胀缝板和传力杆支架,并预留好滑动空间,为保证胀缝施工的平整度以及机械化施工的连续性,胀缝板以上的混凝土硬化后用切缝机按胀缝板的宽度切两条线,待填缝时,将胀缝板以上的混凝土凿去,这种施工方法,对保证胀缝施工质量特别有效.

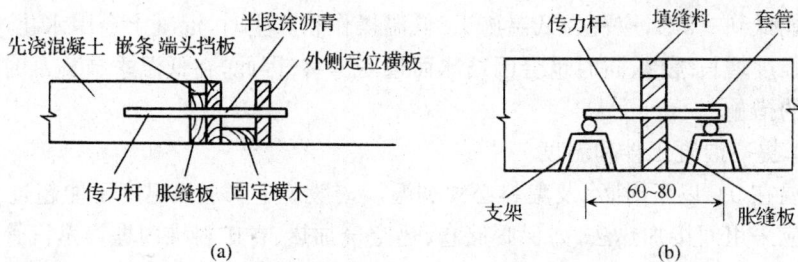

图13.4 胀缝施工示意图(尺寸单位:cm)

4. 施工缝

施工缝为施工间断时设置的横缝,常设于胀缝或缩缝处,多车道施工缝应避免设在同一横断面上.施工缝如设于缩缝处,板中应增设传力杆,其一半锚固于混凝土中,另一半应先涂沥青,允许滑动.传力杆必须与缝壁垂直.

5. 接缝填封

混凝土板养生期满后应及时填封接缝.填缝前缝内必须清扫干净并保持干燥.填缝料应与混凝土缝壁黏结紧密,不渗水.填缝料的灌注高度,夏天应与板面平齐,冬天则稍低于板面.

当用加热施工式填缝料时,应不断搅匀,直至规定温度。气温较低时,应用喷灯加热缝壁。个别脱开处,应用喷灯烧烤,使其黏结紧密。

13.1.8 特殊季节施工中应注意的问题

水泥混凝土路面施工质量受环境因素影响较大,对高、低温季节及雨季施工应考虑其特殊性,确保工程质量。

1. 高温季节施工

施工现场(拌和和铺筑场地)的气温≥30℃时,即属于高温施工。高温会促进水化作用,增加水分的蒸发量,容易使混凝土板表面出现裂缝。因而,在高温季节施工应尽可能降低混凝土的浇筑温度,缩短从开始到浇筑表面修整完毕的操作时间,并保证混凝土进行充分的养生。

当整个施工环境气温大于35℃,且没有专门的工艺措施时,不应进行水泥混凝土路面施工。无论什么情况和条件,混凝土拌和物的温度不能超过35℃。在高温季节施工时,应定期专门测量混凝土拌和物的温度。

在我国的地理纬度和气候条件下,绝大部分地区夏天是可以铺筑水泥混凝土路面的,但应根据工程的条件采取降温和其他措施。如材料方面可采取降低砂石料和水的温度或掺加缓凝剂等措施;铺筑方面,可通过洒水降低模板与基层温度、缩短运输时间以及摊铺后尽快覆盖表面等。

2. 低温季节施工

水泥混凝土路面施工操作和养生的环境温度等于或小于5℃,或昼夜最低气温有可能低到-2℃,应视为低温施工。低温操作和养生时,混凝土会因水化速度降低而使强度增长缓慢,同时也会因结冰而遭受冻害。因此,在低温季节施工时,应采取适宜的措施。

(1) 提高混凝土拌和温度

气温在0℃以下时,水及集料必须加温。一般规定水加热温度不能超过60℃。砂石料应采用间接加热法,如保暖储仓、热空气加热、在矿料堆内埋设蒸汽管等。不允许用炒烧等法直接加热,也不允许直接用蒸汽喷洒砂石料,砂石料加热不能超过40℃。不允许对水泥加热。

(2) 路面保温措施

混凝土铺筑后,通常采用蓄热法保温养生,即选用合适的保温材料覆盖路面,使已加热材料拌成的混凝土的热量和水泥水化的水化热量蓄保起来,以减少路面热量的失散,使之在适宜温度条件下硬化而达到要求的强度。这种方法只需对原材料加热而路面混凝土本身不加热,施工简便,易于控制,附加费用低,是简单而经济的冬季施工养护手段。保温层的材料应就地取材。常用麦秸、谷草、油毡纸、锯末等作为保温材料,覆盖于路面混凝土上。

3. 雨季施工

雨季来临之前,应掌握年、月、旬的降雨趋势的中期预报,尤其是近期预报的降雨时间和雨量,以便安排施工。拟定雨季施工方案和建立雨季施工组织,了解和掌握施工路段的汇水面积和历年水情,调查施工区段内,路线的桥涵和人工排水构造物系统是否畅通,防止雨水和洪水影响铺筑场地和拌和场地。

在拌和场地,对拌和设备搭雨篷遮雨。砂石料场因含水量变化较大,需要经常测定并调整拌和时的加水量。雨季空气潮湿,水泥储放要防止漏雨和受潮。混凝土在运输途中应加以遮盖,严禁淋雨并要防止雨水流入运输车箱中。在铺筑现场,禁止在下雨时施工;如果铺筑现场有雨水,应及时排除基层积水;在混凝土达到终凝之前,覆盖塑料膜不允许雨水直接淋浇在已抹平的路面上。需在雨下操作时,现场应制备工作雨篷,雨篷应轻便易于移动,大小高矮应按操作方便设计。

13.1.9 提高表面功能的技术措施

水泥混凝土路面表面功能包括抗滑、耐磨、平整等方面的内容。室内试验和试验路研究结果表明,提高抗滑能力的技术途径主要有确保粗、细集料的抗磨光和抗磨耗性能;采用不同的表面处理工艺形成粗糙耐久的表面构造,常用的拉槽、压槽、裸露、嵌屑等处理都是可行的。

提高耐磨性的主要措施是:采用抗压强度较高的混凝土;采用优质材料,如耐磨耗的水泥和砂、石料,严格控制砂、石含泥量。

提高表面平整度,在设计方面的主要措施是减少各种构造缝,采用优质填缝料;施工方面的主要措施是严格控制模板安装质量,防止模板变形,混凝土拌和及摊铺要均匀,混凝土振捣适当,提浆均匀,加强抹平并随时用样板校验,表面拉槽和压纹时采用平直的导梁,减少工作缝,缩缝尽量不用压缝。

13.2 滑模式摊铺机施工

13.2.1 施工工艺

1. 基准线设置

滑模摊铺水泥混凝土路面的施工基准设置有基准线、滑靴、多轮移动支架和搬动方铝管等多种方式。根据我国的基层平整度现状,滑模摊铺水泥混凝土路面的施工基准线设置,当前宜采用基准线方式。

基准线设置形式按照施工需要可采用单向坡双线式、单向坡单线式和双向坡双线式三种。单向坡双线式基准线的两根基准线间的横坡应与路面一致。单向坡单线式基准线必须在另一侧具备适宜的基准,路面横向连接摊铺,其横坡应与已铺路面一致。双向坡双线式的两根基准线直线段应平行,且间距相等,并对应路面高程,路拱靠滑模摊铺机调整自动铺成。滑模摊铺机应具备2侧4个水平传感器和1侧2个方向传感器,沿基准线滑行,摊铺出路面所要求的方向、平面、高程、横坡、板厚、弯道等。

2. 混凝土搅拌

(1) 搅拌站(搅拌楼)的混凝土拌和计量精度要求(见表13.5)

表 13.5　搅拌站(搅拌楼)的混凝土拌和计量精度要求

材料名称	水泥	粉煤灰	砂	粗集料	水	外加剂
允许误差/%	±1	±1	±2	±2	±1	±2

(2) 拌和质量检验与控制

1) 施工开始及搅拌过程中都应按表13.6规定的混凝土拌和物的检验项目和频率检验坍落度、坍落度损失、含水量、泌水率、混凝土凝结时间、砂石料含水量及混凝土容重等。按标准方法预留规定数量的弯拉强度试件。在寒冷或炎热气候下施工,混凝土拌和物从搅拌机出料时的温度应分别控制在10~35℃之间,并应加测原材料温度、拌和物的温度、坍落度损失率和凝结时间等。

表 13.6　混凝土拌和物的检验项目和频率

材料	检查项目	检查频率	
		高速公路、一级公路	其他公路
混凝土拌和物	坍落度及其均匀性	每天施工测3次,有变化时随测	每天施工测3次,有变化时随测
	坍落度损失率	开工、气温较高和有变化时随测	开工、气温较高和有变化时随测
	振动黏结系数	配合比试拌,原材料和配合比有变化时测	配合比试拌,原材料和配合比有变化时测
	含水量	每天测1~2次,有抗冻要求测2~4次	每天测1~2次,有抗冻要求测2~4次
	泌水率	必要时测	必要时测
	容重	每天施工测1次	每天施工测1次
	温度	必要时测,冬季、夏季每天测1~2次	必要时测,冬季、夏季每天测1次
	凝结时间	必要时测,冬季、夏季每天测1~2次	必要时测,冬季、夏季每天测1次
	水化热	冬季、夏季施工必要时测	冬季、夏季施工必要时测
	离析	随时观察	随时观察
	弯拉强度	每班留2~4组试件,日进度小于500m取2组,大于等于500m取3组,大于等于1000m取4组,测 f_{cs}、f_{min}、C_v	每班留1~3组试件,日进度小于500m取1组,大于等于500m取2组,大于等于1000m取3组,测 f_{cs}、f_{min}、C_v

2) 混凝土拌和物应均匀一致,不得有未加水的干料、未拌匀的生料和离析等现象,干料和生料禁止用于路面摊铺。一台搅拌楼每盘之间和其他搅拌楼之间,混凝土拌和物的坍落度允许误差为±1cm。试拌及滑模摊铺时的坍落度,应按最适宜滑模摊铺的坍落度值加上当时气温下运料所耗时间的坍落度损失值确定。在雨天或阵雨后,应按砂石料实际含水率及时微调加水量。

3) 应根据拌和物的黏聚性(熟化度)、均质性及强度稳定性由试拌确定最短搅拌时间。一般情况下,单立轴式搅拌机总拌和时间为80~120s;双卧轴式搅拌机总拌和时间为60~90s。上述两种搅拌机原材料到齐后的纯拌和最短时间不得短于30s、35s,连续式(双锅)搅拌楼的最短搅拌时间不得短于40s,最长搅拌时间不超过高限值2倍。在保证拌和物质量的前提下,应科学编制搅拌计算机程序,合理压缩搅拌时间,以增加滑模混凝土的产量。

3. 混凝土运输

(1) 运输车辆的要求

应选配车况好、装载质量大的自卸车,远距离运输应选配罐送车,也可选用其他滑模混凝土专用特种大型运输车辆。自卸车后挡板应关闭紧密,运输时不漏浆撒料,卸料时抬升角度应大于45°,车厢板应平整光滑。

(2) 运输时间

运输到现场的混凝土拌和物的坍落度有所损失,但必须适宜滑模摊铺。摊铺完毕允许最长时间,应根据气温及摊铺现场拌和物达到表13.7中规定的混凝土最佳工作性及允许范围,并宜短于拌和物的初凝时间1h。运输允许最长时间宜短于摊铺允许最长时间0.5h。混凝土拌和物运输、摊铺完毕允许最长时间应符合表13.8的规定。

表13.7 混凝土最佳工作性及允许范围

检测方法 界限	坍落度 SL/mm		振动黏度系数 $\eta/[N/(m^2 \cdot s)]$	摊铺速度 $v_t/(m/min)$
	砾石混凝土	碎石混凝土		
最佳工作性	20~40	30~60	150~500	1~2
允许范围	10~50	20~70	100~600	0.5~3
稳定性	30±20	40⊥20	300±200	正常 1.5±0.5

注:适用于设置超铺角的滑模摊铺机。对于不设铺角的滑模摊铺机,适宜的振动黏度系数为300~500N/(m²·s),施工适宜的坍落度为15~40mm。

表13.8 混凝土拌和物运输、摊铺完毕允许最长时间

施工气温/℃	运输允许最长时间/h	摊铺完毕允许最长时间/h
5~10	2	2.5
10~20	1.5	2
20~30	1	1.5
30~35	0.75	1.25

（3）运输技术要求

1）运送混凝土的车辆，在装料时，应防止混凝土离析，每装一盘应挪动一下车位，卸料落差高度不得大于 2m。驾驶员必须了解拌和物的运输、摊铺完毕的允许最长时间，超过摊铺允许最长时间的混凝土不得用于路面摊铺。混凝土一旦在车内停留超过初凝时间，应采取紧急措施处置，防止混凝土硬化在车厢内或车罐内。

2）混凝土运输过程中要防止漏浆、漏料和污染路面。烈日、大风、雨天和冬季施工，应遮盖自卸车上的混凝土。运输车辆在每次装混凝土前，均应将车厢清洗干净并洒水润湿。

3）使用翻斗车运输混凝土时，最大运输半径不宜超过 20km，超过时，应采用搅拌罐车运输混凝土。

4. 钢筋安装和混凝土布料

（1）钢筋安装技术要求

滑模摊铺素混凝土路面时，可配备一台轮式挖掘机或装载机辅助布料。滑模连续摊铺通过前置式胀缝、缩缝传力杆支架，钢筋混凝土路面、桥面和桥头搭板时，严禁大型机械直接压钢筋网及其支架，必须配备适宜的布料机械。可因地制宜地选配如下布料机械：配备侧向上料的布料机；配备带侧向上料机构的滑模摊铺机；挖掘机加料斗布料；吊车加短便桥板凳布料；吊车加料斗起吊布料；混凝土罐车和汽车泵泵送混凝土布料。

滑模摊铺钢筋混凝土路面、桥面、双层钢筋网桥头搭板及连接胀缝支架，在使用前述某种方式布料时，钢筋网和支架刚度必须焊接加强。

1）单层钢筋混凝土路面钢筋网应有 4～6 根/m² 焊接支架钢筋。

2）在铺装桥面钢筋网之前，应先焊接梁之间的横向连接钢筋，并每延米不应少于 3 根，后安装锚固钢筋，再将钢筋网与锚固钢筋焊接，数量应为 4～6 根/m²，层间剪应力大处（如梁端）取大值，剪应力小处（如跨中）可取小值。

3）桥头搭板或通道上部双层钢筋网，不应少于 4～6 根/m² 焊接环形箍筋。

4）搭板端部钢筋必须与胀缝钢筋支架相焊接，焊接点不应少于 4 个/m。

5）钢筋混凝土路面和桥面单层钢筋网、桥头搭板双层钢筋网及连接胀缝钢筋支架的两侧宽度应小于摊铺宽度 3cm，其纵向工作缝与后铺的横向连接路面应采用侧向加密拉杆形式。桥面钢筋网横向钢筋应连续。双车道摊铺的桥面板或搭板中间均不插拉杆，不切纵缝，钢筋网整体连续，桥面板宜在反弯矩部位切缝，并用接缝钢筋补强。斜交桥涵的变形板全部在钢筋混凝土搭板上调整，锐角加密焊接钢筋网补强。滑模施工的水泥混凝土路面均宜为矩形板，并取消边缘和角隅补强钢筋。

（2）混凝土布料技术要求

1）滑模摊铺普通水泥混凝土路面，必须有专人指挥车辆均匀卸料。滑模摊铺时，机前的最高料位不得高于滑模摊铺机前松方控制板顶面，料位的正常高度应在螺旋布料器叶片最高点以下，但不得缺料。机前缺料或料位过高时，可采用装载机或挖掘机适当布料和送料,布料应与摊铺速度相协调。

2)采用布料机施工,松铺系数应视坍落度大小由试铺确定,当坍落度在1～5cm时,松铺系数为1.08～1.15;坍落度3cm,松铺系数控制在1.1左右。布料机与滑模摊铺机之间的施工距离应控制在5～10cm。热天日照强,风大,取值小;阴天湿度大,无风,可取大值。

3)采用布料机以外的布料方式摊铺钢筋混凝土路面、桥面或搭板时,禁止任何机械直接开上钢筋网。应在钢筋网外侧使用挖掘机或吊斗均衡卸料布料,也可使用便桥板凳加吊车汽车直接卸料、挖掘机布料,但均不得缺料。

5. 滑模摊铺水泥混凝土路面

(1)滑模摊铺前施工现场准备工作检查

1)检查板厚。每20m垂直于两侧基准线挂横线,用钢尺单车道测3点,双车道测5点垂直高度,减去基准线设定高度,即为单个板厚,3～5个单个板厚值平均为该断面平均板厚。每200m时10个断面的均值为该路段平均板厚。路段平均板厚不应比设计板厚薄5mm;单个板厚极小值不应比设计板厚薄10mm。不满足上述要求时,应采取有效措施保证板厚。

2)检查辅助施工设备机具。拉毛养生机、布料机械、发电机等应全部到场并试运转正常。端模板、手持振捣棒、抄平梁、传力杆定位支架、拉杆、拉毛耙、工作凳、拖行工具、养生剂及其喷洒工具等所有施工器具和工具应全部到位,状态良好。

3)检查基层。基层局部破损应修补整平,基层上的裂缝应处理完毕,摊铺路面的基层及履带行走部位均应清扫干净并洒水湿润,积水应扫开。

4)横向连接摊铺检查。前次摊铺路面纵缝的溜肩胀宽部位应切割顺直。前次摊铺安装的侧边拉杆应校正扳直,缺少的拉杆应钻孔锚固植入。纵向施工缝的上半部缝壁应涂饱满沥青。

(2)滑模摊铺机工作参数初步设定

对滑模摊铺机所有机构工作部件应进行正确施工位置的初步设定,并将这些正确的施工参数通过试铺调整固定下来,正式摊铺时根据情况变化进行微调。

1)振捣棒下缘位置应在挤压板最低点以上,横向间距不大于45cm,均匀排列;两侧最边缘振捣棒与摊铺边缘距离不大于25cm。

2)挤压底板前倾角设置为3°左右。提浆夯板位置在挤压底板前缘以下5～10mm之间。无需设前仰角的滑模摊铺机可将挤压底板前后调水平。

3)设超铺角的滑模摊铺机两边缘超铺高程根据料的稠度应在3～8mm间调整。带振动搓平梁的滑模摊铺机应将搓平梁前沿调整到与挤压板后沿高程相同,搓平梁的后沿比挤压底板后沿低1～2mm,并与路面高程相同。

(3)滑模摊铺机首次摊铺位置校准

首次摊铺前,应在直线路段采用钉桩或基准线校准滑模摊铺机挤压底板4角点高程和侧模前进方向。4个水平传感器控制挤压底板4角高程;2个方向传感器进行导向控制。按路面设计高程、横坡度或路拱测量设定 2～3 根基准线或 4～6 个桩，将 6 个传感器全挂上两侧基准线，并检查传感器的灵敏度和反应方向，开动滑模摊铺机进入设好的桩位或线位，调整水平传感器立柱高度，使滑模摊铺机挤压底板恰好落在精确测量设置好的木桩或基准线上，同时，调整好滑模摊铺机机架前后左右的水平度。令滑模摊铺机挂线自动行走，再返回校核 1～2 遍，正确无误后，方可开始摊铺。

（4）初始摊铺路面参数校正

在开始摊铺的 5m 内，必须对所摊铺出的路面标高、边缘厚度、中线、横坡度等技术参数进行复核测量。应根据测量结果及时缓慢地在滑模摊铺机行进中反向旋转滑模摊铺机上水平传感器立柱手柄，校准挤压底板摊铺路面的高程和横坡，误差应在表 13.9 规定的滑模摊铺水泥混凝土路面基准线设置精度要求范围内。及时调整拉杆打入深度及压力和抹平板的压力及边缘位置。检查摊铺中线时，应在设方向传感器的一侧，通过钢尺测量基准线到滑模摊铺机侧模前后的横向距离，有误差时，缓慢微调前后两个方向传感器架立横梁伸出的水平距离，消除误差。禁止停机剧烈调整高程、中线及横坡等，以免严重影响平整度等质量指标。从滑模摊铺机起步-调整-正常摊铺，应在 10m 内完成，并应将滑模摊铺机工作参数设置固定保护起来，不允许非操作手更改或撞动。第二天连接摊铺时，应先检查滑模摊铺机挤压底板 4 个角的位置，再将滑模摊铺机后退到前一天做了侧向收口工作缝的路面内，到挤压底板前缘对齐工作缝端部，开始摊铺。

表 13.9　滑模摊铺水泥混凝土路面基准线设置精度要求

项　　目		规　定　值	最大允许偏差
中线平面偏位/mm		10	20
路面宽度偏差/mm		±15	+20
面板厚度 /mm	代表值	−3	−5
	极值	−8	−10
纵断高程偏差/mm		±5	±10
横坡偏差/%		±0.10	±0.15
左右幅连接纵缝高差/mm		±1.5	±2

（5）滑模摊铺机的操作要领

1）机手操作滑模摊铺机应缓慢、匀速，连续不间断地摊铺。滑模摊铺速度，根据拌和物稠度和设备性能可控制在（0.5～2.0）m/min 之间，一般为 1m/min 左右。当料的稠度发生变化时，先调振捣频率，后改变摊铺速度，不得料多时追赶，然后随意停机等待，间歇摊铺。

2）摊铺中，机手应随时调整松方高度控制板进料位置，开始应略设高些，以保证进料。正常状态下应保持振捣仓内砂浆料位高于振捣棒 10cm 左右，料位高低上下波动应控制在±4cm之内。

3）滑模摊铺机以正常摊铺速度施工时，振捣频率可在6000～11 000r/min之间调整，宜采用9000r/min左右。应防止混凝土过振、漏振、欠振。机手应随时根据混凝土的稠度大小，调整摊铺的速度和振捣频率。当混凝土显得偏稀时，应适当降低振捣频率，加快摊铺速度，但最快不得超过3m/min，最小振捣频率不得小于6000r/min；当新拌混凝土偏干时，应提高振捣频率，但最大不得大于11 000r/min，并减慢摊铺速度，最小摊铺速度控制在(0.5～1)m/min；滑模摊铺机起步时，应先开启振捣棒振捣2～3min，再推进。滑模摊铺机脱离混凝土后，应立即关闭振捣棒。

4）滑模摊铺纵坡较大的路面，上坡时、挤压底板前仰角应适当调小，同时，适当调小抹平板压力；下坡时、前仰角应适当调大，抹平板压力也宜调大。抹平板合适的压力宜为板底3/4长度接触路面抹面。

5）滑模摊铺弯道和渐变段路面时，单向横坡，使滑模摊铺机跟线摊铺，应随时观察并调整抹平板内外侧的抹面距离，防止压垮边缘。摊铺中央路拱时，计算机控制条件下，输入弯道和渐变段边缘及拱中几何参数，计算机自动控制生成路拱；手控条件下，应根据路拱消失和生成几何位置，在给定路段范围内分级逐渐消除或调成设计路拱。

6）摊铺单车道路面时，应根据路面的设计要求配置一侧或双侧打纵缝拉杆的机械装置。侧向拉杆装置的正确插入位置应在挤压底板的中下或偏后部。拉杆打入分手推、液压、气压几种方式，压力应满足一次打(推)到位的要求，不允许多次打入。同时摊铺2个以上车道时，除侧向打拉杆装置外，还应在假纵缝位置中间配置1个以上中间拉杆自动插入装置，该装置有机前插入和机后插入两种配置。前插时，应保证拉杆的设置位置；后插时，要保证其插入部位混凝土的密实度。带振动搓平梁和振动修复板的滑模摊铺机应选择机后插入式；其他滑模摊铺机可使用机前插入式。打入的拉杆必须处在路面板厚的中间位置。中间和侧向拉杆打入的高低误差不大于±3cm；倾斜及前后误差不大于±4cm。

7）机手应随时密切观察所摊铺的路面效果，注意调整和控制摊铺速度，振捣频率、夯实杆、振动搓平梁和抹平板位置、速度和频率。软拉抗滑构造表面砂浆层厚度宜控制在4mm，硬刻槽路面的砂浆表层厚度则控制在2mm左右。

8）连接摊铺时，滑模摊铺机一侧履带上前次水泥混凝土路面的时间应控制在养护7d以后，最短不得少于5d。同时，钢履带底部应铺橡胶垫或使用有挂胶履带的滑模摊铺机。纵向连接摊铺路面时，应对连接纵缝部位人工进行修整，连接纵缝的横向平整度应符合不同公路等级的要求。并用钢丝刷刷干净黏附在前幅路面的砂浆，应刷出粗细抗滑构造。

（6）滑模摊铺中出现问题的处置

滑模摊铺的表面应平滑，几何形状规矩，不应出现麻面、拉裂、塌边、溜肩等病害现象，出现问题应立即查找原因，迅速采取措施。

1) 摊铺中应经常检查振捣棒的工作情况,发现路面上在横断面某处多次出现麻面或拉裂现象,表示该处的振捣棒出现了问题,必须停机检查或更换该处的振捣棒。摊铺后,发现路面上留有发亮的振捣棒拖出的砂浆条带,则表明振捣棒位置过深,必须调整正确位置至振捣棒底缘在挤压底板的后缘高度以上。

2) 在摊铺宽度大于等于 8m 的双(多)车道路面时,若左右卸了两车稠度不一致的混凝土时,摊铺速度应按偏干一侧设置,并应将偏稀一侧的振捣棒频率迅速调小。

3) 滑模摊铺路面出现横向拉裂现象,应从如下几方面进行检查:

①拌和物局部或整体过干硬、离析,集料粒径过大,不适宜滑模摊铺;或在该部位摊铺速度过快,振捣频率不够,混凝土未振动液化而拉裂,应降低摊铺速度,提高振捣频率。

②挤压底板的位置和前仰角设置是否变化,前倒角时必定拉裂,前仰角过大,也可能拉裂,应在行进中调整前 2 个水平传感器,即改变挤压底板为适宜的前仰角,消除拉裂现象。

③拌和物较干硬或等料停机时间较长,起步摊铺速度过快,也可能拉裂路面。等料停机时间较长,应间隔 15min 开启振捣棒振动 2~3min;起步摊铺时,应先振捣 2~3min,再缓慢推进。

4) 当混凝土供应不上,或搅拌楼出现机械故障等情况时,停机等待时间不得超过当时气温下混凝土初凝时间的 2/3,超过此时间,应将滑模摊铺机开出摊铺工作面,并做施工缝。当滑模摊铺机出现机械故障,应紧急通知后方搅拌楼停止生产,在故障停机时间内,滑模摊铺机内混凝土尚未初凝,能够排除故障,允许继续摊铺,否则,应尽快将滑模摊铺机拖出摊铺工作面。故障排除后,重新起步摊铺。

(7) 平面交叉口变宽段和匝道路面的滑模施工

遇到平面交叉口、收费站广场或匝道变宽段路面时,只要摊铺宽度小于滑模摊铺机固定宽度,可采用滑模摊铺机跨一侧或两侧模板施工方式,模板顶面应黏贴橡胶垫,模板顶面高程应低于路面高程 3mm,滑模摊铺机的振捣仓在模板上部应加隔板,施工时应关闭隔板外侧的振捣棒。

(8) 滑模摊铺结束,必须及时做下面两项工作:

1) 将滑模摊铺机驶离工作面,先将所有传感器从基准线上脱开,并解除滑模摊铺机上基准线自动跟踪控制,再升起机架,用水冲洗干净黏附的混凝土,已结硬在滑模摊铺机上的混凝土,应轻敲打掉。清理干净后,应对与混凝土接触的机件喷涂废机油或吹(揩)干防锈。同时,对滑模摊铺机进行当日保养、加油加水、打润滑油等。

2) 设置横向施工缝,应先将从滑模摊铺机振动仓内脱出的厚砂浆铲除丢弃,然后设置施工缝端模和侧模,插入拉杆和传力杆,并用水准仪测量面板高程和横坡。为使下次摊铺能紧接着施工缝开始,两侧模板应向内各收进 2~4cm,且宜小不宜大,长度与滑模摊铺机侧模板等长或略长。可采用第二天硬切齐施工缝端部做法,切缝部位应满足平整度、高程和横坡要求,可使用缩缝传力杆钢筋支架,上部锯开,下部凿除混凝土,也可锯开后在端部垂直面上钻眼,插入传力杆,再连接施工。连接接头施工,应测量高程和横坡,辅以人工振捣密实,采用长度 3m 以上抄平器保证端头和结合部位的平整度。

6. 滑模摊铺中小桥(涵)面、桥头搭板及缘石

(1) 中小桥(涵)面和桥头搭板的连续铺装准备

使用滑模技术修建公路,其水泥混凝土路面板、胀缝、钢筋混凝土搭板、中小桥、通道桥桥面和涵洞盖板的钢筋混凝土铺装层,应符合下述使用滑模摊铺机连续铺装的规定:

1) 桥面铺装层的厚度和配筋应根据设计或成功工程的经验确定,厚度宜厚不宜薄;配筋宜强不宜弱;切缝宜少不宜多。中小桥、通道桥桥面和涵洞盖板的钢筋混凝土可按设计设置单层或双层钢筋网。

2) 桥头沉降应基本稳定,钢筋混凝土桥头搭板可采用厚搭板和设枕梁及加强肋双层钢筋网薄搭板。厚搭板可不设枕梁,常用厚度为 35～45cm;设钢筋混凝土枕梁或加强肋薄搭板可与路面等厚度,但枕梁和加强肋均应按设计计算设受力钢筋。正交和斜交搭板最短边长度不小于 10cm。

3) 桥面、搭板与路面混凝土强度应一致,连续铺装的桥面和桥头搭板钢筋混凝土,当混凝土施工抗折强度大于等于 5.5～5.75MPa 时,对应的碎石混凝土抗压强度不应小于 35MPa,砾石混凝土抗压强度不应小于 40MPa,一般为 35～45MPa。用于桥面铺装的混凝土中不宜加粉煤灰。

4) 滑模连续铺装中桥桥面时,摊铺前应验算桥面板、翼缘承载能力和桥梁挠度是否满足所使用的大型滑模摊铺机上桥摊铺作业的要求。首先,应保证滑模摊铺机安全;其次,应满足桥面平整度要求。大吨位滑模摊铺机上桥摊铺的挠度及下桥反弹量不应大于 3mm。

5) 桥梁护栏宜在滑模摊铺路面后施工,如果必须先施工,应保证不妨碍滑模摊铺机铺装桥面。高速公路、一级公路滑模摊铺机履带行走在分幅桥梁中空部位或通讯井口时,应采用适当的加固保障措施。

6) 滑模摊铺机履带上桥台阶部位应提前 2～3d 铺设好混凝土坡道,长度不短于钢筋混凝土搭板,铺装的裸梁板上履带行进部位应铺适宜的垫层保护,或铺装好防水找平层,防止压漏翼缘板、破坏锚固钢筋或挂坏滑模摊铺机履带。

(2) 中小桥(涵)面和桥头搭板的连续滑模铺装施工

1) 桥面基准线设置:中小桥上的基准线桩可与桥梁上的锚固钢筋暂时焊接固定,间距不大于 10cm。

2) 桥面连续滑模铺装:滑模摊铺机应缓慢、匀速、连续不断地摊铺胀缝、搭板、桥面、通道或涵洞盖板钢筋混凝土。上、下桥面,应及时调整侧模高度,使边缘尽量

少振动漏料,并用人工适当修整平整度不足的边缘。离路面埋深超过 1m 以上的涵洞,设置单层钢筋网时,可先布下部的混凝土,然后摆放钢筋网,再布上部的料,最后滑模摊铺。连续摊铺时,胀缝板顶面位置最高,仅比路面低 2cm,应旋转或提升振捣棒组在路表面以上位置振捣,并摊铺通过。

3) 连续摊铺钢筋混凝土搭板:搭板加上枕梁或加强肋梁的总厚度不得大于45cm。大于此厚度必须先用人工浇捣、振实枕梁和加强肋梁,再摊铺双层钢筋混凝土搭板。桥面板和桥头搭板的钢筋混凝土按抗磨要求,上表面的钢筋保护层厚度不应小于 5cm。

4) 应精确放样桥面两端台背接缝和安装伸缩缝位置,摊铺前,应在伸缩缝、台背接缝底部设隔离层和在垂直面安装稳固的胀缝板,隔离材料可选用 1~2cm 的木板、纤维板或沥青纸毡。在桥面摊铺后,剔除未硬化混凝土或硬化后锯除并打毛,然后按规定安装伸缩缝或加强台背接缝,这些部位的混凝土抗压强度应保证大于等于 40MPa,并宜加入钢纤维。

(3) 路缘石滑模施工

中小型滑模摊铺机,可在边缘安装路缘石模具,整体一次摊铺路面及路缘石,并可采用悬臂式连体摊铺硬路肩及路缘石,最大可悬臂摊铺的路肩宽度不大于2.75m。小型专用滑模摊铺机仅能摊铺路缘石。为保证路缘石的密实度,必须在路缘石模具前方 10~20cm 配备一根小直径的振捣棒。路缘石的高度高于路面,应经常开动螺旋布料器供料或人工补料,保证路缘石前方振动仓内料位充足。路缘石模具必须在垂直和平面上设置 3°左右的挤压喇叭口,保证挤压成形。施工路缘石应配备与其形状相同的抹面工具,局部料稀坍落部位,待混凝土稍硬后进行适当修整。在设计泄水槽部位应趁软挖掉路缘石,并抹成与泄水槽相接的平面喇叭口。

7. 滑模摊铺混凝土路面接缝施工

(1) 纵向接缝

混凝土板的纵缝必须与路中线平行。纵缝间距(即板宽)应根据滑模摊铺机摊铺宽度、路面总宽、车道分隔线和硬路肩位置综合确定。钢筋混凝土路面、桥面、搭板纵缝由设计和滑模摊铺机摊铺宽度确定。

1) 纵向缩缝。当水泥混凝土路面使用滑模摊铺机一次摊铺两个车道宽度时,应设置纵向缩缝,其位置应按车道宽度设置。拉杆靠滑模摊铺机配备的中间拉杆插入装置在滑模摊铺过程中自动控制间距压入,纵向缩缝构造(见图 13.5)采用假缝拉杆形。缩缝上部的槽口,应采用硬切缝法施工。

2) 纵向施工缝。当滑模摊铺机一次摊铺宽度小于路面总宽度时,有纵向施工缝,位置应与车道线一致。纵向施工缝构造(见图 13.6)采用平缝加拉杆形。纵向施工缝的拉杆,在前一次摊铺时,应采用滑模摊铺机的侧向拉杆装置插入。根据滑模摊铺机打拉杆装置的方式,插入时的拉杆或为直的或为 L 形的。L 形拉杆长度较短,应按拉杆长度和间距进行等拔出强度换算。连接摊铺前,应将 L 形拉杆扳直.

再摊铺连接部分路面。

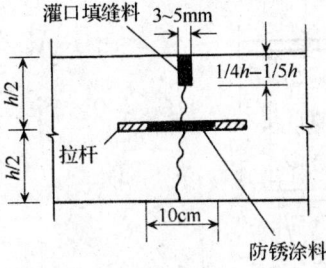

图 13.5　纵向缩缝构造

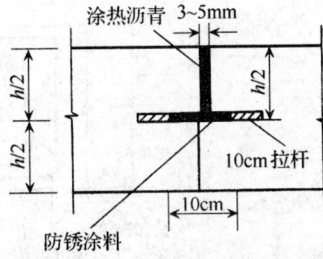

图 13.6　纵向施工缝构造

（2）横向接缝

1）横向施工缝

每天摊铺结束或摊铺中因故中断，且中断时间超过初凝时间的 2/3 时，应设置横向施工缝。横向施工缝的位置应与胀缝或缩缝相重合，并与路中心线垂直。横向施工缝构造（见图 13.7）采用平缝加传力杆形。横向施工缝应采用焊接牢固的钢制端头模板，每 1.5m 不应少于 1 个钉钢钎的垂直固定孔。端模上插入传力杆的水平孔间距为 30cm，内径 33mm，边侧传力杆到自由边距离不小于 15cm，每根传力杆必须在端模上离孔口外侧 10cm 处通过横梁焊接内径 33mm、长 5cm 的短钢管进行水平位置固定，工作缝端模见图 13.8。

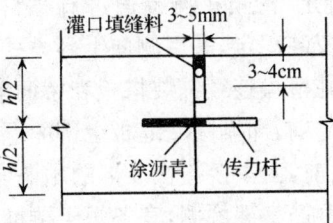

图 13.7　横向施工缝构造

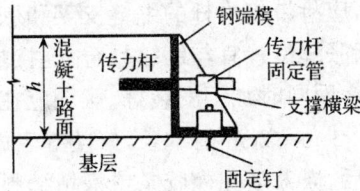

图 13.8　工作缝端模

2）胀缝设置

①胀缝间距。滑模摊铺水泥混凝土路面的胀缝设置间距应根据施工季节气温确定，热天施工，不宜设胀缝；春秋季节施工，两个构造物间距大于等于 500m 时，在两个构造物之间设一道胀缝；冬季低温施工，宜在两个构造物间距大于等于 350m 时，在两个构造物之间位置设一道胀缝。

②滑模摊铺水泥混凝土路面胀缝钢筋支架。其构造应采用加强钢筋支架加传力杆形，加强钢筋支架一侧的宽度应大于等于 50cm，总宽度大于等于 100cm。支架纵向钢筋和箍筋直径为 12～16mm，箍筋间距为 20cm，胀缝构造见图 13.9。胀缝板应与路中心线垂直，缝壁垂直，缝隙宽度一致，缝中完全不连浆。

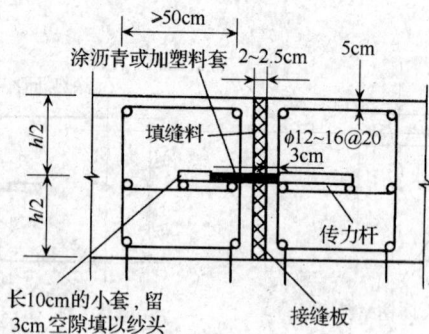

图 13.9　胀缝构造

③连接桥头搭板位置的胀缝。其加强钢筋支架应与钢筋网一侧相焊接,焊接点不应少于 4 个/m。也可在钢筋混凝土搭板一侧取消胀缝支架,直接焊接在双层钢筋网上,并增加箍筋,数量不得少于原有支架。

3）胀缝施工

滑模摊铺水泥混凝土路面的胀缝宜采用前置法施工,也可采用预留胀缝位置,热天再施工胀缝,但应设胀缝加强传力杆钢筋支架。前置法施工时,应预先加工好胀缝钢筋支架,传力杆无沥青涂层的一端焊接在支架上,接缝板夹在两支架之间。施工前运至现场,无布料机(件)时,待摊铺至胀缝位置前方 1～2m 处,将支架准确定位,用钢钎将支架和胀缝板锚固在基层上,保证支架不推移,胀缝板不倾斜,然后卸料或布料,用手持振捣棒振实胀缝板两侧的混凝土,滑模机摊铺通过有布料机(件)时,应将带传力杆的缩缝支架和胀缝支架提前安装固定,采用侧向上料方式施工。中间胀缝位置宜与缩缝重合。连接搭板的胀缝,在滑模连续铺装搭板和桥面前,应与钢筋网同时加工安装好。胀缝应在混凝土硬化之前,即剔除胀缝板上部的混凝土,嵌入 2cm×2cm 的木条,修整好表面。在填缝之前,凿去接缝板顶部的木条,涂黏结剂后,嵌入多孔橡胶条或灌填缝料。胀缝板及钢筋支架两侧,宜各短于摊铺宽度 3cm。胀缝板应连续贯通整个路面板宽度。

4）横向缩缝

横向缩缝构造见图 13.10,缩缝应等间距布置,一般采用 5m 板长。不宜采用 1/6 斜缩缝和不等间距的缩缝。当不得不调整板长时,最大板长应小于等于 5.5m,最小板长不宜小于板宽。在路面上的平面交叉口横向变宽度处的缩缝,可以设计并切割成小转角的折线,在有拉杆的纵缝处,缩缝切口必须缝对缝。板锐角处,应设角隅钢筋补强。

在重、中、轻交通的公路水泥混凝土路面上,横向缩缝可采用假缝形,不设传力杆,见图 13.10(a)。在邻近胀缝或路面自由端的 3 条缩缝内,横向缩缝采用假缝加传力杆形,前置式传力杆钢筋支架的构造见图 13.10(b)。传力杆无涂料一侧焊接,有涂料一侧绑扎。

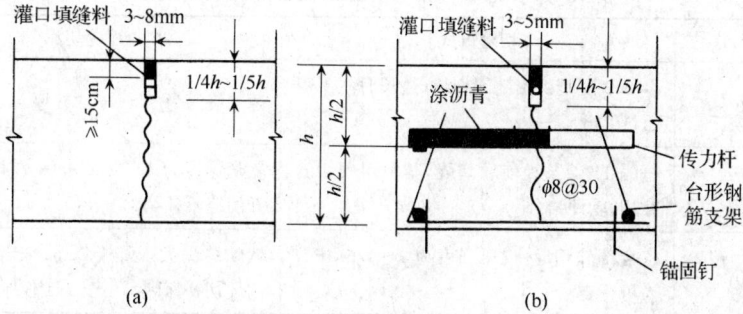

图 13.10　横向缩缝构造

(a)假缝形；(b)假缝加传力杆形

在特重交通量的水泥混凝土路面上或渠化交通严重的收费站广场,全部缩缝宜设传力杆。传力杆可用滑模摊铺机配备的传力杆自动插入装置在摊铺时植入,或使用图 13.10(b)钢筋定位支架前置法施工。无论哪种方式,都应在路侧缩缝切割位置做标记,保证切缝在传力杆中间以上。前置式缩缝的钢筋定位支架必须有足够的刚度,传力杆应准确定位,应于摊铺之前在基层表面放样,并用钢钎将其锚固在基层上,用手持振捣棒振实传力杆高度以下的混凝土,然后进行滑模摊铺。

5) 传力杆及胀缝板设置精度

传力杆和胀缝板安装精度应符合表 13.10 的技术要求。

表 13.10　传力杆及胀缝板安装精度技术要求

项　　　目	技术要求/mm	测量位置
传力杆端上下左右偏斜误差	≤10	在传力杆两端测量
传力杆在板中心上下左右误差	≤20	以板面为基准测量
传力杆沿路面纵向前后偏位	≤30	以缝中心线为准
胀缝板倾斜误差	≤20	以板底为准
胀缝板的弯曲和位移误差	≤10	以缝中心线为准

注:胀缝板不允许混凝土连浆,必须完全隔断。

(3) 切缝

横向缩缝、施工缝上部的槽口,应采用切缝法施工。切缝方式有全部硬切缝、软硬结合切缝和全部软切缝三种。采用哪种切缝方式可根据施工地区下午 1~3 时最高温度与凌晨 1~3 时最低温度的温差决定,施工气温与防止断板应采用的切缝技术见表 13.11。

前后连接摊铺,对先摊铺好的混凝土板沿切缝已断裂的地方,应做上记号。后摊铺路面切缝时,已断开的缩缝应提前软切缝。

纵向缩缝可全部硬切缝,最长时间不超过 48h。

表 13.11 施工气温与防止断板应采用的切缝技术

白天夜间温差/℃	切缝方式	缩缝切深
<10	以 200 度时积控制硬切缝,最长时间不得超过 24h	硬切缝深为 1/4～1/5 板厚
10～15	每隔 1～2 条提前软切缝,其余用硬切缝补切,软硬结合	软切深度为 4～5cm,补深 1/4 板厚,已断开的缝不补切
>15	宜全部软切缝,抗压强度为 1～1.5MPa,人可行走	软切缝深大于等于 5cm,未断开的接缝,应硬切补深到不小于 1/4 板厚

注:1. 注意降雨后刮风路面温度骤降,面板温差在表中规定范围内,应按表中方法提前切缝。

2. 度时积:自拌和起算的混凝土平均温度与延续时间的乘积。

8. 滑模摊铺混凝土路面修整

(1) 摊铺过程中的修整

滑模摊铺机应采用自动抹平板装置进行抹面,以消除表面气孔和石子移动带来的缺陷。自动抹平板的压力不可过大,应随摊铺的纵坡变化随时调整。适宜的抹平板压力是路面不出现影响平整度的 W 形砂浆楞。对表面上少量局部麻面和明显缺料部位,应在挤压板后或搓平梁前,最迟在抹平板前表面补充适量砂浆,由搓平梁和抹平板机械修整。滑模摊铺的混凝土面板在下列情况下,可用人工进行局部少量修整:

1) 人工操作抹面抄平器修整摊铺机后表面的缺陷,禁止整个表面用加铺薄砂浆层修补路面标高。

2) 对打侧向拉杆时被挂坏的侧边,滑模摊铺机连续铺装桥面时上桥梁台阶、振捣漏料部位,抹平板未抹到的边缘,及出现倒边、塌边、溜肩现象处,应顶侧模或上部支方铝管,边缘补料修整。左右连接摊铺的纵缝处应进行适量修整。

3) 对滑模摊铺机起步摊铺段及施工接头,应采用水准仪抄平,采用大于 3m 的方铝管边测边修整。

(2) 路面硬化后的修整

如果混凝土路面已硬化,发现施工接头或局部平整度不满足要求,可在水泥混凝土路面摊铺后 3～10d 内,用最粗级磨头的水磨石机研磨到规定平整度。

9. 抗滑构造施工

滑模摊铺水泥混凝土路面抗滑构造的施工制作应符合下述规定:

1) 滑模摊铺机后宜设钢支架,拖挂 1～3 层叠合麻布、帆布或棉布,洒水润湿后,软拖制作细观抗滑构造,布片接触路面的拖行长度为 0.7～1.5m,细度模数偏大的粗砂,拖行长度取小值;细度模数偏细中砂,取大值。人工修整过的路面,细观抗滑构造已被抹掉,必须再拖麻袋处理,以恢复细观抗滑构造。也可不拖毛,在横向摩阻力系数满足要求的前提下,直接使用抹平板抹出"鱼鳞"形细观抗滑构造,以增强耐磨性,修整表面时,应使用木抹。

2）当日施工进度超过 500m 时，宏观抗滑构造制作宜选用拉毛机械施工，没有拉毛机时，可采用人工拉槽方式。在混凝土表面泌水完毕 20～30min 内应及时进行拉槽。拉槽深度应为 2～3mm，槽宽 3～5mm，槽间距 15～25mm。可施工等间距和非等间距的抗滑槽，同时考虑减小噪声时，宜采用后者。每耙之间衔接间距应保持一致。

3）采用硬刻槽方式制作宏观抗滑构造时，硬刻槽机质量宜重不宜轻，最小整刻宽度不应小于 50cm，硬刻槽时不应掉边角，路面摊铺 3d 后可开始硬刻槽，并在两周内完成。

4）对平整度不佳的路面施工接头、桥面、桥头搭板，局部经磨平达标后，应采用人工凿毛或喷砂法做出细观抗滑构造，宏观抗滑构造可采用硬刻方式制作。

10. 混凝土路面养生

（1）养生方式选择

混凝土板抗滑构造软拉制作完毕后应立即养生。滑模摊铺水泥混凝土路面采用喷洒养生剂及保湿覆盖的方式养生。在雨季或养生用水充足的情况下，也可采用覆盖砂、旧麻袋、草袋、草帘、稻草等洒水湿养生方式。不宜使用围水养生方式。昼夜温差大的地区，路面摊铺后 3d 内应采取覆盖保温措施防止发生裂缝和断板。

（2）养生剂养生

水泥混凝土路面采用喷洒养生剂方式养生时，养生剂喷洒剂量、成膜厚度、适宜的喷洒时间应通过现场试验确定。喷洒养生剂的厚度应足以形成完全封闭的薄膜；喷洒应均匀，成膜厚度应一致；喷洒后的表面不得有颜色差异；喷洒时间宜在表面混凝土泌水完毕后进行；喷洒高度控制在 0.5～1m。除喷洒上表面外，面板两侧也应喷洒。单独采用一种养生剂养生时，保水率应达到 90% 以上，一般不应小于 300mL/m² 原液，也可采用两种养生剂喷洒两层或喷一层养生剂再加覆盖。当水泥混凝土路面泌水较多时，应延迟喷洒养生剂的时间，待泌水基本结束后再喷洒养生剂。

（3）盖塑料薄膜养生

盖塑料薄膜的时间，以不压没细观抗滑构造为准。薄膜厚度（韧度）应合适，宽度应大于覆盖面 60cm。两条薄膜对接时，搭接宽度不应小于 40cm，薄膜住路面上应加细土或砂盖严实，并防止被钢筋挂裂或挂破或被风吹破或掀走。养生期间应始终保持薄膜完整，薄膜破裂时应立即补盖或修补。

（4）覆盖洒水湿养生

使用麻袋、草袋等覆盖物养生，应及时洒水，在任何气候条件下，均应保证覆盖物底部在养生期间始终处于潮湿状态，并由此确定每天洒水遍数。

（5）养生时间

养生时间应根据混凝土弯拉强度增长情况而定，当大于等于设计弯拉强度的80% 时，可停止养生。一般养生天数为 14～21d，不应少于 14d。掺粉煤灰的水泥混凝土路面,最短养生时间不少于 28d。

(6) 养生期保护

混凝土板在养生期间和填缝前,严禁人、畜、车辆通行,在达到设计强度 40%,撤除养生覆盖物后,行人方可通行。在确需行人、牲畜、畜力车、人力车、汽车横穿平面道口时,在路面养生期间,应搭建临时便桥。

11. 填缝

混凝土板养生期满后,缝槽口应及时填缝。在填缝时,必须保持缝内清洁,防止砂石等杂物掉入缝内。

1) 采用常温施工式或加热施工式填缝料填缝,应符合下列规定:

①填缝前,应采用压缩水和压缩空气彻底清除接缝中砂石及其他污染物,确保缝壁及内部清洁、干燥。

②当使用常温施工式聚(氨)酯和硅树脂等填缝料时,按规定比例将两组分材料按 1h 所需灌缝量混合均匀,并应随拌随用。当使用加热施工式填缝料时,将填缝料加热至规定温度。加热过程中应不断搅拌均匀。将填缝料熔化并保温使用。

③灌注填缝料必须在缝槽口干燥清洁状态下进行,缝壁检验擦不出灰尘为可灌标准,适宜的缩缝填缝形状系数应为 2~4,填缝灌注深度为 2~3cm。高速公路、一级公路应使用专用工具,先挤压填入多孔泡沫塑料柔性背衬材料,再填缝。二、三级公路使用(聚氯乙烯)胶泥类、(改性)沥青类等灌缝料时,最浅灌入深度不得小于 3cm。填缝料的灌注高度,夏天与板面齐平,冬天应低于板面 1~2mm。填缝必须饱满、均匀、连续贯通。填缝料应与缝壁黏结好,不开裂,不渗水。

④常温施工式填缝料的养生期,冬季为 24h,夏季为 12h;加热施工式填缝料的养生期,冬季为 2h,夏季为 6h。在填缝料养生期内(特别是反应型常温填缝料在固化前),应封闭交通。

2) 采用预制嵌缝条填缝,应符合下列规定:

①嵌入嵌缝条必须在缝槽口干燥清洁状态下进行。

②黏结剂应均匀地涂在缝壁上部(1/2 以上深度),形成一层连续的约 1mm 厚的黏结剂膜,以便黏结紧密,不渗水。

③嵌缝条在嵌入过程中应使用专用工具,在长度方向应既不拉伸也不压缩,保持自然状态;在宽度方向应压缩 40%~60% 嵌入。嵌缝条高度为 2.5cm。

④填缝黏结剂固化后,应将胀缝两端多余的嵌缝条齐路面边缘裁掉。

⑤嵌缝条施工期间和黏结剂固化前,应封闭交通。

3) 纵缝填缝。纵向缩缝填缝应与横向缩缝相同。各级公路高填方(路基高度大于等于 10m)路段、桥面、桥头搭板部位的纵向施工缝在涂沥青的基础上,还应切缝并灌缝。一般路段,上半部已饱涂沥青的纵向施工缝可不切缝、填缝。

12. 特殊气候条件下施工

滑模摊铺混凝土路面特殊气候条件的施工应符合下述规定。

（1）雨天施工

滑模摊铺过程中遭遇降雨，当降雨影响路表面质量时应停止施工。雨季施工时应准备足够的防雨篷或塑料薄膜。防雨篷支架采用焊接钢结构，防雨材料宜使用帆布或编织布，以便在突发雷阵雨时，遮盖刚铺好的路面。严防路面和无模板支撑的低侧边缘冲垮破坏。已被阵雨轻微冲刷过的路面，平整度和细观抗滑构造满足要求者，宏观抗滑构造宜硬刻槽恢复。平整度经研磨能够符合要求的，或覆盖塑料薄膜，降雨压力将细观抗滑构造压没的，应先磨平，后凿出细观抗滑构造，再硬刻槽恢复宏观抗滑构造。对被暴雨冲刷后，路面平整度严重劣化的部位，应尽早铲除重铺。

（2）刮风天施工

在日照较强，空气干燥的春秋多风季节或山区、沿海经常刮风地区，施工时应采取表 13.12 所列刮风天水泥混凝土路面防止塑性收缩开裂养生措施。影响塑性收缩开裂的首要因素是风速，当风速大于等于 $4\sim6m/s$，日照较强，相对湿度小于等于 50%，摊铺 $2\sim3h$ 内不养生的路面产生塑性收缩开裂的水分临界蒸发率为 $0.5kg/(h \cdot m^2)$。刮风天，要用风速计在现场定量测风速或观测刮风引起的自然现象，确定风级，然后，按表 13.12 提供的养生或抹面措施防止塑性收缩开裂。

表 13.12　刮风天水泥混凝土路面防止塑性收缩开裂养生措施

风力	相应自然现象	风速/(m/s)	防路面塑性收缩开裂养生措施
1级软风	烟能表示风向，水面有鱼鳞波	≤1.5	正常施工，压力 $1\sim3MPa$，喷洒一遍养生剂，原液剂量 $300mL/m^2$
2级轻风	人面有感，树叶沙沙响，风标转动，水波显著	$1.6\sim3.3$	宜减小压力，喷头放低加厚喷洒一遍养生剂，剂量 $450mL/m^2$
3级微风	树叶和细枝摇晃，旗帜飘动，水波峰破碎，产生飞沫	$3.4\sim5.4$	路面摊铺完成后，立即喷洒第一遍养生剂，拉毛后，再喷洒第二遍养生剂，两遍剂量共 $600mL/m^2$
4级和风	吹起尘土和纸片，小树枝摇动，水波出白浪	$5.7\sim7.9$	除拉毛前后喷两遍养生剂外，还需覆盖塑料薄膜，两遍剂量共 $600mL/m^2$
5级清劲风	有叶小树开始摇动，大浪明显，水波峰起白沫	$8.0\sim10.7$	使用抹面机械抹面，加厚喷一剂量 $450mL/m^2$ 的养生剂再覆盖塑料薄膜或麻袋、草袋，使用钢刷做细观抗滑构造，使用硬刻槽机刻出宏观抗滑构造，无机械抹面措施时，应停止施工
6级强风	大树枝摇动，电线呼呼响，出现长浪，水波峰吹成条纹	$10.8\sim13.8$	无法正常操作，路面来不及采取任何防裂养生或抹面措施就开裂了，必须停止施工

注：使用条件是日照较强，相对湿度小于等于 50%。

（3）热天施工

夏季，当现场气温高于 30℃时，应避开中午施工，可选择在早晨、傍晚或夜间施工。若不能避开，应采取对砂石料堆设遮阳篷，抽用地下冷水拌和，自卸车加遮盖,加缓凝剂、保塑剂或适当加大缓凝减水剂剂量等技术措施施工。无论在什么情况和条件下,混凝土拌和物的温度不得超过35℃。夏季高温季节施工时,应随时加测气温和水泥、拌和水、拌和物及路面温度。必要时加测混凝土水化热。

(4) 冬季施工

冬季负温施工,当最低温度为-3℃以上,应采用路面保温覆盖措施施工。最低气温-10℃以上,应同时使用保温覆盖和加防冻剂的冬季负温施工方式。搅拌机出料温度不得低于10℃,摊铺混凝土温度不得低于5℃。在养生期间,应始终保持混凝土板温度在5～10℃之间,最低不得低于5℃;否则,应采用热水拌和混凝土,冬季负温施工前,要优选防冻剂种类及其掺量,钢筋混凝土路面和桥面不宜采用氯盐类防冻剂,钢纤维混凝土路面和桥面不应使用氯盐防冻剂,不宜使用(亚)硝酸盐类防冻剂。不得不使用上述防冻剂时,应同时加阻锈剂。应通过试验得出使用防冻剂时混凝土表面结冰的最低临界负温值和达到抗冻临界弯拉强度(≥1MPa)时的覆盖保温养生天数。冬季负温施工覆盖保温养生的最少天数不得少于21d。养生方式为先洒养生剂,加盖塑料薄膜保湿,再盖保温材料保温。冬季施工,应采用R型水泥或单位体积水泥用量较多的425号水泥,不掺粉煤灰,应随时检测气温和水泥、拌和水、拌和物及路面的温度。

滑模摊铺水泥混凝土路面施工工艺流程网络见图13.11。

表13.13为一台滑模摊铺机施工主要机械和机具配备表。

表13.13 一台滑模摊铺机施工主要机械和机具配备表

工作内容	主要施工机械设备	
	名 称	机型及规格
钢筋加工	钢筋锯断机、折弯机、电焊机	根据需要定规格和数量
测量基准线	水准仪、经纬仪、全站仪[1)	根据需要定规格和数量
	基准线、线桩及紧线器	300个桩、5个紧线器、3000m基准线
搅拌	强制式搅拌楼	≥50(m³/h),数量由计算确定
	装载机	2～3m³
	发电机	≥120kW
	供水泵和蓄水池	≥250m³
运输	运罐车[1)	4～6m³,数量由匹配计算确定
	自卸车	4～24m³,数量由匹配计算确定
摊铺	布料机[1)、挖掘机、吊车等布料设备	根据需要定规格和数量
	滑模摊铺机1台	技术参数见《公路水泥混凝土路面滑模施工技术规程》
	手持振捣棒、整平梁、模板	根据人工施工接头需要定
抗滑	拉毛养生机[1)1台	与滑模摊铺机同宽
	人工拉毛齿耙、工作桥	根据需要定规格和数量
	硬刻槽机[1)	刻槽宽度大于等于50cm,数量与摊铺匹配

工作内容	主要施工机械设备	
	名　称	机型及规格
切缝	软锯缝机	根据需要定规格和数量
	常规锯缝机或支架锯缝机	根据需要定规格和数量
	移动发电机	12～60kW,数量由施工需要定
磨平	水磨石磨机	需要处理欠平整部位时
灌缝	灌缝机或插胶条工具	根据需要定规格和数量
养生	压力式喷洒机或喷雾器	根据需要定规格和数量
	工地运输车	4～6t,按需要定数量
	洒水车	4.5～8t,按需要定数量

1) 可按装备、投资、施工方式等不同要求选配。

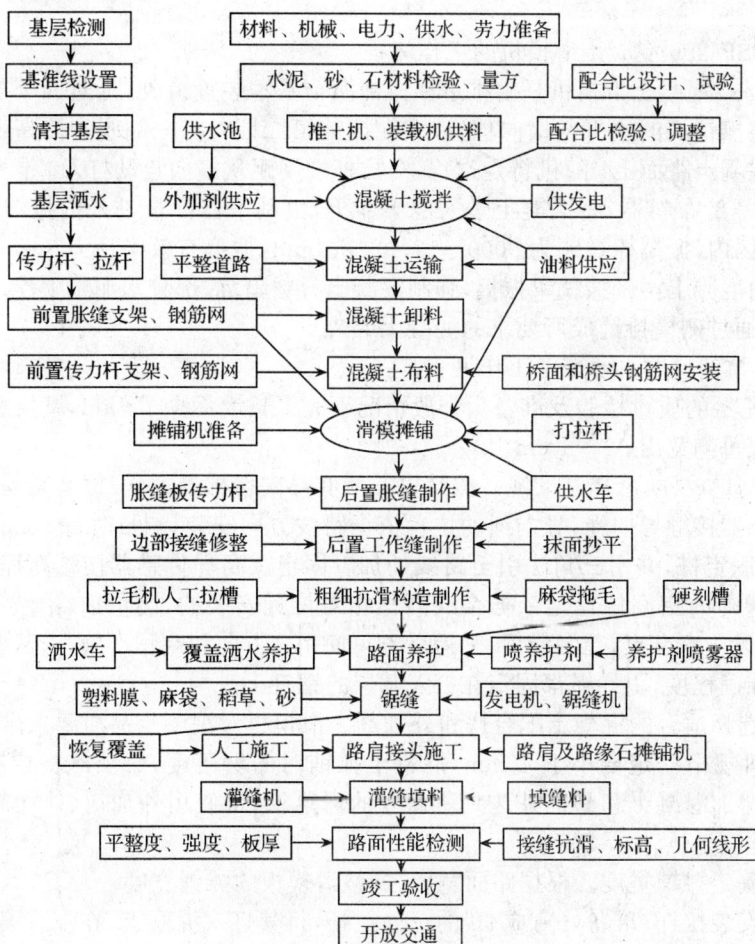

图 13.11　滑模摊铺水泥混凝土路面施工工艺流程网络

13.2.2 施工实例

滑模摊铺机的修筑技术在我国还处在研究和试验阶段。自从 1986 年以来,黑龙江、湖南、安徽等省先后引进了 SF-250、SF-350、GP-2000 等滑模式摊铺机。下面介绍两个施工实例,并就施工中存在问题做一讨论。

1. SF-250 滑模式摊铺机施工

黑龙江省 1986 年引进美国 CMI 生产、CAT 公司销售的 SF-250 混凝土滑模摊铺机,在施工中一次完成混凝土面板的摊铺、振捣、成形、打传力杆等工序,通过传感器自动调节方向和高程、效率比较高。随同主机引进的还有 TC-3000A 纹理养生机(可拉毛和自动喷洒养生剂)。SF-250 滑模机主要技术参数为:柴油机功率:145kW;摊铺宽度:3.66~7.92m;摊铺厚度:15~25cm;摊铺速度:0.8~1.5 m/min;空驶速度:20m/min;振捣梁振频:120~137 次/min;外形尺寸 3048mm×9233mm×3200mm;质量:20 412kg;要求混凝土坍落度 4~6cm,平整度可达 3mm。

(1) SF-250 混凝土滑模机的工作流程

SF-250 混凝土滑模机是由推进和摊铺两个基本装置组成。通过四个支柱油缸系统调整摊铺机的水平与横向位置,或在摊铺第二幅时将一侧履带抬高到先浇的第一幅混凝土路面上。随机行走过程中,拉杆按间距从横向自动打入。滑模机工作时,通过螺旋布料器,将混凝土送入刮平器下,由刮平器计量进入内振器(即振捣棒)工作区内,振捣棒振频为 9000~12 000 次/min,振捣有效半径为 30cm,经振捣棒振捣的混凝土再经振捣梁振捣,强制混凝土骨料下沉,部分水泥浆上浮。然后由成形盘,通过侧模摊铺成所要求的混凝土层。

(2) 摊铺前的主要准备工作

1) 基层的质量检验及准备。一般情况下完工长度不少于 4km,基层宽度应比混凝土板每侧宽出 50~80cm。

2) 测量放样,悬挂基准绳。摊铺机一侧有导向传感器,另一侧有高程传感器,导向传感器接触导向绳,导向绳的位置依据路线方向安装,测量时每 500m 或小于 500m 设固定桩,并用三角法引至路线外加以固定。高程传感器接触高程引导绳,高程引导绳的空间位置是依据路线高程相对位置安装的,测量前,沿线每 200~250m 增设一水准点,控制精度,平差后方可使用。方向和高程准确与否,取决于引导绳的准确程度,引导绳都固定在打入基层的钢钎上。

3) 选择适合的混凝土配合比和外加剂。滑模机对混凝土品质要求十分严格,最大集料规格一定要小于 40mm,混凝土摊铺时的坍落度,必须严格控制在 4~6cm,为增加混凝土和易性并达到所需的坍落度,常使用外加剂,外加剂需事先通过试验确定。

4) 确定摊铺宽度。根据路面宽度,调整滑模板的摊铺宽度。

5) 安装拉杆。准备好弯成 90°的纵向拉杆,将其打入混凝土。在浇筑第二幅时,再将拉杆校正成直线形。

（3）滑模施工工艺

采用自卸翻斗汽车运输混凝土，将混凝土卸在摊铺宽度内，螺旋器前的混凝土高度控制在螺旋器高度的 1/2～2/3，过低混凝土供应量不足，过高滑模机会因阻力大而机身上翘。滑模机工作速度一般为 0.8～1.0m/min。通过侧模成形的混凝土，混凝土表面常出现一些麻面、气泡、有的边角坍陷不齐，需由人工修整与处理。在混凝土表面稍形成强度时，用拉毛机拉毛，拉毛器形似钢丝刷，使用时容易带起砂粒，纹理不够均匀。养生、切缝、灌缝与轨道式摊铺机，施工配合摊铺机所需辅助人工，其劳动力分配大致是：测量固定导向绳 11 人；指挥卸车、运送纵向拉杆、滑模机司机各 1 人；拉毛机、清除车斗残留混凝土、盖麻袋片各需 2 人；摊铺混凝土需 3 人；修边、刷平需 6 人；盖草袋养生需 8 人；切逢机(4 台)需 9 人；共计 46 人。

SF-250 滑模摊铺机摊铺速度快，8h 可铺筑 500～600m，振捣密实，平整度合格率比较高，可达 80%～90%。

2. GP-2000 滑模式摊铺机施工

安徽省于 1990 年在 312 国道安徽段水泥混凝土路面施工中采用了美国GOMACO公司生产的 GP-2000 型滑模机。其主要参数为：发动机功率：138kW；摊铺宽度 3.3～7.6m；行走速度：0～11.6m/min，工作速度：2～4m/min；摊铺厚度：10～50cm；履带对地面工作压力：0.12MPa。施工中，分别与国产 HIQ50 和日产 $S_4S_{100}P$ 拌和站配套。

（1）GP-2000 型滑模机的组成及主要特性

GP-2000 型滑模机由动力部分、机架、行走装置、操作台、工作装置等部分组成。其中工作装置包括：①滑模。通过连接支架固定在机架横梁下面，密实的混凝土通过滑模的挤压成形路面。②振动器(振动棒)。L 型液动插入式振动器是密实混凝土的关键部件，它以一定间距布于滑模板前部支架上。③振捣器(夯锤)。紧贴于滑模板的前部，并上下往复运动。④布料器。螺旋式布料装置，实现滑模前部混凝土拌和料均匀分布。⑤抹光板。通过悬臂悬挂在主机后部。⑥打入传力杆装置。通过压缩空气带动汽缸工作，完成传力杆安装工作，此装置安装在滑模与抹光板之间。

滑模机的主要特性是：采用电液控制，自动化程度高，操作轻便省力，无级控制的振捣器，可实现多种混凝土振实要求，振动器的振动频率为 0～10 500 次/min，振捣器的振动频率为 60～120 次/min，可实现联机作业，分层摊铺，滑模宽度具有可调性。

（2）工作原理

运输车将混凝土拌和料卸于滑模机的前部。通过螺旋布料器，将堆积的混凝土均匀地分布在滑动模板的前面，机械以一定的工作速度前进，各工作装置启动运行，L 型液动式振动器以 9500～10 500 次/min 的振动频率振实混凝土，液化而密实的混凝土在振捣器以 60～120 次/min 的运动速度上下振捣。通过振捣器的振捣，将一定粒径的骨料压入滑动模板以下，便于滑动模板通过，同时使混凝土进一步密实。随着机械的前进，滑动模板将密实的混凝土挤压成型路面。同时，它既左右、前后运动,又与主机随抹光板对成型的混凝土路面表面进行搓揉,不但具有抹光作用,而且还能消除表面气泡及少量麻面等缺陷。

(3) 生产组织

GP-2000 型滑模机的生产组织安排见表 13.14。

表 13.14　生产组织安排

工号	工作名称	工作内容	配备人员及机具
1	安装引导线	1. 打钢桩 2. 测量放样 3. 复核	大锤 1 把,打桩工 2～3 人,测工 2 人,测工具 1 套
2	刷柏油(或分离脂)	刷切缝和工作缝	刷柏油工具 1 套,3～4 人
3	就位模板	1. 自行就位 2. 摊铺操作	操作手 1 人,指挥 1 人,辅助工 1～2 人
4	拆线、拔桩	1. 收引导线 2. 拔钢桩	由每班安装引导线人员同班完成

实践证明,在供料充足的情况下,滑模机的生产率为轨道机的 2～4 倍。各项指标平均合格率为 98.3%。

13.2.3　施工中应注意的问题

滑模摊铺机施工中,最常见的问题是坍边和麻面。

1. 坍边

坍边的主要形式有边缘出现坍落,或边缘倒坍,或松散无边等。由于坍边的存在,既影响路面质量,又增加了修边的工作量。所以坍边是不允许的。如果拌和质量高,坍边现象则可减少到零。

(1) 边缘坍落

边缘坍落影响路面的平整度和横坡。对双幅施工的整体路面,往往表现为中间积水。造成边缘坍落的主要原因有:模板边缘调整角度不正确,正确的调整应根据混凝土的坍落度调整一定的预抛高,使坍落定型时恰好符合设计的边缘要求;摊铺速度过慢,当摊铺机工作速度在 0.5～0.8m/min 时,由于 L 型振动器强有力的振动影响到滑模机已摊铺好的边缘,引起边缘坍落,滑模机的理想速度为 2～4 m/min。

(2) 造成倒边和松散无边现象的主要原因

1) 拌和料出现离析现象。使用立轴式混凝土拌和设备时离析尤为严重,因为它的出料靠拌叶将混凝土拌和料刮出,由于混合料各成分的密度不一,在刮出力的作用下抛出距离不同,大骨料常被抛在一起,使骨料和砂浆离析。这种现象若处在边缘,就不可避免地出现倒边。若处在中间,就会出现麻面。因此,发现骨料集中在一起时,就需要处理,将骨料散开,或除去,或开动螺旋布料器实现二次布料等。

2）布料器布料往往将振捣的混凝土稀浆分到两边而导致倒边。其解决办法是人工粗布料或适当调整靠边侧的振动器的振动频率。

3）骨料形状和配比。扁平状或圆状骨料成型差,边缘在脱离滑模板后失去支撑就会发生倒边。若混凝土的坍落度不大,坍边是可以避免的。

2.麻面问题

混凝土的坍落度值低是形成麻面的主要原因,其次是拌和不匀。严格控制混凝土的坍落度是减少或消除麻面的首要工作,这就要求拌和设备的计量装置精度必须符合要求。

13.3　质量控制与验收

工程质量应以设计文件要求为标准。为了保证混凝土路面的施工质量,要求在施工过程中对每一道工序进行严格的检查和控制。对已完成的路面要求进行外观检查,并量测其几何尺寸,根据设计文件要求进行核对。此外还要查阅施工记录,其中包括原材料试验和试件强度资料、配合比、隐蔽构造(各种钢筋的位置等)等,作为工程质量鉴定的依据。混凝土面层质量验收的允许误差应符合现行规范的有关要求。水泥混凝土路面原材料的检验项目和频率见表13.15,水泥混凝土路面的检验项目和频率见表13.16。

表 13.15　水泥混凝土路面原材料的检验项目和频率

材料	检查项目	检 查 频 率	
		高速公路、一级公路	二、三级公路
水泥	抗折强度、抗压强度及标号	1500t,1批	1500t,1批
	安定性	1500t,1批	1500t,1批
	凝结时间	2000t,1批	3000t,1批
	标准稠度用水量	2000t,1批	3000t,1批
	细度	2000t,1批	3000t,1批
	CaO 含量	必要时,每标段不少于3次	必要时,每标段不少于3次
	MgO 含量	必要时,每标段不少于3次	必要时,每标段不少于3次
	SO_3 含量	必要时,每标段不少于3次	必要时,每标段不少于3次
	铝酸三钙	必要时,每标段不少于3次	必要时,每标段不少于3次
	铁铝酸四钙	必要时,每标段不少于3次	必要时,每标段不少于3次
	干缩率	必要时,每标段不少于3次	必要时,每标段不少于3次
	耐磨性	必要时,每标段不少于3次	必要时,每标段不少于3次
	碱度	开工、施工、结束测3次	开工、施工、结束测3次
	混合材料种类及数量	开工、施工、结束测3次	开工、施工、结束测3次
	温度	冬、夏季施工随时检测	冬、夏季施工随时检测
	水化热	冬、夏季施工随时检测	冬、夏季施工随时检测

材料	检查项目	检 查 频 率	
		高速公路、一级公路	二、三级公路
粗集料	颗粒外观(针片状、超径和逊径含量)	2000m³,1批	4000m³,1批
	颗粒级配	2000m³,1批	4000m³,1批
	含泥量	1000m³,1批	2000m³,1批
	压碎值	1000m³,1批	2000m³,1批
	含水量	随时	随时
	松方单位重	施工需要时	施工需要时
砂	颗粒外观(河砂、山砂、机制砂)	必要时	必要时
	颗粒粗细(细度模数)和级配	1000m³,1批	2000m³,1批
	含泥量	1000m³,1批	2000m³,1批
	含水量	随时	随时
	松方单位重	施工需要时	施工需要时
外加剂	减水剂(最优)减水率	10t,1批	10t,1批
	液体外加剂的含固量	10t,1批	10t,1批
	液体外加剂的相对密度	200kg,1次	200kg,1次
	粉状外加剂的不溶物含量	10t,1批	10t,1批
	引气剂引气量	2t,1批	3t,1批
	气泡细密程度和稳定性	随时	随时
养生剂	养生剂保水率	开工前或有变化时	开工前或有变化时
	弯拉强度保持率	开工前或有变化时	开工前或有变化时
	含固量	施工需要时	施工需要时
	成膜时间	随时	随时
	浸水软化性	随时	随时
水	pH	开工前和水源有变化时	开工前和水源有变化时
	含盐量	开工前和水源有变化时	开工前和水源有变化时
	硫酸根含量	开工前和水源有变化时	开工前和水源有变化时

注:1. 所有项目开工前,均应检验。

2. 数量不足一批时,按一批检验。

3. 当原材料规格、品种、生产厂、来源变化时,必检。

表 13.16　水泥混凝土路面的检验项目和频率

材料	检查项目	检查频率	
		高级公路、一级公路	其他公路
混凝土路面	钻芯批裂强度	每3km 每车道钻取1个岩芯,硬路肩为1个车道,测平均 f_{cs}、f_{min}、C_v、板厚 h	每3km 每车道钻取1个岩芯,硬路肩为1个车道,测平均 f_{cs}、f_{min}、C_v、板厚 h
	3m 直尺平整度	每半幅车道100m 2处10尺	每半幅车道200m 2处10尺
	动态平整度	所有车道连续检测	所有车道连续检测
	板厚	每100m 路面摊铺宽度内左右各2处,连接摊铺每100m 路面边缘1处并参考岩芯高度	每100m 路面摊铺宽度内左右各1处,连接摊铺每100m 路面边缘1处并参考岩芯高度
	抗滑构造深度	铺砂法:每幅200m 2处	铺砂法:每幅200m 1处
	横坡度	水准仪:每200m 6个断面	水准仪:每200m 4个断面
	接缝顺直度	20m 拉线测:每200m 6条	20m 拉线测:每200m 4条
	摊铺中线偏位	经纬仪:每200m 6点	经纬仪:每200m 4点
	纵断高程	水准仪:每200m 6点	水准仪:每200m 4点
	路面宽度	尺测:每200m 6处	尺测:每200m 4处
	切缝深度	尺测:切缝后每200m 6处	尺测:切缝后每200m 4处
	灌缝饱满度	尺测:每200m 接缝测6处	尺测:每200m 接缝测4处
	连接摊铺纵缝高差	尺测:每200m 纵向工作缝,每条3处,每处间隔2m 测3尺,共测9尺	尺测:每200m 纵向工作缝,每条2处,每处间隔2m 测3尺,共测6尺
	胀缝缺陷	每条观察填缝及啃边断角	每条观察填缝及啃边断角
	胀缝板连浆	每条胀缝板安装时测量	每条胀缝板安装时测量
	胀缝板倾斜	尺测:摊铺宽度内每块胀缝板的两侧	尺测:摊铺宽度内每块胀缝板的两侧
	胀缝板弯曲和位移	尺测:摊铺宽度内每块胀缝板3处	尺测:摊铺宽度内每块胀缝板3处
	胀缝、缩缝传力杆偏斜	钢筋保护层仪:每车道4根	钢筋保护层仪:每车道3根
	断板率	数断板面的块数占总块数的比例	数断板面板的块数占总块数的比例

13.4　碾压混凝土与沥青混凝土复合式路面修筑技术

13.4.1　碾压混凝土与沥青混凝土复合式路面概述

把由垫层、基层、碾压水泥混凝土板及板上沥青混凝土层所组成的路面称为碾压水泥混凝土与沥青混凝土复合式路面。

碾压混凝土是一种水灰比小、通过振动碾压施工工艺成型达到高密度、高强度和零坍落度水泥混凝土。这种路面节约水泥、施工进度快,开放交通早,比普通水泥混凝土节约投资 20%～30%,但平整度差,且表面难以形成粗糙面,在高速行驶时抗滑性能下降快,平整、抗滑、耐磨三方面的不足,使其难以在高等级公路上被采用。沥青路面无接缝,能与汽车构成较理想的减振体系,行车舒适,并且维修方便。因此,在碾压混凝土路面上加铺沥青混凝土层,不仅减少了沥青用量(与柔性路面相比)又弥补了碾压混凝土的不足,刚柔共济,大大改善了路面的使用性能。因此,碾压混凝土与沥青混凝土复合式路面结构能有效地解决抗滑、耐磨、平整等问题。

碾压混凝土与沥青混凝土复合式路面结构层中,沥青混凝土层在一定厚度范围内可改善行车的舒适性,因此随着沥青厚度的增加,下层混凝土板的平整度可适当放宽,这样便于碾压混凝土的施工。

碾压混凝土与沥青混凝土复合式路面结构,刚中有柔,以刚为主,沥青层可大大缓和行车对路面板的冲击,因而在设计上可使板厚减薄,而且只要在结构设计上处理好接缝问题,则能减少以往路面板接缝处板下冲蚀、唧泥、脱空乃至断裂、错台等病害。

13.4.2 碾压混凝土与沥青混凝土复合式路面施工技术

碾压混凝土在材料组成和强度形成机理方面接近于普通混凝土,而作为路面结构材料成型时又与沥青混凝土和水泥稳定粒料类似,所以在混合料配合比设计时有其自身的特点。从组成结构看,碾压混凝土为骨架密实结构,需要有一定数量粒径连续的粗集料,以形成骨架空间网络;又必须有相当数量的细集料填充空隙,使其达到较高密实度。

施工时应做到连续供料、匀速摊铺、专人检查、及时调整厚度等。人工摊铺时,压实系数为 1.35～1.37;机械摊铺时,压实系数约为 1.46。压路机的选型和组合(钢轮和胶轮)以及碾压过程中振频、振幅的选择至关重要。振动压路机选用自重 6～10t、低频 29～32Hz、高频 42～50Hz、振幅 0.3～0.7mm、静线压力大于 20 kg/cm、动线压力大于 60 kg/cm。碾压程序一般为静压—低频—高频—静压。当采用全厚式路面时,最后一次静压必须采用轮胎压路机,以消除轮迹。每道工序一般碾压 1～2 遍,根据表面平整、出浆和压实而定。面板厚度超过 22cm 时,可分层施工。

13.4.3 防止反射裂缝的技术措施

碾压混凝土与沥青混凝土复合式路面结构中,当温度下降,碾压混凝土板产生水平位移,从而引起沥青层开裂。另外,当汽车轮载通过接缝时,相邻板的挠度差引起沥青层剪切变形,以致面层出现裂缝。解决反射裂缝问题可采取的措施有:提高基层强度与刚度或横缝设传力杆以减小相邻板挠度差;提高沥青混合料的强度;从结构设计上着手解决,如在碾压混凝土与沥青层之间设置沥青橡胶层、沥青砂层、沥青混合料联结层(过渡层)、土工织物、钢丝网、油毡等。

13.5 小　结

　　水泥混凝土路面是一种刚性高级路面,它是由水泥、水、粗集料(碎石)、细集料(砂)和外加剂按一定级配拌和成水泥混凝土混合料而铺筑成的路面。它具有强度高、承载能力强、稳定性好、抗滑和耐久性好等特点,所以,国内外对水泥混凝土路面的修筑都非常重视,对路面的修筑施工技术进行了不断地研究,使水泥混凝土路面得到了较快的发展,特别是在高等级重交通道路上,水泥混凝土路面得到了更广泛的应用。

　　水泥混凝土路面施工过程是一项较复杂的系统工程,它的施工涉及路面的结构、水泥混凝土混合料的特性、施工机械的配置、施工技术和施工工艺,以及科学的组织管理等诸多重大的技术问题。是集土木、机械、管理科学的一项综合性技术工程,只有在施工过程中,严格对每一个施工环节进行质量技术控制,才能保证水泥混凝土路面的施工质量。

思 考 题

　　13.1　用滑模式摊铺机铺筑水泥混凝土路面应注意哪些问题?

　　13.2　碾压混凝土与沥青混凝土复合式路面结构施工中防止反射裂缝的技术措施有哪些?

第十四章　公路施工的机械

公路施工机械是现代公路建设中极其重要的关键设备；公路修筑等级的高低、质量的好坏，公路施工机械是重要的因素之一。随着公路建设的现代化，公路施工机械也得到了快速发展。现代公路施工机械已发展到高技术、高效能、多品种的新时代，正朝着自动化、智能化方向发展。本章介绍了常用土石方施工机械、压实机械和路面施工机械。

通过本章的学习，熟悉各种常用公路施工机械的用途、分类及特点。

14.1　土石方施工的机械

14.1.1　推土机

1. 用途

推土机(earth mover)(见图 14.1)是一种多用途的自行式机械。它能铲挖并移运土壤、砂石。在公路施工中，通常用推土机完成路基基底的处理、路侧取土横向填筑高度不大于 1m 的路堤、沿公路中心纵向移挖作填完成路基挖填工程、傍山取土侧移修筑半堤半堑的路基。在稳定土拌和场和沥青混凝土搅拌厂，还经常用推土机完成松散骨料的堆集任务。

在公路机械化施工中，当土壤太硬，铲运机或平地机施工作业不易切入土壤时，可以利用推土机的松土作业装置将土壤耙松，或者利用推土机的铲刀直接顶推铲运机以增加铲运机的铲土能力(即所谓铲运机助铲)。利用推土机协助平地机或铲运机完成施工作业，从而提高了这些机械的作业效率。

推土机的用途虽然十分广泛，但由于受到铲刀容量的限制，推运土壤的距离不能太长，因而，它只是一种短运距的土方施工机械。运距过长时，运土过程受到铲下的土壤漏失的影响，会降低推土机的生产效率；运距过短时，由于换向、换挡操作频繁，在每个工作循环中的这些操作所用时间及所占比例增大，同样也会使推土机生产率降低。通常中小型推土机的运距为 30～100m；大型推土机的运距一般不应超过 150m。推土机的经济运距为 50～80m。

2. 分类

推土机可以按以下几个方面进行分类：

(1) 按发动机的功率

小型推土机：功率在 37kW 以下。

中型推土机：功率在 37～250kW。

大型推土机:功率在 250kW 以上。

(2) 按行走方式

履带式推土机[见图 14.1(a)]:附着性能好、牵引力大,接地比压小,爬坡能力强、能适应恶劣的工作环境,具有优越的作业性能,是重点发展的机种。

轮胎式推土机[见图 14.1(b)]:行驶速度快、机动性好,作业循环时间短,转移场地方便迅速且不损坏路面,特别适合城市建设和道路维修工程中使用,因制造成本较低,维修方便,近年来有较大的发展。

(a)

(b)

图 14.1　推土机的外貌
(a) 履带式推土机;(b) 轮胎式推土机

(3) 按用途分

普通推土机:通用性好,可广泛用于各类土石方工程施工作业,是目前施工现场广为采用的推土机机种。

专用推土机:专用推土机有浮体推土机、水陆两用推土机、深水推土机、湿地推土机、爆破推土机、低噪声推土机、军用高速推土机等。

(4) 按推土板安装形式分

固定式铲刀推土机:推土板与主机(拖拉机)纵向轴线固定为直角,也称直铲式推土机。一般来说,从铲刀的坚固性和经济性考虑,小型及经常重载作业的推土机都采用这种铲刀安装形式。

回转式推土机(见图 14.2):推土板在水平面内能回转一定角度,推土板与主机纵向轴线可以安装成为固定直角,也可以安装成与主机纵向轴线呈非直角.回转式推土机作业范围较广,可以直线行驶一侧排土(像平地机施工作业时那样).回转式推土机适宜平地作业,也宜于横坡铲土侧移.这种推土机又称活动式推土机或角铲式推土机.

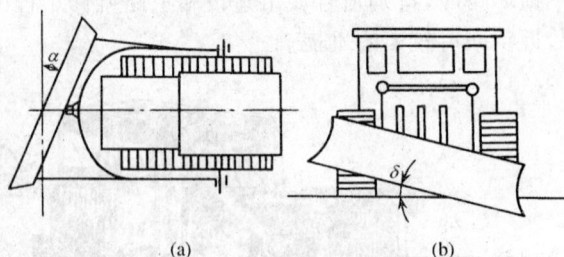

图 14.2　回转式推土机
(a) 铲刀平斜;(b) 铲刀侧倾

（5）按铲刀操纵方式分

液压式:铲刀在液压缸作用下动作.铲刀一般有固定、上升、下降、浮动四个动作状态.液压式推土机能铲推较硬的土,作业性能优良,平整质量好.

钢索式:铲刀升降由钢索操纵,动作迅速可靠,铲刀靠自重入土;缺点是不能强制切土,并且机构的摩擦件较多(如滑轮、动力绞盘).铲刀操纵机构经常需要人工调整,钢索易磨损.钢索式操纵方式仅见于早期的推土机,现已很少采用.

（6）按传动方式分

液力机械推土机:目前大中型推土机用这种传动形式较为普遍.

全液压传动:目前只在中等功率的推土机上采用全液压传动.

电传动:由柴油机带动发电机-电动机,进而驱动行走装置.

机械式传动推土机:目前大中型推土机已较少采用机械式传动.

14.1.2　铲运机

1. 用途及适用范围

铲运机(carryload scraper)主要用于中距离(100～2000m)大规模土方转移工程.它能综合地完成铲土、装土、运土和卸铺四个工序,并能控制填土铺层厚度、进行平土作业和对卸下的土进行局部碾压等.铲运机适于Ⅰ～Ⅲ级土壤的铲运作业,在Ⅳ级土壤或冻土中进行铲运作业时,应预先进行松土;铲运机不能在混有大石块、树桩的土壤中作业.在公路施工中,铲运机用来开挖路堑、填筑路堤、搬运土方等.

铲运机的适用范围主要取决于运距、机种、道路状况和运输材料的性质等.铲运机是根据运距、地形、土质来选用,其中经济适用运距和作业阻力是选择铲运机的主要依据.各种铲运机的适用范围见表 14.1.当运距在 100～600m,用拖式铲运机最经济;当运距在 600~2000m 时,采用轮胎自行式铲运机;当运距短,场地狭小时,可用履带自行式铲运机。铲运机适宜在含水量较小的砂黏土上作业,而在干燥的粉土、砂加卵石与含水量过大的湿黏土上作业时,生产率则大为下降。

表 14.1 各种铲运机的适用范围

类 别			推装斗容/m³		适用运距/m		道路坡度/%
			一般	最大	一般	最大	
拖式铲运机			2.5~18	24	100~1000	100~300	15~30
自行式铲运机	单发动机	普通装载式	10~30	50	200~2000	200~1500	5~8
		链板装载式	10~30	35	200~1000	200~600	5~8
	双发动机	普通装载式	10~30	50	200~2000	200~1500	10~15
		链板装载式	9.5~16	34	200~1000	200~600	10~15

单发动机的轮胎自行式铲运机,因其附着牵引力不足,铲装时一般都用助铲机。双发动机的轮胎自行式铲运机虽附着牵引力大,装铲时最好还是用助铲机加力,以提高作业效率。

在特别困难的铲装条件下,可采用两台双发动机铲运机串联的方法进行推拉作业。两机首尾连接,后机推动前机装满铲斗后,前机再拉后机装满铲斗,即四台发动机为一个铲斗铲装提供动力。装满后两机脱开,各自运行。

链板装载铲运机适用于运距较短(约 1000m)的场地,它最大的优点是能自装,不需助铲。链板升运机构铲装的物料,土质不能太黏,石块不能太大,对于粒度均匀的砾石最适宜。

2. 铲运机的分类

铲运机主要根据行走方式、卸载方式、行走装置、铲斗容量、操纵方式、装载方式等进行分类。

(1) 按行走方式分

拖式铲运机:通常拖式铲运机由履带式拖拉机牵引,它具有接地比压小,附着能力人和爬坡能力强等优点,在短运距和松软潮湿地带工程中普遍使用。

自行式铲运机:按行走装置可分为履带式和轮胎式两种,其本身具有行走能力。履带式自行铲运机又称铲运推土机,它的铲斗直接装在两条履带的中间,适用于运距不长,场地狭窄和松软潮湿地带工作。轮胎式自行铲运机按发动机台数又可分为单发动机、双发动机和多发动机三种,按轴数分为二轴式和二轴式。轮胎式自行铲运机由牵引车和铲运斗两部分组成,大多采用铰接式连接,铲运斗不能独立进行工作。轮胎式自行铲运机具有结构紧凑、行驶速度快、机动性好等优点,在中距离的土方转移施工中应用较多。

铲运机的类型见图 14.3 所示。

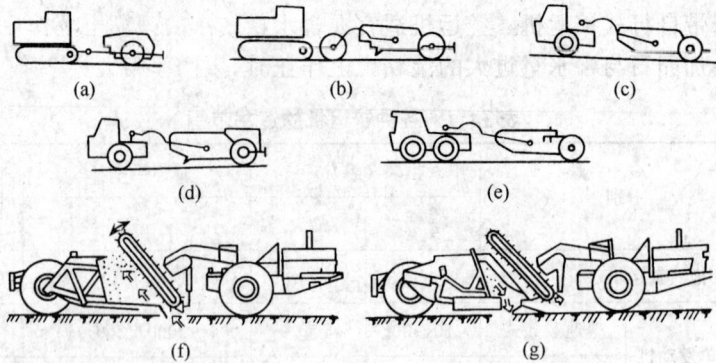

图 14.3　铲运机的类型
(a) 单轴拖式；(b) 双轴拖式；(c) 单发动机自行式；
(d) 双发动机自行式；(e) 三轴自行式；(f)，(g) 链板装载式

（2）按卸土方式分

自由卸土式：利用铲斗倾翻（有向前、向后两种形式），斗内土靠本身自重卸出。卸土时所需功率小，但对粘在铲斗两侧壁和斗底上的黏湿土无法卸除干净，一般只用于小容量铲运机。

半强制卸土式：利用连在一起的铲斗底板与后壁共同向前翻转，以强制方式卸去一部分土，同时利用土本身质量将其余部分土卸出。这种卸土方式可使黏附在铲斗侧壁上的土部分地被清除，斗底上黏附的土不能卸除干净。

强制卸土式：铲斗的后壁为一块可沿导轨移动的推板，靠此推板（卸土板）自后向前推进，将铲斗中的土壤强制推出。这种卸土方式可彻底卸净黏附在两侧壁及斗底上的土，但卸土消耗的功率较大。

（3）按装载方式分

升运式（链板装载式）：在铲斗铲刀上方装有链板装载机构，由它把铲刀切削起的土升到铲斗内，从而加速装土过程及减少装土阻力，有效地利用本身动力实现自装，可单机作业不用助铲机械即可装至堆尖容量。土壤中含有较大石块时不使用此种铲运机，其经济运距在 1000m 之内。

普通式（开头装载式）：靠牵引机的牵引力和助铲机的推力，使用铲斗的铲刀将土壤铲切起，并在行进中将铲切起的土屑挤入铲斗内来装载土，这种铲装土的方式其装斗阻力较大。

（4）按铲斗容量分

小型：铲斗容量 $<3m^3$。

中型：铲斗容量 $3\sim15m^3$。

大型：铲斗容量 $15\sim30m^3$。

特大型：铲斗容量 $30m^3$ 以上。

（5）按工作机构的操纵方式分

机械操纵式：用动力绞盘、钢索和滑轮来控制铲斗、斗门及卸土板的运动，由于结构复杂、技术落后，已逐渐被淘汰。

液压操纵式：工作装置各部分用液压操纵，能使铲刀刃强制切入土，结构简单，操纵轻便灵活，动作均匀平稳，应用越来越广泛。

CL7 型自行式铲运机外形见图 14.4，627B 型自行式铲运机外形见图 14.5，串联作业的自行式铲运机外形见图 14.6。

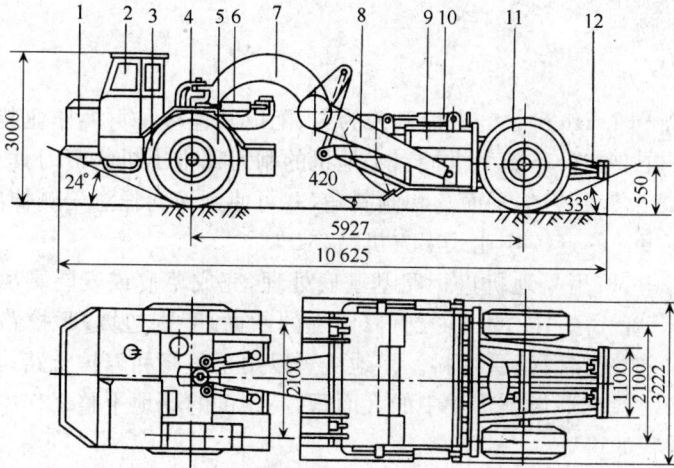

图 14.4　CL7 型自行式铲运机外形图

1. 发动机；2. 驾驶室；3. 传动装置；4. 中央枢架；5. 前轮；6. 转向油缸；

7. 曲梁；8. 辕架；9. 铲斗；10. 斗门斗缸；11. 后轮；12. 尾架

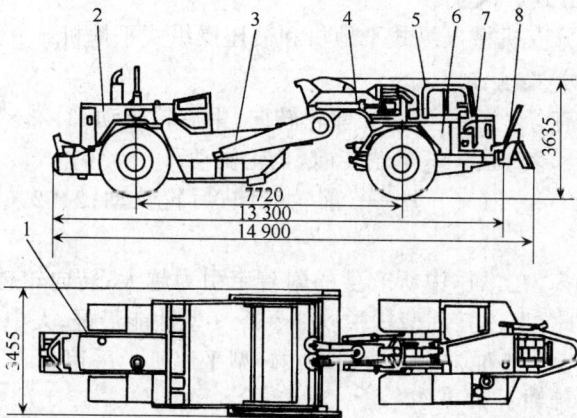

图 14.5　627B 型自行式铲运机外形图

1. 铲运机仪表盘；2. 铲运发动机；3. 铲斗；4. 转向油缸；

5. 驾驶室；6. 液压油箱；7. 牵引发动机；8. 推拉装置

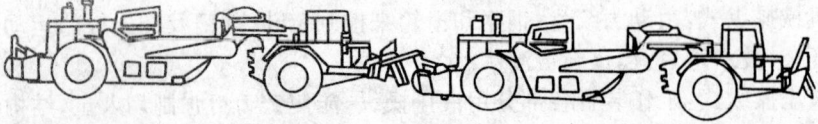

图 14.6　串联作业的自行式铲运机

14.1.3　平地机

1. 用途

平地机(land leveler)是一种以刮刀为主,配以其他多种可换作业装置,进行土地平整和整形作业的公路施工机械。平地机的刮刀比推土机的铲刀具有较大的灵活性,它能连续改变刮刀的平面角和倾斜角,并可使刮刀向任意一侧伸出,因此,平地机是一种多用途的连续作业式土方机械。

公路施工中,可用平地机进行路基基底处理,完成草皮或表层剥离;从路线两侧取土,填筑高度小于 1m 的路堤;整修路堤的断面;旁刷边坡;开挖路槽和边沟;在路基上拌和、摊铺路面基层材料。平地机可以用于整修和养护土路,清除路面积雪。在机场和现代交通设施建设中的大面积、高精度的场地平整工作中,更是其他机械所不可代替的。

除了具有作业范围广、操纵灵活、控制精度高等特点外,平地机在作业过程中空行程时间只占 15% 左右,因此,有效作业时间明显高于装载机和推土机,是一种高效的土方施工作业机械。

2. 分类

(1) 按操纵方式分

按操纵方式分有机械操纵式平地机和液压操纵式平地机。

(2) 按车轮分

六轮平地机有 $3 \times 2 \times 1$ 型——前轮转向,中后轮驱动;$3 \times 3 \times 1$ 型——前轮转向,全轮驱动;$3 \times 3 \times 3$ 型——全轮转向,全轮驱动。

四轮平地机有 $2 \times 1 \times 1$ 型——前轮转向,后轮驱动;$2 \times 2 \times 2$ 型——全轮转向,全轮驱动。

驱动轮数越多,在工作中所产生的附着牵引力越大;转向轮越多,平地机的转弯半径越小。因此,上述五种型式中以 $3 \times 3 \times 3$ 型性能最好,大中型平地机多采用这种型式。$2 \times 2 \times 2$ 型和 $2 \times 1 \times 1$ 型均在轻型平地机中采用。

PY180 型平地机外形见图 14.7。

(3) 按机架结构形式分

整体机架式平地机:有较大的整体刚度,但转弯半径较大。传统的平地机多采用这种机架结构。

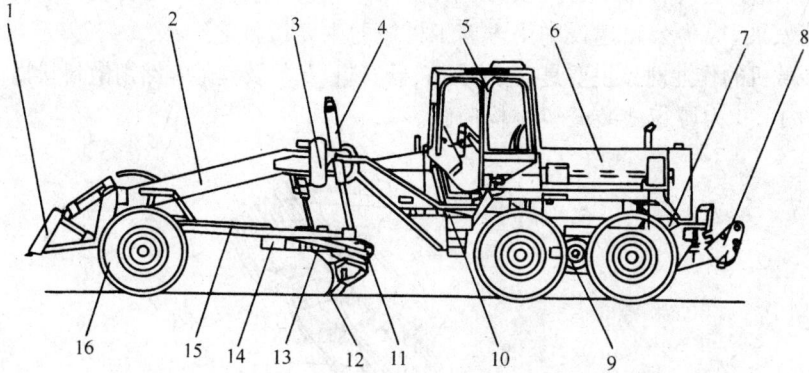

图 14.7　PY180 型平地机外形图

1. 前推土板；2. 前机架；3. 摆架；4. 刮刀升降油缸；5. 驾驶室；6. 发动机罩；

7. 后机架；8. 后松土器；9. 后桥；10. 铰接转向油缸；11. 松土耙；12. 刮刀；

13. 铲土角变换油缸；14. 转盘齿圈；15. 牵引架；16. 转向轮

铰接机架式平地机:转弯半径小,一般比整体式的小 40％左右,可以容易地通过狭窄地段,能快速调头,在弯道多的路面上尤为适宜;采用铰接式机架可以扩大作业范围,在直角拐弯的角落处,刮刀刮不到的地方极少;在斜坡上作业时,可将前轮置于斜坡上,而后轮和机身可在平坦的地面上行进,提高了机械的稳定性,使作业比较安全。目前生产的平地机大都采用铰接式机架。

国产 PY160B 型平地机外形见图 14.8。

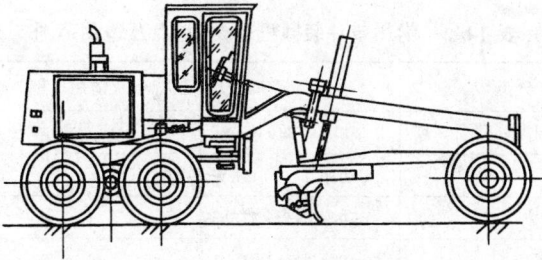

图 14.8　国产 PY160B 型平地机外形图

14.1.4　装载机

1. 用途

装载机(mechanical loader)是一种土方施工机械,它主要用来铲、装、卸、运土与砂石一类散状物料,也可对岩石、硬土进行轻度铲掘作业,如果换不同工作装置,还可以扩大其使用范围,完成推土、起重、装卸其他物料的工作。在公路、特别是高速公路施工中,它主要用于路基工程的填挖、沥青和水泥混凝土料场的集料、装料等作业。由于它具有作业速度快、效率高、操作轻便等优点,因而装载机在国内外得到迅速发展,成为公路建设中土方施工机械的主要机种之一。

装载机的作业对象主要是:各种土壤、砂石料、灰料及其他筑路用散料状物料等。

图 14.9 为履带式装载机结构简图。

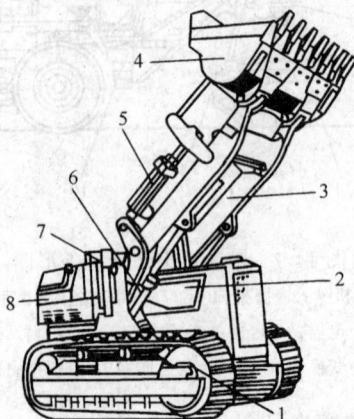

图 14.9 履带式装载机结构简图

1. 履带行走机构;2. 发动机;3. 动比动臂;4. 铲斗;
5. 转斗油缸;6. 动臂油缸;7. 驾驶室;8. 油箱

2. 分类、特点及适用范围

常用单斗装载机的分类、特点及适用范围见表 14.2。

表 14.2 常用单斗装载机分类、特点及适用范围

分类型式	分类	特点及适用范围
发动机功率	小型	功率<74kW
	中型	功率 74～147kW
	大型	功率 147～515kW
	特大型	功率>515kW
传动型式	机械传动	结构简单、制造容易、成本低、使用维修较容易;传动系统冲击振动大,功率利用差。仅小型装载机采用
	液力机械传动	传动系统冲击振动小、传动件寿命高、车速随外载自动调节、操作方便、减少司机疲劳。大中型装载机多采用
	液压传动	无级调速、操作简单;启动性差;液压元件寿命较短。仅小型装载机上采用
	电传动	无级调速、工作可靠、维修简单;设备质量大、费用高。大型装载机上采用

分类型式	分类	特点及适用范围
行走系结构	轮胎式装载机 1)铰接式 2)整体式车架装载机	质量轻、速度快、机动灵活、效率高、不易损坏路面;接地比压大、通过性差、稳定性差、对场地和物料块度有一定要求。应用范围广泛 转弯半径小、纵向稳定性好,生产率高。不但适用于路面,而且可用于井下物料的装载运输作业 车架是一个整体,转向方式有后轮转向、全轮转向、前轮转向及差速转向。仅小型全液压驱动和大型电动装载机采用
	履带式装载机	接地比压小、通过性好、重心低、稳定性好、附着性能好、牵引力大、比切入力大;速度低、灵活机动性差、制造成本高、行走时易损路面、转移场地需拖运。用在工程量大,作业点集中,路面条件差的场合
装载方式	前卸式	前端铲装卸载,结构简单、工作可靠、视野好。适用于各种作业场地,应用广
	回转式	工作装置安装在可回转 90°~360° 的转台上,侧面卸载不需调车,作业效率高;结构复杂、质量大、成本高、侧稳性差。适用狭小的场地作业
	后卸式	前端装料,后端卸料,作业效率高;作业安全性差,应用不广

14.1.5 挖掘机械

1. 用途

挖掘机械(excavating machinery)简称挖掘机,是用来进行土方开挖的一种施工机械。挖掘机的作业过程是用铲斗的切削刃切土并把土装入斗内,装满土后提升铲斗并回转到卸土地点卸土,然后,再使转台回转,铲斗下降到挖掘面,进行下一次挖掘。按作业特点分为周期性作业式和连续性作业式两种,前者为单斗挖掘机,后者为多斗挖掘机。在筑路工程中多采用单斗挖掘机。

单斗挖掘机(见图 14.10)的主要用途:在筑路工程中用来开挖堑壕,在建筑工程中用来开挖基础,在水利工程中用来开挖沟渠、运河和疏浚河道,在采石场、露天采矿等工程中用于剥离和矿石的挖掘等。此外还可以对碎石进行装载作业。更换工作装置后还可进行浇筑、起重、安装、打桩、夯土和拔桩等工作。

2. 分类

1)按动力装置分有电驱动式;内燃机驱动式;复合驱动式。

2)按传动装置分有机械传动式;半液压传动式;全液压传动式。

3)按行走机构分有履带式;轮胎式;汽车式;悬挂式。

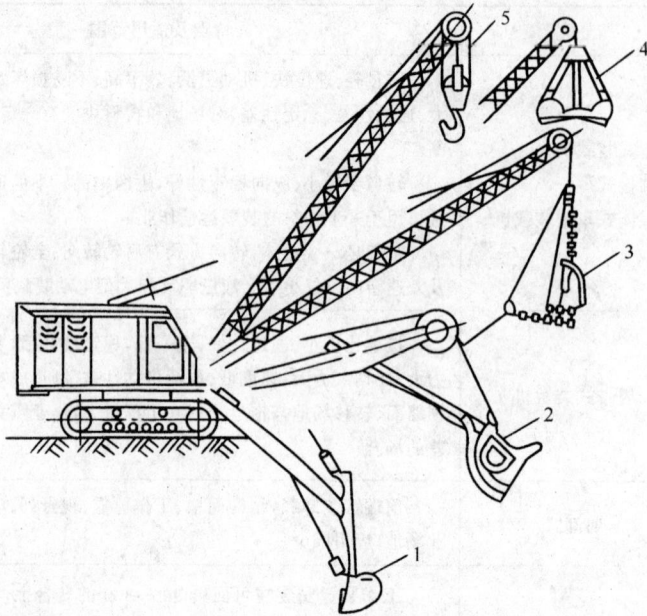

图 14.10 单斗挖掘机工作装置类型
1. 反铲;2. 正铲;3. 拉铲;4. 抓斗;5. 起重

4) 按工作装置在水平面可回转的范围分有全回转式(360°);非全回转式(<270°)。

5) 按工作装置分有铰接式;伸缩臂式。

3. 工作过程

各种类型的单斗挖掘机可根据需要换装正铲、反铲、拉铲和抓斗的任何一种工作装置,都属于一种循环作业式机械,每一个工作循环包括挖掘、回转、卸料和返回四个过程。

(1) 正铲的工作过程

1) 挖掘过程。先将铲斗下放到工作面底部,然后提升铲斗,同时使斗杆向前推压,斗内装满土料。

2) 回转过程。先将铲斗向后退出工作面,然后回转,使动臂带着铲斗转到卸料处上空。在此过程中可适当调整斗的伸出度和高度适应卸料要求,以提高工效。

3) 卸料过程。打开斗底卸料。

4) 返回过程。回转挖掘机转台,使动臂带着空斗返回挖掘面,同时放下铲斗,斗底在惯性作用下自动关闭。

机械传动式正铲挖掘机适宜挖掘和装载停机面以上的 Ⅰ～Ⅳ 级土壤和松散物料。正铲的工作过程见图 14.11。

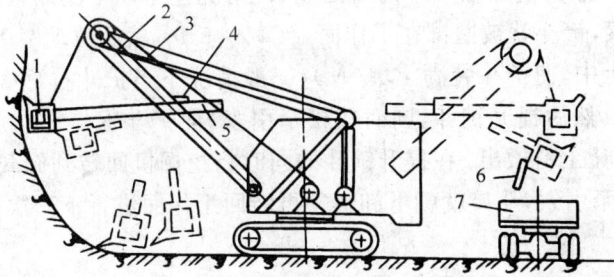

图 14.11　正铲工作过程简图

1. 铲斗；2. 动臂；3. 铲斗提升钢索；4,5. 斗杆；6. 斗底；7. 运输车辆

（2）反铲的工作过程

反铲的工作过程如图 14.12 所示，先将铲斗向前伸出，让动臂带着铲斗落在工作面上（Ⅰ）；然后将铲斗向着挖掘机方向拉转，于是它就在动臂和铲斗等重力以及牵引索的拉力作用下，使斗内装满土（Ⅱ）；将斗保持状态连同动臂一起提升到（Ⅲ），再回转至卸料处进行卸料。反铲有斗底可打开式与不可打开式两种。前者可打开斗底准确地卸料于车辆上（Ⅳ），后者需将铲斗向前伸出，使斗口朝下卸料（Ⅴ）。

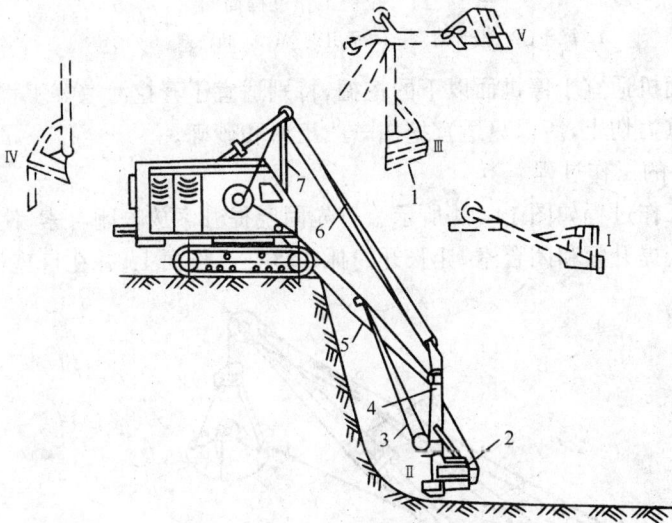

图 14.12　反铲的工作过程简图

1. 斗底；2. 铲斗；3. 牵引钢索；4. 斗杆；5,6. 提升钢索；7. 前支架

反铲挖掘机适宜于停机面以下的挖掘，如挖掘基坑及沟槽等。机械传动的反铲挖掘过程由于只是依靠铲斗自身重力切土，所以只适宜于挖掘轻级和中级土壤。

（3）拉铲的工作过程

拉铲的工作过程如图 14.13 所示。首先将铲斗以提升钢索 2 提升到位置（Ⅰ），拉收和放松牵引索 3,使斗在空中前后摆动(视情况也可以不摆动),然后共同放松提升索和牵引索,铲斗就被抛掷在工作面上(Ⅱ～Ⅲ)。然后拉动牵引索,铲斗在自重作用下切入土中,使铲斗装满土壤(Ⅳ)(一般情况下当铲斗拉移 3～4 倍长的距离时,可装满)。然后提升铲斗,同时放松牵引索,使铲斗保持在斗底与水平面成 8°～12°仰角,不让土料撒出。在提升铲斗的同时将挖掘机回转到卸载处。卸料时制动提升索,放松牵引索,斗口就朝下卸料。再转回工作面进行下一次挖掘。

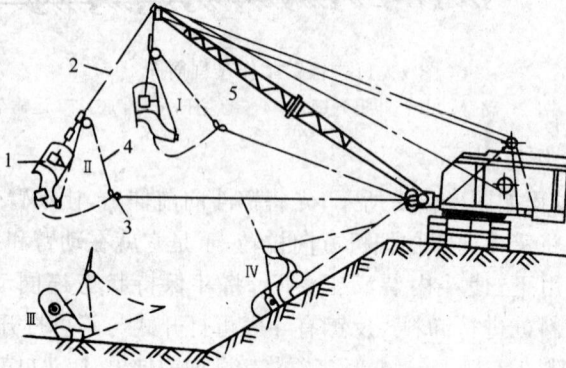

图 14.13 拉铲工作过程简图
1. 铲斗; 2. 提升钢索; 3. 牵引钢索; 4. 卸料索; 5. 动臂

拉铲挖掘机适宜于停机面以下的挖掘,特别适宜于开挖河道等工程。拉铲由于靠铲斗自身重力切土,所以只适宜挖掘一般土料和砂砾。

(4) 抓斗的工作过程

抓斗的工作过程如图 14.14 所示。首先固定提升索放松闭合索,使斗瓣张开。然后同时放松提升索和闭合索,让张开的抓斗落在工作面上,并在自重作用下切入

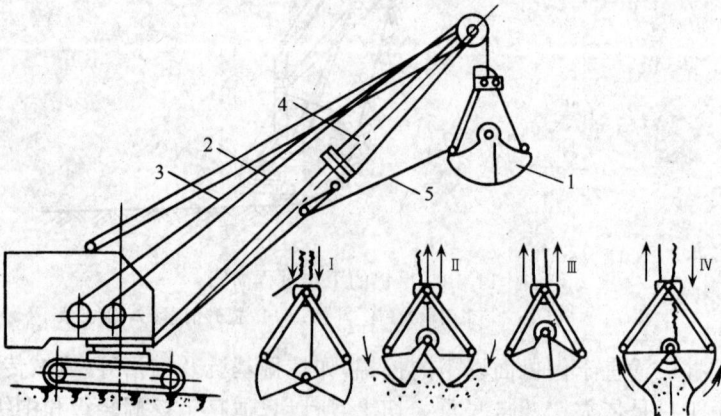

图 14.14 抓斗的工作过程简图
1. 抓斗; 2. 提升索; 3. 闭合索; 4. 动臂; 5. 定位索

土中（Ⅰ）。然后收紧闭合索，抓斗在闭合过程中抓满土料（Ⅱ）。当抓斗完全闭合后，以同一速度提升索和闭合索将抓斗提升（Ⅲ），同时使挖掘机转到卸料位置。卸料时固定提升索，放松闭合索，斗瓣张开，卸出土料（Ⅳ）。

抓斗挖掘机适宜停机面以上和以下的挖掘，卸料时无论是卸在车辆上或弃土堆上都很方便。由于抓斗是垂直上下运动，所以特别适合挖掘桥基桩孔、陡峭的深坑以及水下土方等作业。但抓斗的挖掘能力也受自重的限制，只能挖取一般土料、砂砾和松散料。

14.1.6 破碎筛分机械

1. 用途

破碎筛分机械是一种可将开采得到的岩石破碎，并按一定规格进行筛分的机械设备。为满足各种基本建设工程对碎石的需求，破碎筛分机械已成为一种不可缺少的施工设备。

2. 石料破碎的方法

石料的破碎过程，就是大块石料在外力作用下，克服内部分子间的内聚力，而使之碎裂成小块碎石的过程。在工程实践中，主要是依靠机械力的作用来破碎石料，在小变形的情况下就会发生碎裂。根据施加于石料上的不同破碎力，石料的破碎常用下述几种破碎方法（见图 14.15）。

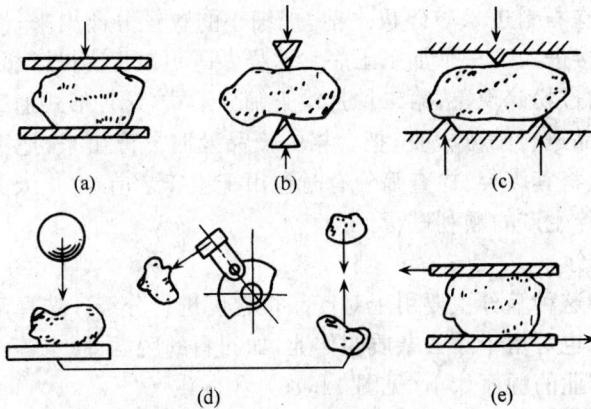

图 14.15 石料的破碎

(a) 压碎；(b) 劈碎；(c) 折碎；(d) 击碎；(e) 碾碎

1）压碎。石料在两个平面间受到压力作用后，石料内部压应力超过其抗压强度而发生碎裂[见图 14.15(a)]。

2）劈碎。在劈尖作用下，使石料内产生拉应力。当拉应力超过石料所具有的抗拉强度时，便发生碎裂[见图 14.5(b)]。

3）折碎。在多个交错力作用下，石料受到剪切、弯曲等应力作用。当这些应力超过一定限度时,石料会被剪断或弯曲折断[见图 14.5(c)]。

4) 击碎。石料受到冲击后,内部将产生较大的冲击应力而引起碎裂。击碎过程中,冲击应力的形式有压、剪、弯曲等复杂的形式[见图 14.5(d)]。

5) 碾碎。石料在两平面间受搓,作用于石料上的压力方向一直在变化,当压力作用在最薄弱的面上时,则使石料被压碎[见图 14.5(e)]。

一般而言,对于坚硬岩石采用劈碎和折碎的方法;对于韧性、黏性岩石采用碾碎和压碎的方法;对于脆性岩石则采用击碎的方法。

3. 破碎机的分类

破碎机按给料和产品的粒度可分为三大类:粗碎破碎机(由 1500~500mm 破碎至 350~100mm);中碎破碎机(由 350~100mm 破碎至 100~40mm);细碎破碎机(由 100~40mm 破碎至 30~10mm)。

4. 筛分机的分类及筛分作业

从采石场开采出来的或经过破碎的石料,是以各种大小不同的颗粒混合在一起的。在筑路工程中,石料在使用前,需要分成粒度相近的几种级别。石料通过筛面的筛孔分级称为筛分。筛分所用的机械称为筛分机械。利用筛子将不同粒径的混合物按粒度大小进行分级的作业称为筛分作业。根据筛分作业在碎石生产中的作用不同,筛分作业可以有以下两种工作类型:

(1) 辅助筛分

这种筛分在整个生产中起到辅助破碎作业的作用。通常有两种形式:第一种是预先筛分形式,在石料进入破碎机之前,把细小的颗粒分离出来,使其不经过这一段的破碎,而直接进入下一个加工工序。这样做既可以提高破碎机的生产率,又可以减少碎石料的过粉碎现象;第二种是检查筛分形式,这种形式通常设在破碎作业之后,对破碎产品进行筛分检查,把合格的产品及时分离出来,把不合格的产品再进行破碎加工或将其废弃。检查筛分有时也用于粗碎之前,阻止太大的石块进入破碎机,以保证破碎生产的顺利进行。

(2) 选择筛分

碎石生产中这种筛分主要用于对产品按粒度进行分级。选择筛分一般设置在破碎作业之后。也可用于除去杂质的作业,如石料的脱泥、脱水等。

选择筛分作业的顺序如下(见图 14.16):

1) 由粗到细筛分。这种筛分顺序可将筛面按粗细重叠,筛子结构紧凑。同时,筛孔尺寸大的筛面布置在上面,不易磨损。其缺点是最细的颗粒必须穿过所有的筛面,增加了粗级产品中夹杂细颗粒的机会。

2) 由细到粗筛分。这种筛分顺序将筛面并列排布,便于出料,并能减少颗粒夹杂,但是,采用这种筛分顺序时,机械的结构尺寸较大,并且由于所有物料都先通过细孔筛面,加快了细孔筛面的破损。

现代筛分工艺中,大都采用由粗到细的筛分顺序。在有些场合采用混合筛分顺序,这种顺序一般需用两台筛分机。

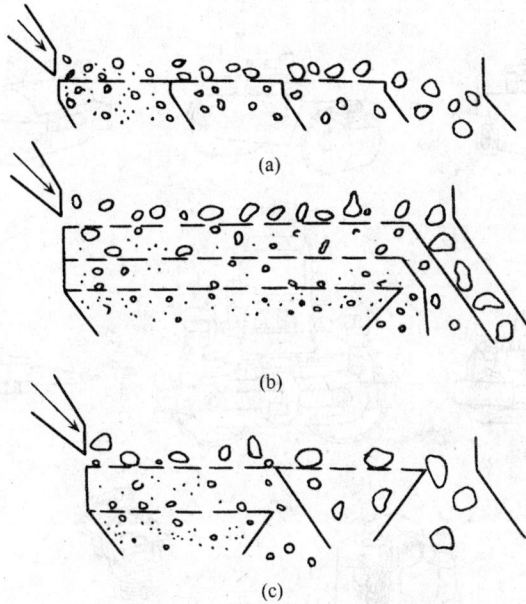

图 14.16　选择筛分作业的顺序
(a) 由细到粗；(b) 由粗到细；(c) 混合筛分

14.2　压实机械

压实机械是一种利用机械自重、振动或冲击的方法，对被压实材料重复加载，排除其内部的空气和水分，使之达到一定密实度和平整度的作业机械。它广泛用于公路、铁路路基、机场跑道、堤坝及建筑物基础等基本建设工程的压实作业。

图 14.17 是常用压实机械。它包括静力作用光面轮、轮胎压路机(rubber tyred roller)、振动压路机(vibrating roller)、振荡压路机以及振动平板夯、蛙式夯和快速冲击夯等。压实机械种类虽多，但按其压实原理(图 14.18) 可分为静力式、振动式和冲击式三种类型。

静力作用[图 14.8(a)]压实机械是利用机械自身重力产生的静滚压力作用，迫使被压实材料产生永久性变形而达到压实的目的。静力式压实机械广泛用于土方、砾石、碎石和沥青混凝土路面的压实作业中。静力压实机械包括静作用光轮压路机和轮胎压路机。静力压实机械由于受机械自重的限制，其压实深度和密实度受到一定的局限。静力压实机械的特点是循环延续时间长，材料应力状态的变化速度不大，但应力较大。

夯实机械的工作原理[图 14.18(b)]是利用一块质量为 m 的物体，从一定高度 H 处落下，冲击被压实材料而使之被压实。其特点是使材料产生的应力变化速度很大。特别适用于对黏性土壤、砂质黏土和灰土的压实。主要用于作业量不大及狭小场地的压实作业。特别是对路肩和道路维修养护工程等的压实作业。

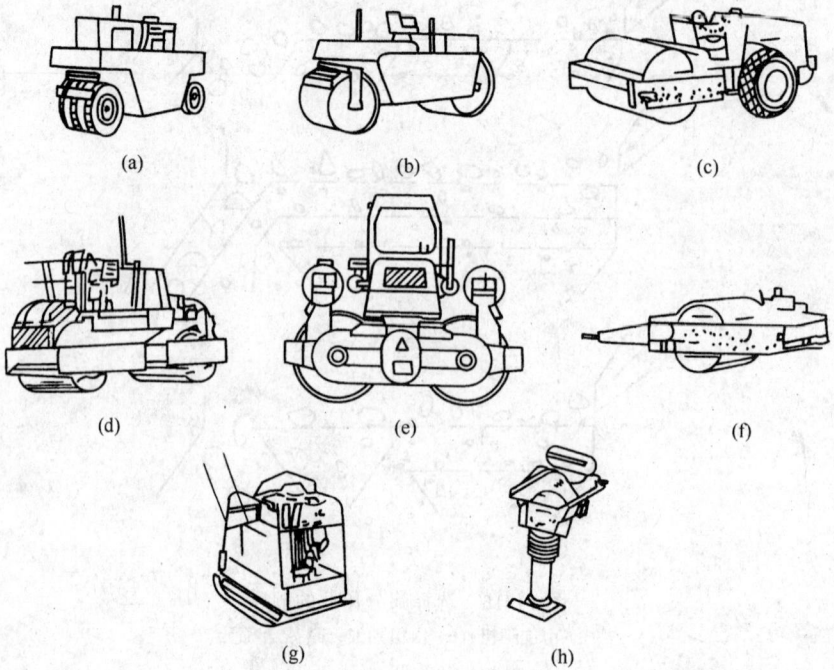

图 14.17　常用压实机械

(a) 轮胎压路机；(b) 静力作用光轮压路机；(c) 轮胎驱动光轮振动压路机；
(d) 两轮串联式振动压路机；(e) 四轮摆振式压路机；(f) 拖式振动压路机；
(g) 振动平板夯；(h) 快速冲击夯

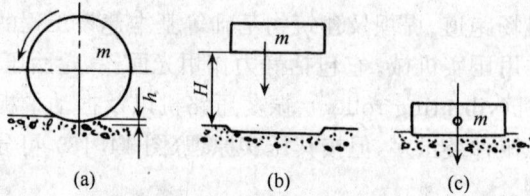

图 14.18　压实原理示意图

(a) 静力碾压；(b) 冲击压实；(c) 振动压实

　　振动压实的工作原理[图 14.18(c)]是利用固定在质量为 m 的物体上的振动器所产生的激振力，迫使被压实材料做垂直强迫振动，急剧减小土壤颗粒间的内摩擦力，使颗粒靠近，密实度增加，从而达到压实的目的。振动压实的特点是其表面应力不大，过程时间短，加载频率大，同时还可以根据不同的铺筑材料和铺层厚度，合理选择振动频率和振幅，以提高压实效果，减少碾压遍数。

　　20 世纪 80 年代瑞典等国研制了振荡压路机。该机是采用土力学土壤交变剪应力的原理，在碾轮内对称安装并同步旋转的激振偏心块（轴），使碾滚承受交变扭矩,对地面持续作用,形成前后方向的振荡波,使被压实材料产生交变剪应变。在这种水平激振力和滚轮垂直静载的共同作用下,实现对被压实材料在水平和垂直两个方向的压实。

14.2.1 静力式光面滚压路机

静力光面滚压路机对被压材料的压实是依靠本身的质量来实现的。它可以用来压实路基、路面、广场和其他各类工程的地基等。其工作过程是沿工作面前进与后退反复地滚动,使被压实材料达到足够的承载力和平整的表面。

自行式光面滚压路机按滚轮及轮轴数分类如图 14.19 所示,可分为二轮二轴式、三轮二轴式和三轮三轴式三种。目前国产压路机中,只生产有二轮二轴式和三轮二轴式两种。

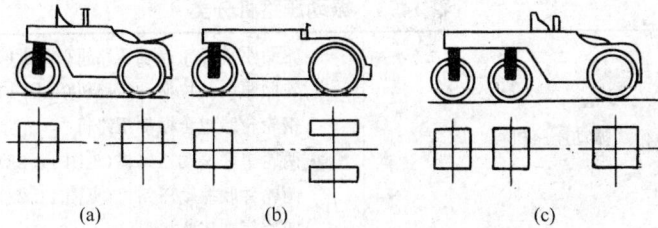

图 14.19 自行式光面滚压路机按滚轮数及轴数分类
(a) 二轮二轴式;(b) 三轮二轴式;(c) 三轮三轴式

根据整机质量静力光面滚压路机又可分为轻型、中型和重型三种。质量在 5～8t 的为轻型,多为二轮二轴式,适宜于压实路面、人行道、体育场等。质量为 8～10t 的为中型,有二轮二轴式和三轮二轴式两种。前者大多数用于压实与压平各种路面,后者多用于压实路基、地基以及初压铺筑层。质量为 10～15t、10～18t 的为重型,有三轮二轴式和三轮三轴式两种。前者用于最终压实路基,后者用于最后压实与压平各类路面与路基,尤其适合于压实与压平沥青混凝土路面。此外,还有质量在3～5t的二轮二轴式小型压路机,主要用于路面的养护,人行道的压实等。

上述的质量划分和适用范围,只是就一般情况而言,并无严格的界限。

14.2.2 振动压路机

1. 用途

振动压路机是工程施工的重要设备之一,它主要用在公路、铁路、机场、港口、建筑等工程中。用来压实各种土壤(多为非黏土)、碎石料、各种沥青混凝土等。在公路施工中,多用在路基、路面的压实,是筑路施工中不可缺少的压实设备。

2. 分类、特点及适用范围

振动压路机可以按照结构质量、结构形式、行驶方式、传动方式、振动轮数、振动激励方式等进行分类。表 14.3 为振动压路机分类,表 14.4 为振动压路机结构质量分类。

1)按机器结构质量可分为轻型、小型、中型、重型和超重型。

2)按行驶方式可分为自行式、拖式和手扶式。

3)按振动轮数量可分为单轮振动、双轮振动和多轮振动。

4)按驱动轮数量可分为单轮驱动、双轮驱动和全轮驱动。

5)按传动系传动方式可分为机械传动、液力机械传动、液压机械传动和全液压传动。

6)按振动轮外部结构可分为光轮、土块(羊脚碾)和橡胶滚轮。

7)按振动轮内部结构可分为振动、振荡和垂直振动。

8)按振动激励方式可分为垂直振动激励、水平振动激励和复合激励。

表 14.3 振动压路机分类

自行式振动压路机	轮胎驱动光轮振动压路机(见图 14.20)
	轮胎驱动凸块振动压路机(见图 14.21)
	钢轮轮胎组合振动压路机
	两轮串联振动压路机(见图 14.23)
	两轮并联振动压路机(见图 14.22)
	四轮振动压路机(见图 14.23)
拖式振动压路机	拖式光轮振动压路机[见图 14.25(a)]
	拖式凸块振动压路机[见图 14.25(b)]
	拖式羊足振动压路机[见图 14.25(c)]
	拖式格栅振动压路机[见图 14.25(d)]
手扶式振动压路机	手扶式单轮振动压路机
	手扶式双轮整体式振动压路机
	手扶式双轮铰接式振动压路机
新型振动压路机	振荡压路机
	垂直振动压路机

表 14.4 振动压路机结构质量分类

类别 \ 项目	结构质量/t	发动机功率/kW	适用范围
轻型	<1	<10	狭窄地带和小型工程
小型	1~4	12~34	用于修补工作、内槽填土等
中型	5~8	40~65	基层、底基层和面层
重型	10~14	78~110	用于街道、公路、机场等
超重型	16~25	120~188	筑堤,用于公路、土坝等

轮胎驱动铰接振动压路机总体构造如图 14.20 所示。

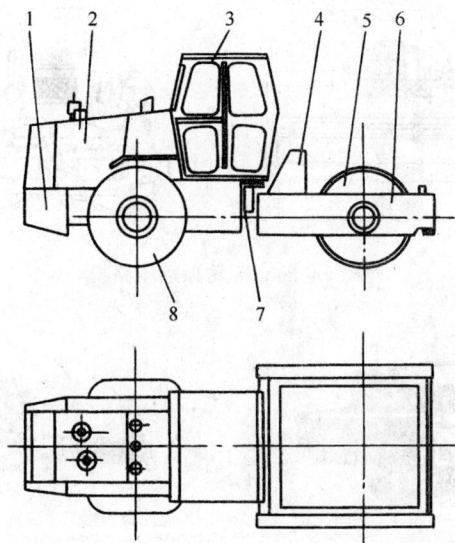

图 14.20　轮胎驱动铰接振动压路机总体构造

1. 后机架；2. 发动机；3. 驾驶室；4. 挡板；5. 振动轮；6. 前机架；7. 铰接轴；8. 驱动轮胎

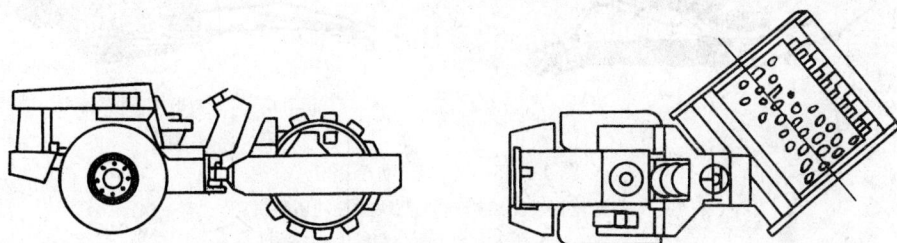

图 14.21　轮胎驱动凸块振动压路机

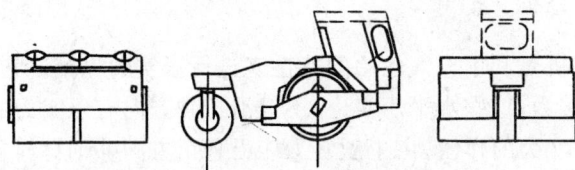

图 14.22　两轮并联振动压路机

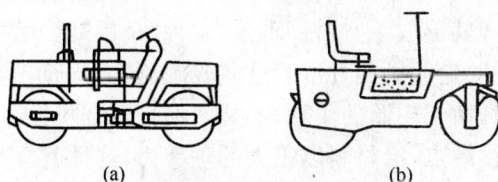

(a) (b)

图 14.23　两轮串联振动压路机

(a) 铰接车架；(b) 整体车架

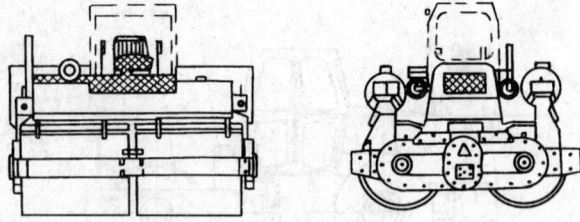

图 14.24　四轮振动压路机

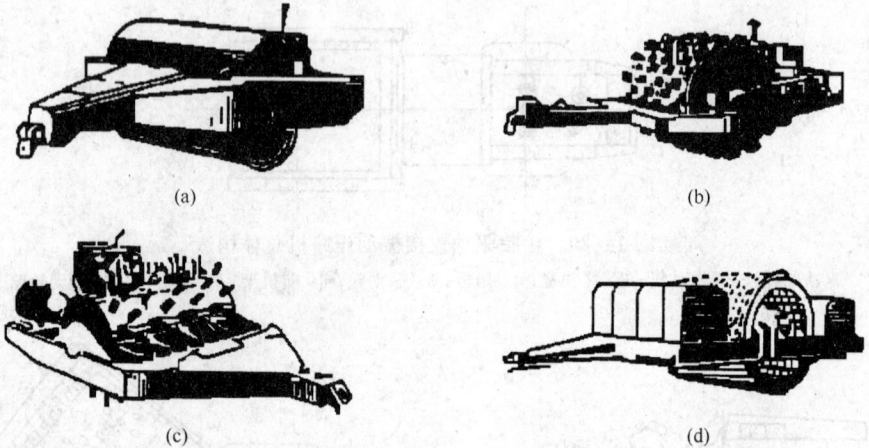

（a）

（b）

（c）

（d）

图 14.25　拖式振动压路机
（a）光轮振动压路机；（b）凸块式振动压路机；
（c）羊足振动压路机；（d）格栅振动压路机

14.2.3　轮胎压路机

　　轮胎式压路机是利用充气轮胎的特性来进行压实的机械。它除有垂直压实力外，还有水平压实力，这些水平压实力，不但沿行驶方向有压实力的作用，而且沿机械的横向也有压实力的作用。由于压实力能沿各个方向移动材料粒子，所以可得到最大的密实度。这些力的作用加上橡胶轮胎弹性所产生的一种"揉搓作用"结果就产生了极好的压实效果。如果用钢轮压路机压实沥青混合料，钢轮的接触线在沥青混合料的大颗粒之间就形成了"过桥"现象，这种"过桥"留下的空隙，就会产生不均匀的压实。相反，橡胶轮胎柔曲并沿着这些轮廓压实，从而产生较好的压实表面和较好的密实性。同时，由于轮胎的柔性，不是将沥青混合料推在它的前面，而是给混合料覆盖上最初的接触点，给材料以很大的垂直力，这样就会避免钢轮压路机经常产生的裂缝现象。另外轮胎压路机还具有可增减配重、改变轮胎充气压力的特点。这样更有益于对各种材料的压实。

14.2.4 夯实机械

夯实机械是一种冲击式机械,适用于对黏性土壤和非黏性土壤进行夯实作业,夯实厚度可达 1~1.5m,它广泛使用在公路、铁路、建筑、水利等工程施工中。在公路修筑施工中,可用在桥背涵侧路基夯实、路面坑槽的振实以及路面养护维修的夯实、平整,是筑路工程中不可缺少的设备之一。

按夯实冲击能量大小分为轻型、中型和重型三种:轻型(0.8~1kN·m);中型(1~10kN·m);重型(10~50kN·m)。

按结构和工作原理分为自由落锤式夯实机、振动平板夯实机(见图14.26)、振动冲击夯实机、爆炸式夯实机和蛙式夯实机。

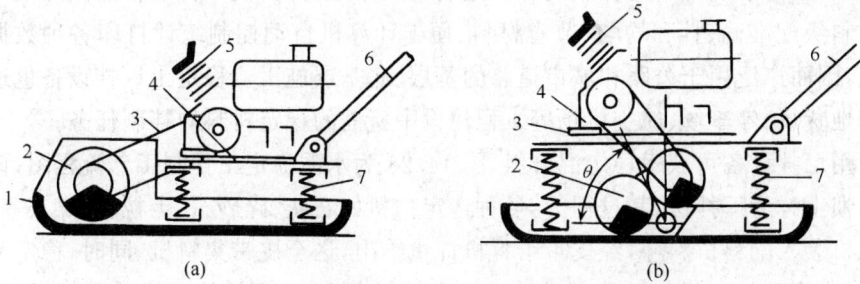

图 14.26 振动平板夯实机结构和工作原理图

(a) 非定向振动式;(b) 定向振动式

1. 夯板;2. 激振器;3. V形皮带;4. 发动机底架;5. 操纵手柄;6. 扶手;7. 弹簧悬挂系统

14.3 路面施工机械

14.3.1 稳定土拌和机

稳定土拌和机(见图14.27)是一种直接在施工现场将稳定剂与土壤或砂石均

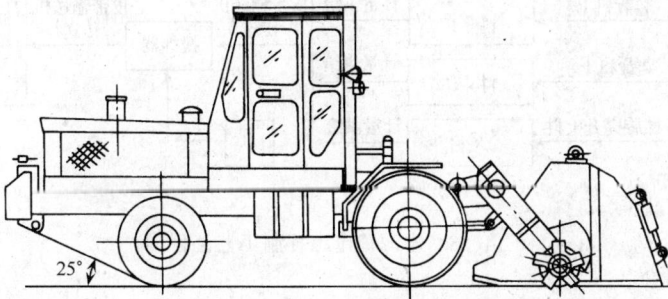

图 14.27 稳定土拌和机

匀拌和的专用自行式机械。在高等级公路施工中,稳定土拌和机用于修筑路面底基层;在中、低等级公路施工中,用于修筑路面的基层或面层。稳定土拌和机还用于处理软化路基。在港口码头、停车场、航空机场和其他建筑基础等工程中,稳定土拌和机也得到了广泛的应用。稳定土拌和机安装上铣刨转子后还可以用来铣刨旧的沥青混凝土路面,完成就地破碎再生作业。

稳定土拌和机的应用,不仅可以节约施工费用,加快工程进度,更重要的是可以保证施工技术要求和质量。

14.3.2 稳定土厂拌设备

稳定土厂拌设备是专门用于拌制各种以水硬性材料为结合剂的稳定混合料的搅拌机组。由于混合料的拌制是在固定场地集中进行的,使厂拌设备能够方便地具有材料级配准确、拌和均匀、节省材料、便于计算机自动控制统计打印各种数据等优点,因而广泛用于公路和城市道路的基层、底基层施工。稳定土厂拌设备也适用于其他货场、停车场、航空机场等工程建设中所需的稳定材料的拌制任务。

用厂拌设备可获得稳定混合料,图 14.28 为水泥稳定土拌制工艺流程图,该工艺习惯上称为厂拌法,其过程为:各种选定物料如石灰、碎砂石、土粒、粉煤灰等,用装载机装入配料机料斗,经皮带给料机计量给出,送至皮带集料机。同时,稳定剂如石灰、水泥等粉料经气送等各种途径送进粉料存仓,由螺旋输送机输入计量料斗,再使用粉料给料机计量给出,送至皮带集料机。各种骨、粉料由集料机送至搅拌机拌和。在搅拌机物料入口上部设有液体喷头,根据混合前各种物料的含水量情况,可在此使用供水系统喷加适量的水,以调整混合粉料的含水量,使之达到工程所需的要求。在必要的情况下,可采用相应的供给系统喷淋各种不同的稳定液。搅拌混合好的成品稳定土经上料皮带机送至混合料储料仓暂存,储料仓底部有可控的斗门,开启斗门向停放于储料仓下的载货车卸料,然后闭斗暂存、换车。

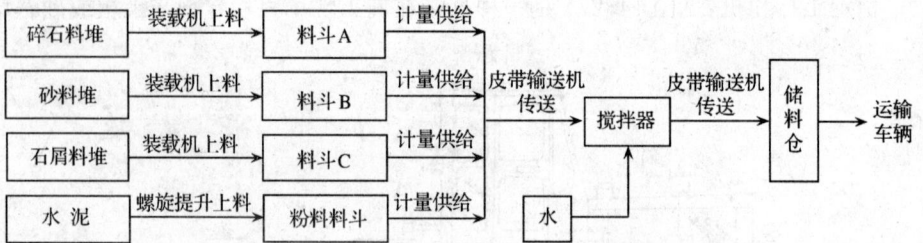

图 14.28 水泥稳定土拌制工艺流程图

稳定土厂拌设备(见图 14.29)可分为小型(生产率小于 200t/h);中型(生产率 200~400t/h);大型(生产率大于 400~600t/h);特大型(生产率大于 600t/h)。

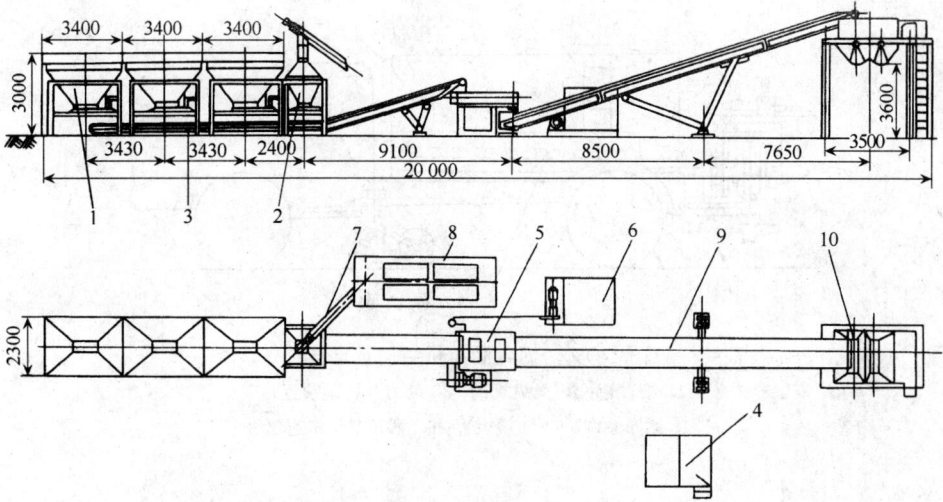

图 14.29　稳定土厂拌设备简图(单位:mm)

1. 配料机；2. 粉料配料机；3. 集料机；4. 电器控制柜；5. 搅拌机；6. 供水系统；
7. 螺旋输送机；8. 卧式粉料库；9. 成品料皮带机；10. 成品料储仓

14.3.3　沥青洒布机

在采用沥青贯入法或沥青表面处治法修筑、养护沥青路面,或在基层表面上喷洒沥青透层时,可用沥青洒布机进行热态沥青、乳化沥青的运送和喷洒。此外,大容量的沥青洒布车可用来作为沥青、乳化沥青的运输工具。

根据沥青洒布机的移动形式,可将其分为手推式、拖式和自行式三种。手推式沥青洒布机是将储料箱(容量 200~300L)、洒布设备和动力装置等装在一辆两轮手推车上,一般用于道路养护作业;拖式沥青洒布机的所有部件和设备装在一辆挂车上,由牵引车拖行,其储料箱容量为 400~600L,并可用燃烧器加热料箱内的沥青,进行保温;自行式沥青洒布机料箱的容量为 500L 以上,储料箱和洒布机系统均装在汽车底盘上,其机动性很大,可用于沥青需要量大且运距较远的道路施工与养护作业上。

沥青洒布机主要由保温沥青箱、加热系统、传动系统、循环洒布系统、操纵机构及检查、计量仪表等组成。沥青洒布机结构如图 14.30 所示,沥青洒布机外形如图 14.31 所示。其工作过程是:沥青泵将沥青熔化池中的热沥青吸入储料箱中,将沥青运输到工地现场;加热系统将沥青加热到工作温度;控制机构将喷洒阀门开启;沥青泵将沥青以一定的压力输送至洒布管、喷嘴后按一定的洒布率喷洒到路面上。作业结束后,沥青泵反向运转,将循环管路中的残留沥青吸送回沥青箱中。

沥青的喷洒方式有泵压洒布和气压洒布两种,泵压洒布如前所述。气压洒布是

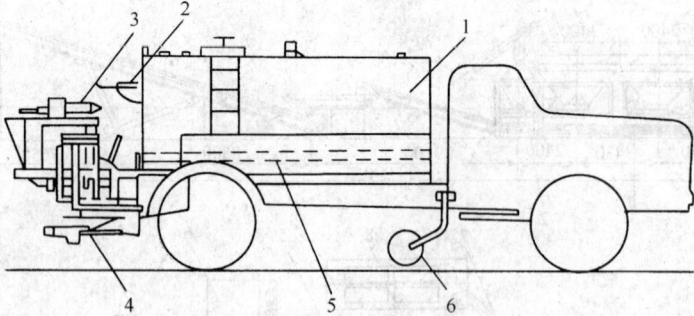

图 14.30 沥青洒布机结构示意图

1. 沥青箱；2. 操纵机构；3. 动力及传动装置；
4. 洒布系统；5. 加热火管；6. 第五车轮测速仪

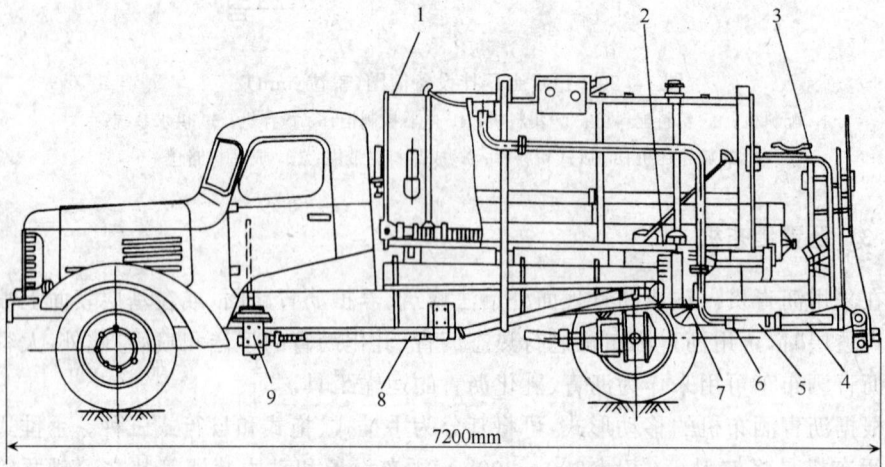

图 14.31 沥青洒布机外形图

1. 沥青储料箱；2. 主三通网；3. 洒布操纵机构；4. 管道系统；5. 座管道三通网；
6. 放油口；7. 沥青泵；8. 传动轴；9. 动力输出箱

利用空气压缩机制备出压缩空气，并将压缩空气输入耐压性和密封性良好的储料箱内，沥青在气压作用下经洒布管喷洒出。空气压缩机还可在储料箱内形成负压，从而吸入沥青。气压式洒布机在作业结束时还可将管路中的残留沥青吹洗干净。尤其是对乳化沥青，使用气压式沥青洒布机可避免产生破乳现象。

14.3.4 沥青加热及乳化设备

1. 沥青加热设备

沥青加热设备的作用是将沥青储仓(罐)中的固体沥青加热，使其熔化、脱水并达到要求的工作温度。

储仓(罐)内沥青的加热方式可分为:蒸汽加热式、火力加热式、电加热式、导热油加热式、太阳能加热式、远红外线加热式等几种。

蒸汽加热是以0.6～1.2MPa压力的蒸汽作为热介质,通过蒸汽导热管和蛇形管将热量传给沥青。以蒸汽作为热介质的优点是加热工况较柔和,且经济性好,缺点是因加热介质的温度不很高,故所需蛇形管面积较大;当蛇形管的气密性受破坏时,蒸汽有可能渗漏到沥青中;蒸汽锅炉的使用较麻烦。目前此加热方式已逐渐淘汰。

较原始的火力加热是用明火给锅内的沥青加热,其劳动条件恶劣,环境污染严重,已不允许使用。目前的火力加热是利用柴油、重油、渣油或煤等燃料燃烧后,将产生的热量通过储仓内的火管给沥青加热。此方法简单且经济,但局部温度过高,沥青易老化,影响加热后的沥青质量,且有引起火灾的危险。

电加热方式是利用电阻丝通电后所发出的热量来加热沥青。此种方法优点是所用的设备结构简单、价格低廉、使用方便、无污染、热效率高、升温快、易于自动控制。缺点是耗电量大、沥青易局部老化,故多用于使用固态沥青熔化或补偿沥青的热损失。此种加热方式国外使用较多,国内一般与太阳能加热组合使用。

太阳能加热是利用太阳的辐射热透过沥青储池上面的玻璃盖板来加热沥青的。由于太阳射到地面上的辐射热有限,故只能用来熔化主池内的固态沥青,应辅以其他加热方式以使沥青达到泵吸温度或工作温度。

导热油加热式是利用经加热至较高温度的高闪火点矿物油作为热介质,使其在导管和蛇形管中循环流动来加热管外的沥青。这种方法优点是所使用的导热油加热器结构紧凑,使用方便,加热柔和,热效率高,易于自动控温,对沥青加热升温均匀速度快。但是,在加热器中有可能使导热油焦化变质,甚至引起火灾,且使用成本较高。目前国内外广泛使用导热油加热方式。

远红外加热方式是利用远红外电热管发射远红外辐射来促使沥青分子运动激化,从而使其温度上升的。这种加热方式的优点是干净、无污染、易于控制温度、不会使沥青老化;缺点是它仅在电力价廉而充足的地区才有实用价值,一般情况下使用成本高。

2. 沥青乳化设备

沥青乳化设备的作用是在乳化剂的作用下通过机械力将沥青破碎成微小的颗粒,并均匀分散在水中,形成了稳定的乳状液,即乳化沥青。乳化沥青主要用来在公路、城市道路施工中作为沥青透层、黏结层使用,也可作为冷拌沥青混凝土中的结合料。

根据沥青和乳化剂水溶液进入乳化机时的状态不同,沥青乳化设备可分为开式系统和闭式系统两种类型。前者的特点是沥青和乳化剂靠自重流入乳化机的进料漏斗中,由阀门控制流量,设备结构简单,但易使空气混入乳化机中而产生气泡,使生产率大大降低;后者是利用两个泵分别将沥青和乳化剂水溶液经管路泵入乳化机内,由流量计指示流量,优点是不易使空气混入乳化机中,便于实现自动控制,乳化沥青的质量和产量比较稳定。

根据沥青乳化设备的工艺流程不同,可分为分批作业和连续作业两大类。

分批式沥青乳化设备工艺流程如图 14.32 所示。乳化剂和水在掺配罐制成乳化剂水溶液,乳化剂水溶液由泵输入乳化机中,沥青由沥青泵也同时送入乳化机,配制好的乳化沥青流入成品罐。当一罐乳化剂水溶液用完后,再进行下一次的掺配,整个生产流程分批进行。

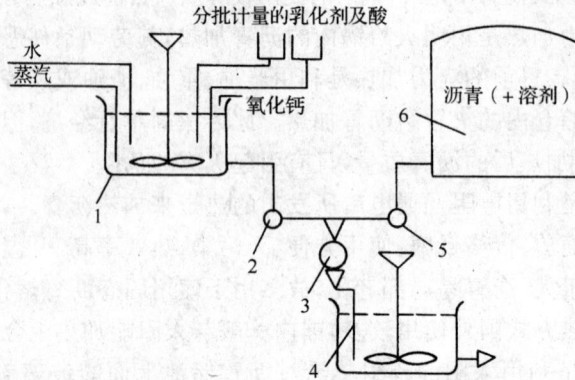

图 14.32　分批式沥青乳化设备工艺流程图

1. 乳化剂水溶液掺配罐;2,5. 流量控制器;3. 乳化机;4. 乳化沥青成品罐;6. 沥青储罐

连续作业式的特点是乳化剂水溶液连续不断地进入乳化机中。可采用两个容器交替掺配乳化剂水溶液或增设一个乳化剂水溶液储罐实现连续生产;或如图 14.33 连续式乳化沥青设备工艺流程所示,将水、乳化剂和其他添加剂分别用计量泵送入管道内,在管道内掺配成乳化剂水溶液后直接进入乳化机。后者可使整个沥青乳化设备的体积减小,可实现大流量连续作业,自动化程度高。

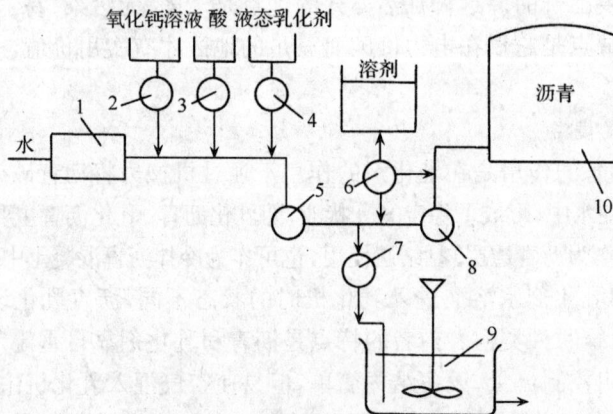

图 14.33　连续式乳化沥青设备工艺流程图

1. 热交换器;2,3,4,6. 计量泵;5,8. 流量控制器;7. 乳化机;9. 乳化沥青成品罐;10. 沥青储罐

14.3.5 沥青混凝土搅拌设备

将不同粒级的碎石、天然砂或破碎砂等,按适当比例配合成符合规定级配范围的矿料混合料,将矿料混合料加热后,与适当比例的热沥青及矿粉一起,在规定温度下拌和所得的混合料称为热拌沥青混凝土混合料。拌制沥青混凝土混合料的机械与设备称为沥青混凝土搅拌设备。

沥青混凝土中的矿(砾)石是混凝土中的骨架,统称为骨料。砂子用来增加矿料与沥青的黏结面积。石粉作为填充料与沥青共同形成一种糊状黏结物,填充于骨料之间,既可使沥青不致从碎石表面流失,又可防止水分的浸入,以增加砂石料之间的黏结强度,从而提高混凝土的强度。此外,由于石粉的性质不随温度变化而变化,所以它与沥青混合而成的糊状物受温度变化的影响较小,可提高黏结物的稳定性,以利沥青混凝土混合料的摊铺。

将沥青混凝土混合料摊铺到路面基层上,经过整形、压实即成为沥青混凝土路面面层。沥青混凝土面层具有很高的强度和密实度,在常温下具有一定的塑性,且透水性小,水稳性好,有较大的抵抗自然因素和交通荷载的能力,其使用寿命长,耐久性好,可作为高等级公路的优质高级柔性路面。

为使沥青混凝土混合料在摊铺作业时具有良好的和易性与均匀性,拌制好的沥青混凝土混合料应具有 140~160℃的工作温度和精确的配比。通常,应将沥青加热到 140~160℃的工作温度以保证有足够的流动性,砂石料(骨料)必须烘干并加热到 160~200℃的温度,才能保证被沥青很好地裹覆和黏结在一起。此外,还要根据沥青混凝土混合料的用途确定砂石料的级配及砂石料与沥青黏结剂的配合比例(油石比)。

沥青混凝土混合料的拌制工序及相应的搅拌设备对应的装置见表 14.5。

表 14.5　沥青混凝土混合料的拌制工序及相应的搅拌设备对应的装置

拌制工序	各工序所对应的装置
冷骨料的粗配与供给	冷骨料的定量供给和输送装置
冷骨料的烘干与加热	骨料的烘干、加热与热骨料输送装置
热骨料的筛分、存储与二次称量、供给	热骨料筛分装置及热骨料储仓及称量装置
沥青的熔化、脱水及加热	沥青储仓、保温罐、沥青脱桶装置
石粉的定量供给	石粉储仓、石粉输送及定量供给装置
沥青的定量供给	沥青定量供给系统
各种配料的均匀搅拌	沥青混凝土混合料搅拌器
沥青混凝土混合料成品储存	沥青混凝土混合料成品储仓

另外,为了保证环境清洁,沥青混凝土搅拌设备还必须设置除尘装置。

沥青混凝土搅拌设备按生产能力分为大型、中型和小型三种。大型的生产率为 400t/h 以上,都属于固定式,适用于集中工程及城市道路工程;中型的生产率为

30～350t/h,可以是固定式的或半固定式的,半固定式即将设备设置在几个拖车上,在施工地点拼装,适用于工程量大且集中的公路施工;小型的生产率为 30t/h 以下,多为移动式的,即设备全部组成部分都设置在一辆半挂车或大型特制式汽车底盘上,可随施工地点转移,适用于工程量小的公路施工工程或养路作业。

沥青混凝土搅拌设备按工艺流程可分为间歇强制式和连续滚筒式。

(1) 间歇强制式沥青混凝土搅拌设备

间歇强制式沥青混凝土搅拌设备总体结构如图 14.34 所示,这种搅拌设备的工艺流程如下:

1) 不同规格的冷砂石料→冷骨料定量给料装置中的各料斗按容积进行粗配→粗配后的冷骨料由皮带输送机转输→干燥筒内的火焰逆流将冷骨料烘干并加热到足够温度→热骨料被提升机转输→热骨料由筛分机筛分后存入储斗暂时储存(以上过程为连续进行)→热骨料计量装置精确计量→搅拌器搅拌。

2) 矿粉→矿粉储仓→定量给料装置→搅拌器搅拌。

3) 沥青→沥青保温罐→沥青定量装置→搅拌器搅拌。

4) 搅拌好的沥青混凝土混合料成品→混合料成品储仓或直接运往施工现场。

5) 干燥滚筒、热骨料筛分机等所产生的粉尘→除尘装置将粉尘分离出来→粉尘储仓或矿粉定料给料装置再利用。

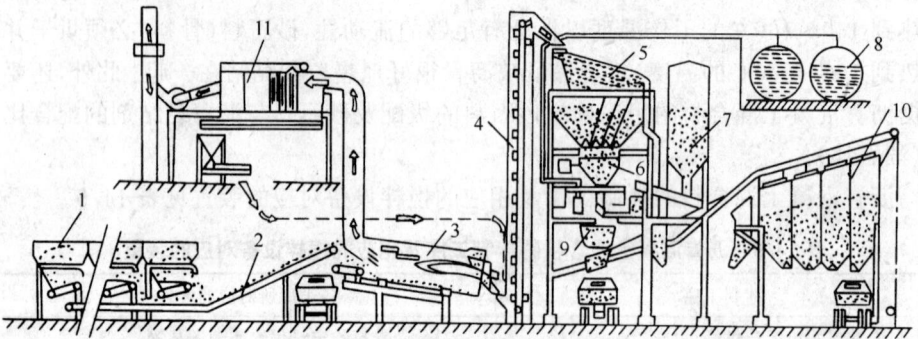

图 14.34　间歇强制式沥青混凝土搅拌设备总体结构图
1. 冷骨料储存及配料装置;2. 冷骨料带式输送机;3. 冷骨料干燥滚筒;
4. 热骨料提升机;5. 热骨料筛分及储存装置;6. 热骨料计量装置;
7. 石粉储仓;8. 沥青供给系统;9. 搅拌器;10. 成品料储仓;11. 除尘装置

间歇强制式搅拌设备能保证矿料的级配、矿料与沥青的比例达到相当精确的程度,另外也易于根据需要随时变更矿料级配和油石比,所拌制出的沥青混合料质量好,可满足各种施工要求。因此,这种设备在国内外使用较为普遍。其缺点是工艺流程长、设备庞杂、建设投资大、耗能高、搬迁困难,尤其是为使除尘效果符合环保要求,对除尘设施的要求较高,其投资通常达到搅拌设备总造价的 30%～40%。

（2）连续滚筒式沥青混凝土搅拌设备

连续式沥青混凝土搅拌设备总体结构如图 14.35 所示。这种搅拌设备的工艺流程如下：

1）不同规格的冷砂石料→冷骨料定量给料装置料斗→冷骨料级配后由变速皮带机转输（以实现油石比控制）→干燥搅拌筒前半段烘干并加热到足够温度→干燥滚筒后半段进行搅拌。

2）矿粉→矿粉储仓→皮带电子秤连续计量→冷骨料皮带输送机（或干燥搅拌筒）。

3）沥青→沥青供给系统→沥青输送系统→计量后的沥青进入干燥搅拌筒→由沥青喷管将沥青喷入干燥搅拌筒后段→与加热后的骨料一起搅拌。

4）搅拌好的沥青混凝土混合料→成品料输送机→混合料成品储仓待运。

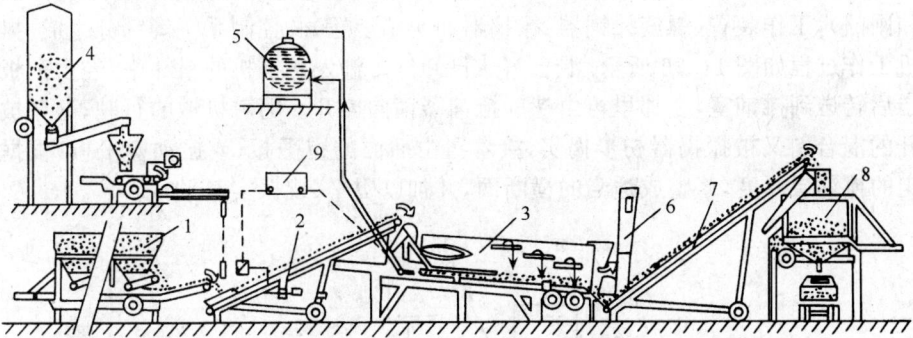

图 14.35　连续滚筒式沥青混凝土搅拌设备结构图

1. 冷骨料储存和配料装置；2. 冷骨料带式输送机；3. 干燥搅拌筒；4. 石粉供给系统；
5. 沥青供给系统；6. 除尘装置；7. 成品料输送机；8. 成品料储仓；9. 控制系统

在上述的工艺流程中，冷骨料输送机转速、沥青的流量可通过控制系统自动调节，以使油石比精确。沥青混凝土混合料的制备在干燥搅拌筒内进行，即动态计量级配的冷骨料和石粉连续从干燥筒的前部进入，采用顺流加热方式烘干加热，然后在干燥搅拌筒的后段与动态计量连续喷洒的热态沥青，采取跌落搅拌方式连续搅拌出沥青混凝土混合料。与间歇强制式搅拌设备相比，连续滚筒式搅拌设备的优点是：工艺较简单，设备的组成部分较简单，投资省，维修费用低，能耗少，且由于湿冷骨料在干燥搅拌筒内烘干，加热后即被沥青裹覆，使粉尘难以逸出，对空气污染少。其缺点是：骨料的加热采用热气顺着料流的方向进行，故热利用率低，拌制好的沥青混凝土混合料的含水量较大，且温度也较低（110～140℃）。

14.3.6　沥青混合料摊铺机

沥青混合料摊铺机是用来将拌制好的沥青混合料（沥青混凝土或黑色粒料）按一定的技术要求（厚度和横截面形状）均匀地摊铺在已整好的路基或基层上，并给予初步捣实和整平的专用设备。使用摊铺机施工,既可大大地加快施工速度、节省成本,又可提高所铺路面的质量。

另外,现代沥青混合料摊铺机还适用于摊铺各种材料的基层和面层,如摊铺防护墙、铁路路基、RCC 基础层材料、稳定土等,是修筑一般公路与高速公路不可缺少的关键设备。

现代沥青混合料摊铺机采用全液压驱动和电子控制、中央自动集中润滑、液压振动、液压无级调节摊铺宽度等新技术,自动化程度高,操作简单方便,视野好,并设有总开关、自动找平装置、卸载装置、闭锁装置,保证了摊铺路基、路面的平整度和摊铺质量。

此外,由于机械化摊铺的速度快,且摊铺机上有可以加热的熨平装置,因此它在进行摊铺时,对气温的要求比人工摊铺时要低,所以可在较冷的气候条件下施工。

沥青混合料摊铺机主要由基础车(发动机与底盘),供料设备(料斗、输送装置和闸门),工作装置(螺旋摊铺器、振捣器和熨平装置)及控制系统等部分组成。摊铺机工作过程如图 14.36 所示。混合料从自卸汽车卸入摊铺机的料斗中,经由刮板输送后转送到摊铺室,在那里再由螺旋摊铺器横向摊开。随着机械的行驶,这些被摊开的混合料又被振捣器初步捣实,接着再由后面的熨平板(或振动熨平板)根据规定的摊铺层厚度,修整成适当的横断面,并加以熨平(或振实熨平)。

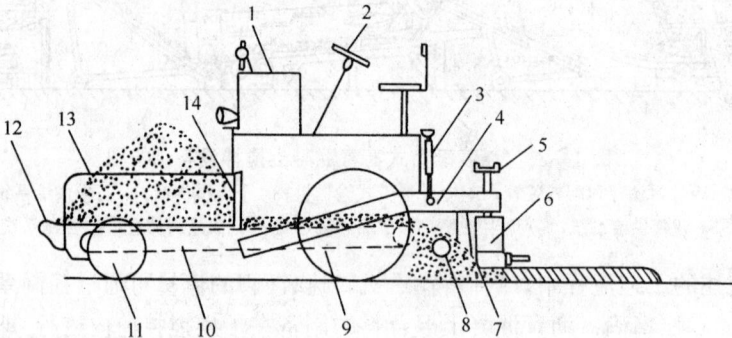

图 14.36　摊铺机工作过程简图

1. 控制台;2. 方向盘;3. 悬挂油缸;4. 侧臂;5. 熨平器调整螺旋;6. 熨平器;7. 振捣器;
8. 螺旋摊铺器;9. 驱动轮;10. 刮板输送器;11. 方向轮;12. 推滚;13. 料斗;14. 闸门

自卸汽车在卸料给摊铺机时倒退到使其后轮碰及摊铺机的前推滚,然后将变速器放置空挡,升起车厢,由摊铺机推着汽车一边前进一边卸料。卸料完毕,汽车驶开,更换另一辆汽车按同样方法卸料。

混合料进入摊铺器的数量可由装在刮板输送器上方的闸门来控制(机械传动)或由刮板输送器的速度来控制(液压传动)。摊铺层的厚度由两侧臂牵引点的油缸和上下调整螺旋来调整。

轮胎式摊铺机的前轮为一对或两对(大型)实心小胶轮,这样既可增强其承载能力,又可避免因受载变化而发生变形。后轮多为大尺寸的充气轮胎。履带式摊铺机的履带大多装有橡胶垫块,以免对地面造成履刺的压痕,同时降低了对地面的单位压力。

轮胎式摊铺机的优点是:行驶速度高(可达 20km/h),可自动转移工地,费用低;机动性和操作性能好,对单独的小面积高堆或深坑适应性好,不致过分影响铺层的平整度;弯道摊铺质量好;结构简单,造价低。其缺点是:接地面积较小,牵引力较小;料斗内的材料多少会改变后驱动轮胎的变形量,从而影响铺层的质量。为了避免这种现象,自卸汽车应分次卸料,但这会影响汽车的周转。

履带式摊铺机的优点是:接地面积大,对地面的单位压力小,牵引力大,能充分发挥其动力性;对路基的不平度不太敏感,尤其对有凹坑的路基不影响其摊铺质量。其缺点是:行驶速度低,不能很快地自行转移工地;对地面较高的凸起点适应能力差;机械传动式的摊铺机在弯道上作业时会使铺层边缘不整齐。此外,其制造成本较高。

由于履带式摊铺机有上述优点,所以目前世界各国使用得较多,尤其是大型机械,由于大型工程不需频繁转移工地,其行驶速度低的缺点也就不明显了。

14.3.7 水泥混凝土搅拌、输送设备

1. 水泥混凝土搅拌机

(1) 搅拌机的分类、型号

水泥混凝土搅拌机是将水泥、砂、石和水等按一定的配合比例,进行均匀拌和的机械,其种类很多。

1) 按搅拌机原理分为自落式和强制式。

2) 按作业方式分为周期式和连续式。

3) 按搅拌筒的结构分为鼓筒形、双锥形、梨形、圆盘立轴式及圆槽卧轴式。

4) 按出料方式分为倾翻式和不倾翻式。

5) 按搅拌容量分为大型(出料容量 $1\sim3m^3$)、中型(出料容量 $0.3\sim0.5m^3$)、小型(出料容量 $0.05\sim0.25m^3$)。各种水泥混凝土搅拌机的分类见图 14.37。

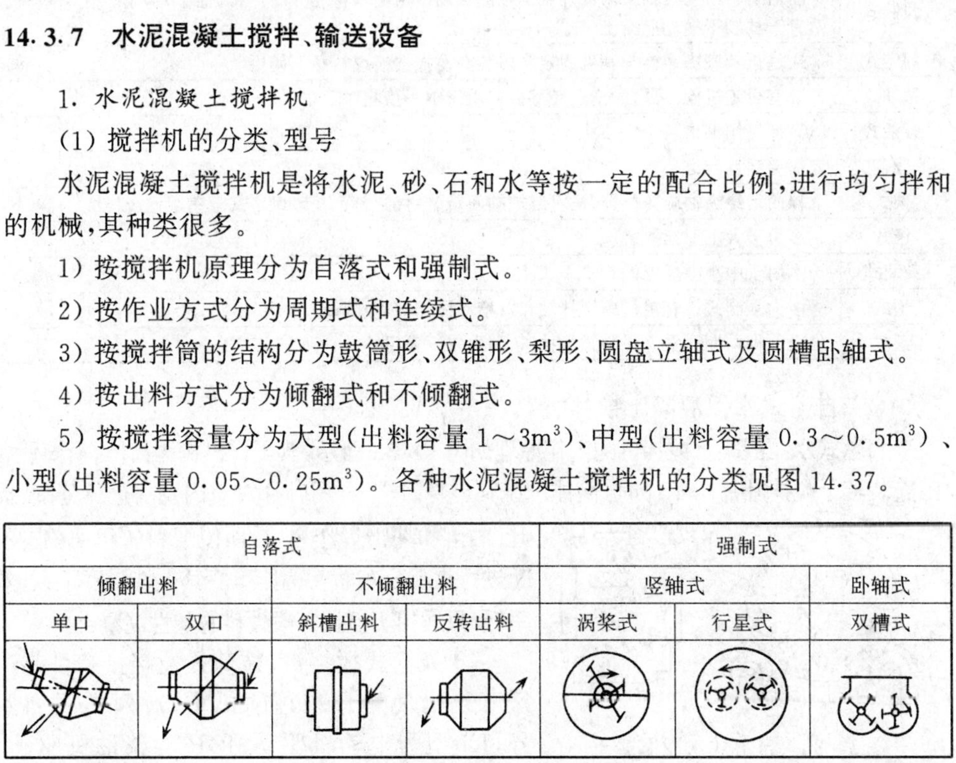

自落式				强制式		
倾翻出料		不倾翻出料		竖轴式		卧轴式
单口	双口	斜槽出料	反转出料	涡桨式	行星式	双槽式

图 14.37 水泥混凝土搅拌机分类图

常用搅拌机型号分类及代号见表 14.6,它主要由机型代号和主要参数组成。如 JZ350 即表示出料容量为 350L(0.35m³) 锥形反转出料的自落式搅拌机。

表 14.6 搅拌机型号分类及代号（ZBJ 04008-88）

组	型 号	特 性	代 号	代号含义	主要参数
混凝土搅拌机 J（搅）	鼓形 G（鼓）		JG	电动机驱动鼓形搅拌机	出料体积（m³）
		R（燃）	JGR	柴油机驱动鼓形搅拌机	
	锥 形	Z（转）	JZ	锥形反转式出料搅拌机	
		F（翻）	JF	锥形倾翻式出料搅拌机	
	强制式 Q（强）		JQ	强制式搅拌机	
		D（单）	JD	单卧轴强制式搅拌机	
		S（双）	JS	双卧轴强制式搅拌机	

各类搅拌机的特点及适用范围见表 14.7。

表 14.7 各类搅拌机的特点及适用范围

类型	特点及适用范围
周期性	周期性进行装料、搅拌、出料。结构简单可靠,容易控制配合比及拌和质量,使用广泛
连续式	连续进行装料、搅拌、出料,生产率高。主要用于混凝土使用量很大的工程
自落式	由搅拌筒内壁固定叶片将物料带到一定高度,然后自由落下,周而复始,使其获得均匀搅拌。最适宜拌制塑性和半塑性混凝土
强制式	筒内物料由旋转轴上的叶片或刮板的强制作用而获得充分的拌和。拌和时间短、生产率高。适宜于拌制干硬性混凝土
固定式	通过机架底脚螺栓与基础固定。多装在搅拌楼或搅拌站上使用
移动式	装有行走机构,可随时拖运转移。应用于中小型临时工程
倾翻式	靠拌筒倾倒出料
非倾翻式	靠拌筒反转出料
梨式	拌筒可绕纵轴旋转搅拌,又可绕横轴回转装料、卸料。一般用于试验室小型搅拌机
锥式	多用于大中型搅拌机
鼓筒式	多用于中小型搅拌机
槽式	多为强制式。有单槽单搅拌轴和双槽双搅拌轴等,国内较少使用
盘式	是一种周期性垂直强制式搅拌机,国内较少采用

（2）自落式水泥混凝土搅拌机

自落式水泥混凝土搅拌机的工作原理如图 14.38 所示,其工作机构为筒体,沿筒壁周围安装若干搅拌叶片。工作时,筒体围绕其自身回转,利用叶片对筒内物料进行分割、提升、洒落和冲击等作用,从而使配料的相互位置不断进行重新分布而获得拌和。其搅拌强度不大、效率低,只适用于搅拌一般骨料的塑性混凝土。

1）鼓筒式搅拌机。鼓筒式搅拌机是目前建筑工地上使用最普遍的机型,有两类系列型号,JG 型为电动机驱动;JGR 为柴油机驱动。两类系列除发动机不同以外,其他结构、零件以及操作等基本相同。图 14.39 为 JG250 型鼓筒自落式水泥混凝土搅拌机,主要由搅拌筒、

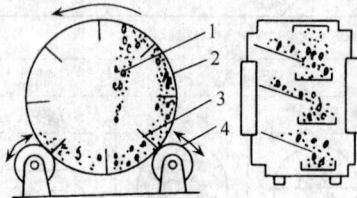

图 14.38 自落式水泥混凝土搅拌机工作原理

1. 混凝土拌和料;2. 搅拌筒;
3. 搅拌叶片;4. 托轮

进出料机构、供水系统、传动系统、底架和牵引系统等组成。该机进料容量为400L，额定出料容量为250L(0.25m³)，生产率为5～8m³/h。

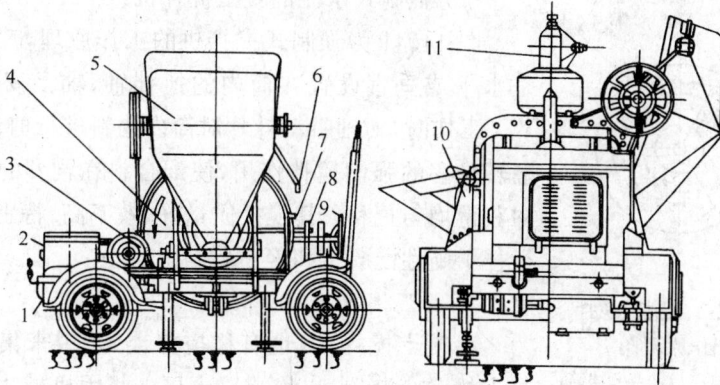

图 14.39　JG250 鼓筒自落式水泥混凝土搅拌机

1. 水泵；2. 动力箱；3. 进料斗提升离合器；4. 搅拌鼓筒；5. 料斗；6. 加水控制手柄；
7. 进料斗上升手柄；8. 进料斗下降手柄；9. 出料手轮；10. 出料槽；11. 水箱

2) 锥形反转出料混凝土搅拌机。锥形反转出料搅拌机是作为逐步取代鼓筒搅拌机的一种机型，它主要有以电动机为动力的 JZ 系列型号和 JZY 系列型号。JZY 型除进料斗的升降机构采用液压传动外，其余结构及性能参数均与 JZ 型相同。此外，也有部分采用柴油机为动力的 JZR 系列型号。

图 14.40 为 JZ350 型搅拌机，主要机构有搅拌系统、进料装置、供水系统、底盘

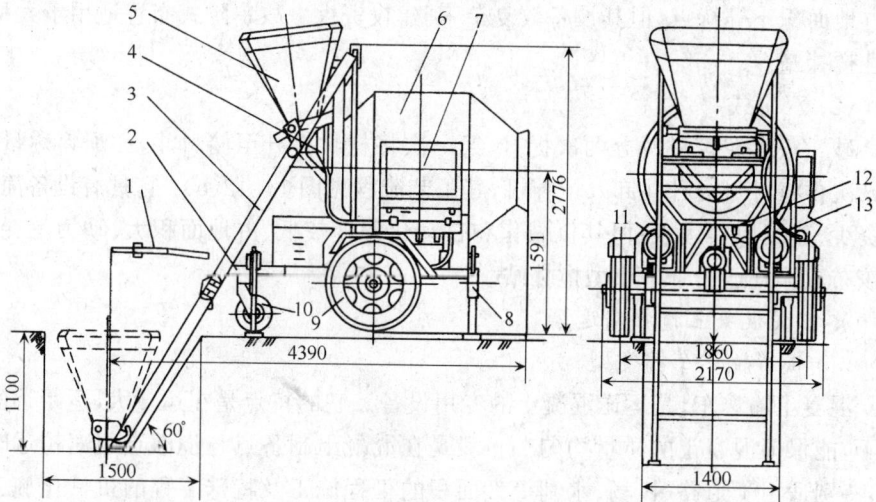

图 14.40　JZ350 型搅拌机(单位:mm)

1. 牵引架；2. 底盘；3. 上料架；4. 中间料斗；5. 料斗；6. 拌筒；7. 电气箱；
8. 支腿；9. 行走轮；10. 前支架；11. 搅拌动力和传动机构；12. 供水系统；13. 卷扬系统

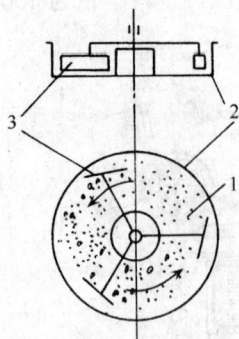

图 14.41 强制式搅拌
机工作原理图
1. 混凝土拌和料；2. 搅拌筒；
3. 搅拌叶片

和电气控制系统等。该机进料容量为 560L,额定出料容量为 350L(0.35m³),生产率为 11～13m³/h。

（3）强制式水泥混凝土搅拌机

图 14.41 为强制式搅拌机的工作原理,其搅拌机构是水平或垂直设置在筒内的搅拌轴,轴上安装搅拌叶片。工作时,转轴带动叶片对筒内物料进行剪切、挤压和翻转推移的强制搅拌作用,使配合料在剧烈的相对运动中获得均匀拌和。其搅拌质量好、效率高,特别是适用于搅拌干硬性混凝土和轻质骨料混凝土。

2. 水泥混凝土搅拌站

混凝土搅拌站(也有称搅拌楼)是用来集中搅拌混凝土的联合装置,也称混凝土厂。其因机械化和自动化程度较高,生产率较大,故常用于混凝土工程量大、施工周期长、施工地点集中的大、中型水利电力工程、公路路面与桥梁工程、建筑施工以及混凝土制品工厂中。

搅拌站按工艺布置形式可分为单阶式和双阶式两类(见图 14.42)。

（1）单阶式

砂、石、水泥等材料一次就提升到搅拌站最高层的储料斗,然后配料称量直到搅拌成混凝土,均借物料自重下落而形成垂直生产工艺体系,其工艺流程见图 14.42(a)。此类形式具有生产率高、动力消耗少、机械化和自动化程度高、布置紧凑和占地面积小等特点,但其设备较复杂,基建投资大。故单阶式布置适用于大型永久性搅拌站。

（2）双阶式

砂、石、水泥等材料分两次提升,第一次将材料提升至储料斗,经配料称量后,第二次再将材料提升并卸入搅拌机,其工艺流程见图 14.42(b)。它具有设备简单、投资少、建成快等优点；但其机械化和自动化程度较低、占地面积大、动力消耗多。故该布置形式适用于中小型搅拌站。

3. 水泥混凝土搅拌输送车

（1）搅拌输送车的类型

混凝土输送车,是运送混凝土的专用设备。它的特点是在运量大、运距远的情况下,能保证混凝土的质量均匀。一般是在混凝土制备点与浇灌点距离较远时使用,特别适用于道路、机场、水利等大面积的工程施工及特殊工程的机械化施工中运送商品混凝土。目前国内外生产的混凝土搅拌输送车的型号很多,根据搅拌筒驱动装置不同,可分为机械式和液压式两类,其中以液压式的应用较广。水泥混凝土搅拌输送车构造示意见图 14.43。

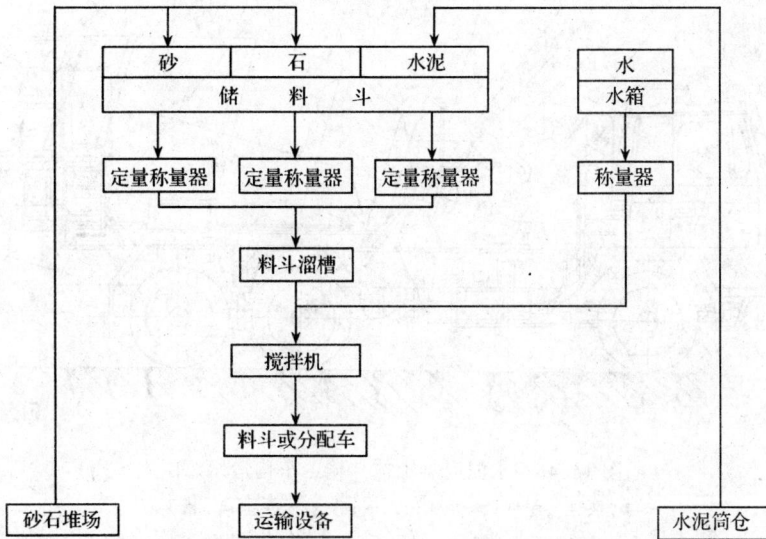

(a)

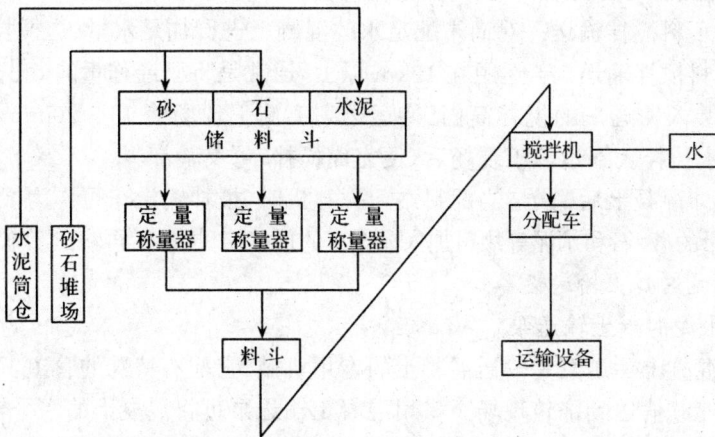

(b)

图 14.42 搅拌站工艺布置形式

(a) 单阶式；(b) 双阶式

(2) 搅拌输送车的输送方式

根据搅拌站(楼)至施工现场距离和材料供应条件的不同,搅拌输送车可以分为下列几种输送方式:

1) 新鲜混凝土输送。对成品混凝土的输送,适用运距 8～12km 以下。先将搅拌输送车开至混凝土搅拌站(楼)的搅拌机出料口下,搅拌运输车的搅拌筒以进料速度旋转进行加料,加料完毕后输送车即驶出。在输送途中,搅拌筒对混凝土不断地慢速

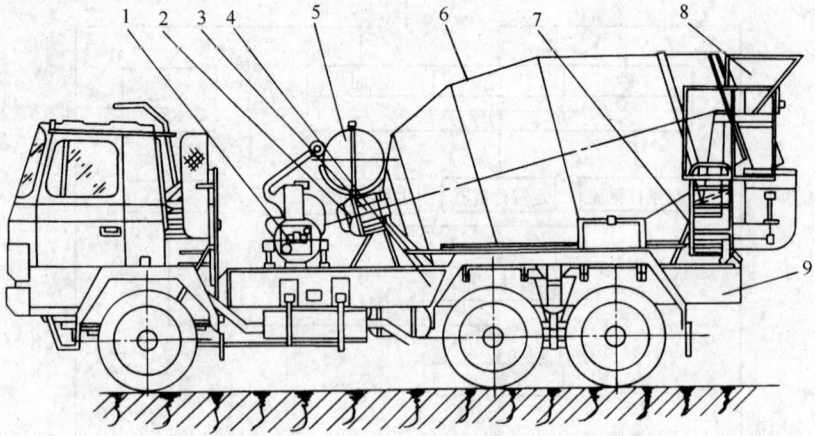

图 14.43　水泥混凝土搅拌输送车构造示意图

1. 泵连接组件；2. 减速机总成；3. 液压系统；4. 机架；
5. 供水系统；6. 搅拌筒；7. 操纵系统；8. 进出料装置；9. 底盘车

搅拌，以防止混凝土初凝和离析。输送车到达施工现场后，搅拌筒反转卸出混凝土。

2）半干料搅拌输送。对尚未配足水的混凝土进行加足水量、边搅拌边输送。

3）干料搅拌输送。若运距在 12km 以上，通常是将已经称量的砂、石和水泥等干混合料装入输送车的搅拌筒内，待运送到离施工现场前 15～20min 时，开动搅拌筒并加水搅拌。到达施工现场后，便完成搅拌，可反转卸料。

4）搅拌混凝土后输送。当配料站无搅拌机时，搅拌输送车可作为搅拌机使用。把经过称量的砂、石和水泥等物料加入输送车的搅拌筒，搅拌后再输送至施工现场。

4. 水泥混凝土输送设备

（1）水泥混凝土输送泵

水泥混凝土输送泵是输送混凝土的专用机械，它配有特殊的管道，可以将混凝土沿管道连续输送到浇筑现场。采用混凝土输送泵可将混凝土的水平输送和垂直输送结合起来，并能保证混凝土的均匀性和增加密实性。它的输送距离，沿水平方向能达 205～300m，沿垂直方向可达 40m。如果输送距离很长，可串联装置两个或多个混凝土泵。常用水泥混凝土输送泵分类见图 14.44。

混凝土泵适用于大型混凝土基础工程、水下混凝土浇灌、隧道内混凝土浇灌、

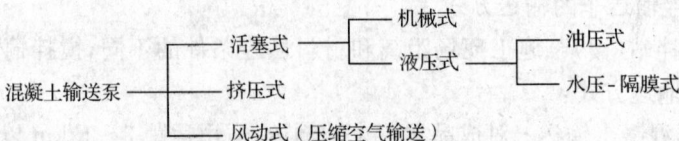

图 14.44　水泥混凝土输送泵分类

地下混凝土工程以及其他大型混凝土建筑工程等。特别是对施工现场场地狭窄,浇筑工作面较小,或配筋稠密的建筑物浇筑,混凝土泵是一种有效而经济的输送机械。然而由于其输送距离和浇筑面积有局限性,混凝土最大骨料粒径不得超过100mm,混凝土坍落度不小于5cm,这些条件限制了其使用范围的扩大,因而目前国内使用尚未普遍。

（2）水泥混凝土输送泵车

混凝土泵车是将混凝土输送泵装在汽车底盘或专用车辆上,使之具有很强机动性能的混凝土输送机械。它有布料杆式和配管式两种类型。其中布料杆泵车比配管式泵车具有更大的使用灵活性。液压折叠臂架具有变幅、曲折和回转三个动作,输送管道沿臂架铺设,在臂架活动范围内,可任意改变混凝土浇筑。特别适合于房屋建筑及混凝土需求量大、质量要求高的工程。图14.45为带布料杆的液压混凝

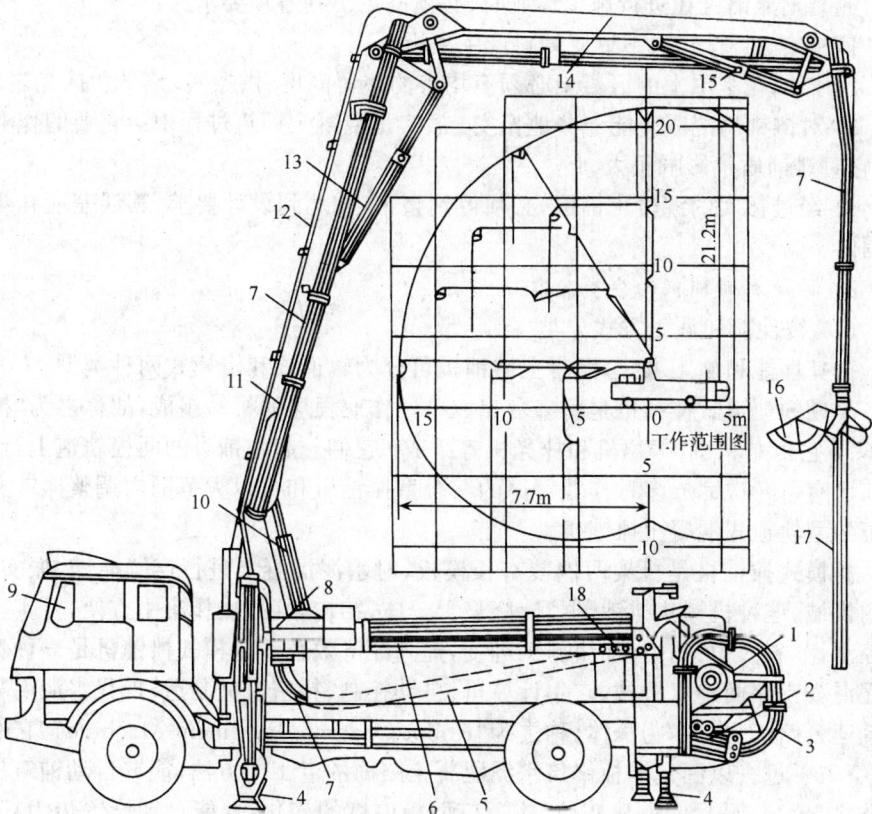

图 14.45　带布料杆的液压混凝土泵车外形及工作范围图

1. 料斗及搅拌器;2. 混凝土泵;3. Y形出料管;4. 液压外伸支腿;5. 水箱;
6. 备用管段;7. 进入旋转台的导管;8. 支撑旋转台;9. 驾驶室;10,13,15. 折叠臂的油缸;
11,14. 臂杆;12. 油管;16. 橡胶软管弯曲支架;17. 软管;18. 操纵柜

土泵车外形及工作范围图。其结构特点是混凝土泵和输送导管都装在汽车底盘上。混凝土泵为双缸并列式,采用片式阀门和 Y 形出料管。压出的混凝土通过 Y 形管进入输送管中,这种泵车的混凝土缸活塞直径为 180mm,活塞最大行程为 1500mm,混凝土排量 70m³/h,水平、垂直最大输送距离分别为 340～500m 和 65～90m。

14.3.8 水泥混凝土摊铺机

1. 水泥混凝土摊铺机的功用

水泥混凝土摊铺机是把搅拌好的混凝土,先均匀地摊铺在路基上,然后经过振实、整平和抹光等作业程序,完成混凝土的铺筑成型的施工机械。其优点是既可提高铺筑层的内在质量,也可提高路面的外观技术水平,生产率高。

目前,混凝土摊铺机已从只能完成单一作业程序的单机,发展成能完成摊铺、振实、整平和抹光等作业的联合摊铺机。

混凝土摊铺机在进行施工作业时,必须满足下列各项要求:

1) 摊铺必须均匀,不致使骨料产生离析。

2) 摊铺在基层上的混凝土必须有均等的余留高度,供振实、整平和抹光之用。

3) 对摊铺的混凝土能充分地振实。振实是混凝土铺筑过程中最重要的作业程序,它对摊铺质量影响很大。

4) 经过振实的混凝土铺层,必须得到整平,并达到设计要求,其误差应在规定范围内。

2. 混凝土摊铺机的分类

(1) 按性能和施工方式分类

按其性能和施工方式,混凝土摊铺机可分为轨道式和滑模式两种类型。

早期的轨道式摊铺机是由多台完成单一作业程序的机械组成,故称之为"摊铺列车"。它由布料机、振捣机和抹光机等组成。它们一起在铺设的两根轨道上行驶。目前已有可一次完成多种作业程序的综合型摊铺机和可以大范围内调整摊铺宽度的桁架型轨道式混凝土摊铺机。

滑模式摊铺机是机架两侧装有长模板,对水泥混凝土进行连续摊铺、振实、整形的机械。这种机械集摊铺、振实、修整于一体,结构紧凑、操作集中方便,可实现自动控制,节省人力、物力,加快施工进度,提高经济效益。滑模式摊铺机是一种新型水泥混凝土路面施工机械,它集计算机、自动控制、精密机械制造、现代水泥混凝土和高速公路工程技术为一体,称之为"Robot Concrete Pavement Machine"。它的出现,突破了过去以固定模板修筑水泥混凝土路面的老工艺方法,能够自动铺筑出公路路拱、超高、平滑弯道和变坡,能适应面板厚度的变化,并能自动设置传力杆、拉杆乃至铺设大型钢筋网片,能摊铺普通水泥混凝土路面、所有缩缝均设置传力杆的混凝土路面、间断配筋和连续配筋的钢筋混凝土路面等。

(2) 按用途分类

混凝土摊铺机按其用途可分为路缘铺筑机、路基铺筑机、路面和沟渠摊铺机等,其中沟渠铺筑机适用于河床的斜面摊铺,主要用于河道和堤坝的施工铺筑,它的宽度较大。

(3) 按行走方式分类

按其行走方式,混凝土摊铺机可分为轮胎式、钢轮式和履带式,现代滑模式摊铺机一般都采用履带行走机构,轨道式采用钢轮式。

3. 轨道式摊铺机

轨道式水泥混凝土摊铺机是靠固定在摊铺基层上的轨道模板来控制摊铺厚度和平整度的,列车型轨道摊铺机一般由布料机、振实机、平整机、抹光机等组成摊铺列车,在铺设好的两根轨道上行走进行摊铺。

综合型轨道摊铺机的结构是将螺旋布料器、刮平板、插入式振捣器、梁式振动器和浮动式精整梁等作业机构集中安装在一个框形机架上,可以实现一次成型。与列车型相同的是它也要架设侧模板,行走机构也是由4个钢轮在轨道上运行。

桁架型轨道摊铺机的机架采用框形桁架结构,可在一端加长或减短,以改变其摊铺宽度,适用于大面积摊铺整平作业。此外,其作业机构还另具特点:没有通常的刮平板和梁式振捣器,只有一个或一对可做高速旋转的圆柱滚和安装在轴端的短螺旋叶片。在与发动机相连接的长链条的牵引下,这种作业机构可沿机架上的滑道在整个摊铺宽度上往复移动,借助圆柱滚和螺旋叶片的高速旋转运动,对倾卸在左右模板之间的混凝土实施摊铺整平作业。

轨道式混凝土摊铺机的各组成机械按其功能和作业程序可分为模板钢轨铺设机、钢筋铺设机、布料机、振实机和整平机,切缝机和表面纹理加工机为配套机械。表面纹理加工机主要是对整平抹光未干的成形路面用粗糙的滚筒或钢丝做的拉刷拉出纵向或横向的粗纹,这样可增加混凝土路面的摩擦力,提高车辆行驶制动的安全性。

1) 布料机。布料机的作用是将混凝土初步铺开并充满每一个角落,使密实度接近于均匀并无骨料分离现象。

2) 轨道式振实机。经过摊铺的混凝土,必须给于适度的振动,用来排除气泡,提高密实度和强度。尤其是在铺筑坍落度较低的路面时,振动作用则显得更为重要。

3) 轨道式平整机(见图14.46)。混凝土铺层经均匀摊铺和振实后,必须使用平

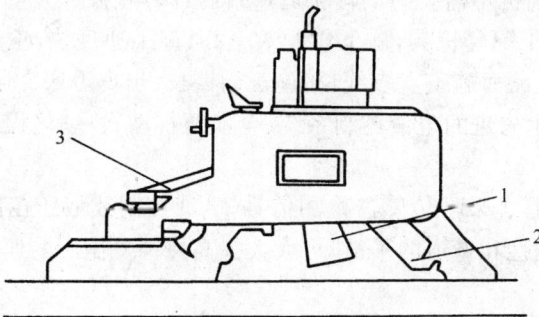

图 14.46 轨道式平整机
1. 振动式刮板;2. 夯实梁;3. 往复式微振梁

整机对其表面进行整平。

4）轨道式表面修光机。表面修光机主要用来对摊铺、振实和平整后粗糙不平的水泥混凝土表面进行抹光。表面修光机的作业装置，是一个比路面宽度略宽的修光梁，该梁搁置在轨道的钢模上，修光梁一边微振，一边以 50～100r/min 的速度做往复运动，这样既能把浆提出又能使混凝土路面平整光滑。

5）钢轮行走机构（见图 14.47）。轨道式摊铺机大多数采用钢轮行走机构。为了防止脱轨，钢轮一般做成带槽的轮缘形状，如图 14.47(a)所示。考虑到在摊铺相邻的第一幅路面时，有一侧的钢轮需在硬化后的新铺混凝土路面上行走，有些厂家将轮缘做成可装卸的结构，如图 14.47(b)所示。这样当需要时，卸去轮缘夹板，就成为光轮，可直接在混凝土板面上行走，省去铺设导轨的麻烦。

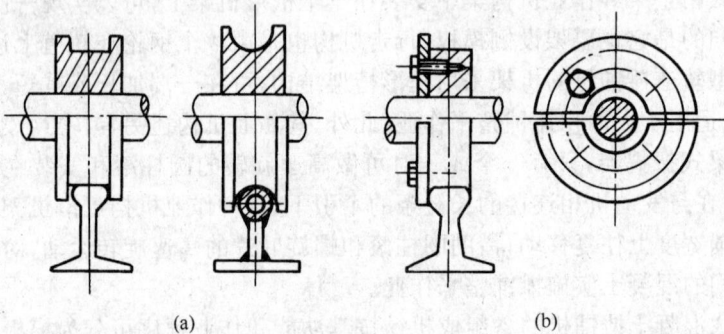

(a)　　　　　　　　　　　　(b)

图 14.47　钢轮行走结构简图
(a) 钢轮一般做成带槽的轮缘形状；(b) 轮缘可卸去成光轮

4. 滑模式摊铺机

滑模式摊铺机在铺筑混凝土路面时，不需另设轨道和模板，依靠机器本身的模板，就能按照要求的路面宽度、厚度和拱度对混凝土挤压成型。

(1) 滑模摊铺机的特点

1）滑模式摊铺机不需要另设置轨道，结构紧凑，省去了大量的模板，节省大量的人力、物力及施工配套机具，施工作业效率高，施工速度快，生产率高，可大大缓解以前水泥混凝土路面施工点多线长、施工周期长、出现阻塞交通等问题。

2）采用了技术先进的电液控制系统、全液压传动，自动化程度高，可实现无级调速。

3）自动转向系统采用传感器检测信号，电液控制或液压控制系统控制转向，保证了行驶的直线性和弯道的平滑，可大大提高摊铺机施工的速度和质量。操作方便，机动灵活。

4）施工质量高。用滑模式摊铺机摊铺水泥混凝土路面时，由于采用基准线引导，自动行走，机器运动的轨迹与摊铺厚度的控制通过与基准线相接触的 2～4 组高灵敏度传感器检测,机械本身的各种运动全部采用液压传动,所摊铺的水泥混凝土路面的几何尺寸精度非常高,能高标准保证路面纵横坡度及平整度等指标要求。

5) 在铺设路面时,依靠装在机器上的滑动模板就能按照路面要求宽度一次成型。用滑模式摊铺机摊铺水泥混凝土路面时,全部摊铺过程都由机械按设定的参数自动完成,对水泥混凝土的振动、捣实、提浆、抹光等工艺过程按施工要求完成。频率可调的振动棒和捣实板不仅能保证水泥混凝土充分密实,而且可以通过控制提浆厚度来达到理想的耐磨效果,使路面有更长的使用寿命。

6) 因施工中路面只能一次成型,不能退回补救施工,因而对施工工序、工艺参数及混凝土的原材料质量、水泥混凝土配合比、搅拌质量和水灰比等要求比较严格,这样才能确保高等级路面的施工质量。

7) 可实现一机多用,使用范围较广。如美国生产的 AUTOGRADE 500 型滑模铺路机能完成以下七种作业:定出路基高低标志;松土;修整路基断面;摊铺底层材料;精整底层材料和回收多余材料;压实底层材料;完成混凝土路面的摊铺。

（2）滑模摊铺机摊铺施工过程

滑模式摊铺机六步连续铺路作业过程如图 14.48 所示(以美国 CMI 公司生产的 SF 系列产品为例)。

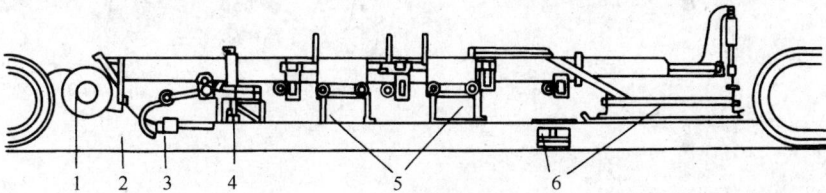

图 14.48　六步连续铺路作业过程示意图

1. 螺旋摊铺器;2. 刮平板;3. 内部振捣器;

4. 外振捣器；5. 进料控制板、成型盘和侧板;6. 定型盘和侧板

1) 螺旋布料器将自卸车或水泥混凝土搅拌车卸在路基上的水泥混凝土横向均匀地摊铺开。

2) 由一级进料计量装置刮平板初步刮平混凝土,将多余的混合料往前推移。

3) 用内部振捣器对混合料进行初步振实、捣固,用外振捣器再次振实,并将外露大粒径骨料强制压入。

4) 由二级进料计量器进料控制板(在成型盘前)再次刮平混合料,并控制进入成型盘的混凝土的数量。

5) 用成型盘对捣实后的混凝土进行挤压成型。

6) 利用定型盘对铺层进行平整、定形和修边。

14.4 小　　结

土石方施工机械主要有推土机、铲运机、平地机、装载机、挖掘机械及破碎筛分机械。

压实机械主要有静力式光面滚压路机、振动压路机、轮胎压路机及夯实机械。

路面施工机械主要有稳定土拌和机、稳定土厂拌设备、沥青洒布机、沥青加热及乳化设备、沥青混凝土搅拌设备、沥青混合料摊铺机、水泥混凝土搅拌、输送设备及水泥混凝土摊铺机。

思 考 题

14.1　推土机的经济运距是多少？

14.2　铲运机在公路施工中的主要用途是什么？

14.3　平地机在公路施工中的主要用途是什么？

14.4　请简述正铲挖掘机、反铲挖掘机、拉铲挖掘机、抓斗挖掘机的适用范围。

第十五章　路面基层材料的测试

　　路面基层是路面结构中的主要承重层,主要承受由面层传来的车辆荷载的垂直力,并扩散到下面的垫层和土基中去,因此,要求它具有足够的强度和刚度、足够的稳定性。为满足基层力学特性和稳定性要求,同时检验基层施工质量,需要对基层材料的原材料和基层混合料做相应的测试。

　　本章主要介绍基层材料的检测内容,石灰结合料的 CaO 和 MgO 含量测定,水泥或石灰稳定土中水泥或石灰剂量的测定,路面基层材料室内抗压强度的测定等内容。

15.1　基层材料主要检测内容

　　我国常用的基层材料包括六类,即水泥稳定土、石灰稳定土、石灰工业废渣稳定土、级配碎石、级配砾石和填隙碎石,而且在同一类材料中有的还包括几种不同形式或"亚类"。例如,在水泥稳定类中,有水泥土、水泥稳定粒料(土)亚类,而且粒料(土)的颗粒组成范围相当宽。显然,这六类基层材料和不同的亚类材料用作路面基层时会具有不同的结构功能。换句话说,这些不同基层材料并不是可以不加选择地用到任何等级道路上去的,它们有各自适用的范围,这取决于它们的力学性质。

　　我国路面所用的基层材料已走向规格化和定型化,同时路面基层的设计和施工也更具科学性,这是公路交通量和路面工程技术发展到一定水平后的必然结果。基层混合材料的质量对整个路面工程,特别是沥青路面的强度、使用性能和耐久寿命都有十分重要的影响,因此,作基层使用的各类材料,为保证能满足使用要求,需对基层材料的原材料以及混合料做相应的试验和检测。测试的内容涉及原材料的颗粒分析、液限和塑性指数、相对密度、碎石或砾石的压碎值、混合料强度、结合料剂量等内容。以下对我国常用的几类基层材料中的水泥稳定土和石灰稳定土的试验和检测内容做简要阐述,其他材料内容基本类似,不再一一重复。

15.1.1　水泥稳定土

　　用水泥作结合料所得到的混合料为水泥稳定土,适用于各级公路的基层和底基层。由于可被水泥稳定的土的范围相当广泛,同时水泥剂量越多,水泥稳定土混合料的强度越高,因此,水泥稳定土的强度可以在大范围内进行调整,以适应不同等级道路以及不同路面结构层位(基层或底基层)对材料的强度要求。例如,水泥稳定土的无限侧抗压强度低可以低到小于 1MPa,高可以高到 10MPa 以上(7d 龄期),直到水泥混凝土的强度。因此,单纯从强度而言,水泥稳定土可以适用作各种等级道路路面的基层。但是,考虑不同水泥稳定土的干缩性能、温缩性能、抗冲刷性能等因素后,对于不同等级道路的路面以及不同的路面结构层位,应该选用技术和经济都最合适的材料。按现行的技术标准和规范,各级公路用水泥稳定土的 7d 浸水抗压强度应符合表 15.1 的规定。

表 15.1 水泥稳定土的抗压强度标准

层 位 \ 公路等级	二级和二级以下公路	高速公路和一级公路
基层/MPa	2.5~3.0[2]	3.0~5.0[1]
底基层/MPa	1.5~2.0[2]	1.5~2.5[1]

1) 设计累计标准轴次小于 $12×10^6$ 的公路可采用低液限值;设计累计标准轴次超过 $12×10^6$ 的公路可采用中值;主要行驶重载车辆的公路应用高限值;某一具体公路应采用一个值,而不用某一范围。

2) 二级以下公路可取低限值;行驶重载车辆的公路,应取较高的值;二级公路可取中值;行驶重载车辆的二级公路,应取高限值;某一具体公路应采用一个值,而不用某一范围。

水泥稳定混合料的强度取决于所稳定粒料的强度、水泥剂量及混合料的施工质量,因此,对以水泥为结合料稳定的粗粒土、中粒土、细粒土应满足《公路路面基层施工技术规范》要求,对所稳定的原材料应按《公路土工试验规程》进行颗粒分析、液限和塑性指数、相对密度、碎石或砾石的压碎值、承载比等试验来测定有关指标,以满足在不同的使用条件和不同结构层位的技术要求。例如,水泥稳定土中碎石或砾石的压碎值应满足下列要求:

基层

    高速公路和一级公路　　　　不大于 30%

    二级和二级以下公路　　　　不大于 35%

底基层

    高速公路和一级公路　　　　不大于 30%

    二级和二级以下公路　　　　不大于 40%

水泥剂量是影响混合料强度的一个重要因素,水泥剂量越多,混合料的强度越高。水泥稳定土的组成设计应符合表 15.1 的强度标准,通过试验选取适宜的稳定土,确定必需的水泥剂量以及混合料的最佳含水量,其强度的测试可通过室内抗压强度等试验来完成,混合料的最佳含水量通过击实试验来确定。

15.1.2 石灰稳定土

用石灰做结合料所得到的混合料称为石灰稳定土,适用于各级公路的底基层及二级和二级以下公路的基层。石灰稳定土的强度较水泥稳定土的强度低得多。例如,良好的石灰土 3 个月龄期无侧限抗压强度只有 2.0~2.5MPa,间接抗拉强度只有 0.19MPa(这是指一般的情况,实践中曾遇到过石灰土的无限侧抗压强度高达 5~6MPa 的特殊情况)。此外,石灰土的强度没有大的可调整范围。但是,实践证明,石灰稳定土基层有很大的刚性和荷载分布能力,它仅略次于水泥稳定土基层。因此,它仍是一种较好的路面基层和底基层材料。它虽然可用做各种路面的基层和底基层,但是将它用到高等级道路上却要十分注意。即使是石灰土稳定良好的级配碎石,在高速公路上也不宜用作基层(至少根据目前对这种材料的性能的了解),其主要原因是这种材料的抗拉强度较低和抗冲刷能力较差,收缩性也较大。

石灰土不应直接用做高级路面的基层,而只应用作底基层。作为高级路面的基层,不但应选用石灰稳定粒料土或石灰土稳定粒料,而且粒料的比例应该为80%～85%。同时要求粒料级配应符合基层施工规范中规定的级配碎石基层或级配砾石基层的集料级配范围。实践证明,由于石灰土的冰冻稳定性较差以及在过分潮湿情况下难于成型和达到高的强度,所以在冰冻地区的潮湿和过分潮湿路段以及其他地区的过分潮湿路段不宜采用石灰土作基层。在只能采用石灰土时,应该采取措施防止水分浸入石灰土结构层。

石灰稳定混合料其强度取决于所稳定粒料的强度、石灰剂量及混合料的施工质量,因此,对以石灰为结合料稳定的粗粒土、中粒土、细粒土应满足《公路路面基层施工技术规范》要求,对所稳定的原材料应按《公路土工试验规程》进行颗粒分析、液限和塑性指数、相对密度、碎石或砾石的压碎值、承载比等试验来测定有关指标,以满足不同使用条件和不同结构层位的技术要求。如石灰稳定土中碎石或砾石的压碎值应满足下列要求:

 基层

   二级公路   不大于30%

   二级以下公路   不大于35%

 底基层

   高速公路和一级公路 不大于35%

   二级和二级以下公路 不大于40%

同样,石灰剂量也是影响混合料强度的一个重要因素。石灰稳定土的组成设计应符合表15.2的石灰稳定土的抗压强度标准,通过试验选取适宜的稳定土,确定必需的石灰剂量以及混合料的最佳含水量,其强度的测试可通过室内抗压强度试验来完成,混合料的最佳含水量通过击实试验来确定。按现行的技术标准和规范,各级公路用石灰稳定土的7d浸水抗压强度应符合表15.2的规定。

表 15.2 石灰稳定土的抗压强度标准

公路等级 层位	二级和二级以下公路	高速公路和一级公路
基层/MPa	≥0.8[1]	—
底基层/MPa	0.5～0.7[2]	≥0.8

 1)在低塑性土(塑性指数小于7)的地区,石灰稳定砂砾土和碎石土的7d浸水抗压强度应大于0.5MPa(100g平衡锥测液限)。

 2)低限值用于塑性指数小于7的黏性土,且低限值宜用于二级以下公路,高限值用于塑性指数大于7的黏性土。

15.2 活性氧化钙、氧化镁含量测定

我们知道在粉碎的或原来松散的土(包括各种粗、中、细粒土)中掺入足量的石灰和水,经拌和、压实及养生后得到的混合料,当其抗压强度符合规定的要求时,称为石灰稳定土。在土中掺入石灰,可以改变土的结构和颗粒组成,减小土的塑性,降低吸水和膨胀量,增加强度和耐久性。由于大多数土都可以用石灰进行稳定和石灰土混合料能达到一定的强度水平,这个水平足以适应多数道路(一般交通的道路)的需要,虽然它的强度在三类半刚性材料中是最低的,但它的刚度和分布荷载能力仍然较传统的级配碎石和级配砾石大得多,使路面结构能够承受较大的交通量;也由于我国很多地区都生产石灰,石灰是我国最普遍和最廉价的路面结合料,它的价格比水泥低得多。因此,石灰稳定土不单在一般道路工程中使用很广,发挥着重要的作用,就在当前我国的高等级公路建设中,石灰稳定土也发挥着重要作用。在很多地区的高等级公路建设中,石灰稳定土被用作路面的底基层和路基改善层等,这些都是石灰稳定土在我国得到广泛使用的重要原因,不仅如此,在其他一些国家也广泛使用石灰稳定土。

石灰稳定土混合料当基层或底基层使用,其强度的高低除取决于被稳定土的强度和施工质量外,更重要的是取决于石灰剂量和石灰质量。石灰稳定土混合料的强度随石灰剂量的增加而增长,超过一定剂量后,强度反而有下降的趋势,这表明对稳定不同的土存在一最佳剂量。石灰的质量主要取决于有效氧化钙和氧化镁的含量,它们的含量越高,则石灰黏结力越好,对土的稳定效果也就越好。

石灰中的有效氧化钙是指游离的氧化钙,它不同于总钙量,因为有效氧化钙不包括碳酸钙、硅酸钙以及其他钙盐中的钙。石灰中有效氧化钙含量,是能溶解于蔗糖溶液中,并能与蔗糖作用而生成蔗糖钙的氧化钙含量占原试样的质量百分比。石灰中有效(活性)氧化钙含量通常采用化学分析方法测定,原理是活性游离氧化钙与蔗糖化合成在水中溶解度较大的蔗糖钙,而其他钙盐则不与蔗糖作用,故利用不同的反应条件,用已知浓度的盐酸进行滴定(用酚酞指示剂),根据盐酸达到滴定终点时的耗量,可以计算出有效氧化钙的含量。

根据分析试验滴定时盐酸达到终点时的耗量,按式(15.1)可计算出有效氧化钙的含量 X_{CaO}。

$$X_{CaO} = \frac{V \times N \times 0.028}{G} \times 100 \tag{15.1}$$

式中:V——滴定时消耗盐酸标准溶液的体积,mL;

N——盐酸标准溶液当量浓度;

0.028——氧化钙毫克当量;

G——试样质量,g。

试验时还需对滴定的盐酸浓度进行标定,并按式(15.2)计算盐酸标准溶液的当量浓度。

$$N = \frac{Q}{V} \times 0.053 \qquad (15.2)$$

式中:N——盐酸标准溶液的当量浓度;

$\quad Q$——称取碳酸钠的质量,g;

$\quad V$——滴定时消耗盐酸标准溶液的体积,mL。

通常按氧化镁含量可将石灰划分为钙质石灰或镁质石灰,生石灰中氧化镁含量超过5%时和消石灰中氧化镁含量达到4%以上时为镁质石灰。氧化镁的滴定方法是用EDTA综合滴定法,原理是先测定钙镁含量,然后测定出钙含量与钙镁含量的差值,通过计算确定氧化镁的含量。即根据EDTA标准溶液对氧化钙(氧化镁)的滴定度 $T_{CaO}(T_{MgO})$、滴定钙镁含量和滴定钙消耗的EDTA二钠标准溶液量,按式(15.3)计算氧化镁的百分含量(X_{MgO})。

$$X_{MgO} = \frac{T_{MgO}(V_1 - V_2) \times 10}{G \times 1000} \times 100 = \frac{0.72 T_{CaO}(V_1 - V_2) \times 10}{G \times 1000} \times 100$$

$$(15.3)$$

式中:T_{MgO}, T_{CaO}——EDTA二钠标准溶液对氧化镁、氧化钙的滴定度,即 1mL EDTA标准溶液相当于氧化镁、氧化钙的毫克数;

$\quad V_1$——滴定钙、镁含量消耗EDTA二钠标准溶液体积,mL;

$\quad V_2$——滴定钙消耗EDTA二钠标准溶液体积,mL;

$\quad G$——试样质量,g。

该测定方法所用仪器设备、试剂、试样制备及试验步骤可参见《公路工程无机结合料稳定材料试验规程》。同时按规程要求,对同一石灰样品应做两个试样和进行两次测定,取两次结果的平均值代表最终结果。

15.3 水泥或石灰稳定土中水泥或石灰剂量的测定

石灰(水泥)剂量对石灰(水泥)稳定土的强度有着显著影响。石灰剂量较低(3%~4%)时,石灰主要起稳定作用,土的塑性、膨胀、吸水量减少,使土的密实度、强度得到改善。随着石灰剂量的增加,强度和稳定性均提高,但剂量超过一定的范围时,强度反而降低。水泥稳定土的强度随水泥剂量的增加而增长,但过多的水泥用量,虽获得强度的增加,但经济上却不一定合理,效果上也不一定显著,且容易开裂。因此,在生产实践中水泥或石灰剂量的确定应根据结构层技术要求进行混合料组成设计,保证技术要求和经济上的合理。

水泥(或石灰)剂量是稳定土中水泥(石灰)质量占全部土颗粒的干质量百分率。测定稳定土中水泥(或石灰)的剂量,通常采用EDTA滴定试验法。该试验方法适用于在工地快速测定水泥(石灰)稳定土中水泥(石灰)的剂量,并可用以检查拌和的均匀性。用于稳定的土可以是细粒土,也可以是中粒土和粗粒土。本方法不受水泥和石灰稳定土龄期(7d 以内)的影响,工地水泥(石灰)稳定土含水量的少量变化(±2%),实际上不影响测定结果。

用本方法进行一次剂量测定,只需 10min 左右。另外,该试验方法也可以用来测定水泥和石灰综合稳定土中结合料的剂量。

测定水泥(或石灰)剂量的试验内容主要包括两大部分,即水泥(或石灰)剂量与 EDTA 标准滴定液耗量关系标准曲线的标定;现场水泥土或石灰土混合料试样水泥或石灰剂量的确定。

标准曲线标定。就是分别通过对与 10%氯化铵溶液混合均匀的剂量分别为 0%、2%、4%、6%、8%的混合料试样,用 EDTA 二钠标准液滴定到纯蓝色为终点时 EDTA 二钠标准液耗用量的确定,并以同一水泥或石灰剂量混合料消耗 EDTA 二钠毫升数的平均值为纵坐标,以水泥或石灰剂量(%)为横坐标,制作得到的关系曲线即为标准曲线(见图 15.1)。

现场水泥土或石灰土混合料试样水泥或石灰剂量的确定。选取有代表性的水泥土或石灰土混合料试样(试样质量应与标准曲线标定时一样),如前述用 EDTA 二钠标准液滴定,根据 EDTA 液的耗用量和标准曲线,即可确定混合料的水泥(或石灰)剂量。

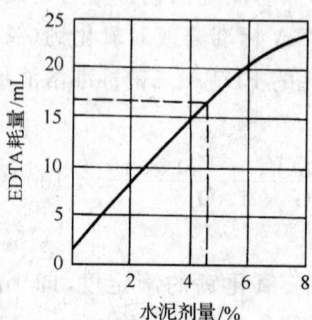

图 15.1 标准曲线

若混合料为新拌石灰土,也可采用直读式测钙仪测定石灰土中石灰剂量。该法应先对直读式测钙仪进行标定。先将石灰剂量为 6%的标准液放在直读式测钙仪上,待仪器开始搅拌后放入钙电极和甘汞电极(见图 15.2),停止搅拌后,调整校正 I 旋钮,使之显示 6.0;采样读数结束。将电极提起,取下 6%标准液。用水冲洗电

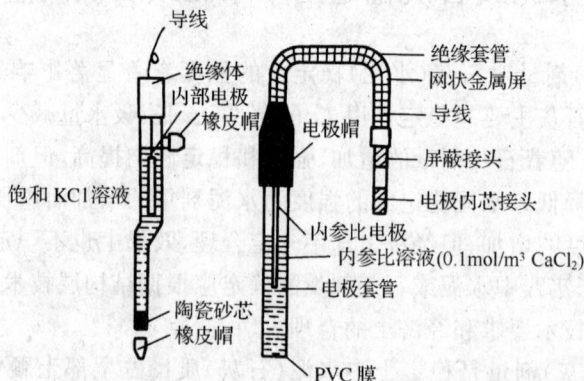

图 15.2 钙电极和甘汞电极

极并用软纸吸干电极上的水。再将装有石灰剂量为
14%的标准液的烧杯放在直读式测钙仪上，开始搅
拌后，放入钙电极和甘汞电极。停止搅拌后，调整校
正Ⅱ旋钮，使之显示14.0。如此重复2~3次。每次用
6%和14%标准液校正均能显示6.0和14.0时，仪
器标定即完毕。从施工现场同一位置取石灰土试样，
经进一步拌匀后，使其全部通过2mm或2.5mm筛
孔，称取一定数量的土样，用10%的氯化铵溶液制成
混合溶液，加入一只搅拌子并放在宣读式测钙仪上，

图15.3　测试示意图

仪器开始搅拌后，放入钙电极和甘汞电极，待停止搅拌后，仪器显示的数值即为该
样品的石灰剂量。测试示意图如15.3所示。再重复测试一次，取两次测试结果的
平均值。

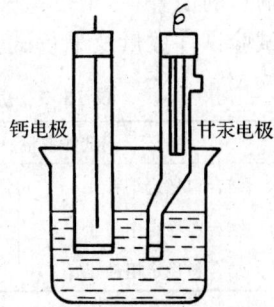

15.4　路面材料室内抗压强度测定

常用的水泥和石灰或石灰-粉煤灰等稳定类基层材料的抗压强度，通常采用圆
柱体试件进行压缩试验测定。本节简要介绍无机结合料稳定材料抗压强度的测定
方法。其他稳定材料或综合稳定土的抗压强度测定也可参照本法。

本测试方法适用于测定无机结合料稳定土(包括稳定细粒土、中粒土、粗粒土)
试件的无侧阻抗压强度。所测得抗压强度可用作稳定土的组成设计标准，评定稳定
土力学性质。测定内容包括：按照预定干密度用静力压实法制备试件或采用锤击法
制备试件(试件都是高：直径＝1：1的圆柱体)、试件养生和压缩试验等内容参见
《公路工程无机结合料稳定材料试验规程》。

将试件放到路面材料强度试验仪的升降台上(台上先放一扁球座)，保持约为
1mm/min的加荷速率，使试件的变形等速增加，直至试件破坏，此时的最大压力为
p(N)。试件的无侧限抗压强度R，用下列公式计算：

对于小试件(50mm×50mm)：$R_C=\dfrac{p}{A}=0.000\ 51p$(MPa)

对于中试件(100mm×100mm)：$R_C=\dfrac{p}{A}=0.000\ 127p$(MPa)

对于大试件(150mm×150mm)：$R_C=\dfrac{p}{A}=0.000\ 057p$(MPa)

式中：p——试件破坏时的最大压力，N；

A——试件的截面积($A=\dfrac{\pi}{4}D^2$，D为试件的直径，mm)。

路面材料的抗压强度取若干个平行试验结果的平均值$\overline{R_C}$，同时要求平均值
$\overline{R_C}$、标准差S、偏差系数C_v和95%概率的$R_{C0.95}=\overline{R_C}-1.645S$。对于同一无机结合

料剂量的混合料,平行试验的数量与土类及操作的仔细程度有关。按试验规程,抗压试验试件数量及平行试验的偏差系数 $C_v(\%)$ 应符合表 15.3 规定。

表 15.3　抗压试验试件数量及平行试验的偏差系数要求

试件数量		平行试验的偏差系数 $C_v(\leqslant)/\%$	
结合料稳定细粒土	至少 6 个	小试件	10%
结合料稳定中粒土	至少 9 个	中试件	15%
结合料稳定粗粒土	至少 13 个	大试件	20%

15.5　小　　结

作基层使用的各类材料,为保证能满足使用要求,需对基层材料的原材料以及混合料做相应的测试,内容涉及原材料的颗粒分析、液限和塑性指数、相对密度、碎石或砾石的压碎值、混合料强度、结合料剂量等。

常用作稳定土结合料的石灰,其质量主要取决于有效氧化钙和氧化镁的含量,它们的含量越高,则石灰黏结力越好,对土的稳定效果也就越好。石灰中的有效氧化钙是指游离的氧化钙。石灰中有效(活性)氧化钙含量通常采用化学分析方法测定。

水泥(石灰)剂量对水泥(石灰)稳定土的强度有着显著影响。在生产实践中水泥或石灰剂量的确定应根据结构层技术要求进行混合料组成设计,保证技术要求和经济上的合理。水泥(石灰)剂量是稳定土中水泥(石灰)质量占全部土颗粒的干质量百分率。测定稳定土中水泥(或石灰)的剂量,通常采用 EDTA 滴定试验法。

抗压强度是评价基层材料力学性能的一个重要指标,在室内测定基层材料无侧限抗压强度,通常采用对圆柱体试件进行压缩试验的方法进行。

在学习本章内容时,应结合现行的《公路工程无机结合料稳定材料试验规程》等进行学习。

思　考　题

15.1　路面基层材料需要检测哪些内容或指标? 检测的目的是什么?

15.2　如何测定石灰中的有效 CaO 和 MgO 含量?

15.3　试述水泥(石灰)稳定土中水泥(石灰)剂量的测定方法。

15.4　整体性材料抗压强度试件如何制备和养生?

15.5　无机结合料稳定土无侧限抗压强度试验报告包括哪些内容?

第十六章　路面材料指标的测定

　　路面是道路的重要组成部分,它直接承受行车荷载和自然因素的作用。路面使用的品质性能、强度特性取决于路面混合料的性质及路面施工的质量。为了保证路面强度、稳定性、耐久性等方面的要求,为设计提供参数,检查评定施工质量,需要对路面材料的指标进行测定。

　　本章内容主要介绍沥青混合料稳定度试验、沥青含量测定,路面材料抗压回弹模量、抗弯拉强度、弯拉回弹模量的测定,水泥混凝土抗折疲劳强度、混凝土芯样的钻取及劈裂试验等。

16.1　沥青混合料稳定度试验(马歇尔试验)

　　随着我国公路等级的提高,沥青路面已成为高等级公路路面中占主要地位的路面结构。由于各地自然气候条件不一,交通量和轴载日益增加,工程施工质量的差异,对沥青路面提出了更严格的要求,从而对沥青混合料也提出了相应的性能要求。

　　沥青混合料是一种典型的流变性材料,其技术性质体现在高温稳定性、低温抗裂性、耐久性、抗滑性、施工和易性等方面。它的强度和劲度模量随着温度升高而降低,所以沥青路面夏季高温时,在重交通重复作用下,由于交通渠化,在轮迹带上逐渐形成变形下凹,两侧鼓起形成"车辙",这就是现代高等级沥青路面最常见的病害。

　　沥青混合料高温稳定性是指沥青混合料夏季高温 60℃条件下,经车辆荷载长期重复作用后,不产生车辙和波浪等病害的性能。

　　我国现行《沥青路面施工技术规范》、《公路沥青路面设计规范》规定,采用马歇尔稳定度试验进行沥青混合料配合比设计,用马歇尔法测定的稳定度和流值来反映沥青混合料的温度稳定性和水稳定性。但随着近年来高等级公路的兴起,对路面的稳定性提出了更高的要求,对高速一级公路、城市快速路、主干道沥青混合料,还应通过车辙试验用动稳定度指标来检验其抗车辙的性能。

　　马歇尔稳定度试验是对标准击实的试件在规定的温度和速度等条件下受压,测定沥青混合料的稳定度和流值等指标所进行的试验。有标准马歇尔稳定度试验和浸水马歇尔稳定度试验。标准马歇尔稳定度试验主要用于沥青混合料的配合比设计及沥青路面施工质量检验。浸水马歇尔稳定度试验(根据需要,也可进行真空饱水马歇尔试验)主要是检验沥青混合料受水损害时抵抗剥落的能力,通过测试其水稳定性检验配合比设计的可行性。

　　沥青混合料稳定度试验是对尺寸为直径$\phi(101.6\pm0.25)$mm,高(63.5

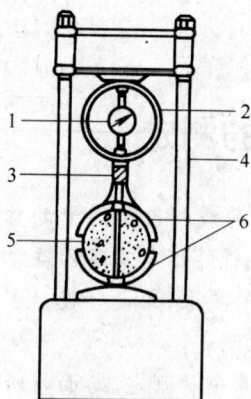

图 16.1 马歇尔稳定度仪

1. 测力表；2. 测力环；3. 流值表；
4. 支架；5. 试件；6. 上下夹具

±1.3)mm 的圆柱体标准试件,用马歇尔试验仪,以 (50±5)mm/min 的加载速率施压,使试件承受荷载,当试验荷载达最大值(试件破坏时的荷载)时,由荷载测定装置读取的最大值即为试样的稳定度(应力环中百分表或荷载传感器读数),以 kN 计;由流值计及位移传感器测定装置读取的试件垂直变形(流值计读数)即为试件的流值,以 0.1mm 计。测定装置马歇尔稳定度仪如图 16.1 所示。

试验应报告马歇尔稳定度、流值、马歇尔模数,以及试件尺寸、试件的密度、空隙率、沥青用量、沥青体积百分率、沥青饱和度、矿料间隙率等各项物理指标。

当一组测定值中某个数据与平均值之差大于标准差的 k 倍时,该测定值应舍弃,并以其余测定值的平均值作为试验结果。当试验数目 n 为 3、4、5、6 个时,k 值分别为 1.15、1.46、1.67、1.82。

试件的马歇尔模数按式(16.1)计算。

$$T = \frac{MS \times 10}{FL} \tag{16.1}$$

式中:T——试件的马歇尔模数,kN/mm;

　　MS——试件的稳定度,kN;

　　FL——试件的流值,0.1mm。

当试件在已达规定温度恒温水槽中的保温时间为 48h 时,进行的试验为浸水马歇尔试验,试件的浸水残留稳定度按式(16.2)计算。

$$MS_0 = \frac{MS_1}{MS} \tag{16.2}$$

式中:MS_0——试件的浸水残留稳定度,%;

　　MS_1——试件浸水 48h 的稳定度,kN。

将试件先放入真空干燥器中,关闭进水胶管,开动真空泵,使干燥器的真空度达到 97.3kPa(730mmHg)以上,维持 15min,然后打开进水胶管,靠负压进入冷水使试件全部浸入水中,浸入 15min 后恢复常压,取出试件再放入已达规定温度的恒温水槽中保温 48h,进行的马歇尔试验,即为真空饱和马歇尔试验。根据试验结果,按式(16.3)可计算试件的真空饱和残留稳定度。

$$MS_0 = \frac{MS_2}{MS} \tag{16.3}$$

式中:MS_0——试件的真空饱和残留稳定度,%;

　　MS_2——试件真空饱水后浸水 48h 后的稳定度,kN。

16.2　沥青含量的测定

影响沥青混合料稳定性的主要因素有沥青含量、沥青的黏度、矿料级配、矿料的尺寸和形状等。沥青含量适当与否,将会直接影响混合料的技术性质。混合料沥青含量过高,混合料的内摩阻力降低,是夏季容易产生泛油现象的重要原因。

沥青混合料的沥青含量是沥青质量在沥青混合料总质量中的比例,当采用油石比时,表示沥青质量与沥青混合料中的矿料总质量的比例,均以质量百分率表示。测定方法通常采用射线法和离心分离法。

射线法就是采用沥青含量测定仪对用黏稠石油沥青拌制的热拌沥青混合料沥青含量(或油石比)的测定,适用于热拌热铺沥青混合料路面施工时的沥青用量检测,以快速评定拌和厂产品质量,它不适用于其他沥青拌制的混合料。射线法操作简便,测定仪自动显示沥青含量,并记录在测定报告中。

同一沥青混合料试样,至少平行试验两次,其差值不大于 0.2% 时,取平均值作为试验结果。

离心分离法不仅适用于热拌热铺沥青混合料路面施工时的沥青用量检测,以评定拌和厂产品质量,也可用于旧路调查时检测沥青混合料的沥青用量,用此法抽提的沥青溶液可用于回收沥青,以评定沥青的老化性质。

离心分离法就是根据沥青混合料中的沥青可溶解于三氯乙烯溶剂的性质,用离心分离器分离溶液和矿料,通过对混合料中矿料总质量的进一步测定,即可确定沥青含量。若矿料总质量为 m_a,混合料总质量为 m,则沥青含量 P_b 按式(16.4)计算。

$$P_b = \frac{m - m_a}{m} \tag{16.4}$$

式中：m——沥青混合料的总质量;

　　　m_a——沥青混合料中矿料部分的总质量;

　　　P_b——沥青混合料的沥青含量,%。

该测定方法要求,同一沥青混合料试样至少平行试验两次,取平均值作为试验结果,两次试验结果的差值应小于 0.3%,当大于 0.3% 但小于 0.5% 时,应补充平行试验 1 次,以 3 次试验的平均值作为试验结果,3 次试验的最大值与最小值之差不得大于 0.5%。

16.3　抗压回弹模量测定

我们知道,稳定类路面材料在荷载作用下,其变形包括弹性变形和塑性变形。其应力-应变关系,在不同的结合料和荷载条件下,呈现不同程度的非线性性状,可用弹性模量或回弹模量来表征。抗压回弹模量是无机结合料稳定土混合料的重要参数之一,测定方法通常采用承载板法和顶面法两种。

根据弹性变形在荷载移去时可恢复的特性,在室内对混合料试件,采用杠杆式压力仪或其他适合的仪器和承载板,通过逐级加载、卸载的方法,测出各级荷载下的回弹变形值,然后计算材料的抗压回弹模量的试验方法称为承载板法。

承载板法测定路面材料的抗压回弹模量,适用于在室内对无机料结合稳定土(包括稳定细粒土、中粒土)试件进行抗压回弹模量试验。试验的内容及要求见《公路工程无机结合料稳定材料试验规程》。

在每一级单位荷载 p 作用时,测得混合料试件加载时的垂直变形和卸载时的垂直变形,两者之差为与此荷载相对应的回弹变形值 l,按式(16.5)计算材料的回弹模量 E。

$$E = \frac{\pi p D}{4l}(1 - \mu^2) \tag{16.5}$$

式中:p——单位压力,MPa;

D——承载板直径,m;

l——相应于单位压力 p 的回弹形变,mm;

μ——泊松系数(可取 0.254)。

当采用路面强度试验仪为加载主机,配合装有圆形金属平面加载顶、底板的测形变装置的试验方法称为顶面法。该试验方法的内容、要求及试验步骤等与承载板相同。根据测得的每一级单位荷载 p 对应的回弹变形 l,按式(16.6)计算材料的回弹模量 E。

$$E = pH/l \tag{16.6}$$

式中:p——单位压力,MPa;

H——试件高度,m;

l——相应于单位压力 p 的回弹形变,mm。

路面材料抗压回弹模量测定试验应报告的内容大致包括:材料的颗粒组成;水泥的种类和标号或石灰的等级;确定最佳含水量时结合料用量以及最佳含水量和最大干密度;水泥或石灰的剂量或水泥(或石灰)、粉煤灰和集料的比例;试件干密度或压实度,吸水量以及测回弹模量时的含水量,回弹模量(采用整数表示);若干个试验结果的最大值和最小值、平均值 E、标准差 S、偏差系数 C_v(%)。

16.4 抗弯拉强度和弯拉模量测定

测定路面整体性材料(混凝土混合料、石灰稳定类、水泥稳定类等)和沥青混合料的(抗)弯拉强度和弯拉模量,目的是为混凝土和沥青混合料等路面设计提供参考指标。同时,也可用于检验混凝土构件的挠曲变形性能和沥青混合料在规定温度和加载速率时弯曲破坏的力学性能。测定方法对可制成标准梁试件的材料采用千分表法(简称表测法),对试件龄期较短或不宜用千分表法测定的试件,可采用电测法。本节以沥青混合料为例,简要介绍路面材料抗弯拉强度和弯拉模量测定的表测法,其他整体性材料路面也可采用同样方法测定。

采用万能材料试验机加载千分表测量变形的方法是一种常用的测定方法(简称表测法)。测试内容包括试件制备和养生、仪表安装、加载级别确定和加载测试等。

根据沥青混合料材料粒径的不同,制成不同规格尺寸的标准梁试件(大梁 150mm × 150mm × 550mm、中梁 100mm × 100mm × 400mm、小梁 50mm × 50mm × 240mm),按一定加载速率,采用逐级加载、卸载方法。加载及装表位置如图 16.2 所示。通过测出每级荷载作用时的回弹形变值,根据各级荷载下试件中部底面的拉应力 σ_{si} 和拉应变 ε_{si},可计算试件的回弹模量值。最后将试件加载至断裂破坏,则可计算试件的抗弯拉强度值 S。

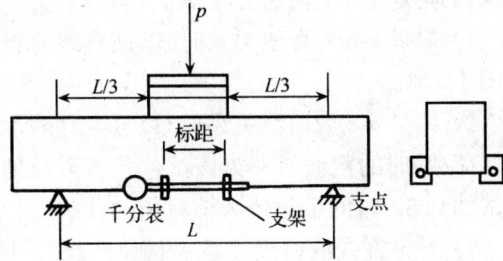

图 16.2 加载及装表位置

在荷载 p_i 作用下拉应力 σ_{si} 和拉应变 ε_{si} 计算如下:

$$\sigma_{si} = \frac{p_i L}{bh} \tag{16.7}$$

式中:p_i——各级荷载值,N;

σ_{si}——对应于 p_i 时试件中部底面的拉应力,Pa;

L——梁支点距离,m;

b,h——梁的宽度和高度,m。

$$\varepsilon_{si} = \frac{L_i}{L_0} \tag{16.8}$$

式中:ε_{si}——对应于 σ_{si} 时梁中部底面的拉应变;

L_0——标距,m;

L_i——在 σ_{si} 作用下梁中部底面 L_0 内产生的弯拉回弹变形。

根据 σ_s 和 ε_s 值按式(16.9)计算弯拉模量:

$$E_s = \frac{\sigma_s}{\varepsilon_s} \tag{16.9}$$

当荷载加至 p_{max} 时试件断裂破坏,则试件的抗弯拉强度值 S 按式(16.10)计算:

$$S = \frac{p_{max} L}{bh} \tag{16.10}$$

式中：p_{max}——破坏荷载，N；

b,h——梁试件的宽度和高度，m。

破坏强度及材料模量值取该组三个平行试件的平均值，但相对误差不得超过15%，超过者不得参加平均。此时，若改用其中两个平行试件的平均值时，其相对误差不得超过7%，超过时该组试验舍弃。用每个试件计算的 σ_i 和 ε_i 值，在直角坐标系内绘制 σ-ε 关系图。为了较准确地寻找 σ_i 和 ε_i 的关系，也可将坐标原点平移到第一个测点进行资料整理，绘制 σ-ε 弯拉模量关系图（见图16.3）。根据 σ-ε 的关系，弯拉回弹模量按下面的方法取值：

1）如果 σ-ε 为直线关系时，以该直线的斜率来表示该试件的弯拉回弹模量值，见图16.3(a)。

2）如果 σ-ε 为曲线关系时，以 $0.5p$（p 为参考破坏荷载，即加载级别确定时的破坏荷载）时的割线斜率为该试件代表弯拉回弹模量值，见图16.3(b)。应当取三个试件 $0.5p$ 时的平均值为该材料的代表弯拉回弹模量值。

3）无论直线或曲线关系，图解时应尽量通过原点，如果在 σ 轴上产生截距（或正或负），按系统误差处理，应当予以扣除，其具体计算方法为

$$E_{0.5p} = \frac{\sigma_{0.5p}}{\varepsilon_{0.5p}}$$

式中：$\sigma_{0.5p}$——相当于 $0.5p$ 时的应力值，Pa；

$\varepsilon_{0.5p}$——相当于 $0.5p$ 产生的应变值。

其余符号的意义如图16.3所示。

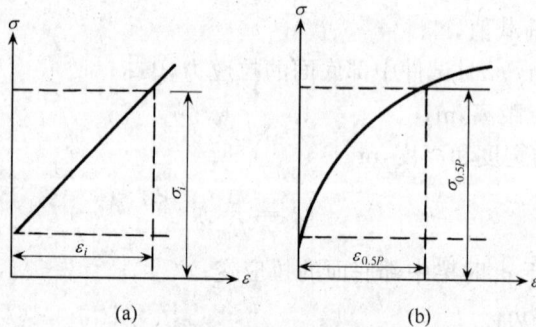

图16.3　弯拉模量关系图

(a) 直线关系；(b) 曲线关系

16.5　水泥混凝土抗折疲劳强度测定

水泥混凝土路面材料，在重复荷载作用下，若处于弹塑性工作状态，则重复荷载作用将引起塑性变形的累积，当累积变形超出一定限度时，路面使用功能将下降

至允许限度以下,出现破坏极限状态;在重复荷载作用下,若路面材料处于弹性工作状态,虽不产生塑性变形,但是结构内部将产生微量损伤,当微量损伤累积达到一定程度时,路面结构发生疲劳断裂,出现破坏极限状态。材料或试件在荷载多次重复作用下,不致产生疲劳破坏的最大应力称为疲劳强度。测定材料承受重复荷载性能的试验称为疲劳试验,有控制应力不变和控制应变不变两种方法。

控制应力不变测试方法即在应力不变时测定材料试件疲劳断裂破坏时荷载反复作用的次数 N_f,通过 N_f 的大小对比,来评价材料的疲劳性能。N_f 值随应力级位的不同变化范围较大,一般随着应力的增大出现疲劳破坏的重复作用次数 N_f 降低,且重复应力级位相同时,N_f 的变动幅度也较大,测试工作量大。控制应变不变方法即测试一次加载至试件产生疲劳破坏时的抗折强度 R_b(弯拉应力)。以下简要介绍水泥混凝土抗折强度(控制应变不变)测试方法。

测定水泥混凝土抗折(抗弯拉)极限强度是通过混凝土直角小梁试件的抗折(抗弯拉)强度试验进行。目的是提供水泥混凝土路面设计参数,检查混凝土施工品质和确定抗折弹性模量试验加荷标准。

将制备的小梁试件(尺寸为 150mm×150mm×550mm,集料粒径应不大于 40mm)妥善放在试验装置的支座上,试件成型时的侧面朝上,几何对中后,缓缓加一初荷载,约 1kN,而后以 0.5～0.7MPa/s 的加荷速率,均匀而连续地加荷(低标号时用较低速率)。当试件接近破坏而开始迅速变形时,应停止调整试验机油门,直至试件破坏,记下最大荷载。抗折试验装置如图 16.4 所示。

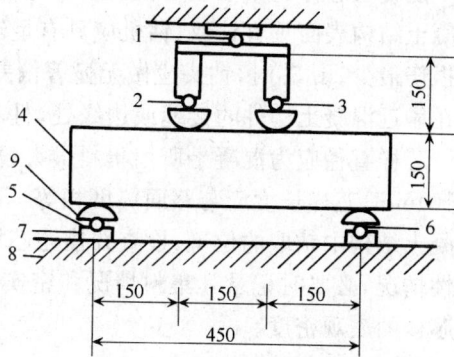

图 16.4 抗折试验装置图(尺寸单位:mm)

1,2,6. 一个钢球;3,5. 两个钢球;4. 试件;
7. 活动支座;8. 机台;9. 活动船形垫块(共 4 块)

当断面发生在两个加荷点之间时,抗折强度 R_b 按式(16.11)计算:

$$R_b = \frac{PL}{bh^2} \tag{16.11}$$

式中:R_b——抗折强度,MPa;

P——极限荷载,N;

L—— 支座间距离,$L=450$mm;

b——试件宽度,mm;

h——试件高度,mm。

如断面位于加荷点外侧,则该试件之结果无效;如有两根试件之结果无效,则该组结果无效。按试验规程要求,混凝土抗折强度试件应取同龄期者为一组,每组为相同条件制作和养护的试件 3 根。

抗折强度测定值的计算及异常数据取舍，以 3 个试件测值的算术平均值为测定值。如果任一个测值与中值的差值超过中值的 15% 时，则取中值为测定值；如果有两个测值与中值的差值均超过上述规定时，则该组试验结果无效。

当采用 100mm×100mm×400mm 非标准试件时，在三分点加荷的试验方法同前，但所取得的抗折强度值应乘以尺寸换算系数 0.85。

16.6 混凝土试样的钻取和劈裂试验方法

为了检验混凝土结构物的强度是否满足设计要求，检查施工质量，需从硬化混凝土结构物中钻取和检查芯样，并通过测定芯样的劈裂抗拉强度或抗压强度，以作为评定结构的主要品质指标。

16.6.1 混凝土试样的钻取

混凝土芯样的钻取主要仪器设备为钻孔取样机，钻机一般采用金刚石钻头。从混凝土结构表面垂直钻取，钻机应具有足够的刚度，保证钻取的芯样周面垂直且表面损伤最少。钻芯时，钻头应做无显著偏差的同心运动。芯样钻取位置应尽可能避免在靠近混凝土构件的接缝或边缘处，且基本上不应带有钢筋。

芯样直径应为混凝土所用集料最大粒径的 3 倍，一般为(150±10)mm 或(100±10)mm，芯样长度应与路面厚度相等。钻取的每个芯样应及时做标记，记录其在混凝土结构中钻取的位置；检查并描述芯样的裂缝、接缝、分层、麻面或离析等不均匀性情况，必要时记录其集料情况和密实性；测量芯样直径和长度，必要时还应测定芯样的表观密度。

16.6.2 混凝土试样劈裂试验方法

混凝土芯样劈裂试验目的是测定圆柱体试件(钻取试件)的劈裂抗拉强度，用于评定混凝土的施工质量和材料组成设计参考值。主要测试装置包括压力机万能试验机和劈裂夹具(即劈裂钢垫条和三合板垫层或纤维板垫层)等。劈裂抗拉试验装置如图 16.5 所示。

1. 试验步骤

1) 试件制作。试件两端平面应与它的轴线相垂直，误差不应大于±1°，端面凹凸每 100mm 不超过

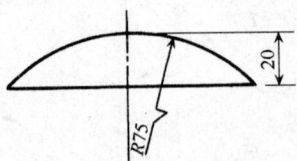

图 16.5 劈裂抗拉试验装置图(尺寸单位:mm)
1. 上压板;2. 下压板;3. 垫条;4. 垫层

0.05mm,承压线凹凸不应大于 0.25mm。

2）湿度控制。试验前试件应在（20±2）℃的水中浸泡 40h，从水中取出后立即进行试验。也可用其他养护方法进行控制湿度。

3）劈裂试验：将试件、劈裂夹具、垫条和垫层（见图 16.5）放在压力机上，借助夹具两端侧杆，将试件对中。开动压力机，当压力机压板与夹具垫条接近时，调整球座使压力均匀接触试件，当压力加到 5kN 时，将夹具的侧杆抽出，以（60±40）N/s 的速率连续、均匀加荷，直至试件劈裂为止，记下破坏荷载，准确至 0.01kN。

4）试验结果计算

芯样劈裂抗拉强度 R_{ct} 按式（16.12）计算：

$$R_{ct} = \frac{2P}{\pi A} = \frac{2P}{\pi d_m \times L_m}$$ (16.12)

式中：R_{ct}——混凝土劈裂抗拉强度，MPa；

P——极限荷载，N；

A——芯样劈裂面面积，mm²；

d_m——芯样截面的平均直径，mm；

L_m——芯样平均长度，mm。

劈裂抗拉强度测定值的计算及异常数据的取舍原则，以 3 个试件测值的算术平均值为测定值。如任一个测值与中值的差值超过中值的 15% 时，则取中值为测定值；如有两个测值与中值的差值均超过上述规定时，则该组试验结果无效。

结果计算精确至 0.01MPa。

16.7 小   结

用作基层或底基层的未经结合料处治的粒料其应力-应变呈非线性关系，强度特性通常用回弹模量来反映，并可通过室内重复加载三轴压缩试验测定。

稳定类材料的应力-应变关系，随结合料的性质和含量、粒径和组成以及应力级位的不同，呈现不同程度的非线性性状，分别以弹性模量或回弹模量来表征；稳定类材料的强度特性可以采用小梁试件或圆柱体试件进行弯拉或压缩试验，测定弯拉应变或压缩应变，通过计算可确定弯拉弹性模量或压缩弹性模量；还可采用圆柱体试件进行压缩或劈裂试验，测定抗压强度或劈裂强度。

水泥混凝土的应力-应变关系曲线，在应力级位为极限荷载的 30% 以内时，呈现线性性状，或在应力级位低于极限荷载的 50% 时，其应力-应变关系可近似当做线性关系，以弹性模量来表征，可采用圆柱体试件压缩试验计算确定压缩弹性模量，或者采用小梁试件进行弯曲试验，计算确定弯拉弹性模量；同时采用圆柱体、立方体或小梁试件，在不同养生条件（如 4h 蒸压养护等）或不同试验条件下，通过试验可测定水泥混凝土的其他强度指标。同时，通过对钻取硬化混凝土芯样的劈裂抗拉强度测定,可检查评定混凝土施工质量。

沥青混合料具有较高的抗压强度,而抗剪强度则相对较低。混合料在荷载作用下的应力-应变关系在不同的荷载大小、作用时间和温度条件下,呈现不同的线性-非线性性状,通常用劲度模量来表征。我国现行《沥青路面施工技术规范》和《公路沥青路面设计规范》规定,采用马歇尔稳定度试验进行沥青混合料配合比设计,用马歇尔法测定的稳定度和流值来反映沥青混合料的温度稳定性和水稳定性。马歇尔稳定度试验有标准稳定度试验和浸水马歇尔稳定度试验。沥青含量是影响沥青混合料稳定性的一个重要因素,对于测定沥青用量的射线法和离心分离法应注意它们的选用范围。

在学习过程中,对路面材料指标测定的试验方法应结合现行的《公路工程沥青混合料试验规程》、《公路工程水泥混凝土试验规程》等规程和技术规范进行学习。

思 考 题

16.1 马歇尔稳定度试验目的和适用范围分别是什么?如何制作马歇尔试验试件?

16.2 试述测定沥青混合料中沥青含量的方法和基本原理。

16.3 如何测定路面材料的抗压回弹模量值?试验内容及要求是什么?

16.4 简述测定整体性材料标准梁试件抗弯拉强度和弯拉回弹模量的基本步骤。

16.5 根据试验结果,如何确定整体性材料弯拉回弹模量值?

16.6 何为水泥混凝土抗折疲劳强度?如何测定?

16.7 对混凝土芯样的钻取有什么要求?对混凝土芯样进行劈裂抗拉试验时应注意哪些问题?

第十七章 路基的测试

路基是道路的基础,路基的施工质量直接关系到路面的使用品质,影响着道路的正常使用与服务质量。因此,在道路的施工中就必须对路基进行科学系统的测试,以保证路基的施工质量。本章介绍几种主要的路基测试项目和具体操作方法。通过本章学习应能熟练掌握这些实验操作原理、方法和数据整理方法。

17.1 路基施工的基本要求和质量检验项目标准

17.1.1 路基土石工程

1. 路基施工要求

1) 施工前应做好施工准备工作,路基放样应准确,设置场地临时排水系统应与设计排水系统结合,勿使路基附近积水,避免冲刷边坡。

2) 在路基用地范围内,应根据情况清除地表植被、杂物、积水、淤泥和表土,对基底进行认真压实和处理,满足规范和设计要求。

3) 不得采用设计或规范规定的不适用土料作为路基填料。

4) 路基施工时应选择恰当的施工方案,不同性质的土壤应分层填筑,且必须分层压实至规定密实度。每层表面应修理平整,并符合路拱设计值。

5) 修筑填石路堤应逐层水平填筑石块,必要时可人工摆放码砌平稳。石块空隙用石渣或石屑嵌压稳定,并采用振动压路机分层碾压,压至填筑层顶面石块稳定,振压两遍无明显标高差异。填筑层厚度及石块尺寸应符合设计和施工规范规定。

6) 爆破施工的石方路基施工方法应能保证边坡稳定,注意清渣撬石,避免过量爆破或产生瞎炮。

2. 路基检测项目及标准

(1) 一般规定

1) 路基实测项目技术指标的规定值或允许偏差设定为高速公路、一级公路和其他公路(指二级及以下公路)两档。

2) 土方路基和石方路基实测项目规定的检查频率为双车道公路每一检查段内的最低检查频率,多车道公路必须按车道数与双车道之比,相应增加检查数量。

3) 路基施工中除压实度指标需分层检测外,其他检查项目均在路基完成后对路基顶面进行检查测定。

4）路肩工程应作为路面工程的分项工程进行检查评定。

（2）实测项目

路基工程实测项目如表 17.1 所示。

表 17.1 路基工程实测项目

项次	检查项目			规定值或允许偏差		检查方法和频率
				高速、一级公路	其他公路	
1	压实度/%	零填及路堑上路床	0～30			按有关方法检查密度法；每 2000m² 压实层测 4 处
		路堤/cm 上路床	0～30	95	93	
		下路床	30～80	95	93	
		上路堤	80～150	93	90	
		下路堤	>150	90	90	
2	弯沉/0.01mm			不大于设计计算值		按有关方法检查
3	纵断高程/mm			+10，−15	+10，−20	水准仪；每 200m 测 4 个断面
4	中线偏位/mm			50	100	经纬仪；每 200m 测 4 点弯道加 HY、YH 两点
5	宽度/mm			不小于设计值		米尺；每 200m 测 4 处
6	平整度/mm			15	20	3m 直尺；每 200m 测 4 处×3 尺
7	横坡/%			±0.5	±0.5	水准仪；每 200m 测 4 个断面
8	边坡			不陡于设计值		抽查每 200m 测 4 处

注：1. 压实度检查深度从路床顶面算起。桥台、涵洞、锥坡、挡土墙等背后填土及其他关键部位应增加压实度检查频率。

2. 采用核子仪检查压实度时应进行标定试验，确认其可靠性。

3. 表列压实度以重型击实试验法为准，评定路段内的压实度下置信界限不得小于规定标准，单个测定值不得小于极限值（表列规定值减 5 个百分点）。小于表列规定值 2～5 个百分点的测点，按其数量占总检查点的百分率计算扣分值。

4. 特殊干旱、特殊潮湿的地区或过湿土，以及铺筑中、低级路面的三、四级公路路基，可按交通部颁发的路基设计、施工规范所规定的压实度标准进行评定。

5. 土石混填路基可根据实际可能性进行压实度或固体体积率的检验。

17.1.2 路基防护加固工程

1. 软土地基处治

（1）施工基本要求

1）换填地基。换填地基的填筑压实要求同土方路基。

抛石挤淤应使用不易风化石料，石料尺寸一般不小于 30cm。抛填方向应根据软土下卧层横坡而定，横坡平坦时自地基中部渐次向两侧扩展；横坡陡于 1：10 时，自高侧向低侧抛填。片石露出水面或软土面后，应用较小石块填塞垫平、压实后，再铺设反滤层。

砂垫层应采用中、粗砂，开级配组成；适当加水，分层压实；砂垫层宽度应宽出路基边脚 0.5～1.0m，两侧端以片石护砌；砂垫层厚度及其上铺设的反滤层应符合设计要求。

2）反压护道。填筑材料、护道高度、宽度应符合设计要求，压实度不低于90%。

3）排水固结法。砂的规格、质量、砂袋织物质量和塑料排水板质量必须符合设计要求；砂袋和塑料排水板下沉时不得出现扭结、断裂等现象；井（板）底标高必须符合设计要求，其顶端必须按规范要求伸入砂垫层或砂沟。加载工作用填土取代注意使用其加荷的速率与地基承载力增加速率相适应。

4）挤密法。孔内灌塞材料应符合规范要求；施工时应严格按试桩结果控制水压和振冲器的留振时间；分批加入挤密材料，切实注意振密挤实效果，防止发生"断桩"或"颈缩桩"。

5）土工织物法。土工织物质量应符合设计要求，外观无破损、无老化、无污染现象。下承层应平整，并在其上、下铺设砂垫层防止尖锐物刺破；接缝搭接黏接强度符合要求，上、下层土工合成材料搭接缝应交替错开。

6）粉喷桩。水泥强度等级应符合设计要求；根据成桩试验确定的技术参数进行施工；严格控制喷粉时间、停粉时间和水泥喷入量，确保喷粉桩长度；桩身上部（1/3桩身）范围内必须进行二次搅拌，确保桩身质量；发现喷粉量不足时，应整桩复打；喷粉中断时，复打重叠孔段应大于1m。

（2）实测项目

（略）

2．挡土墙

（1）施工基本要求

1）砌石应分层错缝。

2）浆砌时坐浆应挤密，嵌填密实砂，不得有空洞；干砌时不得松动、叠砌和浮塞。

3）表面应平整无垂直通缝；勾缝应平顺，无脱落。

（2）实测项目

（略）

17.2　击实试验

路基施工时为了使路基具有足够的强度与稳定性，必须予以压实以提高其密实程度。现行规范规定路基压实标准为压实度 K，其值为工地实测土的干容重 γ 与室内标准击实试验所得的容重 γ_0 之比。击实试验就是在模拟现场施工条件下利用标准化的击实仪具，测定土的最大干密度（maximum dry density）和最佳含水量（optimum water content）。击实试验是控制路基压实质量不可缺少的重要试验项目。

击实试验（compaction test）模拟现场土的压实，是一种半经验方法。在不同国家以及一个国家的不同部门有可能有其自己的击实试验方法和仪器。由于土的现场填筑压实与室内击实试验具有不同的工作条件，两者之间的关系是根据工程实践经验求得的，但要求室内试验的击实功应相当于现场施工的压实功。

17.2.1 适用范围

本试验分轻型击实和重型击实。小试筒适用于粒径不大于 25mm 的土,大试筒适用于粒径不大于 38mm 的土。

17.2.2 仪器设备

1) 标准击实仪。击实筒如图 17.1 所示,击锤和导杆如图 17.2 所示。轻、重型试验方法和设备主要参数应符合表 17.2 规定。

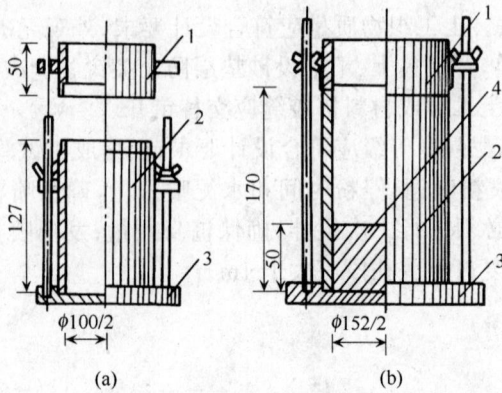

图 17.1 击实筒(尺寸单位:mm)

(a) 小击实筒;(b) 大击实筒

1. 套筒;2. 击实筒;3. 底板;4. 垫块

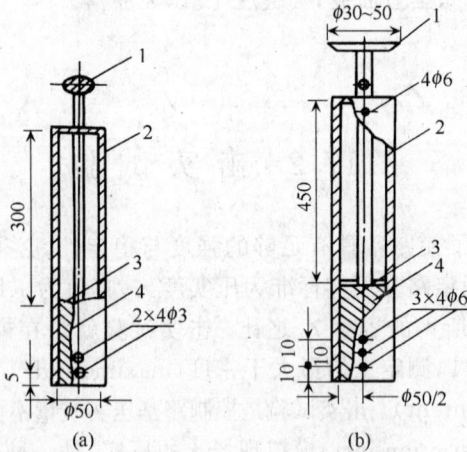

图 17.2 击锤和导杆(尺寸单位:mm)

(a) 2.5kg 击锤(落高 30cm);(b) 4.5kg 击锤(落高 45cm)

1. 提手;2. 导筒;3. 硬橡皮;4. 击锤

表 17.2　击实试验方法和设备主要参数

试验方法	类别	锤底直径 /cm	锤质量 /kg	落高 /cm	试筒尺寸			层数	每层击数	击实功 /(kJ/m³)	最大粒径 /mm
					内径 /cm	高 /cm	容积 /cm³				
轻型 I 法	I.1	5	2.5	30	10	12.7	997	3	27	598.2	25
	I.2	5	2.5	30	15.2	12	2177	3	59	598.2	38
重型 II 法	II.1	5	4.5	45	10	12.7	997	3	27	2687.0	25
	II.2	5	4.5	45	15.2	12	2177	3	98	2677.2	38

2）烘箱及干燥器。

3）天平：感量 0.01g。

4）台秤：称量 10kg，感量 5g。

5）圆孔筛：孔径 38mm、25mm、19mm 和 5mm 各 1 个。

6）拌和工具：400mm×600mm、深 70mm 的金属盘、土铲。

7）其他：喷水设备、碾土器、盛土盘、量筒、推土器、铝盒、修土刀、平直尺等。

17.2.3　试样

本试验可分别采用不同的方法准备试样，各方法试料用量可按表 17.3 准备。

表 17.3　试料用量

使用方法	类　别	试筒内径/cm	最大粒径/mm	试料用量/kg
干土法 试样重复使用	a	10 10 15.2	5 25 38	3 4.5 6.5
干土法 试样不重复使用	b	10 15.2	至 25 至 38	至少 5 个试样，每个 3 至少 5 个试样，每个 6
湿土法 试样不重复使用	c	10 15.2	至 25 至 38	至少 5 个试样，每个 3 至少 5 个试样，每个 6

1）干土法（土重复使用）：将具有代表性的风干或在 50℃温度下烘干的土样放在橡皮板上，用圆木棍碾散，然后过不同孔径的筛（视粒径大小而定）。对于小试筒，按四分法取筛下的土约 3kg；对于大试筒，同样按四分法取样约 6.5kg。

估计土样风干或天然含水量，如风干含水量低于开始含水量太多时，可将土样铺于一不吸水的盘上，用喷水设备均匀地喷洒适当用量的水，并充分拌和，闷料一夜备用。

2）干土法（土不重复使用）：按四分法至少准备 5 个试样，分别加入不同水分（按 2%～3%含水量递增），拌匀后闷料一夜备用。

3）湿土法（土不重复使用）：对于高含水量土，可省略过筛步骤，用手拣除大于

38mm 的粗石子即可。保持天然含水量的第一个土样,可立即用于击实试验。其余几个试样,将土分成小土块,分别风干,使含水量按 2%～3% 递减。

17.2.4 试验步骤

1)根据工程要求,按表 17.3 规定选择轻型或重型试验方法。根据土的性质(含易击碎风化石数量多少,含水量高低)按表 17.4 规定选用干土法(土重复或不重复使用)或湿土法。

2)将击实筒放在坚硬的地面上,取制备好的土样分 3～5 次倒入筒内。小筒按三层法时,每次 800～900g(其量应使击实后的试样等于或略高于筒高的 1/3);按五层法时,每次 400～500g(其量应使击实后的土样等于或略高于筒高的 1/5)。对于大试筒,先将垫块放入筒内底板上;按五层法时,每层需试样均 900g(细粒土)～1100g(粗粒土);按三层法时,每层需试样 1700g 左右。整平表面,并稍加压紧,然后按规定的击数进行第一层土的击实,击实时击锤应自由垂直落下,锤迹必须均匀分布于土样面,第一层击实完后,将试样层面"拉毛",然后再装入套筒,重复上述方法进行其余各层土的击实。小试筒击实后,试样不应高出筒顶面 5mm,大试筒击实后,试样不应高出筒顶 6mm。

3)用修土刀沿套筒内壁削刮,使试样与套筒脱离后,扭动并取下套筒,齐筒顶细心削平试样,拆除底板,擦净筒外壁,称量,准确至 1g。

4)用推土器推出筒内试样,从试样中心处取样测其含水量,计算至 0.1g,测定含水量用试样的数量按表 17.4 规定取样(取出有代表性的土样)。两个试样含水量的精度应符合含水量试验规定。

表 17.4 测定含水量用试样的数量

最大粒径/mm	试样质量/g	个数	最大粒径/mm	试样质量/g	个数
<5	15～20	2	约 19	约 250	1
约 5	约 50	1	约 38	约 500	1

5)对于干土法(土重复使用),将试样搓散,然后按本试验的方法进行洒水、拌和,但不需闷料,每次增加 2%～3% 的含水量,其中有两个大于和两个小于最佳含水量,所需加水量按式(17.1)计算:

$$m_w = \frac{m_i}{1 + 0.01w_1} \times 0.01(w - w_1) \qquad (17.1)$$

式中:m_w——所需的加水量,g;

m_i——含水量 w_1 时土样的质量,g;

w_1——土样原有含水量,%;

w——要求达到的含水量,%。

按上述步骤进行其他含水量试样的击实试验。

对于干土法(土不重复使用)和湿土法,按前所述准备各个试样,分别按上述步骤进行击实试验。

17.2.5 结果整理

1) 按式(17.2)计算击实后各点的干密度:

$$\rho_d = \frac{\rho}{1 + 0.001w} \tag{17.2}$$

式中:ρ_d——干密度,g/cm³;

ρ——湿密度,g/cm³;

w——含水量,%。

2) 以干密度为纵坐标,含水量为横坐标,绘制干密度与含水量的关系曲线(见图17.3),曲线上峰值点的纵、横坐标分别为最大干密度和最佳含水量。如曲线不能绘出明显的峰值点,应进行补点或重做。

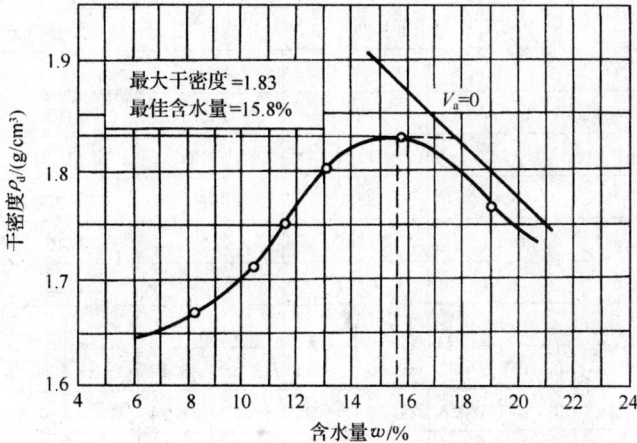

图 17.3 干密度与含水量的关系曲线

3) 按式(17.3)计算空气体积等于零的等值线,并将该等值线绘在干密度与含水量的关系图(见图17.3)上,以资比较。

$$\rho_d = \frac{1 - 0.01V_a}{\dfrac{1}{G_s} + \dfrac{w}{100}} \tag{17.3}$$

式中:ρ_d——试样的干密度,g/cm³;

V_a——空气体积,%;

G_s——试样相对密度。对于粗粒土,则为土中粗细颗粒的混合相对密度;

w——试样的含水量,%。

4) 当试样中有大于 38mm 颗粒时,应先取出大于 38mm 颗料,并求得其百分

率 p，把小于 38mm 部分做击实试验，按下面公式分别对试验所得的最大干密度和最佳含水量进行校正（适用于大于 38mm 颗粒的含量小于 30% 时）。

最大干密度按式（17.4）校正：

$$\rho'_{dm} = \frac{1}{\dfrac{(1-0.01p)}{\rho_{dm}} + \dfrac{0.01p}{G'_s}} \qquad (17.4)$$

式中：ρ'_{dm}——校正后的最大干密度，g/cm^3；

ρ_{dm}——用粒径小于 38mm 的土样试验所得的最大干密度，g/cm^3；

p——试料中粒径大于 38mm 颗料的百分率，%；

G'_s——粒径大于 38mm 颗粒的毛体积比重，取值至 0.01。

5）击实试验结果记录于表 17.5。

表 17.5　击实试验结果记录表

土样编号		筒号			落距		45cm	
土样来源		筒容积		997cm³	每层击数		27	
试验日期		击锤质量		4.5kg	大于 5mm 颗粒含量			
	试验次数	1		2		3	4	5
干密度	筒加土质量/g	2907.6		2981.8		3130.9	3215.8	3191.1
	筒质量/g	1103		1103		1103	1103	1103
	湿土质量/g	1804.6		1878.8		2027.9	2112.8	2088.1
	湿密度/(g/cm³)	1.81		1.88		2.03	2.12	2.09
	干密度/(g/cm³)	1.67		1.71		1.80	1.83	1.76
含水量	盒号							
	盒+湿土质量/g	33.45	33.27	35.60	35.44	32.88	33.13	33.13	34.09	36.96	38.31
	盒+干土质量/g	32.45	32.26	34.16	34.02	31.40	31.64	31.36	32.15	24.28	35.36
	盒质量/g	20	20	20	20	20	20	20	20	20	20
	水质量/g	1.0	1.01	1.44	1.42	1.48	1.49	1.77	1.94	2.68	2.95
	干土质量/g	12.45	12.26	14.16	14.02	11.40	11.64	11.36	12.15	14.28	16.36
	含水量/%	8.0	8.2	10.3	10.1	13.0	12.8	15.6	16.0	18.8	19.2
	含水量/%	8.1		10.2		13.0		15.8		19.0	
	最佳含水量=15.8%				最大干密度=1.83g/cm³				

校核者＿＿＿＿＿　　　计算者＿＿＿＿＿　　　　　试验者＿＿＿＿＿

17.3　土的含水量试验

土是由固体颗粒、水和气体三部分所组成的三相体系。工程上把土中自由水质量与土粒质量之百分比定义为含水量。含水量是土的基本物理指标之一，它的变化使土的物理力学性质随之而改变。土中含水量不同时,可使土成为坚硬的、可塑的或流动的土,在力学性质方面,能使土的结构强度、孔隙压力、有效应力及稳定性发生变化。它又是计算土的干密度、孔隙比、饱和度等项指标的依据,是检测土工构筑物施工质量的重要指标。目前测定含水量的试验方法主要有烘干法、酒精燃烧法、比重法、碳化钙气压法四种。在进行试验的过程中,要根据每种方法的适用范围选择合理的测试方法。

17.3.1 烘干法

土中含水量是在100~105℃温度下烘至恒量时所失去水分质量和该恒量后干土的比值,以百分数表示。本试验方法是测定含水量的标准方法。

1. 适用范围

本法是测定含水量的标准方法,适用于黏质土、粉质土、砂类土和有机质土类。

2. 仪器设备

1) 烘箱。可采用电热烘箱或温度能保持105~110℃的其他能源烘箱,也可用红外线烘箱。

2) 天平。感量0.01g。

3) 其他。干燥器、称量盒(为简化计算手续,将盒质量定期(3~6个月)调整为恒质量值)等。

3. 试验步骤

1) 取具有代表性试样,细粒土15~30g,砂类土、有机土为50g,放入称量盒内,立即盖好盒盖,称质量。称量时,可在天平一端放上与该称量盒等质量的砝码,移动天平游码,平衡后称量结果即为湿土质量。

2) 揭开盒盖,将试样和盒放入烘箱内,在温度105~110℃恒温下烘干。烘干时间对细粒土不得少于8h,对砂类土不得少于6h。对含有机质超过5%的土,应将温度控制在65~70℃的恒温下烘干。

3) 将烘干后的试样盒取出,放入干燥器内冷却(一般只需0.5~1h即可)。冷却后盖好盒盖,称质量,准确至0.01g。

4. 结果整理

按式(17.5)计算含水量:

$$w = \frac{m - m_s}{m_s} \times 100 \tag{17.5}$$

式中:w——含水量,%;

m——湿土质量,g;

m_s——干土质量,g。

含水量试验结果记录见表17.6。

表 17.6　含水量试验结果记录表(烘干法)

工程编号＿＿＿＿＿＿＿＿＿　　　试验者＿＿＿＿＿＿＿＿＿

土样说明＿＿＿＿＿＿＿＿＿　　　计算者＿＿＿＿＿＿＿＿＿

试验日期＿＿＿＿＿＿＿＿＿　　　校核者＿＿＿＿＿＿＿＿＿

盒号		1	2	3	4
盒质量/g	(1)	20	20	20	20
盒+湿土质量/g	(2)	38.87	40.54	40.65	40.45
盒+干土质量/g	(3)	35.45	36.76	36.169	35.94
水分质量/g	(4)=(2)×(3)	3.42	3.78	4.49	4.51
干土质量/g	(5)=(3)×(1)	15.45	16.76	16.16	15.94
含水量/%	$(6)=\dfrac{(4)}{(5)}$	22.1	22.6	27.8	28.3
平均含水量/%	(7)	22.4		28.1	

本试验须进行两次平行测定,取其算术平均值,含水量测定的允许平行差值应符合表 17.7 规定。

表 17.7　含水量测定的允许平行差值

含水量/%	允许平行差值/%	含水量/%	允许平行差值/%
5 以下	0.3	40 以下	≤1
40 以上	≤2		

17.3.2　乙醇燃烧法

在土样中加入乙醇,利用乙醇能在土上燃烧,使土中水分蒸发,将土样烘干,是快速简易测定且较准确的方法之一。一般应燃烧 3 次,本试验方法在现场测试中用的较多。

1. 适用范围

本试验方法适用于在没有烘箱或土样较少的条件下快速简易测定细粒土(含有机质的除外)的含水量。

2. 仪器设备

1) 称量盒(定期调整为恒质量)。

2) 天平(感量 0.01g)。

3) 乙醇(纯度 95%)。

4) 滴管、火柴、调土刀等。

3. 试验步骤

1) 取代表性试样(黏质土5~10g,砂类土20~30g),放入称量盒内,称湿土质量。

2) 用滴管将乙醇注入放有试样的称量盒中,直至盒中出现自由液面为止。为使乙醇在试样中充分混合均匀可将盒底在桌面上轻轻敲击。

3) 点燃盒中乙醇,燃至火焰熄灭。

4) 将试样冷却数分钟,按前述的方法重新燃烧两次。

5) 待第三次火焰熄灭后,盖好盒盖,立即称干土的质量,准确至0.01g。

4. 结果整理

同烘干法。

17.3.3 比重法

1. 适用范围

本试验方法仅适用于砂类土。

2. 仪器设备

1) 玻璃瓶(容积500mL以上)。

2) 天平(称量1000g,感量0.5g)。

3) 其他(漏斗、小勺、吸水球、玻璃片、土样盘及玻璃棒等)。

3. 试验步骤

1) 取代表性砂类土试样200~300g,放入土样盘内。

2) 向玻璃瓶中注入清水至1/3左右,然后用漏斗将土样盘中的试样倒入瓶中,并用玻璃棒搅拌1~2min,直到所含气体完全排出为止。

3) 向瓶中加清水至全部充满,静置1min后用吸水球吸去泡沫,再加清水使其充满,盖上玻璃片,擦干瓶外壁,称质量。

4) 倒去瓶中混合液,洗净,再向瓶中加清水至全部充满,盖上玻璃片,擦干瓶外壁,称质量,准确至0.5g。

4. 结果整理

按式(17.6)计算含水量:

$$w = \left[\frac{m(G_s - 1)}{G_s(m_1 - m_2)} - 1 \right] \times 100 \tag{17.6}$$

式中:w——砂类土的含水量(计算至0.1%),%;

m——湿土质量,g;

m_1——瓶、水、土、玻璃片的总质量,g;

m_2——瓶、水、玻璃片的总质量,g;

G_s——砂类土的相对密度。

含水量试验结果记录格式见表17.8。

表 17.8　含水量试验结果记录表（比重法）

上样编号	瓶号	湿土质量/g	瓶、水、土、玻璃片的总质量/g	瓶、水、玻璃片的总质量/g	土样相对密度	含水量/%	平均值/%	备注

17.3.4　碳化钙气压法

碳化钙为吸水剂，将一定量的湿土样和碳化钙置于体积一定的密封容器中，吸水剂与土中的水发生化学反应，产生乙炔气体，乙炔气体在密封容器中产生的压强与土中水分子质量成正比。通过测气体压强就可换算出相应的含水量。

1. 适用范围

本试验方法适用于路基土和稳定土含水量的快速简易测定。

2. 仪器设备

1) 碳化钙气压和含水量测定仪（见图 17.4）。含水量指示表是与烘干法对比经标定试验由压力表转换而得，即表盘刻度是按含水量百分比刻制的，便于直接读出含水量值。仪器分大、小两种型号，HKC.200 型主要用于粒径小于 40mm 砂砾含水量的测定，试样取 200g，含水量测定范围 0%～12%（最大 14.3%）；用比例法取 100g 试样，含水量测定范围 0%～27%。HKC.30 型主要用于路基土和稳定土含水量的测定，试样取 30g，含水量测定范围 0%～31%，用比例法取 15g 试样，含水量测定范围 0%～90%。

2) 仪器箱。存放仪器和附件，便于随身携带。

3) 天平。称量 200g，感量 0.1g 的特种天平，并配有料盘，用作试样称量。

4) 手动摇晃架。用于 HKC.200 型。

5) 粉碎球。加速土粒粉碎（球表面要求镀银处理）。

6) 毛刷。用于清扫仪器。

7) 小勺。用于计量吸水剂（碳化钙）。

3. 吸水剂

吸水剂为纯度 80.66% 的碳化钙，粒度 3mm 以下，发气量为 1kg 碳化钙产生 300L 乙炔气。

当 HKC.200 型的试样质量为 200g 和含水量为 12% 时，需吸水剂质量约 48g，

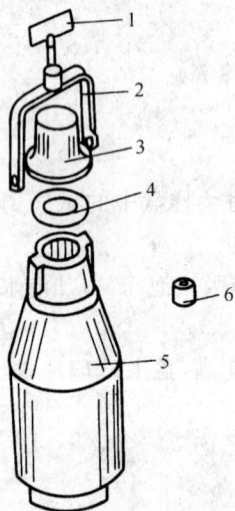

图 17.4　碳化钙气压和含水量测定仪
1. 紧固螺钉；2. 弓形紧固架；
3. 罐盖；4. 垫圈；
5. 主体罐；6. 过渡器

6 平勺(每平勺 8g)。

当 HKC.30 型的试样质量为 30g 和含水量为 31%时,需吸水剂质量约 16g,2 平勺。

4. 试验步骤

1) 备料。对于粗颗粒较多的砂砾材料,用四分法取样,尽可能使试样具有代表性。一些原状的黏质土,在水分较少的情况下,发硬结块,必须预先进行碾磨。试验前应了解材料中含水量的大概范围。在材料含水量较大、又无把握确定含水量大概范围的情况下,应先试用比例法,防止过大的含水量超过仪器所规定的测量范围。

2) 清扫仪器。必须使盖口干净,橡皮圈、罐盖内无上次测定留下的残渣。

3) 称取试样。取有代表性的试样。对 HKC.200 型,称取试样 200g;对 HKC.30 型,称取试样 30g。夏天在野外操作时,称样时间要短,往往因气温和光照的影响,大大超过试样多称 1~2g 的误差。

4) 放入试样。把称好的试样倒入罐内。为防止试样倒在外面,应自备一个装料漏斗。同时将两个粉碎球放入主体罐内。

5) 放吸水剂。将定量吸水剂放入仪器盖中,HKC.200 型放 6 平勺,HKC.30 型放入 2 平勺。

6) 关闭仪器。为了不让试样和吸水剂在仪器关闭之前混合,应使仪器接近水平状态,再横向加盖,然后拧紧螺栓。

7) 混合(或放在手摇晃架上操作)。双手握住仪器(表向下,仪器倾斜 45°)摇动,使试样与粉碎球沿罐的侧壁转动。砂砾一般约 20 次。黏质土根据塑性指数的不同,应适当增加次数,有的需 100 多次。然后再使表盘向上,盖往下来回翻动数次,使吸水剂落入盖中,与盖周壁内所粘水分发生反应。翻动数次后,看表中指针所指的含水量范围,再使表盘向下,静放 0.5~1min,若指针不再转动,即可读数。若指针还未稳定,再重复上述内容进行第二次、第三次混合,直至表针稳定为止。一般砂砾 1、2 次即可,黏质土约需 3 次。用手摇动手摇晃动架,直至表针稳定为止。

8) 读数。读数时,表针必须稳定,并使眼睛水平向对着表盘,指针向上。指针位置不统一或眼睛向表盘一侧读数,会影响测试精度。记录试样质量和表盘读数。

9) 使罐盖背向操作者,缓慢地释放气压。倒空主体罐,检查材料块状。如试样未完全粉碎,应以新试样重做试验。用瓶刷刷净主体罐内腔,用小刷刷净称盘,用绒布擦净两个粉碎球表面上的残留物。

10) 当材料含水量有可能超出仪器测试范围时,在初测中应先采用比例法。对 HKC.200 型,称取试样 100g;对 HKC.30 型,称取试样 15g。按照上述步骤测定试样的含水量,再将刻度盘读数(含水量指示值)换算为实际含水量。例如,示值为 12%的含水量,实际含水量为 27.3%。

17.4 现场测定路基土密度的方法

密度是土的基本物理性质指标之一,用它可以换算土的干密度、孔隙比、孔隙率、饱和度等指标。无论在室内试验还是野外勘查以及施工质量控制中均需要测定密度。土的天然密度定义为 $\rho = m/V$,测定密度常用的方法有环刀法、蜡封法、灌砂法、灌水法等。

17.4.1 环刀法

1. 适用范围

本试验方法适用于现场测定细粒土的密度。由于取样深度较浅,故测得的密度偏大。

2. 仪器设备

1) 环刀(内径 6~8cm,高 2~3cm,壁厚 1.5~2mm)。

2) 天平(感量 0.1g)。

3) 其他(环刀金属盖、凿子、铝盒、修土刀、钢丝锯、凡士林等)。

3. 试验步骤

1) 在试验地点,选一块约 10cm×10cm 的平坦表面,并将其清扫干净。

2) 将环刀刀口向下,放在此平坦表面上,盖上环刀金属盖,用外向锤子将环刀垂直打入试样中,至土样伸出环刀上部为止。

3) 将试样连同环刀一起挖出,注意使土样伸出环刀下部,削去两端余土,使与环刀口面齐,并将剩余土样适量装入铝盒中,测定其含水量 w (烘干法或乙醇燃烧法)。

4) 擦净环刀外壁,称环刀与土合质量 m_1 ,准确到 0.1g。

4. 结果整理

计算湿密度

$$\rho = \frac{m_1 - m_2}{V} = \frac{m}{V} \tag{17.7}$$

计算干密度

$$\rho_d = \frac{\rho}{1 + 0.01w} \tag{17.8}$$

式中:m_1——环刀与土的总质量,g;

$\quad\quad m_2$——环刀质量,g;

$\quad\quad V$——环刀体积,cm³;

$\quad\quad w$——含水量,%。

17.4.2 灌砂法

1. 适用范围

本试验法适用于现场测定细粒土、砂类、砾类土的密实度。试样的最大粒径不得超过 15mm,测定密度层的厚度为 15～20cm。测定细料土的密度时,可采用ϕ100 的小型灌砂筒。

2. 仪器设备

1) 灌砂筒。金属圆筒(可用白铁皮制作)的内径为 100mm(或 150mm),总高 360mm。灌砂筒主要分两部分:上部为储砂筒,筒深 270mm(容积约 2120m³ 或 4600cm³),筒底中心有一个直径 10mm(或 15mm)的圆孔;下部装一倒置的圆锥形 漏斗,漏斗上端开口的直径为 10mm(或 15mm),并焊接在一块直径 100mm (150mm)的铁板上,铁板中心有一直径 10mm(或 15mm)的圆孔与漏斗上的开口 相接。在储砂筒筒底与漏斗顶端铁皮之间设有开关。开关为一薄铁板,一端与筒底 及漏斗铁板铰接在一起,另一端伸出筒身外,开关铁板上也有一个直径 10mm(或 15mm)的圆孔。将开关向左移动时,开关铁板上的圆孔恰好与筒底圆孔及漏斗上 开关将筒底圆孔堵塞,砂即停止下落。灌砂筒的形式和标定罐主要尺寸如图 17.5 所示。

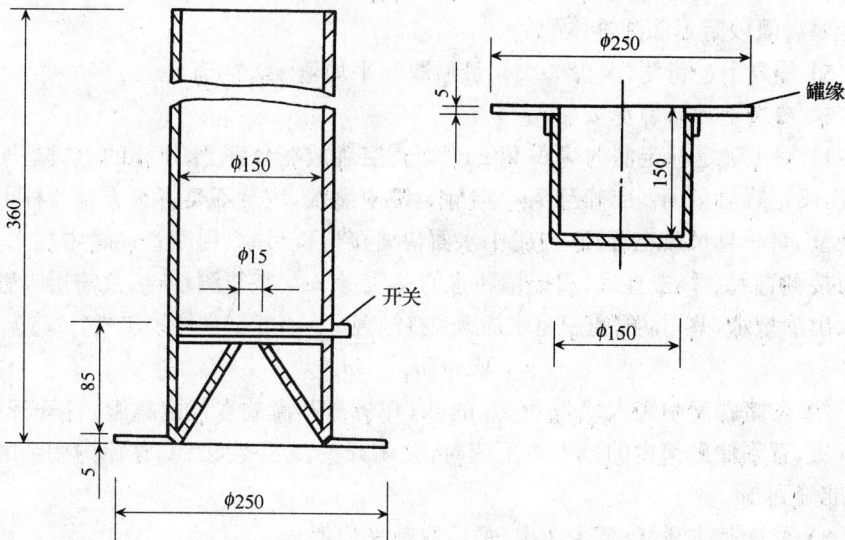

图 17.5 灌砂筒和标定罐(尺寸单位:mm)

2) 金属标定罐。内径 100mm(或 150mm),高 150mm 的金属罐(可用薄铁皮制 作),上端周围有一罐级。

3) 基板。一个边长 350mm,深 40mm 的金属盘,盘中心有一直径 100mm(或 150mm)的圆孔。

4) 打洞及洞中取料的合适工具,如凿子、铁锤、长把勺、长把小簸箕、毛刷等。

5) 玻璃板。边长约 500mm 的方形板。

6) 铝饭盒或金属方盘。存放挖出的试样。

7）台秤（称量 10～15kg，感量 5g）。

8）其他（铝盒、天平、烘箱等）。

3．量砂

粒径 0.25～0.5mm，清洁干燥的均匀砂，为 20～40kg。应先烘干，并放置足够时间（通常 7d），使其与空气的湿度达到平衡。

4．仪器标定

确定灌砂筒下部圆锥体内砂的质量，其步骤如下：

1）在储砂筒内装满砂。筒内砂的高度与筒顶的距离不超过 15mm。称取筒内砂的质量 m_1，准确至 1g。每次标定及以后的试验都维持这个质量不变。

2）将开关打开，让砂流出，并使流出砂的体积与工地所挖试洞的体积相当（或等于标定罐的容积）。然后关上开关，并称量筒内砂的质量 m_5，准确至 1g。

3）将灌砂筒放在玻璃板上，打开开关，让砂流出，直到筒内砂不再下流时，关上开关，并细心地取走灌砂筒。

4）收集并称量留在玻璃板上的砂或称量筒内的砂，准确至 1g。玻璃板上的砂就是填满灌砂筒下部圆锥体的砂。

5）重复上述量测，至少 3 次。最后取其平均值 m_2，准确至 1g。

5．确定量砂的密度 ρ_s（g/m³）

1）用水确定标定灌的容积 V（cm³）。将空罐放在台秤上，使罐的上口处于水平位置，读记罐质量 m_7，准确至 1g。向标定罐中灌水，注意不要将水弄到台秤上或罐的外壁。将一直尺放在罐顶，当罐中水面快要接近直尺时，用滴管往罐中加水，直到水面接触直尺。移去直尺，读记罐和水的总质量 m_8。重复测量时，仅需用吸管从罐中取出少量水，并用滴管重新将水加满到接触直尺。标定罐的体积按式（17.9）计算：

$$V = m_8 - m_7 \tag{17.9}$$

2）在储砂筒中装入质量为 m_1 的砂，并将灌砂筒放在标定罐上，打开开关，让砂流出，直到储砂筒内的砂不再下流时，关闭开关。取下灌砂筒，称筒内剩余的砂质量，准确到 1g。

3）重复上述测量，至少 3 次，最后取其平均值 m_a：

$$m_a = m_1 - m_2 - m_3 \tag{17.10}$$

式中：m_1——灌砂入标定罐前，筒内砂的质量，g；

m_2——灌砂筒下部圆锥体内砂的平均质量，g；

m_3——灌砂入标定罐后，筒内剩余砂的质量，g。

4）按式（17.11）计算砂的密度 ρ_s

$$\rho_s = \frac{m_a}{V} \tag{17.11}$$

6．试验步骤

1）在试验地点，选一块约 40cm×40cm 的平坦表面，并将其清扫干净。将基板放在清扫干净的表面上。如果此表面的粗糙度较大,则将盛有量砂m_5(g)的灌砂筒放在基板中间的圆孔上。打开灌砂筒开关,让砂流入基板的中孔内,直到储砂筒内的砂不再下流时关闭开关。取下灌砂筒,并称筒内砂的质量m_6,准确至1g。

2) 取走基板,将流在试验地点的量砂收回,重新将表面清扫干净。将基板放在清扫干净的表面上,沿基板中孔凿洞,洞的直径100mm(或150mm)。在凿洞过程中,应注意不使凿出的试样丢失,并随时将凿松的材料取出,放在已知质量的塑料袋内密封。试洞的深度应等于碾压层厚度。凿洞毕,移此塑料袋中全部试样质量,准确至1g,减去已知塑料袋的质量后,即为试样的总质量m_t。

3) 从挖出的全部试样中取出有代表性的样品,放入铝盒中,测定其含水量w。样品数量:对于细粒土,不少于100g;对于粗粒土,不少于500g。

4) 将基板安放在试洞上,将灌砂筒安放在基板中间(储砂筒内放满砂到恒量m_1),使灌砂筒的下口对准基板的中孔及试洞。打开灌砂筒的开关,让砂流入试洞内。在此期间,应注意不要碰动灌砂筒。直到储砂筒内的砂不再下流时关闭开关。仔细取走灌砂筒,称量筒内剩余砂的质量m_4,准确到1g。

5) 如清扫干净的平坦的表面上粗糙度不大,则不需要放基板,将灌砂筒直接放在已挖好的试洞上,打开筒的开关,让砂流入试筒内。在此期间,应注意不要碰动灌砂筒。直到储砂筒内的砂不再下流时关闭开关。仔细取走灌砂筒,称量筒内剩余砂的质量m'_4,准确到1g。

6) 取出试洞内的量砂,以备下次试验时再用。若量砂的湿度已发生变化或量砂中混有杂质,则应重新烘干,过筛,并放置一段时间,使其与空气的湿度达到平衡后再用。

7) 如试洞内有较大的孔隙,量砂可能进入孔隙时,则应按试洞外形,松弛放入一层柔软的纱布,然后再进行灌砂工作。

7. 结果整理

填满试洞所需砂的质量m_b按式(17.12)计算:

灌砂时试洞上放有基板的情况

$$m_b = m_1 - m_4 - (m_5 - m_6) \qquad (17.12)$$

灌砂时试洞上不放基板的情况

$$m_b = m_1 - m'_4 - m_2 \qquad (17.13)$$

式中:m_1——灌砂入试洞前筒内砂的质量,g;

m_2——灌砂筒下部圆锥体内砂的平均质量,g;

m_4, m'_4——灌砂入试洞后,筒内剩余砂质量,g;

$(m_5 - m_6)$——灌砂筒下部圆锥体内及基板和粗糙表面间砂的总质量,g。

试验地点土的湿密度ρ可按式(17.14)计算:

$$\rho = \frac{m_t}{m_b} \times \rho_s \qquad (17.14)$$

式中：m_t——试洞中取出的全部土样的质量，g；

$\quad\quad m_b$——填满试洞所需砂的质量，g；

$\quad\quad \rho_s$——量砂的密度，g/cm³。

试样干密度 ρ_b 的计算公式同式(17.8)。

17.5　土基的回弹模量测定方法

土基的回弹模量(modulus of resilience)是公路设计中一个必不可少的参数，我国现有规范已经给出不同的自然区划和土质的回弹模量值的推荐值，具体参见《公路沥青路面设计规范》中附录 E"土基回弹模量参考值"表。但由于土基回弹模量的改变将会影响路面设计的厚度，所以建议有条件时最好直接测定，而且随着施工质量的提高，回弹模量值的检验将会作为控制施工质量的一个重要指标。

土基的回弹模量测定方法目前主要是使用承载板法，也可以用贝克曼梁法和某些间接的测试方法，如 CBR 测定法、贯入仪测定法等。

17.5.1　承载板法

承载板法试验装置如图 17.6 所示。该法是在现场土基表面用承载板逐级加载、卸载的方法，测出每级荷载相应的回弹变形值，通过式(17.15)计算求得土基的回弹模量值。

$$E_0 = \frac{\pi}{4}D(1 - \mu_0^2)\frac{p_i}{l_i} \tag{17.15}$$

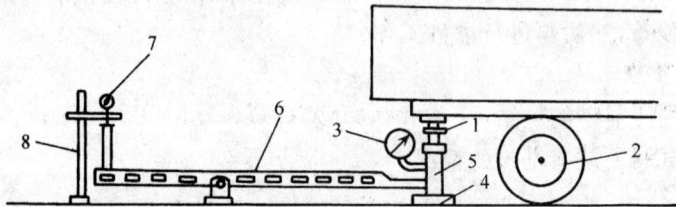

图 17.6　承载板试验装置示意图

1. 支撑小横梁；2. 汽车后轮；3. 千斤顶油压表；4. 承载板；5. 千斤顶；6. 弯沉仪；7. 百分表；8. 表架

1. 主要测试仪具

1)加载设施：用黄河 JN-150 型汽车一辆作为加载设备(后轴重 100kN，轮胎内压 0.7MPa)，在汽车大梁的后轴之后约 80cm 处，附设加劲小横梁一根作为反力架。

2) 刚性承载板一块，直径为 30cm，板厚 20cm，直径两端设有立柱和可以调整高度的支座，供安放弯沉仪测头。

3) 路面弯沉仪两台，附有百分表及其支架(见图 17.6)。

4）油压千斤顶一台，规格 80～100kN，装有经过标定的压力表或测力环。

2. 测定步骤

1）选定有代表性的测点。

2）仔细平整土基表面，撒细砂填平土基的凹处，砂子不可覆盖全部土基表面，避免形成一层砂面。安置承载板，并且用水平尺进行校正。

3）将试验车置于测点上，使位于加劲小横梁中部的垂球对准承载板中心，然后收起垂球。

4）在承载板上安放千斤顶，上面衬垫钢圆筒、钢板并将球座置于顶部与加劲小横梁接触。如用测力环时，应将测力环置于千斤顶与横梁中间，千斤顶衬垫必须保持铅直，以免加压时千斤顶倾倒发生事故而影响测试数据的准确性。

5）安置弯沉仪，将两台弯沉仪的测头分别置于承载板上，百分表对零或其他合适的位置。

6）测定土基的压力变形曲线。

采用逐级加压、卸载法，用经过标定的压力表或测力环控制加载大小。

首先预压 0.05MPa，使承载板与土基紧密接触。同时检查百分表的工作情况是否正常，然后放松千斤顶油门卸载，百分表稳定 1min 后，读初读数。再按加载表17.9 所列加载大小逐级进行加压、卸载测定；每级卸载后百分表不再调零。每次加载、卸载稳定 1min 后立即记录读数，两台弯沉仪回弹变形值之差与平均值之比小于 30％时，取平均值。如超过 30％，则应重测。

表 17.9　加载表

压强/MPa	荷载/kN	压强/MPa	荷载/kN
0.02	1.231	0.04	2.462
0.06	3.694	0.08	5.925
0.10	6.156	0.14	8.618
0.18	11.081	0.22	13.543
0.26	16.006	0.30	18.473

当回弹变形值超过 0.5～1mm 时（路面结构强时，取低值，路面结构弱时，取高值），即可停止加载。

7）加载结束后取走千斤顶，重新读取百分表初读数，再将汽车开出 10m 以外，读取终读数，两个百分表的终、初读数之差即为总影响量。各级压力回弹变形值加该级的影响量后，则为计算回弹变形值。

表 17.10 是以解放 CA-10B 车为测试车的各级荷载影响量的计算值。

表 17.10　各级荷载影响量

承载板压力	0.05	0.10	0.15	0.20	0.30	0.40	0.50
影响量	$0.06a$	$0.12a$	$0.18a$	$0.24a$	$0.30a$	$0.48a$	$0.60a$

注：a 为总影响量，0.01mm。

当使用其他类别的测试车时,各级压力下的影响量按式(17.16)计算:

$$a_i = \frac{(T_1 + T_2 \pi D^2 p_i)}{4T_1 Q} \quad (17.16)$$

式中:T_1——测试车前后轴距,m;

T_2——加劲小梁距后轴距离,m;

D——承载板直径,m;

Q——测试车后轴重,N;

p_i——该级承载板压力,Pa;

a_i——该级压力的分级影响量,0.01mm。

各级荷载的计算(实际)回弹弯沉值按式(17.17)计算:

$$l_i = l'_i + a_i \quad (17.17)$$

式中:l'_i——各级荷载的实测回弹弯沉值;

a_i——各级荷载的影响量。

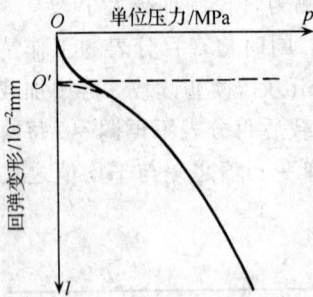

图 17.7 弯沉和荷载的变化关系

3. 试验结果整理

1) 绘制 $p\text{-}l$ 曲线。将各级计算回弹变形值点绘于计算纸上,排除显著偏离的异常点,并绘出顺滑的 $p\text{-}l$ 曲线,如曲线起始部分出现反弯,应按弯沉和荷载的变化关系图 17.7 所示修正原点 O,O' 为修正后的原点。

2) 计算 E_0 值。按式(17.18)计算土基回弹模量值 E_0:

$$E_0 = \left(\frac{\pi D}{4}\right)\frac{p}{L}(1 - \mu_0^2) \quad (17.18)$$

式中:E_0——土基回弹模量,MPa;

μ_0——泊松比(取 0.35);

D——载板直径(30cm);

p——载板压力,MPa;

L——对于荷载 P 的回弹变形,cm。

由图 17.7 知土基回弹模量值不是一个定值,规范规定取 $L<1$mm 的点用线形归纳法计算土基回弹模量 E_0 值:

$$E_0 = \left(\frac{\pi D}{4}\right)\frac{p_i}{L_i}(1 - \mu_0^2) = 20.7 \frac{\sum p_i}{\sum l_i} \quad (17.19)$$

式中:E_0——基回弹模量,MPa;

μ_0——泊松比(根据部颁路面设计规范规定选用,一般可取为 0.35);

p_i——作用于 L_i 的各级压力值,MPa;

L_i——结束实验前的各级计算回弹变形值,cm。

本试验采用的承载板测定记录格式见表 17.11。试验报告中,应记录:试验时所采用的汽车;近期天气情况;试验时土基的含水量;土基密度和压实度;相应于各级荷载下的土基回弹模量值。

表 17·11　承载板测定记录表

路线和标号:319 线 K79+107 右半幅　　　　　　　路面结构:7.5cm 沥青贯入式路面

　　　　　　　　　　　　　　　　　　　　　　　　　　　　　16.5cm 水泥石粉基层

　　　　　　　　　　　　　　　　　　　　　　　　　　　　　　　土　基

测定层位:土基　　　　　　　　　　　　　　　　　测定用汽车型号:东风 EQ155

承载板直径:30cm　　　　　　　　　　　　　　　　测定日期:×年×月×日

千斤顶读数	荷载 P/kN	承载板单位压力/MPa	百分表读数/(10^{-2}mm) 左	百分表读数/(10^{-2}mm) 右	总变形/10^{-2} mm	回弹变形/10^{-2} mm	分级影响量/10^{-2} mm	计算回弹变形/10^{-2}mm	备注
0			0	0	0				
10	3.08	0.05	15	12	27				预压
0		0	4	3		20			相差
调零 0	0	0	0	0	0	0	0	0	18%
10	3.08	0.05	14	13					相差
0		0	4	4	27	19			18%
调零 0	0	0	0	0	0	0	0	0	正式
10	3.08	0.05	11	13	24				测定
0		0	3	3		18	0.06×7=0.42	18.42	
20	6.16	0.1	31	28	59				
0		0	14	13		32	0.12×7=0.84	32.84	
30	9.24	0.15	65	54	119				
0		0	40	31		48			
40	12.32	0.2	90	83	173				
0		0	56	53		64	0.24×7=1.68	65.68	
60	18.47	0.3	148	118	266				
0		0	98	74		94	0.36×7=2.52	96.52	
70	21.55	0.35	165	144	299				
0			108	93		108			回弹变形大于1mm,停止加载
取走千斤顶		0	103	89					
汽车开走后		0	99	86	7				
总影响量 a	$\dfrac{(103-99)\times2+(89-86)\times2}{2}=7$								
土基回弹模量 E_0 值/MPa	62.3								

【例 17.1】　实测数据如表 17.11 所示,试计算土基回弹模量。

【解】　根据表 17.11 所列数值可计算出总影响量:

$$a_{总左}=(89-86)\times2=6(0.01\text{mm})$$

$$a_{总右} = (103 - 99) \times 2 = 8(0.01mm)$$

$$a_{总} - (a_{总左} + a_{总右})/2 = (6 + 8)/2 = 7(0.01mm)$$

故各级影响量分别为

$$a_{0.5} = 0.06a = 0.06 \times 7 = 0.42(0.01mm)$$

$$\cdots$$

$$a_{3.5} = 0.42 \times 7 = 2.94(0.01mm)$$

故各级计算回弹弯沉分别为

$$l_{0.5}(l_{0.5左} + l_{0.5右})/2 + a_{0.5} = (16 + 20)/2 + 0.42 = 18.42(0.01mm)$$

$$\cdots$$

$$l_{3.0} = (100 + 86)/22.52 = 96.52(0.01mm)$$

考虑原点修正和消除异常点后(本例没有),用线性归纳法公式计算土基回弹模量 E_0:

$$E_0 = 20.7 \times \frac{(0.05 + 0.10 + 0.15 + 0.20 + 0.30)}{(18.42 + 32.84 + 49.36 + 65.63 + 96.52) \times 10^3} = 63(MPa)$$

17.5.2 其他测试方法简介

土基回弹模量的测定方法还有贝克曼梁法、长杆贯入综合次数法和 CBR 间接推算法。

(1) 贝克曼梁法

在不利季节有标准车测得某路段路基的一组回弹变形 l_i(也称弯沉),计算其平均弯沉 $\bar{l}$ 和均方差 σ,某段路基的代表弯沉为 $l = \bar{l} + 2\sigma$。

土基回弹模量按双圆垂直均布荷载下弹性理论公式计算:

$$E_0 = \frac{PD}{L}(1 - \mu_0^2)a$$

$$= \frac{PD}{L}(1 - 0.35^2) \times 0.712$$

$$= \frac{PD}{L} \times 0.625 \tag{17.20}$$

式中各项意义同前。

(2) 长杆贯入综合次数法

长杆贯入综合次数法是利用长杆贯入仪,试验时记录测头击入土中每 10cm 所需的锤击次数,直至贯入土中 80cm 为止。其综合贯入次数是按布辛公式以距路基表面深度为 5cm、15cm、25cm、35cm、45cm、55cm、65cm、75cm 时压力略加调整作为各层的权数。按式(17.21)计算综合贯入次数 N_{80}:

$$N_{80} = (20N_1 + 12N_2 + 7N_3 + 4N_4 + 2.5N_5 + 2N_6 + 1.5N_7 + N_8)/50$$

$$\tag{17.21}$$

路基回弹模量 E_0,可按式(17.22)计算:

$$E_0 = KN_{80} \tag{17.22}$$

式中:K——试验确定系数(一般为 $12\sim20$);

N_{80}——综合贯入次数。

(3)承载比(CBR)法

利用 CBR 法测试结果按式(17.23)间接推算求出 E 值

$$E = nCBR \tag{17.23}$$

式中,n 为常数,一般为 $8\sim10$,需经试验确定。

17.6　承载比试验

承载比(california bearing ratio,CBR)又称加州承载经,由美国加利福尼亚州公路局首先提出,用于评定路基土和路面材料的强度指标。在国外多采用 CBR 作为路面材料和路基土的设计参数。所谓 CBR 值是指试料贯入量达 2.5mm 时,单位压力对标准碎石压入相同值时标准荷载强度的比值。不同贯入量时的标准荷载强度和标准荷载如表 17.12 所示,另外也可用式(17.24)表示:

$$P = 162L^{0.61} \tag{17.24}$$

式中:P——标准荷载强度,kPa;

L——贯入量,mm。

表 17.12　不同贯入量时的标准荷载强度和标准荷载

贯入量/mm	标准荷载强度/kPa	标准荷载/kN	贯入量/mm	标准荷载强度/kPa	标准荷载/kN
2.5	7000	13.7	10.0	16 200	31.8
5.0	10 500	20.3	12.5	18 300	36.0
7.5	13 400	26.3			

17.6.1　目的和适用范围

1)本试验方法只适用于在规定的试筒内制件后,对各种土和路面基层、底基层材料进行承载比试验。

2)试样的最大粒径一般控制在 25mm 以内,最大不得超过 38mm。

17.6.2　仪器设备

1)圆孔筛。孔径 38mm、25mm、20mm 及 5mm 筛各 1 个。

2)试筒。内径 152mm、高 170mm 的金属圆筒;套环:高 50mm;筒内垫块:直径 151mm、高 50mm;夯击底板:同击实仪。承载比试筒的形式和主要尺寸如图 17.8 所示,也可用击实试验的打击试筒。

3)夯锤和导管。夯锤的底面直径 50mm,总质量 4.5kg。夯锤在导管内的总行程为450mm,夯锤的形式和尺寸与重型击实试验法的相同。

4）贯入杆。端面直径50mm、长约100mm的金属柱。

5）路面材料强度仪或其他载荷装置。能量不小于50kN,能调节贯入速度至每分钟贯入1mm,可采用测力计式,手摇测力计式荷载装置如图17.9所示。

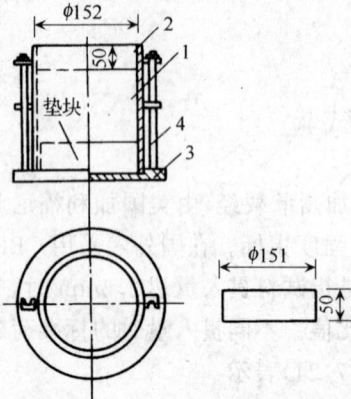

图17.8　承载比试筒及主要尺寸
（尺寸单位:mm）

1. 试筒;2. 套环;3. 夯击底板;4. 拉杆

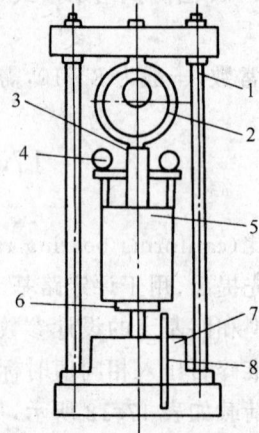

图17.9　手摇测力计式荷载装置示意图

1. 框架;2. 量力环;3. 贯入杆;4. 百分表;
5. 试件;6. 升降台;7. 蜗轮蜗杆箱;8. 摇把

6）百分表（3个）。

7）试件顶面上的带调节杆的多孔板（测试件吸水时的膨胀量）如图17.10所示。

8）多孔底（试件放上后浸泡水中）。

9）膨胀量测定装置如图17.11所示。

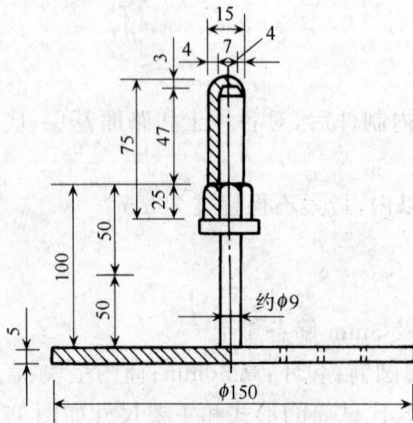

图17.10　带调节杆的多孔板（尺寸单位:mm）　图17.11　膨胀量测定装置(尺寸单位:mm)

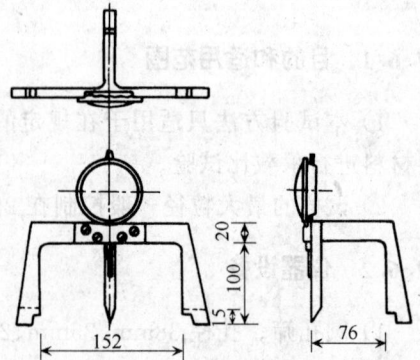

10）荷载板。直径 150mm,中心孔眼直径 52mm,每块质量 1.25kg,共 4 块,并沿直径分为两个半圆块,荷载板尺寸见图 17.12。

11）水槽。浸泡试件用,槽内水面应高出试件顶面 25mm。

12）其他。台称(感量为试件用量的 0.1%);拌和盘;直尺;滤纸;脱模器等与击实试验相同。

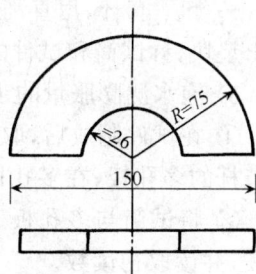

图 17.12　荷载板尺寸

（尺寸单位:mm）

17.6.3　试样

将具有代表性的风干试料(必要时可在 50℃烘箱内烘干),用木碾捣碎,但应尽量注意不使土或粒料的单个颗粒破碎。土团均应捣碎到能通过 5mm 的筛孔。

采取有代表性的试料 50kg,用 38mm 筛筛除大于 38mm 的颗料,并记录超尺寸颗料的百分数。将已过筛的试料按四分法取出约 25kg。再用四分法将取出的试料分成 4 份,每份质量 6kg,供击实试验和制试件之用。

在预定做击实试验的前一天,取有代表性的试料测定其风干含水量。测定含水量用的试样数量可参照击实试验中的数量。

17.6.4　试验步骤

1）称试筒本身质量(m_1),将试筒固定在底板上,将垫块放入筒内,并在垫块上放一张滤纸,安上套环。

2）将 1 份试料,按规定的层数和每层的击数,求试料的最大干密度和最佳含水量。

3）将其余 3 份试料,按最佳含水量制备 3 个试件。将一份试料平铺于金属盘内,按事先计算得的该份试料应加的水量均匀地喷洒在试料上。用小铲将试料充分拌和到均匀状态,然后装入密闭容器或塑料口袋内浸润备用。

浸润时间:重黏土不得少于 24h;轻黏土可缩短到 12h;砂土可缩短到 1h;天然砂砾可缩短到 2h 左右。

制每个试件时,都要取样测定试料的含水量。

4）将试筒放在坚硬的地面上,取备好的试样分 3～5 次倒入筒内(视最大粒径而定)。按五层法时,每层需试样约 900g(细粒土)～1100g(粗粒土);按三层法时,每层需试样 1700g 左右(其量应使击实后的试样高出 1/3 筒高 1～2mm)。整平表面,并稍加压紧,然后按规定的击数进行第一层试样的击实,击实时锤应自由垂直落下,锤迹必须均匀分布于试样面上。第一层击实完成后,将试样层面进行拉毛,然后再装入套筒,重复上述方法进行其余每层试样的击实。大试筒击实后,试样不宜高出筒高 10mm。

5）卸下套环，用直刮刀沿试筒顶修平击实的试件，表面不平整处用细料修补。取出垫块，称试筒和试件的质量（m_2）。

6）泡水测膨胀量的步骤如下：

① 在试件制成后，取下试件顶面的破残滤纸，放一张好滤纸，并在上安装附有调节杆的多孔板，在多孔板上加 4 块荷载板。

② 将试筒与多孔板一起放入槽内（先不放水），并用拉杆将模具拉紧，安装百分表，并读取初读数。

③ 向水槽内放水，使水自由进到试件的顶部和底部。在泡水期间，槽内水面应保持在试件顶面以上大约 25mm。通常试件要泡水 4 昼夜。

④ 泡水终了时，读取试件上面分表底终读数，并用式（17.25）计算膨胀量：

$$膨胀量 = \frac{泡水后试件高度变化}{原试件高（= 120mm）} \times 100 \qquad (17.25)$$

⑤ 从水槽中取出试件，倒出试件顶面的水，静置 15min，让其排水，然后卸去附加荷载和多孔板、底板和滤纸，并称量（m_3），以计算试件的湿度和密度的变化。

7）贯入试验

① 将泡入试验终了的试件放到路面材料强度试验仪的升降台上，调整偏球座，使贯入杆与试件顶面全面接触，在贯入杆周围放置 4 块荷载板。

② 先在贯入杆上施加 45N 荷载，然后将测力和测变形的百分表的指针都调整至零点。

③ 加荷使贯入杆以 1～1.25mm/min 的速度压入试件，记录测力计内百分表某些读数（如 20、40、60）时的贯入量，并注意使贯入量为 250×10^{-2}mm 时，能有 5 个以上的读数。因此，测力计内的第一个读数应是贯入量 30×10^{-2}mm 左右。

17.6.5　试验数据整理

1）以单位压力（p）为横坐标，贯入量（l）为纵坐标，绘制单位压力与贯入量的关系曲线（p-l 关系曲线），如图 17.13 所示。图 17.13 中曲线 1 是合适的。曲线 2 开始段是凹曲线，需进行修正。修正时，在变曲率点引一切线，与纵坐标交于 O' 点，O' 即为修正后的原点。

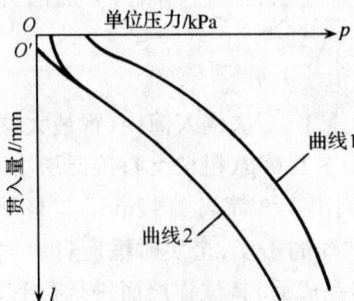

图 17.13　单位压力与贯入量的关系曲线

2）一般采用贯入量为 2.5mm 时的单位压力与标准压力之比作为材料的承载比（CBR），即

$$CBR = \frac{p}{7000} \times 100 \qquad (17.26)$$

式中：CBR——承载比，%；

p——单位压力，kPa。

如果贯入量为 5mm 时的承载比大于

2.5mm 时的承载比,则试验要重做。如结果仍然如此,则采用 5mm 时的承载比。

3) 试件的湿密度用式(17.27)计算:

$$\rho = \frac{m_2 - m_1}{2117} \tag{17.27}$$

式中:ρ——试件的湿密度,g/cm³;

m_2——试筒和试件的总质量,g;

m_1——试筒的质量,g;

2117——试筒的容积,cm³。

4) 泡水后试件的吸水量按式(17.28)计算:

$$w_a = m_3 - m_2 \tag{17.28}$$

式中:w_a——泡水后试件的吸水量,g;

m_3——泡水后试筒和试件的总质量,g;

m_2——试筒和试件的总质量,g。

5) 贯入试验结果记录见表 17.13,膨胀量试验记录见表 17.14。

表 17.13 贯入试验记录表

土样编号＿＿＿＿＿＿	试验者＿＿＿＿＿＿
最大干密度　1.69g/cm³	计算者＿＿＿＿＿＿
最佳含水量　18%	校核者＿＿＿＿＿＿
每层击数　27	试验日期＿＿＿＿＿＿
	试件编号＿＿＿＿＿＿

量力环校下系数 $C = 239.8$N/0.01mm,贯入杆面积 $A = 19.635$cm²

$$p = \frac{C \times R}{A}$$

$l = 2.5$mm 时　　　$p = 611$kPa　　　CBR $= \dfrac{p}{7000} \times 100 = 8.7\%$

$l = 5$mm 时　　　$p = 690$kPa　　　CBR $= \dfrac{p}{10\,500} \times 100 = 6.6\%$

荷载测力计百分表读数 R	单位压力 p/kPa	百分表读数/0.01mm	贯入量 l/mm
0.9	110	60.5	0.61
1.8	220	106.5	1.07
2.9	354	151	1.51
4.0	489	194	1.94
4.8	586	240.5	2.41
5.1	623	286	2.86
5.4	660	335	3.34
5.6	684	383	3.83
5.6	984	488	4.88

表 17.14 膨胀量试验记录表

	试验次数			1	2	3
膨胀量	筒号	(1)				
	泡水前试件(原试件)高度/mm	(2)		120	120	120
	泡水后试件高度/mm	(3)		128.6	136.5	133
	膨胀量/%	(4)	$\dfrac{(3)-(2)}{(2)} \times 100$	7.167	13.75	10.83
	膨胀量平均值/%			10.58		
密度	筒质量 m_1/g	(5)		6660	4640	5390
	筒加试件质量 m_2/g	(6)		10 900	8937	9790
	筒体积/cm³	(7)		2177	2177	2177
	湿密度 ρ/(g/cm³)	(8)	$\dfrac{(6)-(5)}{(7)}$	1.948	1.974	2.021
	含水量 w/%	(9)		16.93	18.06	26.01
	干密度 ρ_d/(g/cm³)	(10)	$\dfrac{(8)}{1+0.01w}$	1.666	1.672	1.604
	干密度平均值/(g/cm³)			1.647		
吸水量	泡水后筒+试件的总质量 m_3/g	(11)		11 530	9837	10 390
	吸水量 w_a/g	(12)	(11)×(6)	630	600	600
	吸水量平均值/g			610		

17.6.6 精度要求

如根据 3 个平行试验结果计算得的承载比变异系数 C_v 小于 12%，且 3 个平行试验结果计算的干密度偏差小于 0.03g/cm³，则取 3 个结果的平均值。如 3 个试件结果计算的干密度偏差超过 0.03g/cm³，则去掉一个偏离大的值，取其两个结果的平均值。

17.7 小　结

路基的强度和稳定性不仅应通过精心设计、精心施工予以保证和实现，更需要用施工过程中以及竣工时的检查验收来作为有力的保证措施。在进行检测时应标明测试的位置、数量(频数)、检测单位(试验员)、试验项目、检测时期及检测结论，作为评价指标。

思 考 题

17.1　击实实验的目的是什么？

17.2 试述 CBR 试验操作方法及数据整理方法。

17.3 土基回弹模量的测试方法有哪些？如何测试？

17.4 土基密实度的测试方法有哪些？各自适用范围有哪些？

17.5 路基质量检测项目有哪些？各自检测方法与频率是多少？

17.6 请分别指出图 17.14 承载板试验示意图中各项的名称：

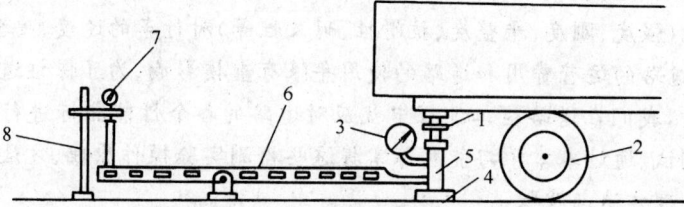

图 17.14　承载板试验示意图

1.（　　　　）；2.（　　　　）；3.（　　　　）；4.（　　　　）；
5.（　　　　）；6.（　　　　）；7.（　　　　）；8.（　　　　）

第十八章 路面的测试

　　路面作为直接承受行车荷载作用和自然因素影响的道路结构层,它的性能(强度、刚度、平整度、抗滑性、耐久性等)对行车的速度、安全性、舒适性、道路的运营费用和道路的使用年限有直接影响。为了保证道路的施工质量,我们在道路施工过程中就应对道路的各个性能指标进行科学系统的测试。通过本章学习能熟练掌握这些检测实验操作原理、方法以及数据的整理方法与步骤。

18.1 路面工程施工质量控制与检查

18.1.1 沥青类路面

1. 沥青表面处治面层

(1) 基本要求

1) 沥青材料的各项指标应符合设计和施工规范规定的要求。

2) 在新建公路或改造旧路进行表面处治时,应首先进行下承层的清理及放样。

3) 沥青材料的各项指标和石料的质量、规格及用量应符合设计要求和施工规范的规定。

4) 沥青浇洒时应注意洒布温度,且应洒均匀,无花白,缺边。

5) 嵌缝料必须在浇洒沥青后立即撒铺,并扫布均匀,不得有重叠或露出沥青现象。

6) 压路机应以能使集料嵌挤紧密又不致使石料有较多压碎为宜。

7) 应注意初期养护时控制交通,使全路面能均匀受压以利成型稳定。

(2) 实测项目

沥青表面处治面层实测项目见表 18.1。

表 18.1 沥青表面处治面层实测项目

项次	检查项目		规定值或允许偏差	检查方法和频率
1	外 观		密实,不松散	目测:全线随时
2	平整度	标准偏差 σ/mm	4.5	平整度仪:全线每车道连续按 100m 计算 σ 或 IRI
		IRJ/(m/km)	7.5	
		最大间隙/mm	10.0	3m 直尺:10 处/km,每处连续 10 尺

项次	检查项目		规定值或允许偏差	检查方法和频率
3	弯沉值/0.01mm		≤设计值	按有关方法检查
4	厚度/mm	代表值	−5	按有关方法检查每200m每车道1点
		极 值	−10	
5	沥青用量		±0.5%	抽提:1点/km
6	沥青施工温度		符合规范规定	温度计:随时
7	中线平面偏位/mm		30	经纬仪:20个断面/km
8	纵断高程/mm		±20	水准仪:20个断面/km
9	宽度/mm	有 侧 石	±30	尺量:20个断面/km
		无 侧 石	不小于设计值	
10	横坡/%		±0.5	水准仪:20个断面/km

注:1. 表中 σ 为平整仪测定的标准偏差,IRI 为国际平整度指数;h 为 3m 直尺与面层最大间隙。

2. 沥青总用量按《公路路基路面现场测试规程》(JTJ 059-95-T0982)方法,每工作日每层洒面沥青检查一次,并计算同一路段的单位面积的总沥青用量。

3. 当设计厚度大于 6cm 时,以厚度的百分数计;小于或等于 6cm 时,以绝对值控制。

4. 各项指标就按单个测值评定,有关代表值的计算按规范规定进行。

2. 沥青贯入式面层(或上拌下贯式面层)

(1)基本要求

1)沥青材料的各项指标和用量应符合设计和施工规范规定的要求,并应按规定的频度检查。

2)主集料撒布要均匀,稳定平整,沥青贯入应深透,浇洒应均匀。

3)嵌缝料必须在浇洒沥青后立即撒铺,并扫布均匀,不得有重叠或露出沥青现象。

4)正确掌握压路机质量与速度,避免碾压不足或过压。

5)上拌下贯式路面时,拌和层一般应紧跟贯入层施工,当贯入部分为乳化沥青时,应待基破乳、水分蒸发且成型稳定后方可铺筑拌和层。

6)开放交通后应注意初期养护和控制交通,使全路面能均匀受压以利成型稳定。

(2)实测项目

沥青贯入式面层实测项目见表18.2。

表 18.2　沥青贯入式面层实测项目

项次	检查项目		规定值或允许偏差	检查方法和频率
1	平整度	标准偏差 σ/mm	3.5	平整度仪:全线每车道连续按 100m 计算 σ 或 IRI
		IRJ/(m/km)	5.8	
		最大间隙/mm	8.0	3m 直尺:每 200m² 处×10 尺
2	弯沉值/0.01mm		≤设计值	按有关方法检查
3	厚度 /mm	代表值	−8% 或 −5mm	按有关方法检查:每 200m 每车道 1 点
		极值	−5% 或 −10mm	
4	沥青用量		±0.5%	抽提:1 点/km
5	中线平面偏位/mm		30	经纬仪:20 个断面/km
6	纵断高程/mm		±20	水准仪:20 个断面/km
7	宽度 /mm	有侧石	±30	尺量:20 个断面/km
		无侧石	不小于设计值	
8	横坡/%		±0.5	水准仪:20 个断面/km

注:同表 18.1。

3. 沥青混凝土面层和沥青碎(砾)石面层

(1) 基本要求

1) 施工前必须检查各种材料及沥青混合料的各项指标是否符合设计要求和施工要求,经确定的材料及其用量应在施工中保持稳定,不得随意变更。

2) 施工前必须检查下承层是否符合施工要求,并做好施工放样。

3) 在拌制中严格控制各种矿料和沥青用量及各种材料和沥青混合料的加热温度。

4) 拌和后的沥青混合料应均匀一致,无花白、无粗细料离析或结团成块现象。

5) 运输和施工中应防止沥青混合料离析、结团或受到污染。

6) 摊铺时不随意变换速度或中途停顿,且应严格控制松铺厚度,并随时检测摊铺和碾压温度。

7) 碾压时应合理的选择碾压机械、碾压速度和碾压方法,并碾压至施工要求的密实度。

8) 在施工缝和构造物两端的连接处必须仔细操作,保证黏结紧密,充分压实,连接平顺。

(2) 实测项目

沥青混凝土面层和沥青碎(砾)石面层实测项目见表 18.3。

表 18.3　沥青混凝土面层和沥青碎(砾)石面层实测项目

项次	检查项目		规定值或允许偏差		检查方法和频率
			高速、一级公路	其他公路	
1	压实度(%,代表值)		95(98＊)	94(98＊)	钻孔取样法:5 点/km
2	平整度	σ/mm	1.8	2.5	平整度仪:
		IRJ/(m/km)	2.0	4.2	全线每每车道连续按 100m 计算 σ 或 IRI
		h/mm		5.0	3m 直尺:10 处,各连续 10 尺/1km
3	弯沉值/(0.01mm)		符合设计要求		全线:贝克曼梁:1 点/20m;自动弯沉仪:1 点/5m
4	抗滑性	摩擦系数	符合设计要求		摆式仪:1 处/1km;横向力系数测定车:全线连续
		构造深度			砂铺法:每 200m 1 处
5	厚度/mm	代表值	总厚度－8 上面层－4	总厚≤60 时－5 总厚＞60 时－8%H	钻孔、挖坑:5 点/km 超声波厚度测定仪:连续测量
		极值	总厚度－15 上面层－10%	总厚≤60 时－10 总厚＞60 时－15%H	
6	沥青用量		±0.3%	±0.5%	钻孔后抽提:1 点/km
7	矿料级配		符合设计级配		抽提后筛分:1 点/km
8	中线平面偏位/mm		20		经纬仪:20 个断面/km
9	纵断高程/mm		±10	±5	水准仪:20 个断面/km
10	宽度/mm	有侧石	±20	±30	尺量:20 个断面/km
		无侧石	不小于设计值		
11	横坡/%		±0.3	±0.5	水准仪:20 个断面/km

注:1. 表中压实度以马歇尔试验密度为标准密度,当以试验段密度为标准密度时,压实度标准采用带"＊"值。

2. 各项指标就按单个测值评定,有关代表值的计算按规范规定进行。

18.1.2　水泥混凝土面层

(1)基本要求

1)施工前必须检查、清理下承层使其顶面高程、横坡及强度满足施工和设计要求,并作好施工放样,安置好模板。

2)所用材料应符合国家有关标准、施工规范及施工要求的规定。

3)接缝的位置、规格、尺寸有传力杆、拉力杆的设置应符合设计文件的要求。

4)在运输和摊铺时应注意避免产生污染和离析,且运输时间应以初凝时间和留有足够摊铺操作时间为限。

5）路面表面修整抹面时应注意施工时间间隔；横向采取的拉毛或机具压槽等抗滑措施时，其构造深度应符合施工规范要求。

6）面层与其他构造物相接应平顺。

7）混凝土铺筑后按施工规范要求养生。

（2）实测项目

水泥混凝土面层实测项目见表 18.4。

表 18.4　水泥混凝土面层实测项目

项次	检查项目		规定值或允许偏差		检查方法和频率
			高速、一级公路	其他公路	
1	抗弯拉强度/MPa		不小于规定强度		小梁抗弯拉实验和现场钻样校核：2 组/d（或 200～400m³，每 1000～2000m³ 增一组）
2	板厚度 /mm	代表值	±5		用尺量或现场钻孔：20 处/km
		极值	±10		
3	平整度	σ/mm	1.5	2.5	平整度仪：
		IRJ/(m/km)	2.5	4.2	全线每车道连续按 100m 计算 σ 或 IRI
		h/		5.0	3m 直尺：半幅车道板带每 200m 2 处×10 尺
4	抗滑构造深度/mm		0.8	0.6	砂铺法：每 200m 测 1 处
5	相邻板高差/mm		±2	±3	用尺量：每两条胀缝 2 点 每 200m 抽纵、横各 5 条，每条 2 点
6	纵、横缝顺直度/mm		10	15	纵缝 20m 拉线量最大值，1 处/100m；横缝沿板宽拉线量最大值：2 条/20 条缩缝
7	中线平面偏位/mm		20		经纬仪：20 处/km
8	板边垂直度/mm		±5mm，胀缝板边垂直无误差		沿板边垂直拉线量取最大值：20 处/km
9	板宽度/mm		±20		用尺量：20 处/km
10	纵断高程/mm		±10	±15	水准仪：20 处/km
11	横坡/%		±0.15	±0.25	水准仪：20 处/km
12	外观		无裂纹、缺边掉角、麻面等		目测：随时

18.2　路面弯沉测定

路面弯沉值是汽车车轮垂直荷载作用下路面表面产生的垂直变形值。它是直观地反映路面整体抗压强度的一个综合指标。我国沥青路面设计规范规定以路表设计回弹弯沉值作为整体强度的设计控制指标,并规定了双轮胎轮隙中心处路面表面最大回弹弯沉值应不大于竣工验收弯沉值来检验道路施工质量。在水泥混凝土路面中,弯沉检测用于接缝会荷能力和脱空的分析评定,所以正确的弯沉测试具有重要的意义。弯沉的测定方法有多种,如贝克曼梁法、自动弯沉仪法、落锤式弯沉仪法等。

弯沉测量的目的:一是利用弯沉仪量测路面表面在标准轴载作用下的轮隙回弹弯沉值,用作评定路面强度的指标;二是通过对路面结构分层测定所得的回弹弯沉值,根据弹性体系垂直位移理论解,反算路面各结构层的材料回弹模量值。

18.2.1 贝克曼梁法

用弯沉指标来表示路面强度的做法早在 20 世纪 30 年代便已经开始。美国在 20 世纪 50 年代研制出贝克曼弯沉梁,我国也仿照贝克曼弯沉梁研制了现在的弯沉仪。为了提高测量精度和解决弯沉测量时支座位移的问题,前苏联、瑞士、法国研制了光学弯沉仪,它的特点是把测点与读数装置分开,消除了支座位移的影响。我国目前多使用贝克曼弯沉仪测弯沉。测量时可用后退加荷法或前进卸荷法两种方法进行。

1. 仪具与材料

1)贝克曼弯沉仪

我国目前多使用的贝克曼弯沉仪,通常由铝合金制成,总长有 3.6m、5.4m 两种。其杠杆比(前臂:后臂)为 2:1。其测头有各种长度,可根据测点高低调配。后臂末端有调表螺杆,它可以旋转以调整百分表的初读数。支座上设有 3 个支座螺丝调节弯沉仪,使纵横向保持水平。横向是否水平,可观察设在支座地的水准泡;纵向是否水平,可观测弯沉仪顶上的水准泡。贝克曼梁构造如图 18.1 所示。

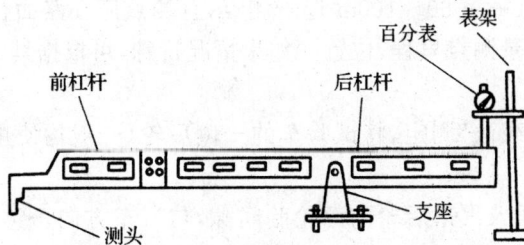

图 18.1 贝克曼梁构造示意图

2)测试车

试验用标准车,要求轮胎花纹清晰没有明显磨损,车上所载重物应稳固均匀。试验用车可根据需要按公路等级选择,高速公路、一级公路和二级公路采用后轴为 100kN 的 BZZ-100 型汽车。其他等级公路采用后轴为 60kN 的 BZZ-60 型汽车。测定弯沉用的标准轴参数可参照表 18.5。

表 18.5 测定弯沉用的标准轴参数

标准轴载等级	BZZ-100	BZZ-60
后轴标准轴载 P/kN	100±1	60±1
一侧双轮荷载/kN	50±0.5	30±0.5
轮胎充气压力/MPa	0.7±0.05	0.5±0.05
单轮传压面当量圆直径/cm	21.30±0.5	19.5±0.5
轮隙宽度	满足能自由插入弯沉仪测头的测试要求	

3）皮尺 1～2 把，长 30～50m，接触式路表温度计（或点温计），分度不大于 1℃。

4）其他工具与物品：千斤顶、加载重物、手旗、口哨、粉笔、油漆等。

2. 准备工作

1）检查并保持试验车的车况及刹车性能良好，轮胎内胎符合规定压力。

2）向试验车加载，注意必须堆放稳妥。再称量汽车后轴重力，调整汽车加载重物，使汽车后轴总重 P 符合表 18.5 规定。

3）在平整坚实的地表上，用千斤顶顶起试验车后轴，在后轮胎下放置一张新的复写纸并在复写纸上再放上新的方格纸，轻轻落下千斤顶使车轮在方格纸上压印上轮迹，然后计算其面积（准确至 0.1cm²），得到轮胎的触地面积。然后再计算后轮的单位面积压力及荷载在当量圆直径。

4）在沥青路面上测定时，要测定试验时气温和路表温度，并通过气象台了解前 5 天平均气温。

3. 测定步骤

1）在行车道上每隔 50～100m 选一测点，且测点应在路面行车车道的轮迹带上，注上标记，并记录测点里程、位置。如果情况特殊，可根据具体情况适当加密测点。

2）用"前进卸载法"测定，将试验车的一侧后轮（一般均使用左、右轮）停于测点上。

3）将弯沉仪插入汽车后轮的两轮胎间隙，与汽车方向一致，且梁臂不得在测量时碰到车轮。安置弯沉仪测头于轮胎间隙中心稍前 3～5cm 处，并调平弯沉仪。百分表调零，轻轻扣打弯沉仪，检查百分表是否稳定回零。

4）然后吹口哨，指挥汽车缓缓前进（速度宜为 5km/h），百分表指针随路面变形的增加持续向前转动。当转动到最大值时，迅速读取初读数 L_1，汽车仍在继续前进，百分表指针反向回转。待汽车驶出弯沉影响半径（约 3m 以上）后，百分表指针回转稳定，读取读数 L_2。

5）如果需要测定总弯沉值和残余弯沉值，则应用"后退加荷法"。即先将试验车停驻在弯沉影响半径范围之外。在测点先安置好弯沉仪测头,读记百分表读数 L_3。然后指挥试验车缓缓地由前向后倒退至测点,并使弯沉仪测头刚好对准轮胎间隙中心,待百分表稳定后读记数值 L_4,随即指挥汽车向前缓缓行驶离开测点至影响半径之外,待百分表稳定后读记数值 L_5。

4. 试验数据整理

1) 当弯沉仪的杠杆比为 2∶1 时,路面测点的回弹弯沉可用以下式计算:

① 用"前进卸载法"测定时,回弹弯沉值 L_t(0.01mm)如下

$$L_t = 2(L_1 - L_2) \times \frac{1}{100} \tag{18.1}$$

如是两台弯沉仪同时测定汽车左右轮隙弯沉,则每测点弯沉可取它们的平均值。

② 用"后退加荷法"测定时,

总弯沉为

$$L_z = 2(L_4 - L_3) \times \frac{1}{100} \tag{18.2}$$

回弹弯沉为

$$L_t = 2(L_4 - L_5) \times \frac{1}{100} \tag{18.3}$$

残余弯沉为

$$L_e = L_z - L_t \tag{18.4}$$

2) 弯沉仪支点变形修正

① 当采用 3.6m 的弯沉仪对半刚性基层沥青路面、水泥混凝土路面等进行弯沉测试时,有可能引起弯沉仪支座处变形,因此应检验支点有无变形。用另一台检验用的弯沉仪安装在检测用的弯沉仪后方,其测点架于测定用弯沉仪的支点旁。当汽车开动时,同时读取两台弯沉仪的读数,如检验用的弯沉仪百分表有读数,则应记录并进行支点变形修正,弯沉仪支点变形修正原理如图 18.2 所示。

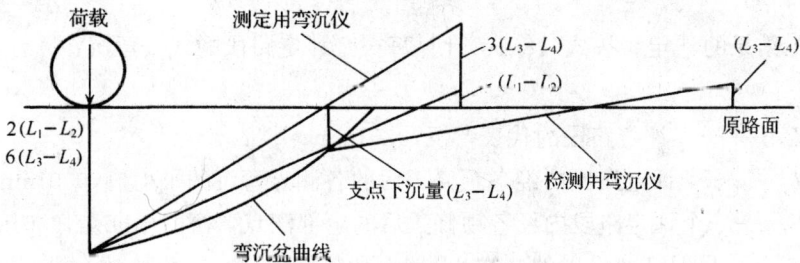

图 18.2 弯沉仪支点变形修正原理

进行弯沉仪支点变形修正时,路面测点的回弹弯沉值 L_t 按式(18.5)计算:

$$L_t = (L_1 - L_2) \times 2 + (L_3 - L_4) \times 6 \tag{18.5}$$

式中:L_1——车轮中心临近弯沉仪测头时测定用弯沉仪的最大读数,0.01mm;

　　L_2——汽车驶出弯沉影响半径后测定用弯沉仪的终读数,0.01mm;

　　L_3——车轮中心临近弯沉仪测头时检验用弯沉仪的最大读数,0.01mm;

　　L_4——汽车驶出弯沉影响半径后检验用弯沉仪的终读数,0.01mm。

式(18.5)适用于测定用弯沉仪支座处有变形,但百分表架处已无变形的情况。

② 当采用长 5.4m 的弯沉仪测定时,可不进行支点变形修正。

3) 温度修正。沥青面层厚度大于 5cm,且路面温度超过(20 ± 2)℃范围时,回弹弯沉值还随路面温度变化而变化。为了使在不同温度下测定的弯沉结果一致,应把不同温度测定的结果换算为标准温度为 20℃时的弯沉值 L_{20},其换算系数(或称温度修正系数)K 为

$$K = \frac{L_{20}}{L_{t_1}} \tag{18.6}$$

式中:L_{t_1}为测定时沥青面层平均温度 t_1 时的弯沉值,温度修正系数 K 计算如下:

① 测定时的沥青面层平均 T 按式(18.7)计算:

$$T = a + bT_0 \tag{18.7}$$

式中:T——测定时沥青面层平均温度,℃;

　　a——系数($a = -2.65 + 0.52h$,h 为沥青面层厚度);

　　b——系数($b = 0.62 - 0.008h$);

　　T_0——测定时路表温度与前 5h 平均气温之和,℃。

② 沥青路面弯沉的温度修正系数 K 按以下式计算:

当 $T \geqslant 20$℃时

$$K = e^{\left(\frac{1}{T} - \frac{1}{20}\right)h} \tag{18.8}$$

当 $T < 20$℃时

$$K = e^{0.002h(20 - T)} \tag{18.9}$$

4) 结果的评定。按式(18.10)计算每一个评定路段的代表弯沉:

$$L_r = \overline{L} + Z_a S \tag{18.10}$$

式中:L_r——一个评定路段的代表弯沉,0.01mm;

　　$\overline{L}$——一个评定路段内经各项修正后的各测点弯沉的平均值,0.01mm;

　　S——一个评定路段内经各项修正后的全部测点弯沉的标准差,0.01mm;

　　Z_a——与保证率有关的系数(采用下列数值:高速公路、一级公路,$Z_a = 2.0$;

　　　　二级公路,$Z_a = 1.645$;二级以下公路,$Z_a = 1.5$)。

5) 试验报告。报告应包括下列内容:① 弯沉测定表、支点变形修正值、测试时的路面温度及温度修正值;② 每一个评定路段的各测点弯沉的平均值、标准差及代表弯沉值。

18.2.2 其他弯沉测定方法简介

（1）自动弯沉仪法

利用贝克曼梁原理快速测定，能自动记录弯沉，也属于静态测试范畴，测定的是总弯沉，因此使用时应用贝克曼梁进行标定换算。例如，丹麦的 Danish 移动式弯沉记录仪，用卡车牵引，总长 1.5m，移动速度为 1.5km/h。框架的四轮立于路面上，轮荷载 40kN。测量时弯沉仪的测针置于测点上，牵引车不动，挂车上的测量车可借传动机构带动向前滚动至测针位置，磁带自动记录弯沉影响线，并算出弯沉和曲率半径。

（2）落锤式弯沉仪（FWD）法

利用重锤自由落下的瞬间产生的冲击荷载测定弯沉，测速快且连续，并可以较好地模拟行车荷载作用，属于动态弯沉，并能反算路面的回弹模量，使用时应用贝克曼梁法进行标定换算。

（3）滚轮式弯沉仪（rolling wheel deflectometer，RWD）法

RWD 是新一代的弯沉仪，它是采用高频激光扫描，连续地记录行驶中的试验车在路面产生的弯沉，其测试速度约为 55mile/h。它的最大优点是所记录的是真实受力状态而不是模拟荷载状态下的弯沉，并且测速远大于其他测试方法，对交通的影响较小，是弯沉测量将来的重要发展方向。

18.3 路面平整度测定

路面平整度既可以反映路面施工质量的优劣，又是评定路面的使用质量及现有路面破坏程度的一个重要指标。此外，还直接关系到行车安全以及车辆的通行能力和运营的经济性，影响路面的使用年限。因此，目前世界上大多数国家都把它作为评定路面质量的一项重要指标。

路面平整度包括纵断面和横断面两个方面。纵向不平整度主要表现为沉陷，坑槽和波浪；横向不平整主要表现为车辙和隆起，均影响行车的速度和乘客的舒适性。因此，路面应保持一定的平整度，而且道路等级越高，设计车速越大，对路面的平整度要求也越高。

测量路面的平整度的指标：一是为了检查控制路面施工质量与验收路面工程；二是根据测定的路面平整度指标来确定养护维修计划。

测定平整度的仪器种类繁多，国外从最初的直尺式测定仪发展成为可以记录车行道真实断面形状的横断面记录仪，如芬兰、日本、荷兰等国研制了车辙深度量测仪。后来又研制了纵断面测定仪，如多轮式纵断面仪、斜率纵断面仪和美国通用汽车公司研制的 GMR 纵断面仪。国内最常用的测试方法是 3m 直尺法和路面连续式平整度仪测定法。

在本节中分别介绍路面平整度测量方法如下。

18.3.1　3m 直尺及其测量方法

3m 直尺(在实际中有可能不止 3m 长)是测量路面平整度的最简单的仪器,因而在道路工程中,3m 直尺测量得到广泛的应用。其原理是将直尺置于行车道的两点上,测定路面与直尺之间的最大间隙距离。它可用于测定压实成型的路基、路面各层的表面平整度以评定其施工质量及使用质量。该测量方法的尺位是人为选择的,测量的重复性太差,测量的结果可能因测量人而异。因而需要一种规范的方法,使测量重复性好、测量结果稳定。

1. 仪器与设备

1) 3m 直尺。硬木制成,底面平直,长为 3m。

2) 楔形塞尺。木或金属制的三角形塞尺,有手柄。其长与高之比不小于 10,宽度不大于 15mm,边部有高度标记,刻度精确度不小于 0.2mm,也可使用其他类型的量尺。

3) 其他(皮尺或钢尺,粉笔等)。

2. 测试步骤

1) 选取测试地点:除特殊需要外,应以行车道一侧车轮轮迹作为边疆测定的标准位置;并清扫该处的污物。

2) 将 3m 直尺放在需要测量的地点,图 18.3 为 3m 直尺测量示意图。

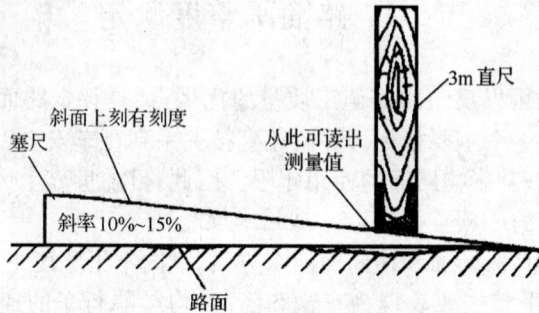

图 18.3　3m 直尺测量示意图

3) 目测直尺底面与路面之间的间隙情况确定间隙的最大位置,并用塞尺塞进该间隙处,量记最大其高度,准确至 0.2mm(见图 18.3)。

4) 如果是施工结束后检测,应每处连续检测 10 尺,按上述 1)~3)步骤测记各尺中的最大间隙。

3. 测试方法及结果整理

在连续测量方法时,在 3m 直尺两端向直尺中间各量取 75cm 的距离处画出两道标记线,测量时,沿测量方向一尺(指 3m 直尺,以下同)接一尺的连续测量下去。每测量一尺,应在距离端部 75cm 的两个标记处测量 3m 直尺底部和路面间的间

隙,即 3m 直尺的每测一尺要量取两个读数,要求准确至 1mm。测量结果按式
(18.11)计算标准差:

$$\sigma = \left[\frac{\sum (X_i - X)^2}{N - 1} \right]^{1/2} \tag{18.11}$$

式中:X_i——测量值,mm;

$\quad$ X——测量值的平均,m;

$\quad$ N——测量读数的次数 m。

$\quad$ 图 18.4 是一种采用 4m 直尺连续测量的方法。(a)是测量的第一步,直尺的前
后着地并出现前后两个间隙,测取两个间隙的读数。(b)是测量的第二步,直尺只
向前移动 2m,使本次测量的路段和上次测量路段有两米的重合。这一次的直尺前
端翘起,所以不测量前端的间隙,只测量副产品的间隙。(c)是测量的第三步,直尺
又向前移动 2m,直尺的前后均着地,与(a)不同,最大间隙只有一个,所以只测取该
间隙。(d)是测量的第四步,直尺仍然向前移动两米,直尺的前后均不着地;所以前
后均不测量,只测中点一处的间隙。

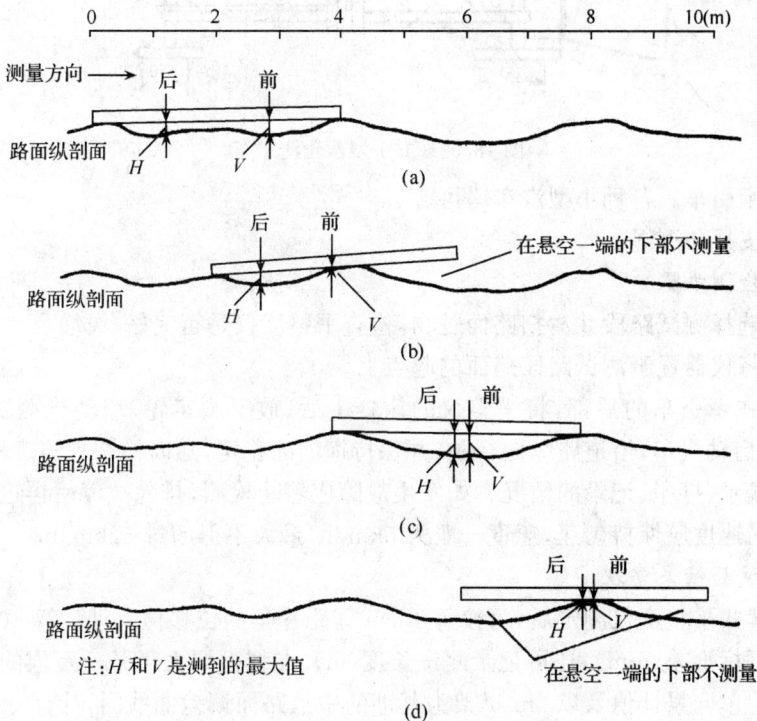

图 18.4　4m 直尺连续测量方法

(a) 测量位置 1;(b) 测量位置 2;(c) 测量位置 3;(d) 测量位置 4;

18.3.2 连续式平整度仪测定平整度方法

连续式平整度仪优点是能连续测量。它可采用计算机处理并自动计算、自动打印、自动显示路面平整度的均方差及正、负超差等各项技术指标。

本方法适用于测定路表面的平整度,评定路面的施工质量和使用质量;但不适用于在已有较多坑槽,破坏严重的路面。

1. 仪器与设备

1)连续式平整度仪。如 CP-1 型八轮测平车(见图 18.5)。

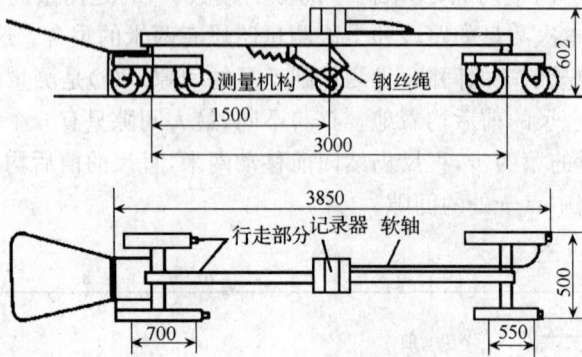

图 18.5 CP-1 型八轮测平车

2)牵引车。各种小型汽车均可。

3)皮尺和测绳。

2. 检测步骤

1)选择测试路段并清扫路面脏物,检查平整度仪是否完好、灵敏。

2)将仪器置于测试路段路面的起点上。

3)在牵引车的后部,将平整仪的钩挂上后,放下测定轮,启动检测器及记录仪,随即启动汽车,沿道路纵向行驶,并保持横向的稳定,随时检查平整度检测仪表上数字显示、打印、记录的情况。如发生故障应停止检测,排除故障后再进行检测。牵引车的速度应保持匀速,速度一般为 5km/h,最大不得超过 12km/h。

3. 试验结果整理

连续式平整度仪测定后,可按每 10cm 间距采集的位移值自动计算 100m 区间的平整度标准差(mm),还可记录测试长度(m)、曲线振幅大于某一定值的次数、曲线振幅的单向累计值及以 3m 机架为基准的中点路面偏差曲线图,计算打印。当采用人工计算时,在记录曲线上任设一基准线,每隔一定距离(宜为 1.5m)读取曲线偏离基准线的偏离位移值 X_i。每路面区间的路面平整度以该区间测定结果的标准差用式(18.11)计算。

18.3.3 颠簸累积仪测定平整度方法

颠簸累积仪是应用机械系统的振动响应来测量路面的。可分为拖车式(标准式)颠簸累积式和车载式颠簸累积仪。如美国的 BPR(Bureau of Public Roabs)、英国的 BI(bump integrate)、我国西安公路研究所的等。

DBY-1 型拖车式颠簸累积仪的机械振动系统是车辆。车载式颠簸累积仪的传动结构示意见图 18.6。图 18.6 中积算仪装在车辆的底盘(即簧载质量)上。底盘通过两个弹簧与车桥相连(图 18.6 中未示出减震器)。车桥为非驱动桥,车桥与底盘之间连接一根钢索,并设有标定用的调整机构,用来改变传动比。系统通常装在后桥部位。当仪器处于测试的行驶状态时,车桥相对于车身产生垂直位移,经标定调整机构由钢索带动积算仪的传动轮,从而实现累积积算。

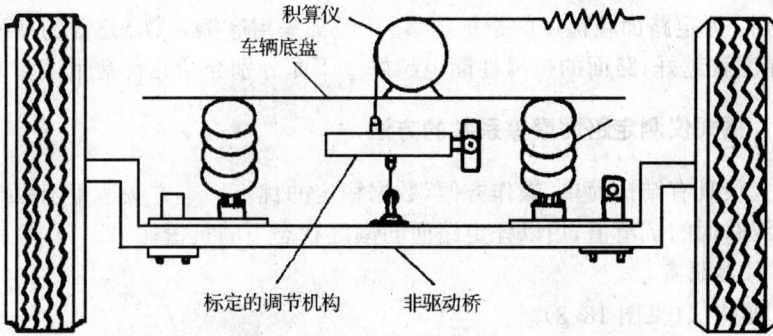

图 18.6 车载式颠簸累积仪的传动结构示意图

18.3.4 国际平整度指数

国际平整度指数(international roughness index,IRI),如图 18.7 是仿真用的 1/4 车辆振动模拟系统示意图。该系统具有簧载质量 M,非簧载质量 m,两质量间

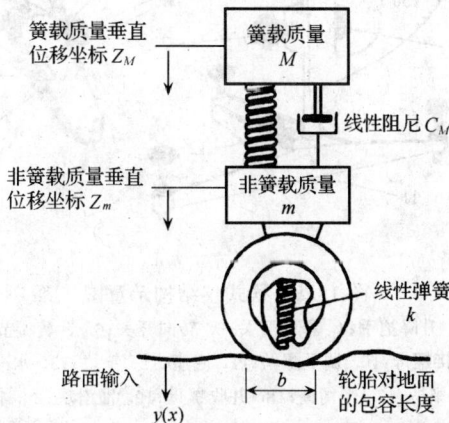

图 18.7 1/4 车辆的振动模拟系统示意图

以线性弹簧 k 和线性阻尼 C_M 的减震器相连接;非簧载质量 m 通过具有线性弹簧 k 与地面 y 相接触;轮胎对地面的包容长度为 b;簧载及非簧载质量的垂直位移坐标分别为 Z_M 和 Z_m。

测量方法及原理:当1/4车辆以一定的速度沿路表纵剖面轨迹行驶时,在路面 y 的斜率输入激励作用之下,系统产生振动。计算每公里行驶距离内簧载质量和非簧载质量的相对位移的累计值,以 m/km 表示。由于模拟系统的振动与车速有关,所以国际平整度指数规定模拟计算的速度为 80km/h。

18.4 路面摩擦系数测定

道路的表面应有足够的抗滑能力以保证行车安全。路面一定的粗糙度是提供这种抗滑能力的必要条件,它通过车轮轮胎与路面相互作用产生摩擦阻力而起到制约作用。评定路面粗糙度的指标很多,一般都采用摩擦系数。路面的摩擦系数越大,粗糙度就越好,路面的抗滑性能也越好。下面分别介绍几种常用试验方法。

18.4.1 摆式仪测定路面摩擦系数的方法

摆式仪具有结构简单,操作方便,数据稳定的优点。本方法适用于测定沥青路面及水泥路面的抗滑值,用以评定路面的潮湿状态下的抗滑能力。

1. 仪器设备

1) 摆式仪(见图18.8)。

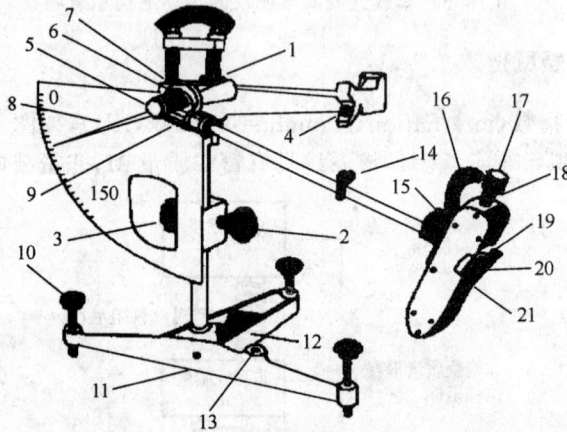

图 18.8 摆式仪结构示意图

1,2. 固定把手;3. 升降把手;4. 释放开关;5. 转向开关;6. 针簧调节螺母;7. 针簧片;
8. 指针;9. 连接螺母;10. 调平螺丝;11. 底座;12. 垫块;13. 水准泡;14. 卡环;
15. 定位螺丝;16. 升举柄;17. 平衡锤;18. 并收螺母;19. 溜滑块;20. 橡胶片;21. 止滑螺丝

2）橡胶片（6.35mm×25.4mm×76.2mm）。

3）标准量尺（长 126mm）。

4）洒水壶。

5）橡胶刮板。

6）路面温度计（分度不大于 1℃）。

7）其他（皮尺或钢卷尺、扫帚、粉笔等）。

2．准备工作

1）检查摆式仪的调零灵敏情况，并进行仪器的标定。

2）对测试路段按随机取样选点的方法选定测点。测点应选在行车车道的轮迹带上，距路面边缘不应小于 1m，并用粉笔做出标记。

3．试验步骤

（1）仪器调平

1）将仪器置于路面测点上，并使摆的摆动方向与行车方向一致。

2）转动底座上的调平螺丝，使水准泡居中。

（2）调零

1）放松上下两个紧固把手、转动升降把手使摆升高并能自由摆动，然后旋紧紧固把手。

2）将摆向右运动，按下安装于悬臂上的释放开关，使摆上的卡环进入开关槽，放开释放开关，摆即处于水平释放位置，并把指针抬至与摆杆平行处。

3）按下释放开关，使摆向左带指针摆动，当摆达到最高位置后下落时，用左手将摆杆接住，此时指针应指零。若不指零时，可稍旋紧或放松摆的调节螺母，重复本项操作，直至指针指零。调零允许误差为±1BPN（摆值）。

（3）校核滑动长度

1）用扫帚扫净路面表面，并用橡胶刮板清除摆动范围内路面上的松散粒料。

2）让摆自由悬挂、提起摆头上的升举柄，将底座上垫块置于定位螺丝下面，使摆头上的滑溜块升高。放松紧固把手，转动立柱上的升降把手，使摆缓缓下降。当滑溜块上的橡胶片刚刚接触路面时，即将紧固把手旋紧，使摆固定。

3）提起举升柄，取下垫块，使摆向右运动，然后，手提举升柄使摆慢慢向左运动，直至橡胶处的边缘刚刚接触路面。在橡胶片的外边摆动方向设置标准量尺，尺的一端正对该点。再用手提起举升柄，使滑溜块向上抬起，并使摆继续移动至左边，使橡胶片返回落下再一次接触路面，橡胶片两次同路面接触点的距离应在 126mm（即滑动长度）左右。若滑动长度不符合标准时，则升高或降低仪器底正面的调平螺丝来校正。但需调平水准，重复此项校核直至滑动长度符合要求。而后，将摆和指针置于水平释放位置。应注意在校核滑动长度时，应以橡胶片长边刚刚接触路面为准，不可借摆的力量向前滑动，以免标定的滑动长度过长。

4) 用喷壶的水浇洒测试路面,并用橡胶刮板刮除表面泥浆杂质。

5) 再次洒水,并按下释放开关,使摆在路面滑过,指针即可指示出路面的摆值。但第一次测定不做记录。当摆杆回落时,用左手接住摆,右手提起举升柄使滑溜块升高,将摆放右运动,并使摆杆和指针重新置于水平释放位置。

6) 重复第5)步的操作测定 5 次,并读记每次测定的摆值,即 BPN。5 次最大值与最小值的差值不得大于 3BPN。如差值大于 3BPN 时,应检查产生的原因,并再次重复上述各项操作至符合规定为止。取 5 次测定的平均值作为每个测点路面的抗滑值(即摆值 F_B),取整数,以 BPN 表示。

7) 在测点位置上用路表温度计测量潮湿路面的温度。准确至 1℃。

8) 按以上步骤,同一处平行测定不少于 3 次,3 个测点均位于轮迹带上,测点间距 3~5m。该处的测定位置以中间测点的位置表示。每一处均取 3 次测定结果的平均值作为试验结果。准确至 1BPN。

4. 抗滑值的温度修正

当路面温度为 T(℃)时测得的摆值为 F_{BT},必须按式(18.12)换算成标准 20℃标准时的摆值 F_{B20}。

$$F_{B20} = F_{BT} + \Delta F \tag{18.12}$$

式中:F_{B20}——换算成标准 20℃标准时的摆值,BPN;

F_{BT}——路面温度 T 时测得的摆值,BPN;

ΔF——温度修正值(按表 18.6 采用)。

表 18.6 温度修正值

温度 $T/℃$	0	5	10	15	20	25	30	35
温度修正值 ΔF	-6	-4	-3	-1	0	$+2$	$+3$	$+5$

5. 报告

1) 测试日期,测点位置,天气情况,洒水后潮湿路面的温度,并描述路面类型、外观、结构类型等。

2) 列表逐点报告路面抗滑值的测定值 F_{BT},经温度修正后的 F_{B20} 及 3 次测定的平均值。

3) 报告每一个评定路段(不小于 5 个测点)路面抗滑值的平均值、标准差、变异系数。

4) 精度要求是同一个测点,重复 5 次测定的差值不大于 3BPN。

18.4.2 路面纵、横向摩擦系数测定仪

横向摩擦系数测定仪结构与纵向摩擦系数测定仪相近,只是前者测定轮与行

车方向一致,后者的测定轮与纵向成 20°角即成
为横向摩擦系数测定车。纵向摩擦系数测定仪
结构示意如图 18.9 所示,测定车以一定牵引速
度带着测定轮(悬起)前进。当需要测定时,通过
驾驶室中的操纵盘将测定轮降至地面,同时将
压重(800N)同步下降到测轮轴上,使测轮触地
面积达 11.43m²,单位压力达到 0.7MPa。在测
轮刚落下至路面的一刹那起,测轮被液压力间
歇锁紧,测轮在路面上滑动与滚动间歇进行,得

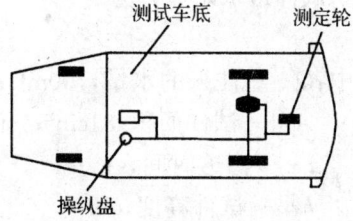

图 18.9　纵向摩擦系数测定仪
结构示意图

摩擦力。滑动长占轮周的 12%,滚动长占轮周的 88%,60km 时速转一周为
0.075s。这一过程全由程序控制,自动完成,滚滑连续进行,直到测量完成,将测定
轮悬起为止。

其摩擦阻力系数用式(18.13)计算:

$$f_v = \frac{F}{N} \tag{18.13}$$

式中:f_v——路面纵向摩擦系数;

　　　F——在一定测速与温度下测轮所受纵向拉力,kN;

　　　N——测轮对路面的单位压力,kN。

18.5　路面透水性测定

18.5.1　沥青混合料渗水试验

沥青路面的早期破坏比较严重,其中由于路面渗水导致基层承载力下降发生
的破坏占有很大的比例,所以进行沥青混合料的渗水试验非常重要。

渗水性沥青路面雨水排水是横向排水。沥青路面的渗水性常用渗透系数表示,
有资料表明,水平方向的渗透系数比垂直方向大 2～3 倍,这说明由垂直方向渗透
下落的水在水平方向是能很快排走的,所以关键在于垂直方向的渗透能力。故检测
其渗水实际上就是其渗透系数的测定。以下简单介绍国内常规的简化试验方法和
室内试验方法。

1. 简化试验方法

1)将沥青混合料的标准击实试件制成后不脱模,然后去掉试件两面的滤纸,
将冷却后试件连同击实模具浸入水中 1h,使试件吸水饱和。

2)试验时,将试模支放在容器中,试模底部悬空。取 100mL 水,倒入试模中
(注意不要溢出),同时启动秒表计,水从试件的孔隙中渗出,当试件表面水全部渗
入试件内,停止秒表,记录时间。

试件透水系数 k 为

$$k = Qh/6.35At \qquad (18.14)$$

式中：Q——注入的水量，100mL；

A——试件面积，81cm²；

t——渗透时间，s；

h——试件高度，cm。

2. 渗水性试验方法

(1) 适用范围

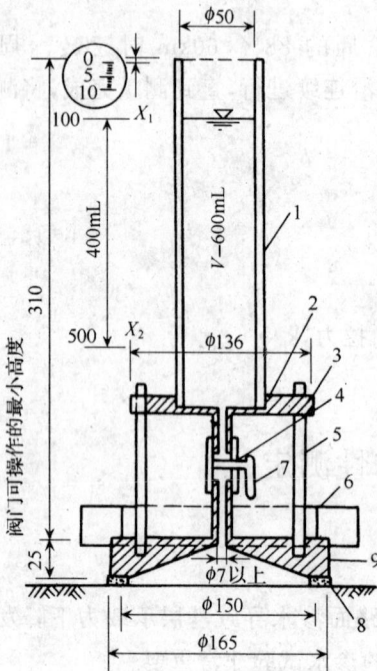

图 18.10 渗水仪（单位：mm）

1. 透明有机玻璃箱；2. 螺纹链接；3. 顶板；
4. 阀；5. 立柱支架；6. 压重钢圈；
7. 把手；8. 密封材料；9. 底座

本渗水性试验方法适用于路面渗水仪测定碾压成型的沥青混合料试件和路面的渗水系数，用以检验沥青混合料的配合比设计和沥青路面的压实情况。

(2) 仪器设备

1) 路面渗水仪。见图 18.10，其上部盛水量筒由透明有机玻璃制成，容积 600mL，上有刻度，在 100mL 及 500mL 处有粗标线，下方通过 ϕ10mm 的细管与底座相接，中间有开关。量筒通过支架联结，底座下方开口内径 ϕ150mm，外径 ϕ165mm，仪器附近压重铁圈两个，每个质量约 5kg，内径 ϕ160mm。

2) 水筒及水漏斗。

3) 秒表。

4) 密封材料。黄油、玻璃腻子、油灰或橡皮泥等，也可采用其他任何能起到密封作用的材料。

5) 接水容器以及其他一些必要物品，如水、红墨水、粉笔、扫帚等。

(3) 试验步骤

1) 准备工作。先在洁净的水桶内滴入几滴红墨水，使水成淡红色。然后组合装妥路面渗水仪。再按照沥青混合料试件成型方法（轮碾法）制作沥青混合料试件，试件尺寸为 30cm×30cm×5cm，脱模，揭去成型试件时垫上表面的纸。

2) 将试件放置于坚实的平面上，在试件表面上沿渗水仪底座圆圈位置涂一薄层密封材料，边涂边用手压紧，使密封材料嵌满试件表面混合料的缝隙，且牢固地黏结在试件上，密封料圈的内径与底座内径相同，约 150mm。将渗水试验仪底座用力压在试件密封材料圈上，再加上压重铁圈压住仪器底座，以防止压力水从底座与试件表面间流出。

3）用适当的垫块如混凝土试件或木块在左右两侧架起试件,试件下方放置一个接水容器。关闭渗水仪细管下方的开关,向仪器的上方量筒中注入淡红色的水至满,总量为 600mL。

4）迅速将开关全部打开,水开始从细管下部流出,待水面下降 100mL 时,立即开动秒表,每间隔 60s,读记仪器管的刻度一次,至水面下降 500mL 时为止。测试过程中,应观察渗水的情况,正常情况下水应该通过混合料内部空隙从试件的反面及四周渗出,如水是从底座与密封材料间渗出,说明底座与试件密封不好,应另采用干燥试件重新操作。如水面下降速度很慢,从水面下降至 100mL 开始,测得 3min 的渗水量即可停止。若试验时水面下降至一定程度后基本保持不动,说明试件基本不透水或根本不透水,则在试验报告中注明。

5）按以上步骤对同一种材料制作 3 块试件测定渗水系数,取其平均值作为检测结果。

（4）试验结果及计算

1）结果计算。沥青混合料试件的渗水系数按式(18.15)计算,计算时以水面从 100mL 下降至 500mL 所需的时间为标准,若渗水时间过长,也可采用 3min 通过的水量计算。

$$C_w = \frac{V_2 - V_1}{t_2 - t_1} \times 60 \qquad (18.15)$$

式中:C_w——沥青混合料试件的渗水系数,mL /min;

V_1——第一次读数时的水量(通常为 100mL),mL;

V_2——第二次读数时的水量(通常为 500mL),mL;

t_1——第一次读数时的时间,s;

t_2——第二次读数时的时间,s。

2）试验报告。逐点报告每个试件的渗水系数及 3 个试件的平均值。若路面不透水,应在报告中注明。

18.5.2 水泥混凝土抗渗性试验

1. 适用范围

主要用于检测混凝土硬化后的防水性能以及测定其抗渗标号。

2. 试验设备

1）混凝土渗透仪。应能使水压按规定稳定地作用在试件上。

2）成型试模。上口直径 175mm,下口直径 185mm,高 150mm 或上下直径与高度均为 150mm。

3）螺旋加压器、烘箱、电炉、浅盘、铁锅、钢丝刷等。

4）密封材料。如石蜡,内掺松香约 2%。

3. 制备试件

1) 每组试件为 6 个,如用人工插捣成型时,分两层装入混凝土拌和物,每层插捣 25 次,在标准条件下养护。如果结合工程需要,则在浇筑地点制作,每单位工程制件不少于两组,其中至少一组应在标准条件下养护,其余试件与构件相同条件下养护,试块养护期不少于 28d,不超过 90d。

2) 试件成型后 24h 拆模,用钢丝刷刷净两端面水泥浆膜,标准养护龄期为 28d。

4. 试验步骤

1) 试件到期后取出,擦干表面,用钢丝刷刷净两端面,待表面干燥后,在试件侧面滚涂一层熔化的密封材料,然后立即在螺旋加压器上压入经烘箱或电炉预热过的试模中,使试件底面和试模底平齐,待试模变冷后,即可解除压力,装在渗透仪上进行试验。

如果在试验过程中,水从试件周边渗出,说明密封不好,要重新密封。

2) 试验时,水压从 0.2MPa 开始,每隔 8h 增加水压 0.1MPa,并随时注意观察试件端面情况,一直加至 6 个试件中有 3 个试件表面发现渗水,记下此时的水压力,即可停止试验。

当加压至设计抗渗标号,且 8h 后第三个试件仍不渗水,则表明混凝土已满足设计要求,也可停止试验。

5. 试验结果及计算

混凝土的抗渗标号以每组 6 个试件中 4 个未发现有渗水现象时的最大水压力表示。抗渗标号按式(18.16)计算:

$$S = 10H - 1 \qquad (18.16)$$

式中:S——混凝土抗渗标号;

H——每 3 个试件顶面开始有渗水时的水压力,MPa。

18.6 路面耐久性指数测定

在实际中,我们总期望道路路面有更长的使用年限,混合料的耐久性更好。因此,在道路设计、施工中有必要测试、了解路面的耐久性能。

18.6.1 沥青混合料的耐久性测定

沥青路面耐久性包括沥青的抗老化性能、混合料的抗水损害能力和汽车荷载及温度变化反复作用下的耐疲劳性能。沥青抗老化性能的测试可以用加速老化试验的材料与未进行老化过程的沥青混合料的性能试验结果进行对比,以此评价沥青混合料的耐老化性能;其抗水害能力可用沥青混合料冻融劈裂试验进行评价;汽车荷载反复使用下的疲劳性能可用车辙试验评定。现分别介绍如下。

1. 沥青混合料车辙试验

(1) 目的与适用范围

1) 本方法适用于测定沥青混合料的高温抗车辙能力,供沥青混合料配合比设计的高温稳定性检验使用。

2) 车辙试验的试验温度与轮压可根据有关规定和需要选用,未注明时,试验温度为 60℃,轮压为 0.7MPa。根据需要,如在寒冷地区也可采用 45℃,在高温条件下采用 70℃等,但应在报告中注明。计算动稳定度的时间原则上为试验开始后 45～60min 之间。

3) 本方法适用于用轮碾成型机碾压成型的长 300mm、宽 300mm、厚 50mm 的板块状试件,也适用于现场切割制作长 300mm、宽 150mm、厚 50mm 的板块状试件。根据需要,试件的厚度也可采用 40mm。

(2) 仪器与材料

1) 车辙试验机。主要由下列部分组成:

① 试件台。可牢固地安装两种宽度(300mm 及 150mm)的规定尺寸试件试模。

② 试验轮。橡胶制的实心轮胎,外径 $\phi200mm$,轮宽 50mm,橡胶层厚 15mm。橡胶硬度(国际标准硬度)20℃时为 84±4,60℃时为 78±2。试验轮行走距离为(230±10)mm,往返碾压速度为(42±1)次/min(21 次往返/min)。允许采用曲柄连杆驱动试验台运动(试验轮不移动)或链驱动试验轮运动(试验台不动)的任一种方式。

注:轮胎橡胶硬度应注意检验,不符合要求者应及时更换。

③ 加载装置。使试验轮与试件的接触压强在 60℃时为(0.7±0.05)MPa,施加的总荷重为 78kg 左右,根据需要可以调整。

④ 试模。钢板制成,由底板及侧板组成,试模内侧尺寸长为 300mm,宽为 300mm,厚为 50mm(试验室制作),也可固定 150mm 宽的现场切制试件。

⑤ 变形测量装置。自动检测车辙变形并记录曲线的装置,通常用 LVDT、电测百分表或非接触位移计。

⑥温度检测装置。自动检测并记录试件表面及恒温室内温度的温度传感器、温度计,精密度 0.5℃。

2) 恒温室。车辙试验机必须整机安放在恒温室内,装有加热器、气流循环装置及装有自动温度控制设备,能保持恒温室温度(60±1)℃[试件内部温度(60±0.5)℃],根据需要也可为其他需要的温度。用于保温试件并进行试验。温度应能自动连续记录。

3) 台秤。称量 15kg,感量不大于 5g。

(3) 方法与步骤

1) 准备工作。

① 试验轮接地压强测定。测定在 60℃时进行,在试验台上放置一块 50mm 厚

的钢板,其上铺一张毫米方格纸,上铺一张新的复写纸,以规定的 700N 荷载后试验轮静压复写纸,即可在方格纸上得出轮压面积,并由此求得接地压强。当压强不符合(0.7±0.05)MPa,荷载应予以适当调整。

② 用轮碾成型法制作车辙试验试块。在试验室或工地制备成型的车辙试件,其标准尺寸为 300mm×300mm×50mm。也可从路面切割得到 300mm×150mm×50mm 的试件。

当直接在拌和厂取拌和好沥青混合料样品制作试件检验生产配合比设计或混合料生产质量时,必须将混合料装入保温桶中,在温度下降至成型温度之前迅速送达试验室制作试件,如果温度稍有不足,可放在烘箱中稍微加热(时间不超过 30min)后使用。也可直接在现场用手动碾或压路机碾压成型试件,但不得将混合料放冷却后二次加热重塑制作试件。重塑制件的试验结果仅供参考,不得用于评定配合比设计检验是否合格使用。

③ 如果需要,将试件脱模按规程规定的方法测定密度及空隙率等各项物理指标。若经水浸,应用电扇将其吹干,然后再装回原试模中。

④ 试件成型后,连同试模一起在常温条件下放置的时间不得少于 12h。对聚合物改性沥青混合料,放置的时间以 48h 为宜,使聚合物改性沥青充分固定后方可进行车辙试验,但室温放置时间也不得长于 1 周。

2) 试验步骤。

① 将试件连同试模一起,置于已达到试验温度(60±1)℃的恒温室中,保温不少于 5h,也不得多于 24h。在试件的试验轮不行走的部位上,粘贴一个热电偶温度计(也可在试件制作时预先将热电偶导线埋入试件一角),控制试件温度稳定在(60±0.5)℃。

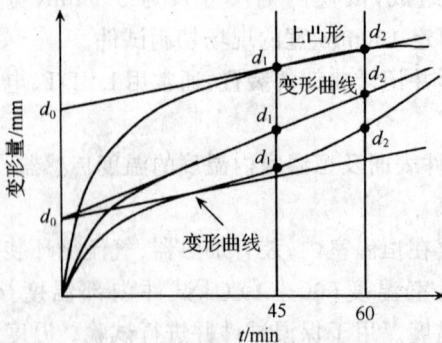

图 18.11 车辙试验自动记录的变形曲线

② 将试件连同试模移置于轮辙试验机的试验台上,试验轮在试件的中央部位,其行走方向必须与试件碾压或行车方向一致。开动车辙变形自动记录仪,然后启动试验机,使试验轮往返行走,时间约 1h,或最大变形达到 25mm 时为止。车辙试验时,记录仪自动记录变形曲线(见图 18.11)及试件温度。

注:对 300mm 宽且试验时变形较小的试件,也可对一块试件在两侧 1/3 位置上进行两次试验取平均值。

(4) 试验结果计算

1) 从图 18.11 上读取 45min(t_1)及 60min(t_2)时的车辙变形量 d_1 及 d_2,准确至 0.01mm。

当变形过大,在未到 60min 变形已达到 25mm 时,则以达到 25mm(d_2)时的时间为 t_2,将其前 15min 为 t_1,此时的变形量为 d_1。

2)沥青混合料试件的动稳定度按式(18.17)计算:

$$DS = \frac{(t_2 - t_1) \times N}{d_2 - d_1} \times C_1 \times C_2 \quad (18.17)$$

式中:DS——沥青混合料的动稳定度,次/mm;

d_1——对应于时间 t_1 的变形量,mm;

d_2——对应于时间 t_2 的变形量,mm;

C_1——试验机类型修正系数(曲柄连杆驱动试件的变速行走方式为 1.0,链驱动试验轮的等速方式为 1.5);

C_2——试件系数(试验室制备的宽 300mm 的试件为 1.0,从路面切割的宽 150mm 的试件为 0.8);

N——试验轮往返碾压速度(通常为 42 次/min)。

(5)试验报告

1)同一沥青混合料或同一路段的路面,至少平行试验 3 个试件,当 3 个试件动稳定度变异系数小于 20% 时,取其平均值作为试验结果。变异系数大于 20% 时应分析原因,并追加试验。如计算动稳定度值大于 6000 次/mm 时,记作:>6000次/mm。

2)试验报告应注明试验温度、试验轮接地压强、试件密度、空隙率及试件制作方法等。

(6)精密度或允许偏差

重复性试验动稳定度变异系数的允许偏差为 20%。

2. 沥青混合料冻融劈裂试验

(1)目的与适用范围

1)本方法适用于在规定条件下对沥青混合料进行冻融循环,测定混合料试件在受到水损害前后劈裂破坏的强度比,以评价沥青混合料水稳定性。未注明时,试验温度为 25℃,加载速率为 50mm/min。

2)本方法采用马歇尔击实法成型的圆柱体试件,击实次数为双面各 50 次,集料公称最大粒径不得大于 26.5mm。

(2)仪器与材料

1)试验机。能保持规定加载速率的材料试验机,也可采用马歇尔试验仪。试验机负荷应满足最大测定荷载不超过其量程的 80% 且不小于其量程的 20% 的要求,宜采用 40kN 或 60kN 传感器,读数精密度为 10N。

2)恒温冰箱。能保持温度为 -18℃,当缺乏专用的恒温冰箱时,可采用家用电冰箱的冷冻室代替,控温准确度为 2℃。

3)恒温水槽。用于试件保温,温度范围能满足试验要求,控温准确度为 0.5℃。

4）压条。上下各一根，试件直径 100mm 时，压条宽度为 12.7mm，内侧曲率半径 50.8mm，压条两端均应磨圆。

5）劈裂试验夹具。下压条固定在夹具上，压条可上下自由活动。

6）其他。塑料袋、卡尺、天平、记录纸、胶皮手套等。

（3）方法与步骤

1）制作圆柱体试件数目不少于 8 个。用马歇尔击实仪双面击实各 50 次。

2）测定试件的直径及高度，准确至 0.1mm。试件尺寸应符合直径（101.6±0.25）mm，高（63.5±1.3）mm 的要求。在试件两侧通过圆心画上对称的十字标记。

3）测定试件的密度、空隙率等各项物理指标。

4）将试件随机分成两组，每组不少于 4 个，将第一组试件置于平台上，在室温下保存备用。

5）将第二组试件按标准饱水试验方法真空饱水，在 98.3～98.7kPa（730～740mmHg）真空条件下保持 15min，然后打开阀门，恢复常压，试件在水中放置 0.5h。

6）取出试件放入塑料袋中，加入约 10mL 的水，扎紧袋口，将试件放入恒温冰箱（或家用冰箱的冷冻室），冷冻温度为（−18±2）℃，保持（16±1）h。

7）将试件取出后，立即放入已保温为（60±0.5）℃的恒温水槽中，撤去塑料袋，保温 24h。

8）将第一组与第二组全部试件浸入温度为（25±0.5）℃的恒温水槽中不少于 2h，水温高时可适当加入冷水或冰块调节，保温时试件之间的距离不少于 10mm。

9）取出试件立即放到试验机上用 50mm/min 的加载速率进行劈裂试验，得到试验的最大荷载。

（4）试验结果计算与整理

1）劈裂抗拉强度按式（18.18）及式（18.19）计算。

$$R_{T_1} = 0.006\,287 P_{T_1}/h_1 \tag{18.18}$$

$$R_{T_2} = 0.006\,287 P_{T_2}/h_2 \tag{18.19}$$

式中：R_{T_1}——未进行冻融循环的第一组试件的劈裂抗拉强度，MPa；

R_{T_2}——经受冻融循环的第二组试件的劈裂抗拉强度，MPa；

P_{T_1}——第一组试件的试验荷载的最大值，N；

P_{T_2}——第二组试件的试验荷载的最大值，N；

h_1——第一组试件的试件高度，mm；

h_2——第二组试件的试件高度，mm。

2）冻融劈裂抗拉强度比按式（18.20）计算。

$$TSR = (R_{T_1}/R_{T_2}) \times 100 \tag{18.20}$$

式中，TSR 为冻融劈裂试验强度比，%。

3）每个试验温度下，一组试验的有效试件不得少于 3 个，取其平均值作为试验结果。当一组测定值中某个数据与平均值之差大于标准差的 k 倍时，应舍弃，并以其余测定值的平均值作为试验结果。当试件数目 n 为 3、4、5、6 个时，k 值分别为 1.15、1.46、1.67、1.82。

4）试验结果均应注明试件尺寸、成型方法、试验温度及加载速率。

18.6.2 水泥混凝土的耐久性测定

水泥混凝土路面的耐久性主要表现在是汽车荷载及温度变化反复作用下的耐疲劳性能。下面主要介绍混凝土抗冻性试验（快冻法）。

1. 目的和适用范围

测定混凝土在水和负温共同反复作用下的抵抗能力。适用于以动弹性模量、质量损失率和相对耐久性指数作为评定指标的混凝土抗冻性试验。本方法特别适用于抗冻性要求高的混凝土。

2. 仪器设备

1）快速冻融试验装置。能使试件固定在水中不动，依靠热交换液体的温度变化而连续、自动地按照试验过程中的要求进行冻融的装置。满载运行时冻融箱内各点温度的极差不得超过 2℃。

2）试件盒。橡胶盒（也可用不锈钢板制成），净截面尺寸为 110mm×110mm，高 500mm。

3）动弹性模量测定仪（简称共振仪）。共振法频率测量范围 100～20 000Hz，输出功率应能使试件产生受迫振动，以便能用共振的原理定出试件的基频振动频率。

4）试件支撑件。硬橡胶韧型支座或约 20mm 厚的软泡沫塑料垫。

5）案秤。称量 10kg，感量 5g，或称量 20kg，感量 10g。

6）热电偶电位差计。能测量试件中心温度，测量范围－20～20℃，允许偏差为±5℃。

3. 试样制备

采用截面为 100mm×100mm×400mm 的棱柱体混凝土试件，每组 3 根，在试验过程中可连续使用。除制作冻融试件外，还应制备中心可插入热电偶电位差计测温、同样形状尺寸的标准试件，其抗冻性能应高于冻融试件。

4. 试验步骤

1）按规范规定的混凝土试件的制作与养护方法进行试件的制作和养护。试验龄期如无特殊要求一般为 28d。在规定龄期的前 4d，将试件放在（20±3）℃的水中浸泡，水面至少高出试件 20mm（对水中养护的试件，到达规定龄期时，即可直接用于试验）。浸泡 4d 后进行冻融试验。

2）进行混凝土动弹性模量试验测定试件的基频振动频率。

① 浸泡完毕，取出试件，用湿布擦去表面水分。

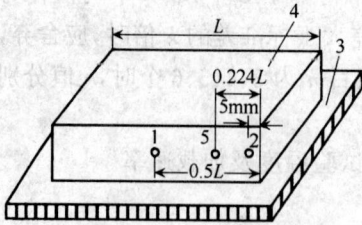

图 18.12 测示位置示意图

1. 激振换能器位置；2. 接受换能器位置；
3. 泡沫塑料垫；4. 试件(测量时成型面朝上)；
5. 节点

② 将试件安放在动弹性模量测定仪的支撑体上,并定出以共振法测量试件横向基频振动频率时的激振换能器和接受换能器的位置,测试位置如图 18.12 所示,将激振器和接受器的测杆轻轻地压在试件的表面上(测杆与试件接触面一般涂一薄层黄油或凡士林),测杆压力的大小以不出现噪声为宜。

③ 在进行测定时,可根据试件共振率的大小,选择相应的频率测量范围。调整激振动率和接受增益旋钮至适当位置,以粗调迅速找到试件的共振点后,再进行细调。当微安表和示波器指示的幅度一致增加,达到最大的幅度时即为共振。此时,从数字计数器上读出的频率,就是试件的自振频率(横向基频)。

④ 称量该试件质量,作为评定抗冻性的起始值,并做必要的外观描述。

3) 将试件放入橡胶试件盒中,加入清水,使其淹没过试件顶面约 5mm(如果采用金属试件盒,则应在试件的侧面与底部垫放适当宽度与厚度的橡胶板)。将装有试件的试件盒放入冻融试验箱的试件架上。

4) 按规定进行冻融循环试验,应符合下列要求:

① 每次冻融循环应在 2～4h 完成,其中用于融化的时间不得小于整个冻融时间的 1/4。

② 在冻结和融化终了时,试件中心温度应分别控制在(−17±2)℃和(5±2)℃。中心温度应以测温标准试件实测温度为准,温度的允许偏差为±0.5℃。

③ 在试验箱内,各个位置上的每个试件从3℃降至−16℃所用的时间,不得少于整个受冻时间的 1/2,每个试件从−16℃升至3℃所用的时间也不得少于整个融化时间的 1/2,试件内外温差不应超过 28℃。

④ 冻和融之间的转换时间不应超过 10min。

5) 通常每隔 25 次冻融循环对试件进行一次横向基频的测试并称重,也可根据试件抗冻性高低来确定测试的间隔次数。测试时,小心将试件从试件盒中取出,冲洗干净,擦去表面水,进行称重及横向基频的测定,并做必要的外观描述。测试完毕后,将试件调头重新装入试件盒中,注入清水,继续试验。试件在测试过程中,应防止失水,待测试件需用湿布覆盖。

6) 如试验因故中断,应将试件在受冻状态下保存在原试验箱内。如无这一可能,试件处在融解状态下的时间不宜超过两个循环。在特殊情况下,整个试验过程中超过两个循环周期的次数只允许 1～2 次。

7) 冻融试验到达以下三种情况的任何一种时,即可停止试验。

① 冻融至 300 次循环。

② 试件的相对动弹性模量下降至 60% 以下。

③ 试件的质量损失率达 5%。

5. 试验结果计算

1) 相对动弹性模量 P 按式(18.21)计算。

$$P = \frac{f_n^2}{f_0^2} \times 100 \qquad (18.21)$$

式中：P——经 n 次冻融循环后试件的相对动弹性模量，%；

f_n——冻融 n 次循环后试件的横向基频，Hz/s；

f_0——试验前的试件横向基频，Hz/s；

以 3 个试件的平均值为试验结果。

2) 质量损失率 W_n 按式(18.22)计算。

$$W_n = \frac{m_0 - m_n}{m_0} \times 100 \qquad (18.22)$$

式中：W_n——n 次冻融循环后的试件质量损失率，%；

m_0——试件冻融试验前的试件质量，kg；

m_n——n 次冻融循环后的试件质量，kg。

以 3 个试件的平均值为试验结果。

3) 相对耐久性指数 K_n 按式(18.23)计算。

$$K_n = P \times n/300 \qquad (18.23)$$

式中：K_n——经 n 次冻融循环后的试件相对耐久性指数，%；

n——达到本试验中规定情况时的冻融循环次数；

P——经 n 次冻融循环后 3 个试件的相对动弹模量平均值，%。

当 P 小于或等于 60% 或质量损失达 5% 的冻融循环次数 n，即为试件的抗冻标号。

18.7　小　　结

路面检测作为路面质量控制与管理、路面使用品质评价的重要手段现已受到广泛的重视，它已成为保证路面施工质量的重要手段。在试验中所使用的仪器设备均应通过相应的检定及校正，试验人员应具有相应的知识，并遵守安全操作。各项测试结果的计算及表示应符合有效数字的规定，且精度(或允许偏差)应符合规范要求。

思　考　题

18.1　路面的测试项目有哪些？其频率各是多少？

18.2　路面弯沉的测试方法有哪些？如何操作？测试结果如何处理？

18.3　如何进行摆式仪的校核？

18.4　沥青路面的耐久性包括哪些方面？可用哪些试验方法测试？

参 考 文 献

陆鼎中,程家驹.1999.路基路面工程.上海:同济大学出版社

邓学钧.2003.路基路面工程.北京:人民交通出版社

何兆益,杨锡武.2002.路基路面工程(上、下册).重庆:重庆大学出版社

方左英.1993.路基工程.北京:人民交通出版社

王明怀.2000.高等级公路施工技术与管理.北京:人民交通出版社

胡长顺,黄辉华.2002.高等级公路路基路面施工技术.北京:人民交通出版社

公路路基施工技术规范(JTJ 033-95)

公路软土地基路堤设计与施工技术规范(JTJ 017-96)

公路工程技术标准(JTJ 001-97).北京:人民交通出版社.1998

公路路基设计规范(JTJ 013-95).北京:人民交通出版社.1996

公路排水设计规范(JTJ 018-97).北京:人民交通出版社.1998

公路路基施工技术规范(JTJ 033-95).北京:人民交通出版社.1996

刘玉卓.2002.公路工程软基处理.北京:人民交通出版社

陈忠达.1999.公路挡土墙设计.北京:人民交通出版社

廖正环.2000.公路施工与管理.北京:人民交通出版社

张润.2003.路基路面施工及组织管理.北京:人民交通出版社

夏连学,赵卫平.1998.路基路面工程.北京:人民交通出版社

沥青路面施工及验收规范.北京:中国计划出版社,1996

殷岳川.2000.公路沥青路面施工.北京:人民交通出版社

公路沥青路面养护技术规范(JTJ 073.2-2001)

中交公路规划设计院.2002.公路水泥混凝土路面设计规范.北京:人民交通出版社

交通部公路科学研究所.2003.公路水泥混凝土路面施工技术规范.北京:人民交通出版社

黄志义.2002.路基路面工程.杭州:浙江科学技术出版社

方福森.1993.路面工程.北京:人民交通出版社

公路水泥混凝土路面养护技术规范(JTJ 073.1-2001)

公路水泥混凝土路面滑模施工技术规程(JTJ /T037.1-2000)

何挺继,展朝勇.1999.现代公路施工机械.北京:人民交通出版社

黎霞,李宇峙.1999.路基路面工程试验.北京:人民交通出版社

姚祖康.1998.公路设计手册.路面.第二版.北京:人民交通出版社

张美珍.2003.公路工程试验与检测.北京:人民交通出版社

徐培华,王安玲.2001.公路工程混合料配合比设计与试验技术手册.北京:人民交通出版社

中华人民共和国行业标准.公路路基设计规范(JTJ 013-95).北京:人民交通出版社,1996

中华人民共和国行业标准.公路工程无机结合料稳定材料试验规程(JTJ 057-94).北京:人民交通出版
　　社,1994

中华人民共和国行业标准.公路工程水泥混凝土试验规程(JTJ 053-94).北京:人民交通出版社,1994

中华人民共和国行业标准.公路路面基层施工技术规范(JTJ 034-2000).北京:人民交通出版社,2000

中华人民共和国交通部标准.公路路基路面现场测试规程(JTJ 059-95).北京:人民交通出版社,1995

中华人民共和国行业标准.公路土工试验规程(JTJ 051-93).北京:人民交通出版社,1993

中华人民共和国行业标准.公路工程质量检验评定标准(JTJ 071-98).北京:人民交通出版社,1999

李宇峙,邵腊庚.2003.路基路面工程检测技术.北京:人民交通出版社

徐培华等.2002.路基路面试验检测技术.北京:人民交通出版社

茅梅芬.1998.路基路面工程质量检测.南京:东南大学出版社

中华人民共和国行业标准.公路工程沥青混合料试验规程(JTJ 052-2000).北京:人民交通出版社,
2000

中华人民共和国行业标准.公路沥青路面施工技术规范(JTJ 032-94).北京:人民交通出版社,1994

中华人民共和国行业标准.公路工程水泥混凝土试验规程(JTJ 053-94).北京:人民交通出版社,1994